COMPILERBAU

Teil 1

INTERNATIONALE COMPUTER-BIBLIOTHEK

Herausgeber: **Prof. Hans Zima,** Universität Bonn

Compilerbau   *A. Aho/R. Sethi/J.D. Ullman*

Programmieren: Die Entwicklung von Algorithmen in Pascal
    J.J. van Amstel

Computergrafik mit Pascal   *M. Berger*

Das UNIX System   *S.R. Bourne*

Das UNIX System V   *S.R. Bourne*

Vom Mythos des Mann-Monats   *F.P. Brooks*

Methodik des Programmierens   *F.W. Dijkstra/W.H. Feijen*

UNIX für Super-User   *F. Foxley*

Einführung in die Automatentheorie, Formale Sprachen und
    Komplexitätstheorie   *J.E. Hopcroft/J.D. Ullman*

C – Grundlagen und Anwendungen   *A. Kelley/I. Pohl*

Metaprogrammierung und PROLOG   *G. Neumann*

Das SQL-Lehrbuch   *R.F. van der Lans*

MODULA-2   *A. Sale*

Software Engineering   *I. Sommerville*

Die C++ Programmiersprache   *B. Stroustrup*

Datenmodelle, Datenbanksprachen und
    Datenbankmanagement-Systeme *G. Vossen*

Das SQL/DS-Handbuch   *G. Vossen/K.U. Witt*

Transaktionen in Datenbanksystemen   *G. Weikum*

COMPILERBAU

Teil 1

ALFRED V. AHO
RAVI SETHI
JEFFREY D. ULLMAN

 ADDISON-WESLEY PUBLISHING COMPANY

Bonn · München · Reading, Massachusetts · Menlo Park, California · New York
Don Mills, Ontario · Wokingham, England · Amsterdam · Sydney · Singapore
Tokyo · Madrid · San Juan

Die englische Originalausgabe ist erschienen unter dem Titel:
COMPILERS Principles, Techniques and Tools
(c) 1986, 1987 by Bell Telephone Laboratories, Inc.

CIP-Titelaufnahme der Deutschen Bibliothek

Aho, Alfred V.,
Compilerbau, Teil 1 / Alfred V. Aho, Ravi Sethi, Jeffrey D. Ullmann, (Übers. von Gerhard Barth und
Mitarbeiter) - Bonn; München; Reading, Mass.; Menlo Park, Calif.; New York; Don Mills, Ontario;
Wokingham, England; Amsterdam; Sydney; Singapore; Tokyo; Madrid; San Juan: Addison-Wesley,
1988
        ISBN: 3-89319-150-x

(c) 1988 Addison-Wesley (Deutschland) GmbH

unveränderter Nachdruck 1990

Übersetzung: Gerhard Barth und Mitarbeiter, Universität Stuttgart
Satz:Heribert B. Bieling, Köln
Druck und Bindearbeiten: Bercker Graph. Betrieb, Kevelaer
Umschlaggestaltung: Ulrich Carthaus, Alfter b. Bonn, Bearbeitung eines amerikanischenOriginals

ISBN 3-89319-150-x

Über dieses Buch

Das „Drachenbuch", das Standard-Einführungswerk zum Compilerbau, geschrieben von den anerkannten Koryphäen Alfred V. Aho, Ravi Sethi und Jeffrey D. Ullman, liegt Ihnen nun, übersetzt von Prof. Dr. Gerhard Barth und seinen Mitarbeitern vom Institut für Informatik der Universität Stuttgart, in seiner deutschen Version vor.

Leider war es aus technischen Gründen nicht möglich, das fast tausendseitige Werk in einem Band erscheinen zu lassen. Daher wurde beschlossen, vor der Code-Generierung (Kapitel 8) eine Zäsur zu setzen und das Buch in zwei Bänden erscheinen zu lassen. Trotz dieser Teilung bleibt „Compilerbau" ein in sich abgeschlossenes Werk, weshalb auch die Kapitel- und Seitennummern im zweiten Band fortgesetzt werden.

Inhaltsverzeichnis und Index ist beiden Bänden gemeinsam. Seitenangaben von 1 bis 568 beziehen sich auf Band 1, Angaben von 569 bis 949 auf Band.

Addison-Wesley Verlag
(Deutschland) GmbH

Vorwort der Autoren

Dieses Buch ist der Nachfolger von Alfred V. Aho und Jeffrey D. Ullmans *Principles of Compiler Design.* Wie dieses soll es als Einführung in den Compilerbau dienen, wobei der Schwerpunkt auf der Lösung allgemeiner Probleme liegt, die sich beim Entwurf eines Übersetzers – ungeachtet der Quell- oder Zielmaschine – stellen.

Obwohl die wenigsten jemals einen Compiler für eine „richtige" Programmiersprache schreiben oder auch nur warten werden, lassen sich die in diesem Buch besprochenen Ideen und Techniken vorteilhaft bei jeglicher Art von Software-Entwicklung einsetzen. So werden beispielsweise die String-Matching-Techniken für Scanner auch in Text-Editoren, Informationssystemen und Muster-Erkennungsprogrammen eingesetzt. Kontextfreie Grammatiken und syntaxgesteuerte Definitionen wurden zur Entwicklung vieler „kleiner" Sprachen eingesetzt, darunter Satz- und Zeichensysteme. Die Techniken zur Code-Optimierung finden sich in Programmverifikatoren und „Pretty-Printern" (Programme, die aus unstrukturierten Programmen wohlstrukturierte erstellen) wieder.

Sinn, Zweck und Inhalt des Buches

Die wichtigsten Gebiete des Compilerbaus werden umfassend erörtert. Das erste Kapitel führt die Grundstruktuer eines Compilers ein, auf der der Rest des Buches basiert.

Kapitel 2 stellt einen Übersetzer vor, der Infix- in Postfix-Ausdrücke übersetzt. Dieser Übersetzer wird mit Hilfe einiger der in diesem Buch erläuterten Grundtechniken erstellt. Viele der folgenden Kapitel vertiefen die in Kapitel 2 angesprochenen Punkte.

Kapitel 3 behandelt die lexikalische Analyse, reguläre Ausdrücke, endliche Automaten und Scanner-Generatoren. Diese Techniken eignen sich vorzüglich für die Textverarbeitung.

In Kapitel 4 werden die wichtigsten Parsing-Techniken – von den Methoden des rekursiven Abstiegs, die sich leicht manuell implementieren lassen, bis hin zu den rechenintensiven LR-Techniken, die in Parser-Generatoren Verwendung finden – ausführlich besprochen.

Kapitel 5 führt in die Grundideen der syntaxgesteuerten Übersetzung ein; es dient im Rest des Buches für die Spezifikation und Implementation von Übersetzungen.

Kapitel 6 stellt die Hauptideen der statischen semantischen Überprüfungen vor; insbesondere die Typüberprüfung und die Unifikation werden dabei ausführlich besprochen.

Kapitel 7 stellt verschiedene Speicherorganisationen vor, die für die Laufzeitumgebung eines Programms von Bedeutung sind.

Kapitel 8 bespricht zunächst verschiedene Zwischensprachen und zeigt dann, wie gebräuchliche Programmiersprachen-Konstrukte in Zwischencode übersetzt werden können.

Kapitel 9 befaßt sich mit der Code-Erzeugung. Dazu gehören sowohl die einfache Methode der sofortigen Code-Generierung als auch optimale Methoden zur Erzeugung von Code für Ausdrücke. Des weiteren werden hier die sogenannte Guckloch-Optimierung und Code-Generator-Generatoren besprochen.

Kapitel 10 gibt einen ausführlichen Überblick über Code-Optimierungsmethoden, wobei die Datenflußanalyse und die Grundmethoden für globale Optimierungen detailliert erörtert werden.

Kapitel 11 diskutiert einige der anderen Punkte, die im Zusammenhang mit der Implementierung eines Compilers auftreten können. Dazu gehören verschiedene Software-Engineering- und Test-Methoden.

In Kapitel 12 finden sie die Beschreibungen einiger Compiler, die unter Zugrundelegung einiger in diesem Buch beschriebener Techniken erstellt wurden.

Im Anhang wird eine einfache Sprache (eine Teilmenge von Pascal) beschrieben, die als Grundlage für ein Compilerbaupraktikum dienen kann.

Eine Einführungsveranstaltung zum Compilerbau kann unter Verwendung der folgenden Abschnitte des Buches zusammengestellt werden:

Einführung	Kapitel 1 und Abschnitte 2.1 – 2.5
lexikalische Analyse	2.6, 3.1 – 3.4
Symboltabellen	2.7, 7.6
Parsen	2.4, 4.1 – 4.4
syntaxgesteuerte Übersetzung	2.5, 5.1 – 5.5
Typüberprüfung	6.1 – 6.2
Laufzeitorganisation	7.1 – 7.3

Zwischencode-Generierung	8.1 – 8.3
Code-Generierung	9.1 – 9.4
Code-Optimierung	10.1 – 10.2

Kapitel 2 enthält alle für ein Praktikum (wie das im Anhang vorgeschlagene) notwendigen Informationen.

Eine Veranstaltung zu Compilerbau-Tools sollte die Besprechungen der Scanner-Generatoren in Abschnitt 3.5, der Parser-Generatoren in den Abschnitten 4.8 und 4.9 sowie der Code-Generatoren in Abschnitt 9.12 beinhalten. Zusätzlich können einige der Informationen über verschiedene Techniken zur Konstruktion von Compilern aus Kapitel 11 entnommen werden.

Eine Fortgeschritten-Veranstaltung könnte die in den Kapiteln 3 und 4 besprochenden Algorithmen für Scanner- und Parser-Generatoren, die Abschnitte über Typ-Äquivalenz, Überladung, Polymorphismen und Unifikation in Kapitel 6, das Material zur Speicherorganisation zur Laufzeit in Kapitel 7, die Abschnitte zu mustergesteuerten Methoden zur Code-Generierung aus Kapitel 9 sowie das Kapitel 10 zur Code-Optimierung umfassen.

Übungen

Die Übungen sind entsprechend ihres Schwierigkeitsgrades mit Sternen markiert. Dabei dienen Aufgaben ohne Markierung zur Überprüfung des Verständnisses von Definitionen, ein Stern steht für fortgeschrittenere Aufgaben, und zwei Sterne markieren Aufgaben, die geistige Höchstleistungen erfordern.

Danksagung

Während der Entstehung dieses Buches gaben viele Leute ihre unschätzbaren Kommentare zu dem Manuskript ab. Unser Dank gilt insbesondere Bill Appelbe, Nelson Beebe, Joe Bentley, Lois Bogess, Rodney Farrow, Stu Feldman, Charles Fischer, Chris Fraser, Art Gittelman, Eric Grosse, Dave Hanson, Fritz Henglein, Robert Henry, Gerard Holzmann, Steve Johnson, Brian Kernighan, Ken Kubota, Dave MacQueen, Dianne Maki, Alan Martin, Doug McIlroy, Charles McLaughlin, John Mitchell, Elliott Organick, Robert Paige, Phil Pfeiffer, Rob Pike, Kari-Jouko Räihä, Dennis Ritchie, Sriram Sankar, Paul Stoecker, Bjarne Stroustrup, Tom Szymanski, Kim Tracy, Peter Weinberger und Reinhard Wilhelm.

Des weiteren danken wir den AT&T Bell Laboratorien für ihre Unterstützung bei der Erstellung dieses Buches.

A.V.A   R.S   J.D.U.

Inhaltsverzeichnis

Band 2

1
Einführung in die Compilierung

Die Prinzipien und Techniken des Compilerbaus sind so themenübergreifend, daß die in diesem Buch vorgestellten Ideen im beruflichen Leben eines Informatikers häufig zum Einsatz kommen werden. Compilerbau umfaßt Programmiersprachen, Rechnerarchitektur, Sprachtheorie, Algorithmen und Software-Engineering. Glücklicherweise reichen wenige Compilerbautechniken aus, um Übersetzer für ein breites Spektrum an Sprachen und Maschinen zu erstellen. In diesem Kapitel führen wir in die Compilierungsthematik ein. Wir beschreiben die Komponenten eines Compilers, die Umgebung, in der Compiler arbeiten, und einige Software-Werkzeuge, die es einfacher machen, Compiler zu schreiben.

1.1 Compiler

Im Grunde ist ein Compiler ein Programm, das ein in einer bestimmten Sprache – der *Quell*-Sprache – geschriebenes Programm liest und es in ein äquivalentes Programm einer anderen Sprache – der *Ziel*-Sprache – übersetzt (siehe Abb. 1.1). Eine wichtige Teilaufgabe des Compilers besteht darin, dem Benutzer Fehler, die im Quellprogramm enthalten sind, zu melden.

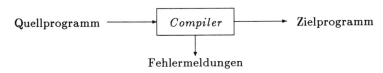

Abb. 1.1 Ein Compiler.

Auf den ersten Blick mag die Vielfalt an Compilern überwältigend erscheinen. Es gibt Tausende von Quellsprachen. Das Spektrum reicht von traditionellen Programmiersprachen wie Fortran und Pascal bis zu Spezialsprachen, die in praktisch allen Bereichen entstanden sind, in denen Computer eingesetzt werden. Ebenso groß ist die Bandbreite bei den Zielsprachen. Zielsprache kann eine andere Programmiersprache sein oder die Maschinensprache irgendeines Rechners, vom Microprozessor bis zum Supercomputer. Compiler werden manchmal klassifiziert als Ein-Pass-, Mehr-Pass-, Load-and-go-Compiler, optimierende Compiler oder Compiler mit Testhilfen, je nachdem, wie sie konstruiert oder für welche Aufgaben sie vorgesehen sind. Trotz dieser offensichtlichen Komplexität haben alle Compiler im Prinzip die gleichen elementaren Aufgaben durchzuführen. Wenn wir diese Aufgaben verstanden haben, können wir Compiler für sehr unterschiedliche Quellsprachen und Zielmaschinen erstellen, wobei wir die gleichen Grundtechniken verwenden.

Seit die ersten Compiler in den frühen fünfziger Jahren allmählich aufkamen, hat sich unser Wissen über Aufbau und Entwicklung von Compilern stark weiterentwickelt. Es ist schwierig, für den ersten Compiler ein genaues Datum anzugeben, denn anfangs haben verschiedene Gruppen unabhängig voneinander sehr viel experimentiert und implementiert. Viele der frühen Arbeiten über Compilerbau beschäftigten sich mit der Übersetzung arithmetischer Formeln in Maschinencode.

Die ganzen fünfziger Jahre hindurch galten Compiler durchweg als schwer zu schreibende Programme. Der Aufwand zur Implementierung des ersten Fortran-Compilers betrug beispielsweise 18 Mannjahre (Backus et al. [1957]). Seitdem wurden systematische Techniken entdeckt, um mit vielen der wichtigen Aufgaben fertig zu werden, die sich während einer Compilierung ergeben. Außerdem wurden gute Implementierungssprachen, Programmierumgebungen und Software-Werkzeuge entwickelt. Dank dieser Fortschritte kann ein funktionstüchtiger Compiler selbst als Studentenarbeit in einem einsemestrigen Compilerbau-Praktikum implementiert werden.

Das Analyse-Synthese-Modell der Compilierung

Der Übersetzungsprozeß besteht aus zwei Teilen: Analyse und Synthese. Der Analyse-Teil zerlegt das Quellprogramm in seine Bestandteile und erzeugt eine Zwischendarstellung des Quellprogramms. Der Synthese-Teil konstruiert das gewünschte Zielprogramm aus der Zwischendarstellung. Die Synthese verlangt von beiden Teilen die spezialisiertesten Techniken. Wir werden in Abschnitt 1.2 informell auf die Analyse eingehen und in Abschnitt 1.3 skizzieren, wie in einem Compiler üblicherweise Zielcode „synthetisiert" wird.

Während der Analyse werden die im Quellprogramm enthaltenen Operationen bestimmt und in einer hierarchischen Struktur, einem sog. Baum, angeordnet. Häufig wird eine spezielle Art eines Baumes, ein sog. Syntaxbaum, verwendet, in dem jeder Knoten eine Operation darstellt und die Söhne eines Knotens die Argumente der Operation repräsentieren. Abb. 1.2 zeigt als Beispiel einen Syntaxbaum für einen Zuweisungsbefehl.

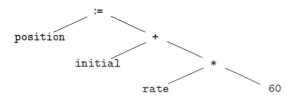

Abb. 1.2 Syntaxbaum für position := initial + rate * 60

Viele Software-Werkzeuge, die Quellprogramme bearbeiten, führen zunächst irgendeine Art der Analyse durch. Beispiele für solche Werkzeuge sind:

1. *Struktureditoren.* Ein Struktureditor erhält als Eingabe eine Folge von Kommandos, durch die ein Quellprogramm erstellt werden soll. Der Struktureditor führt nicht nur Funktionen eines gewöhnlichen Texteditors zum Erzeugen und Ändern von Text durch, sondern analysiert darüber hinaus auch den Programmtext und unterlegt dem Quellprogramm eine geeignete hierarchische Struktur. Dies versetzt den Struktureditor in die Lage, zusätzliche Aufgaben zu erledigen, die für die Aufbereitung von Programmen nützlich sind. Beispielsweise kann er prüfen, ob die Form der Eingabe korrekt ist, kann automatisch Schlüsselwörter bereitstellen (z.B. sorgt der Editor, sobald der Benutzer while eintippt, für das zugehörige do und erinnert den Benutzer daran, daß dazwischen eine Bedingung stehen muß), und kann von einem begin oder einer öffnenden Klammer zum zugehörigen end oder zur zugehörigen schließenden Klammer springen. Die Ausgabe eines solchen Editors ähnelt oft der Ausgabe der Analyse-Phase eines Compilers.

2. *Pretty Printer.* Ein Pretty Printer analysiert ein Programm und druckt es so, daß die Struktur des Programms deutlich hervortritt. Zum Beispiel könnten Kommentare in einem speziellen Schriftsatz dargestellt und Anweisungen so weit eingerückt werden, wie es ihrer Schachtelungstiefe in der hierarchischen Anordnung der Anweisungen entspricht.

3. *Statische Überprüfungen.* Ein Werkzeug zur statischen Überprüfung liest ein Programm, analysiert es und versucht, mögliche Fehler zu entdecken, ohne das Programm auszuführen. Der Analyse-Teil ähnelt oft dem in optimierenden Compilern, wie sie in Kapitel 10 besprochen werden. Ein solches Überprüfungsprogramm könnte etwa erkennen, daß Teile des Quellprogramms niemals ausgeführt werden können oder daß eine bestimmte Variable benutzt wird, bevor sie definiert wurde. Darüber hinaus kann es logische Fehler aufdecken, wie z.B. den Versuch,

eine real-Variable als Zeiger zu benutzen. Hierbei werden die in Kapitel 6 behandelten Techniken zur Typ-Überprüfung eingesetzt.

4. *Interpreter*. Anstatt ein Zielprogramm als Übersetzung zu erzeugen, führt ein Interpreter die im Quellprogramm enthaltenen Operationen direkt aus. Ein Interpreter könnte z.B. für eine Zuweisung einen Baum wie in Abb. 1.2 aufbauen und anschließend beim Durchwandern des Baums die Operationen in den Knoten ausführen. An der Wurzel würde er feststellen, daß er eine Zuweisung ausführen muß, und deswegen eine Routine zur Auswertung des Ausdrucks auf der rechten Seite aufrufen. Der Ergebniswert würde anschließend an derjenigen Stelle gespeichert werden, die dem Bezeichner position zugeordnet ist. Beim rechten Sohn der Wurzel würde die Routine feststellen, daß sie die Summe zweier Ausdrücke berechnen muß. Sie würde sich rekursiv aufrufen, um den Wert des Ausdrucks rate * 60 zu berechnen. Anschließend würde sie diesen Wert zum Wert der Variablen initial addieren.

Interpreter werden häufig dazu benutzt, Kommandosprachen auszuführen, weil jeder in einer Kommandosprache ausgeführte Operator typischerweise die Aktivierung einer komplexen Routine darstellt, wie z.B. einen Editor oder Compiler. Ähnlich werden auch „sehr hohe" Sprachen wie APL interpretiert, weil viele datenspezifische Eigenschaften wie Größe und Form von Arrays zur Übersetzungszeit noch nicht bestimmt werden können.

Traditionell stellen wir uns unter einem Compiler ein Programm vor, das eine Quellsprache wie Fortran in die Assembler- oder Maschinensprache irgendeines Rechners übersetzt. Allerdings gibt es auch Bereiche, die damit anscheinend wenig zu tun haben, in denen jedoch Compilerbautechniken ganz regulär verwendet werden.

1. *Textformatierer*: Ein Textformatierer erhält als Eingabe einen Zeichenstrom. Der Zeichenstrom besteht zum größten Teil aus Text, der gesetzt werden soll. Er enthält aber auch Kommandos, um Absätze, Abbildungen oder mathematische Ausdrücke wie z.B. tief- und hochgestellte Indizes zu kennzeichnen. Wir gehen auf einige der von Textformatierern durchgeführten Analysen im nächsten Abschnitt ein.

2. *Silicon-Compiler*: Die Quellsprache eines Silicon-Compiler ist einer konventionellen Programmiersprache vergleichbar. Die Variablen der Sprache repräsentieren jedoch keine Speicherplätze, sondern logische Signale oder Gruppen logischer Signale in einem Schaltkreis. Ausgabe ist ein Schaltkreisentwurf in einer geeigneten Sprache. Das Thema Silicon-Compilierung wird in Johnson [1983], Ullman [1984] und Trickey [1985] behandelt.

3. *Anfrage-Interpreter*: Ein Anfrage-Interpreter übersetzt ein Prädikat mit relationalen und booleschen Operatoren in ein Kommando, das in einer Datenbank nach Sätzen sucht, die dieses Prädikat erfüllen (siehe Ullman [1982] oder Date [1986]).

Die Umgebung eines Compilers

Um ein ausführbares Zielprogramm zu erzeugen, sind neben einem Compiler meistens noch verschiedene andere Programme notwendig. Unter Umständen ist das Quellprogramm in Module zerlegt, die in getrennten Dateien abgelegt sind. Die Aufgabe, das Quellprogramm zusammenzusetzen, wird manchmal einem eigenen Programm übertragen, einem sog. Präprozessor. Eventuell expandiert der Präprozessor auch Kürzel, sog. makros, zu Anweisungen der Quellsprache.

Abb. 1.3 zeigt eine typische „Compilierung". Das vom Compiler erzeugte Zielprogramm muß unter Umständen weiterverarbeitet werden, bevor es ablauffähig ist. Der Compiler in Abb. 1.3 erzeugt Assemblercode, der von einem Assembler in Maschinencode übersetzt und dann mit einigen Bibliotheksroutinen zu dem Code zusammengebunden wird, der schließlich auf der Maschine läuft.

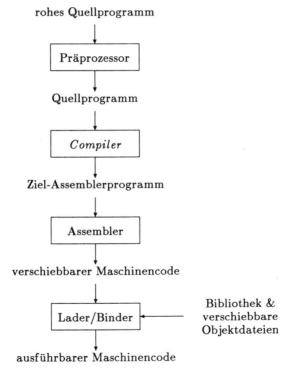

Abb. 1.3   Ein sprachverarbeitendes System.

Wir werden in den nächsten beiden Abschnitten auf die Komponenten eines Compilers eingehen. Die übrigen Programme aus Abb. 1.3 werden in Abschnitt 1.4 besprochen.

1.2 Analyse des Quellprogramms

In diesem Abschnitt stellen wir die Analyse vor und veranschaulichen ihren Einsatz an einigen Sprachen zur Textformatierung. Das Thema wird ausführlicher in den Kapiteln 2 bis 4 und 6 behandelt. Die Analyse beim Übersetzen besteht aus drei Teilen:

1. *Lineare Analyse.* Der Strom von Zeichen, aus denen das Quellprogramm besteht, wird von links nach rechts gelesen und in Symbole (engl. *tokens*) aufgeteilt. Ein Symbol stellt eine Folge von Zeichen dar, die zusammen eine bestimmte Bedeutung haben.

2. *Hierarchische Analyse.* Zeichen oder Symbole werden hierarchisch zu ineinandergeschachtelten Gruppen zusammengefaßt. Die Symbole einer solchen Gruppe haben zusammen eine bestimmte Bedeutung.

3. *Semantische Analyse.* Prüfungen werden durchgeführt, um sicherzustellen, daß die Bestandteile eines Programms sinnvoll zusammenpassen.

Lexikalische Analyse

Die lineare Analyse in einem Compiler heißt *lexikalische Analyse* oder engl. *scanning*. Beispielsweise würden bei der lexikalischen Analyse die Zeichen in der Zuweisung

```
position := initial + rate * 60
```

in die folgenden Symbole gruppiert:

1. Der Bezeichner position.
2. Das Zuweisungssymbol :=.
3. Der Bezeichner initial.
4. Das Plus-Zeichen.
5. Der Bezeichner rate.
6. Das Multiplikationszeichen.
7. Die Zahl 60.

Die Leerzeichen, die die Zeichen dieser Symbole trennen, werden im allgemeinen während der lexikalischen Analyse entfernt.

Syntaxanalyse

Die hierarchische Analyse heißt *Syntaxanalyse* oder engl. *parsing*. Ihre Aufgabe besteht darin, die Symbole des Quellprogramms zu grammatikalischen Sätzen zusammenzufassen, die der Compiler zur Erzeugung einer Ausgabe benutzt. Die grammatikalischen Sätze des Quellprogramms werden im allgemeinen durch einen Parse-Baum dargestellt, wie ihn z.B. Abb. 1.4 zeigt.

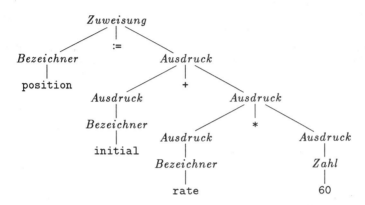

Abb. 1.4 Parse-Baum für position := initial + rate * 60.

In dem Ausdruck initial + rate * 60 ist der Satz rate * 60 eine logische Einheit, weil die für arithmetische Ausdrücke übliche Konvention besagt, daß die Multiplikation vor der Addition ausgeführt wird. Da dem Ausdruck initial + rate ein * folgt, bildet er in Abb. 1.4 für sich alleine keinen Satz.

Die hierarchische Struktur eines Programms wird normalerweise durch rekursive Regeln ausgedrückt. Zum Beispiel könnten folgende Regeln Teil einer Definition für Ausdrücke sein:

1. Jeder *Bezeichner* ist ein Ausdruck.

2. Jede *Zahl* ist ein Ausdruck.

3. Wenn *Ausdruck*$_1$ und *Ausdruck*$_2$ Ausdrücke sind, dann sind auch

> *Ausdruck*$_1$ + *Ausdruck*$_2$
> *Ausdruck*$_1$ * *Ausdruck*$_2$
> (*Ausdruck*$_1$)

Ausdrücke.

Die Regeln (1) und (2) sind (nichtrekursive) Basisregeln, während Regel (3) Ausdrücke dadurch definiert, daß Operatoren auf andere Ausdrücke angewendet werden. Nach Regel (1) sind initial und rate Ausdrücke. Regel (2) besagt, daß 60 ein Ausdruck ist. Daher können wir nach Regel (3) zunächst schließen, daß rate * 60 ein Ausdruck ist und schließlich, daß initial + rate * 60 ein Ausdruck ist.

In ähnlicher Weise sind Anweisungen in vielen Sprachen rekursiv definiert, durch Regeln wie z.B.

1. Wenn $Bezeichner_1$ ein Bezeichner ist und $Ausdruck_2$ ein Ausdruck, dann ist

$$Bezeichner_1 := Ausdruck_2$$

   eine Anweisung.

2. Wenn $Ausdruck_1$ ein Ausdruck ist und $Anweisung_2$ eine Anweisung, dann sind

   while $(Ausdruck_1)$ **do** $Anweisung_2$

   if $(Ausdruck_1)$ **then** $Anweisung_2$

   Anweisungen.

Die Trennung zwischen lexikalischer und syntaktischer Analyse ist etwas willkürlich. Im allgemeinen wählen wir die Trennung so, daß die gesamte Analyseaufgabe einfacher wird. Die Entscheidung, wo die Trennlinie zu ziehen ist, hängt unter anderem davon ab, ob ein Konstrukt der Quellsprache seinem Wesen nach rekursiv ist oder nicht. Bei lexikalischen Konstrukten ist Rekursion nicht nötig, im Gegensatz zu vielen syntaktischen Konstrukten. Kontextfreie Grammatiken sind eine Formalisierung rekursiver Regeln und können dazu benutzt werden, die syntaktische Analyse zu leiten. Sie werden in Kapitel 2 eingeführt und in Kapitel 4 ausführlich untersucht.

Rekursion ist beispielsweise überflüssig, um Bezeichner zu erkennen, die typischerweise Folgen von Buchstaben und Ziffern sind und mit einem Buchstaben beginnen. Im Normalfall werden wir Bezeichner erkennen, indem wir einfach den Eingabestrom solange zeichenweise lesen, bis ein Zeichen gefunden wurde, das weder Buchstabe noch Ziffer ist. Dann fassen wir die bis dahin gefundenen Buchstaben und Ziffern zu einem Bezeichner-Symbol zusammen. Die auf diese Weise zusammengefaßten Zeichen werden in einer Tabelle, der sog. Symboltabelle, gespeichert und aus der Eingabe entfernt, so daß die Bearbeitung des nächsten Symbols beginnen kann.

Andererseits ist diese Art der linearen, zeichenorientierten Analyse nicht mächtig genug, um Ausdrücke oder Anweisungen zu erkennen. Zum Beispiel können wir zusammengehörige Klammern in Ausdrücken oder **begin** und **end** in Anweisungen nicht korrekt zuordnen, ohne der Eingabe irgendeine Form einer hierarchischen oder verschachtelten Struktur zu unterlegen.

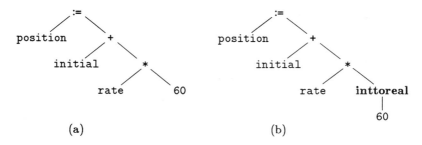

Abb. 1.5 Hinzufügen einer integer-real-Umwandlung während der semantischen Analyse.

Der Parse-Baum in Abb. 1.4 beschreibt die syntaktische Struktur der Eingabe. Eine gebräuchlichere interne Repräsentation dieser syntaktischen Struktur stellt der Syntaxbaum in Abb. 1.5(a) dar. Ein Syntax-Baum ist eine komprimierte Darstellung eines Parse-Baums, bei dem die Operatoren die inneren Knoten bilden und die Operanden eines Operators die Söhne des Knotens für diesen Operator sind. Die Erstellung von Bäumen wie dem in Abb. 1.5(a) wird in Abschnitt 5.2 besprochen. In Kapitel 2, und detaillierter noch in Kapitel 5, werden wir auf das Thema der *syntaxgesteuerten Übersetzung* eingehen, bei der die hierarchische Struktur der Eingabe dem Compiler bei der Erzeugung der Ausgabe hilft.

Semantische Analyse

Die Phase der semantischen Analyse überprüft das Quellprogramm auf semantische Fehler und sammelt Typ-Informationen für die anschließende Phase der Code-Generierung. Sie nutzt die hierarchische Struktur, die während der Syntaxanalyse ermittelt wurde, um die Operatoren und Operanden von Aucdrücken und Anweisungen zu bestimmen.

Ein wesentliches Element der semantischen Analyse sind Typüberprüfungen. Hierbei überprüft der Compiler, ob die Operanden eines Operators von der Spezifikation der Quellsprache zugelassen sind. Viele Definitionen von Programmiersprachen verlangen zum Beispiel vom Compiler, daß er jedesmal einen Fehler meldet, wenn eine real-Zahl zur Indizierung eines Arrays benutzt wird. Die Sprachspezifikation kann allerdings Operandenanpassungen zulassen, wenn z.B. ein zweistelliger arithmetischer Operator auf einen integer- und einen real-Wert angewendet wird. In diesem Fall muß der Compiler unter Umständen den integer- in einen real-Wert umwandeln. Typüberprüfungen und semantische Analyse werden in Kapitel 6 behandelt.

Beispiel 1.1

Maschinenintern unterscheidet sich das Bit-Muster zur Darstellung eines integer-Wertes im allgemeinen vom Bit-Muster für einen real-Wert, selbst dann, wenn integer- und real-Zahl zufällig den gleichen Wert haben. Nehmen wir zum Beispiel an, daß alle Bezeichner in Abb. 1.5 als real deklariert wurden und daß 60 per se ein integer sein soll. Typüberprüfungen von Abb. 1.5(a) zeigen, daß * auf eine real-Zahl, nämlich rate, und eine integer-Zahl, nämlich 60, angewendet werden soll. Das übliche Verfahren besteht darin, den integer- in einen real-Wert zu konvertieren. Dies wurde in Abb. 1.5(b) erreicht, indem ein zusätzlicher Knoten für den Operator **inttoreal** geschaffen wurde, der explizit einen integer- in einen real-Wert umwandelt. Weil der Operand von **inttoreal** eine Konstante ist, besteht eine weitere Möglichkeit darin, daß der Compiler stattdessen die integer-Konstante durch eine äquivalente real-Konstante ersetzt.   □

Analyse in Textformatierern

Es ist hilfreich, sich die Eingabe für einen Textformatierer als Hierarchie von *Boxen* vorzustellen. Eine Box ist ein rechteckiger Bereich, der mit einem Bitmuster zu füllen ist, das die vom Ausgabegerät zu druckenden hellen und dunklen Pixel beschreibt.

Auf diese Art interpretiert z.B. das TEX-System (Knuth [1984a]) seine Eingabe. Jedes Zeichen, das nicht Teil eines Kommandos ist, stellt eine Box dar, die unter Berücksichtigung von Schriftsatz und Größe das Bitmuster für dieses Zeichen enthält. Aufeinanderfolgende Zeichen werden, sofern sie nicht durch „Leerräume" (Leerzeichen oder Zeilenumbrüche) getrennt sind, zu Worten zusammengefaßt. Worte bestehen jeweils aus horizontal angeordneten Boxen, wie es Abb. 1.6 schematisch zeigt. Zeichen zu Worten (oder Kommandos) zusammenzufassen bildet in Textformatierern den linearen oder lexikalischen Teil der Analyse.

Abb. 1.6   Zuordnung von Zeichen und Wörtern zu Boxen.

In TEX können Boxen aus kleineren Boxen zusammengesetzt werden, indem man diese nach Belieben horizontal oder vertikal kombiniert. Beispielsweise ordnet

```
\hbox { <Liste von Boxen> }
```

eine Liste von Boxen horizontal nebeneinander an, während der \vbox-Opera-
tor analog eine Liste von Boxen vertikal übereinander plaziert. Wenn wir
demnach TEX den Befehl

    \hbox { \vbox {! 1} \vbox {@ 2} }

eingeben, so erhalten wir die in Abb. 1.7 gezeigte Anordnung von Boxen. Die
von der Eingabe implizierte hierarchische Anordnung von Boxen zu bestimmen ist in TEX Teil der Syntaxanalyse.

Abb. 1.7   Boxen-Hierarchie in TEX.

Wir wollen noch ein weiteres Beispiel betrachten. Der Präprozessor EQN für
mathematische Anwendungen (Kernighan und Cherry [1975]) oder der mathematische Prozessor in TEX erzeugen mathematische Ausdrücke aus Operatoren wie sub oder sup, die tief- bzw. hochgestellte Indizes kennzeichnen.
Wenn EQN auf einen Eingabetext der Form

    BOX sub *box*

trifft, wird *box* verkleinert und wie in Abb. 1.8 neben BOX nahe der rechten
unteren Ecke plaziert. Der sup-Operator positioniert *box* analog rechts oben.

Abb. 1.8   Tiefgestellte Indizierung in mathematischem Text.

Diese Operatoren können rekursiv angewendet werden, so daß z.B. der EQN-
Text

    a sub {i sup 2}

zu dem Ergebnis a_{i2} führt. Die Operatoren sub und sup als Symbole zu erkennen ist Teil der lexikalischen Analyse von EQN. Um Größe und Position einer Box zu bestimmen ist jedoch die syntaktische Struktur des Textes erforderlich.

1.3 Die Phasen eines Compilers

Wie stellen uns vor, daß ein Compiler in *Phasen* arbeitet, von denen jede das Quellprogramm von einer Darstellung in eine andere überführt. Eine typische Zerlegung eines Compilers zeigt Abb. 1.9. In der Praxis können einige dieser Phasen zusammengefaßt werden; wir kommen in Abschnitt 1.5 darauf zurück. Die Zwischendarstellungen brauchen dann nicht explizit erzeugt zu werden.

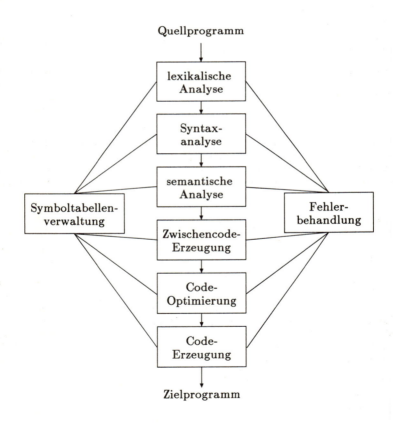

Abb. 1.9 Phasen eines Compilers.

Die ersten drei Phasen, die den Großteil der Analysetätigkeiten eines Compilers ausmachen, wurden im letzten Abschnitt vorgestellt. Zwei andere Aufgaben, nämlich Symboltabellenverwaltung und Fehlerbehandlung, stehen in Wechselbeziehung zu den sechs Phasen lexikalische Analyse, Syntaxanalyse, semantische Analyse, Zwischencodeerzeugung, Code-Optimierung und Code-Erzeugung. Der Einfachheit halber werden wir die Symboltabellenverwaltung und Fehlerbehandlung ebenfalls als „Phasen" bezeichnen.

Symboltabellenverwaltung

Eine wesentliche Aufgabe des Compilers besteht darin, die im Quellprogramm benutzten Bezeichner zu speichern und Informationen über die verschiedenen Attribute der Bezeichner zu sammeln. Diese Attribute können den Speicherbedarf eines Bezeichners betreffen, seinen Typ, seinen Gültigkeitsbereich (wo im Programm ist er gültig?) und bei Prozedurnamen etwa Anzahl und Typen der Argumente, die Methode der Argumentübergabe (z.B. als Adressen) und eventuell den Typ des Rückgabewertes.

Eine *Symboltabelle* ist eine Datenstruktur, die für jeden Bezeichner einen Record mit Feldern für die zugehörigen Attribute enthält. Die Datenstruktur gestattet es, den Record eines Bezeichners schnell zu finden und Daten in diesem Record schnell abzuspeichern und wiederzugewinnen. Symboltabellen werden in den Kapiteln 2 und 7 behandelt.

Sobald die lexikalische Analyse einen Bezeichner im Quellprogramm erkannt hat, wird er in die Symboltabelle eingetragen. Die Attribute eines Bezeichners können jedoch im allgemeinen nicht während der lexikalischen Analyse bestimmt werden. Wenn beispielsweise der Scanner bei der Pascal-Deklaration

```
var position, initial, rate : real ;
```

die Bezeichner position, initial und rate gelesen hat, ist über den Typ real noch nichts bekannt.

Die restlichen Phasen tragen Informationen über Bezeichner in die Symboltabelle ein und benutzen anschließend diese Informationen nach Bedarf. Wenn wir etwa die Semantik analysieren und Zwischencode erzeugen, müssen wir die Typen der Bezeichner kennen, um einerseits überprüfen zu können, daß sie im Quellprogramm in zulässiger Art und Weise verwendet werden, und andererseits, um die richtigen Operationen erzeugen können. Für die Code-Erzeugung ist es typisch, daß sie bezüglich des Speichers, der den Bezeichnern zugeordnet ist, detaillierte Informationen einträgt und benutzt.

Erkennen und Melden von Fehlern

Jede Phase kann auf Fehler stoßen. Eine Phase, die einen Fehler entdeckt hat, muß ihn auf irgendeine Weise behandeln. Ziel ist es, die Übersetzung fortzuführen, um dadurch weitere Fehler im Quellprogramm zu entdecken. Ein Compiler, der beim ersten Fehler abbricht, ist nicht besonders hilfreich. Besser wäre es, wenn er weiterarbeiten würde.

Die Phasen der syntaktischen und semantischen Analyse behandeln gewöhnlich einen Großteil der Fehler, die ein Compiler überhaupt entdecken kann. Die lexikalische Phase kann solche Fehler erkennen, bei denen die in der Eingabe befindlichen Zeichen kein Symbol der Sprache bilden. Fehler, bei denen der Symbolstrom Strukturregeln (Syntax) der Sprache verletzt, werden von der Syntaxanalyse-Phase entdeckt. Während der semantischen Analyse versucht der Compiler Konstrukte zu erkennen, die zwar syntaktisch korrekt strukturiert sind, die aber für die darin enthaltenen Operationen keinen Sinn ergeben. Das ist z.B. der Fall, wenn man versucht, zwei Bezeichner zu addieren, von denen der eine ein Array-Name ist und der andere der Name einer Prozedur. Wir werden in diesem Buch die Fehlerbehandlung durch die verschiedenen Phasen immer zusammen mit den jeweiligen Phasen besprechen.

Die Analyse-Phase

Mit fortschreitender Übersetzung verändert sich die Repräsentation des Quellprogramms im Compiler. Wir wollen diese Repräsentationen veranschaulichen, indem wir die Übersetzung der folgenden Anweisung betrachten:

$$\texttt{position := initial + rate * 60} \qquad (1.1)$$

Abb. 1.10 zeigt, wie sich die Repräsentation der Anweisung nach jeder Phase ändert.

Die lexikalische Analyse liest die Zeichen des Quellprogramms und wandelt sie in einen Strom von Symbolen um. Jedes Symbol stellt eine logisch zusammengehörige Folge von Zeichen dar, wie z.B. einen Bezeichner, ein Schlüsselwort (if, while, ...), ein Satzzeichen oder einen aus mehreren Zeichen bestehenden Operator wie :=. Die Zeichenfolge, aus der ein Symbol besteht, heißt das *Lexem* für das Symbol. Manche Symbole erhalten zusätzlich einen „lexikalischen Wert". Wenn z.B. ein Bezeichner wie rate gefunden wird, dann erzeugt der Scanner nicht nur ein Symbol, etwa **id**, sondern er trägt das Lexem rate auch in die Symboltabelle ein, falls es noch nicht darin enthalten ist. Der zum entsprechenden **id** gehörige lexikalische Wert zeigt auf den Symboltabelleneintrag für rate.

position := initial + rate * 60

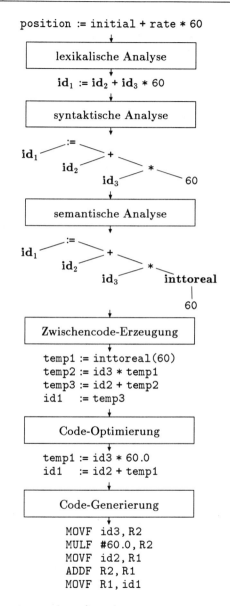

	Symboltabelle	
1	position	· · ·
2	initial	· · ·
3	rate	· · ·
4		

lexikalische Analyse

$id_1 := id_2 + id_3 * 60$

syntaktische Analyse

semantische Analyse

Zwischencode-Erzeugung

```
temp1 := inttoreal(60)
temp2 := id3 * temp1
temp3 := id2 + temp2
id1   := temp3
```

Code-Optimierung

```
temp1 := id3 * 60.0
id1   := id2 + temp1
```

Code-Generierung

```
MOVF id3,R2
MULF #60.0,R2
MOVF id2,R1
ADDF R2,R1
MOVF R1,id1
```

Abb. 1.10 Übersetzung einer Anweisung.

Wir werden in diesem Abschnitt id_1, id_2 bzw. id_3 für position, initial bzw. rate verwenden, um deutlich zu machen, daß die interne Repräsentation eines Bezeichners sich von der Zeichenfolge unterscheidet, aus der er besteht. Die Repräsentation von (1.1) könnte nach der lexikalischen Analyse dann so aussehen:

$$id_1 := id_2 + id_3 * 60 \tag{1.2}$$

Eigentlich müßten wir auch den aus zwei Zeichen bestehenden Operator := und die Zahl 60 in Symbole umsetzen, um ihre interne Repräsentation zu verdeutlichen. Aber wir verschieben das auf Kapitel 2. Kapitel 3 handelt ausführlich von der lexikalischen Analyse.

(a)
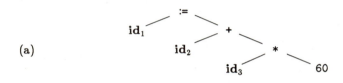

(b)
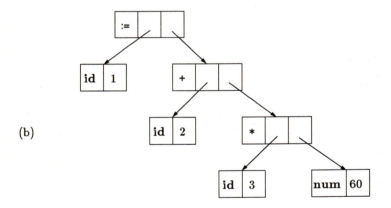

Abb. 1.11   Die Datenstruktur in (b) ist für den Baum in (a).

Die zweite und dritte Phase – syntaktische und semantische Analyse – wurden ebenfalls schon in Abschnitt 1.2 eingeführt. Die Syntaxanalyse unterlegt dem Symbolstrom eine hierarchische Struktur, die wir graphisch wie in Abb. 1.11(a) durch Syntaxbäume darstellen. Eine typische Datenstruktur für den Baum zeigt Abb. 1.11(b). Hierbei besteht ein innerer Knoten aus einem

Record mit einem Feld für den Operator und zwei Feldern für Zeiger auf den rechten und linken Sohn. Ein Blatt ist ein Record mit zwei oder mehr Feldern, eines, um das Symbol in diesem Blatt zu bezeichnen, und die anderen, um Informationen über dieses Symbol aufzunehmen. Wenn man sich weitere Informationen über Sprachkonstrukte merken möchte, muß man die Records für die Knoten entsprechend um zusätzliche Felder erweitern. Wir besprechen die syntaktische und semantische Analyse in Kapitel 4 bzw. 6.

Zwischencode-Erzeugung

Manche Compiler erzeugen nach der syntaktischen und semantischen Analyse explizit eine Zwischendarstellung des Quellprogramms. Wir können uns diese Zwischendarstellung als Programm für eine abstrakte Maschine vorstellen. Die Zwischendarstellung sollte zwei wichtige Eigenschaften besitzen: sie sollte leicht zu erzeugen und leicht ins Zielprogramm zu übersetzen sein.

Die Zwischendarstellung kann verschiedene Formen haben. In Kapitel 8 werden wir eine Form behandeln, die man „Drei-Adreß-Code" nennt und die einer Assemblersprache für eine Maschine ähnelt, in der jeder Speicherplatz als Register fungieren kann. Drei-Adreß-Code besteht aus einer Folge von Instruktionen, von denen jede höchstens drei Operanden hat. Das Programm (1.1) könnte in Drei-Adreß-Code folgendermaßen aussehen:

$$
\begin{aligned}
&\texttt{temp1 := inttoreal(60)}\\
&\texttt{temp2 := id3 * temp1}\\
&\texttt{temp3 := id2 + temp2} \qquad\qquad (1.3)\\
&\texttt{id1 := temp3}
\end{aligned}
$$

Bei dieser Form der Zwischendarstellung fallen einige interessante Aspekte auf. Erstens: Jeder Drei-Adreß-Befehl hat neben der Zuweisung höchstens noch einen weiteren Operator. Wenn der Compiler also diese Befehle erzeugt, muß er die Reihenfolge festlegen, in der die Operationen auszuführen sind. So muß er etwa berücksichtigen, daß im Quellprogramm von (1.1) die Multiplikation höhere Priorität als die Addition hat. Zweitens: Der Compiler muß temporäre Namen erzeugen, die jeweils den von einer Instruktion berechneten Wert enthalten. Drittens: Einige Drei-Adreß-Befehle haben weniger als drei Operanden, z.B. der erste und letzte Befehl in (1.3).

Kapitel 8 handelt von den wichtigsten Zwischendarstellungen, die in Compilern benutzt werden. Diese Darstellungen müssen im allgemeinen mehr berücksichtigen als nur die Berechnung von Ausdrücken. Sie müssen daneben auch Konstrukte zur Manipulation des Kontrollflusses und Prozeduraufrufe behandeln. In Kapitel 5 und 8 werden Algorithmen vorgestellt, die für typische programmiersprachliche Konstrukte Zwischencode erzeugen.

Code-Optimierung

Die Phase der Code-Optimierung versucht, den Zwischencode zu verbessern.
Ergebnis soll effizienterer Maschinencode sein. Einige Optimierungen sind tri-
vial; so erzeugt z.B. ein naheliegender Algorithmus den Zwischencode (1.3),
indem er nach der semantischen Analyse jeden Operator der Baum-Darstel-
lung in eine Instruktion umsetzt. Dennoch stellen die beiden folgenden Instruktionen eine bessere Lösung zur Durchführung der gleichen Berechnung
dar.

$$\begin{aligned} \texttt{temp1} &:= \texttt{id3} * \texttt{60.0} \\ \texttt{id1} &:= \texttt{id2} + \texttt{temp1} \end{aligned}$$

(1.4)

Dieser einfache Algorithmus ist völlig korrekt, weil das Problem während der
Phase der Code-Optimierung abgehandelt werden kann. Damit ist gemeint,
daß der Compiler erkennen kann, daß die Umwandlung der Zahl 60 von der
integer- in die real-Darstellung ein für allemal zur Compilezeit durchgeführt
werden kann und damit die Operation inttoreal eingespart wird. Außerdem
wird der Name temp3 nur einmal gebraucht, um seinen Wert an id1 zu übergeben. Man kann deswegen gefahrlos temp3 durch id1 ersetzen, wodurch die
letzte Anweisung von (1.3) überflüssig wird. Ergebnis ist der Code von (1.4).

Zwischen den verschiedenen Compilern gibt es große Unterschiede bezüglich des Aufwands, den sie für Code-Optimierungen treiben. Die sog. „optimierenden Compiler" tun hier am meisten; sie verbrauchen für diese Phase
einen beträchtlichen Teil ihrer Zeit. Es gibt allerdings einfache Optimierungen, die die Laufzeit des Zielprogramms deutlich verbessern, ohne die Übersetzung allzusehr zu verlangsamen. Viele davon werden in Kapitel 9 besprochen,
während Kapitel 10 Techniken vorstellt, die in den leistungsfähigsten
optimierenden Compilern eingesetzt werden.

Code-Erzeugung

Die letzte Compilerphase ist die Erzeugung des Zielcodes, der im allgemeinen
aus verschiebbarem Maschinen- oder Assemblercode besteht. Jeder im Pro-
gramm benutzten Variablen wird Speicherplatz zugeordnet. Danach wird jede
Instruktion der Zwischendarstellung in eine funktionserhaltende Folge von
Maschinenbefehlen übersetzt. Entscheidender Punkt ist die Zuordnung von
Registern zu Variablen.

Beispielsweise könnte der Code von (1.4) unter Verwendung der Register
1 und 2 in das folgende Assemblerprogramm übersetzt werden:

```
MOVF   id3,R2
MULF   #60.0,R2
MOVF   id2,R1
ADDF   R2,R1
MOVF   R1,id1
```

(1.5)

Der erste Operand jeder Instruktion bezeichnet die Quelle, der zweite das Ziel. Das F in den Instruktionen sagt aus, daß sie Gleitkommazahlen behandeln. Der obige Code überträgt den Inhalt von Adresse[1] id3 ins Register 2 und multipliziert es dann mit der real-Konstanten 60.0. Das # gibt an, daß 60.0 als Konstante zu behandeln ist. Die dritte Instruktion überträgt id2 ins Register 1, Instruktion 4 addiert den vorher in Register 2 berechneten Wert hinzu. Zum Schluß wird der Wert in Register 1 in die Adresse von id1 übertragen. Damit stellt der Code eine Implementierung der Zuweisung in Abb. 1.10 dar. Kapitel 9 beschäftigt sich mit Code-Erzeugung.

1.4 Die Umgebung eines Compilers

Wie wir in Abb. 1.3 gesehen haben, wird die Eingabe für einen Compiler unter Umständen von ein oder mehreren Präprozessoren erzeugt. Möglicherweise muß außerdem die Ausgabe des Compilers weiterverarbeitet werden, um lauffähigen Maschinencode zu erhalten. In diesem Abschnitt sprechen wir über die Umgebung, in der ein Compiler typischerweise arbeitet.

Präprozessoren

Präprozessoren erzeugen die Eingabe für einen Compiler. Sie können folgende Funktionen übernehmen:

1. *Makro-Bearbeitung*: Ein Präprozessor kann den Benutzern die Definition von Makros als Kürzel für größere Konstrukte erlauben.

2. *Einkopieren von Dateien*: Ein Präprozessor kann Dateien in den Programmtext einkopieren. Wenn z.b. der C-Präprozessor eine Datei bearbeitet, die die Anweisung #include <global.h> enthält, dann ersetzt er diese Anweisung durch den Inhalt der Datei <global.h>.

3. *„Rationale" Präprozessoren*: Diese Prozessoren reichern ältere Sprachen mit moderneren Möglichkeiten zur Kontrollflußmanipulation und Datenstrukturierung an. Ein solcher Präprozessor könnte dem Benutzer z.b. eingebaute Makros für Konstrukte wie while- oder if-Anweisungen anbieten, falls diese in der Programmiersprache selbst nicht existieren.

4. *Spracherweiterungen*: Diese Prozessoren versuchen der Sprache in Form eingebauter Makros neue Möglichkeiten hinzuzufügen. Beispielsweise ist die Sprache Equel (Stonebraker et al. [1976]) eine in C ein-

---

[1] Wir haben ein wichtiges Thema ausgeklammert: Die Speicherallokation für die Bezeichner des Quellprogramms. Wie wir in Kapitel 7 sehen werden, hängt die Laufzeitverwaltung des Speichers von der übersetzten Sprache ab. Maßnahmen zur Speicherallokation werden entweder während der Zwischencodeerzeugung oder während der Code-Erzeugung durchgeführt.

gebettete Sprache für Datenbankanfragen. Anweisungen, die mit **##** beginnen, werden vom Präprozessor als Anweisungen zum Datenbankzugriff verstanden. Sie sind gänzlich unabhängig von C und werden in Prozeduraufrufe übersetzt, die entsprechende Routinen zum Datenbankzugriff auslösen.

Makroprozessoren behandeln zwei Arten von Anweisungen: Makro-Definition und Makro-Benutzung. Definitionen sind normalerweise durch ein eindeutiges Zeichen oder Schlüsselwort wie z.B. define oder makro gekennzeichnet. Sie bestehen aus einem Namen für den definierten Makro und einem *Rumpf*, der die eigentliche Definition darstellt. Makro-Prozessoren erlauben häufig *formale Parameter* in den Definitionen, also Symbole, die später durch Werte ersetzt werden (ein „Wert" ist in diesem Zusammenhang eine Folge von Zeichen). Die Benutzung eines Makros besteht darin, ihn namentlich niederzuschreiben und mit *aktuellen Parametern* zu versorgen, also mit Werten für seine formalen Parameter. Der Makro-Prozessor ersetzt die formalen Parameter im Rumpf des Makros durch die aktuellen Parameter; der so transformierte Rumpf ersetzt schließlich die Makro-Benutzung.

Beispiel 1.2
Das Schriftsatz-System TEX, das wir in Abschnitt 1.2 erwähnten, bietet Makros an. Makro-Definitionen haben die Form

```
\define < Makro-Name > < Schablone > {< Rumpf >}
```

Ein Makro-Name ist eine beliebige Buchstabenfolge, beginnend mit einem Schrägstrich. Die Schablone ist eine beliebige Folge von Zeichen, wobei Folgen der Form #1, #2, ..., #9 als formale Parameter betrachtet werden. Diese Symbole können auch im Rumpf beliebig oft auftauchen. Das folgende Makro definiert eine Zitierung des *Journal of the ACM*.

```
\define\JACM #1;#2;#3.
   {{\sl J.ACM} {\bf #1}:#2, pp. #3.}
```

Der Makro-Name ist \JACM und die Schablone „#1; #2; #3.". Strichpunkte trennen die Parameter voneinander. Dem letzten Parameter folgt ein Punkt. Eine Benutzung dieses Makros muß die Form der Schablone haben, mit der Ausnahme, daß die formalen Parameter durch beliebige Zeichenfolgen ersetzt werden können[2]. Wir könnten

```
\JACM 17;4;715-728.
```

---

[2]   Das stimmt nicht ganz; nicht jede Zeichenfolge ist zulässig. Denn die Macro-Benutzung wird einfach von links nach rechts zeichenweise analysiert, und sobald ein Symbol gefunden wurde, das auf den Text paßt, der in der Schablone hinter einem #*i*-Symbol steht, wird die unmittelbar vorhergehende Zeichenfolge als Ersetzung von #*i* angesehen. Wenn wir also versuchen würden, #1 durch ab;cd zu ersetzen, würden wir feststellen, daß #1 nur durch ab, und #2 durch cd ersetzt worden ist.

eingeben und als Ergebnis

J. ACM **17**:4, pp. 715-728.

erwarten.

Der Rumpfteil {\sl J. ACM} definiert ein kursives „*J. ACM*" (sl steht für engl. „slanted"). Der Ausdruck {\bf #1} besagt, daß der erste aktuelle Parameter fettgedruckt werden soll (bf steht für engl. „boldface"); dieser Parameter soll die Nummer des Bandes angeben.

TEX erlaubt, daß Band, Ausgabe und Seitenzahlen in der Definition des \JACM-Makros durch beliebige Satzzeichen oder Textfolgen getrennt sind. Wir brauchten sogar überhaupt keine Satzzeichen zu verwenden. In diesem Fall würde TEX einzelne Zeichen oder in { } eingeschlossene Zeichenfolgen als die aktuellen Parameter interpretieren.

Assembler

Einige Compiler erzeugen Assemblercode wie in (1.5), der einem Assembler zur Weiterverarbeitung übergeben wird. Andere Compiler erledigen die Arbeit des Assemblers selbst und erzeugen verschiebbaren Maschinencode, der direkt dem Binde-/Lade-Editor übergeben werden kann. Wir nehmen an, daß der Leser einigermaßen damit vertraut ist, wie eine Assemblersprache aussieht und was ein Assembler tut. Wir möchten an dieser Stelle nur noch einmal auf die Beziehung zwischen Assembler- und Maschinencode eingehen.

Assembler-Code ist eine leichter verständliche Version des Maschinencodes, in der anstatt binärer Codierungen Namen für die Operationen verwendet werden. Ebenso erhalten auch Speicheradressen Namen. Eine typische Folge von Assembler-Befehlen wäre etwa:

```
MOV  a,R1
ADD  #2,R1                                                    (1.6)
MOV  R1,b
```

Dieser Code überträgt den Inhalt von Adresse a ins Register 1, addiert dann die Konstante 2 hinzu, wobei der Inhalt von Register 1 als Festpunktzahl behandelt wird, und speichert schließlich das Ergebnis an der Stelle namens b ab. Folglich berechnet er b := a + 2.

Assemblersprachen bieten üblicherweise Möglichkeiten zur Makro-Behandlung ähnlich denen in den oben besprochenen Makro-Präprozessoren.

Zwei-Pass-Assembler

Die einfachste Version eines Assemblers arbeitet die Eingabe in zwei Läufen ab, wobei ein *Lauf* (engl. *pass*) darin besteht, eine Eingabedatei einmal zu lesen. Im ersten Lauf werden alle Bezeichner gesammelt, die für Speicherplätze stehen, und in einer Symboltabelle gespeichert, die jedoch anders aussieht als die eines Compilers. Bezeichnern werden in der Reihenfolge, in der sie angetroffen werden, Speicherplätze zugeordnet. Nach Lesen von (1.6) zum Beispiel könnte die Symboltabelle die in Abb. 1.12 gezeigten Bezeichner enthalten. Wir nehmen in dieser Abbildung an, daß für jeden Bezeichner ein Wort – bestehend aus vier Byte – reserviert wird und daß die Zuordnung von Adressen mit Byte 0 beginnt.

BEZEICHNER	ADRESSE
a	0
b	4

Abb. 1.12 Die Symboltabelle eines Assemblers
mit den Bezeichnern von (1.6).

Im zweiten Lauf analysiert der Assembler die Eingabe erneut Zeichen für Zeichen. Diesmal übersetzt er jeden Operationscode in eine Bitfolge, die die jeweilige Operation in der Maschinensprache repräsentiert. Außerdem übersetzt er jeden Bezeichner, der einen Speicherplatz darstellt, in die Adresse, die die Symboltabelle für diesen Bezeichner angibt.

Im allgemeinen ist die Ausgabe des zweiten Laufs *verschiebbarer* Maschinencode, d.h. Code, der an jede Stelle des Speichers geladen werden kann. Wenn der Code an der Stelle L beginnt, muß L zu allen Adressen im Code hinzuaddiert werden, damit die Referenzen insgesamt korrekt sind. Folglich muß der Assembler in der Ausgabe diejenigen Befehlsteile kennzeichnen, die sich auf verschiebbare Adressen beziehen.

Beispiel 1.3
Nehmen wir an, die Assembler-Befehle (1.6) seien in den folgenden hypothetischen Maschinencode übersetzt worden:

```
0001 01 00 00000000 *
0011 01 10 00000010                                              (1.7)
0010 01 00 00000100 *
.
```

Wir stellen uns ein winziges Instruktionswort vor, in dem die ersten 4 Bits den Befehlscode darstellen. Dabei stehen 0001, 0010 bzw. 0011 für load, store bzw. add. Mit load sind Datenbewegungen vom Speicher in ein Register gemeint; store steht für Bewegungen in umgekehrter Richtung. Die nächsten beiden Bits bezeichnen ein Register; 01 verweist in allen drei obigen Befehlen auf Register 1. Die beiden darauf folgenden Bits stellen ein „Etikett" dar, wobei 00 für den gewöhnlichen Adressierungsmodus steht, bei dem die letzten acht Bits eine Speicheradresse bezeichnen. Das Etikett 10 steht für den „Direkt"-Modus, in dem die letzten acht Bits direkt als Operand aufgefaßt werden. Dieser Modus wird im zweiten Befehl von (1.7) verwendet.

Wir sehen in (1.7) auch, daß bei dem ersten und dritten Befehl ein * steht. Dieses * repräsentiert das *Verschiebungsbit*, das für jeden Operanden in verschiebbarem Maschinencode gesetzt wird. Angenommen, der Adreßraum, der die Daten enthält, soll ab der Stelle L geladen werden. Ein * bedeutet, daß L zur Adresse des jeweiligen Befehls addiert werden muß. Ist $L = 00001111$, d.h. 15, dann bezeichnen a und b folglich die Stellen 15 bzw. 19 und die Befehle aus (1.7) würden dann in *absolutem* oder nicht-verschiebbarem Maschinencode folgendermaßen aussehen:

$$
\begin{array}{l}
\text{0001 01 00 00001111} \\
\text{0011 01 10 00000010} \qquad\qquad\qquad (1.8) \\
\text{0010 01 00 00010011}
\end{array}
$$

Beachten Sie, daß mit dem zweiten Befehl aus (1.7) kein * assoziiert ist und L folglich in (1.8) nicht zur Adresse addiert wurde. Das ist korrekt, denn die Bits repräsentieren die Konstante 2, nicht die Stelle 2. □

Lader und Binder

Die beiden Funktionen Laden und Binden werden im allgemeinen von einem einzigen Programm ausgeführt, dem sog. *Lader.* Der Prozeß des Ladens besteht darin, die verschiebbaren Adressen in verschiebbarem Maschinencode so zu verändern, wie wir es in Beispiel 1.3 besprochen haben, und die geänderten Befehle zusammen mit den Daten an den richtigen Stellen im Speicher abzulegen.

Der Binder ermöglicht es, verschiedene Dateien, die jeweils verschiebbaren Maschinencode enthalten, zu einem einzigen Programm zusammenzufassen. Diese Dateien können aus mehreren, verschiedenen Übersetzungen stammen oder vom System bereitgestellte Bibliotheksdateien sein. Bibliotheksdateien bieten jeweils eine Sammlung von Routinen an, die allen Programmen zur Verfügung stehen.

Zur gemeinsamen Nutzung von Dateien sind *externe* Referenzen hilfreich. Dabei verweist der Code einer Datei auf eine Stelle in einer anderen Datei. Ein solcher Verweis kann zu einer Stelle mit Daten zeigen, die in der einen Datei definiert und in der anderen benutzt werden; oder er kann auf den Eintrittspunkt einer Prozedur zeigen, die im Code der einen Datei enthalten ist und von einer anderen Datei aus aufgerufen wird.

Dateien mit verschiebbarem Maschinencode müssen für alle Datenbezeichner und Befehlsmarken, die von außen referenziert werden, Informationen der Symboltabelle enthalten. Da von vornherein nicht bekannt ist, auf welche Stellen es Referenzen geben könnte, muß tatsächlich die komplette Symboltabelle des Assemblers als Teil des verschiebbaren Maschinencodes übernommen werden.

So würde z.B. vor dem Code aus (1.7) folgendes stehen:

```
a    0
b    4
```

Wenn eine zusammen mit (1.7) geladene Datei einen Verweis auf b enthielte, dann würde dieser Verweis durch 4 plus den Betrag, um den die Datenbezeichner in Datei (1.7) verschoben worden sind, ersetzt werden.

1.5 Zusammenfassen von Phasen

Die Diskussion der Phasen in Abschnitt 1.3 handelte von der logischen Struktur eines Compilers. In Implementierungen jedoch werden Aktivitäten aus mehreren Phasen oft zusammengefaßt.

Front-End und Back-End

Oft werden die Phasen in einen vorderen Teil, das *Front-End*, und einen hinteren Teil, das *Back-End*, aufgeteilt. Das Front-End besteht aus denjenigen Phasen bzw. Phasenkomponenten, die in erster Linie von der Quellsprache abhängen und weitgehend von der Zielmaschine unabhängig sind. Dazu zählen normalerweise die lexikalische und syntaktische Analyse, die Erstellung der Symboltabelle, die semantische Analyse und die Erzeugung von Zwischencode. Auch Code-Optimierung kann teilweise schon vom Front-End erledigt werden. Darüber hinaus enthält das Front-End die Fehlerbehandlung, die diese Phasen begleitet.

Das Back-End beinhaltet diejenigen Teile des Compilers, die sich auf die Zielmaschine beziehen. Im allgemeinen hängen diese Teile nicht von der Quellsprache ab, sondern nur von der Zwischensprache. Im Back-End finden wir Elemente der Phasen Code-Optimierung und Code-Erzeugung, zusammen mit den notwendigen Fehlerbehandlungen und Symboltabellenoperationen.

Mittlerweile ist es praktisch Routine, für das Front-End eines bestehenden Compilers ein geeignetes neues Back-End zu schreiben, um so einen Compiler für die gleiche Quellsprache, aber eine andere Maschine zu erhalten. Wenn das Back-End sorgfältig entworfen wurde, sind unter Umständen sogar nur geringfügige Änderungen am Back-End vorzunehmen. Dieser Punkt wird in Kapitel 9 besprochen. Ebenso verlockend ist der andere Weg, nämlich mehrere verschiedene Sprachen in die gleiche Zwischensprache zu übersetzen, ein gemeinsames Back-End für die verschiedenen Front-Ends zu benutzen und auf diese Art mehrere Compiler für eine Maschine zu erhalten. Aufgrund diffiziler Unterschiede in den verschiedenen Sprachmodellen waren die Erfolge in dieser Richtung bisher jedoch begrenzt.

Läufe

Es ist üblich, mehrere Übersetzungsphasen in einem einzelnen Lauf zu implementieren, der eine Eingabedatei liest und eine Ausgabedatei erzeugt. In der Praxis gibt es eine Vielzahl von Varianten, Compilerphasen zu Läufen zusammenzufassen. Aus diesem Grund haben wir uns dafür entschieden, die Behandlung des Übersetzungsprozesses in diesem Buch an den Phasen statt an den Läufen zu orientieren. In Kapitel 12 besprechen wir einige repräsentative Compiler und gehen darauf ein, wie die Phasen dort auf Läufe verteilt sind.

Werden mehrere Phasen zu einem einzelnen Lauf zusammengefaßt, dann sind die Aktivitäten dieser Phasen während des Laufs miteinander verzahnt. Beispielsweise können lexikalische Analyse, syntaktische Analyse, semantische Analyse und Zwischencodeerzeugung zu einem Lauf zusammengefaßt sein. In diesem Fall kann der aus der lexikalischen Analyse resultierende Symbolstrom direkt in Zwischencode übersetzt werden. Weiter könnten wir uns vorstellen, daß der Parser den gesamten Prozeß steuert. Der Parser versucht, die grammatikalische Struktur der gelesenen Symbole zu erkennen. Immer, wenn er ein Symbol benötigt, beauftragt er den Scanner, das nächste Symbol zu finden. Sobald grammatikalische Strukturen erkannt sind, ruft der Parser den Zwischencodegenerator auf, damit dieser die semantische Analyse durchführt und ein Code-Fragment erzeugt. Kapitel 2 stellt einen Compiler vor, der nach diesem Schema aufgebaut ist.

Reduzierung der Anzahl der Läufe

Eine geringe Anzahl von Läufen ist vorteilhaft, weil das Lesen und Schreiben von Zwischendateien Zeit kostet. Wenn man andererseits mehrere Phasen zu einem einzigen Lauf zusammenfaßt, ist es eventuell erforderlich, das komplette Programm im Speicher zu halten, weil eine Phase unter Umständen Informationen in einer anderen Reihenfolge braucht als sie die vorhergehende Phase erzeugt hat. Die interne Form des Programms kann beträchtlich größer als das Quell- oder Zielprogramm sein, so daß der diesbezügliche Platzbedarf ein ernst zu nehmendes Problem ist.

Bestimmte Phasen lassen sich ohne größere Schwierigkeiten zu einem einzigen Lauf zusammenfassen. Wie oben erwähnt kann beispielsweise die Schnittstelle zwischen lexikalischer und syntaktischer Analyse häufig auf ein einzelnes Symbol beschränkt werden. Demgegenüber ist es oft sehr schwierig, Code zu erzeugen, bevor die Zwischendarstellung vollständig erzeugt wurde. Beispielsweise erlauben Sprachen wie PL/I und Algol 68, Variablen vor ihrer

Deklaration zu benutzen. Es ist unmöglich, Zielcode für ein Konstrukt zu erzeugen, wenn die Typen der darin enthaltenen Variablen unbekannt sind. Ein vergleichbares Problem entsteht bei goto's. Die meisten Sprachen erlauben, mit einem goto an eine weiter unten im Code befindliche Stelle zu springen. Es ist unmöglich, die Zieladresse eines solchen Sprungs zu bestimmen, wenn der dazwischenliegenden Quellcode noch nicht gelesen und Zielcode für ihn erzeugt wurde.

Manchmal ist es möglich, fehlende Informationen durch leere Einträge zu kennzeichnen, die später, wenn die Informationen verfügbar sind, nachgetragen werden. Insbesondere Zwischen- und Zielcodeerzeugung lassen sich oft in einen Lauf integrieren, wobei eine Nachbesserungstechnik, im engl. „backpatching" genannt, verwendet wird. Obwohl wir die Details auf Kapitel 8 verschieben müssen, in dem wir die Zwischencodeezeugung behandeln, können wir die Backpatch-Technik am Beispiel eines Assemblers veranschaulichen. Denken Sie an den 2-Pass-Assembler, den wir im letzten Abschnitt besprochen haben. Der erste Lauf identifizierte die Bezeichner, die Speicherplätze repräsentieren, und ermittelte parallel dazu ihre Adressen. Ein zweiter Lauf ersetzte dann die Bezeichner durch Adressen.

Wir können die Aktionen der beiden Läufe folgendermaßen zusammenfassen: Wenn wir auf eine Assembler-Anweisung mit einem Verweis nach vorn stoßen, etwa

```
GOTO ziel
```

dann erzeugen wir ein Instruktionsgerüst, bestehend aus dem maschinellen Operationscode für GOTO und Leereinträgen für die Adresse. In einer Liste, die zum Symboltabelleneintrag für ziel gehört, wird über alle Instruktionen Buch geführt, die statt der Adresse von ziel einen Leereintrag enthalten.

Wenn wir schließlich auf eine Instruktion wie z.B.

```
ziel: MOV foobar, R1
```

stoßen, bestimmen wir den Wert von ziel und füllen die Leereinträge. Der Wert von ziel ist die Adresse der aktuellen Instruktion.

Anschließend bessern wir nach, indem wir die zu ziel gehörige Liste aller Instruktionen durchwandern, die auf die Adresse von ziel Bezug nehmen. Die Leereinträge in den Adreßfeldern dieser Instruktionen werden durch die Adresse von ziel ersetzt. Diese Methode ist leicht zu implementieren, sofern die Instruktionen solange im Speicher gehalten werden können, bis alle Zieladressen bestimmt sind.

Die Methode ist sinnvoll für einen Assembler, der seine komplette Ausgabe im Speicher halten kann. Weil sich bei einem Assembler Zwischen- und Zieldarstellungen des Codes nur unwesentlich unterscheiden und auch ungefähr gleich lang sind, läßt sich die Backpatch-Technik über die ganze Länge des Assemblerprogramms anwenden. Bei einem Compiler jedoch, dessen

Zwischencode viel Speicherplatz benötigt, muß unter Umständen sorgfältig geprüft werden, über welche Distanzen die Backpatch-Technik noch anwendbar ist.

1.6 Compilerbau-Werkzeuge

Wie jeder Programmierer kann auch jemand, der einen Compiler schreibt, allgemeine Software-Werkzeuge nutzen, wie z.b. Testhilfen, Versionsverwalter, Profiler etc. In Kapitel 11 werden wir sehen, wie einige dieser Werkzeuge zur Implementierung eines Compilers verwendet werden. Neben diesen Softwareentwicklungswerkzeugen gibt es auch eine Reihe spezialisierter Werkzeuge, die die Implementierung der verschiedenen Compilerphasen unterstützen. Wir wollen in diesem Abschnitt kurz darauf eingehen, verschieben aber eine ausführliche Behandlung auf die entsprechenden Kapitel.

Schon kurz nachdem die ersten Compiler geschrieben waren, entstanden Systeme zur Unterstützung der Compiler-Konstruktion. Diese Systeme werden häufig als *Compiler-Compiler*, *Compiler-Generatoren* oder *Übersetzer-erzeugende Systeme* bezeichnet. Sie orientieren sich weitgehend an einem bestimmten Sprachmodell und eignen sich besonders dazu, Compiler für Sprachen zu erzeugen, die diesem Modell ähnlich sind.

Beispielsweise ist es naheliegend, sich die Scanner für alle Sprachen als im Grunde gleich vorzustellen, abgesehen von den speziellen Schlüsselwörtern und Zeichen, die sie erkennen. Viele Compiler-Compiler erzeugen auch tatsächlich starre Routinen für die lexikalische Analyse, die dann in den erzeugten Compilern verwendet werden. Die Routinen unterscheiden sich nur durch die Liste der Schlüsselwörter, die sie erkennen. Diese Liste ist das einzige, was der Benutzer bereitstellen muß. Im Großen und Ganzen funktioniert diese Methode, sie kann jedoch schiefgehen, wenn andere als die üblichen Symbole erkannt werden müssen, etwa Bezeichner, die andere Zeichen enthalten als Buchstaben und Ziffern.

Für den automatisierten Entwurf spezifischer Compiler-Komponenten wurden einige allgemeine Werkzeuge geschaffen. Diese Werkzeuge verwenden spezielle Sprachen zur Spezifikation und Implementierung einer Komponente. Viele arbeiten mit relativ ausgefeilten Algorithmen. Am erfolgreichsten sind diejenigen Werkzeuge, die die Details des Erzeugungsalgorithmus' verbergen und Komponenten produzieren, die leicht in die anderen Teile des Compilers integriert werden können. Die folgende Aufzählung nennt einige hilfreiche Werkzeuge zur Compiler-Erstellung:

1. *Parser-Generatoren.* Diese erzeugen Parser aus einer Eingabe, die gewöhnlich auf einer kontextfreien Grammatik aufbaut. In den ersten Compilern entfiel auf die Syntaxanalyse nicht nur ein beträchtlicher Anteil der Laufzeit, sondern auch eine gehörige Portion intellektueller Mühe beim Schreiben des Compilers. Heute zählt die Syntaxanalyse zu den Phasen, die am leichtesten zu implementieren sind. Viele der „klei-

nen Sprachen", die zum Setzen der englischen Originalausgabe dieses
Buchs verwendet wurden, z.B. PIC (Kernighan [1982]) und EQN, wurden
dank des in Abschnitt 4.7 beschriebenen Parser-Generators in wenigen
Tagen implementiert. Viele Parser-Generatoren arbeiten mit leistungsfä-
higen Algorithmen, die so komplex sind, daß sie von Hand kaum nach-
vollziehbar sind.

2. *Scanner-Generatoren.* Diese erzeugen automatisch Scanner. Eingabe ist
gewöhnlich eine auf regulären Ausdrücken basierende Spezifikation. Reguläre Ausdrücke behandelt Kapitel 3. Der resultierende Scanner ist von
seiner Struktur her nichts anderes als ein endlicher Automat. Die Abschnitte 3.5 und 3.8 handeln von einem typischen Scanner-Generator
und seiner Implementierung.

3. *Syntaxgesteuerte Übersetzungsmaschinen.* Diese generieren eine
Sammlung von Routinen, die einen Parse-Baum wie z.B. den aus
Abb. 1.4 durchwandern und dabei Zwischencode erzeugen. Die Idee dahinter ist, mit jedem Knoten des Parse-Baums eine oder mehrere „Übersetzungen" zu assoziieren, wobei jede Übersetzung mit Hilfe der Übersetzungen in den Nachbarknoten des Baums definiert wird. Maschinen
dieser Art werden in Kapitel 5 besprochen.

4. *Automatische Code-Generatoren.* Ein solches Werkzeug erhält als Eingabe eine Menge von Regeln, die für jede Operation deren Übersetzung
von der Zwischensprache in die Maschinensprache der Zielmaschine
definieren. Die Regeln müssen genügend Details berücksichtigen, um die
verschiedenen Möglichkeiten des Datenzugriffs zu behandeln. Z.B. können Variablen in Registern stehen, an festen (statischen) Speicherplätzen, ihnen können aber auch Positionen in einem Stapel (engl. stack)
zugeordnet sein. Die grundlegende Technik dabei heißt auf englisch
„template matching", auf deutsch etwa: Anpassung von Schablonen. Die
Anweisungen des Zwischencodes werden durch „Schablonen" ersetzt, die
Folgen von Maschinenbefehlen repräsentieren. Dabei ist zu berücksichtigen, daß Annahmen, die eine Schablone über den Speicher von Variablen macht, mit den Annahmen anderer Schablonen übereinstimmen.
Weil es normalerweise mehrere Möglichkeiten gibt, einer Variablen
Speicherplatz zuzuordnen (z.B. in einem von mehreren Registern oder im
Speicher), gibt es auch eine Vielzahl von Möglichkeiten, den Zwischen-
code mit einer gegebenen Menge von Schablonen zu „pflastern". Ziel ist
es, eine gute Schablonenpflasterung zu finden, ohne die Laufzeit des
Compilers kombinatorisch in die Höhe zu treiben. Werkzeuge dieser Art
werden in Kapitel 9 behandelt.

5. *Datenflußmaschinen.* Viele der Informationen, die man für eine gute
Code-Optimierung braucht, gewinnt man erst durch eine Datenfluß-
Analyse. D.h. man sammelt Informationen darüber, wie Werte von ei-
nem Teil eines Programms in einen anderen Teil übertragen werden.
Verschiedene Aufgaben dieser Art können im wesentlichen durch die
gleiche Routine erledigt werden, wobei der Benutzer Details über die

Beziehung zwischen Zwischencodeanweisungen und den gesammelten Informationen beisteuert. Ein Werkzeug dieser Art wird in Abschnitt 10.11 behandelt.

Bemerkungen zur Literatur

Als Knuth 1962 über die Geschichte des Compilerbaus schrieb (Knuth [1962]), stellte er fest: „Auf diesem Gebiet kommt es ungewöhnlich häufig vor, daß die gleichen Techniken parallel von Leuten entdeckt wurden, die unabhängig voneinander arbeiten." Er fuhr mit der Beobachtung fort, daß tatsächlich mehrere Einzelpersonen „verschiedene Aspekte einer Technik" entdeckt hatten und daß die Technik „im Lauf der Jahre verfeinert und zu einem wirklich brauchbaren Algorithmus wurde, den keiner seiner Väter mehr vollständig verstand". Diesem oder jenem die Verdienste um eine bestimmte Technik zuzuschreiben, wäre gewagt; die Bemerkungen zur Literatur in diesem Buch sind lediglich als Hilfe für weitere Literaturstudien gedacht.

Bemerkungen über die historische Entwicklung von Programmiersprachen und Compilern bis zu der Zeit, als Fortran aufkam, finden sich in Knuth und Trabb Pardo [1977]. In Wexelblat [1981] plaudern Leute über die Historie einiger Programmiersprachen, an deren Entwicklung sie selbst mitgewirkt haben.

Einige grundlegende frühe Papiere über Übersetzungen sind in Rosen [1967] und Pollack [1972] zusammengetragen. Die Ausgabe der *Communications of the ACM* von Januar 1961 gibt einen Eindruck vom Stand des Compilerbaus jener Zeit. Einen ausführlichen Bericht über einen frühen ALGOL-Compiler geben Randell und Russell [1964].

Theoretische Untersuchungen hatten gerade auf die Entwicklung von Compilertechnologien großen Einfluß wie auf kaum einen anderen Bereich der Informatik. Es begann in den frühen 60er Jahren mit Untersuchungen über die Syntax. Die von der Syntax ausgehende Faszination hat seither nachgelassen, aber Übersetzung insgesamt ist nach wie vor Gegenstand intensiver Forschung. Die Ergebnisse dieser Forschung werden in den nächsten Kapiteln klarer werden, wenn wir tiefer in die Übersetzungsproblematik einsteigen.

2
Ein einfacher Ein-Pass-Compiler

Dieses Kapitel führt in die Materie ein, die in den Kapiteln 3 bis 8 dieses Buches behandelt wird. Es stellt eine Reihe grundlegender Übersetzungstechniken vor. Sie werden durch die Entwicklung eines funktionstüchtigen C-Programms veranschaulicht, das Infix-Ausdrücke in Postfix-Form übersetzt. Der Schwerpunkt liegt dabei auf dem Front-End eines Compilers, d.h. auf lexikalischer und syntaktischer Analyse sowie Zwischencode-Erzeugung. Die Kapitel 9 und 10 beschäftigen sich mit Code-Erzeugung und Code-Optimierung.

2.1 Überblick

Um eine Programmiersprache zu definieren, muß man beschreiben, wie die Programme der Sprache aussehen (die *Syntax* der Sprache) und welche Bedeutung diese Programme haben (die *Semantik* der Sprache). Wir stellen zur Spezifikation der Sprachsyntax eine verbreitete Notation vor, die sogenannten kontextfreien Grammatiken oder BNF (für Backus-Naur Form). Die Semantik einer Sprache ist mit den heute zur Verfügung stehenden Notationen wesentlich schwieriger zu spezifizieren als die Syntax. Wir werden folglich die Semantik einer Sprache informal beschreiben und durch Beispiele verdeutlichen.

Eine kontextfreie Grammatik kann außer zur Beschreibung der Sprachsyntax auch dazu dienen, die Übersetzung von Programmen zu leiten. Die sogenannte *syntaxgerichtete Übersetzung* ist eine Übersetzungstechnik, die sich an der Grammatik orientiert. Sie ist für die Strukturierung eines Compiler-Front-Ends hilfreich und wird in diesem Kapitel ausgiebig verwendet.

Im Verlauf unserer Diskussion über syntaxgerichtete Übersetzung werden wir einen Compiler erstellen, der Infix-Ausdrücke in Postfix-Form umwandelt. Bei der Postfix-Notation stehen die Operatoren hinter ihren Operanden. Beispielsweise wird der Ausdruck 9-5+2 in Postfix-Form als 9 5 − 2 +

geschrieben. Postfix-Notation läßt sich unmittelbar in Code für einen Computer umwandeln, der alle Berechnungen mit Hilfe eines Stapels durchführt. Zu
Beginn wollen wir ein einfaches Programm erstellen, das Ausdrücke, bestehend aus Ziffern, die durch Plus- und Minus-Zeichen getrennt sind, in Postfix-Form übersetzt. Wenn die wesentlichen Ideen klar geworden sind, erweitern wir das Programm so, daß es auch allgemeinere programmiersprachliche
Konstrukte behandeln kann. Jeder unserer Übersetzer entsteht dadurch, daß
wir den vorhergehenden Übersetzer systematisch erweitern.

Die *lexikalische Analyse* unseres Compilers wandelt den Strom der
Eingabezeichen in einen Strom von Symbolen um, der die Eingabe für die
folgende Phase bildet. Dies veranschaulicht Abb. 2.1, wobei der „syntaxgerichtete Übersetzer" eine Kombination von Syntaxanalyse und Zwischencode-
Erzeugung ist. Wir beginnen mit Ausdrücken, die nur aus Ziffern und Operatoren bestehen, um die lexikalische Analyse zunächst möglichst einfach zu
halten. Jedes Eingabezeichen stellt ein Symbol dar. Wir werden die Sprache
später um lexikalische Konstrukte wie Zahlen, Bezeichner und Schlüsselwörter
erweitern. Wir werden dann für diese erweiterte Sprache einen Scanner konstruieren, der aufeinanderfolgende Eingabezeichen zu den entsprechenden
Symbolen zusammenfaßt. Die Erstellung von Scannern wird ausführlich in
Kapitel 3 besprochen.

Abb. 2.1   Struktur des Front-Ends unseres Compilers.

2.2 Definition der Syntax

Wir stellen in diesem Abschnitt eine Notation zur Spezifikation der Sprachsyntax vor, die sogenannten kontextfreien Grammatiken (kurz: Grammatiken). Das ganze Buch hindurch werden sie als Teil der Beschreibung von
Compiler-Front-Ends verwendet werden.

Eine Grammatik beschreibt auf recht natürliche Weise die hierarchische
Struktur von Programmiersprachen. Eine if-else-Anweisung hat z.B. in C die
Form

if (Ausdruck) Anweisung **else** Anweisung

Das heißt, die Anweisung besteht aus dem Schlüsselwort **if**, gefolgt von einer öffnenden Klammer, einem Ausdruck, einer schließenden Klammer, einer
Anweisung, dem Schlüsselwort **else** und einer weiteren Anweisung. (In C gibt

es kein Schlüsselwort **then**.) Wenn wir einen Ausdruck mit der Variablen *expr* und eine Anweisung mit der Variablen *stmt* bezeichnen, läßt sich die Strukturierungsregel folgendermaßen formulieren:

$$stmt \rightarrow \textbf{if} \ (\ expr\ )\ stmt\ \textbf{else}\ stmt \tag{2.1}$$

wobei der Pfeil als „kann die Form haben" gelesen werden kann. Eine solche Regel heißt *Produktion*. Lexikalische Elemente wie das Schlüsselwort **if** und die Klammern innerhalb einer Produktion heißen *Symbole*, Variablen wie *expr* und *stmt* heißen *Nichtterminale* und repräsentieren Symbolfolgen.

Zu einer *kontextfreien Grammatik* gehören vier Komponenten:

1. Eine Menge von Symbolen, auch *Terminale* genannt.

2. Eine Menge von Nichtterminalen.

3. Eine Menge von Produktionen, wobei jede Produktion aus einem Nichtterminal besteht, das die *linke Seite* der Produktion bildet, einem Pfeil und einer Folge von Terminalen und/oder Nichtterminalen, die die *rechte Seite* der Produktion darstellen.

4. Ein ausgezeichnetes Nichtterminal als *Startsymbol*.

Wir werden eine Grammatik gemäß der allgemeinen Konvention durch Angabe ihrer Produktionen beschreiben, wobei wir die Produktionen für das Startsymbol als erste angeben. Des weiteren interpretieren wir Ziffern, Operatoren wie z.B. **<=** und fettgedruckte Zeichenketten wie z.B. **while** als Terminale. Ein kursiv gedruckter Name ist ein Nichtterminal, und alle nichtkursiv gedruckten Namen oder Symbole werden als Terminale angesehen[1]. Zur Vereinfachung der Schreibweise fassen wir die rechten Seiten von Produktionen, die das gleiche Nichtterminal als linke Seite haben, zusammen, wobei die einzelnen Alternativen der rechten Seiten durch | (zu lesen als „oder") getrennt werden.

Beispiel 2.1
In diesem Kapitel kommen in verschiedenen Beispielen Ausdrücke vor, die aus Ziffern, Plus- und Minus-Zeichen bestehen, z.B. 9-5+2, 3-1 oder 7. Weil jeweils zwischen zwei Ziffern ein Plus- oder Minus-Zeichen stehen muß, können wir einen solchen Ausdruck als „Liste von Ziffern, getrennt durch Plus-oder Minus-Zeichen" auffassen. Die folgende Grammatik beschreibt die Syntax dieser Ausdrücke. Die Produktionen lauten:

---

[1] In Kapitel 4, wo wir Grammatiken ausführlich behandeln, werden wir einzelne kursive Buchstaben noch für andere Zwecke benutzen. Wir werden z.B. mit *X*, *Y* oder *Z* ein Symbol bezeichnen, das entweder Terminal oder Nichtterminal ist. Allerdings wird jeder kursive Name, der aus zwei oder mehr Zeichen besteht, auch dort stets ein Nichtterminal darstellen.

$$Liste \rightarrow Liste + Ziffer \qquad (2.2)$$
$$Liste \rightarrow Liste - Ziffer \qquad (2.3)$$
$$Liste \rightarrow Ziffer \qquad (2.4)$$
$$Ziffer \rightarrow 0 \mid 1 \mid 2 \mid 3 \mid 4 \mid 5 \mid 6 \mid 7 \mid 8 \mid 9 \qquad (2.5)$$

Die rechten Seiten der drei Produktionen, bei denen das Nichtterminal *Liste* die linke Seite bildet, können zu der äquivalenten Formulierung

$$Liste \rightarrow Liste + Ziffer \mid Liste - Ziffer \mid Ziffer$$

zusammengefaßt werden.

Gemäß unseren Vereinbarungen lauten die Terminale der Grammatik:

+ - 0 1 2 3 4 5 6 7 8 9

Die kursiv gedruckten Namen *Liste* und *Ziffer* sind die Nichtterminale. *Liste* ist das Startsymbol, weil die zugehörigen Produktionen als erste aufgeführt sind.   □

Wir sprechen von einer Produktion *für* ein Nichtterminal, wenn das Nichtterminal auf der linken Seite der Produktion steht. Ein *Wort des Symbolstrings* ist eine Folge von null oder mehreren Terminalen. Ein String, der keine Terminale enthält, heißt der *leere* String und wird als ϵ geschrieben.

Man kann in einer Grammatik ein Wort herleiten, indem man – beginnend mit dem Startsymbol – wiederholt ein Nichtterminal durch die rechte Seite einer Produktion für dieses Nichtterminal ersetzt. Alle Wörter, die aus dem Startsymbol herleitbar sind, bilden zusammen die von der Grammatik definierte *Sprache*.

Beispiel 2.2

Die von der Grammatik aus Beispiel 2.1 definierte Sprache besteht aus Listen von Ziffern, die jeweils durch Plus- oder Minus-Zeichen getrennt sind.

Das Nichtterminal *Ziffer* kann gemäß seiner zehn Produktionen für jedes der Terminale 0, 1, ..., 9 stehen. Gemäß Produktion (2.4) ist eine einzelne Ziffer für sich allein schon eine Liste. Die Aussage der Produktionen (2.2) und (2.3) besagt: Wenn an eine beliebige Liste ein Plus- oder Minus-Zeichen und eine weitere Ziffer angehängt wird, ergibt sich eine neue Liste.

Wie sich zeigt, reichen die Produktionen (2.2) bis (2.5) aus, die gewünschte Sprache zu definieren. Beispielsweise können wir auf folgende Art herleiten, daß 9–5+2 eine *Liste* ist:

a)   9 ist nach Produktion (2.4) eine *Liste*, denn 9 ist eine *Ziffer*.

b)   9–5 ist nach Produktion (2.3) eine *Liste*, denn 9 ist eine *Liste* und 5 ist eine *Ziffer*.

c)   9–5+2 ist nach Produktion (2.2) eine *Liste*, denn 9–5 ist eine *Liste* und 2 ist eine *Ziffer*.

Der Baum in Abb. 2.2 veranschaulicht diese Schlußfolgerungen. Jeder Knoten des Baums wird durch ein Grammatik-Symbol markiert. Ein innerer Knoten entspricht zusammen mit seinen Nachfolgern einer Produktion. Der innere Knoten selbst entspricht der linken Seite, seine Nachfolger der rechten Seite der Produktion. Man nennt solche Bäume Parse-Bäume; sie werden weiter unten behandelt.

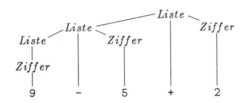

Abb 2.2   Parsebaum für den Ausdruck 9–5+2 gemäß
            der Grammatik aus Beispiel 2.1.

Beispiel 2.3
Bei den begin-end-Blöcken in Pascal hat man es mit einer etwas anderen Art von Listen zu tun: Es handelt sich um Folgen von Anweisungen, die jeweils durch Strichpunkt getrennt sind. Eine Besonderheit dieser Listen besteht darin, daß die zwischen den Symbolen **begin** und **end** stehende Anweisungsliste leer sein kann. Wenn wir für begin-end-Blöcke eine Grammatik entwickeln wollten, könnten wir mit folgenden Produktionen beginnen:

$$block \rightarrow \textbf{begin } opt\_stmts \textbf{ end}$$
$$opt\_stmts \rightarrow stmt\_list \mid \epsilon$$
$$stmt\_list \rightarrow stmt\_list ; stmt \mid stmt$$

Beachten Sie, daß für die rechte Seite von *opt_stmts* („optionale Statementliste") ϵ als zweite Alternative angegeben wurde; ϵ steht für die leere Folge von Terminalen. Das bedeutet, daß *opt_stmts* durch den leeren String ersetzt werden kann. Folglich bildet auch das aus zwei Terminalen bestehende Wort **begin end** einen Block. Beachten Sie, daß die Produktionen für *stmt_list* denen für *Liste* in Beispiel 2.1 ähnlich sind. Anstelle des arithmetischen Operators steht ein Strichpunkt, und anstelle von *Ziffer* steht *stmt*. Die Produktionen für *stmt* haben wir nicht angegeben. Wir werden jedoch bald für die verschiedenen Arten von Anweisungen, wie if-Anweisung, Wertzuweisung etc., entsprechende Produktionen behandeln.   □

Parse-Bäume

Ein Parse-Baum stellt graphisch dar, wie aus dem Startsymbol einer Grammatik ein Wort der Sprache hergeleitet wird. Wenn es für ein Nichtterminal A eine Produktion $A \rightarrow XYZ$ gibt, könnte ein Parse-Baum einen mit A markierten inneren Knoten besitzen, der wiederum drei Nachfolger mit den Marken X, Y und Z (von links nach rechts) besitzt:

Für eine gegebene kontext-freie Grammatik ist ein *Parse-Baum* formal ein Baum mit folgenden Eigenschaften:

1.   Die Wurzel ist mit dem Startsymbol markiert.

2.   Jedes Blatt ist entweder mit einem Terminal oder mit ϵ markiert.

3.   Jeder innere Knoten ist mit einem Nichtterminal markiert.

4.   Wenn ein innerer Knoten mit dem Nichtterminal A markiert ist und die Nachfolger dieses Knotens von links nach rechts die Marken X_1, X_2, ..., X_n tragen, dann ist $A \rightarrow X_1, X_2, ..., X_n$ eine Produktion. Hierbei stehen X_1, X_2, ..., X_n jeweils für ein Symbol, das entweder Terminal oder Nichtterminal ist. In dem besonderen Fall einer Produktion $A \rightarrow \epsilon$ hat ein mit A markierter Knoten eventuell nur einen einzigen, mit ϵ markierten Nachfolger.

Beispiel 2.4
In Abb. 2.2 ist die Wurzel mit *Liste* markiert, dem Startsymbol der Grammatik aus Beispiel 2.1. Die Nachfolger der Wurzel sind von links nach rechts mit *Liste*, + und *Ziffer* markiert. Beachten Sie, daß

$$Liste \rightarrow Liste + Ziffer$$

eine Produktion der Grammatik aus Beispiel 2.1 ist. Beim linken Nachfolger der Wurzel wiederholt sich dieses Muster mit - anstelle von +, und die drei mit *Ziffer* bezeichneten Knoten haben jeweils einen Nachfolger, der mit einer Ziffer markiert ist.   □

Die Blätter des Parse-Baums bilden von links nach rechts gelesen die *Front* des Baums. Sie stellt das Wort dar, das aus dem Nichtterminal an der Wurzel des Parse-Baums *erzeugt* oder *hergeleitet* wurde. In Abb. 2.2 lautet das erzeugte Wort 9-5+2. In der Abbildung sind alle Blätter auf dem gleichen, tiefen Niveau dargestellt. In Zukunft werden wir die Blätter nicht mehr unbedingt in dieser Art ausrichten. Jeder Baum impliziert für seine Blätter eine natürliche Reihenfolge von links nach rechts. Grundlage dafür ist folgende Vorstellung: Wenn *a* und *b* zwei Nachfolger des gleichen Vaters sind und *a* sich links von *b* befindet, dann sind alle Nachfolger von *a* links von den Nachfolgern von *b*.

Man kann eine von einer Grammatik erzeugte Sprache auch als die Menge aller Wörter definieren, die von irgendeinem Parse-Baum erzeugt werden können. Der Prozeß, für ein gegebenes terminales Wort einen Parse-Baum zu finden, heißt *Syntaxanalyse*, englisch *parsing*.

Mehrdeutigkeit

Wir sollten vorsichtig sein, wenn wir im Zusammenhang mit einer Grammatik von *der* Struktur eines Worts reden. Zwar erzeugt jeder Parse-Baum genau das Wort, das an seinen Blättern ablesbar ist, jedoch kann eine Grammatik für ein gegebenes Wort mehr als einen Parse-Baum besitzen. Eine solche Grammatik nennt man *mehrdeutig*. Um zu zeigen, daß eine Grammatik mehrdeutig ist, müssen wir nur ein Wort finden, zu dem es mehr als einen Parse-Baum gibt. Weil ein Wort mit mehr als einem Parse-Baum auch mehr als eine Bedeutung haben kann, sind wir im Zusammenhang mit Übersetzungen gezwungen, eindeutige Grammatiken zu entwerfen oder bei der Verwendung mehrdeutiger Grammatiken die Mehrdeutigkeiten mit Hilfe spezieller Regeln aufzulösen.

Beispiel 2.5
Angenommen, wir würden anders als in Beispiel 2.1 nicht zwischen Ziffern und Listen unterscheiden. Wir könnten die Grammatik dann folgendermaßen schreiben:

$$string \rightarrow string + string \mid string - string \mid 0\mid1\mid2\mid3\mid4\mid5\mid6\mid7\mid8\mid9$$

Ziffer und *Liste* zum Nichtterminal *String* zusammenzuziehen macht auf den ersten Blick Sinn, denn eine einzelne Ziffer läßt sich als Spezialfall einer *Liste* ansehen.

Abb. 2.3 zeigt jedoch, daß es nun für einen Ausdruck wie 9-5+2 mehr als einen Parse-Baum gibt. Die beiden Bäume für den Ausdruck 9-5+2 entsprechen den beiden Möglichkeiten, den Ausdruck zu klammern: (9-5)+2 und 9-(5+2). Die zweite Klammerung gibt dem Ausdruck den Wert 2, nicht den wohl eher erwarteten Wert 6. Bei der Grammatik aus Beispiel 2.1 ist eine solche Interpretation ausgeschlossen. □

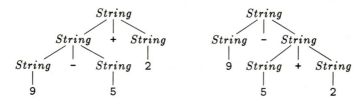

Abb. 2.3 Zwei Parse-Bäume für 9-5+2.

Assoziativität von Operatoren

Per Konvention ist 9+5+2 äquivalent zu (9+5)+2 und 9-5-2 äquivalent zu (9-5)-2. Stehen Operatoren sowohl links als auch rechts neben einem Operanden, wie es z.b. bei der 5 der Fall ist, dann entscheiden Konventionen darüber, zu welchem dieser Operatoren der Operand gehört. Den Operator + nennen wir *links-assoziativ*, weil ein Operand, der von Pluszeichen eingeschlossen ist, zu dem linken Operator gehört. In den meisten Programmiersprachen sind die vier arithmetischen Operatoren Addition, Subtraktion, Multiplikation und Division links-assoziativ.

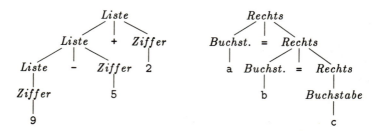

Abb. 2.4 Parse-Bäume für links- und rechtsassoziative Operatoren.

Einige gebräuchliche Operatoren wie die Exponentiation sind rechts-assoziativ. Ein anderes Beispiel für einen rechts-assoziativen Operator ist der Zuweisungsoperator = in C. Der Ausdruck a=b=c wird in C genauso behandelt wie der Ausdruck a=(b=c). Zeichenketten wie a=b=c mit rechts-assoziativem Operator werden von folgender Grammatik erzeugt:

> *Rechts* → *Buchstabe* = *Rechts* | *Buchstabe*
> *Buchstabe* → a | b | ... | z

Abb. 2.4 zeigt die Unterschiede zwischen einem Parse-Baum für einen links-assoziativen Operator wie – und demjenigen für einen rechts-assoziativen Operator wie =. Beachten Sie, daß der Parse-Baum für 9-5-2 nach links unten wächst, während der Parse-Baum für a=b=c sich nach rechts unten hin entwickelt.

Priorität von Operatoren

Betrachten Sie den Ausdruck 9+5*2. Er kann auf zweierlei Art interpretiert werden: (9+5)*2 oder 9+(5*2). Weder die Assoziativität von + noch die von * lösen diese Zweideutigkeit auf. Bei verschiedenartigen Operatoren ist deshalb die relative Priorität der Operatoren wichtig.

Wir sagen, daß * *höhere Priorität* als + hat, wenn * zusammen mit seinem Operanden früher als + ausgewertet wird. In der gewöhnlichen Arithmetik haben Multiplikation und Division höhere Priorität als Addition und Subtraktion. Danach gehört 5 sowohl in 9+5*2 als auch in 9*5+2 zum Operator *, d.h. die Ausdrücke sind äquivalent zu 9+(5*2) bzw. (9*5)+2.

Syntax von Ausdrücken

Sind Assoziativität und Priorität der Operatoren in einer Tabelle festgelegt, so kann man daraus leicht eine Grammatik für arithmetische Ausdrücke konstruieren. Wir wollen mit den vier üblichen arithmetischen Operatoren und einer Prioritätstabelle beginnen, in der die Operatoren nach zunehmender Priorität aufgelistet sind. Operatoren des gleichen Prioritätsniveaus sind in der gleichen Zeile aufgeführt.

links-assoziativ:　　+ –
links-assoziativ:　　* /

Wir wählen für die beiden Prioritätsniveaus die beiden Nichtterminale *expr* und *term* und, um die Grundbausteine für Ausdrücke zu erzeugen, ein zusätzliches Nichtterminal *factor*. Die Grundbausteine für Ausdrücke sind vorläufig Ziffern und geklammerte Ausdrücke.

$factor \rightarrow$ **digit** | (*expr*)

Kommen wir nun zu * und /, den zweistelligen Operatoren mit der höchsten Priorität. Weil diese Operatoren links-assoziativ sind, gleichen die Produktionen denen für links-assoziative Listen.

$$term \rightarrow \quad term * factor$$
$$| \quad term / factor$$
$$| \quad factor$$

In gleicher Weise erzeugt *expr* Termlisten, wobei die Terme durch additive Operatoren getrennt sind.

$$expr \rightarrow \quad expr + term$$
$$| \quad expr - term$$
$$| \quad term$$

Es ergibt sich somit folgende Grammatik:

$$expr \rightarrow expr + term \mid expr - term \mid term$$
$$term \rightarrow term * \text{factor} \mid term / factor \mid factor$$
$$factor \rightarrow \textbf{digit} \mid (\, expr \,)$$

Diese Grammatik beschreibt einen Ausdruck als Liste von Termen, die durch die Zeichen „+" oder „–" getrennt sind. Beachten Sie, daß jeder geklammerte Ausdruck ein Faktor ist und daß wir mit Hilfe von Klammern folglich beliebig tief geschachtelte Ausdrücke erhalten können (und auch beliebig tiefe Bäume).

Syntax von Anweisungen

In den meisten Programmiersprachen kann man Anweisungen anhand bestimmter Schlüsselwörter erkennen. Alle Pascal-Anweisungen beginnen mit einem Schlüsselwort, ausgenommen Zuweisungen und Prozeduraufrufe. Die folgende (mehrdeutige) Grammatik definiert einige Pascal-Anweisungen. Dabei repräsentiert das Symbol **id** einen Bezeichner.

$$stmt \rightarrow \quad \textbf{id} := expr$$
$$| \quad \textbf{if} \; expr \; \textbf{then} \; stmt$$
$$| \quad \textbf{if} \; expr \; \textbf{then} \; stmt \; \textbf{else} \; stmt$$
$$| \quad \textbf{while} \; expr \; \textbf{do} \; stmt$$
$$| \quad \textbf{begin} \; opt\_stmts \; \textbf{end}$$

Unter Verwendung der Produktionen aus Beispiel 2.3 erzeugt das Nichtterminal *opt_stmts* eine möglicherweise leere Liste von Anweisungen, die durch Strichpunkte getrennt sind.

2.3 Syntaxgerichtete Übersetzung

Um ein programmiersprachliches Konstrukt zu übersetzen, muß der Compiler neben dem für das Konstrukt erzeugten Code unter Umständen noch eine ganze Reihe weiterer das Konstrukt betreffende Daten verwalten. Man kann sich etwa vorstellen, daß der Compiler den Typ des Konstrukts kennen muß oder die Adresse der ersten Instruktion im Zielcode oder die Anzahl der erzeugten Instruktionen. Wir werden deswegen allgemein von *Attributen* reden, die mit Konstrukten assoziiert sind. Ein Attribut kann für jede mögliche Angabe stehen, z.B. für einen Typ, einen String, einen Speicherplatz oder was auch immer sonst relevant ist.

In diesem Abschnitt stellen wir die sogenannten syntaxgerichteten Definitionen vor. Es handelt sich dabei um einen Formalismus, mit dem Übersetzungen für programmiersprachliche Konstrukte beschrieben werden können. Eine syntaxgerichtete Definition bedient sich dazu der Attribute, die mit syntaktischen Komponenten des Konstrukts assoziiert sind. In späteren Kapiteln werden viele der im Front-End eines Compilers durchgeführten Übersetzungen durch syntaxgerichtete Definitionen beschrieben.

Zur Beschreibung von Übersetzungen stellen wir daneben noch eine mehr prozedurale Notation vor, die sogenannten Übersetzungsschemata. Im Verlauf dieses Kapitels benutzen wir Übersetzungsschemata, um Infix-Ausdrücke in Postfix-Notation zu übersetzen. Kapitel 5 enthält eine ausführlichere Diskussion syntaxgerichteter Definitionen und ihrer Implementierung.

Postfix-Notation

Die *Postfix-Notation* eines Ausdrucks E läßt sich induktiv folgendermaßen definieren:

1. Wenn E eine Variable oder Konstante ist, dann ist E selbst die Postfix-Notation von E.

2. Wenn E ein Ausdruck der Form E_1 *op* E_2 ist, wobei *op* irgendein zweistelliger Operator ist, dann ist E_1' E_2' *op* die Postfix-Notation von E, wobei E_1' und E_2' jeweils die Postfix-Notationen von E_1 und E_2 sind.

3. Wenn E ein Ausdruck der Form (E_1) ist, dann ist die Postfix-Notation von E_1 auch die Postfix-Notation von E.

In der Postfix-Notation sind Klammern überflüssig, weil Position und Arität (d.h. Anzahl der Argumente) nur eine einzige Dekodierung eines Postfix-Ausdrucks zulassen. Beispielsweise ist 9 5 - 2 + die Postfix-Notation von (9-5)+2 und 9 5 2 + - die Postfix-Notation von 9-(5+2).

Syntaxgerichtete Definitionen

Eine *syntaxgerichtete Definition* beschreibt mit Hilfe einer kontextfreien Grammatik die syntaktische Struktur der Eingabe. Zu jedem Grammatiksymbol gehört eine Menge von Attributen und zu jeder Produktion eine Menge *semantischer Regeln*. Mit Hilfe der semantischen Regeln werden die Attribute für die Symbole berechnet, die in der jeweiligen Produktion vorkommen.

Die Grammatik bildet zusammen mit den semantischen Regeln die syntaxge-richtete Definition.

Eine Übersetzung bildet eine Eingabe auf eine Ausgabe ab. Die Ausgabe für eine Eingabe x wird auf folgende Art und Weise definiert: Konstruie-re zunächst einen Parse-Baum für x. Angenommen, ein Knoten n des Parse-Baums ist mit dem Grammatiksymbol X markiert. Mit der Schreibweise $X.a$ bezeichnen wir den Wert, den das zu X gehörige Attribut a an diesem Knoten hat.

Um den Wert von $X.a$ am Knoten n zu berechnen, wird die semanti-sche Regel für Attribut a angewendet, die mit der am Knoten n benutzten X-Produktion assoziiert ist. Ein Parse-Baum, in dem zusätzlich die Attribute der Knoten angegeben sind, heißt *attributierter* Parse-Baum.

Zusammengesetzte Attribute

Ein Attribut heißt *zusammengesetzt*, wenn der zugehörige Wert für einen Knoten des Parse-Baums aus den Attributwerten der Nachfolger dieses Kno-tens bestimmt werden kann. Zusammengesetzte Attribute haben die angeneh-me Eigenschaft, daß ihre Werte einfach zu berechnen sind, indem der Parse-Baum einmal von unten nach oben durchlaufen wird. Wir beschränken uns in diesem Kapitel auf zusammengesetzte Attribute und kommen auf „ererbte" Attribute erst in Kapitel 5 zu sprechen.

Beispiel 2.6
Abb. 2.5 zeigt eine syntaxgerichtete Definition, die Infix-Ausdrücke in Post-fix-Notation übersetzt. Die Infix-Ausdrücke bestehen aus Ziffern, die durch Plus- oder Minus-Zeichen getrennt sind. Mit jedem Nichtterminal ist ein Attribut t assoziiert, dessen Wert eine Zeichenkette sein kann und das die Postfix-Notation desjenigen Ausdrucks repräsentiert, der von diesem Nicht-terminal in einem Parse-Baum erzeugt wird.

Produktion	Semantische Regel
$expr \rightarrow expr_1 + term$	$expr.t := expr_1.t \parallel term.t \parallel \text{'+'}$
$expr \rightarrow expr_1 - term$	$expr.t := expr_1.t \parallel term.t \parallel \text{'−'}$
$expr \rightarrow term$	$expr.t := term.t$
$term \rightarrow 0$	$term.t := \text{'0'}$
$term \rightarrow 1$	$term.t := \text{'1'}$
...	...
$term \rightarrow 9$	$term.t := \text{'9'}$

Abb. 2.5 Syntaxgerichtete Definitionen für die Übersetzung von Infix- in Postfix-Notation.

Die Postfix-Form einer Ziffer ist die Ziffer selbst. Die zur Produktion *term* → 9 gehörige semantische Regel definiert beispielsweise, daß *term.t* immer dann den Wert 9 haben soll, wenn diese Produktion an einem Knoten eines Parse-Baums angewendet wird. Wenn die Produktion *expr* → term angewendet wird, erhält *term.t* den Wert von *expr.t*.

Die Produktion *expr* → expr₁ + term leitet einen Ausdruck her, der einen Plus-Operator enthält (der Index in *expr*₁ dient zur Unerscheidung des *expr* auf der linken von dem auf der rechten Seite). Der linke Operand des Plus-Operators ist *expr*₁, der rechte *term*. Die zu dieser Produktion gehörende semantische Regel

$$expr.t := expr_1.t \parallel term.t \parallel \text{'+'}$$

definiert den Wert des Attributs *expr.t* als Konkatenation der Postfix-Formen *expr*₁ und *term.t* des linken bzw. rechten Operanden, gefolgt vom Plus-Zeichen. Der Operator ∥ steht in semantischen Regeln für die Konkatenation von Zeichenketten.

Abb. 2.6 enthält einen attributierten Parse-Baum, der dem Baum von Abb. 2.2 entspricht. Um die Werte der *t*-Attribute zu berechnen, wurde für jeden Knoten jeweils die semantische Regel verwendet, die zur angewendeten Produktion gehört. Das Attribut an der Wurzel hat als Wert die Postfix-Notation der vom Parse-Baum erzeugten Zeichenkette. □

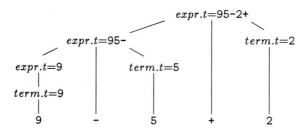

Abb 2.6 Attributwertwerte an den Knoten eines Parse-Baums.

Beispiel 2.7
Nehmen wir an, ein Roboter verstünde Anweisungen, sich von seiner aktuellen Position einen Schritt nach Osten, Norden, Westen oder Süden zu bewegen. Folgende Grammatik erzeugt eine Folge solcher Anweisungen:

$$Folge \rightarrow Folge\ Anw \mid \textbf{start}$$
$$Anw \rightarrow \textbf{ost} \mid \textbf{nord} \mid \textbf{west} \mid \textbf{süd}$$

Abb. 2.7 zeigt, wie der Roboter aufgrund der Eingabe

start west süd ost ost ost nord nord

seine Position ändert.

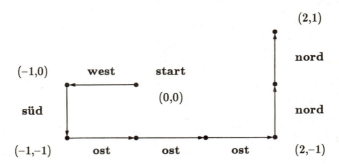

Abb. 2.7   Positionsänderungen eines Roboters.

Eine Position wird in der Abbildung durch ein Paar (x,y) dargestellt, wobei x bzw. y die Anzahl der Schritte nach Osten bzw. Norden angibt, jeweils gerechnet vom Ausgangspunkt aus. (Ist x negativ, dann befindet sich der Roboter westlich vom Ausgangspunkt; analog befindet sich der Roboter südlich vom Ausgangspunkt, falls y negativ ist).

Wir wollen nun eine syntaxgerichtete Definition angeben, die eine Anweisungsfolge in eine Roboterposition übersetzt. Wir werden uns in zwei Attributen $folge.x$ und $folge.y$ die Position merken, die der bisherigen vom Nichtterminal $folge$ erzeugten Anweisungsfolge entspricht. Zu Beginn erzeugt $folge$ das Terminal **start**, und $folge.x$ und $folge.y$ erhalten als Anfangswert 0, wie es in Abb. 2.8 bei dem am weitesten links stehenden inneren Knoten des Parse-Baums für **start west süd** zu sehen ist.

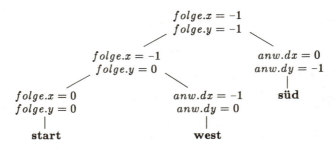

Abb. 2.8   Bewerteter Parse-Baum für **start west süd**.

Die Attribute $anw.dx$ und $anw.yd$ geben die Positionsänderung an, die
von einer einzelnen, aus anw hergeleiteten Anweisung verursacht wird. Wird
z.B. **west** aus anw hergeleitet, so ist $anw.dx = -1$ und $anw.dy = 0$. Nehmen
wir an, daß eine Folge $folge$ dadurch entsteht, daß an eine Folge $folge_1$ eine
neue Anweisung anw angehängt wird. Dann definieren die folgenden Regeln
die neue Position des Roboters:

$$folge.x := folge_1.x + anw.dx$$
$$folge.y := folge_1.y + anw.dy$$

Abb. 2.9 zeigt eine syntaxgerichtete Definition zur Übersetzung einer Anweisungsfolge in eine Roboterposition.   □

Produktion	Semantische Regeln
$folge \rightarrow$ **start**	$folge.x := 0$ $folge.y := 0$
$folge \rightarrow folge_1\ anw$	$folge.x := folge_1.x \quad + anw.dx$ $folge.y := folge_1.y \quad + anw.dy$
$anw \rightarrow$ **ost**	$anw.dx := 1$ $anw.dy := 0$
$anw \rightarrow$ **nord**	$anw.dx := 0$ $anw.dy := 1$
$anw \rightarrow$ **west**	$anw.dx := -1$ $anw.dy := 0$
$anw \rightarrow$ **süd**	$anw.dx := 0$ $anw.dy := -1$

Abb. 2.9 Syntaxgerichtete Definition von Roboterpositionen.

Depth-First-Durchlauf

Für syntaxgerichtete Definitionen ist keine bestimmte Reihenfolge vorgeschrieben, nach der die Attribute in einem Parse-Baum auszuwerten sind;
jede Auswertungsreihenfolge ist zulässig, sofern sie vor der Berechnung eines
Attributs a erst die Attribute berechnet, von denen a abhängt. Manche
Attribute müssen berechnet werden, sobald ein Knoten erstmalig während
einer Durchwanderung des Parse-Baums besucht wird. Andere Attribute können evtl. erst berechnet werden, nachdem alle Nachfolger besucht wurden

oder während die Nachfolger des Knotens besucht werden. Geeignete Auswertungsreihenfolgen werden in Kapitel 5 diskutiert.

Die Übersetzungen dieses Kapitels lassen sich alle dadurch implementieren, daß die semantischen Regeln für die Attribute im Parse-Baum in einer starren Reihenfolge ausgewertet werden. Beim *Durchlaufen* eines Baums beginnt man an der Wurzel und besucht alle Knoten des Baums in einer bestimmten Reihenfolge. In diesem Kapitel wird der Baum zur Auswertung semantischer Regeln nach der „Depth-First"-Methode durchlaufen, wie sie Abb. 2.10 definiert.

procedure *visit* (n : Knoten);
begin
      for jeden Nachfolger m von n, von links nach rechts **do**
        visit(m) ;
      werte die semantischen Regeln von Knoten n aus
end

Abb. 2.10 Durchlaufen eines Baums in Depth-First-Ordnung.

Die Methode beginnt mit der Wurzel und besucht rekursiv die Nachfolger eines Knotens von links nach rechts. Abb. 2.11 veranschaulicht das. Die semantischen Regeln eines gegebenen Knotens werden ausgewertet, sobald alle Nachfolger dieses Knotens besucht worden sind. Die Methode heißt „depth-first", weil sie immer, wenn das möglich ist, einen noch nicht besuchten Nachfolger eines Knotens besucht; sie versucht also, möglichst schnell die weit von der Wurzel entfernten Knoten zu erreichen.

Abb. 2.11 Beispiel eines Durchlaufs eines
Baums in Depth-First-Ordnung.

Übersetzungsschemata

Im Rest dieses Kapitels verwenden wir zur Definition von Übersetzungen eine prozedurale Beschreibung. Ein *Übersetzungsschema* ist eine kontextfreie Grammatik, bei der Programmfragmente, sogenannte *semantische Aktionen*, in die rechten Seiten der Produktionen eingestreut sind. Ein Übersetzungs-

schema ähnelt einer syntaxgerichteten Übersetzung, allerdings wird die Auswertungsreihenfolge der semantischen Regeln explizit angegeben. Eine Aktion
wird in geschweifte Klammern eingeschlossen. Die Stelle, an der sie auszuführen ist, entspricht ihrer Position innerhalb der rechten Produktionsseite.
Ein Beispiel dafür ist

$$rest \rightarrow + \; term \; \{ \; print('+') \; \} \; rest_1$$

Ein Übersetzungsschema erzeugt durch Ausführen der Aktionen für jeden
von der zugrundeliegenden Grammatik generierten Satz x eine Ausgabe. Die
Reihenfolge, in der die Aktionen ausgeführt werden, entspricht einem Depth-
First-Durchlauf des Parse-Baums für x. Betrachten Sie als Beispiel einen
Parse-Baum mit einem Knoten $rest$, der obige Produktion repräsentiert. Die
Aktion $\{print ('+')\}$ wird ausgeführt, nachdem der Teilbaum für $term$ durch-
laufen wurde, aber bevor der Nachfolgerknoten $rest_1$ besucht wird.

In graphischen Darstellungen von Parse-Bäumen zeigen wir Aktionen
durch spezielle Nachfolgerknoten an, die durch eine unterbrochene Linie mit
dem zur Produktion gehörenden Knoten verbunden sind. Der Teil des Parse-
Baums, der zu obiger Produktion und Aktion gehört, würde z.B. wie in
Abb. 2.12 dargestellt werden. Der Knoten für eine semantische Aktion besitzt
keine Nachfolger, was zur Folge hat, daß die Aktion ausgeführt wird, sobald
der Knoten erstmalig besucht wird.

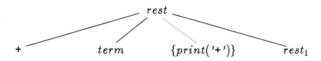

Abb. 2.12 *Für eine semantische Aktion wird ein*
zusätzliches Blatt eingefügt.

Ausgeben einer Übersetzung

Wir gehen in diesem Kapitel davon aus, daß die Übersetzung, d.h. die Ausgabe der semantischen Aktionen, in eine Datei geschrieben wird. Jede Ausführung einer semantischen Aktion gibt ein einzelnes Zeichen oder eine Zeichenfolge aus. So soll z.B. 9-5+2 in 9 5 - 2 + übersetzt werden, indem jedes
Zeichen des Ausdrucks 9-5+2 genau einmal ausgegeben wird, ohne daß für die
Übersetzung von Teilausdrücken zusätzlicher Speicher nötig ist. Bei dieser
Vorgehensweise, die Ausgabe Schritt für Schritt zu erzeugen, ist die Reihenfolge, in der die Zeichen ausgegeben werden, von Bedeutung.

Beachten Sie, daß die bisher behandelten syntaxgerichteten Definitionen
folgende wichtige Eigenschaft haben: die Zeichenfolge, welche die Übersetzung des Nichtterminals auf der linken Seite der Produktion repräsentiert, ist

die Konkatenation der Übersetzungen für die Nichtterminale auf der rechten Seite. Die Übersetzungen werden in der gleichen Reihenfolge hintereinander geschrieben, in der sie auf der rechte Produktionsseite auftreten, wobei lediglich einige zusätzliche Zeichenfolgen dazwischen eingefügt werden können. Eine syntaxgerichtete Definition mit dieser Eigenschaft heißt *einfach*. Betrachten Sie z.B. von der syntaxgerichteten Definition aus Abb. 2.5 die erste Produktion und ihre semantische Regel:

PRODUKTION   SEMANTISCHE REGEL

$$expr \rightarrow expr_1 + term \qquad expr.t := expr_1.t \parallel term.t \parallel \text{'+'} \qquad (2.6)$$

Die Übersetzung $expr.t$ ist dabei die Konkatenation der Übersetzungen von $expr_1$ und $term$, gefolgt vom Symbol +. Beachten Sie, daß $expr_1$ auf der rechten Seite der Produktion vor $term$ steht.

  In der folgenden semantischen Regel steht zwischen $term.t$ und $rest_1.t$ eine weitere Zeichenfolge

PRODUKTION   SEMANTISCHE REGEL

$$rest \rightarrow + term \; rest_1 \qquad rest.t := term.t \parallel \text{'+'} \parallel rest_1.t \qquad (2.7)$$

Aber auch in diesem Fall steht auf der rechten Seite der Produktion das Nichtterminal $term$ vor $rest_1$.

  Einfache syntaxgerichtete Definitionen können durch Übersetzungsschemata implementiert werden, bei denen Aktionen die zusätzlichen Zeichenfolgen in der Reihenfolge ausgeben, in der sie in der Definition auftreten. In den folgenden Produktionen geben die Aktionen die zusätzlichen Zeichenfolgen von (2.6) bzw. (2.7) aus:

$$expr \rightarrow expr_1 + term \; \{ \; print(\text{'+'}) \}$$
$$rest \rightarrow + term \; \{ print(\text{'+'}) \} \; rest_1$$

Beispiel 2.8
Abb. 2.5 enthielt eine einfache Definition, um Ausdrücke in Postfix-Form zu übersetzen. Ein daraus abgeleitetes Übersetzungsschema wird in Abb. 2.13 angegeben. Abb. 2.14 zeigt einen Parse-Baum mit Aktionen für 9-5+2. Beachten Sie: Obwohl die Abbildungen 2.6 und 2.14 die gleiche Eingabe-Ausgabe-Abbildung repräsentieren, wird die Übersetzung in beiden Fällen unterschiedlich konstruiert. Abb. 2.6 ordnet die Ausgabe der Wurzel des Parse-Baums zu, während Abb. 2.14 die Ausgabe schrittweise ausdruckt.

$$
\begin{aligned}
expr &\rightarrow expr + term && \{\, print('+') \,\} \\
expr &\rightarrow expr - term && \{\, print('-') \,\} \\
expr &\rightarrow term && \\
term &\rightarrow 0 && \{\, print('0') \,\} \\
term &\rightarrow 1 && \{\, print('1') \,\} \\
&\;... && \\
term &\rightarrow 9 && \{\, print('9') \,\}
\end{aligned}
$$

Abb. 2.13 Aktionen zur Übersetzung eines Ausdrucks
in Postfix-Notation.

Die Wurzel in Abb. 2.14 repräsentiert die erste Produktion von Abb. 2.13.
Durchlaufen wir den Baum in Depth-First-Ordnung, dann führen wir zunächst alle Aktionen im Teilbaum für den linken Operanden *expr* aus, denn
der am weitesten links befindliche Teilbaum der Wurzel wird zuerst durchlaufen. Wir besuchen danach das Blatt **+**, für das keine Aktion auszuführen
ist. Als nächstes führen wir die Aktionen im Teilbaum für den rechten
Operanden *term* aus und zum Schluß die semantische Aktion {*print('+')*} an
dem eigens dafür vorgesehenen Knoten.

Die Produktionen für *term* haben auf der rechten Seite jeweils nur eine
Ziffer, die von den zugehörigen Aktionen ausgedruckt werden. Für die Produktion *expr* → *term* braucht gar keine Ausgabe erzeugt zu werden; in der
Aktion für die ersten beiden Produktionen muß nur der jeweilige Operator
ausgedruckt werden. Wird der Parse-Baum in Abb. 2.14 in Depth-First-Ordnung durchlaufen, so drucken die Aktionen 9 5 - 2 + aus. ☐

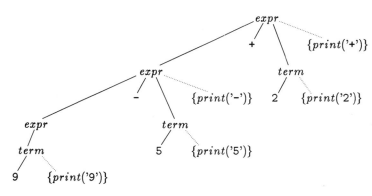

Abb. 2.14 Aktionen zur Übersetzung von 9 - 5 + 2 in 9 5 - 2 +.

Allgemein gilt, daß die meisten Methoden zur Syntaxanalyse ihre jeweilige
Eingabe nach einer „gierigen" Strategie verarbeiten, d.h., bevor sie das nächste Eingabesymbol lesen, erzeugen sie möglichst viele Teile des Parse-Baums.
Darüber hinaus werden bei einem einfachen Übersetzungsschema (abgeleitet
von einer einfachen syntaxgerichteten Definition) die Aktionen von links
nach rechts ausgeführt. Zur Implementierung eines einfachen Übersetzungsschemas genügt es deswegen, die semantischen Aktionen während der Syntaxanalyse auszuführen. Es ist nicht nötig, den Parse-Baum explizit aufzu-
bauen.

2.4 Syntaxanalyse

Syntaxanalyse (engl. *parsing*) ist der Prozeß, der entscheidet, ob ein aus
Symbolen bestehendes Wort von einer Grammatik erzeugt werden kann. Es ist
für die Behandlung dieses Themas hilfreich, sich vorzustellen, daß während
der Syntaxanalyse ein Parse-Baum aufgebaut wird, auch wenn das in einem
realen Compiler nicht der Fall sein sollte. In jedem Fall muß ein Parser prinzipiell in der Lage sein, einen Parse-Baum zu erstellen; andernfalls ist die
Korrektheit der Übersetzung nicht gewährleistet.

Dieser Abschnitt stellt eine Analysemethode vor, die zur Konstruktion
syntaxgerichteter Übersetzer verwendet werden kann. Im nächsten Abschnitt
geben wir ein vollständiges C-Programm zur Implementierung des Übersetzungsschemas aus Abb. 2.13 an. Wir hätten ebensogut ein Software-Werkzeug
benutzen können, das aus einem Übersetzungsschema direkt einen Übersetzer
erzeugt. Wir verweisen auf Abschnitt 4.9, in dem wir ein Werkzeug dieser
Art beschreiben, welches das Übersetzungsschema aus Abb. 2.13 unverändert
implementieren kann.

Grundsätzlich läßt sich für jede Grammatik ein Parser konstruieren,
allerdings haben die in der Praxis benutzten Grammatiken noch einige spezielle Eigenschaften. Zu jeder kontextfreien Grammatik gibt es einen Parser
mit Zeitbedarf $O(n^3)$ für die Analyse eines Wortes aus n Symbolen. Kubischer
Zeitbedarf ist jedoch zu kostspielig. Man kann aber für praktisch jede Programmiersprache eine Grammatik angeben, die sich schnell analysieren läßt.
Für die in der Praxis vorkommenden Sprachen kommt man im wesentlichen
mit linearen Algorithmen aus. Parser für Programmiersprachen arbeiten die
Eingabe fast immer symbolweise von links nach rechts ab, wobei sie jeweils
das nächste Symbol im voraus betrachten.

Die meisten Methoden zur Syntaxanalyse lassen sich in zwei Klassen
einteilen, in die sogenannten *Top-Down*- und *Bottom-Up*-Methoden. Die Na-
mensgebung spiegelt die Richtung wider, in der die Knoten des Parse-Baums
konstruiert werden. Bei der erstgenannten Methode beginnt man die Konstruktion mit der Wurzel und führt sie in Richtung der Blätter fort; bei der
zweiten Methode beginnt man die Konstruktion an den Blättern und arbeitet
sich zur Wurzel hoch. Die Popularität von Top-Down-Parsern hat ihren

Grund darin, daß es mit Top-Down-Methoden leichter ist, effiziente Parser von Hand zu erstellen. Auf der anderen Seite läßt sich mit Bottom-Up-Methoden eine größere Klasse von Grammatiken und Übersetzungsschemata behandeln. Aus diesem Grund benutzen Software-Werkzeuge zur automatischen Parser-Generierung überwiegend Bottom-Up-Methoden.

Top-Down-Analyse

Wir stellen die Top-Down-Analyse am Beispiel einer Grammatik vor, die für diese Klasse von Analyse-Methoden besonders geeignet ist. Wir werden später in diesem Kapitel allgemein auf die Konstruktion von Top-Down-Parsern eingehen. Die folgende Grammatik erzeugt eine Untermenge der Pascal-Typen. Wir verwenden für „..“ das Symbol **dotdot**, um zu betonen, daß diese Zeichenfolge als Einheit behandelt wird.

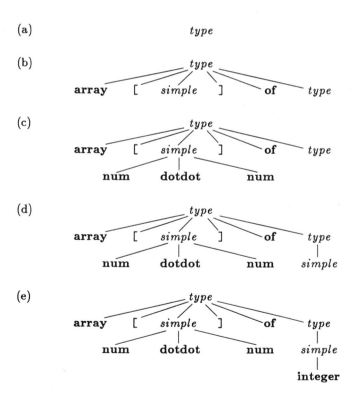

Abb. 2.15   Schrittweise Top-Down-Erstellung eines Parse-Baums.

$$
\begin{aligned}
\text{type} \rightarrow\ & \text{simple} \\
|\ & \uparrow\text{id} \\
|\ & \textbf{array}\ [\ simple\ ]\ \textbf{of}\ type \\
simple \rightarrow\ & \textbf{integer} \\
|\ & \textbf{char} \\
|\ & \textbf{num dotdot num}
\end{aligned}
\qquad (2.8)
$$

Wir beginnen die Top-Down-Konstruktion des Parse-Baums mit der Wurzel, die mit dem Startsymbol markiert wird, und führen wiederholt die folgenden beiden Schritte aus (in Abb. 2.15 sehen Sie ein Beispiel):

1. Wähle am Knoten n, der mit dem Nichtterminal A markiert sei, eine der Produktionen für A und erzeuge für jedes Grammatiksymbol auf der rechten Seite der Produktion je einen Nachfolgerknoten des Knotens n.

2. Suche den nächsten Knoten, für den noch ein Teilbaum zu erzeugen ist.

Für manche Grammatiken lassen sich die oben genannten Schritte als Teil einer einfachen, sequentiellen Abarbeitung des Eingabestroms implementieren. Das gerade zu untersuchende Symbol wird oft als *Lookahead*-Symbol bezeichnet. Zu Beginn ist das Lookahead-Symbol das erste, d.h. das am weitesten links stehende Symbol des Eingabeworts. Abb. 2.16 veranschaulicht die Syntaxanalyse des Satzes

array [num dotdot num] of integer

Zu Beginn ist das Symbol **array** das Lookahead-Symbol. Vom Parse-Baum ist bisher nur die Wurzel bekannt, die in Abb. 2.16(a) mit dem Startsymbol *type* markiert ist. Ziel ist es, den Rest des Parse-Baums so zu konstruieren, daß das vom Parse-Baum erzeugte Wort mit dem Eingabewort übereinstimmt.

Damit beide Wörter überhaupt übereinstimmen können, muß das Nichtterminal *type* in Abb. 2.16(a) ein Wort herleiten, das mit dem Lookahead-Symbol **array** beginnt. In der Grammatik (2.8) gibt es für *type* nur eine Produktion, die ein solches Wort herleiten kann. Wir wählen diese Produktion aus und erzeugen für die Wurzel Nachfolgerknoten, die mit den Symbolen auf der rechten Seite der Produktion markiert werden.

In den drei Momentaufnahmen von Abb. 2.16 sind das Lookahead-Symbol in der Eingabe und der aktuell behandelte Knoten des Parse-Baums jeweils durch Pfeile gekennzeichnet. Sind die Nachfolger eines Knotens erzeugt, dann behandeln wir als nächstes den am weitesten links stehenden Nachfolger. In Abb. 2.16(b) wurden gerade die Nachfolger der Wurzel konstruiert und der am weitesten links stehende, mit **array** markierte Nachfolger wird nun behandelt.

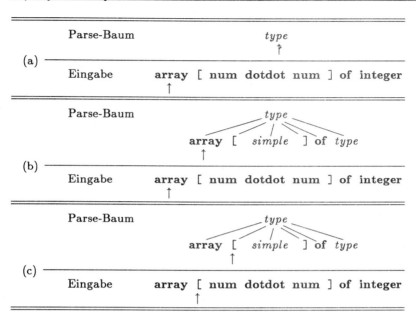

Abb. 2.16 Top-Down-Analyse, wobei die Eingabe von links nach rechts gelesen wird.

Wenn der gerade behandelte Knoten des Parse-Baums für ein Terminal steht und dieses Terminal mit dem Lookahead-Symbol übereinstimmt, gehen wir sowohl im Parse-Baum als auch in der Eingabe einen Schritt weiter. Das nächste Eingabesymbol wird zum neuen Lookahead-Symbol, und im Parse-Baum wird der nächste Nachfolger betrachtet. In Abb. 2.16(c) ist der Pfeil im Parse-Baum zum nächsten Nachfolger der Wurzel weitergewandert und der Pfeil in der Eingabe steht nun auf dem nächsten Symbol „[". Nach einem weiteren Schritt wird der Pfeil im Parse-Baum auf den Nachfolgerknoten zeigen, der mit dem Nichtterminal *simple* markiert ist. Wenn ein mit einem Nichtterminal markierter Knoten bearbeitet wird, wählen wir erneut eine Produktion für das Nichtterminal aus.

Im allgemeinen ist es möglich, daß man eine Produktion für ein Nichtterminal auf gut Glück auswählen und einen Irrtum in Kauf nehmen muß. Man ist also unter Umständen gezwungen, eine Produktion auszuprobieren und, falls sie nicht geeignet ist, den Analyseprozeß zurückzusetzen, um eine andere Produktion auszuprobieren. Eine Produktion ist ungeeignet, wenn wir den Baum nach Anwendung der Produktion nicht so vervollständigen können, daß er das Eingabewort liefert. Es gibt jedoch einen wichtigen Sonderfall, die sogenannte *prädiktive Syntaxanalyse*, bei der kein Rücksetzen erforderlich ist.

Prädiktive Syntaxanalyse

Die Methode des *rekursiven Abstiegs*, engl. *recursive descent*, ist ein Verfahren zur Syntaxanalyse, bei dem die Eingabe durch eine Menge rekursiver Prozeduren abgearbeitet wird. Jedem Nichtterminal der Grammatik entspricht eine Prozedur. Wir wollen nun eine spezielle Form einer Recursive-Descent-Analyse behandeln, die sogenannte prädiktive Analyse, bei der das Lookahead-Symbol für jedes Nichtterminal eindeutig die auszuwählende Prozedur bestimmt. Die Folge der Prozeduren, die während der Abarbeitung der Eingabe aufgerufen werden, definiert implizit einen Parse-Baum für die Eingabe.

Der prädiktive Parser in Abb. 2.17 besteht aus Prozeduren für die Nichtterminale *type* und *simple* der Grammatik (2.8) und einer weiteren Prozedur *match*. Diese Prozedur hat den Zweck, den Code für *type* und *simple* zu vereinfachen; falls ihr Argument t mit dem Lookahead-Symbol übereinstimmt, geht sie zum nächsten Eingabesymbol. Die Prozedur *match* ändert also den Wert der Variablen *lookahead*, die ja das aktuell bearbeitete Eingabesymbol enthält.

```
procedure match(t: token);
begin
    if lookahead = t then
        lookahead := nexttoken
    else error
end;

procedure type;
begin
    if lookahead is in { integer, char, num } then
        simple
    else if lookahead = '↑' then begin
        match('↑'); match(id)
    end
    else if lookahead = array then begin
        match(array); match('['); simple; match(']'); match(of); type
    end
    else error
end;
```

```
procedure simple;
begin
    if lookahead = integer then
        match(integer)
    else if lookahead = char then
        match(char)
    else if lookahead = num then begin
        match(num); match(dotdot); match(num)
    end
    else error
end;
```

Abb. 2.17   Pseudo-Code für einen prädiktiven Parser.

Der Parse-Prozeß beginnt mit einem Aufruf der Prozedur für *type*, dem Startsymbol unserer Grammatik. Bei der gleichen Eingabe wie in Abb. 2.16 ist *lookahead* zunächst das erste Symbol **array**. Die Prozedur *type* führt folgenden Code aus:

$$match(\textbf{array}); match(\text{'['}); simple\;; match(\text{']'}); match(\textbf{of}); type \qquad (2.9)$$

Der Code entspricht der rechten Seite der Produktion

$$type \rightarrow \textbf{array}\;[\;simple\;]\;\textbf{of}\;type$$

Beachten Sie, daß jedes Terminal der rechten Seite mit dem Lookahead-Symbol verglichen wird und daß jedes Nichtterminal der rechten Seite zum Aufruf einer Prozedur führt.

Bei der Eingabe von Abb. 2.16 ist **num** nach erfolgreicher Bearbeitung der Symbole **array** und] das neue Lookahead-Symbol. Anschließend wird die Prozedur *simple* aufgerufen und ihr Rumpf

$$match(\textbf{num}); match(\textbf{dotdot}); match(\textbf{num});$$

ausgeführt.

Das Lookahead-Symbol bestimmt, welche Produktion anzuwenden ist. Beginnt die rechte Seite einer Produktion mit einem Terminalsymbol, dann ist diese Produktion anwendbar, sofern das Terminal mit dem Lookahead-Symbol übereinstimmt. Betrachten Sie nun eine rechte Seite, die mit einem Nichtterminal beginnt, wie es in

$$type \rightarrow simple \qquad (2.10)$$

der Fall ist.

Diese Produktion wird benutzt, falls das Lookahead-Symbol aus *simple* hergeleitet werden kann. Nehmen Sie z.B. an, daß in dem Moment, wo der Steuerfluß bei Ausführung des Code-Fragments (2.9) den Prozeduraufruf *type* erreicht, **integer** das Lookahead-Symbol ist. Für *type* gibt es keine Produktion, die mit dem Symbol **integer** beginnt. Für *simple* gibt es jedoch eine solche Produktion. Also wird Produktion (2.10) angewendet, indem bei Lookahead-Symbol **integer** die Prozedur *simple* von *type* aus aufgerufen wird.

Die prädiktive Analyse stützt sich auf die Kenntnis, welche Anfangssymbole von der rechten Seite einer Produktion erzeugt werden können. Wir wollen das etwas näher betrachten. Sei α die rechte Seite einer Produktion für das Nichtterminal A. Wir definieren FIRST(α) als die Menge der Terminal-Symbole, die bei mindestens einem aus α hergeleiteten Wort als Anfangssymbol auftreten. Ist α das leere Wort ϵ oder läßt sich ϵ aus α herleiten, dann ist auch ϵ in FIRST(α)[2]. Ein Beispiel:

$$\text{FIRST}(simple) = \{\ \textbf{integer, char, num}\ \}$$
$$\text{FIRST}(\uparrow\textbf{id}) = \{\ \uparrow\ \}$$
$$\text{FIRST}(\textbf{array}\ [\ simple\ ]\ \textbf{of}\ type) = \{\ \textbf{array}\ \}$$

In der Praxis beginnen die rechten Seiten von Produktionen häufig mit Terminalsymbolen, was die Erstellung der FIRST-Mengen vereinfacht. In Abschnitt 4.4 wird ein Algorithmus zur Berechnung der FIRST-Mengen angegeben.

Die FIRST-Mengen kommen ins Spiel, wenn es zwei Produktionen $A \rightarrow \alpha$ und $A \rightarrow \beta$ gibt. Für eine Recursive-Descent-Analyse ohne Rücksetzen ist es erforderlich, daß FIRST(α) und FIRST(β) disjunkt sind. Das Lookahead-Symbol gibt den Ausschlag, welche Produktion anzuwenden ist. Ist das Lookahead-Symbol in FIRST(α), dann wird α benutzt. Andernfalls, wenn das Lookahead-Symbol in FIRST(β) ist, wird β benutzt.

Wann werden ϵ-Produktionen angewendet?

Produktionen mit ϵ als rechter Seite müssen gesondert behandelt werden. Ein Recursive-Descent-Parser wird eine ϵ-Produktion immer dann benutzen, wenn keine andere Produktion mehr anwendbar ist. Betrachten Sie z.B.

$$stmt \rightarrow \textbf{begin}\ opt\_stmts\ \textbf{end}$$
$$opt\_stmts \rightarrow stmtlist\ |\ \epsilon$$

---

[2]   Produktionen mit ϵ auf der rechten Seite erschweren die Ermittlung der Anfangssymbole, die von einem Nichtterminal erzeugt werden können. Ist das leere Wort beispielsweise aus einem Nichtterminal B herleitbar und gibt es eine Produktion $A \rightarrow BC$, dann kann ein von C erzeugtes Anfangssymbol auch von A als Anfangssymbol erzeugt werden. Kann auch C ϵ herleiten, dann enthalten sowohl FIRST(A) als auch FIRST(BC) das leere Wort ϵ.

Ist während der Analyse von *opt_stmts* das Lookahead-Symbol nicht in FIRST(*stmt_list*), so wird die ε-Produktion benutzt. Falls **end** das Lookahead-Symbol ist, ist das genau die richtige Wahl. Jedes Lookahead-Symbol außer **end** führt zu einem Fehler, der während der Analyse von *stmt* entdeckt wird.

Entwurf eines prädiktiven Parsers

Ein *prädiktiver Parser* ist ein Programm, das für jedes Nichtterminal eine Prozedur enthält. Jede Prozedur tut zweierlei:

1. Sie entscheidet, welche Produktion anzuwenden ist, indem sie sich das Lookahead-Symbol anschaut. Ist das Lookahead-Symbol in First(α), dann wird eine Produktion mit rechter Seite α benutzt. Ist für irgendein Lookahead-Symbol die rechte Seite nicht eindeutig bestimmt, dann ist diese Analyse-Methode für die vorliegende Grammatik ungeeignet. Eine Produktion mit ε als rechter Seite wird erst benutzt, wenn das Lookahead-Symbol in keiner FIRST-Menge für eine rechte Seite enthalten ist.

2. Sie simuliert eine Produktion, indem sie deren rechte Seite nachvollzieht. Ein Nichtterminal führt zu einem Aufruf der Prozedur für das Nichtterminal. Ein Terminalsymbol, das mit dem Lookahead-Symbol übereinstimmt, führt dazu, daß das nächste Eingabesymbol gelesen wird. Stimmt zu irgendeinem Zeitpunkt das Terminalsymbol in der Produktion nicht mit dem Lookahead-Symbol überein, wird ein Fehler angezeigt. Diese Regeln, angewendet auf Grammatik (2.8), führen zu dem Ergebnis von Abb. 2.17.

Ebenso wie man ein Übersetzungsschema durch Erweiterung einer Grammatik erhält, kann man einen syntaxgerichteten Übersetzer durch Erweiterung eines prädiktiven Parsers konstruieren. Ein diesbezüglicher Algorithmus wird in Abschnitt 5.5 angegeben. Vorläufig genügt die folgende einfache Konstruktion, denn in den Übersetzungsschemata dieses Kapitels besitzen die Nichtterminale keine Attribute:

1. Konstruiere einen prädiktiven Parser, ohne Berücksichtigung der Aktionen in den Produktionen.

2. Kopiere die Aktionen des Übersetzungsschemas in den Parser. Steht in der Produktion p hinter dem Grammatiksymbol X eine Aktion, dann wird sie hinter den Code kopiert, der X implementiert. Andernfalls, wenn sie am Anfang der Produktion steht, wird sie genau vor den Code kopiert, der die Produktion implementiert.

Im nächsten Abschnitt werden wir einen solchen Übersetzer konstruieren.

Linksrekursion

Es kann vorkommen, daß ein Recursive-Descent-Parser in eine Endlos-Schleife gerät. Problematisch sind links-rekursive Produktionen wie

$$expr \rightarrow expr + term$$

weil dabei das am weitesten links stehende Symbol der rechten Seite identisch ist mit dem Nichtterminal auf der linken Seite der Produktion. Angenommen, die Prozedur für *expr* möchte diese Produktion anwenden. Weil die rechte Seite mit *expr* beginnt, ruft sich die Prozedur für *expr* selbst auf und der Parser gerät in eine Endlos-Schleife. Beachten Sie, daß sich das Lookahead-Symbol nur dann ändert, wenn auf der rechten Seite ein passendes Terminal steht. Da die Produktion mit dem Nichtterminal *expr* beginnt, ändert sich zwischen den rekursiven Aufrufen an der Eingabe absolut nichts, was die Endlosschleife zur Folge hat.

Um eine links-rekursive Produktion zu eliminieren, muß man sie umformulieren. Betrachten Sie ein Nichtterminal A mit zwei Produktionen

$$A \rightarrow A\alpha \mid \beta$$

Dabei seien α und β Folgen von Terminalen und Nichtterminalen, die nicht mit A beginnen. In

$$expr \rightarrow expr + term \mid term$$

ist $A = expr$, $\alpha = +\ term$ und $\beta = term$.

Das Nichtterminal A ist *links-rekursiv*, weil in der Produktion $A \rightarrow A\alpha$ das am weitesten links stehende Symbol der rechten Seite A selbst ist. Wie Abb. 2.18(a) zeigt, erzeugt die wiederholte Anwendung dieser Produktion rechts von A eine Folge von α's. Wird schließlich A durch β ersetzt, haben wir als Ergebnis ein β, gefolgt von null oder mehreren α's.

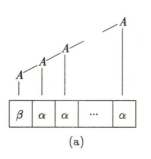 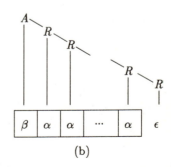

(a)   (b)

Abb 2.18   Links- und rechtsrekursive Generierung eines Strings.

Der gleiche Effekt kann wie in Abb. 2.18(b) dadurch erreicht werden, daß man die Produktionen für A folgendermaßen neu schreibt:

$$A \to \beta R$$
$$R \to \alpha R \mid \epsilon \qquad (2.11)$$

Hierbei ist R ein neues Nichtterminal. Die Produktion $R \to \alpha R$ ist *rechts-rekursiv*, denn das am weitesten rechts stehende Symbol der rechten Seite ist R selbst. Durch rechts-rekursive Produktionen entstehen Bäume, die nach rechts unten hin wachsen, so wie in Abb. 2.18(b). Bäume, die nach rechts unten wachsen, machen es schwieriger, Ausdrücke mit links-assoziativen Operatoren wie z.b. minus zu übersetzen. Wir werden im nächsten Abschnitt jedoch sehen, daß man auch mit einer rechts-rekursiven Grammatik zu einer korrekten Übersetzung von Ausdrücken in Postfix-Notation kommen kann. Man muß nur die Übersetzungsschemata sorgfältig entwerfen.

In Kapitel 4 werden wir auf allgemeinere Formen der Links-Rekursion eingehen und zeigen, daß jede Form von Links-Rekursion aus einer Grammatik entfernt werden kann.

2.5 Ein Übersetzer für einfache Ausdrücke

Wir wollen nun die Techniken der letzten drei Abschnitte praktisch anwenden und einen syntaxgerichteten Übersetzer in Gestalt eines funktionstüchtigen C-Programms erstellen, der arithmetische Ausdrücke in Postfix-Form übersetzt. Damit die Größe des ersten Programms überschaubar bleibt, beschränken wir uns zunächst auf Ausdrücke, die aus Ziffern bestehen, getrennt jeweils durch Plus- und Minuszeichen. In den nächsten beiden Abschnitten erweitern wir die Sprache um Zahlen, Bezeichner und weitere Operatoren. Ausdrücke sind ein weit verbreitetes programmiersprachliches Konstrukt und deswegen der Mühe wert, sich mit ihrer Übersetzung näher zu beschäftigen.

Ein syntaxgerichtetes Übersetzungsschema läßt sich oft als Spezifikation eines Übersetzers verwenden. In unserem Fall definiert das Übersetzungsschema in Abb. 2.19 (es ist das gleiche wie in Abb. 2.13) die durchzuführende Übersetzung. Wie so häufig muß auch hier die zugrundeliegende Grammatik abgeändert werden, bevor sie von einem prädiktiven Parser analysiert werden kann. Die Grammatik des Schemas aus Abb. 2.19 ist links-rekursiv. Wie wir im letzten Abschnitt gesehen haben, ist ein prädiktiver Parser nicht in der Lage, links-rekursive Grammatiken zu behandeln. Durch Elimination der Links-Rekursion erhalten wir eine Grammatik, die für einen prädiktiven, nach der Methode des rekursiven Abstiegs arbeitenden Übersetzer geeignet ist.

$$
\begin{aligned}
expr &\to expr + term &&\{\ print('+')\ \} \\
expr &\to expr - term &&\{\ print('-')\ \} \\
expr &\to term && \\
term &\to 0 &&\{\ print('0')\ \} \\
term &\to 1 &&\{\ print('1')\ \} \\
&\ \cdots && \\
term &\to 9 &&\{\ print('9')\ \}
\end{aligned}
$$

Abb. 2.19 Anfangsspezifikation eines Übersetzers,
der Infix- in Postfix-Notation übersetzt.

Abstrakte und konkrete Syntax

Es ist hilfreich, beim Entwurf des Übersetzers von einem *abstrakten Syntaxbaum* auszugehen, in dem jeder Knoten einen Operator repräsentiert und die Nachfolger eines Knotens die Operanden darstellen. Im Gegensatz dazu bezeichnet man den Parse-Baum als *konkreten Syntaxbaum*, und die zugrundeliegende Grammatik heißt *konkrete Syntax* der Sprache. Der Unterschied zwischen abstrakten Syntaxbäumen – oder einfach *Syntaxbäumen* – und Parse-Bäumen besteht darin, daß Syntaxbäume von Details der äußeren Form, die für die Übersetzung unwesentlich ist, abstrahieren.

Abb. 2.20 zeigt z.B. den Syntaxbaum für 9−5+2. Weil + und − das gleiche Prioritätsniveau haben und Operatoren des gleichen Prioritätsniveaus von links nach rechts ausgewertet werden, wird 9−5 im Baum zu einem Teilausdruck zusammengefaßt. Vergleichen wir Abb. 2.20 mit dem entsprechenden Parse-Baum in Abb. 2.2, so stellen wir fest, daß im Syntaxbaum Operatoren mit inneren Knoten anstatt mit Blättern assoziiert sind.

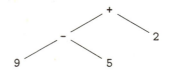

Abb. 2.20 Syntaxbaum für 9−5+2.

Für Übersetzungsschemata eignen sich vor allem Grammatiken, deren Parse-Bäume Syntaxbäumen möglichst ähnlich sind. Dies trifft auf die Grammatik in Abb. 2.19 zu, weil dort Teilausdrücke ähnlich wie in Syntaxbäumen gruppiert werden. Leider ist sie links-rekursiv und deswegen für einen prädiktiven Parser nicht geeignet. Hier stoßen wir offensichtlich auf einen Konflikt: Einerseits wollen wir eine Grammatik, die die Syntaxanalyse erleichtert; auf der anderen Seite brauchen wir zur Vereinfachung der Übersetzung eine ganz andere Grammatik. Die Lösung liegt offensichtlich in der Elimination von Links-Rekursion. Man muß dabei jedoch aufpassen, wie das folgende Beispiel zeigt.

Beispiel 2.9
Die untenstehende Grammatik ist ungeeignet zur Übersetzung von Ausdrücken in Postfix-Form, obwohl sie genau die gleiche Sprache wie die Grammatik in Abb. 2.19 erzeugt und für Recursive-Descent-Analyse benutzt werden kann.

$$expr \rightarrow term\ rest$$
$$rest \rightarrow +\ expr\ |\ -\ expr\ |\ \epsilon$$
$$term \rightarrow 0\ |\ 1\ |\ ...\ |\ 9$$

Die Schwierigkeit bei dieser Grammatik besteht darin, daß aus den Produktionen nicht klar hervorgeht, welche Operanden zu den durch $rest \rightarrow +\ expr$ und $rest \rightarrow -\ expr$ erzeugten Operatoren gehören. Keine der folgenden beiden Möglichkeiten, die Übersetzung von *rest.t* durch diejenige von *expr.t* auszudrücken, ist zutreffend:

$$rest \rightarrow -\ expr\ \{\ rest.t := '-'\ \|\ expr.t\ \} \qquad (2.12)$$
$$rest \rightarrow -\ expr\ \{\ rest.t := expr.t\ \|\ '-'\ \} \qquad (2.13)$$

(Wir zeigen hier nur Produktionen und semantische Aktionen für den Minus-Operator). Die Übersetzung von 9-5 lautet 9 5 -. Benutzen wir jedoch die Aktion in (2.12), so erscheint das Minus-Zeichen vor *expr.t* und 9-5 bleibt auch in der Übersetzung 9-5, was inkorrekt ist.

Benutzen wir andererseits (2.13) und die analoge Regel für Plus, wandern sämtliche Operatoren geschlossen ans rechte Ende und 9-5+2 wird zu 9 5 2 + - übersetzt, was ebenfalls falsch ist (die korrekte Übersetzung lautet 9 5 - 2 +).

Anpassung des Übersetzungsschemas

Die in Abb. 2.18 skizzierte Technik zur Elimination von Links-Rekursion läßt sich auch auf Regeln anwenden, die semantische Aktionen enthalten. In Abschnitt 5.5 erweitern wir die Transformation dahingehend, daß sie auch zusammengesetzte Attribute berücksichtigt. Die Technik transformiert Produktionen der Form

$$A \rightarrow A\alpha\ |\ A\beta\ |\ \gamma$$

in

$$A \to \gamma R$$
$$R \to \alpha R \mid \beta R \mid \epsilon$$

Semantische Aktionen, die in die Produktionen eingebettet sind, werden bei der Transformation mitgeschleppt. In unserem Fall ist $A = expr$, $\alpha = +$ term { *print* ('+') }, $\beta = -$ term { *print* ('-') } und $\gamma = term$. Ergebnis der Transformation ist das Übersetzungsschema (2.14). Die Produktionen für *expr* aus Abb. 2.19 wurden in (2.14) durch die Produktionen für *expr* und das neue Nichtterminal *rest* ersetzt. Die Produktionen für *term* sind die selben wie in Abb. 2.19. Beachten Sie, daß sich die zugrundeliegende Grammatik von der in Beispiel 2.9 unterscheidet. Dieser Unterschied macht die angestrebte Übersetzung erst möglich.

$$
\begin{aligned}
expr &\to term\ rest \\
rest &\to +\ term\ \{\ print('+')\ \}\ rest \mid -\ term\ \{\ print('-')\ \}\ rest \mid \epsilon \\
term &\to 0\ \{\ print('0')\ \} \\
term &\to 1\ \{\ print('1')\ \} \\
&\cdots \\
term &\to 9\ \{\ print('9')\ \}
\end{aligned}
\tag{2.14}
$$

Abb. 2.21 zeigt, wie 9–5+2 unter Verwendung der obigen Grammatik übersetzt wird.

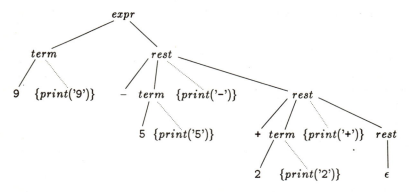

Abb. 2.21 Übersetzung von 9 – 5 + 2 in 9 5 – 2 +.

Prozeduren für die Nichtterminale *expr*, *term* und *rest*

Wir benutzen nun das syntaxgerichtete Übersetzungsschema (2.14) zur Implementierung eines Übersetzers in C. Den Kern des Übersetzers bildet der C-Code für die Funktionen expr, term und rest in Abb. 2.22. Diese Funktionen implementieren die entsprechenden Nichtterminale in (2.14).

```
expr()
{
    term(); rest();
}

rest()
{
    if (lookahead == '+') {
        match('+'); term(); putchar('+'); rest();
    }
    else if (lookahead == '-') {
        match('-'); term(); putchar('-'); rest();
    }
    else ;
}

term()
{
    if (isdigit(lookahead)) {
        putchar(lookahead); match(lookahead);
    }
    else error();
}
```

Abb. 2.22 Funktionen für die Nichtterminale *expr, rest* und *term.*

Die Funktion match, die wir später angeben, ist das C-Gegenstück des Codes in Abb. 2.17, der ein Symbol mit dem Lookahead-Symbol vergleicht und die Eingabe konsumiert. Weil bei unserer Sprache jedes Symbol ein einzelnes Zeichen ist, kann match durch Vergleich und Lesen von Zeichen implementiert werden.

Für diejenigen, die mit der Programmiersprache C nicht vertraut sind, gehen wir auf die wichtigsten Unterschiede zwischen C und anderen Algol-Abkömmlingen wie Pascal ein, und zwar immer dann, wenn wir einen entsprechenden Aspekt von C benötigen. Ein C-Programm besteht aus einer Folge von Funktionsdefinitionen. Die Programmausführung beginnt mit der ausgezeichneten Funktion main. Es ist nicht möglich, Funktionsdefinitionen ineinander zu schachteln. Klammern, die Listen von Funktionsparametern einschließen, sind selbst dann nötig, wenn die Funktion keine Parameter hat. Wir schreiben also expr(), term() und rest(). Funktionen kommunizieren miteinander, indem sie sich Werte von Parametern übergeben („call by value") oder auf Daten zugreifen, die global für alle Funktionen sind. So inspizieren z.b. die Funktionen term() und rest() das Lookahead-Symbol, indem sie auf den globalen Bezeichner lookahead zugreifen.

C und Pascal verwenden folgende Symbole für Zuweisung und Abfrage
auf Gleichheit:

Operation	C	Pascal
Zuweisung	=	:=
Test auf Gleichheit	==	=
Test auf Ungleichheit	!=	<>

Die Funktionen für die Nichtterminale vollziehen die rechten Seiten von Produktionen nach. Beispielsweise wird die Produktion *expr* → *term rest* in der
Funktion expr() durch Aufrufe von term() und rest() implementiert.

Ein anderes Beispiel ist die Funktion rest(). Sie benutzt die erste Produktion für *rest* in (2.14), falls das Lookahead-Symbol ein Plus-Zeichen ist,
die zweite Produktion, falls das Lookahead-Symbol ein Minus-Zeichen ist, und
die Produktion *rest* → ε sonst. Die erste Produktion wird in Abb. 2.22 durch
die erste if-Anweisung implementiert. Falls + das Lookahead-Symbol ist, wird
das Plus-Zeichen durch den Aufruf match('+') konsumiert. Die zum C-Stan-
dard gehörende Bibliotheksroutine putchar('+') druckt nach Aufruf von
term() ein Plus-Zeichen und implementiert dadurch die semantische Aktion.
Weil die rechte Seite der dritten *rest*-Produktion ε ist, steht hinter dem
letzten else in rest() keine Anweisung.

Die zehn Produktionen für *term* erzeugen die zehn Ziffern. In Abb. 2.22
testet die Routine isdigit, ob das Lookahead-Symbol eine Ziffer ist. Ist das
der Fall, wird die Ziffer ausgedruckt und durch die Funktion match konsumiert; andernfalls kommt es zum Fehler. (Beachten Sie, daß match das Lookahead-Symbol ändert; das Ausdrucken muß deswegen vorher geschehen.) Bevor wir das vollständige Programm angeben, werden wir das Programm in
Abb. 2.22 zur Verbesserung der Laufzeit modifizieren.

Optimierung des Übersetzers

Manche rekursiven Aufrufe lassen sich durch Iterationen ersetzen. Wenn die
letzte im Prozedurrumpf ausgeführte Anweisung ein rekursiver Aufruf der
Prozedur selbst ist, spricht man von *endständiger Rekursion* (engl. *tail re-
cursion*). Die Aufrufe von rest() am Ende der vierten und siebenten Zeile der
Funktion rest() sind z.B. endständig rekursiv, weil unmittelbar nach jedem
dieser Aufrufe der Steuerfluß zum Ende des Funktionsrumpfes geht.

Wir können die Laufzeit eines Programms verbessern, indem wir end-
ständige Rekursion durch Iteration ersetzen. In einer parameterlosen Prozedur kann ein entsprechender rekursiver Aufruf einfach durch einen Sprung

an den Anfang der Prozedur ersetzt werden. Der Code für rest läßt sich wie folgt umschreiben:

```
rest()
{
L:   if (lookahead == '+') {
         match('+'); term(); putchar('+'); goto L;
     }
     else if (lookahead == '-') {
         match('-'); term(); putchar('-'); goto L;
     }
     else ;
}
```

Solange das Lookahead-Symbol ein Plus- oder Minus-Zeichen ist, konsumiert die Prozedur rest dieses Zeichen, ruft dann term zur Verarbeitung einer Ziffer auf und wiederholt den Prozeß. Beachten Sie, daß dieser Zyklus nur für alternierende Folgen von Operatorzeichen und Ziffern auftreten kann, denn match entfernt das Operatorzeichen bei jedem Aufruf. Wenn die obige Änderung in Abb. 2.22 durchgeführt wird, bleibt nur noch ein Aufruf von rest übrig, nämlich der von expr aus (siehe Zeile 3). Die beiden Funktionen können deswegen – wie in Abb. 2.23 gezeigt – zu einer einzigen zusammengefaßt werden. In C kann man durch

```
while (1) stmt
```

eine Anweisung stmt wiederholt ausführen. Die Schleife kann durch Ausführung einer break-Anweisung verlassen werden. Die stilisierte Form des Codes in Abb. 2.23 gestattet es, weitere Operatoren mühelos hinzuzufügen.

```
expr()
{
    term();
    while(1)
        if (lookahead == '+') {
            match('+'); term(); putchar('+');
        }
        else if (lookahead == '-') {
            match('-'); term(); putchar('-');
        }
        else break;
}
```

Abb. 2.23   Ersetzung der Funktionen *expr* und *rest* aus Abb. 2.22.

```
#include <ctype.h>   /* Datei mit dem Prädikat isdigit laden */
int lookahead;

main()
{
    lookahead = getchar();
    expr();
    putchar('\n');  /* fügt am Ende ein Newline-Zeichen an */
}

expr()
{
    term();
    while(1)
        if (lookahead == '+') {
            match('+'); term(); putchar('+');
        }
        else if (lookahead == '-') {
            match('-'); term(); putchar('-');
        }
        else break;
}


term()
{
    if (isdigit(lookahead)) {
        putchar(lookahead);
        match(lookahead);
    }
    else error();
}

match(t)
    int t;
{
    if (lookahead == t)
        lookahead = getchar();
    else error();
}

error()
{
    printf("Syntaxfehler\n"); /* Ausgabe einer Fehlermeldung */
    exit(1);   /* dann Programm stoppen */
}
```

Abb. 2.24 C-Programm zur Übersetzung eines
Infix-Ausdrucks in Postfix-Form.

Das vollständige Programm

Abb. 2.24 zeigt das vollständige C-Programm für unseren Übersetzer. Die erste Zeile, die mit #include beginnt, lädt <ctype.h>, eine Datei mit Standardroutinen, die auch den Code für das Prädikat isdigit enthält. Die zum Standard gehörende Bibliotheksroutine getchar liest das nächste Zeichen der Eingabedatei und liefert damit die Symbole, die ja jeweils nur aus einem Zeichen bestehen. Allerdings ist lookahead in Zeile 2 von Abb. 2.24 als integer deklariert. Dies ist ein Vorgriff auf spätere Kapitel, in denen die Symbole aus mehr als einem Zeichen bestehen können. Die Variable lookahead ist für alle Funktionen global, die in Abb. 2.24 nach Zeile 2 definiert sind, weil sie vor allen diesen Funktionen deklariert ist.

Die Funktion match überprüft Symbole. Falls das Lookahead-Symbol mit dem erwarteten Symbol übereinstimmt, liest die Funktion das nächste Eingabesymbol. Andernfalls ruft sie eine Fehlerroutine auf.

Die Funktion error gibt mit der Standardfunktion printf die Meldung „Syntaxfehler" aus und bricht mit exit(1) – einer weiteren Standardfunktion – die Programmausführung ab.

2.6 Lexikalische Analyse

Wir werden dem Übersetzer des letzten Abschnitts nun eine Komponente zur lexikalischen Analyse, einen Scanner, hinzufügen.

Der Scanner liest die Eingabe und konvertiert sie in einen Symbolstrom, der dann vom Parser analysiert wird. Denken Sie an die Definition von Grammatiken in Abschnitt 2.2: Ein Wort einer Sprache besteht aus einer Folge von Symbolen. Eine Folge von Eingabezeichen, die zusammen ein einzelnes Symbol bilden, heißt Lexem. Der Scanner entlastet den Parser von der Lexem-Darstellung der Symbole. Wir wollen zunächst einige Funktionen angeben, die für einen Scanner sinnvoll sind.

Entfernen von Leerräumen und Kommentaren

Der Übersetzer für Ausdrücke aus dem letzten Abschnitt liest jedes Zeichen der Eingabe, so daß z.B. unerwartete Leerzeichen zu einem Fehler führen. Viele Sprachen lassen es jedoch zu, daß „Leerräume" (Leerzeichen, Tabulatoren und Zeichenwechsel) zwischen den Symbolen stehen.

Gleichermaßen können Kommentare von Parser und Übersetzer ignoriert werden, so daß sie ebenfalls wie Leerräume behandelt werden können.

Ein Leerraum, der vom Scanner eliminiert wurde, braucht vom Parser nicht mehr behandelt zu werden. Die Alternative, nämlich die Grammatik so zu modifizieren, daß die Syntax auch Leerräume berücksichtigt, ist nicht annähernd so einfach zu implementieren.

Konstanten

An den Stellen, wo einzelne Ziffern in Ausdrücken erscheinen, sollte man vernünftigerweise beliebige integer-Konstanten zulassen. Da eine integer-Konstante eine Folge von Ziffern ist, muß man entweder der Grammatik für Ausdrücke weitere Produktionen hinzufügen oder für solche Konstanten ein eigenes Symbol einführen. Die Aufgabe, Ziffern zu ganzen Zahlen zusammenzufassen, wird im allgemeinen dem Scanner übertragen, denn für die Übersetzung ist es einfacher, Zahlen als Einheit zu betrachten.

Sei **num** des Symbol, das integer-Zahlen repräsentiert. Trifft der Scanner im Eingabestrom auf eine Folge von Ziffern, so übergibt er **num** an den Parser. Der Wert der integer-Zahl wird gleichzeitig als Attribut des Symbols **num** übergeben. Logisch gesehen übergibt der Scanner dem Parser sowohl das Symbol als auch das Attribut. Wenn wir Symbol und Attribut als Tupel schreiben und in $<>$ einschließen, so wird die Eingabe

31 + 28 + 59

in die folgende Tupelfolge transformiert:

$<$**num**, 31$>$ $<+,>$ $<$**num**, 28$>$ $<+,>$ $<$**num**, 59$>$

Das Symbol + besitzt kein Attribut. Während der Syntaxanalyse spielt die zweite Tupelkomponente, das Attribut, keine Rolle; sie wird erst für die Übersetzung gebraucht.

Erkennen von Bezeichnern und Schlüsselwörtern

Bezeichner dienen in Sprachen als Namen für Variablen, Arrays, Funktionen und ähnliches. Die Sprachgrammatik behandelt Bezeichner oft als Symbole. Ein auf einer solchen Grammatik basierender Parser erwartet jedesmal, wenn ein Bezeichner in der Eingabe steht, das gleiche Symbol, etwa **id**. Beispielsweise würde dann die Eingabe

```
count = count + increment;
```
(2.15)

vom Scanner in den folgenden Symbolstrom konvertiert:

id $=$ **id** + **id**; (2.16)

Dieser Symbolstrom ist Ausgangspunkt der Syntaxanalyse.

Im Zusammenhang mit der lexikalischen Analyse der Eingabezeile (2.15) ist es hilfreich, zwischen dem Symbol **id** und den Lexemen count und increment, die zu bestimmten Exemplaren dieses Symbols gehören, zu unterscheiden. Was der Übersetzer wissen muß, ist, daß das Lexem count in (2.16) die ersten beiden Exemplare von **id** und das Lexem increment das dritte Exemplar von **id** darstellt.

Sobald ein Bezeichnerlexem in der Eingabe erkannt wurde, muß festgestellt werden, ob das Lexem irgendwann vorher schon einmal vorkam. Wie in Kapitel 1 erwähnt, bedient man sich dazu der Symboltabelle. Das Lexem wird in die Symboltabelle eingetragen und ein Verweis auf diesen Symboltabelleneintrag wird zum Attribut des Symbols **id**.

In vielen Sprachen dienen fest definierte Zeichenfolgen wie begin, end, if etc. als Satzzeichen oder zur Kennzeichnung bestimmter Konstrukte. Diese Zeichenfolgen heißen *Schlüsselwörter* und genügen im allgemeinen den Regeln zur Bildung von Bezeichnern. Es ist also ein Mechanismus nötig, der für ein Lexem entscheidet, ob es Schlüsselwort oder Bezeichner ist. Das Problem ist einfacher zu behandeln, wenn Schlüsselwörter *reserviert* sind, d.h. nicht als Bezeichner benutzt werden dürfen. Eine Zeichenfolge kann dann nur Bezeichner sein, wenn sie kein Schlüsselwort ist.

Das Problem, ein Symbol zu identifizieren, stellt sich auch, wenn die gleichen Zeichen in Lexemen von mehr als einem Symbol auftreten können. Dies ist z.B. in Pascal bei <, <= und <> der Fall. Techniken, um solche Symbole effizient zu erkennen, werden in Kapitel 3 behandelt.

Schnittstelle zum Scanner

Wenn der Scanner das Zwischenglied zwischen Parser und Eingabestrom bildet, interagiert er mit beiden gemäß Abb. 2.25. Er liest Zeichen von der Eingabe, formiert sie zu Lexemen und übergibt die von den Lexemen gebildeten Symbole zusammen mit ihren Attributwerten den nachfolgenden Compilerphasen. Manchmal muß der Scanner einige Zeichen vorausschauend lesen, bevor er entscheiden kann, welches Symbol dem Parser zu übergeben ist. Beispielsweise muß ein Scanner für Pascal nach Lesen von > sich das nächste Zeichen anschauen. Wenn das nächste Zeichen = ist, dann ist die Zeichenfolge >= das Lexem und entspricht dem Symbol für den „Größer-oder-Gleich"-Operator. Andernfalls ist > das Lexem, das den „Größer"-Operator darstellt. Im letzten Fall wurde ein Zeichen zu viel gelesen. Dieses zuviel gelesene Zeichen muß wieder in die Eingabe zurückgegeben werden, weil es der Beginn des nächsten Lexems in der Eingabe sein kann.

Scanner und Parser bilden ein *Erzeuger-Verbraucher*-Paar. Der Scanner erzeugt Symbole, der Parser verbraucht sie. Erzeugte Symbole kann man in einem Puffer zwischenspeichern, bis sie verbraucht werden. Die beiderseitige Interaktion wird nur durch die Größe des Puffers beschränkt, weil der Scanner nicht weiterarbeiten kann, wenn der Puffer voll ist, und der Parser nicht, wenn er leer ist. Üblich ist, daß der Puffer nur ein Symbol enthält. Die Interaktion kann dann einfach dadurch implementiert werden, daß man den Scanner zu einer Prozedur macht, die vom Parser aufgerufen wird und diesem auf Verlangen Symbole liefert.

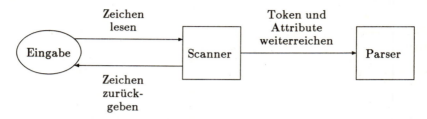

Abb. 2.25   Einfügen eines Scanners zwischen die Eingabe und den Parser.

Lesen und Zurückgeben von Zeichen wird üblicherweise über einen Eingabepuffer implementiert. Von Zeit zu Zeit wird ein Block von Zeichen in den Puffer eingelesen; ein Zeiger kennzeichnet den Teil der Eingabe, der bereits analysiert wurde. Das Zurückschreiben eines zuviel gelesenen Zeichens wird durch Rücksetzen des Zeigers implementiert. Manchmal müssen Eingabezeichen auch im Hinblick auf Fehlermeldungen gespeichert werden, weil ja ein Hinweis gegeben werden muß, wo im Eingabetext der Fehler auftrat. Schon allein aus Effizienzgründen sollten Eingabezeichen gepuffert werden. Einen Block von Zeichen auf einmal zu übertragen ist meist effizienter als die Zeichen einzeln zu übertragen. Techniken zur Eingabepufferung werden in Abschnitt 3.2 behandelt.

Ein Scanner

Wir erstellen nun für den Übersetzer von Ausdrücken aus Abschnitt 2.5 einen rudimentären Scanner. Ziel des Scanners ist es, Leerräume und Zahlen in Ausdrücken zuzulassen. Im nächsten Abschnitt erweitern wir den Scanner so, daß auch Bezeichner erlaubt sind.

Abb. 2.26 deutet an, wie der Scanner die Interaktionen in Abb. 2.25 implementiert. Der Scanner wird in C als Funktion `lexan` geschrieben. Die Routinen `getchar` und `ungetc` der einkopierten Standarddatei `<stdio.h>` sorgen für die Eingabepufferung; `lexan` liest Eingabezeichen durch Aufruf der Routine `getchar` und schreibt sie mit `ungetc` zurück. Angenommen, c ist als Zeichen deklariert. Dann bleibt der Eingabestrom durch folgendes Anweisungspaar unverändert:

c = getchar () ; ungetc (c, stdin) ;

Der Aufruf von getchar weist c das nächste Eingabezeichen zu; der Aufruf von ungetc schreibt den Wert von c in die Standardeingabe stdin zurück.

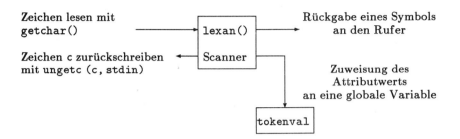

Abb. 2.26 Implementierung der Interaktionen von Abb. 2.25.

Wenn die Implementierungssprache nicht erlaubt, daß Funktionen Datenstrukturen als Ergebnis zurückliefern, müssen Symbole und zugehörige Attribute getrennt übergeben werden. Die Funktion lexan gibt die integer-Codierung eines Symbols zurück. Als Symbol für ein Zeichen kommt jede gebräuchliche integer-Codierung dieses Zeichens in Frage. Ein Symbol wie z.B. **num** kann dann durch eine Zahl codiert werden, die größer als jede Codierung für ein Zeichen ist, etwa 256. Um die Codierung leicht ändern zu können, benutzen wir zur Darstellung der integer-Codierung von **num** eine symbolische Konstante NUM. In Pascal läßt sich die Bindung zwischen NUM und der Codierung durch eine **const**-Deklaration herstellen. In C wird NUM der Wert 256 durch eine define-Anweisung gegeben:

#define NUM 256

Die Funktion lexan gibt NUM zurück, wenn in der Eingabe eine Ziffernfolge erkannt wurde. Eine globale Variable tokenval erhält den Wert der Ziffernfolge. Wenn also in der Eingabe hinter 7 direkt eine 6 steht, wird tokenval der integer-Wert 76 zugewiesen.

Damit innerhalb von Ausdrücken auch Zahlen möglich sind, muß die Grammatik in Abb. 2.19 geändert werden. Wir ersetzen die einzelnen Ziffern durch das Nichtterminal $factor$ und fügen die folgenden Produktionen und semantischen Aktionen hinzu:

$$factor \rightarrow (\; expr \;) \mid \textbf{num} \; \{print \; (\textbf{num}.value)\}$$

Der C-Code für *factor* in Abb. 2.27 ist eine direkte Implementierung der obigen Produktionen. Wenn `lookahead` gleich `NUM` ist, liefert die globale Variable `tokenval` den Wert des Attributs **num**.*value*. Die standardisierte Bibliotheksfunktion `printf` druckt diesen Wert, führt also die semantische Aktion aus. Das erste Argument von `printf` ist eine in doppelte Hochkommata eingeschlossene Zeichenfolge und beschreibt das Format, in dem die restlichen Argumente auszugeben sind. Dort, wo `%d` in der Zeichenfolge vorkommt, wird die Dezimaldarstellung des nächsten Arguments ausgegeben. Die Anweisung `printf` in Abb. 2.27 gibt somit ein Leerzeichen aus, gefolgt von der Dezimaldarstellung von `tokenval`, gefolgt von einem weiteren Leerzeichen.

```
factor()
{
    if (lookahead == '(') {
        match('('); expr(); match(')');
    }
    else if (lookahead == NUM) {
        printf(" %d ", tokenval); match(NUM);
    }
    else error();
}
```

Abb. 2.27   C-Code für *factor*, wenn Operanden Zahlen sein können.

Abb. 2.28 zeigt die Implementierung der Funktion `lexan`. Jedesmal, wenn der Rumpf der while-Anweisung in den Zeilen 8–28 ausgeführt wird, wird in Zeile 9 ein Zeichen in `t` eingelesen. Wenn das Zeichen ein Leerzeichen oder ein Tabulator (geschrieben als '\t') ist, wird dem Parser kein Symbol zurückgeliefert, sondern die while-Schleife lediglich erneut ausgeführt. Wenn das Zeichen ein Zeichenwechsel (geschrieben als '\n') ist, wird die globale Variable `lineno` um eins hochgezählt und damit gleichzeitig die Anzahl der Zeilen in der Eingabe registriert; es wird aber wiederum kein Symbol zurückgegeben. Es hilft bei der Lokalisierung von Fehlern, wenn mit der Fehlermeldung eine Zeilennummer angegeben wird.

Die Zeilen 14–23 enthalten den Code zum Lesen einer Zeichenfolge. Mit dem Prädikat `isdigit(t)` aus der einkopierten Datei `<ctype.h>` wird in den Zeilen 14 und 17 entschieden, ob ein anstehendes Zeichen `t` eine Ziffer ist. Falls ja, erhält man durch `t-'0'` sowohl im ASCII- als auch im EBCDIC-Code ihren integer-Wert. Für andere Zeichencodes kann die Konvertierung anders aussehen. In Abschnitt 2.9 bauen wir diesen Scanner in unseren Übersetzer für Ausdrücke ein.

```
(1)   #include <stdio.h>
(2)   #include <ctype.h>
(3)   int lineno = 1;
(4)   int tokenval = NONE;

(5)   int lexan()
(6)   {
(7)       int t;
(8)       while(1) {
(9)           t = getchar();
(10)          if (t == ' ' || t == '\t')
(11)              ; /* Leerzeichen und Tabulatoren entfernen */
(12)          else if (t == '\n')
(13)              lineno = lineno + 1;
(14)          else if (isdigit(t)) {
(15)              tokenval = t - '0';
(16)              t = getchar();
(17)              while (isdigit(t)) {
(18)                  tokenval = tokenval*10 + t - '0';
(19)                  t = getchar();
(20)              }
(21)              ungetc(t, stdin);
(22)              return NUM;
(23)          }
(24)          else {
(25)              tokenval = NONE;
(26)              return t;
(27)          }
(28)      }
(29)  }
```

Abb. 2.28 C-Code eines Scanners, der Leerräume
entfernt und Zahlen erkennt.

2.7 Einbau einer Symboltabelle

Eine Symboltabelle ist eine Datenstruktur, die zur Verwaltung von Informationen über die verschiedenen Konstrukte der Quellsprache benutzt wird. Die Informationen werden von den Analysephasen des Compilers gewonnen und von den Synthesephasen zur Erzeugung des Zielcodes verwendet. Während der lexikalischen Analyse etwa wird die Zeichenfolge, oder das Lexem, aus dem ein Bezeichner besteht, in einem Eintrag der Symboltabelle festgehalten. Spätere Compilerphasen fügen diesem Eintrag evtl. Informationen hinzu, die den Typ des Bezeichners betreffen, seine Verwendung (z.B. als Prozedur, Variable oder Marke) und seine Speicheradresse. Die Phase der Code-Erzeugung wird anschließend diese Informationen dazu benutzen, korrekten Code für Zugriff und Änderung dieser Variablen zu erzeugen. In Abschnitt 7.6 gehen wir ausführlich auf Implementierung und Benutzung von Symboltabellen ein. In diesem Abschnitt skizzieren wir, wie der Scanner des vorhergehenden Abschnitts mit einer Symboltabelle zusammenarbeiten könnte.

Die Schnittstelle zur Symboltabelle

Die Routinen der Symboltabelle haben in erster Linie die Aufgabe, Lexeme abzuspeichern und wiederzugewinnen. Zusammen mit einem Lexem wird auch das zum Lexem gehörige Symbol abgespeichert. Folgende Operationen sind auf der Symboltabelle definiert:

insert(s, t):   Gibt den Index eines neuen Eintrags für die Zeichenfolge s und das Symbol t zurück.

lookup(s):   Gibt den Index des Eintrags für die Zeichenfolge s zurück, oder 0, falls s nicht gefunden wurde.

Der Scanner erkennt mit der lookup-Operation, ob es in der Symboltabelle bereits einen Eintrag für ein Lexem gibt. Falls nicht, erzeugt er mit der insert-Operation einen neuen Eintrag. Wir werden eine Implementierung behandeln, bei der sowohl Scanner als auch Parser Kenntnis über das Format von Symboltabelleneinträgen besitzen.

Behandlung reservierter Schlüsselwörter

Mit obigen Symboltabellenroutinen lassen sich beliebige Mengen reservierter Schlüsselwörter behandeln. Nehmen wir z.B. die Symbole **div** und **mod** mit Lexemen div bzw. mod. Wir können dann die Symboltabelle durch folgende Aufrufe initialisieren:

```
insert ("div", div);
insert ("mod", mod);
```

Jeder nachfolgende Aufruf von lookup("div") liefert das Symbol **div**, so daß div nicht als Bezeichner verwendet werden kann.

Jede Menge reservierter Schlüsselwörter läßt sich auf diese Art behandeln; man muß nur die Symboltabelle entsprechend initialisieren.

Eine Implementierung für Symboltabellen

Abb. 2.29 skizziert die Datenstruktur einer speziellen Implementierung für Symboltabellen. Für die Lexeme der Bezeichner sind keine konstant großen Speicherbereiche reserviert. Ein konstant großer Bereich ist möglicherweise zu klein für einen sehr langen Bezeichner, andererseits verschwenderisch groß für einen kurzen Bezeichner wie i. In Abb. 2.29 enthält ein Array lexemes die Zeichenfolge, aus der ein Bezeichner besteht. Die Zeichenfolge wird durch ein spezielles Ende-Zeichen abgeschlossen, das in Bezeichnern nicht vorkommen darf. Es wird mit EOS (für end of string) bezeichnet. Jeder Eintrag im Array symtable, der die Symboltabelle repräsentiert, ist ein Record und besteht aus zwei Feldern: dem Feld lexptr, das auf den Anfang eines Lexems zeigt, und dem Feld token. Zur Aufnahme von Attributen können weitere Felder vorgesehen werden. Wir verzichten hier jedoch darauf.

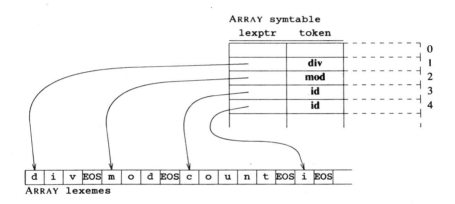

Abb. 2.29 Symboltabelle und Array zum Abspeichern von Strings.

Der nullte Eintrag in Abb. 2.29 bleibt frei, weil ja lookup durch Rückgabe des Wertes 0 anzeigt, daß es für eine bestimmte Zeichenfolge keinen Eintrag gibt. Der erste Eintrag enthält das Schlüsselwort div, der zweite das Schlüsselwort mod. Der dritte und vierte Eintrag enthalten die Bezeichner count und i.

Abb. 2.30 enthält Pseudo-Code für einen Scanner, der auch Bezeichner behandeln kann; eine C-Implementierung folgt in Abschnitt 2.9. Leerräume und integer-Konstanten werden vom Scanner genauso behandelt wie im letzten Abschnitt in Abb. 2.28.

Sobald der Scanner einen Buchstaben liest, merkt er sich die folgenden Buchstaben und Ziffern zunächst in einem Puffer lexbuf. Anschließend prüft er, ob die in lexbuf gelesene Zeichenfolge in der Symboltabelle enthalten ist.

Dazu benutzt er die Operation lookup. Weil die Symboltabelle wie in
Abb. 2.29 gezeigt mit Einträgen für die Schlüsselwörter div und mod initialisiert wurde, würde die lookup-Operation auf diese Einträge stoßen, falls lexbuf eines dieser beiden Symbole enthält. Gibt es für die Zeichenfolge in lexbuf noch keinen Eintrag, d.h. liefert lookup den Wert 0, dann muß in lexbuf
das Lexem eines neuen Bezeichners stehen. Mit insert wird ein Eintrag für
den neuen Bezeichner geschaffen. Der Index dieses Eintrags, p, wird der Variablen tokenval zugewiesen und so dem Parser zugänglich gemacht. Rückgabewert ist das Symbol im token-Feld des Eintrags.

```
function lexan: integer;
var  lexbuf:    array [0..100] of char;
     c:         char;
begin
    loop begin
        lies ein Zeichen in c ein;
        if c ist Leerzeichen oder Tabulator then
            tue nichts
        else if c ist Zeilenumbruch then
            lineno := lineno + 1
        else if c ist Ziffer then begin
            setze tokenval auf den Wert dieser und der folgenden
            Ziffern;
            return NUM
        end
        else if c ist ein Buchstabe then begin
            lege c und die nachfolgenden Buchstaben und Ziffern in
            lexbuf ab;
            p := lookup (lexbuf);
            if p = 0 then
                p := insert(lexbuf, ID);
            tokenval := p;
            return token-Feld des Tabelleneintrags p
        end
        else begin
            /* lexikalisches Element ist ein einzelnes Zeichen */
            gib tokenval den Wert NONE;
            /* es gibt kein Attribut */
            return Integer-Codierung des Zeichens c
        end
    end
end
```

Abb. 2.30 Pseudo-Code für einen Scanner.

Trifft keiner der Spezialfälle zu, so wird die integer-Codierung des Zeichens als Symbol zurückgeliefert. Weil Symbole, die jeweils aus nur einem Zeichen bestehen, in diesem Fall keine Attribute besitzen, wird tokenval auf NONE gesetzt.

2.8 Abstrakte Stapelmaschinen

Das Front-End erstellt eine Zwischendarstellung des Quellprogramms, aus der das Back-End das Zielprogramm erzeugt. Code für eine abstrakte Stapelmaschine ist eine verbreitete Form der Zwischendarstellung. Wie wir schon in Kapitel 1 erwähnten, erleichtert es die Aufteilung in ein Front- und ein Back-End, den Compiler so zu ändern, daß er auch auf anderen Maschinen läuft.

In diesem Abschnitt stellen wir eine abstrakte Stapelmaschine vor und zeigen, wie Code dafür erzeugt wird. Die Maschine besitzt getrennte Befehls- und Datenspeicher. Jede arithmetische Operation arbeitet auf Werten eines Stapels. Die vergleichsweise wenigen Befehle fallen in drei Kategorien: ganzzahlige Arithmetik, Stapelverwaltung und Steuerfluß. Abb. 2.31 stellt die Maschine graphisch dar. Der Zeiger *pc* bezeichnet diejenige Instruktion, die gerade ausgeführt wird. Die Bedeutung der angegebenen Instruktionen wird in Kürze erklärt werden.

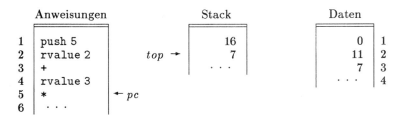

Abb. 2.31 Zustand der Stackmaschine nach Abarbeitung
der ersten vier Anweisungen

Arithmetische Instruktionen

Die abstrakte Maschine muß jeden Operator der Zwischensprache implementieren. Elementare Operationen wie Addition und Subtraktion werden direkt von der abstrakten Maschine zur Verfügung gestellt. Eine etwas komplexere Operation muß unter Umständen jedoch durch eine Folge von Instruktionen der abstrakten Maschine implementiert werden. Zur Vereinfachung der Maschinenbeschreibung nehmen wir an, daß es für jeden arithmetischen Operator eine Instruktion gibt.

Der Code für einen arithmetischen Ausdruck simuliert in der abstrakten Maschine die Auswertung einer Postfix-Repräsentation dieses Ausdrucks unter Verwendung eines Stapels. Während der Auswertung wird die Postfix-Repräsentation von links nach rechts abgearbeitet. Jeder Operand, auf den man dabei trifft, wird auf dem Stapel abgelegt. Trifft man auf einen k-stelligen Operator, so befindet sich sein am weitesten links stehendes Argument $k-1$ Positionen unter der Spitze des Stapels und sein am weitesten rechts stehendes Argument an der Spitze. Zur Auswertung des Postfix-Ausdrucks 1 3 + 5 * werden beispielsweise folgende Aktionen durchgeführt:

1.   Lege 1 auf den Stapel.

2.   Lege 3 auf den Stapel.

3.   Addiere die beiden obersten Elemente, entferne sie vom Stapel und lege das Ergebnis 4 auf den Stapel.

4.   Lege 5 auf den Stapel.

5.   Multipliziere die beiden obersten Elemente, entferne sie vom Stapel und lege das Ergebnis 20 auf den Stapel.

Zum Schluß ist der an der Spitze des Stapels befindliche Wert (hier 20) der Wert des gesamten Ausdrucks.

Alle Werte der Zwischensprache sind ganze Zahlen, wobei false durch 0 und true durch ganze Zahlen ungleich 0 dargestellt wird. Für die booleschen Operatoren and und or müssen jeweils beide Argumente ausgewertet sein.

L-Werte und R-Werte

Bezeichner haben unterschiedliche Bedeutung, abhängig davon, ob sie sich auf der linken oder der rechten Seite einer Zuweisung befinden. In den Anweisungen

    i := 5;

    i := i + 1;

bezeichnet die rechte Seite einen integer-Wert, während die linke Seite eine Stelle angibt, an der der Wert zu speichern ist. Ähnlich in der folgenden Zuweisung, in der p und q Zeiger auf Zeichen sind:

    p↑ := q↑;

Die rechte Seite bezeichnet ein Zeichen, während die linke Seite angibt, wo das Zeichen zu speichern ist. Werte, die auf der linken bzw. rechten Seite einer Zuweisung erlaubt sind, bezeichnen wir als *L-Werte* bzw. *R-Werte*. R-

Werte sind das, was wir uns gewöhnlich unter „Werten" vorstellen, während
L-Werte Speicherplätze sind.

Stapel-Verwaltung

Neben den naheliegenden Instruktionen, eine integer-Konstante auf den Stapel zu legen und einen Wert von der Spitze des Stapels zu entfernen, gibt
es auch Instruktionen zum Zugriff auf Datenspeicher:

push v	lege v auf den Stapel
rvalue l	lege den Inhalt des Speicherplatzes l auf den Stapel
lvalue l	lege die Adresse des Speicherplatzes l auf den Stapel
pop	entferne den Wert an der Spitze des Stapels
:=	der R-Wert des obersten Elements wird im L-Wert des Elements darunter abgelegt und beide werden entfernt
copy	lege eine Kopie des obersten Wertes auf den Stapel

Übersetzung von Ausdrücken

Der Code zur Auswertung eines Ausdrucks mit einer Stapelmaschine hat viel
Ähnlichkeit mit der Postfix-Notation dieses Ausdrucks. Per Definition ist die
Postfix-Form des Ausdrucks $E + F$ die Konkatenation der Postfix-Form von
E, der Postfix-Form von F und +. Ganz ähnlich ist der Code einer Stapelmaschine zur Auswertung von $E + F$ die Konkatenation des Codes zur Auswertung von E, des Codes zur Auswertung von F und der Instruktion zur
Addition ihrer Werte. Um Ausdrücke in Code einer Stapelmaschine zu
übersetzen, brauchen wir deswegen die Übersetzer der Abschnitte 2.6 und 2.7
nur leicht zu modifizieren.

Im Stapel-Code, den wir hier für Ausdrücke erzeugen, werden Speicherplätze symbolisch adressiert. (Die Bereitstellung von Speicherplätzen für Bezeichner wird in Kapitel 7 diskutiert.) Der Ausdruck a+b wird übersetzt zu:

```
rvalue a
rvalue b
+
```

In Worten: lege jeweils den Inhalt der Speicherplätze a und b auf den Stapel;
nimm dann die beiden obersten Werte vom Stapel herunter, addiere sie und
lege das Ergebnis auf den Stapel.

Zuweisungen werden folgendermaßen in Code einer Stapelmaschine
übersetzt: Der L-Wert des Bezeichners, dem etwas zugewiesen wird, wird auf

den Stapel gelegt, der Ausdruck ausgewertet und sein R-Wert dem Bezeichner zugewiesen. Zum Beispiel wird folgende Zuweisung in den Code von Abb. 2.32 übersetzt:

$$day := (1461 * y) \, div \, 4 + (153 * m + 2) \, div \, 5 + d \qquad (2.17)$$

```
lvalue day
push 1461
rvalue y
*
push 4
div
push 153
rvalue m
*
push 2
+
push 5
div
+
rvalue d
+
:=
```

Abb. 2.32 Übersetzung von day := (1461*y)div4+(153*m+2)div5+d.

Das Gesagte läßt sich folgendermaßen formalisieren: Zu jedem Nichtterminal gibt es ein Attribut t, das seine Übersetzung angibt. Das Attribut *lexeme* von **id** gibt die Zwischendarstellung des Bezeichners an:

stmt **id** := *expr*

  { *stmt.t* := 'lvalue' $\|$ **id**.*lexeme* $\|$ *expr.t* $\|$ ':=' }

Steuerfluß

Normalerweise führt die Stapelmaschine die Instruktionen sequentiell aus. Durch bedingte und unbedingte Sprünge läßt sich die Ausführungsreihenfolge jedoch beeinflussen. Es gibt verschiedene Möglichkeiten, Sprungziele zu spezifizieren:

1.   Der Operand der Instruktion liefert das Sprungziel.

2. Der Operand der Instruktion gibt den relativen Abstand – positiv oder negativ – zum Sprungziel an.

3. Das Sprungziel wird symbolisch angegeben, d.h. die Maschine erlaubt die Verwendung von Sprungmarken.

Die ersten beiden Möglichkeiten gestatten außerdem, als Operanden das oberste Stapelelement zu nehmen.

Wir wählen die dritte Möglichkeit für die abstrakte Maschine, weil sie die Erzeugung von Sprüngen vereinfacht. Darüber hinaus brauchen symbolische Adressen nicht geändert zu werden, wenn wir den Code für die abstrakte Maschine nach seiner Generierung verbessern und zu diesem Zweck Instruktionen einfügen oder löschen.

Die Instruktionen, die den Steuerfluß der Stapelmaschine beeinflussen, sind:

label l	Ziel für Sprünge nach l; hat keinen weiteren Effekt
goto l	die nächste Instruktion wird von der Anweisung mit label l genommen
gofalse l	Entfernen des obersten Elements; Sprung, falls es gleich null ist
gotrue l	Entfernen des obersten Elements; Sprung, falls es ungleich null ist
halt	Stop der Ausführung

Übersetzung von Anweisungen

Die Darstellung in Abb. 2.33 skizziert, wie der Code der abstrakten Maschine für if- und while-Anweisungen aussieht. Im folgenden konzentrieren wir uns auf die Erzeugung von Sprungmarken.

Betrachten Sie in Abb. 2.33 die Code-Skizze der if-Anweisung. In der Übersetzung eines Quellprogramms darf es nur eine Instruktion label out geben. Es wäre sonst nicht eindeutig, wo der Steuerfluß nach einer „goto out"-Anweisung fortgesetzt wird. Wir brauchen deswegen einen Mechanismus, der für jede Übersetzung einer if-Anweisung „out" durch eine eindeutige Marke ersetzt.

Wir gehen davon aus, das es eine Prozedur *newlabel* gibt, die bei jedem Aufruf eine neue Marke liefert. In der folgenden semantischen Aktion wird die von *newlabel* zurückgegebene Marke mit Hilfe der lokalen Variablen *out* zwischengespeichert.

$$stmt \rightarrow \textbf{if } expr \textbf{ then } stmt_1 \; \{ \quad out := newlabel \;;$$
$$stmt.t := expr.t \;\|$$
$$\text{'gofalse' } out \;\| \qquad\qquad (2.18)$$
$$stmt_1.t \;\|$$
$$\text{'label' } out \; \}$$

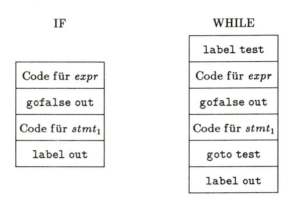

Abb. 2.33 Struktur des Codes für **if**- und **while**-Anweisung.

Ausgabe einer Übersetzung

In Abschnitt 2.5 benutzten die Übersetzer für Ausdrücke print-Anweisungen, um die Übersetzung eines Ausdrucks Stück für Stück auszugeben. Ähnlich können print-Anweisungen zur Ausgabe von Übersetzungen für Anweisungen verwendet werden. Anstelle von print-Anweisungen benutzen wir jedoch eine Prozedur *emit*, um die Details des Ausdruckens zu verbergen. So fällt es z.B. in die Verantwortung von *emit*, ob jede Instruktion der abstrakten Maschine in einer einzelnen Zeile stehen muß. Unter Verwendung der Prozedur *emit* können wir (2.18) umschreiben zu:

$$stmt \rightarrow \textbf{if}$$

expr	$\{out := newlabel \;; emit \;(\text{'gofalse'}, out\;);\}$
then	
$stmt_1$	$\{emit \;(\text{'label'}, out\;);\}$

Wenn innerhalb einer Produktion semantische Aktionen vorkommen, bearbeiten wir die Elemente auf der rechten Seite der Produktion von links nach rechts. In obiger Produktion werden die Aktionen in folgender Reihenfolge ausgeführt: Die Aktionen während der Syntaxanalyse von *expr* werden ausgeführt, *out* erhält als Wert die von *newlabel* gelieferte Marke und die „gofalse"-Instruktion wird ausgegeben; die Aktionen während der Syntaxanalyse von $stmt_1$ werden ausgeführt und zum Schluß wird die „label"-Instruktion ausgegeben. Unter der Voraussetzung, daß die Aktionen während der Syntaxanalyse von *expr* und $stmt_1$ den Code für diese Nichtterminale ausgeben, implementiert obige Produktion die Code-Skizze von Abb. 2.33.

Abb. 2.34 enthält Pseudo-Code zur Übersetzung von Zuweisungs- und if-Anweisung. Weil die Variable *out* lokal für die Prozedur *stmt* ist, wird ihr Wert durch die Aufrufe der Prozeduren *expr* und *stmt* nicht beeinflußt. Bei der Erzeugung von Sprungmarken muß man ein bißchen überlegen. Nehmen wir an, die Marken in der Übersetzung sind von der Form L1, L2, ... Für den Pseudo-Code sind an Marken dann nur noch die Zahlen hinter L interessant. Deswegen ist *out* als Integer deklariert. *Newlabel* liefert einen Integer-Wert, der zum Wert von *out* wird, und die Prozedur *emit* muß so geschrieben sein, daß sie mit einer ganzen Zahl als Argument eine Marke ausgibt.

```
procedure stmt;
var test, out: integer;      /* für Marken */
begin
      if lookahead = id then begin
            emit('lvalue', tokenval); match(id); match(':='); expr
      end
      else if lookahead = 'if' then begin
            match('if');
            expr;
            out := newlabel;
            emit('gofalse', out);
            match('then');
            stmt;
            emit('label', out)
      end
            /* hier folgt Code für die übrigen Anweisungen */
      else error;
end
```

Abb. 2.34 Pseudo-Code zur Übersetzung von Anweisungen.

In ähnlicher Weise läßt sich die Code-Skizze für die while-Anweisung in Abb. 2.33 in Code umwandeln. Die Übersetzung einer Anweisungsfolge ist nichts anderes als die Konkatenation der Anweisungen in dieser Folge. Wir überlassen das dem Leser.

Die meisten Konstrukte mit einem einzigen Eingang und einem einzigen Ausgang lassen sich ähnlich wie die while-Anweisungen übersetzen. Zur Veranschaulichung betrachten wir den Steuerfluß in Ausdrücken.

Beispiel 2.10

Der Scanner in Abschnitt 2.7 enthält eine Abfrage der Form

    if $t =$ **blank or** $t =$ **tab then** ...

Ist t ein Leerzeichen, dann ist der Test, ob t ein Tabulator ist, offensichtlich überflüssig, weil die erste Gleichheit impliziert, daß die Bedingung **wahr** ist. Der Ausdruck

    $expr_1$ **or** $expr_2$

läßt sich daher durch

    if $expr_1$ **then true else** $expr_2$

implementieren.

    Der Leser möge sich vergewissern, daß der folgende Code den **or**-Operator implementiert:

```
Code für expr₁
copy                    /* kopiere den Wert von expr₁ */
gotrue out
pop                     /* entferne den Wert von expr₁ */
Code für expr₂
label out
```

Denken Sie daran, daß die Instruktionen gotrue und gofalse den obersten Wert des Stapels entfernen, um die Code-Erzeugung für if- und while-Anweisungen zu vereinfachen. Wir kopieren den Wert von $expr_1$, um sicherzustellen, daß der Wert an der Spitze des Stapels wahr ist, wenn die Instruktion gotrue zu einem Sprung führt.   □

2.9 Zusammenwirken der Techniken

Wir haben in diesem Kapitel eine Reihe syntaxgerichteter Techniken vorgestellt, um das Front-End eines Compilers zu erstellen. Zum Abschluß wollen wir diese Techniken nun zusammen in einem C-Programm benutzen. Das C-Programm übersetzt Infix- in Postfix-Form. Die Quellsprache besteht aus Folgen von Ausdrücken, die jeweils mit Strichpunkten abgeschlossen werden. Die Ausdrücke bestehen aus Zahlen, Bezeichnern und den Operatoren +, -, *, /, div und mod. Als Ausgabe liefert der Übersetzer die Postfix-Darstellung eines Ausdrucks. Der Übersetzer ist eine Erweiterung der in den Abschnitten 2.5–2.7 entwickelten Programme. Am Ende dieses Abschnitts wird eine Auflistung des vollständigen C-Programms angegeben.

Beschreibung des Übersetzers

Der Übersetzer wird mit Hilfe des syntaxgesteuerten Übersetzungsschemas in Abb. 2.35 entworfen. Das Symbol **id** repräsentiert eine nicht-leere Folge von Buchstaben und Ziffern, die mit einem Buchstaben beginnt, **num** eine Folge von Ziffern und **eof** ein Dateiende-Zeichen. Symbole werden durch Folgen von Leerzeichen, Tabulatoren und Zeichenwechseln („Leerräume") getrennt. Das Attribut *lexeme* des Symbols **id** liefert die Zeichenfolge, aus der das Symbol besteht; das Attribut *value* des Symbols **num** liefert die Integer-Zahl, die durch **num** repräsentiert wird. Der Code des Übersetzers ist in sieben Module aufgeteilt; jedes Modul liegt in einer eigenen Datei vor. Die Programmausführung beginnt im Modul main.c, der zur Initialisierung init() aufruft und danach durch einen Aufruf parse() die Übersetzung anstößt.

$$
\begin{aligned}
start &\rightarrow list \ \textbf{eof} \\
list &\rightarrow expr \ ; \ list \\
&| \quad \epsilon \\
expr &\rightarrow expr + term \qquad \{ \ print('+') \ \} \\
&| \quad expr - term \qquad \{ \ print('-') \ \} \\
&| \quad term \\
term &\rightarrow term * factor \qquad \{ \ print('*') \ \} \\
&| \quad term \ / \ factor \qquad \{ \ print('/') \ \} \\
&| \quad term \ \textbf{div} \ factor \qquad \{ \ print('\text{DIV}') \ \} \\
&| \quad term \ \textbf{mod} \ factor \qquad \{ \ print('\text{MOD}') \ \} \\
&| \quad factor \\
factor &\rightarrow (\ expr \ ) \\
&| \quad \textbf{id} \qquad\qquad\quad \{ \ print(\textbf{id}.lexeme) \ \} \\
&| \quad \textbf{num} \qquad\qquad \{ \ print(\textbf{num}.value) \ \}
\end{aligned}
$$

Abb. 2.35 Spezifikation eines Übersetzers, der Infix- in Postfix-Form übersetzt.

Die restlichen sechs Module zeigt Abb. 2.36. Daneben gibt es noch eine globale „Header"-Datei global.h, die Definitionen enthält, die mehreren Modulen gemeinsam sind. Die erste Anweisung in allen Modulen ist

```
#include "global.h"
```

Sie bewirkt, daß diese Header-Datei als Teil des Moduls einkopiert wird. Bevor wir den Code des Übersetzers angeben, beschreiben wir kurz die einzelnen Module und skizzieren ihren Aufbau.

Infix-Ausdrücke

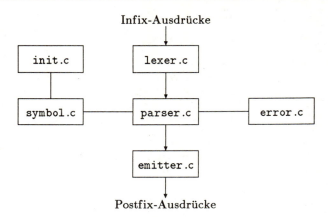

Postfix-Ausdrücke

Abb. 2.36 Module eines Übersetzers von Infix nach Postfix.

Der Modul für die lexikalische Analyse: lexer.c

Der Scanner ist eine Routine namens lexan(). Sie wird vom Parser zum Finden von Symbolen aufgerufen. Die Routine wurde nach dem Pseudo-Code in Abb. 2.30 implementiert. Sie liest die Eingabe Zeichen für Zeichen und gibt dem Parser das gefundene Symbol zurück. Der Wert des zum Symbol gehörigen Attributs wird einer globalen Variablen tokenval zugewiesen.

LEXEME	TOKEN	ATTRIBUT-WERT
Leerraum		
Ziffernfolge	NUM	numer. Wert der Folge
div	DIV	
mod	MOD	
andere mit einem Buchstaben beginnende Folgen, mit Buchstaben und Ziffern als nächste Zeichen	ID	Index von symtable
Dateiendezeichen	DONE	
jedes andere Zeichen	dieses Zeichen	NONE

Abb. 2.37 Erläuterung der Symbole.

Der Parser erwartet folgende Symbole:

```
+ - * / DIV MOD ( ) ID NUM DONE
```

Dabei repräsentiert `ID` einen Bezeichner, `NUM` eine Zahl und `DONE` das Datei-Ende-Zeichen. Leerräume werden vom Scanner unmerklich entfernt. Die Tabelle in Abb. 2.37 zeigt, welche Symbole und Attributwerte vom Scanner für die verschiedenen Lexeme der Quellsprache erzeugt werden. Der Scanner benutzt die Routine `lookup` der Symboltabelle, um zu bestimmen, ob das Lexem eines Bezeichners bereits früher einmal gesichtet wurde. Daneben benutzt er die Routine `insert`, um ein neues Lexem in die Symboltabelle einzutragen. Außerdem zählt er jedesmal, wenn er ein Zeilenwechselzeichen sieht, eine globale Variable `lineno` um eins hoch.

Der Modul für die Syntaxanalyse: parser.c

Der Parser wird mit Hilfe der Techniken aus Abschnitt 2.5 erstellt. Zunächst eliminieren wir im Übersetzungsschema von Abb. 2.35 Linksrekursionen, damit die zugrundeliegende Grammatik mit einem Recursive-Descent-Parser analysiert werden kann. Das transformierte Schema zeigt Abb. 2.38.

Dann schreiben wir Funktionen für die Nichtterminale *expr*, *term* und *factor*, wie wir es auch in Abb. 2.24 getan haben. Die Funktion `parse()` implementiert das Startsymbol der Grammatik; immer, wenn sie ein neues Symbol benötigt, ruft sie `lexan` auf. Der Parser benutzt die Funktion `emit` zur Erzeugung der Ausgabe und die Funktion `error`, um Syntaxfehler zu melden.

$$
\begin{aligned}
start &\rightarrow list\ \textbf{eof} \\
list &\rightarrow expr\ ;\ list \\
&\mid\ \epsilon \\
expr &\rightarrow term\ moreterms \\
moreterms &\rightarrow +\ term\ \{\ print('+')\ \}\ moreterms \\
&\mid\ -\ term\ \{\ print('-')\ \}\ moreterms \\
&\mid\ \epsilon \\
term &\rightarrow factor\ morefactors \\
morefactors &\rightarrow *\ factor\ \{\ print('*')\ \}\ morefactors \\
&\mid\ /\ factor\ \{\ print('/')\ \}\ morefactors \\
&\mid\ \textbf{div}\ factor\ \{\ print('DIV')\ \}\ morefactors \\
&\mid\ \textbf{mod}\ factor\ \{\ print('MOD')\ \}\ morefactors \\
&\mid\ \epsilon \\
factor &\rightarrow (\ expr\ ) \\
&\mid\ \textbf{id}\ \{\ print(\textbf{id}.lexeme)\ \} \\
&\mid\ \textbf{num}\ \{\ print(\textbf{num}.value)\ \}
\end{aligned}
$$

Abb. 2.38 Syntaxgerichtetes Übersetzungsschema nach Elimination von Links-Rekursion.

Der Ausgabe-Modul: emitter.c

Der Ausgabe-Modul besteht aus einer einzigen Funktion emit(t,tval), die
für das Symbol t mit Attributwert tval die Ausgabe erzeugt.

Module für die Symboltabellenverwaltung: symbol.c und init.c

Der Modul symbol.c der Symboltabelle implementiert die Datenstruktur aus
Abb. 2.29 in Abschnitt 2.7. Jeder Eintrag im Array symtable ist ein Paar,
bestehend aus einem Zeiger in den Array lexemes und einem integer-Wert,
der das dort gespeicherte Symbol codiert. Die Operation insert(s,t) gibt
für das Lexem s, aus dem das Symbol t besteht, den Index von symtable zurück. Die Funktion lookup(s) liefert den Index, an dem in symtable der Eintrag für das Lexem s steht, oder 0, falls es keinen solchen Eintrag gibt.

Der Modul init.c wird dazu benutzt, die Symboltabelle symtable vorab
mit Schlüsselwörtern zu laden. Die Repräsentation durch Lexem und Symbol
wird für alle Schlüsselwörter im Array keywords gespeichert, der vom gleichen Typ wie der Array symtable ist. Die Funktion init() arbeitet den Array
keywords sequentiell ab, wobei sie mit der Funktion insert die Schlüsselwörter in die Symboltabelle einträgt. Dieser Aufbau erleichtert es, die Repräsentation der Schlüsselwortsymbole zu ändern.

Der Fehler-Modul: error.c

Der Fehler-Modul behandelt Fehlermeldungen auf äußerst einfache Art. Sobald der Compiler auf einen Syntaxfehler stößt, druckt er eine Meldung, die
sagt, daß es in der aktuellen Eingabezeile einen Fehler gegeben hat, und
stoppt danach. Eine bessere Technik der Fehlerbehandlung würde vielleicht
zum nächsten Strichpunkt springen und die Syntaxanalyse fortsetzen. Wir
fordern den Leser dazu auf, den Übersetzer dahingehend zu modifizieren. In
Kapitel 4 stellen wir ausgefeiltere Techniken zur Fehlerbehandlung vor.

Erzeugen des Compilers

Der Code für die Module steht in sieben Dateien: lexer.c, parser.c, emitter.c,
symbol.c, init.c, error.c und main.c. Die Datei main.c enthält die Hauptroutine des C-Programms. Sie ruft init(), dann parse() und nach erfolgreicher Beendigung exit(0) auf.

Der Compiler läßt sich im UNIX-Betriebssystem durch die Ausführung
des folgenden Kommandos erzeugen:

cc lexer.c parser.c emitter.c symbol.c init.c error.c main.c

Eine andere Möglichkeit besteht darin, die Dateien durch

cc -c *dateiname*.c

getrennt zu übersetzen und die resultierenden Dateien *dateiname*.o durch

cc lexer.o parser.o emitter.o symbol.o init.o error.o main.o

zusammenzubinden. Das cc-Kommando erzeugt eine Datei a.out, die den Übersetzer enthält. Der Übersetzer kann dann gestartet werden durch Eingabe von a.out, gefolgt von dem Ausdruck, der übersetzt werden soll, z.B.

2+3*5;

12 div 5 mod 2;

oder jedem anderen Ausdruck, den Sie möchten. Probieren Sie es aus.

Das Listing

Es folgt nun ein Listing des C-Programms, das den Übersetzer implementiert. Den Anfang bildet die globale Header-Datei global.h, gefolgt von den sieben Quelldateien. Aus Gründen der Lesbarkeit wurde das Programm in einem einfachen C-Stil geschrieben.

```
/**** global.h **********************************************/

#include <stdio.h>    /* E/A-Routinen */
#include <ctype.h>    /* Routinen zum Testen von Zeichen */

#define BSIZE 128    /* Puffergröße */
#define NONE  -1
#define EOS   '\0'

#define NUM   256
#define DIV   257
#define MOD   258
#define ID    259
#define DONE  260

int tokenval;        /* Wert des Symbolattributs */
int lineno;
```

```
struct entry {        /* Struktur eines Symboltabelleneintrags */
    char *lexptr;
    int   token;
};

struct entry symtable[];     /* Symboltabelle */

/**** lexer.c *************************************************/
#include "global.h"

char  lexbuf[BSIZE];
int   lineno = 1;
int   tokenval = NONE;

int   lexan()      /* Scanner */
{
    int t;
    while(1) {
        t = getchar();
        if (t == ' ' || t == '\t')
            ;    /* Entfernen von Leerräumen */
        else if (t == '\n')
            lineno = lineno + 1;
        else if (isdigit(t)) {      /* t ist eine Ziffer */
            ungetc(t, stdin);
            scanf("%d", &tokenval);
            return NUM;
        }
        else if (isalpha(t)) {      /* t ist ein Buchstabe */
            int p, b = 0;
            while (isalnum(t)) {    /* t ist alphanumerisch */
                lexbuf[b] = t;
                t = getchar();
                b = b + 1;
                if (b >= BSIZE)
                    error("Compilerfehler");
            }
            lexbuf[b] = EOS;
            if (t != EOF)
                ungetc(t, stdin);
            p = lookup(lexbuf);
            if (p == 0)
                p = insert(lexbuf, ID);
            tokenval = p;
            return symtable[p].token;
        }
```

```
            else if (t == EOF)
                return DONE;
            else {
                tokenval = NONE;
                return t;
            }
        }
}


/**** parser.c **********************************************/

#include "global.h"

int lookahead;

parse()                  /* analysiert und übersetzt Ausdrücke */
{
        lookahead = lexan();
        while (lookahead != DONE) {
            expr(); match(';');
        }
}

expr()
{
        int t;
        term();
        while(1)
            switch (lookahead) {
            case '+': case '-':
                t = lookahead;
                match(lookahead); term(); emit(t, NONE);
                continue;
            default:
                return;
            }
}

term()
{
        int t;
        factor();
        while(1)
            switch (lookahead) {
            case '*': case '/': case DIV: case MOD:
                t = lookahead;
```

```
                    match(lookahead); factor(); emit(t, NONE);
                    continue;
            default:
                    return;
            }
}

factor()
{
      switch(lookahead) {
            case '(':
                    match('('); expr(); match(')'); break;
            case NUM:
                    emit(NUM, tokenval); match(NUM); break;
            case ID:
                    emit(ID, tokenval); match(ID); break;
            default:
                    error("Syntaxfehler");
      }
}

match(t)
      int t;
{
      if (lookahead == t)
            lookahead = lexan();
      else error("Syntaxfehler");
}


/**** emitter.c ********************************************/

#include "global.h"

emit(t, tval)          /* erzeugt die Ausgabe */
      int t, tval;
{
      switch(t) {
            case '+': case '-': case '*': case '/':
                    printf("%c\n", t); break;
            case DIV:
                    printf("DIV\n"); break;
            case MOD:
                    printf("MOD\n"); break;
            case NUM:
                    printf("%d\n", tval); break;
            case ID:
```

```
            printf("%s\n", symtable[tval].lexptr); break;
        default:
            printf("token %d, tokenval %d\n", t, tval);
        }
}


/**** symbol.c ***********************************************/

#include "global.h"

#define STRMAX 999  /* Größe des Lexem-Arrays */
#define SYMMAX 100  /* Größe der Symboltabelle */

char    lexemes[STRMAX];
int     lastchar = -1;     /* zuletzt benutzte Lexemposition */
struct entry symtable[SYMMAX];
int     lastentry = 0; /* zuletzt benutzter Symboltabelleneintrag */

int     lookup(s)    /* übergibt die Nummer des Eintrags für s */
        char s[];
{
        int p;
        for (p = lastentry; p > 0; p = p - 1)
            if (strcmp(symtable[p].lexptr, s) == 0)
                return p;
        return 0;
}

int     insert(s, tok)  /* übergibt die Nummer des Eintrag für s */
        char s[];
        int tok;
{
        int len;
        len = strlen(s);   /* strlen berechnet die Länge von s */
        if (lastentry + 1 >= SYMMAX)
            error("Symboltabelle voll");
        if (lastchar + len + 1 >= STRMAX)
            error("Lexemarray voll");
        lastentry = lastentry + 1;
        symtable[lastentry].token = tok;
        symtable[lastentry].lexptr = &lexemes[lastchar + 1];
        lastchar = lastchar + len + 1;
        strcpy(symtable[lastentry].lexptr, s);
        return lastentry;
}
```

```
/**** init.c ***********************************************/

#include "global.h"

struct entry keywords[] = {
     "div", DIV,
     "mod", MOD,
     0, 0
};

init()      /* lädt die Schlüsselwörter in die Symboltabelle */
{
     struct entry *p;
     for (p = keywords; p->token; p++)
          insert(p->lexptr, p->token);
}



/**** error.c **********************************************/

#include "global.h"

error(m)              /* erzeugt sämtliche Fehlermeldungen */
     char *m;
{
     fprintf(stderr, "Zeile %d: %s\n", lineno, m);
     exit(1);         /* keine erfolgreiche Terminierung */
}



/**** main.c ***********************************************/

#include "global.h"

main()
{
     init();
     parse();
     exit(0);         /* erfolgreiche Terminierung */
}

/**********************************************************/
```

Übungen

2.1 Gegeben sei die kontextfreie Grammatik

$$S \rightarrow S\,S\,+\ |\ S\,S\,*\ |\ a$$

a) Zeigen Sie, wie die Zeichenfolge aa+a* von dieser Grammatik erzeugt werden kann.

b) Geben Sie einen Parse-Baum für diese Zeichenfolge an.

c) Welche Sprache wird von der Grammatik erzeugt? Begründen Sie Ihre Antwort.

2.2 Welche Sprachen werden von folgenden Grammatiken erzeugt? Begründen Sie jeweils Ihre Antwort.

a) $S \rightarrow 0\,S\,1\ |\ 0\,1$
b) $S \rightarrow +\,S\,S\ |\ -\,S\,S\ |\ a$
c) $S \rightarrow S\,(\,S\,)\,S\ |\ \epsilon$
d) $S \rightarrow a\,S\,b\,S\ |\ b\,S\,a\,S\ |\ \epsilon$
e) $S \rightarrow a\ |\ S + S\ |\ S\,S\ |\ S\,*\ |\ (\,S\,)$

2.3 Welche der Grammatiken aus Übung 2.2 sind mehrdeutig?

2.4 Erstellen Sie für jede der folgenden Sprachen eine kontextfreie Grammatik. Zeigen Sie jeweils, daß Ihre Grammatik korrekt ist.

a) Arithmetische Ausdrücke in Postfix-Notation.

b) Links-assoziative Listen von Bezeichnern, die jeweils durch Komma getrennt sind.

c) Rechts-assoziative Listen von Bezeichnern, die jeweils durch Komma getrennt sind.

d) Arithmetische Ausdrücke mit ganzen Zahlen, Bezeichnern und den binären Operatoren +, -, *, /.

e) Nehmen Sie zu den arithmetischen Operatoren aus d) die unären Plus und Minus hinzu.

*2.5 a) Zeigen Sie, daß die Werte aller Bitfolgen, die von folgender Grammatik erzeugt werden, durch 3 teilbar sind. *Hinweis*: Benutzen Sie Induktion über die Anzahl der Knoten eines Parse-Baums.

$$num \rightarrow 11\ |\ 1001\ |\ num\,0\ |\ num\,num$$

b) Erzeugt die Grammatik alle Bitfolgen, deren Werte durch 3 teilbar sind?

2.6 Entwerfen Sie eine kontextfreie Grammatik für römische Zahlen.

2.7 Entwerfen Sie ein syntaxgerichtetes Übersetzungsschema, das arithmetische Ausdrücke von Infix-Notation in Präfix-Notation übersetzt. In Präfix-Notation steht der Operator vor seinen Operanden; z.B. ist − x y die Präfix-Notation für $x − y$. Geben Sie attributierte Parse-Bäume für die Eingaben 9−5+2 und 9−5*2 an.

2.8 Entwickeln Sie ein syntaxgerichtetes Übersetzungsschema, das arithmetische Ausdrücke von Postfix-Notation in Infix-Notation übersetzt. Geben Sie für die Eingaben 9 5 − 2 * und 9 5 2 * − attributierte Parse-Bäume an.

2.9 Entwickeln Sie ein syntaxgerichtetes Übersetzungsschema, das ganze Zahlen in römische Zahlen übersetzt.

2.10 Entwickeln Sie ein syntaxgerichtetes Übersetzungsschema, das römische Zahlen in ganze Zahlen übersetzt.

2.11 Entwickeln Sie Recursive-Descent-Parser für die Grammatiken in Übung 2.2(a), (b) und (c).

2.12 Entwickeln Sie einen syntaxgerichteten Übersetzer, der prüft, ob eine eingegebene Folge von Klammern eine korrekte Klammerung darstellt.

2.13 Die folgenden Regeln definieren die Übersetzung eines deutschen Wortes in *Affenlatein*:

    a)   Wenn das Wort mit einer nicht-leeren Folge von Konsonanten beginnt, werden die führenden Konsonanten vorn abgeschnitten und am Ende des Wortes angehängt. Außerdem wird das Suffix *US* angehängt. Z.B. wird LATEIN zu ATEINLUS.

    b)   Wenn das Wort mit einem Vokal beginnt, wird das Suffix BUS angehängt. Z.B. wird AFFEN zu AFFENBUS.

    c)   Ein U, das hinter einem Q steht, gilt als Konsonant.

    d)   Wenn hinter einem Y ein Konsonant steht, gilt das Y als Vokal, sonst als Konsonant.

    e)   Wörter, die aus weniger als drei Buchstaben bestehen, bleiben unverändert.

Entwerfen Sie ein syntaxgerichtetes Übersetzungsschema für Affenlatein.

2.14 In der Programmiersprache C hat die for-Anweisung die Form

$$\text{for } (expr_1 \, ; \, expr_2 \, ; \, expr_3 \,) \; stmt$$

Der erste Ausdruck wird vor der Schleife ausgewertet; er wird typischerweise zur Initialisierung des Schleifenindex benutzt. Der zweite Ausdruck ist ein Test, der vor jedem Schleifendurchlauf ausgeführt wird; die Schleife wird verlassen, sobald der Ausdruck den Wert 0 hat. Die Schleife selbst besteht aus der Anweisung $\{stmt\ expr_3\ ;\}$. Der dritte Ausdruck wird am Ende jedes Schleifendurchlaufs ausgeführt; er wird typischerweise zum Hochzählen des Schleifenindex benutzt. Die Bedeutung der for-Anweisung ist vergleichbar mit

$expr_1$; while $(expr_2)$ $\{stmt\ expr_3\ ;\}$

Entwerfen Sie ein syntaxgerichtetes Übersetzungsschema, um die for-Anweisung von C in Code der Stapelmaschine zu übersetzen.

*2.15 Betrachten Sie die folgende for-Anweisung:

for $i := 1$ **step** $10 - j$ **until** $10 * j$ **do** $j := j + 1$

Man kann für die Semantik dieser Anweisung drei verschiedene Definitionen angeben. Eine Möglichkeit besteht darin, die Grenze $10 * j$ und die Schrittweite $10 - j$ ein einziges Mal vor der Schleife auszuwerten, so wie in PL/I. Wenn beispielsweise vor der Schleife $j = 5$ ist, würde die Schleife zehnmal durchlaufen und dann verlassen werden. Eine zweite, ganz andere Bedeutung würde sich ergeben, wenn Grenze und Schrittweite bei jedem Schleifendurchlauf neu zu berechnen wären. Wenn z.B. vor der Schleife $j = 5$ wäre, würde die Schleife nie terminieren. Eine dritte Bedeutung ist für Sprachen wie Algol definiert. Wenn die Schrittweite negativ ist, lautet die Abbruchbedingung der Schleife $i < 10 * j$ und nicht $i > 10 * j$. Konstruieren Sie für jede dieser drei semantischen Definitionen ein syntaxgerichtetes Übersetzungsschema, das die for-Schleife in Code der Stapelmaschine übersetzt.

2.16 Betrachten Sie den folgenden Auszug einer Grammatik für if-then- und if-then-else-Anweisungen:

$stmt \rightarrow$ **if** $expr$ **then** $stmt$
$\quad\ \ \,|\ $ **if** $expr$ **then** $stmt$ **else** $stmt$
$\quad\ \ \,|\ $ **other**

Dabei steht **other** für andere Anweisungen der Sprache.

a) Zeigen Sie, daß diese Grammatik mehrdeutig ist.

b) Entwerfen Sie eine äquivalente eindeutige Grammatik, die ein **else** dem nächsten noch freien **then** zuordnet.

c) Entwerfen Sie, ausgehend von dieser Grammatik, ein syntaxge-

richtetes Übersetzungsschema, das bedingte Anweisungen in Code
der Stapelmaschine übersetzt.

*2.17 Entwerfen Sie ein syntaxgerichtetes Übersetzungsschema, das arithmetische Ausdrücke (in Infix-Notation) in arithmetische Ausdrücke (in
Infix-Notation) übersetzt, die keine redundanten Klammern mehr haben. Zeichnen Sie für die Eingabe $(((1 + 2) * (3 * 4)) + 5)$ den attributierten Parse-Baum.

Programmierübungen

P2.1 Implementieren Sie einen Übersetzer, der ganze Zahlen in römische
Zahlen übersetzt. Gehen Sie von dem in Übung 2.9 entwickelten syntaxgerichteten Übersetzungsschema aus.

P2.2 Modifizieren Sie den Übersetzer in Abschnitt 2.9 so, daß er als Ausgabe Code für die abstrakte Stapelmaschine aus Abschnitt 2.8 erzeugt.

P2.3 Modifizieren Sie den Modul zur Fehlerbehandlung des Übersetzers in
Abschnitt 2.9 so, daß er nach Erkennen eines Fehlers zum nächsten
Ausdruck in der Eingabe springt.

P2.4 Erweitern Sie den Übersetzer in Abschnitt 2.9 so, daß er sämtliche
Pascal-Ausdrücke behandeln kann.

P2.5 Erweitern Sie den Compiler aus Abschnitt 2.9 so, daß er Anweisungen, die von folgender Grammatik erzeugt werden, in Code der Stapelmaschine übersetzt.

$$
\begin{aligned}
stmt \;\rightarrow\; & \mathbf{id} := expr \\
| \; & \mathbf{if} \; expr \; \mathbf{then} \; stmt \\
| \; & \mathbf{while} \; expr \; \mathbf{do} \; stmt \\
| \; & \mathbf{begin} \; opt\_stmts \; \mathbf{end}
\end{aligned}
$$

$$
\begin{aligned}
opt\_stmts \;\rightarrow\;& stmt\_list \mid \epsilon \\
stmt\_list \;\rightarrow\;& stmt\_list \; ; \; stmt \mid stmt
\end{aligned}
$$

*P2.6 Entwerfen Sie eine Menge von Ausdrücken, um den Compiler in Abschnitt 2.9 zu testen. Bei der Herleitung der Test-Ausdrücke soll
jede Produktion mindestens einmal angewendet werden. Erstellen Sie
ein Testprogramm, das als allgemeine Testhilfe für Compiler verwendet werden kann. Benutzen Sie Ihr Testprogramm, um Ihren
Compiler mit diesen Test-Ausdrücken zu überprüfen.

P2.7 Entwerfen Sie eine Menge von Anweisungen, um Ihren Compiler aus
Übung P2.5 zu testen. Bei der Herleitung der Test-Anweisungen soll

jede Produktion mindestens einmal angewendet werden. Benutzen Sie
das Testprogramm aus Übung P2.6, um Ihren Compiler mit diesen
Test-Anweisungen zu überprüfen.

Bemerkungen zur Literatur

Dieses einleitende Kapitel spricht eine Reihe von Themen an, die erst im
Rest des Buches ausführlicher behandelt werden. Verweise zur Literatur finden sich in den entsprechenden Kapiteln.

Kontextfreie Grammatiken wurden von Chomsky [1956] als Teil einer
Untersuchung natürlicher Sprachen eingeführt. Ihre Verwendung zur Syntax-
beschreibung von Programmiersprachen entwickelte sich unabhängig davon.
Während John Backus an einem Entwurf von Algol 60 arbeitete, „paßte er
kurzerhand [Emil Posts Produktionen] seinen Zwecken entsprechend an" (Wexelblat [1981, S.162]). Das Ergebnis war eine Notation, die kontextfreien
Grammatiken ähnlich war. Der Gelehrte Panini ersann bereits zwischen 400
und 200 vor Christus eine äquivalente syntaktische Notation, um die Regeln
der Sanskrit-Grammatik zu beschreiben (Ingermann [1967]).

Ein Brief von Knuth [1964] enthält den Vorschlag, daß BNF – ursprünglich eine Abkürzung für Backus-Normalform – als Backus-Naur-Form gelesen
werden sollte, um damit Naurs Verdienste als Herausgeber des Algol 60-Re-
ports zu würdigen.

Syntaxgerichtete Definitionen sind eine Form induktiver Definitionen,
wobei die Induktion in die syntaktische Struktur eingebettet ist. Induktive
Definitionen werden in der Mathematik schon seit langem informal benutzt.
Erst die Strukturierung des Algol 60-Reports durch eine Grammatik brachte
ihre Verwendung für Programmiersprachen mit sich. Kurz darauf entwarf
Irons [1961] einen syntaxgerichteten Compiler.

Syntaxanalyse nach der Methode des rekursiven Abstiegs wurde schon
seit den frühen 60er Jahren eingesetzt. Bauer [1976] schreibt die Methode
Lucas [1961] zu. Hoare [1962b, S.128] beschreibt einen Algol-Compiler, der
aufgebaut ist als „eine Menge von Prozeduren, die in der Lage sind, jeweils
ein einzelnes syntaktisches Element des Algol 60-Reports zu bearbeiten."
Forster [1968] untersucht, wie in Produktionen mit semantischen Aktionen
Links-Rekursionen eliminiert werden können, ohne die Werte von Attributen
zu beeinflussen.

McCarthy [1963] sprach sich dafür aus, bei der Übersetzung einer Sprache von der abstrakten Syntax auszugehen. In derselben Veröffentlichung
überließ es McCarthy [1963, S.24] „dem Leser, sich selbst davon zu überzeugen", daß eine endständig rekursive Formulierung der Fakultätsfunktion einem iterativen Programm äquivalent war.

Die Vorteile der Unterteilung eines Compilers in ein Front-End und ein
Back-End wurden in einem Kommissionsbericht von Strong et al. [1958] un-

tersucht. Der Bericht prägte den Namen UNCOL (für „universal computer language") für eine universelle Zwischensprache. Die Idee ist jedoch Wunschvorstellung geblieben.

Wenn man Code existierender Compiler liest, kann man viel über Implementierungstechniken lernen. Leider wird Code nicht oft veröffentlicht. Randell und Russell [1984] geben eine übersichtliche Darstellung eines frühen Algol-Compilers. Compiler-Code kann man sich auch in McKeeman, Horning und Wortman [1970] anschauen. Barron [1981] enthält eine Sammlung von Arbeiten über die Implementierung von Pascal. Darunter sind Bemerkungen zur Implementierung des Pascal-P-Compilers (Nori et al. [1981]), Details zur Codegenerierung (Ammann [1977]) und der Code für eine Implementierung von Pascal S, eine von Wirth [1981] entworfene Pascal-Teilmenge für Studenten. Knuth [1985] beschreibt ungewöhnlich klar und detailliert den TEX-Übersetzer.

Kernighan und Pike [1984] erläutern in aller Ausführlichkeit, wie man ein Tischrechner-Programm erstellen kann, aufbauend auf einem syntaxgerichteten Übersetzungsschema und unter Verwendung der im UNIX-Betriebssystem verfügbaren Werkzeuge zur Compiler-Konstruktion. Die Gleichung (2.17) ist Tautzen [1963] entnommen.

3
Lexikalische Analyse

Dieses Kapitel beschäftigt sich mit Techniken zur Spezifikation und Implementierung von Scannern. Eine einfache Art, Scanner zu erstellen, ist folgende: Zunächst entwirft man ein Diagramm, das die Struktur der Symbole der Quellsprache beschreibt. Danach übersetzt man dieses Diagramm von Hand in ein Programm, das Symbole erkennt. Nach dieser Methode lassen sich effiziente Scanner erstellen.

Die Techniken zur Implementierung von Scannern lassen sich auch auf andere Anwendungsbereiche übertragen, wie z.b. Anfragesprachen und Informationssysteme. In allen diesen Anwendungen besteht das Kernproblem in der Spezifikation und im Entwurf von Programmen, deren Aktionen durch bestimmte Textmuster ausgelöst werden. Weil muster-gesteuerte Programmierung in vielen Fällen von Nutzen ist, stellen wir eine entsprechende Sprache zur Spezifikation von Scannern vor. Die Sprache heißt Lex und definiert Muster durch reguläre Ausdrücke. Ein Lex-Compiler ist in der Lage, für einen gegebenen regulären Ausdruck einen effizienten Erkenner auf der Basis eines endlichen Automaten zu erzeugen.

Auch in einigen anderen Sprachen werden Muster durch reguläre Ausdrücke beschrieben. Beispielsweise benutzt die Sprache AWK reguläre Ausdrücke dazu, die zu verarbeitenden Eingabezeilen zu bestimmen. Die Schale (engl. shell) des UNIX-Systems erlaubt es den Benutzern, durch Angabe eines regulären Ausdrucks eine größere Menge von Dateinamen zu benennen. Das UNIX-Kommando rm *.o löscht z.B. alle Dateien, deren Namen mit „.o" enden.[1]

Software-Werkzeuge zur automatischen Scanner-Generierung verlangen keine besonderen Vorkenntnisse, gestatten es aber, die Techniken des „Pattern-Matching" für die unterschiedlichsten Anwendungsbereiche zu nutzen.

---

[1] Der Ausdruck *.o ist eine leicht abgewandelte Form der üblichen Notation für reguläre Ausdrücke. Die Übungen 3.10 und 3.14 gehen auf einige verbreitete Varianten dieser Notation ein.

Dabei bezeichnet „Pattern-Matching" allgemein den Problembereich, der sich mit dem Vergleichen und Erkennen von Mustern beschäftigt. So erzeugte etwa Jarvis [1976] mit einem Scanner-Generator ein Programm, das Schwachstellen in gedruckten Schaltungen erkannte. Die Schaltungen wurden aus verschiedenen Winkeln digital abgetastet und in Folgen von Leiterbahnsegmenten umgewandelt. Der „Scanner" suchte in den Folgen von Leiterbahnsegmenten nach Mustern, die auf eine Schwachstelle hindeuteten. Ein wesentlicher Vorteil von Scanner-Generatoren besteht darin, daß sie die besten bekannten Algorithmen zum Pattern-Matching einsetzen können. Dadurch sind sie in der Lage, effiziente Scanner zu erzeugen, ohne daß vom Benutzer besondere Kenntnisse über Pattern-Matching-Techniken verlangt würden.

3.1 Die Rolle des Scanners

Der Scanner bildet die erste Phase des Compilers. Seine Hauptaufgabe besteht darin, Eingabezeichen zu lesen und als Ausgabe eine Folge von Symbolen zu erzeugen, die der Parser syntaktisch analysiert. Diese wechselseitige Beziehung, die Abb. 3.1 schematisch zusammenfaßt, wird üblicherweise so implementiert, daß der Scanner als Unter- oder Coroutine des Parser agiert. Nach Erhalt eines vom Parsers gegebenen Kommandos „übergib das nächste Symbol" liest der Scanner solange Eingabezeichen, bis er das nächste Symbol erkannt hat.

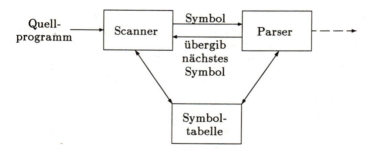

Abb. 3.1   Interaktion des Scanners mit dem Parser.

Der Scanner ist derjenige Teil des Compilers, der den Quelltext liest. Es ist deswegen naheliegend, ihm einige weitere Aufgaben mit Blick auf die Benutzerschnittstelle zu übertragen. Eine dieser Aufgaben ist die Reinigung des Quellprogramms von Kommentaren und Leerzeichen, Tabulatoren und Zeilenwechseln. Eine andere Aufgabe besteht darin, den Fehlermeldungen des Compilers die entsprechenden Positionen im Quellprogramm zuzuordnen. Beispielsweise könnte sich der Scanner die Anzahl der bisherigen Zeilenwechsel merken, um eine Fehlermeldung einer Zeilennummer zuzuordnen. In einigen Compilern muß der Scanner eine Kopie des Quellprogramms mit eingestreuten Fehlermeldungen erstellen. Wenn die Quellsprache Funktionen eines

Macro-Processors anbietet, können diese Funktionen ebenfalls als Teil der lexikalischen Analyse implementiert werden.

Manchmal werden Scanner in zwei aufeinanderfolgende Phasen aufgeteilt. Die erste Phase übernimmt das reine Lesen des Eingabestroms, die zweite die eigentliche lexikalische Analyse. Die Aufgaben der ersten Phase sind recht einfach, während die komplexeren Aufgaben Teil der zweiten Phase sind. Man kann sich etwa vorstellen, daß in einem Fortran-Compiler Leerzeichen in der Eingabe von der Lese-Phase entfernt werden.

Motivation für die lexikalische Analyse

Es gibt eine Reihe guter Gründe, die Analysephase eines Compilers in lexikalische und syntaktische Analyse aufzuteilen:

1. Das vielleicht wichtigste Argument ist die Vereinfachung des Entwurfs. Durch Trennung der lexikalischen und syntaktischen Analyse wird häufig eine der beiden Phasen einfacher. Beispielsweise ist ein Parser, der die Konventionen bzgl. Kommentaren und Leerräumen berücksichtigen muß, um vieles komplexer als einer, der davon ausgehen kann, daß Kommentare und Leerräume bereits vom Scanner entfernt wurden. Beim Entwurf einer neuen Sprache kann die Trennung von lexikalischen und syntaktischen Elementen insgesamt zu einem klareren Sprachentwurf führen.

2. Die Effizienz des Compilers wird verbessert. Ist der Scanner von den anderen Teilen getrennt, kann er spezifischer und effizienter impliziert werden. Das Lesen des Quellprogramms und seine Aufgliederung in Symbole beansprucht einen großen Teil der Laufzeit. Spezielle Puffertechniken zum Lesen und Verarbeiten von Symbolen können die Laufzeit eines Compilers beträchtlich beschleunigen.

3. Die Portabilität von Compilern wird verbessert. Besonderheiten des Eingabealphabets und andere gerätespezifische Eigenarten können auf den Scanner beschränkt werden. Die Darstellung spezieller oder nicht standardisierter Symbole wie z.B. ↑ in Pascal ist nur für den Scanner von Bedeutung.

Symbole, Muster, Lexeme

In Zusammenhang mit der lexikalischen Analyse benutzen wir die Begriffe „Symbol", „Muster" und „Lexem" mit unterschiedlichen Bedeutungen. Abb. 3.2 zeigt Beispiele dafür. Im allgemeinen wird für unterschiedliche Zeichenfolgen in der Eingabe das gleiche Symbol als Ausgabe erzeugt. Eine Menge solcher Zeichenfolgen wird durch eine zum Symbol gehörige Regel beschrieben, durch das sog. *Muster*. Jede Zeichenfolge der Menge entspricht diesem Muster. Ein Lexem ist eine Zeichenfolge im Quellprogramm, die dem Muster für ein Symbol entspricht. In der Pascal-Anweisung

```
const pi = 3.1416;
```

ist beispielsweise die Zeichenfolge pi ein Lexem für das Symbol „Bezeichner".

Symbol	exemplarische Lexeme	informelle Musterbeschreibung
const	const	const
if	if	if
relation	<, <=, =, <>, >, >=	< oder <= oder = oder <> oder > oder >=
id	pi, count, D2	Buchstabe, gefolgt von Buchstaben und Ziffern
num	3.1416, 0, 6.02E23	irgendeine numerische Konstante
literal	"core dumped"	Zeichen zwischen " und " außer "

Abb. 3.2   Beispiele für Symbole.

Wir behandeln Symbole als Terminale der Quellsprachengrammatik und stellen sie durch fettgedruckte Namen dar. Die Lexeme, die auf ein Symbolmuster passen, stellen Zeichenfolgen im Quellprogramm dar, die zusammen als lexikalische Einheit behandelt werden können.

In den meisten Programmiersprachen gelten folgende Konstrukte als Symbole: Schlüsselwörter, Operatoren, Konstanten, Literale und Satzzeichen wie z.B. Kommas und Strichpunkte. Wenn im obigen Beispiel die Zeichenfolge pi im Quellprogramm gelesen wird, erhält der Parser als Ergebnis ein Symbol, das einen Bezeichner repräsentiert. Das Übergeben eines Symbols wird oft durch Übergeben einer integer-Zahl implementiert, durch die das Symbol codiert ist. In Abb. 3.2 bezeichnet das fettgedruckte **id** eben diese integer-Zahl.

Ein Muster beschreibt in Form einer Regel die Menge der Lexeme, die ein bestimmtes Symbol der Quellsprache repräsentieren können. Das Muster für das Symbol **const** in Abb. 3.2 ist nichts weiter als die Zeichenfolge const, also gerade die Buchstaben, aus denen das Schlüsselwort besteht. Das Muster für das Symbol **relation** ist die Menge aller sechs Vergleichsoperatoren in Pascal. Die Muster für komplexere Symbole wie z.B. **id** (für engl. identifier) und **num** (für engl. number) lassen sich präzise durch reguläre Ausdrücke beschreiben, die Sie in Abschnitt 3.3 kennenlernen werden.

Sprachkonventionen beeinflussen die Komplexität der lexikalischen Analyse. Manche Sprachen wie z.B. Fortran verlangen, daß bestimmte Konstrukte nur an festgelegten Positionen innerhalb einer Zeile stehen dürfen. Die Entscheidung, ob ein Quellprogramm korrekt ist, kann also von der

Ausrichtung eines Lexems abhängen. Seit einiger Zeit geht die Tendenz jedoch zu frei formatierter Eingabe, d.h. Konstrukte können an jeder beliebigen Stelle innerhalb einer Eingabezeile stehen. Dieser Aspekt der lexikalischen Analyse verliert somit immer mehr an Bedeutung.

Große Unterschiede zwischen den Programmiersprachen gibt es in der Behandlung von Leerzeichen. In einigen Programmiersprachen wie z.B. Fortran und Algol 68 haben Leerzeichen nur als Teil von Stringkonstanten Bedeutung. Sie können zur besseren Lesbarkeit nach Belieben in ein Programm eingestreut werden. Die Konventionen hinsichtlich Leerzeichen können die Aufgabe der Symbolerkennung erheblich erschweren.

Ein vielzitiertes Beispiel, das die möglichen Schwierigkeiten der Symbolerkennung deutlich macht, ist die DO-Anweisung von Fortran. In der Anweisung

DO 5 I = 1.25

läßt sich erst nach Lesen des Dezimalpunktes erkennen, daß DO nicht Schlüsselwort, sondern Teil des Bezeichners DO5I ist. Im Gegensatz dazu besteht die Anweisung

DO 5 I = 1,25

aus sieben Symbolen, nämlich je einem für das Schlüsselwort DO, die Anweisungsmarke 5, den Bezeichner I, den Operator =, die Konstante 1, das Komma und die Konstante 25. Es ist jedoch erst nach Lesen des Kommas erkennbar, daß DO ein Schlüsselwort ist. Um schneller zu einem eindeutigen Ergebnis zu kommen, erlaubt Fortran 77 zwischen der Marke und dem Index der DO-Anweisung ein optionales Komma. Der Gebrauch dieses Kommas ist empfehlenswert, weil es dazu beiträgt, die DO-Anweisung klarer und leichter lesbar zu machen.

In vielen Sprachen sind bestimmte Zeichenketten *reserviert*, d.h. ihre Bedeutung ist vordefiniert und kann vom Benutzer nicht geändert werden. Wenn Schlüsselwörter nicht reserviert sind, muß der Scanner entscheiden, ob es sich um ein Schlüsselwort oder um einen benutzerdefinierten Bezeichner handelt. In PL/I sind Schlüsselwörter nicht reserviert. Die Regeln zur Unterscheidung zwischen Schlüsselwörtern und Bezeichnern sind recht kompliziert, wie folgende PL/I-Anweisung zeigt:

IF THEN THEN THEN = ELSE; ELSE ELSE = THEN;

Attribute von Symbolen

Wenn mehrere Lexeme dem gleichen Muster entsprechen, muß der Scanner späteren Compilerphasen für jedes Lexem zusätzliche Informationen übergeben. Das Muster **num** paßt z.B. auf die beiden Zeichenketten 0 und 1; für die Code-Erzeugung ist es jedoch wichtig zu wissen, welche Zeichenkette tatsächlich gemeint ist.

Der Scanner sammelt Informationen in den zu den Symbolen gehörigen Attributen. Die Symbole selbst sind für die Syntaxanalyse von Bedeutung, die Attribute für die Übersetzung der Symbole. In der Praxis ist es üblich, einem Symbol nur ein einziges Attribut zu geben: einen Verweis auf den Symboltabelleneintrag, in dem die symbolspezifischen Informationen stehen. Dieser Verweis wird zum Attribut des Symbols. Hinsichtlich der Fehlerdiagnose könnte etwa sowohl das Lexem eines Bezeichners als auch die Zeilennummer interessant sein, in der er erstmalig auftrat. Beide Teilinformationen können im Symboltabelleneintrag für den Bezeichner festgehalten werden.

Beispiel 3.1
Die Symbole und zugehörigen Attribute der Fortran-Anweisung

$$E = M * C ** 2$$

werden unten als Folge von Paaren dargestellt:

<id, Verweis auf den Symboltabelleneintrag für E>

<assign_op,>

<id, Verweis auf den Symboltabelleneintrag für M>

<mult_op,>

<id, Verweis auf den Symboltabelleneintrag für C>

<exp_op,>

<num, Integer-Wert 2>

Beachten Sie, daß bei manchen Paaren ein Attribut überflüssig ist. Die erste Komponente reicht zur Bestimmung des Lexems aus. In diesem kleinen Beispiel ist der Attributwert von **num** ein Integer-Wert. Der Compiler könnte auch die Zeichenfolge, aus der eine Zahl besteht, in die Symboltabelle eintragen. In diesem Fall wäre das Attribut für das Symbol **num** ein Verweis auf diesen Tabelleneintrag.   □

Lexikalische Fehler

Nur wenige Fehler sind lokal auf der lexikalischen Ebene eindeutig identifizierbar, weil ein Scanner eine sehr beschränkte Sicht des Quellprogramms besitzt. Wenn ein String fi von einem C-Programm erstmalig in folgendem Kontext auftritt fi (a == f(x)) ...

kann ein Scanner nicht erkennen, ob fi das falsch geschriebene Schlüsselwort if oder ein nichtdeklarierter Funktionsbezeichner ist. Weil fi ein zulässiger Bezeichner ist, muß der Scanner das Symbol für Bezeichner übergeben und die Fehlerbehandlung anderen Compilerphasen überlassen.

Es sind aber auch Situationen denkbar, in denen der Scanner unfähig ist weiterzuarbeiten, weil kein Präfix der anstehenden Eingabe einem Symbolmuster entspricht. Die vielleicht einfachste Strategie zur Fortführung der Analyse (man bezeichnet solche Strategien als *Recovery*-Strategien) ist die „panische" Fortsetzung, engl. panic mode recovery. Der Scanner löscht dabei solange aufeinanderfolgende Zeichen der anstehenden Eingabe, bis er ein wohlgeformtes Symbol gefunden hat. Diese Recovery-Technik mag dem Parser gelegentlich die Arbeit erschweren, sie eignet sich jedoch recht gut für interaktive Systeme.

Andere mögliche Recovery-Aktionen beim Auftreten von Fehlern sind:

1. Löschen eines überzähligen Zeichens
2. Einfügen eines fehlenden Zeichens
3. Ersetzen eines falschen Zeichens durch ein korrektes
4. Vertauschen zweier benachbarter Zeichen.

Fehlertransformationen dieser Art können zur Korrektur der Eingabe verwendet werden. Die einfachste Strategie hierfür besteht in dem Versuch, ein Präfix der anstehenden Eingabe durch eine einzige Fehlertransformation in ein gültiges Lexem zu überführen. Diese Strategie geht von der Annahme aus, daß lexikalische Fehler das Ergebnis einer einzigen Fehlertransformation sind, eine Annahme, die in der Praxis häufig, aber nicht immer, bestätigt wird.

Man kann die Fehler in einem Programm dadurch feststellen, daß man die minimale Zahl der notwendigen Fehlertransformationen betrachtet, um das fehlerhafte in ein syntaktisch wohlgeformtes Programm zu überführen. Man definiert, daß ein fehlerhaftes Programm k Fehler enthält, wenn die kürzeste Folge von Fehlertransformationen, die es zu einem korrekten Programm macht, die Länge k hat. Diese Fehlerkorrektur des minimalen Abstands ist ein gebräuchliches theoretisches Maß, wird aber in der Praxis kaum eingesetzt, weil ihre Implementierung zu kostspielig ist. Das Kriterium des minimalen Abstands wird allerdings in einigen experimentellen Compilern für lokale Korrekturen benutzt.

3.2 Eingabepufferung

Dieser Abschnitt hat einige Effizienzbetrachtungen im Zusammenhang mit der Eingabepufferung zum Inhalt. Wir gehen zunächst auf ein Schema ein, das die Eingabe zweifach puffert. Es ist dann nützlich, wenn zur Identifizierung von Symbolen ein vorausschauendes Lesen erforderlich ist. Anschließend stellen wir einige hilfreiche Techniken zur Beschleunigung des Scanners vor, wie z.B. die Verwendung von „Wächtern" zur Kennzeichnung des Pufferendes.

Im Grunde kann man drei Methoden zur Implementierung von Scannern unterscheiden:

1. Man verwendet einen Scanner-Generator, wie den in Abschnitt 3.5 behandelten Lex-Compiler, der aus einer Spezifikation auf der Basis regulärer Ausdrücke einen Scanner erzeugt. Dabei stellt der Generator Routinen zum Lesen und Puffern der Eingabe bereit.

2. Man schreibt den Scanner in einer konventionellen Systemprogrammier-sprache und benutzt zum Lesen der Eingabe deren Ein-/ Ausgabemög-lichkeiten.

3. Man schreibt den Scanner in Assembler-Sprache und muß das Lesen der Eingabe selbst organisieren.

Die Reihenfolge, in der die drei Möglichkeiten angegeben wurden, entspricht einem zunehmenden Schwierigkeitsgrad hinsichtlich der Implementierung. Leider ist es so, daß die schwieriger zu implementierenden Methoden oft zu schnelleren Scannern führen. Weil der Scanner die einzige Compilerphase ist, die das Quellprogramm Zeichen für Zeichen liest, verbraucht er unter Um-ständen einen beträchtlichen Teil der Zeit, obwohl die nachfolgenden Phasen von ihren Aufgaben her komplexer sind. Folglich ist die Geschwindigkeit der lexikalischen Analyse keine vernachlässigbare Größe im Compilerentwurf. Obwohl der Schwerpunkt dieses Kapitels auf der erstgenannten Methode liegt, dem Entwurf und der Verwendung eines automatischen Generators, werden wir auch auf Techniken eingehen, die den manuellen Entwurf un-terstützen. Abschnitt 3.4 behandelt Übergangsdiagramme, die beim Entwurf manuell erstellter Scanner hilfreich sind.

Zweigeteilte Puffer

Bei vielen Quellsprachen ist es hin und wieder nötig, daß der Scanner einige Zeichen vorausschauen muß, hinter das Lexem für ein Muster, bevor ein erfolgreicher Vergleich konstatiert werden kann. Der Scanner in Kapitel 2 benutzt eine Funktion ungetc, um die im voraus betrachteten Lookahead-Zei-chen in den Eingabestrom zurückzugeben. Weil die Übertragung von Zeichen recht zeitaufwendig sein kann, wurden spezielle Puffertechniken entwickelt, um den zur Verarbeitung eines Zeichens erforderlichen Verwaltungsaufwand zu reduzieren. Es gibt eine Vielzahl solcher Puffertechniken; weil sie jedoch von gewissen Systemparametern abhängen, werden wir nur die Prinzipien skizzieren, die einer bestimmten Klasse dieser Pufferschemata zugrunde lie-gen.

Die Puffer, die wir benutzen, sind in zwei Hälften mit jeweils N Zeichen geteilt (Abb. 3.3). Typischerweise ist N die Anzahl der Zeichen, die ein Block einer Platte enthält, z.b. 1024 oder 4096.

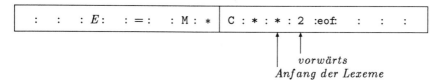

Abb. 3.3 Ein zweigeteilter Eingabepuffer.

Anstatt die Zeichen einzeln einzulesen, werden durch ein einziges Systemkommando zum Lesen jeweils N Eingabezeichen in die beiden Pufferhälften gelesen. Wenn die Eingabe aus weniger als N Zeichen besteht, wird wie in Abb. 3.3 ein spezielles Zeichen **eof** (end of file) im Puffer hinter die Eingabezeichen geschrieben. **eof** kennzeichnet das Ende der Quelldatei und unterscheidet sich von allen Eingabezeichen.

Zum Eingabepuffer gehören zwei Zeiger. Die Zeichenfolge zwischen den beiden Zeigern ist das aktuelle Lexem. Zu Anfang zeigen beide Zeiger auf das erste Zeichen des nächsten zu findenden Lexems. Ein Zeiger, der sogenannte Vorwärtszeiger, wandert zeichenweise nach rechts, bis Übereinstimmung mit einem Muster erkannt wird. In dem Moment, in dem das nächste Lexem erkannt wurde, steht der Vorwärtszeiger auf dem letzten Zeichen des Lexems. Nach Verarbeitung des Lexems werden beide Zeiger auf das Zeichen gesetzt, das dem Lexem unmittelbar folgt. Bei dieser Vorgehensweise können Kommentare und Leerräume wie Muster behandelt werden, die kein Symbol liefern.

Sobald der Vorwärtszeiger in die zweite Pufferhälfte überwechseln will, wird die rechte Hälfte mit N neuen Eingabezeichen gefüllt. Wenn der Vorwärtszeiger im Begriff ist, das rechte Pufferende zu überschreiten, wird die linke Hälfte mit N neuen Eingabezeichen gefüllt und der Vorwärtszeiger wandert zurück an den Anfang des Puffers.

Diese Puffertechnik funktioniert in den meisten Fällen recht gut, allerdings ist die Anzahl der Lookahead-Zeichen beschränkt. Diese Beschränkung macht es manchmal aber unmöglich, ein Symbol zu erkennen. Dies ist dann der Fall, wenn die vom Vorwärtszeiger zu überbrückende Distanz größer als die Länge des Puffers ist. Wenn wir in einem PL/I-Programm z.B. die folgende Eingabe lesen

```
DECLARE(ARG1, ARG2, ..., ARGn)
```

können wir erst nach Lesen des Zeichens, das hinter der rechten Klammer steht, entscheiden, ob es sich bei DECLARE um ein Schlüsselwort oder einen Array-Namen handelt. In beiden Fällen ist das zweite E das letzte Zeichen des Lexems, aber die Länge des Lookaheads ist proportional zur Anzahl der Argumente, die im Prinzip unbeschränkt ist.

if *vorwärts* am Ende der ersten Hälfte **then begin**
        lade zweite Hälfte neu;
        vorwärts := *vorwärts* + 1
end
else if *vorwärts* am Ende der zweiten Hälfte **then begin**
        lade erste Hälfte neu;
        setze *vorwärts* auf den Anfang der ersten Hälfte
end
else *vorwärts* := *vorwärts* + 1

Abb. 3.4   Code zum Vorrücken des Vorwärtszeigers.

Wächter

Wenn das Schema von Abb. 3.3 wie angegeben benutzt wird, muß bei jeder Bewegung des Vorwärtszeigers durch Tests sichergestellt werden, daß der Zeiger nicht das Ende einer Pufferhälfte überschreitet; in diesem Fall muß nämlich die andere Hälfte neu geladen werden. Das heißt, daß der Code zum Bewegen des Vorwärtszeigers Abfragen wie in Abb. 3.4 enthalten muß.

Beim Code in Abb. 3.4 sind für jede Bewegung des Vorwärtszeigers zwei Abfragen nötig, außer am Ende einer der beiden Pufferhälften. Die beiden Abfragen lassen sich zu einer Abfrage zusammenfassen, wenn das Ende jeder Pufferhälfte durch ein *Wächter*-Zeichen markiert wird. Der Wächter ist ein spezielles Zeichen, das innerhalb des Quellprogramms nicht vorkommen darf. Es ist naheliegend, **eof** zu diesem Zweck zu benutzen. Abb. 3.5 zeigt die gleiche Pufferanordnung wie in Abb. 3.3 mit zusätzlichen Wächtern.

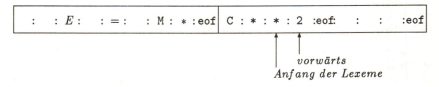

Abb. 3.5   Wächter am Ende jeder Pufferhälfte.

Bei der Anordnung von Abb. 3.5 können wir zum Bewegen des Vorwärts-zeigers (und zum Testen auf das Ende der Quelldatei) den in Abb. 3.6 ange-gebenen Code benutzen. In der Mehrzahl der Fälle wird nur eine einzige Ab-frage ausgeführt, die feststellt, ob *vorwärts* auf ein **eof** zeigt. Nur wenn das Ende einer Pufferhälfte erreicht wird, sind mehrere Abfragen nötig. Weil *N* Eingabezeichen zwischen **eof**-Zeichen stehen, beträgt die mittlere Anzahl von Abfragen pro Eingabezeichen ungefähr 1.

```
vorwärts := vorwärts + 1;
if vorwärts↑ = eof then begin
    if vorwärts am Ende der ersten Hälfte then begin
        lade zweite Hälfte neu;
        vorwärts := vorwärts + 1
    end
    else if vorwärts am Ende der zweiten Hälfte then begin
        lade erste Hälfte neu;
        setze vorwärts an den Anfang der ersten Hälfte
    end
    else /* eof in einem Puffer kennzeichnet das Ende der Eingabe */
        beende die lexikalische Analyse
end
```

Abb. 3.6 Code für Lookahead mit Wächtern.

Außerdem ist zu entscheiden, wie das vom Vorwärtszeiger bezeichnete Zei-chen zu interpretieren ist; markiert es das Ende eines Symbols, stellt es einen Zwischenschritt beim Finden eines bestimmten Schlüsselwortes dar oder was sonst? Wenn es die Implementierungssprache erlaubt, können diese Ab-fragen unter Verwendung einer Case-Anweisung strukturiert werden. Die Abfrage

if *vorwärts*↑ = **eof**

läßt sich dann in der Case-Anweisung als einer von mehreren Fällen imple-mentieren.

3.3 Spezifikation von Symbolen

Eine wichtige Notation zur Spezifikation von Mustern sind reguläre Auk-drücke. Jedem Muster entspricht eine Menge von Zeichenketten (Strings). Reguläre Ausdrücke lassen sich somit als Namen für String-Mengen auffas-sen; Abb. 3.5 erweitert diese Notation zu einer mustergesteuerten Sprache für die lexikalische Analyse.

Strings und Sprachen

Der Begiff *Alphabet* oder *Zeichenklasse* bezeichnet eine beliebige endliche Menge von Symbolen. Typische Beispiele für Symbole sind Buchstaben und Zeichen. Die Menge {0, 1} ist das *binäre Alphabet*. ASCII und EBCDIC sind zwei Beispiele für Computer-Alphabete.

BEGRIFF	DEFINITION
Präfix von *s*	Ein String, den man erhält, wenn man null oder mehr Zeichen am rechten Ende des Strings *s* entfernt; z.B. ist ban Präfix von banane.
Suffix von *s*	Ein String, den man erhält, wenn man null oder mehr führende Zeichen von s entfernt; z.B. ist nane Suffix von banane.
Teilstring von *s*	Ein String, den man erhält, wenn man ein Suffix und ein Präfix von *s* entfernt; z.B. ist ana Teilstring von *s*. Jedes Präfix und jedes Suffix von *s* ist auch Teilstring von *s*, aber nicht jeder Teilstring von *s* ist zwangsläufig Präfix oder Suffix von *s*. Für jeden String *s* sind sowohl ϵ, als auch *s* selbst Präfixe, Suffixe und Teilstrings von *s*.
echtes Präfix, Suffix, echter Teilstring von *s*	Jeder nicht-leere String x ungleich s (d.h. $x \neq \epsilon$ und $x \neq s$), der Präfix, Suffix bzw. Teilstring von s ist.
Teilfolge von *s*	Ein String, den man erhält, wenn man null oder mehr nicht notwendig zusammenhängende Zeichen aus *s* entfernt; z.B. ist baae Teilfolge von banane.

Abb. 3.7   Begriffe für Stringkomponenten.

Ein *String* über einem Alphabet ist eine endliche Folge von Symbolen aus diesem Alphabet. In der Sprachtheorie werden die Begriffe *Satz* und *Wort* oft synonym für „String" verwendet. Die Länge eines Strings *s*, gewöhnlich als $|s|$ geschrieben, ist die Anzahl der in *s* vorkommenden Symbole. Zum Beispiel hat banane die Länge sechs. Der leere String wird mit ϵ bezeichnet und ist ein spezieller String der Länge null. Abb. 3.7 gibt einen Überblick über einige gebräuchliche Begriffe im Zusammenhang mit String-Komponenten.

Der Begriff *Sprache* bezeichnet eine beliebige Menge von Strings über einem gegebenen Alphabet. Diese Definition ist sehr allgemein. Danach sind abstrakte Sprachen wie $\emptyset$ (die *leere* Menge) oder $\{\epsilon\}$ (die Menge, die nur den leeren String enthält) ebenso Sprachen wie die Menge aller syntaktisch wohlgeformten Pascal-Programme und die Menge aller grammatikalisch korrekten englischen Sätze, obwohl die beiden letztgenannten wesentlich schwieriger zu beschreiben sind. Zu beachten ist außerdem, daß diese Definition dem String einer Sprache keinerlei Bedeutung beimißt. Methoden, um Strings eine Bedeutung zu geben, behandelt Kapitel 5.

Wenn x und y Strings sind, dann ist die *Konkatenation* von x und y – geschrieben als xy – derjenige String, der durch Anhängen von y an x entsteht. Wenn z.B. $x =$ kuh und $y =$ stall ist, dann ist $xy =$ kuhstall. Der leere String ist bezüglich der Konkatenation das Identitätselement. Also ist $s\epsilon = \epsilon s = s$.

Wenn wir uns die Konkatenation als „Produkt" vorstellen, können wir die „Exponentiation" für Strings folgendermaßen definieren. Per Definition sei $s^0 = \epsilon$ und für $i > 0$ sei $s^i = s^{i-1}s$. Weil ϵs wieder s ergibt, ist $s^1 = s$. Demnach ist $s^2 = ss$, $s^3 = sss$ usw.

Operationen auf Sprachen

Auf Sprachen sind eine Reihe wichtiger Operationen anwendbar. Hinsichtlich der lexikalischen Analyse interessieren wir uns besonders für Vereinigung, Konkatenation und Abschluß, die in Abb. 3.8 definiert sind. Der „Exponentiationsoperator" läßt sich auch auf Sprachen übertragen: L^0 ist definiert als $\{\epsilon\}$ und L^i als $L^{i-1}L$. Also erhält man L^i, indem man L $(i-1)$mal mit sich selbst konkateniert.

Beispiel 3.2
Sei L die Menge $\{A, B, \ldots, Z, a, b, \ldots, z\}$ und D die Menge $\{0, 1, \ldots, 9\}$. Wir können L und D auf zwei Arten interpretieren. Wir können uns L als Alphabet der groß und klein geschriebenen Buchstaben vorstellen und D als das Alphabet, das aus den zehn Dezimalziffern besteht. Wir können jede der Mengen L und D aber auch als endliche Sprache auffassen, denn ein einzelnes Symbol kann als String der Länge eins gesehen werden. Es folgen einige Beispiele neuer Sprachen, die aus L und D durch Anwendung der in Abb. 3.8 definierten Operatoren entstanden sind.

1. $L \cup D$ ist die Menge der Buchstaben und Ziffern.

2. LD ist die Menge von Strings, die aus einem Buchstaben, gefolgt von einer Ziffer, bestehen.

3. L^4 ist die Menge aller Strings, die aus vier Buchstaben bestehen.

4. L^* ist die Menge aller Strings aus Buchstaben, inklusive ϵ, dem leeren String.

5. $L(L \cup D)^*$ ist die Menge aller Strings aus Buchstaben und Ziffern, die mit einem Buchstaben beginnen.

6. D^+ ist die Menge aller Strings, die aus einer oder mehr Ziffern bestehen. $\square$

OPERATION	DEFINITION
Vereinigung von L und M geschrieben als $L \cup M$	$L \cup M = \{\, s \mid s$ ist in L oder s ist in $M\,\}$
Konkatenation von L und M geschrieben als LM	$LM = \{\, st \mid s$ ist in L und t ist in $M\,\}$
Kleene-Abschluß von L geschrieben als L^*	$L^* = \bigcup\limits_{i=0}^{\infty} L^i$ $L^* = $ „null oder mehr Konkatenationen von" L.
positiver Abschluß von L geschrieben als L^+	$L^+ = \bigcup\limits_{i=1}^{\infty} L^i$ $L^+ = $ „eine oder mehr Konkatenationen von" L.

Abb. 3.8   Definition von Operationen auf Sprachen.

Reguläre Ausdrücke

In Pascal besteht jeder Bezeichner aus einem Buchstaben, gefolgt von null oder mehr Buchstaben oder Ziffern. Ein Bezeichner ist also Element der in Beispiel 3.2 unter Punkt 5 aufgeführten Menge. Wir stellen in diesem Abschnitt eine Notation vor, mit der sich solche Mengen exakt definieren lassen: die sog. regulären Ausdrücke. Pascal-Bezeichner können in dieser Notation folgendermaßen definiert werden:

letter (letter | digit)*

Der vertikale Strich bedeutet „oder"; die Klammern dienen zur Gruppierung von Teilausdrücken; der Stern bedeutet, daß der geklammerte Ausdruck „nullmal oder öfter" auftreten kann; die Hintereinanderstellung von **letter** mit dem Rest des Ausdrucks ist gleichbedeutend mit der Konkatenation.

Ein regulärer Ausdruck ist aus einfachen regulären Ausdrücken nach bestimmten Definitionsregeln zusammengesetzt. Jeder Ausdruck r bezeichnet eine Sprache $L(r)$. Die Definitionsregeln geben an, wie die Sprache $L(r)$ durch Kombination derjenigen Sprachen entsteht, die durch Teilausdrücke von r bezeichnet werden.

Es folgen die Regeln, die *reguläre Ausdrücke über einem Alphabet* Σ definieren. Zu jeder Regel gehört eine Beschreibung der Sprache, die von dem durch die Regel definierten regulären Ausdruck bezeichnet wird.

1. ϵ ist ein regulärer Ausdruck und bezeichnet $\{\epsilon\}$, die Menge, die den leeren String enthält.

2. Wenn a ein Symbol aus Σ ist, dann ist a ein regulärer Ausdruck und bezeichnet $\{a\}$, d.h. die Menge, die den String a enthält. Obwohl wir die gleiche Notation für drei verschiedene Zwecke benutzen, unterscheidet sich technisch gesehen der reguläre Ausdruck a vom String a oder vom Symbol a. Aus dem jeweiligen Kontext wird klar werden, ob es sich bei a um einen regulären Ausdruck, einen String oder ein Symbol handelt.

3. Angenommen, r und s seien reguläre Ausdrücke und sie bezeichneten die Sprachen $L(r)$ und $L(s)$. Dann gilt:

   a) $(r)|(s)$ ist ein regulärer Ausdruck und bezeichnet $L(r) \cup \mathrm{L(s)}$.
   b) $(r)(s)$ ist ein regulärer Ausdruck und bezeichnet $L(r)L(s)$.
   c) $(r)^*$ ist ein regulärer Ausdruck und bezeichnet $(L(r))^*$.
   d) (r) ist ein regulärer Ausdruck und bezeichnet $L(r)$.[2]

Die von einem regulären Ausdruck bezeichnete Sprache heißt *reguläre Menge*.

Die Beschreibung regulärer Ausdrücke ist ein Beispiel für eine rekursive Definition. Die Regeln (1) und (2) bilden die Basis der Definition; ϵ und die Symbole aus Σ bezeichnen wir innerhalb eines regulären Ausdrucks als *Basissymbole*. Regel (3) stellt den Induktionsschritt dar.

Mit folgenden Konventionen lassen sich Klammern vermeiden:

1. Der einstellige Operator * hat die höchste Priorität und ist links-assoziativ.

2. Die Konkatenation hat die zweithöchste Priorität und ist links-assoziativ.

3. | hat die niedrigste Priorität und ist links-assoziativ.

---

[2]   Diese Regel sagt im Grunde nichts anderes, als daß reguläre Ausdrücke nach Belieben in zusätzliche Klammerpaare eingeschlossen werden können.

Gemäß diesen Konventionen ist $(a) \mid ((b)^*(c))$ äquivalent zu $a\mid b^*c$. Beide Ausdrücke bezeichnen die Menge aller Strings, für die ein String entweder ein einzelnes a ist oder aus null oder mehr b's, gefolgt von einem c besteht.

Beispiel 3.3
Sei S = $\{a,b\}$.

1. Der reguläre Ausdruck $a\mid b$ bezeichnet die Menge $\{a,b\}$.

2. Der reguläre Ausdruck $(a\mid b)(a\mid b)$ bezeichnet $\{aa, ab, ba, bb\}$, d.h. die Menge aller Strings der Länge zwei, die aus a's und b's bestehen. Ein anderer regulärer Ausdruck für die gleiche Menge ist $aa\mid ab\mid ba\mid bb$.

3. Der reguläre Ausdruck a^* bezeichnet die Menge aller Strings, die aus null oder mehr a's bestehen, also $\{\epsilon, a, aa, aaa, ... \}$.

4. Der reguläre Ausdruck $(a\mid b)^*$ bezeichnet die Menge aller Strings, die null oder mehr a's oder b's enthalten, d.h. die Menge aller Strings, die aus a's und b's bestehen. Ein anderer regulärer Ausdruck für diese Menge ist $(a^*b^*)^*$.

5. Der reguläre Ausdruck $a\mid a^*b$ bezeichnet die Menge, die den String a enthält und alle Strings, die aus null oder mehr a's bestehen, gefolgt von einem b.   □

AXIOM	ERLÄUTERUNG
$r\mid s = s\mid r$	$\mid$ ist kommutativ
$r\mid(s\mid t) = (r\mid s)\mid t$	$\mid$ ist assoziativ
$(rs)t = r(st)$	die Konkatenation ist assoziativ
$r(s\mid t) = rs\mid rt$ $(s\mid t)r = sr\mid tr$	die Konkatenation ist distributiv bzgl. $\mid$
$\epsilon r = r$ $r\epsilon = r$	ϵ ist das neutrale Element der Konkatenation
$r^* = (r\mid\epsilon)^*$	Beziehung zwischen $*$ und ϵ
$r^{**} = r^*$	$*$ ist idempotent

Abb. 3.9 Algebraische Eigenschaften regulärer Ausdrücke.

Wenn zwei reguläre Ausdrücke *r* und *s* die gleiche Sprache bezeichnen, heißen *r* und *s* *äquivalent*. Man schreibt dafür *r* = *s*. Zum Beispiel ist $(a|b) = (b|a)$.

Für reguläre Ausdrücke gelten eine Reihe algebraischer Gesetze, die zur Umwandlung regulärer Ausdrücke in äquivalente Formen benutzt werden können. Abb. 3.9 zeigt einige algebraische Gesetze, die für reguläre Ausdrücke *r*, *s* und t gelten.

Reguläre Definitionen

Zur Vereinfachung der Schreibweise ist es vorteilhaft, regulären Ausdrücken Namen zu geben und in der Definition regulärer Ausdrücke diese Namen dann so zu verwenden, als wären es Symbole. Wenn Σ ein Alphabet mit Basissymbolen ist, dann ist eine *reguläre Definition* eine Folge von Definitionen der Form

$$d_1 \rightarrow r_1$$
$$d_2 \rightarrow r_2$$
$$\cdot$$
$$\cdot$$
$$\cdot$$
$$d_n \rightarrow r_n$$

Dabei ist jeweils d_i ein eindeutiger Name und jedes r_i ein regulärer Ausdruck über den Symbolen aus $\Sigma \cup \{d_1, d_2, ..., d_{i-1}\}$, d.h. den Basissymbolen und den bis dahin definierten Namen. Die Tatsache, daß r_i nur aus Symbolen aus Σ und den bisher definierten Namen bestehen kann, erlaubt es, für jedes r_i einen regulären Ausdruck über Σ dadurch zu konstruieren, daß sämtliche Namen für reguläre Ausdrücke iterativ durch die zugehörigen Ausdrücke ersetzt werden. Würde in r_i ein d_j vorkommen mit $j \geq i$, dann könnte r_i unter Umständen rekursiv definiert sein und der Ersetzungsprozeß würde nie terminieren.

Namen in regulären Definitionen werden fettgedruckt, um sie von Symbolen zu unterscheiden.

Beispiel 3.4
Wie bereits erwähnt ist die Menge der Pascal-Bezeichner die Menge aller Strings, die aus Buchstaben und Ziffern bestehen und mit einem Buchstaben beginnen. Die reguläre Definition dieser Menge ist unten angegeben.

$$\textbf{letter} \rightarrow A \mid B \mid \cdots \mid Z \mid a \mid b \mid \cdots \mid z$$
$$\textbf{digit} \rightarrow 0 \mid 1 \mid \cdots \mid 9$$
$$\textbf{id} \rightarrow \textbf{letter} \; (\; \textbf{letter} \mid \textbf{digit} \;)^*$$

Beispiel 3.5
Vorzeichenlose Zahlen in Pascal sind Strings wie z.B. 5280, 39.37, 6.336E4
oder 11.894E-4. Diese Klasse von Strings wird exakt durch folgende reguläre
Definition beschrieben:

$$\textbf{digit} \rightarrow 0 \mid 1 \mid \cdots \mid 9$$
$$\textbf{digits} \rightarrow \textbf{digit digit}^*$$
$$\textbf{optional\_fraction} \rightarrow .\ \textbf{digits} \mid \epsilon$$
$$\textbf{optinal\_exponent} \rightarrow (\ E\ (\ +\mid-\mid\epsilon\ )\ \textbf{digits}\ )\mid\epsilon$$
$$\textbf{num} \rightarrow \textbf{digits optional\_fraction optional\_exponent}$$

Diese Definition gibt an, daß ein **optional_fraction** entweder ein Dezimalpunkt ist, dem mindestens eine Ziffer folgt, oder daß dieser Teil ganz fehlt.
Ein **optional_exponent** ist, falls überhaupt vorhanden, ein E, gefolgt von
einem optionalen + oder -, gefolgt von mindestens einer Ziffer. Beachten Sie,
daß hinter dem Punkt mindestens eine Ziffer stehen muß, so daß die Beschreibung von **num** nicht für 1. zutrifft, wohl aber für 1.0.   □

Abkürzungen

Manche Konstrukte kommen in regulären Ausdrücken so häufig vor, daß es
sinnvoll ist, Abkürzungen für sie einzuführen.

1. *Ein- oder mehrmaliges Auftreten.* Der einstellige Postfix-Operator $^+$
   sagt aus, daß der davor stehende Ausdruck „einmal oder öfter" vorkommt. Wenn r ein regulärer Ausdruck ist, der die Sprache $L(r)$ bezeichnet, dann ist auch $(r)^+$ ein regulärer Ausdruck, der die Sprache
   $(L(r))^+$ bezeichnet. Also bezeichnet der reguläre Ausdruck a^+ die Menge
   aller Strings, die aus einem oder mehr a's bestehen. Der Operator $^+$ hat
   die gleiche Priorität und Assoziativität wie der Operator *. Die beiden
   algebraischen Gleichungen $r^* = r^+ \mid \epsilon$ und $r^+ = rr^*$ beschreiben die Beziehungen zwischen dem Kleene-Operator und dem Operator für den
   positiven Abschluß.

2. *Null- oder einmaliges Auftreten.* Der einstellige Postfix-Operator ?
   bedeutet, daß der Ausdruck „null- oder einmal" vorkommt. Die Notation
   r? ist eine Abkürzung für $r \mid \epsilon$. Wenn r ein regulärer Ausdruck ist,
   dann bezeichnet der reguläre Ausdruck (r)? die Sprache $L(r) \cup \{\epsilon\}$.
   Unter Verwendung der Operatoren $^+$ und ? läßt sich beispielsweise die
   reguläre Definition für **num** aus Beispiel 3.5 folgendermaßen neu formulieren:

$$\textbf{digit} \rightarrow 0 \mid 1 \mid \cdots \mid 9$$
$$\textbf{digits} \rightarrow \textbf{digits}^+$$
$$\textbf{optional\_fraction} \rightarrow (\ .\ \textbf{digits}\ )?$$
$$\textbf{optional\_exponent} \rightarrow (\ E\ (\ +\mid-\ )?\ \textbf{digits}\ )?$$
$$\textbf{num} \rightarrow \textbf{digits optional\_fraction optional\_exponent}$$

3.   *Zeichenklassen.* Die Notation [abc], wobei a, b und c Symbole des Alphabets sind, bezeichnet den regulären Ausdruck a | b | c. Eine abgekürzte Zeichenklasse wie [a-z] bezeichnet den regulären Ausdruck a | b | ... | z. Mit Hilfe von Zeichenklassen können Bezeichner durch folgenden regulären Ausdruck definiert werden:

[A-Za-z] [A-Za-z0-9]*

Nichtreguläre Mengen

Nicht jede Sprache läßt sich durch einen regulären Ausdruck beschreiben. Um die begrenzte Beschreibungsfähigkeit regulärer Ausdrücke zu demonstrieren, geben wir einige exemplarische programmiersprachliche Konstrukte an, die sich nicht durch reguläre Ausdrücke definieren lassen. Beweise für diese Behauptungen finden Sie in der angeführten Literatur.

Reguläre Ausdrücke sind unbrauchbar zur Beschreibung gepaarter oder verschachtelter Konstrukte. So kann die Menge aller korrekten Klammerungen nicht durch einen regulären Ausdruck beschrieben werden. Allerdings läßt sich diese Menge durch eine kontextfreie Grammatik spezifizieren.

Wiederholtes Auftreten eines Strings ist durch reguläre Ausdrücke nicht beschreibbar. Für die Menge

$\{wcw \mid w$ ist ein String bestehend aus a's und b's$\}$

läßt sich weder ein regulärer Ausdruck noch eine kontextfreie Grammatik angeben.

Reguläre Ausdrücke können nur eine feste oder aber eine beliebige Anzahl eines bestimmten Konstrukts beschreiben. Es ist unmöglich, zwei beliebige Zahlen zu vergleichen, um sie auf Gleichheit zu testen. Das heißt, daß die Hollerith-Strings $nHa_1a_2 \cdots a_n$ aus frühen Fortran-Versionen durch reguläre Ausdrücke nicht beschrieben werden können, weil die Anzahl der Zeichen hinter H mit der Dezimalzahl vor H übereinstimmen muß.

3.4   Erkennen von Symbolen

Im vorherigen Abschnitt haben wir uns mit der Beschreibung von Symbolen beschäftigt. In diesem Abschnitt wenden wir uns der Frage zu, wie Symbole erkannt werden. Wir benutzen innerhalb dieses Abschnitts die von der folgenden Grammatik erzeugte Sprache als durchgehendes Beispiel.

Beispiel 3.6
Betrachten Sie folgenden Auszug aus einer Grammatik:

$$
\begin{aligned}
stmt \rightarrow\ & \textbf{if}\ expr\ \textbf{then}\ stmt \\
|\ & \textbf{if}\ expr\ \textbf{then}\ stmt\ \textbf{else}\ stmt \\
|\ & \epsilon \\
expr \rightarrow\ & term\ \textbf{relop}\ term \\
|\ & term \\
term \rightarrow\ & \textbf{id} \\
|\ & \textbf{num}
\end{aligned}
$$

Hierbei sind die von den Terminalen **if**, **then**, **else**, **relop**, **id** und **num** erzeugten String-Mengen durch folgende reguläre Definitionen gegeben.

$$
\begin{aligned}
\textbf{if} \rightarrow\ & \texttt{if} \\
\textbf{then} \rightarrow\ & \texttt{then} \\
\textbf{else} \rightarrow\ & \texttt{else} \\
\textbf{relop} \rightarrow\ & \texttt{<}\ |\ \texttt{<=}\ |\ \texttt{=}\ |\ \texttt{<>}\ |\ \texttt{>}\ |\ \texttt{>=} \\
\textbf{id} \rightarrow\ & \textbf{letter}\ (\ \textbf{letter}\ |\ \textbf{digit}\ )^* \\
\textbf{num} \rightarrow\ & \textbf{digit}^+\ (\ .\ \textbf{digit}^+\ )?\ (\ \texttt{E}\ (\ \texttt{+}\ |\ \texttt{-}\ )?\ \textbf{digit}^+\ )?
\end{aligned}
$$

letter und **digit** sind wie weiter oben definiert.

Der Scanner für diese fragmentarische Sprache wird die Schlüsselwörter `if`, `then` und `else` ebenso erkennen wie die durch **relop, id** und **num** bezeichneten Lexeme. Der Einfachheit halber nehmen wir Schlüsselwörter als reserviert an, d.h. sie dürfen nicht als Bezeichner verwendet werden. Wie in Beispiel 3.5 steht **num** für die vorzeichenlosen Integer- und Real-Zahlen von Pascal.

Weiterhin nehmen wir an, daß Lexeme durch Leerräume getrennt sind. Leerräume sind nicht-leere Folgen von Leerzeichen, Tabulatoren und Zeilenwechseln. Unser Scanner wird Leerräume entfernen. Dazu vergleicht er einen String mit der untenstehenden regulären Definition **ws**.

$$
\begin{aligned}
\textbf{delim} \rightarrow\ & \textbf{blank}\ |\ \textbf{tab}\ |\ \textbf{newline} \\
\textbf{ws} \rightarrow\ & \textbf{delim}^+
\end{aligned}
$$

Wenn der Scanner einen String für **ws** findet, liefert er dem Parser kein Symbol zurück. Er setzt vielmehr die Suche fort, um dem Parser das Symbol zu übergeben, das unmittelbar hinter dem Leerraum folgt.

Unser Ziel ist die Erstellung eines Scanners, der im Eingabepuffer das Lexem für das nächste Symbol identifiziert und als Ausgabe ein Paar erzeugt, bestehend aus dem jeweiligen Symbol und einem Attribut. Grundlage hierfür ist die Übersetzungstabelle in Abb. 3.10. Die Attributwerte der Vergleichsoperatoren sind die symbolischen Konstanten LT, LE, EQ, GT, GE. □

REGULÄRER AUSDRUCK	SYMBOL	ATTRIBUTWERT
ws	–	–
if	**if**	–
then	**then**	–
else	**else**	–
id	**id**	Verweis auf Tabelleneintrag
num	**num**	Verweis auf Tabelleneintrag
<	**relop**	LT
<=	**relop**	LE
=	**relop**	EQ
<>	**relop**	NE
>	**relop**	GT
>=	**relop**	GE

Abb. 3.10 Symbolmuster in Form regulärer Ausdrücke.

Übergangsdiagramme

Als Zwischenschritt bei der Erstellung eines Scanners entwerfen wir zunächst ein stilisiertes Flußdiagramm, ein sog. *Übergangsdiagramm.* Übergangsdiagramme stellen dar, welche Aktionen ausgeführt werden, sobald der Scanner vom Parser mit der Ermittlung des nächsten Symbols beauftragt wird (s. Abb. 3.1). Wir gehen im folgenden davon aus, daß wir es mit einem Eingabepuffer wie in Abb. 3.3 zu tun haben und daß der Zeiger, der den Anfang eines Lexems markiert, auf das Zeichen hinter dem zuletzt gefundenen Lexem zeigt. Mit Hilfe der Übergangsdiagramme merken wir uns Informationen über die bereits gelesenen Zeichen, schritthaltend mit dem Vorrücken des Vorwärtszeigers. Dazu gehen wir im Diagramm mit jedem gelesenen Zeichen zu einer neuen Position.

Die Positionen in einem Übergangsdiagramm werden als Kreise dargestellt und heißen *Zustände.* Die Zustände sind durch Pfeile verbunden; diese Pfeile heißen *Kanten.* Die Kanten, die aus einem Zustand *s* herausführen, besitzen Marken. Sie geben an, welche Eingabezeichen zulässig sind, nachdem im Übergangsdiagramm Zustand *s* erreicht wurde. Die Marke **other** steht für alle Zeichen, die bei keiner aus *s* führenden Kante explizit vorkommen.

Die Übergangsdiagramme dieses Abschnitts sollen *deterministisch* sein, d.h. daß ein beliebiger Zustand für kein Symbol mehr als eine Ausgangskante hat. Ab Abschnitt 3.5 werden wir diese Bedingung lockern und damit den

Entwurf von Scannern vereinfachen, ohne ihre Implementierung zu erschweren – vorausgesetzt, die richtigen Werkzeuge sind verfügbar.

Ein Zustand ist als *Startzustand* ausgezeichnet; das ist derjenige Zustand des Übergangsdiagramms, in dem sich die Kontrolle am Anfang des Erkennungsprozesses für ein Symbol befindet. Mit Zuständen können Aktionen verbunden sein. Diese Aktionen werden ausgeführt, sobald der Kontrollfluß einen entsprechenden Zustand erreicht. Bei Eintritt in einen Zustand wird das nächste Eingabezeichen gelesen. Wenn aus dem aktuellen Zustand eine Kante herausführt, deren Marke diesem Eingabezeichen entspricht, findet ein Übergang in den Zustand statt, auf den die Kante zeigt. Andernfalls ist der Erkennungsprozeß gescheitert.

Abb. 3.11 zeigt ein Übergangsdiagramm für die Muster >= und >. Das Übergangsdiagramm ist wie folgt zu lesen. Sein Startzustand ist der Zustand 0. Im Zustand 0 wird das nächste Eingabezeichen gelesen. Ist dieses Eingabezeichen >, so gehen wir über die mit > markierte Kante von Zustand 0 in Zustand 6. Andernfalls ist es weder gelungen, > noch >= zu erkennen.

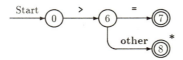

Abb. 3.11 Übergangsdiagramm für >=.

Bei Erreichen von Zustand 6 wird das nächste Eingabezeichen gelesen. Wenn dieses Zeichen = ist, gehen wir über die mit = markierte Kante von Zustand 6 in Zustand 7. Andernfalls müssen wir über die mit **other** markierte Kante zum Zustand 8 gehen. Der doppelte Kreis bei Zustand 7 sagt, daß es sich um einen akzeptierenden Zustand handelt, also um einen Zustand, in dem das Symbol >= gefunden ist.

Beachten Sie, daß entlang der Kantenfolge vom Startzustand in den akzeptierenden Zustand 8 das Zeichen > und noch ein weiteres Zeichen gelesen wurden. Weil dieses zusätzliche Zeichen nicht Teil des Vergleichsoperators > ist, muß der Vorwärtszeiger um ein Zeichen zurückgesetzt werden. Wir kennzeichnen solche Zustände, in denen ein Zurücksetzen der Eingabe erforderlich ist, mit einem *.

Im allgemeinen wird es mehrere Übergangsdiagramme geben, von denen jedes eine Gruppe von Symbolen beschreibt. Mißlingt die Abarbeitung eines Übergangsdiagramms, so wird der Vorwärtszeiger an die Stelle zurückgesetzt, an der er sich im Startzustand dieses Diagramms befand. Anschließend wird das nächste Übergangsdiagramm aktiviert. Weil der zweite Zeiger, der den Anfang des Lexems markiert, und der Vorwärtszeiger im Startzustand des Diagramms auf die gleiche Position zeigen, wird der Vorwärtszeiger bis zur

Position des zweiten Zeigers zurückgesetzt. Wenn keines der Übergangsdiagramme zum Erfolg geführt hat, wurde ein lexikalischer Fehler entdeckt. In diesem Fall wird eine Routine zur Fehlerbehandlung angestoßen.

Beispiel 3.7
Abb 3.12 zeigt ein Übergangsdiagramm für das Symbol **relop**. Wie Sie sehen, ist Abb 3.11 in diesem komplexeren Übergangsdiagramm enthalten. ☐

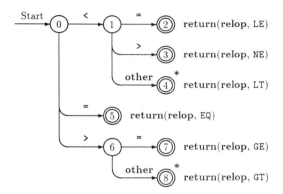

Abb. 3.12 Übergangsdiagramm für relationale Operatoren.

Beispiel 3.8
Schlüsselwörter sind Folgen von Buchstaben und bilden damit eine Ausnahme von der Regel, daß eine Folge von Buchstaben und Ziffern, die mit einem Buchstaben beginnt, einen Bezeichner darstellt. Anstatt die Ausnahmen in einem Übergangsdiagramm zu codieren, besteht ein häufig verwendeter Trick darin, Schlüsselwörter wie in Abschnitt 2.7 als spezielle Bezeichner zu behandeln. Sobald in Abb. 3.13 der akzeptierende Zustand erreicht ist, wird durch Ausführung entsprechenden Codes entschieden, ob es sich bei dem Lexem, das zum akzeptierenden Zustand führte, um ein Schlüsselwort oder um einen Bezeichner handelt.

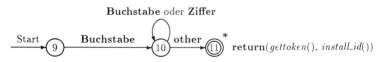

Abb. 3.13 Übergangsdiagramm für Bezeichner und Schlüsselwörter.

Eine einfache Technik zur Unterscheidung zwischen Schlüsselwörtern und Bezeichnern besteht in einer geeigneten Initialisierung der Symboltabelle, die bezeichnerspezifische Informationen verwaltet. Für die Symbole aus Abb. 3.10 müssen die Strings if, then und else in die Symboltabelle eingetragen sein, bevor das erste Eingabezeichen verarbeitet wird. Zusätzlich wird in der Symboltabelle festgehalten, welches Symbol zurückzugeben ist, wenn einer dieser Strings erkannt wurde. Die in Abb. 3.13 neben dem akzeptierenden Zustand angeführte return-Anweisung benutzt *gettoken*() und *install_id*(), um das zurückzugebende Symbol bzw. die zurückzugebenden Attributwerte zu ermitteln. Die Prozedur *install_id*() hat Zugriff auf den Puffer, in dem sich das Bezeichnerlexem befindet. Danach wird die Symboltabelle konsultiert. Falls das Lexem darin enthalten und als Schlüsselwort gekennzeichnet ist, übergibt *install_id*() den Wert 0.

Falls das Lexem gefunden wurde, aber Programmvariable ist, übergibt *install_id*() einen Verweis auf den Symboltabelleneintrag. Wenn das Lexem nicht gefunden wurde, wird es als Variable eingetragen und ein Verweis auf den soeben erzeugten Eintrag zurückgegeben. Die Prozedur *gettoken*() sucht ebenfalls in der Symboltabelle nach dem Lexem. Ist das Lexem ein Schlüsselwort, so wird das zugehörige Symbol zurückgegeben, andernfalls das Symbol **id**.

Zu beachten ist, daß keine Änderung des Übergangsdiagramms nötig ist, um weitere Schlüsselwörter zu erkennen. Man muß einfach die Symboltabelle mit den Strings und Symbolen der zusätzlichen Schlüsselwörter initialisieren. □

Die Technik, Schlüsselwörter in die Symboltabelle einzutragen, ist nahezu zwingend, wenn der Scanner von Hand codiert wird. Denn andernfalls kommt man bei einem Scanner für eine typische Programmiersprache auf einige hundert Zustände, während man bei obiger Technik in der Regel mit weniger als hundert Zuständen auskommt.

Beispiel 3.9
Wir wollen gemäß der untenstehenden regulären Definition einen Erkenner für vorzeichenlose Zahlen erstellen und anhand dieses Beispiels wichtige Punkte ansprechen.

$$\textbf{num} \rightarrow \textbf{digit}^+ \ (\ . \ \textbf{digit}^+)? \ (\ E \ (\ + \ | \ - \ )? \ \textbf{digit}^+)?$$

Beachten Sie, daß die Definition von der Form **digits fraction? exponent?** ist, wobei **fraction** und **exponent** optional sind.

Das Lexem für ein bestimmtes Symbol muß von maximaler Länge sein. Der Scanner darf z.B. bei der Eingabe 12.3E4 nicht stoppen, sobald er 12 oder auch 12.3 gelesen hat. In Abb. 3.14 werden ausgehend von den Zuständen 25, 20 bzw. 12 akzeptierende Zustände nach Lesen von 12, 12.3 bzw. 12.3E4 erreicht, vorausgesetzt, in der Eingabe folgt nach 12.3E4 keine Ziffer. Die Übergangsdiagramme mit den Startzuständen 25, 20 bzw. 12 stehen für **digits**, digits fraction bzw. **digits fraction? exponent**, so daß die Startzustände in umgekehrter Reihenfolge probiert werden müssen, also 12, 20, 25.

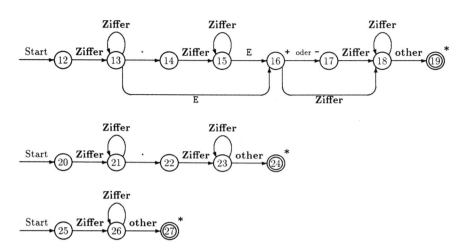

Abb. 3.14 Übergangsdiagramm für vorzeichenlose Zahlen in Pascal.

Nach Erreichen eines der akzeptierenden Zustände 19, 24 oder 27 muß jeweils eine Prozedur *install_num*() aufgerufen werden, die das Lexem in eine Zahlentabelle einträgt und einen Verweis zu dem erzeugten Eintrag zurückgibt. Der Scanner übergibt das Symbol **num** zusammen mit diesem Verweis als lexikalischen Wert. □

Spezifische Informationen, die nicht Teil regulärer Definitionen sind, können dazu verwendet werden, Fehler in der Eingabe zu lokalisieren. Beispielsweise kommt es bei der Eingabe 1.<x in den Zuständen 14 und 22 in Abb. 3.14 zum Mißerfolg, da das nächste Eingabezeichen < ist. Anstatt die Zahl 1 zurückzugeben, könnte es in diesem Fall vielleicht wünschenswert sein, einen Fehler zu melden und im folgenden so zu tun, als sei die Eingabe 1.0<x gelesen. Wissen dieser Art kann auch zur Vereinfachung von Übergangsdiagrammen genutzt werden, denn die Fehlerbehandlung macht es unter Umständen möglich, mit Situationen fertig zu werden, die andernfalls zum Mißerfolg führen würden.

Es gibt viele Möglichkeiten, redundante Vergleiche in den Übergangsdiagrammen aus Abb. 3.14 zu vermeiden. Eine Methode besteht darin, die Übergangsdiagramme zu einem einzigen Übergangsdiagramm zusammenzufassen – im allgemeinen eine nicht triviale Aufgabe. Daneben ist es möglich, während des Durchlaufens eines Diagramms flexibler auf Mißerfolge zu reagieren. Wir werden später in diesem Kapitel eine Methode untersuchen, bei der mehrere akzeptierende Zustände durchlaufen werden; sobald es zum Mißerfolg kommt, kehren wir zum letzten akzeptierenden Zustand zurück.

Beispiel 3.10
Die Übergangsdiagramme von Abb. 3.12, 3.13 und 3.14 zusammengenommen ergeben eine Liste von Übergangsdiagrammen für sämtliche Symbole aus Beispiel 3.6. Zustände mit kleinen Nummern sollten vor solchen mit größeren Nummern probiert werden.

Einzig die Behandlung von Leerräumen ist noch offen. Die Behandlung von **ws**, d.h. der Repräsentation von Leerräumen, unterscheidet sich von der Behandlung der oben besprochenen Muster. Dem Parser wird nämlich, wenn ein Leerraum in der Eingabe erkannt wurde, kein Wert zurückgeliefert. Ein vollständiges Übergangsdiagramm zum Erkennen von **ws** ist

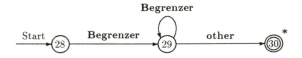

Wenn der akzeptierende Zustand erreicht ist, wird kein Wert zurückgegeben. Wir gehen lediglich zum Startzustand des ersten Übergangsdiagramms zurück, um das nächste Muster zu suchen.

Nach Möglichkeit sollte man zunächst nach häufig auftretenden Symbolen suchen, dann erst nach denen, die selten vorkommen, denn ein Übergangsdiagramm wird erst erreicht, wenn sämtliche vorhergehenden Diagramme zum Mißerfolg geführt haben. Es ist zu erwarten, daß Leerräume häufig auftreten. Ihr Übergangsdiagramm sollte daher ziemlich an den Anfang gesetzt werden.   □

Implementierung eines Übergangsdiagramms

Wir wollen eine Folge von Übergangsdiagrammen in ein Programm überführen, das die durch die Diagramme spezifizierten Symbole erkennt. Wir halten uns dabei an eine systematische Methode, die für alle Übergangsdiagramme funktioniert. Die Größe der mit dieser Methode erstellten Programme ist proportional zur Anzahl der Zustände und Kanten in den Diagrammen.

Jedem Zustand entspricht ein Code-Segment. Wenn Kanten aus einem Zustand herausführen, dann liest der zugehörige Code ein Zeichen und wählt, falls möglich, eine zu verfolgende Kante aus. Eine Funktion nextchar() dient dazu, das nächste Zeichen aus dem Eingabepuffer zu lesen, den Vorwärtszeiger bei jedem Aufruf vorzurücken und das gelesene Zeichen zurückzugeben[3]. Falls es eine Kante gibt, die mit dem gelesenen Zeichen oder mit einer Zeichenklasse markiert ist, die das gelesene Zeichen enthält, wird die

---

[3] Eine effizientere Implementierung würde anstelle der Funktion nextchar() ein Makro verwenden.

Kontrolle an das Code-Segment desjenigen Zustands übergeben, auf den die Kante zeigt. Wenn es keine solche Kante gibt und der aktuelle Zustand nicht akzeptierend ist, wird eine Routine `fail()` aufgerufen, die den Vorwärtszeiger zur Position des Anfangszeigers zurücksetzt und die Suche nach einem Symbol neu beginnt. Das nächste Übergangsdiagramm beschreibt das neu zu suchende Symbol. Wurden sämtliche Übergangsdiagramme bereits ausprobiert, ruft `fail()` eine Routine zur Fehlerbehandlung auf.

Zur Rückgabe von Symbolen verwenden wir die globale Variable `lexical_value`. Sie enthält als Werte die von den Funktionen `install_id()` bzw. `install_num()` gelieferten Zeiger, sobald ein Bezeichner bzw. eine Zahl erkannt wurde. Die Symbolklasse wird von `nexttoken()`, der Hauptprozedur des Scanners, zurückgeliefert.

Der Startzustand des nächsten Übergangsdiagramms wird über eine Case-Anweisung bestimmt. In der C-Implementierung von Abb. 3.15 enthalten die Variablen `state` bzw. `start` den aktuellen Zustand bzw. den Startzustand des aktuellen Übergangsdiagramms. Die Zustandsnummern im Code beziehen sich auf die Übergangsdiagramme der Abbildungen 3.12 – 3.14.

```
int state = 0, start = 0;
int lexical_value;
    /* zur "Rückgabe" der zweiten Symbol-Komponente */

int fail()
{
    forward = token_beginning;
    switch (start) {
        case 0:   start = 9; break;
        case 9:   start = 12; break;
        case 12:  start = 20; break;
        case 20:  start = 25; break;
        case 25:  recover(); break;
        default:  /* Compiler-Fehler */
    }
    return start;
}
```

Abb. 3.15 C-Code zum Finden des nächsten Startzustands.

Wenn im Übergangsdiagramm Kantenfolgen durchlaufen werden, so entspricht das hier dem wiederholten Auswählen eines Codefragments für einen Zustand und Ausführen des Code-Fragments zur Ermittlung des Folgezustands (Abb. 3.16). Wir geben den Code für Zustand 0 an, der wie in Beispiel 3.10 besprochen zur Behandlung von Leerräumen erweitert wurde, und den

```
token nexttoken()
{    while(1) {
        switch (state) {
        case 0:   c = nextchar();
            /* c ist Lookahead-Zeichen */
            if (c==blank || c==tab || c==newline) {
                state = 0;
                lexeme_beginning++;
                    /* Zeiger auf Lexemanfang vorrücken */
            }
            else if (c == '<') state = 1;
            else if (c == '=') state = 5;
            else if (c == '>') state = 6;
            else state = fail();
            break;

            ...   /* hier stehen die Fälle 1 - 8 */

        case 9:   c = nextchar();
            if (isletter(c)) state = 10;
            else state = fail();
            break;
        case 10:  c = nextchar();
            if (isletter(c)) state = 10;
            else if (isdigit(c)) state = 10;
            else state = 11;
            break;
        case 11:  retract(1); install_id();
            return ( gettoken() );


            ...   /* hier stehen die Fälle 12 - 24 */

        case 25:  c = nextchar();
            if (isdigit(c)) state = 26;
            else state = fail();
            break;
        case 26:  c = nexchar();
            if (isdigit(c)) state = 26;
            else state = 27;
            break;
        case 27:  retract(1); install_num();
            return ( NUM );
        }
    }
}
```

Abb. 3.16 C-Code des Scanners.

Code für zwei der Übergangsdiagramme aus Abb. 3.13 und 3.14. Beachten Sie, daß das C-Konstrukt

    `while (1)` *stmt*

die Anweisung *stmt* „endlos" wiederholt, d.h. solange, bis ein `return` ausgeführt wird.

Weil es in C unmöglich ist, gleichzeitig ein Symbol und einen Attributwert zurückzugeben, weisen `install_id()` und `install_num()` den Attributwert einer globalen Variablen zu. Der Attributwert entspricht dem Tabelleneintrag des jeweiligen **id** oder **num**.

Wenn die Implementierungssprache keine case-Anweisung anbietet, kann man alternativ für jeden Zustand einen Array definieren, der über Zeichen indiziert wird. Ist *zustand1* ein solcher Array, so enthält *zustand1*[c] einen Zeiger auf ein Codefragment. Das Codefragment ist immer dann auszuführen, wenn c das Lookahead-Zeichen ist. Typischerweise wird am Ende des Codes ein Sprung zum Codestück für den nächsten Zustand stehen. Der Array für Zustand *s* fungiert als indirekte Übergangstabelle für *s*.

3.5 Eine Sprache zur Spezifikation von Scannern

Es gibt eine Reihe von Werkzeugen, die Scanner aus eigens dazu geschaffenen Notationen erzeugen. Diese Notationen basieren auf regulären Ausdrücken. Sie haben ja bereits die Verwendung regulärer Ausdrücke zur Spezifikation von Symbolmustern kennengelernt. Bevor wir uns Algorithmen zuwenden, die reguläre Ausdrücke in Pattern-Matching-Programme übersetzen, stellen wir zunächst als Beispiel ein Werkzeug vor, das nach einem solchen Algorithmus arbeitet.

Wir beschreiben in diesem Abschnitt Lex, ein spezielles Werkzeug, das breite Verwendung bei der Scanner-Spezifikation für eine Vielzahl von Sprachen gefunden hat. Das Werkzeug selbst bezeichnen wir als den *Lex-Compiler*, seine Eingabebeschreibung als die *Lex-Sprache*. Wir wollen anhand dieses existierenden Werkzeugs zeigen, wie die Spezifikation von Mustern durch reguläre Ausdrücke um Aktionen angereichert werden kann, die der Scanner auszuführen hat. Eine typische Aktion wäre etwa der Eintrag eines Symbols in die Symboltabelle. Spezifikationen in Lex sind selbst dann nützlich, wenn kein Lex-Compiler verfügbar ist. Mit Hilfe der im letzten Abschnitt vorgestellten Technik, die sich auf Übergangsdiagramme stützt, lassen sich diese Spezifikationen von Hand in ein funktionsfähiges Programm überführen.

Abb. 3.17 zeigt schematisch, wie Lex zu benutzen ist. Zunächst wird eine Spezifikation des Scanners in Form eines Programms `lex.l` erstellt, geschrieben in der Lex-Sprache. Dann wird `lex.l` dem Lex-Compiler eingegeben, der ein C-Programm `lex.yy.c` daraus erzeugt. Das Programm `lex.yy.c` besteht aus einer Tabelle, die ein aus den regulären Ausdrücken von `lex.l`

erstelltes Übergangsdiagramm darstellt, zusammen mit einer Standardrou-
tine, die diese Tabelle zum Erkennen von Lexemen benutzt. Die in lex.l an
reguläre Ausdrücke gebundenen Aktionen sind C-Codestücke, die unverändert in lex.yy.c übernommen werden. Zum Schluß wird lex.yy.c durch den
C-Compiler in ein Objektprogramm a.out übersetzt. Dieses Objektprogramm
ist der Scanner, der einen Eingabestrom in eine Folge von Symbolen umwandelt.

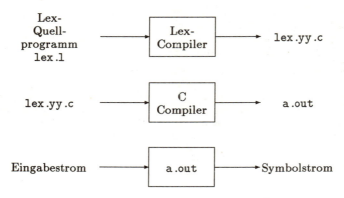

Abb. 3.17   Erstellung eines Scanners mit Lex.

Spezifikationen in Lex

Ein Lex-Programm besteht aus drei Teilen:

Deklarationen
%%
Übersetzungsregeln
%%
Hilfsprozeduren

Der Deklarationsteil enthält Deklarationen von Variablen, symbolischen Konstanten und regulären Definitionen. (Eine symbolische Konstante ist ein Bezeichner, der als Repräsentant einer Konstante deklariert ist). Die regulären
Definitionen sind Anweisungen ähnlich denen, die wir in Abschnitt 3.2 angegeben haben. Sie werden zur Bildung regulärer Ausdrücke benutzt, die innerhalb der Übersetzungsregel vorkommen.

Die Übersetzungsregeln eines Programms sind Anweisungen der Form

p_1 $\{Aktion_1\}$

p_2 $\{Aktion_2\}$

...   ...

p_n {$Aktion_n$ }

Dabei ist jedes p_i ein regulärer Ausdruck und jede $Aktion_i$ ein Programmstück, das der Scanner auszuführen soll, wenn ein Lexem für das Muster p_i gefunden wurde. Bei Lex werden die Aktionen in C geschrieben, prinzipiell können sie aber auch in anderen Implementierungssprachen formuliert sein.

Der dritte Abschnitt eines Lex-Programms enthält alle zur Durchführung der Aktion benötigten Hilfsprozeduren. Diese Prozeduren können auch getrennt übersetzt und zusammen mit dem Scanner geladen werden.

Ein mit Lex erzeugter Scanner arbeitet auf folgende Art mit einem Parser zusammen. Sobald der Parser aktiviert wurde, beginnt der Scanner Zeichen für Zeichen die anstehende Eingabe zu lesen, bis er das längste Präfix der Eingabe gefunden hat, das auf einen der regulären Ausdrücke p_i paßt. Anschließend führt er $Aktion_i$ durch. Normalerweise wird $Aktion_i$ die Kontrolle an den Parser zurückgeben. Falls das jedoch nicht der Fall ist, versucht der Scanner weitere Lexeme zu finden, bis irgendeine Aktion die Kontrolle an den Parser zurückgibt. Die wiederholte Suche nach Lexemen bis zu einem expliziten Rücksprung erlaubt dem Scanner die unkomplizierte Verarbeitung von Leerräumen und Kommentaren.

Der Scanner gibt dem Parser als einzigen Wert das Symbol zurück. Über eine globale Variable yylval kann ein zusätzlicher Attributwert zur näheren Beschreibung des Lexems übermittelt werden.

Beispiel 3.11
Abbildung 3.18 enthält ein Lex-Programm, das die Symbole aus Abb. 3.11 erkennt und das gefundene Symbol übergibt. Wir wollen uns am Beispiel dieses Codes einige wichtige Eigenschaften von Lex klar machen. Im Deklarationsteil erkennen wir (unter anderem) die Deklaration einiger symbolischer Konstanten, die in den Übersetzungsregeln benutzt werden[4]. Diese Deklarationen sind in die speziellen Klammern %{ und %} eingeschlossen. Was zwischen diesen Klammern steht, wird unbesehen in den Scanner lex.yy.c kopiert und nicht als Bestandteil der regulären Definitionen oder der Übersetzungsregeln aufgefaßt. Die gleiche Behandlung erfahren die Hilfsprozeduren im dritten Abschnitt. In Abb. 3.18 benutzen die Übersetzungsregeln zwei solche Prozeduren, nämlich install_id und install_num; sie werden textuell nach lex.yy.c kopiert.

---

[4] Meistens wird das Programm lex.yy.c als Unterroutine eines Parsers benutzt, der von dem in Kapitel 4 behandelten Parser-Generator Yacc erzeugt wurde. In diesem Fall sind die symbolischen Konstanten innerhalb des Parsers deklariert. Der Parser und das Programm lex.yy.c werden zusammen übersetzt.

```
%{
    /* Definitionen der symbolischen Konstanten
    LT, LE, EQ, NE, GT, GE,
    IF, THEN, ELSE, ID, NUMBER, RELOP */
%}

/* Reguläre Definitionen */
delim      [ \t\n]
ws         {delim}+
letter     [A-Za-z]
digit      [0-9]
id         {letter}({letter}|{digit})*
number     {digit}+(\.{digit}+)?(E[+\-]?{digit}+)?

%%

{ws}        {/* keine Aktion, keine Rückkehr zum Rufer */}
if          {return(IF);}
then        {return(THEN);}
else        {return(ELSE);}
{id}        {yylval = install_id(); return(ID);}
{number}    {yylval = install_nun(); return(NUMBER);}
"<"         {yylval = LT; return(RELOP);}
"<="        {yylval = LE; return(RELOP);}
"="         {yylval = EQ; return(RELOP);}
"<>"        {yylval = NE; return(RELOP);}
">"         {yylval = GT; return(RELOP);}
">="        {yylval = GE; return(RELOP);}

%%

install_id() {
    /* Prozedur zum Eintragen eines Lexems in die Symboltabelle.
    yytext zeigt auf das erste Zeichen des Lexems, yyleng gibt
    seine Länge an. Rückgabewert ist ein Verweis auf den Symbol-
    tabelleneintrag */
}

install_num() {
    /* Ähnliche Prozedur zum Eintragen eines Lexems, das eine
    Zahl darstellt */
}
```

Abb. 3.18 Lex-Programm für die Symbole von Abb. 3.10.

Daneben enthält der Definitionsteil auch einige reguläre Definitionen. Jede solche Definition besteht aus einem Namen und dem durch diesen Namen bezeichneten regulären Ausdruck. Im Beispiel ist delim der erste definierte Name; er steht für die Zeichenklasse [\t\n], d.h. für irgendeines der drei Symbole Leerzeichen, Tabulator (repräsentiert durch \t) oder Zeilenwechsel (repräsentiert durch \n). Als nächstes werden die mit ws bezeichneten Leerräume definiert. Ein Leerraum ist eine beliebige Folge von einem oder mehreren Trennzeichen. Beachten Sie, daß das Wort delim in Lex in geschweifte Klammern eingeschlossen sein muß, um es von dem aus Buchstaben bestehenden Muster delim zu unterscheiden.

Wie Sie sehen, wird letter mit Hilfe einer Zeichenklasse definiert. Die Kurzschreibweise [A-Za-z] steht für einen beliebigen Großbuchstaben zwischen A und Z oder einen Kleinbuchstaben zwischen a und z. In der fünften Definition (für id) werden Klammern in ihrer üblichen Funktion zur Gruppierung von Ausdrücken benutzt. Klammern sind ebenso wie der senkrechte Strich, der für die Vereinigung steht, Metasymbole in Lex.

Die letzte Definition (für number) enthält einige weitere Details. Wir erkennen die Verwendung von ? als Metasymbol mit der üblichen Bedeutung für „höchstens einmaliges Auftreten von". Außerdem sehen wir, daß der nach links gerichtete Schrägstrich als Fluchtzeichen benutzt wird, um einem als Lex-Metasymbol fungierenden Zeichen seine normale Bedeutung zu geben. So wird in der Definition von number der Dezimalpunkt als \. geschrieben, denn der Punkt allein repräsentiert in Lex wie auch in vielen anderen UNIX-Systemsprachen, die mit regulären Ausdrücken arbeiten, die Klasse aller Zeichen mit Ausnahme des Zeilenwechsels. In der Zeichenklasse [+\-] wurde vor das Minuszeichen ein Backslash gesetzt, weil das Minuszeichen auch für Bereichsdefinitionen wie [A-Z] benutzt wird, was zu Verwechslungen führen könnte.[5]

Es gibt noch eine andere Möglichkeit, Zeichen ihre normale Bedeutung zu geben, selbst wenn sie in Lex als Metasymbole dienen: Man schließt sie in Anführungszeichen ein. Diese Konvention wurde in Abschnitt 3.18 im Abschnitt mit den Übersetzungsregeln benutzt, wo die sechs Vergleichsoperatoren in Anführungszeichen eingeschlossen sind[6].

Wenden wir uns nun den Übersetzungsregeln in dem Abschnitt zu, der auf das erste %% folgt. Die erste Regel besagt, daß nach Erkennen von ws,

---

[5] Tatsächlich behandelt Lex die Zeichenklasse [+-] auch ohne den Backslash korrekt, weil ein am Ende stehendes Minuszeichen keinen Bereich repräsentieren kann.

[6] Dies war nötig, weil < und > Lex-Metasymbole sind: Sie klammern die Namen von „Zuständen" ein und gestatten es Lex, nach Erkennen gewisser Symbole, die anders als der gewöhnliche Text behandelt werden müssen, in einen anderen Zustand zu wechseln. Solche Symbole sind etwa Kommentare oder in Anführungszeichen gesetzte Strings. Es ist zwar nicht unbedingt notwendig, das Gleichheitszeichen in Anführungszeichen einzuschließen, es ist aber auch nicht verboten.

d.h. einer maximalen Folge von Leerzeichen, Tabulatoren und Zeilenwechseln, keine Aktion durchgeführt wird. Insbesondere geht die Kontrolle nicht zum Parser zurück. Wie Sie sich erinnern, sucht der Parser – so wie wir seinen Aufbau beschrieben haben – solange nach Symbolen, bis eine zugehörige Aktion eine Rückkehr veranlaßt.

Die zweite Regel sagt, daß nach Erkennen der Buchstaben if das Symbol IF zurückgegeben wird. IF ist eine symbolische Konstante und steht für eine ganze Zahl, die der Parser als das Symbol if interpretiert. Die beiden Folgeregeln behandeln in ähnlicher Weise die Schlüsselwörter then und else.

In der Regel für id erkennen wir in der zugehörigen Aktion zwei Anweisungen. Die erste setzt die Variable yylval auf den von der Prozedur install_id gelieferten Wert; die Definition dieser Prozedur steht im dritten Abschnitt. Die Variable yylval ist in der von Lex erzeugten Ausgabe lex.yy.c definiert und auch dem Parser zugänglich. Aufgabe von yylval ist die Übergabe des ermittelten lexikalischen Wertes, weil die zweite Anweisung der Aktion, return(ID), lediglich eine Codierung der Symbolklasse zurückgeben kann.

Der Code für install_id ist nicht im Detail angegeben. Wir können jedoch davon ausgehen, daß er in der Symboltabelle nach dem auf das Muster if passenden Lexem sucht. Lex ermöglicht den Routinen des dritten Abschnitts über zwei Variablen yytext und yyleng den Zugriff auf das Lexem. Die Variable yytext entspricht der Variablen, die wir bisher *Lexem-Anfang* genannt haben, d.h. einem Zeiger auf das erste Zeichen des Lexems; yyleng ist eine Integer-Variable und enthält die Länge des Lexems. Würde z.B. die Operation install_id einen Bezeichner in der Symboltabelle nicht finden, würde sie ihn neu in die Symboltabelle eintragen. Zu diesem Zweck würden yyleng Zeichen der Eingabe, beginnend bei yytext, in einen Array von Zeichen kopiert und ihr Ende wie in Abschnitt 2.7 durch ein end-of-string markiert werden. Der neue Tabelleneintrag würde dann auf den Anfang dieser Kopie verweisen.

Die nächste Regel behandelt in ähnlicher Weise Zahlen. Bei den letzten sechs Regeln wird mittels yylval eine Codierung des soeben gefundenen Vergleichsoperators übergeben, während der direkt übergebene Wert jedesmal die Codierung des Symbols **relop** ist.

Angenommen, der aus dem Programm in Abb.3.18 entstandene Scanner erhält als Eingabe zwei Tabulatoren, die Buchstaben if und ein Leerzeichen. Zunächst sind die beiden Tabulatoren das längste Präfix der Eingabe, das auf ein Muster paßt. Dieses Muster ist ws, und als zugehörige Aktion braucht nichts getan zu werden. Der Scanner bewegt deswegen yytext, den Zeiger auf den Lexemanfang, zum i und beginnt mit der Suche nach einem weiteren Symbol.

Das nächste Lexem, das auf ein Muster paßt, ist if. Beachten Sie, daß dieses Lexem sowohl dem Muster if als auch dem Muster {id} entspricht und daß das Lexem auch der längste String ist, der überhaupt auf ein Muster paßt. Weil in der Auflistung aus Abb. 3.18 das Muster für das Schlüsselwort if vor dem Muster für Bezeichner steht, wird der Konflikt zugunsten des Schlüsselworts gelöst. Diese Strategie der Konfliktlösung, Schlüsselwörter vor Mustern für Bezeichner aufzuführen, vereinfacht allgemein die Reservierung von Schlüsselwörtern.

Nehmen wir als weiteres Beispiel an, daß <= die ersten beiden gelesenen Zeichen sind. Obwohl das erste Zeichen auf das Muster < paßt, ist es nicht das längste Präfix der Eingabe, das auf ein Muster paßt. Die in Lex implementierte Strategie, das längste auf ein Muster passende Präfix auszuwählen, löst mit einfachen Mitteln den Konflikt zwischen < und <=. Die Entscheidung zugunsten von <= ist das, was man erwartet. □

Der Lookahead-Operator

Wie wir in Abschnitt 3.1 gesehen haben, ist es bei manchen Programmiersprachen zur eindeutigen Bestimmung eines Symbols nötig, daß der Scanner über das Ende eines Lexems hinausschaut. Wir erinnern an das Fortran-Beispiel mit den beiden Anweisungen

    DO 5 I = 1.25

    DO 5 I = 1,25

Leerzeichen haben in Fortran außerhalb von Kommentaren und Hollerith-Strings keine Bedeutung. Wir wollen deswegen davon ausgehen, daß alle unsignifikanten Leerzeichen vor Beginn der lexikalischen Analyse entfernt wurden. Die obigen Anweisungen sehen für den Scanner dann folgendermaßen aus:

    DO5I=1.25

    DO5I=1,25

Erst nachdem in der ersten Anweisung der Dezimalpunkt gesehen wurde, wird DO als Teil des Bezeichners DO5I erkannt. In der zweiten Anweisung ist DO für sich allein ein Schlüsselwort.

Wir können in Lex ein Muster der Form r_1/r_2 angeben, wobei r_1 und r_2 reguläre Ausdrücke sind. Dies bedeutet, daß ein String nur dann auf r_1 paßt, wenn ein auf r_2 passender String folgt. Der reguläre Ausdruck r_2 hinter dem Lookahead-Operator / beschreibt den rechten Kontext eines erkannten Strings; er schränkt lediglich den zu erkennenden String ein, ist selbst aber nicht Teil davon. Beispielsweise sähe eine Lex-Spezifikation, die im obigen Kontext das Schlüsselwort DO erkennt, folgendermaßen aus:

    DO/({letter}|{digit})* = ({letter})|{digit})*,

Aufgrund dieser Spezifikation wird der Scanner in seinem Eingabepuffer vorausschauend nach einer Folge von Buchstaben und Ziffern suchen, gefolgt von einem Gleichheitszeichen, gefolgt von Buchstaben und Ziffern, gefolgt von einem Komma. Erst dann kann er sicher sein, daß es sich nicht um eine Zuweisung handelt. Nur die Zeichen D und O, die vor dem Lookahead-Operator / stehen, sind dann Teil des erkannten Lexems. Nach einem erfolgreichen Vergleich zeigt yytext auf D und yyleng = 2. Beachten Sie, daß mit diesem einfachen Lookahead-Muster DO auch erkannt wird, wenn irgend ein Unsinn dahinter steht, etwa Z4 = 6Q, daß DO aber niemals erkannt wird, wenn es Teil eines Bezeichners ist.

Beispiel 3.12
Der Lookahead-Operator kann auch zur Behandlung eines anderen schwierigen Problems verwendet werden, das sich bei der lexikalischen Analyse in Fortran stellt: Die Unterscheidung zwischen Schlüsselwörtern und Bezeichnern. Beispielsweise ist die Eingabe

```
IF(I, J) = 3
```

eine Fortran-Zuweisung und als solche absolut korrekt. Hier handelt es sich keineswegs um eine logische if-Anweisung. Das Schlüsselwort IF läßt sich mit Hilfe von Lex folgendermaßen spezifizieren: Man definiert über den Lookahead-Operator alle denkbaren rechten Kontexte von IF. Die einfachste Form der logischen if-Anweisung lautet

     IF (*bedingung*) *anweisung*

Fortran 77 brachte eine weitere Form der logischen if-Anweisung:

```
IF ( bedingung ) THEN
        then_block
ELSE
        else_block
END IF
```

Wie wir sehen, beginnt jede unmarkierte Fortran-Anweisung mit einem Buchstaben. Hinter jeder schließenden Klammer, die Teil einer Indizierung oder Operandengruppierung ist, muß ein Operator-Symbol wie z.B. = oder + stehen, oder ein Komma, oder eine weitere Klammer, oder das Ende der Anweisung. Keinesfalls kann hinter einer derartigen schließenden Klammer ein Buchstabe stehen. Um sicherzustellen, daß IF ein Schlüsselwort ist und nicht etwa ein Array-Name, müssen wir demnach vorausschauend nach einer schließenden Klammer suchen, der ein Buchstabe folgt. Die Suche endet spätestens mit dem nächsten Zeilenwechsel-Symbol (wobei Fortsetzungskarten das vorhergehende Zeilenwechsel-Symbol ungültig machen). Dieses Muster für das Schlüsselwort IF läßt sich folgendermaßen formulieren:

```
IF / \( . * \) {letter}
```

Der Punkt steht für „jedes Zeichen außer Zeilenwechsel", und die nach links gerichteten Schrägstriche vor den Klammern sorgen dafür, daß Lex die Klammern als Zeichen auffaßt und nicht etwa als Metasymbole zur Gruppierung regulärer Ausdrücke. ☐

Das durch die if-Anweisung in Fortran verursachte Problem läßt sich auch auf andere Weise behandeln: Nach Erkennen von IF(prüft man, ob IF als Array deklariert ist. Nur in diesem Fall wird das oben angegebene Muster vollständig überprüft. Solche Überprüfungen erschweren die automatische, von einer Lex-Spezifikation ausgehende Implementierung eines Scanners. Insgesamt sind sie unter Umständen zeitaufwendiger, weil das Programm durch Simulation eines Übergangsdiagramms häufig testen muß, ob solche Überprüfungen notwendig sind. Man sollte sich darüber klar sein, daß eine derartige Re-Formalisierung von Fortran-Symbolen eine recht unsystematische Arbeit ist und deswegen ein ad hoc in einer konventionellen Programmiersprache geschriebener Scanner weniger Mühe bereitet als seine Implementierung mit Hilfe eines automatischen Scanner-Generators.

3.6 Endliche Automaten

Ein *Erkenner* für eine Sprache ist ein Programm, das als Eingabe einen String x erhält und die Antwort „Ja" liefert, falls x ein Wort der Sprache ist. Andernfalls antwortet es mit „Nein". Wir übersetzen einen regulären Ausdruck in einen Erkenner, indem wir ein verallgemeinertes Übergangsdiagramm erstellen, einen sog. endlichen Automaten. Ein Automat kann deterministisch oder nichtdeterministisch sein. Mit „nichtdeterministisch" ist gemeint, daß aus einem Zustand mehrere Übergänge für das gleiche Eingabesymbol herausführen können.

Deterministische und nichtdeterministische endliche Automaten erkennen beide exakt die regulären Mengen. Sie können somit beide genau die Sprachen erkennen, die sich mit regulären Ausdrücken beschreiben lassen. In Bezug auf Zeit- und Platzbedarf verhalten sie sich jedoch gegensätzlich. Während deterministische endliche Automaten in der Regel zu schnelleren Erkennern führen als nichtdeterministische Automaten, kann ein deterministischer endlicher Automat erheblich umfangreicher sein als ein äquivalenter nichtdeterministischer Automat. Im nächsten Abschnitt stellen wir Verfahren vor, mit denen man reguläre Ausdrücke in beide Typen endlicher Automaten konvertieren kann. Zunächst betrachten wir nichtdeterministische Automaten, weil die Umwandlung in einen solchen Automaten einfacher ist.

Die Beispiele in diesem und in den folgenden Abschnitten verwenden überwiegend die Sprache, die durch den regulären Ausdruck $(a|b)^*abb$ beschrieben wird. Es handelt sich also um die Menge aller aus a's und b's bestehenden Strings, die mit abb enden. In der Praxis kommen ähnliche Sprachen vor. Ein regulärer Ausdruck für Dateinamen, die mit .o enden, hat z.B. die Form (.|o|c)*.o, wobei c für jedes beliebige Zeichen mit Ausnahme eines Punktes oder eines o steht. Ein weiteres Beispiel sind Kommentare in C. Nach dem öffnenden /* besteht ein Kommentar aus einer beliebigen Zeichenfolge, die mit */ endet, wobei als zusätzliche Forderung kein echtes Präfix mit */ enden darf.

Nichtdeterministische Automaten

Ein *nichtdeterministischer endlicher Automat* (abgekürzt: *NEA*) ist ein mathematisches Modell und besteht aus

1. einer *Zustandsmenge S*
2. einer Menge Σ von Eingabesymbolen (dem *Eingabealphabet*)
3. einer Übergangsfunktion *move*, die ein Paar, bestehend aus einem Zustand und einem Symbol, auf eine Menge von Zuständen abbildet
4. einem Zustand s_0, der als *Start-* (oder *Anfangs-*)Zustand ausgezeichnet ist
5. einer Menge F von Zuständen, die als *akzeptierende* (oder *End-*) Zustände ausgezeichnet sind.

Ein NEA läßt sich als markierter, gerichteter Graph darstellen, als sogenannter *Übergangsgraph*. Die Knoten entsprechen Zuständen, und die markierten Kanten repräsentieren die Übergangsfunktion. Ein solcher Graph ähnelt einem Übergangsdiagramm, allerdings können zwei oder mehr Übergänge, die aus demselben Knoten herausführen, mit dem gleichen Zeichen markiert sein. Kanten sind entweder mit einem Eingabesymbol oder mit dem ausgezeichneten Symbol ϵ markiert.

Abb 3.19 zeigt den Übergangsgraphen für einen NEA, der die Sprache $(a|b)^*abb$ erkennt. Die Zustandsmenge des NEA ist $\{0, 1, 2, 3\}$, das Eingabealphabet $\{a,b\}$. Zustand 0 ist in Abb. 3.19 als Startzustand gekennzeichnet. Der akzeptierende Zustand 3 wird durch einen doppelten Kreis dargestellt.

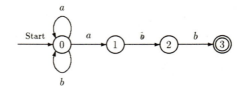

Abb. 3.19   Ein nichtdeterministischer endlicher Automat.

Wir verwenden zur Beschreibung eines NEA die Übergangsgraph-Darstellung. Wie wir sehen werden, läßt sich die Übergangsfunktion eines NEA in einem Computer auf mehrere Arten implementieren. Die einfachste Implementierung ist eine *Übergangstabelle* mit einer Zeile für jeden Zustand und einer Spalte für jedes Eingabesymbol und – falls notwendig – ϵ. Der Tabelleneintrag für Zeile i und Symbol a ist die Menge aller Zustände (in der Praxis wohl eher ein Zeiger auf die Zustandsmenge), die vom Zustand i aus durch einen Übergang bei Eingabe a erreicht werden können. Abb. 3.20 enthält die Übergangstabelle für den NEA aus Abb. 3.19.

Zustand	Eingabesymbol	
	a	b
0	{0,1}	{0}
1	–	{2}
2	–	{3}

Abb. 3.20 Übergangstabelle für den endlichen Automaten aus Abb. 3.19.

Die Repräsentation durch eine Übergangstabelle hat den Vorteil, daß auf die Übergänge für einen gegebenen Zustand und ein gegebenes Zeichen schnell zugegriffen werden kann. Der Nachteil besteht darin, daß der Platzbedarf bei großen Eingabealphabeten unter Umständen recht groß ist und darüber hinaus noch die meisten Übergänge zu leeren Mengen führen. Die Repräsentation der Übergangsfunktion durch Adjazenzlisten erlaubt kompaktere Implementierungen, der Zugriff auf einen bestimmten Übergang ist allerdings zeitaufwendiger. Selbstverständlich läßt sich jede Implementierung eines endlichen Automaten ohne größere Mühe in jede andere überführen.

Ein NEA *akzeptiert* einen Eingabestring x genau dann, wenn es im Übergangsgraphen einen Pfad vom Startzustand zu einem akzeptierenden Zustand gibt, so daß die Kantenmarkierungen entlang dieses Pfades genau die Zeichenfolge x bilden. Der NEA aus Abb. 3.19 akzeptiert die Eingabestrings *abb, aabb, babb, aaabb* ⋯ Beispielsweise wird *aabb* durch den Pfad akzeptiert, der bei 0 beginnt, dann über die mit a markierte Kante zurück zum Zustand 0 führt und anschließend die Zustände 1, 2 und 3 durchläuft, wobei jeweils die Kanten mit den Marken a, b beziehungsweise b benutzt werden.

Ein Pfad läßt sich als Folge von Zustandsübergängen, sog. *Bewegungen*, darstellen. Das folgende Diagramm zeigt die Bewegungen, die den Eingabestring *aabb* akzeptieren:

$$0 \xrightarrow{a} 0 \xrightarrow{a} 1 \xrightarrow{b} 2 \xrightarrow{b} 3$$

Im allgemeinen können mehrere Bewegungsfolgen in einen akzeptierenden Zustand führen. Wie Sie bemerkt haben werden, sind auch andere Bewegungsfolgen für den Eingabestring *aabb* möglich, aber keine davon endet in einem akzeptierenden Zustand. Zum Beispiel könnte man für Eingabe *aabb* immer wieder den nicht-akzeptierenden Zustand 0 betreten:

$$0 \xrightarrow{\ a\ } 0 \xrightarrow{\ a\ } 0 \xrightarrow{\ b\ } 0 \xrightarrow{\ b\ } 0$$

Die durch einen NEA *definierte Sprache* ist die Menge aller von ihm akzeptierten Eingabestrings. Man kann relativ einfach zeigen, daß der NEA aus Abb. 3.19 $(a|b)^*abb$ akzeptiert.

Beispiel 3.13
In Abb. 3.21 sehen Sie einen NEA, der $aa^*|bb^*$ erkennt. Der String *aaa* wird akzeptiert, indem die Zustände 0, 1, 2, 2 und 2 durchlaufen werden. Die Markierungen dieser Kanten lauten ϵ, a, a und a, was hintereinander geschrieben *aaa* ergibt. Beachten Sie, daß die ϵ's in einer Hintereinanderschreibung „verschwinden". □

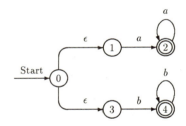

Abb. 3.21   Ein NEA, der $aa^*|bb^*$ akzeptiert.

Deterministische Endliche Automaten

Ein *deterministischer endlicher Automat* (kurz: DEA) ist ein Spezialfall eines nichtdeterministischen endlichen Automaten, wobei

1. kein Zustand einen ϵ-Übergang, d.h. einen Übergang bei Eingabe ϵ besitzt und

2. für jeden Zustand s und jedes Eingabesymbol a höchstens eine mit a markierte Kante aus s herausführt.

Ein deterministischer endlicher Automat hat für jeden Zustand und jede Eingabe höchstens einen Übergang für diese Eingabe. Wenn wir zur Repräsentation der Übergangsfunktion eines DEA eine Übergangstabelle verwenden, besteht jeder Eintrag in der Übergangstabelle nur aus einem einzigen Zustand. Infolgedessen kann man bei einem deterministischen endlichen Automaten sehr leicht entscheiden, ob er einen bestimmten Eingabestring akzeptiert, denn ausgehend vom Startzustand kann höchstens ein Pfad mit diesem String markiert sein. Der folgende Algorithmus zeigt, wie das Verhalten eines DEA für einen gegebenen Eingabestring simuliert werden kann.

Algorithmus 3.1
Simulation eines DEA.

Eingabe: Ein Eingabestring x, abgeschlossen durch ein Dateiendezeichen **eof**. Ein DEA D mit Startzustand s_0 und Menge F akzeptierender Zustände.

Ausgabe: Die Antwort „Ja", falls D x akzeptiert; „Nein" sonst.

Methode: Wende den Algorithmus aus Abb. 3.22 auf den Eingabestring x an. Die Funktion $move(s,c)$ liefert den Zustand, zu dem vom Zustand s aus bei Eingabezeichen c ein Übergang führt. Die Funktion $nextchar$ liefert das nächste Zeichen des Eingabestrings x.   □

```
s := s₀;
c := nextchar;
while c ≠ eof do
        s := move(s, c);
        c := nextchar
end;
if s ist in F then
        return „Ja„
else return „Nein„;
```

Abb. 3.22   Simulation eines DEA.

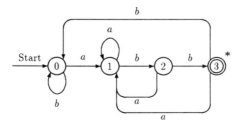

Abb. 3.23   Ein DEA, der $(a|b)^*abb$ akzeptiert.

Beispiel 3.14
In Abb. 3.23 sehen Sie den Übergangsgraph eines deterministischen endlichen Automaten, der die gleiche Sprache $(a|b)^*abb$ erkennt wie der NEA aus Abb. 3.19. Der Algorithmus 3.1 durchläuft mit diesem DEA und dem Eingabestring $ababb$ die Zustandsfolge 0, 1, 2, 1, 2, 3 und liefert „Ja" als Ergebnis.   □

Umwandlung eines NEA in einen DEA

Beachten Sie, daß der NEA aus Abb. 3.19 in Zustand 0 zwei Übergänge für Eingabe a hat: er kann in Zustand 0 oder 1 übergehen. Ebenso hat der NEA aus Abb. 3.21 in Zustand 0 zwei Übergänge für ϵ. Obwohl wir dafür noch kein Beispiel angegeben haben, kann auch eine Situation zu Mehrdeutigkeiten führen, in der die Wahl zwischen einem Übergang für ϵ und einem für ein echtes Eingabesymbol besteht. Solche Situationen, in denen die Übergangsfunktion mehrere Werte hat, komplizieren die Simulation eines NEA durch ein Computerprogramm. Die Definition für das Akzeptieren verlangt lediglich, daß es irgendeinen mit dem vorliegenden Eingabestring markierten Pfad geben muß, der vom Startzustand in einen akzeptierenden Zustand führt. Wenn es jedoch viele Pfade für den gleichen Eingabestring gibt, müssen diese unter Umständen alle untersucht werden, um einen akzeptierende Pfad zu finden oder um zu entdecken, daß kein Pfad in einen akzeptierenden Zustand führt.

Wir geben nun einen Algorithmus an, der ausgehend von einem NEA einen DEA konstruiert, der die gleiche Sprache erkennt. Dieser Algorithmus, der unter dem Namen *Teilmengenkonstruktion* bekannt ist, eignet sich zur Simulation eines NEA durch ein Computerprogramm. Ein damit eng verwandter Algorithmus spielt im nächsten Kapitel bei der Erstellung von LR-Parsern eine wichtige Rolle.

In der Übergangstabelle eines NEA besteht jeder Eintrag aus einer Menge von Zuständen; in der Übergangstabelle eines DEA besteht ein Eintrag nur aus einem einzigen Zustand. Der folgenden Konstruktion, NEA'en in DEA'en zu überführen, liegt die Idee zugrunde, daß jeder Zustand des DEA einer Menge von Zuständen des NEA entspricht. Der DEA merkt sich in seinen Zuständen alle möglichen Zustände, in denen sich der NEA nach Lesen der einzelnen Eingabesymbole befinden kann. Das heißt, daß sich der DEA nach Lesen der Eingabe $a_1a_2\cdots a_n$ in einem Zustand befindet, der die Teilmenge T aller Zustände repräsentiert, die vom Startzustand des NEA entlang eines mit $a_1a_2\cdots a_n$ markierten Pfades erreicht werden können. Die Anzahl der Zustände des DEA kann exponentiell größer sein als die des NEA. Dieser schlimmste Fall tritt jedoch in der Praxis kaum auf.

Algorithmus 3.2
(*Teilmengenkonstruktion*) Konstruktion eines DEA, ausgehend von einem NEA.

Eingabe: Ein NEA N

Ausgabe: Ein DEA D, der die gleiche Sprache akzeptiert

Methode: Der Algorithmus erstellt für D eine Übergangstabelle *Dtran*. Jeder Zustand des DEA entspricht einer Menge von Zuständen des NEA. Wir konstruieren *Dtran* so, daß D alle möglichen Bewegungen „parallel" simuliert, die N für einen gegebenen Eingabestring machen kann.

Mit Hilfe der Operationen in Abb. 3.24 werden die Mengen von NEA-Zuständen verwaltet (s steht für einen NEA-Zustand, T für eine Menge von NEA-Zuständen).

OPERATION	ERLÄUTERUNG
ϵ-*closure*(s)	Menge der NEA-Zustände, die vom NEA-Zustand s allein über ϵ-Übergänge erreichbar sind.
ϵ-*closure*(T)	Menge der NEA-Zustände, die von einem NEA-Zustand s aus T allein über ϵ-Übergänge erreichbar sind.
move(T,a)	Menge der NEA-Zustände, die von einem NEA-Zustand s aus T über einen Übergang für Eingabesymbol a erreicht werden können.

Abb. 3.24 Operationen auf NEA-Zuständen.

Bevor das erste Eingabesymbol gelesen wurde, kann sich N in irgendeinem Zustand der Menge ϵ-*closure*(s_0) befinden, wobei s_0 der Startzustand von N ist. Nehmen wir nun an, daß von s_0 aus für eine gegebene Folge von Eingabesymbolen genau die Zustände der Menge T erreichbar sind und daß a das nächste Eingabesymbol ist. Durch Lesen von a kann N in einen beliebigen Zustand der Menge *move*(T,a) übergehen. Unter Berücksichtigung von ϵ-Übergängen kann sich N nach Lesen von a in irgendeinem der Zustände aus ϵ-*closure*(*move*(T,a)) befinden.

Dstates, die Menge der Zustände von D, und *Dtran*, die Übergangstabelle für D, werden folgendermaßen erstellt. Jeder Zustand von D entspricht einer Menge von NEA-Zuständen, in

denen sich N nach Lesen einer Folge von Eingabesymbolen befinden kann, wobei alle möglichen ε-Übergänge vor oder nach dem
Lesen von Symbolen berücksichtigt sind. Der Startzustand von D
ist ε-*closure*(s_0). Der Algorithmus von Abb. 3.25 fügt weitere
Zustände und Übergänge hinzu. Ein Zustand von D ist akzeptierender Zustand, wenn er eine Menge von NEA-Zuständen repräsentiert, die wenigstens einen akzeptierenden Zustand von N
enthält.

Am Anfang ist ε-*closure*(s_0) der einzige Zustand in *Dstates* und
unmarkiert;
while es einen unmarkierten Zustand T in *Dstates* gibt **do begin**
    markiere T;
    for jedes Eingabesymbol a **do begin**
        $U := $ ε-*closure*(*move*(T, a)) ;
        if U ist nicht in *Dstates* **then**
            füge U als unmarkierten Zustand zu *Dstates* hinzu;
        $Dtran[T, a] := U$
    end
end

Abb. 3.25   Die Teilmengen-Konstruktion.

lege alle Zustände in T auf den Stapel *stack*;
setze ε-*closure*(T) auf den Anfangswert T;
while *stack* nicht leer ist **do begin**
    entferne das oberste Element t von *stack*;
    for jeden Zustand u, für den es eine mit ε markierte Kante
        von t nach u gibt **do**
        if u ist nicht in ε-*closure*(T) **do begin**
            füge u zu ε-*closure*(T) hinzu;
            lege u auf *stack*
        end
end

Abb. 3.26   Berechnung von ε-*closure*.

Die Berechnung von ε-*closure*(T) ist ein typisches gra-
phentheoretisches Problem, bei dem für eine gegebene Knoten-
menge alle erreichbaren Knoten berechnet werden müssen. Im
vorliegenden Fall stellen die Zustände von T die gegebene Kno-
tenmenge dar, und der Graph besteht gerade aus den mit ε markierten Kanten des NEA. Ein einfacher Algorithmus zur Berechnung von ε-*closure*(T) verwaltet die Zustände, deren Kanten

noch nicht auf ε-Übergänge überprüft wurden, mit Hilfe eines
Stapels. Abb. 3.26 zeigt eine solche Prozedur.   ☐

Beispiel 3.15

Abb. 3.27 zeigt einen weiteren NEA N, der ebenfalls die Sprache $(a|bb)^*abb$
akzeptiert. (Es handelt sich um denjenigen, der im nächsten Abschnitt mechanisch aus einem regulären Ausdruck erzeugt wird). Wir wollen Algorithmus 3.2 auf N anwenden. Der Startzustand des äquivalenten DEA ist ε-clo-
sure(0), also $A = \{0, 1, 2, 4, 7\}$. Genau diese Zustände sind vom Zustand 0
aus über einen Pfad erreichbar, dessen sämtliche Kanten mit ε markiert sind.
Beachten Sie, daß ein Pfad nicht notwendigerweise Kanten haben muß und
deswegen auch 0 selbst durch einen solchen Pfad erreichbar ist.

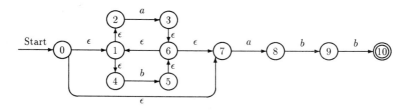

Abb. 3.27   NEA N für $(a|b)^*abb$.

Das Eingabealphabet lautet hier $\{a,b\}$. Der Algorithmus aus Abb. 3.25
schreibt vor, A zu markieren und dann

$$\epsilon\text{-}closure(move(A,a))$$

zu berechnen. Zunächst berechnen wir $move(A,a)$, d.h. die Menge aller Zustände von N, die mit Elementen aus A durch Übergang für a verbunden sind. Von den Zuständen 0, 1, 2, 4 und 7 haben nur 2 und 7 solche
Übergänge. Diese Übergänge führen zu 3 und 8. Deswegen ist

$$\epsilon\text{-}closure(move\{0, 1, 2, 4, 7\},a)) = \epsilon\text{-}closure(\{3,8\}) = \{1, 2, 3, 4, 6, 7, 8\}$$

Wir wollen diese Menge B nennen. Also ist $Dtran[A,a] = B$.

Von den Zuständen in A hat nur 4 einen Übergang für b, nämlich zu 5.
Somit hat der DEA von A einen Übergang für b zu

$$C = \epsilon\text{-}closure(\{5\}) = \{1, 2, 4, 5, 6, 7\}$$

Damit ist $Dtran[A,b] = C$.

Setzen wir diesen Prozeß mit den noch unmarkierten Mengen B und C fort, so sind irgendwann alle Mengen, die Zustände des DEA sind, markiert. Dessen können wir sicher sein, denn es gibt ja „nur" 2^{11} verschiedene Teilmengen einer Menge mit elf Zuständen, und ist eine Menge einmal markiert, dann bleibt sie markiert. Die fünf tatsächlich konstruierten Zustandsmengen sind:

$A = \{0, 1, 2, 4, 7\}$ \qquad\qquad $D = \{1, 2, 4, 5, 6, 7, 9\}$

$B = \{1, 2, 3, 4, 6, 7, 8\}$ \qquad $E = \{1, 2, 4, 5, 6, 7, 10\}$

$C = \{1, 2, 4, 5, 6, 7\}$

Zustand A ist der Startzustand, und Zustand E der einzige akzeptierende Zustand. Abb. 3.28 zeigt die vollständige Übergangstabelle $Dtran$.

Zustand	Eingabesymbol	
	a	b
A	B	C
B	B	D
C	B	C
D	B	E
E	B	C

Abb. 3.28   Übergangstabelle $Dtran$ für den DEA.

Abb. 3.29 zeigt außerdem einen Übergangsgraph des resultierenden DEA'en. Man sieht, daß der DEA aus Abb. 3.23, der ja ebenfalls $(a|b)^*abb$ akzeptiert, einen Zustand weniger hat. Das Problem der Minimierung der Zustandsmenge eines DEA wird in Abschnitt 3.9 behandelt.   □

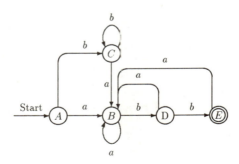

Abb. 3.29   Abb. 3.27 nach Anwendung der Teilmengenkonstruktion.

3.7 Vom regulären Ausdruck zum NEA

Es gibt eine Vielzahl von Strategien, um aus einem regulären Ausdruck einen Erkenner zu bauen. Jede dieser Strategien hat ihre Stärken und Schwächen. Programme zum Text-Editieren verwenden häufig die Strategie, aus einem regulären Ausdruck zunächst einen NEA zu konstruieren, dessen Verhalten anschließend mit Hilfe der in diesem Abschnitt vorgestellten Algorithmen 3.3 und 3.4 simuliert wird. Falls die Laufzeit von Bedeutung ist, kann der NEA durch die Teilmengenkonstruktion des vorigen Algorithmus in einen DEA überführt werden. In Abschnitt 3.9 lernen wir eine andere Möglichkeit kennen, ausgehend von einem regulären Ausdruck einen DEA zu implementieren. Dabei wird auf die explizite Konstruktion eines NEA als Zwischenstufe verzichtet. Dieser Abschnitt schließt mit Betrachtungen über den Zeit- und Platzbedarf verschiedener Implementierungen von erkennenden Automaten, abhängig davon, ob sie sich auf NEA'en oder DEA'en stützen.

Konstruktion eines NEA aus einem regulären Ausdruck

Wir geben nun einen Algorithmus an, der aus einem regulären Ausdruck einen NEA erstellt. Von diesem Algorithmus sind viele Varianten bekannt. Die Version, die wir hier vorstellen, gehört zu den einfacheren und ist leicht zu implementieren. Der Algorithmus ist insofern syntaxgerichtet, als die syntaktische Struktur des regulären Ausdrucks den Erstellungsprozeß leitet. Die Fallunterscheidungen innerhalb des Algorithmus entsprechen den Fallunterscheidungen in der Definition von regulären Ausdrücken. Zunächst zeigen wir die Konstruktion eines Automaten, der ϵ oder ein beliebiges einzelnes Symbol des Alphabets erkennt. Anschließend erklären wir, wie Automaten für Ausdrücke konstruiert werden, die einen Operator für Alternativen, Konkatenation oder Kleene's Abschluß enthalten. Beispielsweise wird ein NEA für den Ausdruck $r|s$ induktiv aus NEA'en für r und s erstellt.

In jedem Konstruktionsschritt kommen höchstens zwei neue Zustände hinzu. Folglich ist die Anzahl der Zustände eines resultierenden NEA, der für einen gegebenen Ausdruck konstruiert wurde, höchstens doppelt so groß wie die Anzahl der Symbole und Operatoren in diesem regulären Ausdruck.

Algorithmus 3.3

(*Thompsons Konstruktion*) Konstruktion eines NEA, ausgehend von einem regulären Ausdruck.

Eingabe: Ein regulärer Ausdruck r über einem Alphabet Σ.

Ausgabe: Ein NEA N, der $L(r)$ akzeptiert.

Methode:
Zunächst zerlegen wir r in seine Bestandteile. Dann erstellen wir mit Hilfe der untenstehenden Regeln (1) und (2) für jedes der in r vorkommenden atomaren Symbole (d.h. ϵ oder ein Symbol des Alphabets) jeweils einen NEA.

Die atomaren Symbole entsprechen den Teilen (1) und (2) in der Definition der regulären Ausdrücke. Wichtig ist, daß für ein mehrfach in r vorkommendes Symbol a mehrere NEA'en erstellt werden, d.h. für jedes Auftreten des Symbols ein eigener NEA.

Anschließend verknüpfen wir diese NEA'en induktiv unter Verwendung von Regel (3), bis wir schließlich den NEA für den Gesamtausdruck erhalten. Dabei orientieren wir uns an der syntaktischen Struktur des Ausdrucks r. Jeder im Lauf der Konstruktion entstandene Teil-NEA entspricht einem Teilausdruck von r und besitzt einige wichtige Eigenschaften: Er hat genau einen Endzustand; keine Kante läuft in den Startzustand und keine Kante verläßt den Endzustand.

1. Für ϵ wird der NEA

erstellt. Dabei ist i ein neuer Startzustand und f ein neuer akzeptierender Zustand. Offensichtlich erkennt dieser NEA die Menge $\{\epsilon\}$.

2. Für a aus Σ wird der NEA

erstellt. Wiederum ist i ein neuer Startzustand und f ein neuer akzeptierender Zustand. Die Maschine erkennt $\{a\}$.

3. Wir nehmen an, daß $N(s)$ und $N(t)$ NEA'en für die regulären Ausdrücke s und t sind.

    a) Für den regulären Ausdruck $s|t$ wird der folgende zusammengesetzte NEA $N(s|t)$ erstellt

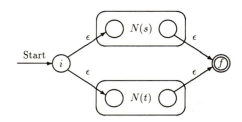

Dabei ist i ein neuer Startzustand und f ein neuer akzeptierender Zustand. Von i führt jeweils ein ϵ-Übergang zu den Startzuständen von $N(s)$ und $N(t)$. Von den akzeptierenden Zuständen von $N(s)$ und $N(t)$ führt jeweils ein ϵ-Übergang zum neuen akzeptierenden Zustand f. Die Start- bzw. Endzustände von $N(s)$ und $N(t)$ sind in $N(s|t)$ keine Start- bzw. Endzustände mehr. Beachten Sie, daß jeder Pfad von i nach f entweder durch $N(s)$ oder $N(t)$ führt, aber stets nur durch einen von beiden. Damit ist klar, daß der zusammengesetzte NEA die Menge $L(s) \cup L(t)$ erkennt.

b) Für den regulären Ausdruck st wird der zusammengesetzte NEA $N(st)$ erstellt:

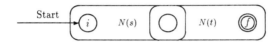

Der Startzustand von $N(s)$ wird zum Startzustand des zusammengesetzten NEA, und der akzeptierende Zustand von $N(t)$ wird zum akzeptierenden Zustand des zusammengesetzten NEA. Der akzeptierende Zustand von $N(s)$ fällt mit dem Startzustand von $N(t)$ zusammen, d.h. alle Übergänge, die ihren Ausgangspunkt im Startzustand von $N(t)$ haben, gehen nun vom akzeptierenden Zustand von $N(s)$ aus.

Der neue „kombinierte" Zustand verliert im zusammengesetzten NEA seinen Status als Start- oder Endzustand. Ein Pfad von i nach f muß zuerst durch $N(s)$ und dann durch $N(t)$ gehen. Die Markierung dieses Pfades wird deswegen ein String aus $L(s)L(t)$ sein. Weil keine Kante in den Startzustand von $N(t)$ und keine aus dem akzeptierenden Zustand von $N(s)$ führt, kann es keinen Pfad von i nach f geben, der von $N(t)$ zurück zu $N(s)$ führt. Somit erkennt der zusammengesetzte NEA die Menge $L(s)L(t)$.

c) Für den regulären Ausdruck s^* wird der NEA $N(s^*)$ erstellt:

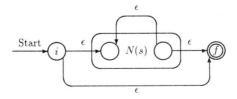

Dabei ist i ein neuer Startzustand und f ein neuer akzeptierender Zustand. Wir können im zusammengesetzten NEA über die mit ϵ

markierte Kante direkt von i nach f gehen. Dies entspricht der Tatsache, daß ϵ in $(L(s))^*$ enthalten ist. Andererseits kommen wir von i nach f, indem wir mindestens einmal durch $N(s)$ laufen. Damit ist klar, daß der zusammengesetzte NEA die Menge $(L(s))^*$ erkennt.

d)   Der NEA für einen geklammerten regulären Ausdruck (s) ist der NEA $N(s)$ selbst.

Jeder neu erzeugte Zustand erhält einen eigenen Namen, der sich von den bisherigen Namen unterscheidet. Dadurch ist ausgeschlossen, daß zwei Zustände eines Teil-NEA den gleichen Namen haben. Sollte ein und dasselbe Symbol mehrfach in r auftreten, so erzeugen wir für jedes Auftreten dieses Symbols einen eigenen NEA mit eigenen Zuständen.   □

Wir können uns davon überzeugen, daß in jedem Konstruktionsabschnitt von Algorithmus 3.3 ein NEA erstellt wird, der die jeweilige Sprache korrekt erkennt. Darüber hinaus besitzt der erstellte NEA $N(r)$ die folgenden Eigenschaften:

1. $N(r)$ hat höchstens doppelt so viele Zustände, wie Symbole und Operatoren in r vorkommen. Dies folgt aus der Tatsache, daß jeder Konstruktionsschritt höchstens zwei neue Zustände erzeugt.

2. $N(r)$ hat genau einen Start- und einen Endzustand. Aus dem Endzustand führen keine Übergänge heraus. Diese Eigenschaft gilt auch für Teilautomaten.

3.   Aus jedem Zustand von $N(r)$ führt entweder ein Übergang für ein Symbol aus Σ oder aber höchstens zwei ϵ-Übergänge heraus.

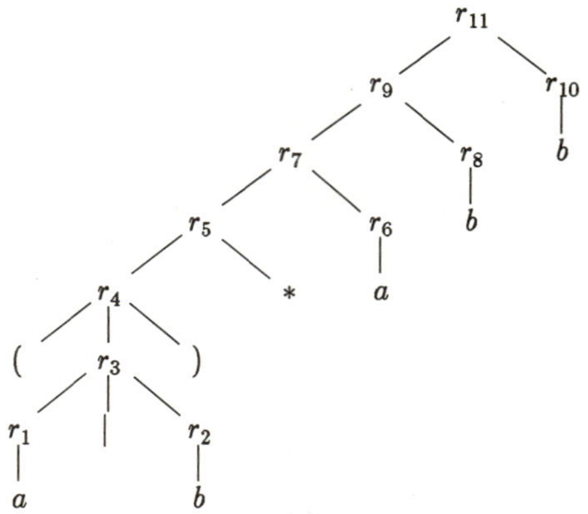

Abb. 3.30 Dekomposition von $(a|b)^*abb$.

Beispiel 3.16

Wir wollen den Algorithmus 3.3 zur Konstruktion von $N(r)$ für den regulären Ausdruck $r = (a|b)^*abb$ benutzen. Abb. 3.30 zeigt einen Parse-Baum für r. Er hat Ähnlichkeit mit den Parse-Bäumen für arithmetische Ausdrücke (siehe Abschnitt 2.2). Für den Teilausdruck r_1, d.h. das erste a, konstruieren wir den folgenden NEA.

Für r_2 konstruieren wir

Wir können nun $N(r_1)$ und $N(r_2)$ mit Hilfe der Vereinigungsregel zusammenfügen und erhalten so den NEA für $r_3 = r_1|r_2$.

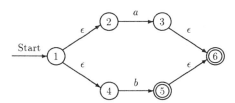

Der NEA für (r_3) ist der gleiche wie der für r_3. Der NEA für $(r_3)^*$ ist schließlich:

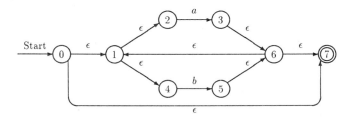

Der NEA für $r_6 = a$ ist

Den Automaten für $r_5 r_6$ erhalten wir, indem wir die Zustände 7 und 7' miteinander verschmelzen. Wir nennen den resultierenden Zustand 7 und erhalten

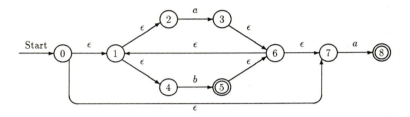

Wenn wir auf diese Art fortfahren, erhalten wir schließlich den NEA für $r_{11} = (a|b)^* abb$, der erstmals in Abb. 3.27 dargestellt wurde.   □

Simulation eines NEA mit Hilfe zweier Stapel

Wir stellen nun einen Algorithmus vor, der für einen nach Algorithmus 3.3 erstellten NEA N und einen Eingabestring x entscheidet, ob x von N akzeptiert wird. Der Algorithmus arbeitet wie folgt: Er liest sukzessive die Eingabezeichen und berechnet für jedes Präfix der Eingabe die Menge aller Zustände, in denen sich der Automat nach Lesen des Präfix befinden könnte. Der Algorithmus nutzt die besonderen Eigenschaften des durch Algorithmus 3.3 erzeugten NEA, um jeweils effizient die Mengen nichtdeterministischer Zustände zu berechnen. Er läßt sich mit einer Laufzeit proportional zu $|N| \times |x|$ implementieren. Dabei ist $|N|$ die Anzahl der Zustände von N und $|x|$ die Länge von x.

Algorithmus 3.4
Simulation eines NEA.

Eingabe: Ein durch Algorithmus 3.3 konstruierter NEA N und ein Eingabestring x. Wir nehmen an, daß x durch ein Dateiendezeichen **eof** abgeschlossen ist. Der Startzustand von N ist s_0, und die Menge der akzeptierenden Zustände ist F.

Ausgabe: Die Antwort „Ja", wenn x von N akzeptiert wird, sonst „Nein".

Methode: Wende den in Abb. 3.31 skizzierten Algorithmus auf den Eingabestring x an. Tatsächlich führt der Algorithmus die Teilmengenkonstruktion zur Laufzeit durch. Ein Übergang von der aktuellen Zustandsmenge S zur Folgemenge wird schrittweise berechnet. Zunächst bestimmt der Algorithmus $move(S,a)$, d.h. die Menge aller
Zustände, die von einem Zustand aus S durch einen a-Übergang
erreicht werden können. Dabei ist a das aktuelle Eingabezeichen.
Anschließend berechnet er ϵ-*closure* von $move(S,a)$, die Menge
aller Zustände, die von $move(S,a)$ durch null oder mehr ϵ-Übergän-
ge erreicht werden können. Der Algorithmus benutzt die Funktion
nextchar, um die Eingabe Zeichen für Zeichen zu lesen. Der Algorithmus liefert „Ja" zurück, wenn die Eingabe vollständig gelesen
ist und die aktuelle Zustandmenge S einen akzeptierenden Zustand
enthält; andernfalls liefert er „Nein".   □

$S := \epsilon\text{-}closure(\{s_0\});$
$a := nextchar;$
while $a \neq$ **eof do begin**
$\qquad S := \epsilon\text{-}closure(move(S, a));$
$\qquad a := nextchar$
end
if $S \cap F \neq \emptyset$ **then**
$\qquad$ return „Ja";
else return „Nein";

Abb. 3.31 Simulation eines NEA von Algorithmus 3.3

Eine effiziente Implementierung für Algorithmus 3.4 verwendet zwei Stapel
und einen mit NEA-Zuständen indizierten Bitvektor. Mit Hilfe eines der beiden Stapel merken wir uns die aktuelle Menge nichtdeterministischer Zustände; der andere Stapel dient zur Berechnung der Folgemenge. Der Algorithmus
in Abb. 3.26 berechnet ϵ-*closure*. Mit Hilfe des Bitvektors können wir in
konstanter Zeit entscheiden, ob ein nichtdeterministischer Zustand sich bereits auf einem der Stapel befindet. Dadurch wird vermieden, daß ein Zustand
zweimal hinzugefügt wird. Sobald der Folgezustand auf dem zweiten Stapel
berechnet ist, vertauschen wir die Rollen der beiden Stapel. Da aus einem
nichtdeterministischen Zustand höchstens zwei Übergänge herausführen,
kann ein solcher Zustand zu höchstens zwei neuen Zuständen in der Folge-
menge führen. Wir wollen die Anzahl der Zustände von N mit $|N|$ bezeichnen.
Da ein Stapel maximal $|N|$ Zustände enthalten kann, läßt sich die Folgemenge
für eine gegebene, aktuelle Zustandsmenge mit einem Zeitaufwand berechnen,
der proportional zu $|N|$ ist. Somit ist der gesamte Zeitbedarf zur Simulation
des Verhaltens von N bei Eingabe x proportional zu $|N| \times |x|$.

Beispiel 3.17

Sei N der NEA aus Abb. 3.27 und x der String, der nur aus dem Zeichen a besteht. Der Startzustand ist ϵ-*closure* $(\{0\}) = \{0, 1, 2, 4, 7\}$. Für das Eingabesymbol a gibt es je einen Übergang von 2 zu 3 und von 7 zu 8. Also ist $T = \{3,8\}$. Durch Bildung von ϵ-*closure* von T erhalten wir den Folgezustand $\{1, 2, 3, 4, 6, 7, 8\}$. Weil keiner dieser nichtdeterministischen Zustände akzeptierend ist, liefert der Algorithmus als Ergebnis „Nein".

Wie sie sehen, führt Algorithmus 3.4 die Teilmengenkonstruktion zur Laufzeit durch. Vergleichen Sie zum Beispiel die obigen Übergänge mit den Zuständen des DEA in Abb. 3.29, der aus dem NEA in Abb. 3.27 entstanden ist. Die Start- und Folgezustandsmengen für Eingabe a entsprechen den Zuständen A und B des DEA.   □

Verhältnis zwischen Zeit- und Platzbedarf

Wir kennen jetzt zwei Methoden, um für einen gegebenen regulären Ausdruck r und einen Eingabestring x zu entscheiden, ob x in $L(r)$ ist. Einmal können wir Algorithmus 3.3 benutzen, um aus r einen NEA N zu konstruieren. Dies kann in der Zeit $O(|r|)$ geschehen, wobei $|r|$ die Länge von r ist. N hat höchstens $2|r|$ Zustände, und aus jedem Zustand führen höchstens zwei Übergänge heraus. Eine Übergangstabelle für N kommt demnach mit Platz $O(|r|)$ aus. Mit Hilfe von Algorithmus 3.4 können wir in Zeit $O(|r| \times |x|)$ entscheiden, ob N x akzeptiert. Bei dieser Methode ist also der Zeitbedarf, um zu entscheiden, ob x in $L(r)$ enthalten ist, insgesamt proportional zur Länge von r, multipliziert mit der Länge von x. Viele Texteditoren arbeiten nach dieser Methode, wenn sie nach Textmustern suchen, die durch reguläre Ausdrücke beschrieben sind, wobei der Zielstring x im allgemeinen nicht allzu lang ist.

Die zweite Methode besteht darin, aus einem regulären Ausdruck r einen DEA zu konstruieren. Dazu wird zunächst Thompsons Konstruktion auf r angewendet und danach auf den resultierenden NEA die Teilmengenkonstruktion, d.h. Algorithmus 3.2 (In Abschnitt 3.9 geben wir eine Implementierung an, die ohne die explizite Erzeugung eines temporären NEA auskommt). Wenn wir die Übergangsfunktion durch eine Übergangstabelle implementieren, können wir mittels Algorithmus 3.1 den DEA für Eingabe x mit einer Laufzeit simulieren, die proportional zur Länge von x und damit unabhängig von der Anzahl der Zustände des DEA ist. Diese Methode wird häufig in Pattern-Matching-Programmen benutzt, die Textdateien nach Mustern regulärer Ausdrücke durchsuchen. Wenn der endliche Automat erst einmal konstruiert ist, geht die Suche sehr schnell. Aus diesem Grund ist die Methode dann von Vorteil, wenn der Zielstring x sehr lang ist.

Es gibt jedoch auch reguläre Ausdrücke, für die die Anzahl der Zustände des kleinsten DEA exponentiell mit der Größe des regulären Ausdrucks wächst. Zum Beispiel gibt es für den regulären Ausdruck $(a|b)^*a(a|b)(a|b) \cdots (a|b)$, bei dem $n-1$ $(a|b)$'s am Ende stehen, keinen DEA mit weniger als 2^n

Zuständen. Dieser reguläre Ausdruck definiert einen aus a's und b's bestehenden String, bei dem das n-te Zeichen von rechts ein a ist. Man kann relativ leicht beweisen, daß jeder DEA für diesen Ausdruck sich die letzten n gelesenen Eingabezeichen merken muß; andernfalls liefert er eventuell ein falsches Ergebnis. Offensichtlich sind mindestens 2^n Zustände nötig, um sich alle möglichen Folgen von a's und b's zu merken. Glücklicherweise kommen Ausdrücke wie dieser in Anwendungen der lexikalischen Analyse selten vor; es gibt jedoch durchaus Fälle, wo man es mit ähnlichen Ausdrücken zu tun hat.

Eine dritte Methode verwendet ebenfalls einen DEA, vermeidet aber die vollständige Erstellung der Übergangstabelle mittels einer Technik, die man „verzögerte Übergangsauswertung" nennt, englisch „lazy transition evaluation". Dabei werden Übergänge zur Laufzeit berechnet; ein Übergang für ein bestimmtes Zeichen von einem bestimmten Zustand aus wird jedoch erst dann ermittelt, wenn er tatsächlich gebraucht wird. Die berechneten Übergänge werden in einem schnellen Pufferspeicher, einem sog. „Cache" abgelegt. Unmittelbar bevor ein Übergang durchgeführt werden soll, wird jedesmal dieser Puffer inspiziert. Gibt es den gewünschten Übergang dort noch nicht, wird er berechnet und im Puffer gespeichert. Ist der Puffer voll, kann man durch Löschen einiger früher berechneter Übergänge Platz für die neuen Übergänge schaffen.

Abb. 3.32 faßt zusammen, wieviel Zeit und Platz die verschiedenen Automatentypen im schlechtesten Fall benötigen, um zu erkennen, ob ein Eingabestring x in einer durch einen regulären Ausdruck r definierten Sprache enthalten ist. Dabei werden die Erkenner danach unterscheiden, ob sie aus einem nichtdeterministischen oder einem deterministischen endlichen Automaten erstellt werden. Die „Lazy"-Technik verbindet den Platzbedarf der NEA-Methode mit dem Zeitbedarf des DEA-Verfahrens. Der Platzbedarf entspricht dabei der Größe des regulären Ausdrucks plus der Größe des Puffers; die beobachtete Laufzeit ist fast so gut wie die eines deterministischen Erkenners. Bei manchen Anwendungen ist die „Lazy"-Technik beträchtlich schneller als die DEA-Methode, weil keine Zeit zur Berechnung unnützer Zustandsübergänge verschwendet wird.

AUTOMAT	PLATZ	ZEIT
NEA	$O(|r|)$	$O(|r| \times |x|)$
DEA	$O(2^{|r|})$	$O(|x|)$

Abb. 3.32 Platz- und Zeitbedarf zum Erkennen regulärer Ausdrücke.

3.8 Entwurf eines Scanner-Generators

Wir behandeln in diesem Abschnitt den Entwurf eines Software-Werkzeugs, das aus einem Programm in Lex-Sprache automatisch einen Scanner generiert. Obwohl wir im folgenden verschiedene Verfahren diskutieren und keines davon exakt demjenigen entspricht, das sich hinter dem Lex-Kommando des Unix-Systems verbirgt, bezeichnen wir die zugehörigen Programme zur Scanner-Generierung durchgehend als Lex-Compiler.

Wir gehen davon aus, daß eine Scanner-Spezifikation die Form

$$p_1 \quad \{Aktion_1\}$$
$$p_2 \quad \{Aktion_2\}$$
$$\dots \qquad \dots$$
$$p_n \quad \{Aktion_n\}$$

hat, wobei wie in Abschnitt 3.5 jedes Muster p_i ein regulärer Ausdruck und jede $Aktion_i$ ein Programmfragment ist, das immer dann auszuführen ist, wenn in der Eingabe ein Lexem für das Muster p_i erkannt wurde.

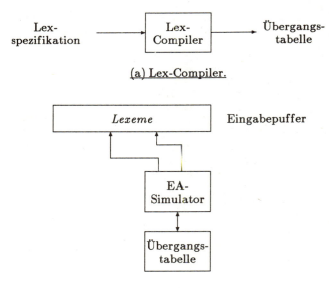

(a) Lex-Compiler.

(b) Schematischer Scanner.

Abb. 3.33   Modell eines Lex-Compilers

Unsere Aufgabe besteht in der Konstruktion eines Erkenners, der die Eingabe nach Lexemen absucht. Passen mehrere Lexeme auf ein Muster, dann soll der

Erkenner das längste passende Lexem auswählen. Entspricht das längste Lexem mehr als einem Muster, so wird das zuerst aufgeführte dieser Muster gewählt.

Als Modell zum Bau eines Scanners bieten sich endliche Automaten an. Der vom Lex-Compiler erstellte Scanner hat die in Abb. 3.33(b) gezeigte Form. Zum Eingabepuffer gehören zwei Zeiger; einer zeigt auf den Anfang des Lexems, der andere ist der Vorwärtszeiger, so wie wir es in Abschnitt 3.2 besprochen haben. Aus den durch reguläre Ausdrücke definierten Mustern der Lex-Spezifikation erzeugt der Lex-Compiler eine Übergangstabelle für einen endlichen Automaten. Der Scanner selbst besteht dann nur noch aus einem Simulator für endliche Automaten, der eben diese Übergangstabelle dazu benutzt, die Eingabe nach Zeichenketten zu durchsuchen, die den Mustern, d.h. den regulären Ausdrücken, genügen.

Der Rest dieses Abschnitts zeigt, wie Lex-Compiler implementiert werden können. Dabei ist es von Bedeutung, ob ein deterministischer oder nichtdeterministischer Automat zugrunde liegt. Wie wir am Ende des letzten Abschnitts gesehen haben, kann für ein gegebenes Muster in Form eines regulären Ausdrucks die Übergangstabelle eines erkennenden NEA um ein beträchtliches kleiner als die eines DEA sein; dafür hat aber der DEA den entscheidenden Vorteil, daß er Muster in der Regel schneller erkennt als der NEA.

Mustererkennung auf der Basis von NEA'en

Wir wollen die Übergangstabelle eines nichtdeterministischen endlichen Automaten N für die Musterkombination $p_1|p_2|\cdots|p_n$ erstellen. Eine Möglichkeit besteht darin, zunächst unter Verwendung von Algorithmus 3.3 für jedes Muster p_i einen eigenen NEA $N(p_i)$ zu erzeugen und anschließend s_0 mit den Startzuständen all dieser $N(p_i)$ über einen ϵ-Übergang zu verbinden (siehe Abb. 3.34).

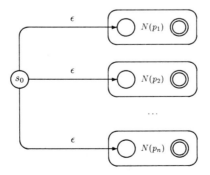

Abb. 3.34 Ein aus einer Lex-Spezifiaktion erstellter NEA.

Dieser NEA läßt sich mit Hilfe einer Variante von Algorithmus 3.4 simulieren. Der Algorithmus ist nur leicht modifiziert, so daß sichergestellt ist, daß das längste auf ein Muster passende Präfix der Eingabe vom zusammengesetzten NEA erkannt wird. Der zusammengesetzte NEA besitzt für jedes Muster p_i einen akzeptierenden Zustand. Bei der Simulation des NEA durch Algorithmus 3.4 wird eine Folge von Zustandsmengen erzeugt, in denen sich der zusammengesetzte NEA nach Lesen eines Zeichens befinden kann. Um das längste Eingabepräfix zu erkennen, reicht es nicht aus, nach Finden einer Zustandsmenge mit einem akzeptierenden Zustand zu stoppen. Man muß die Berechnung bis zur *Terminierung* fortsetzen, d.h. solange, bis eine Zustandsmenge gefunden wurde, von der aus es für das anstehende Eingabesymbol keine Übergänge gibt.

Wir gehen davon aus, daß die Lex-Spezifikation gewährleistet, daß der Eingabepuffer bei einem korrekten Quellprogramm nicht überlaufen kann, bevor der NEA Terminierung erreicht. Beispielsweise beschränkt jeder Compiler die maximale Länge eines Bezeichners. Ein Überschreiten dieser Länge wird spätestens dann entdeckt, wenn der Puffer überläuft.

Um zu gewährleisten, daß Muster korrekt erkannt werden, modifizieren wir Algorithmus 3.4 in zwei Punkten. Erstens: Immer wenn wir einen akzeptierenden Zustand zur aktuellen Zustandsmenge hinzufügen, merken wir uns die momentane Eingabeposition und das zum akzeptierenden Zustand gehörende Muster p_i. Wenn die aktuelle Zustandsmenge bereits einen akzeptierenden Zustand enthält, merken wir uns nur dasjenige Muster, das in der Lex-Spezifikation als erstes aufgeführt wurde. Die zweite Änderung des Algorithmus besteht darin, daß wir solange weitere Übergänge berechnen, bis Terminierung erreicht ist. Nach der Terminierung setzen wir den Vorwärts-Zeiger an die Stelle zurück, wo der letzte erfolgreiche Vergleich stattfand. Das dabei erkannte Muster definiert das gefundene Symbol, und der String zwischen dem Anfangs- und Vorwärtszeiger ist das zugehörige Lexem.

Üblicherweise gewährleistet die Lex-Spezifikation, daß stets irgendein Muster paßt, und sei es ein Fehlermuster. Paßt kein Muster, so hat man es mit einem Fehler zu tun, für den keine Maßnahme vorgesehen wurde, und der Scanner wird wohl die Kontrolle an eine universelle Routine zur Fehlerbehandlung übergeben.

Beispiel 3.18
Ein einfaches Beispiel veranschaulicht die oben geschilderten Punkte. Angenommen, wir hätten das folgende Lex-Programm, bestehend aus drei regulären Ausdrücken ohne reguläre Definitionen.

$$a \quad \{ \ \} \ /* \text{ Aktionen werden nicht angegeben } */$$
$$abb \quad \{ \ \}$$
$$a*b^+ \quad \{ \ \}$$

Die obigen drei Symbole werden vom Automaten in Abb. 3.35(a) erkannt. Den dritten Automaten haben wir etwas vereinfacht, verglichen mit dem, den

Algorithmus 3.3 erzeugen würde. Wie oben gezeigt können wir die NEA'en aus Abb. 3.35(a) zu einem einzigen NEA N zusammenfassen (siehe Abb. 3.35(b)).

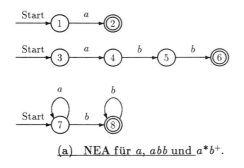

(a) NEA für a, abb und a^*b^+.

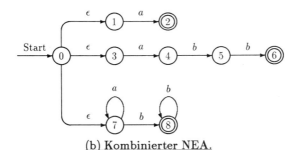

(b) Kombinierter NEA.

Abb. 3.35 NEA zur Erkennung dreier verschiedener Muster.

Schauen wir uns nun an, wie sich N für den Eingabestring $aaba$ verhält, wenn wir unsere modifizierte Version von Algorithmus 3.4 benutzen. Abb. 3.36 zeigt die Zustandsmengen und erkannten Muster, die bei zeichenweiser Abarbeitung der Eingabe $aaba$ entstehen. Die Abbildung zeigt, daß die Zustandsmenge zu Beginn $\{0, 1, 3, 7\}$ ist. Die Zustände 1, 3 bzw. 7 besitzen für a jeweils einen Übergang zu den Zuständen 2, 4 bzw. 7. Weil Zustand 2 akzeptierender Zustand für das erste Muster ist, merken wir uns, daß nach Lesen des ersten a das erste Muster paßt.

Für das zweite Eingabezeichen gibt es jedoch einen Übergang vom Zustand 7 zum Zustand 7. Wir müssen deswegen weitere Übergänge untersuchen. Für das Eingabezeichen b gibt es einen Übergang von Zustand 7 zu Zustand 8. Zustand 8 ist akzeptierend für das dritte Muster. Nachdem wir Zustand 8 erreicht haben, stellen wir fest, daß für das nächste Eingabezeichen a kein Übergang mehr möglich ist. Wir haben also Terminierung erreicht. Weil das letzte Muster nach Lesen des dritten Eingabezeichens erkannt wurde, melden wir als Ergebnis, daß das dritte Muster auf das Lexem *aab* paßt.   □

Aktion$_i$, die in der Lex-Spezifikation zum Muster p_i gehört, hat folgenden Effekt: Sobald ein auf p_i passendes Lexem erkannt wurde, führt der Scanner das zugehörige Programm *Aktion*$_i$ aus. Beachten Sie, daß *Aktion*$_i$ nicht bereits ausgeführt wird, wenn der NEA in einen Zustand eintritt, der den akzeptierenden Zustand für p_i enthält; *Aktion*$_i$ wird erst ausgeführt, wenn sich herausstellt, daß p_i das längste passende Muster ist.

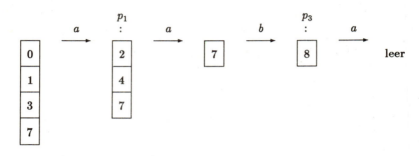

Abb. 3.36   Folge der Zustandsmengen bei der
Abarbeitung der Eingabe *aaba*.

DEA'en für Scanner

Eine weitere Methode zur Konstruktion eines Scanners aus einer Lex-Spezifikation benutzt einen DEA zum Erkennen von Mustern. Die Besonderheit dabei ist, daß wir sicherstellen müssen, das richtige Muster erkannt zu haben. Die Situation entspricht genau der modifizierten Simulation eines NEA, die wir gerade behandelt haben. Wenn wir einen NEA durch Algorithmus 3.2 in einen DEA konvertieren, kann es in einer Teilmenge nichtdeterministischer Zustände möglicherweise mehrere akzeptierende Zustände geben. In diesem Fall erhält derjenige akzeptierende Zustand den Vorzug, der zum zuerst aufgeführten Muster der Lex-Spezifikation gehört. Als weitere zusätzliche Modifikation ist es wie in der NEA-Simulation nötig, Übergänge solange zu untersuchen, bis ein Zustand erreicht wird, der für das aktuelle Eingabesymbol keinen Folgezustand (hier den Zustand Ø) besitzt. Das gefundene Lexem erhalten wir, wenn wir an die letzte Eingabeposition zurücksetzen, an der der DEA in einen akzeptierenden Zustand wechselte.

Beispiel 3.19
Wenn der NEA aus Abb. 3.35 in einen DEA transformiert wird, ergibt sich die Übergangstabelle von Abb. 3.37, in der die Zustände des DEA als Listen

der Zustände des NEA dargestellt sind. Die letzte Spalte in Abb. 3.37 enthält jeweils eines der Muster, die beim Eintritt in den jeweiligen DEA-Zustand erkannt werden. Von den NEA-Zuständen 2, 4 und 7 ist beispielsweise nur 2 akzeptierend; es handelt sich dabei um den akzeptierenden Zustand des Automaten für den regulären Ausdruck a aus Abb. 3.35(a). Also erkennt der DEA-Zustand 247 das Muster a.

Zustand	Eingabesymbol		gefundenes Muster
	a	b	
0137	247	8	keines
247	7	58	a
8	–	8	a^*b^+
7	7	8	keiner
58	–	68	a^*b^+
68	–	8	abb

Abb. 3.37   Übergangstabelle eines DEA.

Nun paßt allerdings der String abb auf zwei Muster, nämlich auf abb und a^*b^+, die in den NEA-Zuständen 6 und 8 erkannt werden. Der DEA-Zustand 68 in der letzten Zeile der Übergangstabelle enthält somit zwei akzeptierende Zustände des NEA. Da aber abb in den Übergangsregeln unserer Lex-Spezifikation vor a^*b^+ steht, gilt im DEA-Zustand 68 abb als gefunden.

Beim Eingabestring $aaba$ durchläuft der DEA Zustände, die analog auch die in Abb. 3.36 dargestellte NEA-Simulation durchläuft. Wir wollen noch ein zweites Beispiel betrachten: den Eingabestring aba. Der DEA aus Abb. 3.37 beginnt in Zustand 0137. Für Eingabe a geht er in Zustand 247 über. Danach geht er für Eingabe b weiter zu Zustand 58; für Eingabe a gibt es schließlich keinen Folgezustand. Wir haben damit Terminierung erreicht, wobei wir die Zustände 0137, 247 und danach 58 besucht haben. Der letzte davon enthält den akzeptierenden NEA-Zustand 8 aus Abb. 3.35(a). Also gibt der DEA in Zustand 58 an, daß das Muster a*b$^+$ erkannt wurde und bestimmt ab, das Präfix der Eingabe, die zu Zustand 58 führte, als das Lexem.   □

Implementierung des Lookahead-Operators

Denken Sie zurück an Abschnitt 3.4. Dort wurde gesagt, daß in manchen Fällen der Lookahead-Operator / notwendig ist, weil im Muster für ein bestimmtes Symbol unter Umständen ein Folgekontext des jeweiligen Lexems beschrieben werden muß. Wenn wir ein Muster, das / enthält, in einen NEA konvertieren, können wir / wie ϵ behandeln. Das heißt, in der Eingabe wird nicht wirklich nach / gesucht. Wenn nun allerdings ein durch diesen regulären Ausdruck definierter String im Eingabepuffer erkannt wurde, dann ist das Ende des Lexems nicht durch die Position des akzeptierenden NEA-Zustands festgelegt, sondern vielmehr durch das letzte Auftreten desjenigen Zustands, der in diesem NEA für das (imaginäre) / einen Übergang hatte.

Beispiel 3.20
Abb. 3.38 zeigt den NEA, der das in Beispiel 3.12 angegebene Muster für IF erkennt. In Zustand 6 wurde das Schlüsselwort IF erkannt; das Symbol IF erhalten wir jedoch dadurch, daß wir rückwärts nach dem letzten Auftreten von Zustand 2 suchen.   □

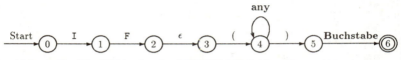

Abb. 3.38   Ein NEA, der das FORTRAN-Schlüsselwort IF erkennt.

3.9   Optimierung von DEA-basierten Mustererkennern

Wir stellen in diesem Abschnitt drei Algorithmen zur Implementierung und Optimierung von Mustererkennern vor, die aus regulären Ausdrücken erstellt wurden. Der erste Algorithmus eignet sich zur Integration in einen Lex-Compiler, weil er aus einem regulären Ausdruck direkt – ohne den Umweg über einen NEA – einen DEA erzeugt.

Der zweite Algorithmus minimiert die Anzahl der Zustände eines beliebigen DEA und kann deswegen benutzt werden, um den Platzbedarf eines DEA-basierten Mustererkenners zu reduzieren. Der Algorithmus ist effizient; seine Laufzeit beträgt $O(n \log n)$, wobei n die Anzahl der Zustände des DEA ist. Mit Hilfe des dritten Algorithmus lassen sich schnellere und gleichzeitig kompaktere Darstellungen für DEA-Übergangstabellen erzeugen, verglichen mit der offensichtlich naheliegenden zweidimensionalen Tabelle.

Wichtige Zustände eines NEA

Wir wollen einen Zustand eines NEA *wichtig* nennen, wenn wenigstens ein Nicht-ϵ-Übergang aus ihm herausführt. Die Teilmengenkonstruktion in Abb. 3.25 benutzt zur Bestimmung von $\epsilon\text{-}closure(move(T,a))$, d.h. der Menge der für Eingabe a von T aus erreichbaren Zustände, nur die wichtigen Zustände einer Teilmenge T. Die Menge $move(s,a)$ ist nur dann nicht leer, wenn der Zustand s wichtig ist. Zwei Teilmengen können während der Konstruktion als gleich angesehen werden, wenn sie die gleichen wichtigen Zustände enthalten und entweder in beiden oder in keiner der beiden Mengen akzeptierende Zustände des NEA vorkommen.

Wird die Teilmengenkonstruktion auf einen NEA angewandt, der durch Algorithmus 3.3 aus einem regulären Ausdruck erstellt wurde, so können wir die spezifischen Eigenschaften dazu nutzen, beide Konstruktionen miteinander zu kombinieren. Die kombinierte Konstruktion stellt eine Verbindung zwischen den wichtigen Zuständen des NEA und den Symbolen des regulären Ausdrucks her. Thompsons Konstruktion erzeugt immer dann einen wichtigen Zustand, wenn im regulären Ausdruck ein Symbol des Alphabets auftaucht. So werden beispielsweise für jedes a und b in $(a|b)^*abb$ wichtige Zustände erzeugt.

Darüber hinaus besitzt der resultierende NEA genau einen akzeptierenden Zustand, der jedoch nicht wichtig ist, weil keine Übergänge aus ihm herausführen. Wenn wir nun das rechte Ende eines regulären Ausdrucks r durch eine eindeutige und nur dafür bestimmte Markierung $\#$ kennzeichnen, verschaffen wir dadurch dem akzeptierenden Zustand von r einen Übergang für $\#$ und machen ihn so zu einem wichtigen Zustand des NEA für $r\#$. Anders gesagt: Wenn wir den erweiterten regulären Ausdruck $(r)\#$ betrachten, brauchen wir uns im Lauf der Teilmengenkonstruktion keine Gedanken mehr um akzeptierende Zustände zu machen; wenn die Konstruktion abgeschlossen ist, muß jeder Zustand mit einem Übergang für $\#$ ein akzeptierender Zustand sein.

Wir stellen einen erweiterten regulären Ausdruck durch einen Syntaxbaum dar, dessen Blätter Basissymbole und dessen innere Knoten Operatoren sind. Wir bezeichnen die inneren Knoten als *Cat-Knoten*, *Oder-Knoten* oder *Stern-Knoten*, je nachdem ob sie mit den Operatoren Konkatenation, | oder * markiert sind. Abb. 3.39(a) zeigt einen Syntaxbaum für einen erweiterten regulären Ausruck. Die Cat-Knoten sind dabei durch Punkte dargestellt. Ein Syntaxbaum für einen regulären Ausdruck läßt sich in der gleichen Weise erstellen wie ein Syntaxbaum für einen arithmetischen Ausdruck (siehe Kapitel 2).

Die Blätter eines Syntaxbaums für einen regulären Ausdruck sind mit den Symbolen des Alphabets oder mit ϵ markiert. An jedes nicht mit ϵ markierte Blatt schreiben wir außerdem eine eindeutige ganze Zahl. Diese Zahl bezeichnen wir als die *Position* des Blatts und als die Position des zum Blatt gehörigen Symbols. Ein mehrfach vorkommendes Symbol hat daher verschiedene Positionen. Im Syntaxbaum von Abb. 3.39(a) stehen die Positionen unter den Symbolen. Die numerierten Zustände des NEA aus Abb. 3.39(c) entsprechen den Blattpositionen des Syntaxbaums aus Abb. 3.39(a). Es ist kein Zufall, daß diese Zustände gerade die wichtigen Zustände des NEA sind. Nicht wichtige Zustände sind in Abb. 3.39(c) durch Großbuchstaben benannt.

Aus dem NEA von Abb. 3.39(c) erhalten wir den DEA von Abb 3.39(b), wenn wir die Teilmengenkonstruktion anwenden und Teilmengen mit den gleichen wichtigen Zuständen zu einer einzigen Teilmenge zusammenfassen.

Wie ein Vergleich mit Abb. 3.29 zeigt, führt dieses Zusammenfassen dazu, daß
ein Zustand weniger erzeugt wird.

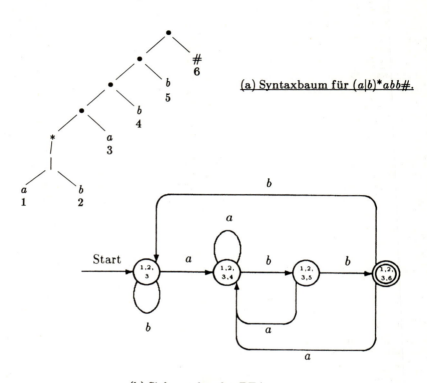

(a) Syntaxbaum für $(a|b)^*abb\#$.

(b) Sich ergebender DEA.

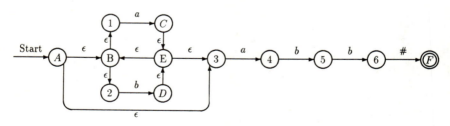

(c) Zugrundeliegender NEA.

Abb. 3.39   Aus $(a|b)^*abb\#$ konstruierter DEA und NEA.

Vom regulären Ausdruck zum DEA

In diesem Abschnitt zeigen wir, wie ein DEA direkt aus einem erweiteren regulären Ausdruck $(r)\#$ erstellt werden kann. Zunächst konstruieren wir für $(r)\#$ einen Syntaxbaum T und berechnen dann die vier Funktionen *nullable*, *firstpos*, *lastpos* und *followpos*, indem wir T durchlaufen. Zum Schluß konstruieren wir aus *followpos* den DEA. Die Funktionen *nullable*, *firstpos* und *lastpos* sind auf den Knoten des Syntaxbaums definiert und dienen zur Berechnung der Funktion *followpos*, die auf der Menge der Positionen definiert ist.

Angesichts der Äquivalenz zwischen den wichtigen NEA-Zuständen und den Positionen von Blättern im Syntaxbaum läßt sich die Konstruktion eines temporären NEA dadurch umgehen, daß man gleich einen DEA erstellt, dessen Zustände Mengen von Positionen im Baum entsprechen. Die ϵ-Übergänge des NEA definieren eine recht komplizierte Struktur auf den Positionen; insbesondere tragen sie die Information in sich, wann eine Position auf eine andere folgen kann. Das heißt, daß jedes Symbol im Eingabestring eines DEA auf bestimmte Positionen passen kann. Ein Eingabesymbol c kann nur auf Positionen passen, an denen ein c steht, aber nicht jede Position mit einem c paßt auf ein bestimmtes Vorkommen von c im Eingabestrom.

Was es heißt, daß eine Position auf ein Eingabesymbol paßt, wird durch die Funktion *followpos* für die Positionen des Syntaxbaums definiert. Wenn i eine Position ist, dann ist *followpos*(i) die Menge der Positionen j, für die es einen Eingabestring $\cdots cd \cdots$ gibt, so daß i eben diesem Vorkommen von c und j eben diesem Vorkommen von d entspricht.

Beispiel 3.21

In Abb. 3.39(a) ist *followpos*$(1) = \{1, 2, 3\}$, und zwar aus folgenden Gründen: Wenn wir ein a sehen, das Position 1 entspricht, dann haben wir soeben ein Vorkommen von $a|b$ im Abschluß $(a|b)^*$ gesehen. Als nächstes könnten wir die erste Position eines weiteren Vorkommens von $a|b$ sehen. Dies erklärt, warum 1 und 2 in *followpos*(1) enthalten sind. Wir könnten als nächstes aber auch die erste Position von dem sehen, was auf $(a|b)^*$ folgt, d.h. Position 3. □

Zur Berechnung der Funktion *followpos* müssen wir wissen, welche Positionen auf das erste oder letzte Symbol eines Strings passen, der von einem bestimmten Teilausdruck eines regulären Ausdrucks erzeugt wurde. (Informationen dieser Art wurden informal schon in Beispiel 3.21 benutzt) Wenn r^* ein solcher Teilausdruck ist, dann folgt jede Position, die als erste in r kommt, jeder Position, die als letzte in r kommt. Analoges gilt z.B. für den Teilausdruck rs. Jede erste Position von s folgt jeder letzten Position von r.

Für jeden Knoten n des Syntaxbaums eines regulären Ausdrucks definieren wir eine Funktion *firstpos*(n). Sie liefert die Menge aller Positionen, die auf das erste Symbol eines Strings passen können, der vom Teilausdruck mit Wurzel n erzeugt wird. Ebenso definieren wir eine Funktion *lastpos*(n). Sie liefert die Menge der Positionen, die auf das letzte Symbol eines solchen

Strings passen können. Wenn n z.B. die Wurzel des ganzen Baumes in Abb. 3.39(a) ist, dann ist $firstpos(n) = \{1, 2, 3\}$ und $lastpos(n) = \{6\}$. Wir geben in Kürze einen Algorithmus zur Berechnung dieser Funktionen an.

Zur Berechnung von $firstpos$ und $lastpos$ müssen wir jedoch wissen, ob ein gegebener Knoten die Wurzel eines Teilausdrucks ist, der eine Sprache mit dem leeren String erzeugt. Wenn ein Knoten n ϵ erzeugen kann, definieren wir, daß $nullable(n)$ wahr ist, sonst falsch.

Damit können wir die Regeln zur Berechnung der Funktionen $nullable$, $firstpos$, $lastpos$ und $followpos$ angeben. Für die ersten drei Funktionen gibt es eine Basisregel, die Aussagen für Ausdrücke von Basissymbolen macht. Den Wert einer Funktion können wir dann mit Hilfe dreier induktiver Regeln bestimmen, indem wir den Syntaxbaum von unten nach oben abarbeiten. Die induktiven Regeln entsprechen jeweils den drei Operatoren Vereinigung, Konkatenation und Abschluß. Die Regeln für $nullable$ und $firstpos$ sind in Abb. 3.40 aufgeführt. Auf die Angabe der Regeln für $lastpos(n)$ haben wir verzichtet; sie sehen genauso aus wie die für $firstpos(n)$, wobei lediglich c_1 und c_2 vertauscht sind.

Knoten n	$nullable(n)$	$firstpos(n)$
n ist ein mit ϵ markiertes Blatt	**true**	$\emptyset$
n ist ein mit der Position i markiertes Blatt	**false**	$\{i\}$
n $\diagup\mid\diagdown$ c_1 c_2	$nullable(c_1)$ **or** $nullable(c_2)$	$firstpos(c_1)$ $\cup$ $firstpos(c_2)$
n $\bullet$ c_1 c_2	$nullable(c_1)$ **and** $nullable(c_2)$	**if** $nullable(c_1)$ **then** $firstpos(c_1) \cup firstpos(c_2)$ **else** $firstpos(c_1)$
n $*$ $\mid$ c_1	**true**	$firstpos(c_1)$

Abb 3.40   Die Regeln zur Berechnung von $nullable$ und $firstpos$.

Die erste Regel für $nullable$ sagt aus, daß $nullable$ offensichtlich wahr ist, wenn n ein mit ϵ markiertes Blatt ist. Die zweite Regel besagt, daß

$nullable(n)$ falsch ist, falls n ein Blatt ist, das mit einem Symbol des Alphabets markiert ist. In diesem Fall entspricht nämlich jedes solche Blatt einem einzelnen Eingabesymbol und kann deswegen nicht ϵ erzeugen. Die letzte Regel gibt $nullable(n)$ den Wert wahr, falls n ein Sternknoten mit Nachfolger c_1 ist, denn der Abschluß eines Ausdrucks erzeugt eine Sprache, in der ϵ enthalten ist.

Als weiteres Beispiel wollen wir die vierte Regel für $firstpos$ betrachten. Sie besagt: Wenn n ein Cat-Knoten mit linkem Nachfolger c_1 und rechtem Nachfolger c_2 und $nullable\ (c_1)$ wahr ist, dann ist

$$firstpos\ (n) = firstpos\ (c_1) \cup firstpos\ (c_2)$$

andernfalls ist $firstpos\ (n) = firstpos\ (c_1)$. Das heißt, wenn der Teilausdruck r eines Ausdrucks $rs\ \epsilon$ erzeugt, dann können die ersten Positionen von s durch r hindurch sichtbar werden und sind auch erste Positionen von rs; andernfalls sind nur die ersten Positionen von r erste Positionen von rs. Ganz ähnlich sind die übrigen Regeln für $nullable$ und $firstpos$ zu verstehen.

Die Funktion $followpos(i)$ gibt an, welche Positionen im Syntaxbaum auf Position i folgen können. Die beiden folgenden Regeln definieren sämtliche Möglichkeiten, wie eine Position auf eine andere folgen kann.

1. Wenn n ein Cat-Knoten mit linkem Nachfolger c_1 und rechtem Nachfolger c_2 und i eine Position in $lastpos(c_1)$ ist, dann sind alle Positionen in $firstpos\ (c_2)$ auch in $followpos\ (i)$ enthalten.

2. Wenn n ein Sternknoten und i eine Position in $lastpos(n)$ ist, dann sind alle Positionen in $firstpos(n)$ auch in $followpos\ (i)$ enthalten.

Sind $firstpos$ und $lastpos$ für alle Knoten ermittelt, dann läßt sich $followpos$ für alle Positionen dadurch berechnen, daß der Syntaxbaum einmal in Depth-First-Ordnung durchlaufen wird.

Beispiel 3.22
Abb. 3.41 zeigt für alle Knoten des Baums von Abb. 3.39(a) die Werte von $firstpos$ und $lastpos$; $firstpos(n)$ steht links und $lastpos(n)$ rechts vom Knoten n. Beispielsweise hat $firstpos$ für das am weitesten links befindliche, mit a markierte Blatt den Wert $\{1\}$, weil dieses Blatt als Marke die Position 1 hat. Entsprechend ist $firstpos$ vom zweiten Blatt $\{2\}$, weil dieses Blatt mit Position 2 markiert ist. Gemäß der oben erwähnten zweiten Regel ist dann $firstpos$ des Vaterknotens $\{1, 2\}$.

Der einzige Knoten, der ϵ erzeugen kann, ist der mit * markierte Knoten. Damit ist - aufgrund der if-Bedingung der vierten Regel - $firstpos$ für den Vaterknoten (der Knoten, der den Ausdruck $(a|b)^*a$ repräsentiert) die Vereinigung von $\{1, 2\}$ und $\{3\}$, d.h. die Vereinigung von $firstpos$ des linken und rechten Sohnes. Demgegenüber gilt für $lastpos$ dieses Knotens die else-Bedingung, weil das Blatt an Position 3 nicht ϵ erzeugen kann. Damit besteht $lastpos$ für den Vaterknoten des Sternknotens nur aus 3.

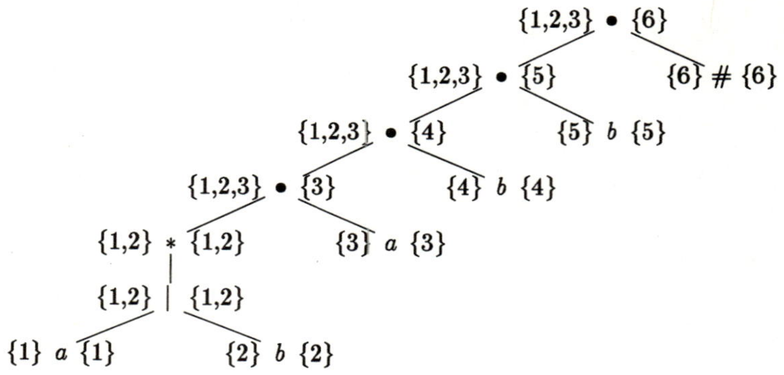

$\{1,2,3\} \bullet \{6\}$

$\{1,2,3\} \bullet \{5\}$ $\{6\} \# \{6\}$

$\{1,2,3\} \bullet \{4\}$ $\{5\} \, b \, \{5\}$

$\{1,2,3\} \bullet \{3\}$ $\{4\} \, b \, \{4\}$

$\{1,2\} * \{1,2\}$ $\{3\} \, a \, \{3\}$

$\{1,2\} \mid \{1,2\}$

$\{1\} \, a \, \{1\}$ $\{2\} \, b \, \{2\}$

Abb. 3.41 *firstpos* und *lastpos* für Knoten des Syntaxbaums für $(a|b)^* abb\#$.

Wir wollen nun *followpos* für alle Knoten des Syntaxbaums von Abb. 3.41 von unten nach oben berechnen. Beim Sternknoten fügen wir gemäß Regel (2) zu *followpos*(1) und zu *followpos*(2) 1 und 2 hinzu. Beim Vater des Sternknotens fügen wir gemäß Regel (1) zu *followpos*(1) und *followpos*(2) 3 hinzu. Beim nächsten Cat-Knoten kommt nach Regel (1) zu *followpos*(3) 4 hinzu. Aufgrund derselben Regel nehmen wir bei den nächsten beiden Cat-Knoten 5 zu *followpos*(4) und 6 zu *followpos*(5) hinzu. Damit ist die Berechnung von *followpos* abgeschlossen. Abb. 3.42 faßt die Ergebnisse zusammen.

KNOTEN	*followpos*
1	$\{1, 2, 3\}$
2	$\{1, 2, 3\}$
3	$\{4\}$
4	$\{5\}$
5	$\{6\}$
6	–

Abb. 3.42 Die Funktion *followpos*.

Die Funktion *followpos* läßt sich durch einen gerichteten Graph veranschaulichen. Er enthält für jede Position einen Knoten und eine gerichtete Kante von Knoten i zum Knoten j, wenn j in *followpos*(i) enthalten ist. Abbildung 3.43 zeigt diesen gerichteten Graph für *followpos* von Abb. 3.42.

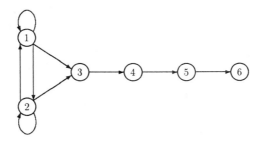

Abb. 3.43   Gerichteter Graph für die Funktion *followpos*.

Interessant ist nun, daß wir aus diesem Diagramm für den zugrundeliegenden regulären Ausdruck einen NEA ohne ϵ-Übergänge erzeugen können, wenn wir

1.   aus allen Positionen in *firstpos* der Wurzel Startzustände machen,

2.   jede gerichtete Kante (i,j) mit dem Symbol an Position j markieren und

3.   die zu # gehörende Position zum einzigen akzeptierenden Zustand machen.

Es ist daher kaum überraschend, daß der *followpos*-Graph mit Hilfe der Teilmengenkonstruktion in einen DEA überführt werden kann. Der folgende Algorithmus führt die komplette Erstellung durch und stützt sich dabei nur auf die Positionen.   □

Algorithmus 3.5
Konstruktion eines DEA aus einem regulären Ausdruck r.

Eingabe: Ein regulärer Ausdruck r.

Ausgabe: Ein DEA D, der $L(r)$ erkennt.

Methode: 1.   Konstruiere einen Syntaxbaum für den erweiterten regulären Ausdruck $(r)\#$; dabei ist # eine eindeutige Endemarkierung, die an (r) angehängt wird.

         2.   Konstruiere die Funktionen *nullable*, *firstpos*, *lastpos* und *followpos* durch Depth-First-Abarbeitung von T.

         3.   Konstruiere *Dstates*, die Menge der Zustände von D, und *Dtran*, die Übergangstabelle für D, mit Hilfe der Prozedur aus Abb. 3.44. Die Zustände in *Dstates* sind Mengen von Positionen; zu Beginn ist jeder Zustand „unmarkiert"; ein Zustand wird „markiert", nachdem die aus ihm herausführenden Übergänge untersucht wurden. Der Startzustand von D ist

firstpos (*wurzel*); akzeptierend sind alle die Zustände, die die zur Endemarkierung # gehörenden Positionen enthalten. □

Am Anfang ist *firstpos*(*root*) der einzige unmarkierte Zustand in *Dstates*, wobei *root* die Wurzel des Syntaxbaums für (*r*)# ist;
while *Dstates* einen unmarkierten Zustand *T* enthält **do begin**
    markiere *T*;
    for jedes Eingabesymbol *a* **do begin**
        Sei *U* die Menge der Positionen, die für eine Position *p*
        von *T* in *followpos*(*p*) enthalten sind, wobei *a* das
        Symbol an Position *p* ist;
        if *U* ist nicht leer und nicht in *Dstates* **then**
            füge *U* als unmarkierten Zustand zu *Dstates* hinzu;
        Dtran[*T*, *a*] := *U*
    end
end

Abb. 3.44   DEA-Konstruktion.

Beispiel 3.23
Wir wollen für den regulären Ausdruck (*a*|*b*)*abb einen DEA erstellen. Den Syntaxbaum für ((*a*|*b*)*abb)# zeigt Abb. 3.39(a). *Nullable* ist nur für den mit * markierten Knoten wahr. Abb. 3.41 zeigt die Funktionen *firstpos* und *lastpos*. Abb. 3.42 beschreibt die Funktion *followpos*.

Für die Wurzel hat *firstpos* nach Abb. 3.41 den Wert {1, 2, 3}. Wir wollen diese Menge *A* nennen und betrachten das Eingabesymbol *a*. Zu *a* gehören die Positionen 1 und 3, also ist *B* = *followpos*(1) ∪ *followpos*(3) = {1, 2, 3, 4}. Da diese Menge erstmals vorkommt, setzen wir *Dtran*[*A*, *a*] := *B*.

Für die Eingabe *b* stellen wir fest, daß von den Positionen in *A* nur 2 zu *b* gehört. Daher ist die zu betrachtende Menge *followpos*(2) = {1, 2, 3}. Weil diese Menge jedoch früher schon einmal vorkam, wird sie nicht erneut in *Dstates* aufgenommen. Wir fügen lediglich den Übergang *Dtran*[*A*, *b*] := *A* hinzu.

Das Verfahren wird nun fortgesetzt mit *B* = {1, 2, 3, 4}. Schließlich erhalten wir die in Abb. 3.39(b) angegebenen Zustände und Übergänge. □

Minimierung der Zustandsmenge eines DEA

Eine wichtige theoretische Aussage lautet, daß es für jede reguläre Menge einen kleinsten DEA (d.h. einen DEA mit minimaler Anzahl von Zuständen) gibt, der die Menge erkennt und bis auf Umbenennung der Zustände eindeutig ist. In diesem Abschnitt zeigen wir, wie dieser kleinste DEA konstruiert wird. Dabei wird die Anzahl der Zustände eines gegebenen DEA immer weiter bis zum absoluten Minimum verkleinert, ohne daß dies die erkannte Sprache beeinträchtigt. Angenommen, wir haben einen DEA M mit Zustandsmenge S und Eingabealphabet Σ. Wir gehen davon aus, daß jeder Zustand für jedes Eingabesymbol einen Übergang hat. Dies können wir stets dadurch erreichen, daß wir einen neuen „toten" Zustand d einführen. Zustand d hat für alle Eingaben Übergänge zu sich selbst, und ein Zustand s erhält für Eingabe a einen Übergang nach d, falls s ursprünglich keinen Übergang für a hatte.

Man sagt, daß ein String w einen Zustand s von einem Zustand t *trennt*, wenn der DEA M ausgehend vom Zustand s durch Abarbeitung von w in einen akzeptierenden Zustand gelangt, aber ausgehend von t bei gleicher Eingabe w in einen nichtakzeptierenden Zustand kommt oder umgekehrt. Beispielsweise trennt ϵ jeden akzeptierenden von jedem nicht-akzeptierenden Zustand. Im DEA von Abb. 3.29 sind die Zustände A und B durch die Eingabe bb getrennt, weil A bei Eingabe bb in den nicht-akzeptierenden Zustand C übergeht, während B bei gleicher Eingabe zum akzeptierenden Zustand E gelangt.

Die Grundidee unseres Algorithmus zur Minimierung der Zustandsmenge eines DEA besteht darin, alle Gruppen von Zuständen zu finden, die durch irgendeinen Eingabestring getrennt sind. Eine Gruppe, die nicht weiter zerlegt werden kann, wird zu einem einzigen Zustand zusammengefaßt. Der Algorithmus merkt sich eine einmal gefundene Partition der Zustandsmenge und verfeinert sie weiter. Innerhalb der Partition besteht eine Zustandsgruppe aus Zuständen, die bisher noch nicht voneinander getrennt wurden. Allerdings müssen je zwei Zustände aus verschiedenen Gruppen durch irgendeine Eingabe voneinander getrennt sein.

Am Anfang besteht die Partition aus zwei Gruppen, den akzeptierenden und den nicht-akzeptierenden Zuständen. Die zentrale Aufgabe besteht darin, für eine bestimmte Zustandgruppe, etwa $A = \{s_1, s_2, \cdots, s_k\}$, und ein bestimmtes Eingabesymbol a zu untersuchen, welche Übergänge die Zustände $s_1, \cdots, s_k$ für die Eingabe a haben. Wenn diese Übergänge zu Zuständen aus mindestens zwei verschiedenen Gruppen der aktuellen Partition führen, muß A so aufgespalten werden, daß Übergänge von den Teilmengen von A nur noch zu jeweils einer einzigen Gruppe der aktuellen Partition gehen. Nehmen wir etwa an, daß s_1 und s_2 für Eingabe a zu den Zuständen t_1 und t_2 führen und daß t_1 und t_2 zu verschiedenen Gruppen der Partition gehören. Wir müssen dann A in mindestens zwei Teilmengen spalten, so daß die eine Teilmenge s_1 enthält und die andere s_2. Beachten Sie, daß t_1 und t_2 bereits durch irgendeinen String w getrennt sind und der String aw deswegen s_1 und s_2 trennt.

Der Prozeß, Gruppen der aktuellen Partition aufzuspalten, wird solange wiederholt, bis keine Gruppe weiter aufzuspalten ist. Wir haben zwar motiviert, warum Zustände, die verschiedenen Gruppen zugeteilt werden, wirklich voneinander getrennt sind, wir haben jedoch nicht gesagt, wieso Zustände,

die nicht auf verschiedene Gruppen aufgeteilt werden, durch keinen Eingabestring zu trennen sind. Dies ist jedoch der Fall; den Beweis dafür kann der
an der Theorie interessierte Leser z.B. in Hopcraft und Ullman [1979] finden.
Ebenso überlassen wir dem interessierten Leser den Beweis dafür, daß der
DEA, der dadurch entsteht, daß man aus jeder Gruppe der letzten Partition
einen Zustand macht und den toten Zustand sowie die vom Startzustand aus
nicht erreichbaren Zustände entfernt, daß dieser DEA höchstens soviel
Zustände wie irgendein beliebiger anderer DEA hat, der die gleiche Sprache
akzeptiert.

Algorithmus 3.6
Minimierung der Zustandsmenge eines DEA.

Eingabe: Ein DEA M mit Zustandsmenge S, Eingabemenge Σ, Übergängen
für alle Zustände und Eingaben, Startzustand s_0 und akzeptierenden Zuständen F.

Ausgabe: Ein DEA M', der die gleiche Sprache wie M akzeptiert und so
wenige Zustände wie möglich hat.

Methode: 1.   Konstruiere eine Ausgangspartition Π der Zustandsmenge, bestehend aus zwei Gruppen: den akzeptierenden Zuständen F
und den nichtakzeptierenden Zuständen $S-F$.

2.   Wende die Prozedur aus Abb. 3.45 an, um aus Π eine neue
Partition Π_{neu} zu konstruieren.

3.   Wenn $\Pi_{neu} = \Pi$ ist, dann setze $\Pi_{Ende} = \Pi$ und fahre fort mit
Schritt 4. Sonst wiederhole Schritt 2 mit $\Pi := \Pi_{neu}$.

4.   Wähle aus jeder Gruppe der Partition Π_{Ende} einen Zustand als
Repräsentant dieser Gruppe. Die Repräsentanten sind die Zustände des reduzierten DEA M'. Sei s ein solcher repräsen-
tativer Zustand. Für die Eingabe a gebe es in M einen Übergang von s nach t. Sei r der Repräsentant von t's Gruppe (r
kann auch t selbst sein). Dann hat M' für a einen Übergang
von s nach r. Der Startzustand von M' ist der Repräsentant
der Gruppe, die den Startzustand s_0 von M enthält. Die akzeptierenden Zustände von M' sind die Repräsentanten, die in
F enthalten sind. Beachten Sie, daß jede Gruppe in Π_{Ende}
entweder nur Zustände aus F oder keine Zustände aus F enthält.

5.   Wenn M' einen toten Zustand besitzt, d.h. einen Zustand d,
der nicht akzeptierend ist und für alle Eingabesymbole nur
Übergänge zu sich selbst hat, dann entferne d aus M'. Entferne ebenfalls alle Zustände, die vom Startzustand aus nicht
erreichbar sind. Jeder Übergang von einem Zustand zum toten
Zustand d wird undefiniert.   □

for jede Gruppe G aus Π **do begin**

> zerlege G so in Teilgruppen, daß zwei Zustände s und t von G genau dann in der gleichen Teilgruppe sind, wenn für alle Eingabesymbole a die Zustände s und t jeweils Übergänge zu Zuständen der gleichen Gruppe von Π besitzen;
>
> /* schlimmstenfalls besteht eine Teilgruppe nur aus einem Zustand */
>
> ersetze G in Π_{neu} durch alle neugebildeten Teilgruppen

end

Abb. 3.45   Konstruktion von Π_{neu}.

Beispiel 3.24

Wir wollen nochmals auf den in Abb. 3.29 dargestellten DEA eingehen. Die Ausgangspartition besteht aus zwei Gruppen, dem akzeptierenden Zustand (E) und den nicht akzeptierenden Zuständen $(ABCD)$. Um Π_{neu} zu konstruieren, untersucht der Algorithmus von Abb. 3.45 zunächst (E). Weil diese Gruppe nur aus einem einzigen Zustand besteht, kann sie nicht weiter aufgespalten werden, und (E) ist auch in Π_{neu} enthalten. Danach wendet sich der Algorithmus $(ABCD)$ zu. Jeder dieser Zustände hat für Eingabe a einen Übergang zu B; die Zustände könnten also, was a betrifft, in einer Gruppe bleiben. Für Eingabe b jedoch gehen A, B und C zu Elementen der Gruppe $(ABCD)$ von Π über, während D zu E übergeht, einem Element einer anderen Gruppe. Die Gruppe $(ABCD)$ muß also für Π_{neu} in zwei neue Gruppen (ABC) und (D) gespalten werden. Damit besteht Π_{neu} aus (ABC) (D) (E).

Im nächsten Zyklus des Algorithmus von Abb. 3.45 ist wiederum für Eingabe a keine Aufspaltung nötig. Dennoch muß (ABC) in zwei neue Gruppen (AC) (B) getrennt werden, weil für Eingabe b die Zustände A und C jeweils einen Übergang zu C haben, während B zu D übergeht. C und D gehören jedoch zu verschiedenen Gruppen. Der nächste Wert von Π ist damit (AC) (B) (D) (E).

Im nächsten Zyklus des Algorithmus von Abb 3.45 ist es zunächst einmal unmöglich, eine der Gruppen, die nur aus einem Zustand bestehen, weiter aufzuspalten. Bestenfalls wäre noch (AC) aufzuspalten. Aber A und C gehen für Eingabe a zum gleichen Zustand B und für Eingabe b zum gleichen Zustand C. Nach diesem Durchlauf ist also $\Pi_{neu} = \Pi$ und Π_{Ende} ist (AC) (B) (D) (E).

Wenn wir A als Repräsentanten der Gruppe (AC) und B, D und E als Repräsentanten der ein-elementigen Gruppen wählen, erhalten wir den reduzierten Automaten, dessen Übergangstabelle Abb. 3.46 zeigt. Zustand A ist der Startzustand, und E ist der einzige akzeptierende Zustand.

Zustand	Eingabesymbol	
	a	b
A	B	A
B	B	D
D	B	E
E	B	A

Abb. 3.46 Übergangstabelle eines reduzierten DEA.

Im reduzierten Automaten besitzt beispielsweise Zustand E für Eingabe b deswegen einen Übergang zu Zustand A, weil A der Repräsentant der Gruppe von C ist und es im ursprünglichen Automaten für Eingabe b einen Übergang von E nach C gab. In ähnlicher Weise hat sich auch der Eintrag für A und Eingabe b geändert. Alle anderen Übergänge sind von Abb. 3.29 kopiert worden. In Abb. 3.46 gibt es keinen toten Zustand, und alle Zustände sind vom Startzustand A aus erreichbar.

Zustandsminimierung in Scannern

Um die Prozedur zur Zustandsminimierung auf die in Abschnitt 3.7 erstellten DEA'en anzuwenden, muß man in Algorithmus 3.5 mit einer Anfangspartition beginnen, in der diejenigen Zustände zur selben Gruppe gehören, die die gleichen Symbole erkennen.

Beispiel 3.25
Beim DEA von Abb. 3.37 werden in der Anfangspartition die Zustände 0137 und 7 zusammengefaßt, weil sie beide keine Symbole erkennen. Ebenso kommen 8 und 58 zusammen in eine Gruppe, weil sie beide das Symbol a*b+ erkennen. Die übrigen Zustände bilden für sich genommen jeweils eigene Gruppen. Man sieht jedoch sofort, daß 0137 und 7 zu verschiedenen Gruppen gehören, weil sie für Eingabe a zu verschiedenen Gruppen gehen. Auch 8 und 58 müssen wegen der verschiedenen Übergänge bei Eingabe b getrennt werden. Der DEA von Abb. 3.37 ist also der Automat mit minimaler Anzahl von Zuständen für die geforderte Aufgabe. □

Methoden der Tabellenkompaktierung

Wie wir erwähnt haben, gibt es viele Möglichkeiten, die Übergangsfunktion eines endlichen Automaten zu implementieren. Der Prozeß der lexikalischen Analyse ist der einzige, der jedes Zeichen der Eingabe einzeln lesen muß. Er benötigt dafür einen beträchtlichen Anteil der Compiler-Laufzeit. Man ist

daher bestrebt, die Anzahl der Operationen, die der Scanner pro Eingabezeichen durchführen muß, zu minimieren. Wenn sich die Implementierung des
Scanners auf einen DEA stützt, ist eine effiziente Repräsentation der Übergangsfunktion wünschenswert. Den schnellsten Zugriff erhält man durch einen zwei-dimensionalen Array, der mit Zuständen und Zeichen indiziert ist.
Jedoch ist sein Platzbedarf unter Umständen zu hoch (in der Größenordnung
von einigen hundert Zuständen mal 128 Zeichen). Ein kompakteres, aber
langsameres Schema speichert für jeden Zustand die ausgehenden Übergänge
in einer verketteten Liste. Das Ende bildet ein „Default"-Übergang. Es ist
naheliegend, hier den häufigsten Übergang einzutragen.

Es gibt eine raffiniertere Implementierung, die den schnellen Zugriff der
Array-Repräsentation mit dem geringen Speicherbedarf der Listenstruktur
verbindet. Die dabei verwendete Datenstruktur besteht aus vier Arrays, die
wie in Abb. 3.47 mit Zustandsnummern indiziert sind.[7] Der *base*-Array enthält für jeden Zustand die Basisposition der zugehörigen Einträge im *next*-
und *check*-Array. Der *default*-Array dient dazu, in Fällen, in denen die aktuelle Basisstelle ungültig ist, eine alternative Basisposition zu bestimmen.

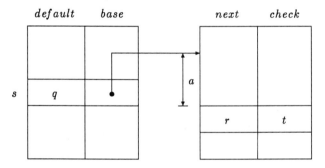

Abb. 3.47 Datenstruktur zur Darstellung von Übergangstabellen.

Zur Berechnung von *nextstate*(s,a), d.h. des Übergangs vom Zustand s bei
Eingabesymbol a konsultieren wir zunächst die beiden Arrays *next* und *check*.
Die Einträge für Zustand s finden wir jeweils an der Stelle $l = base[s]+a$,
wobei a als ganze Zahl interpretiert wird. Wir nehmen *next*$[l]$ als nächsten
Zustand für s bei Eingabe a, falls *check*$[l] = s$ gilt. Wenn *check*$[l] \neq s$ ist,
bestimmen wir $q = default[s]$ und wiederholen die ganze Prozedur rekursiv
mit q anstelle von s. Die Prozedur sieht folgendermaßen aus:

---

[7]   In Wirklichkeit wird es noch einen weiteren mit s indizierten Array geben, der das bei Eintritt in
s eventuell erkannte Muster liefert. Diese Information gewinnt man aus den NEA-Zuständen, aus denen
sich der DEA-Zustand s zusammensetzt.

procedure $nextstate(s, a)$;
    if $check[base[s]+a] = s$ **then**
        return $next[base[s]+a]$
    else
        return $nextstate(default[s], a)$

Das Ziel bei der Struktur von Abb. 3.47 ist, die Arrays *next* und *check* klein zu halten, indem man die Ähnlichkeiten zwischen Zuständen ausnutzt. Beispielsweise könnte Zustand q, der Default-Eintrag für Zustand s, aussagen, daß wir gerade „einen Bezeichner bearbeiten" wie etwa Zustand 10 in Abb. 3.13. Man kann sich z.B. vorstellen, daß s nach Lesen von th betreten wurde, was sowohl Präfix des Schlüsselworts then als auch Präfix eines Bezeichners sein kann. Ist das nächste Eingabezeichen e, müssen wir in einen speziellen Zustand übergehen, der die Information in sich trägt, daß wir bisher the gelesen haben. Andernfalls verhält sich Zustand s wie Zustand q. Wir setzen also $check[base[s]+e]$ auf s und $next[base[s]+e]$ auf den Zustand für the.

Obwohl man die Werte in *base* im allgemeinen nicht so wählen kann, daß alle Einträge in *next* und *check* belegt sind, zeigt die Erfahrung doch, daß die folgende einfache Strategie recht gut ist und nur geringfügig mehr als den kleinstmöglichen Platzbedarf hat: Man setzt *base* auf den kleinsten Index, bei dem die speziellen Einträge nicht zu Konflikten mit bestehenden Einträgen führen.

Wir können aus *check* einen mit Zuständen indizierten Array machen und den Array dadurch noch weiter verkleinern, falls der DEA die Eigenschaft hat, daß die einlaufenden Kanten für jeden Zustand t die gleiche Marke a haben. Zur Implementierung dieses Schemas setzen wir $check[t] = a$ und ersetzen die Abfrage in Zeile 2 der Prozedur *nextstate* durch

    if $check[next[base[s]+a]] = a$ **then**

Übungen

3.1 Wie lauten jeweils die Eingabealphabete folgender Sprachen?

    a)   Pascal
    b)   C
    c)   Fortran 77
    d)   Ada
    e)   Lisp

3.2 Welche Konventionen gelten in den Sprachen aus Übung 3.1 bezüglich Leerzeichen?

3.3 Finden Sie in den folgenden Programmen die Lexeme der Symbole. Überlegen Sie sich sinnvolle Attributwerte für die Symbole.

a) Pascal

```
function max ( i , j : integer ) : integer ;
{ liefert das Maximum der Zahlen i und j }
begin
        if i > j then max := i
        else max := j
end ;
```

b) C

```
int max ( i , j ) int i , j;
/* liefert das Maximum der Zahlen i und j */
{
        return i>j?i:j;
}
```

c) Fortran 77

```
          FUNCTION MAX ( I, J )
C         LIEFERT DAS MAXIMUM DER ZAHLEN I UND J
          IF (I .GT. J) THEN
                MAX = I
          ELSE
                MAX = J
          ENDIF
          RETURN
```

3.4 Schreiben Sie ein Programm für die Funktion nextchar() aus Abschnitt 3.4. Verwenden Sie das in Abschnitt 3.2 beschriebene Pufferschema mit Wächtern.

3.5 Wieviele verschiedene

a) Präfixe
b) Suffixe
c) Teilstrings
d) echte Präfixe
e) Teilfolgen

hat ein String der Länge n?

*3.6 Geben Sie an, welche Sprachen die folgenden regulären Ausdrücke bezeichnen:

a) 0(0|1)*0
b) ((ϵ|0)1*)*
c) (0|1)*0(0|1)(0|1)

    d) 0*10*10*10*

    e) (00|11)*((01|10)(00|11)*(01|10)(00|11)*)*

*3.7 Schreiben Sie reguläre Ausdrücke für folgende Sprachen:

    a) Alle Buchstabenfolgen, die die fünf Vokale in der richtigen Reihenfolge enthalten.

    b) Alle Buchstabenfolgen, in denen die Buchstaben lexikographisch aufsteigend geordnet sind.

    c) Kommentare, die aus einem String bestehen, der in /* und */ eingeschlossen ist, und in dem kein weiteres */ auftaucht, es sei denn innerhalb der Anführungszeichen " und ".

    *d) Alle Ziffernfolgen, in denen keine Ziffer mehrfach vorkommt.

    e) Alle Ziffernfolgen, in denen höchstens eine Ziffer mehrfach vorkommt.

    f) Alle Folgen von 0'en und 1'en mit einer geraden Anzahl von 0'en und einer ungeraden Anzahl von 1'en.

    g) Die Menge aller Schachzüge wie z.B. $e2 - e4$ oder $Sg7 \times f5$.

    h) Alle Strings aus 0'en und 1'en, die nicht den Teilstring 011 enthalten.

    i) Alle Strings aus 0'en und 1'en, die nicht die Teilfolge 011 enthalten.

3.8 Definieren Sie die lexikalische Struktur numerischer Konstanten für die Sprachen von Übung 3.1.

3.9 Definieren Sie die lexikalische Struktur von Bezeichnern und Schlüsselwörtern für die Sprachen von Übung 3.1.

3.10 Die Konstrukte, die Lex in regulären Ausdrücken erlaubt, sind in Abb. 3.48 nach fallender Priorität aufgelistet. In dieser Tabelle steht c für irgendein einzelnes Zeichen, r für einen regulären Ausdruck und s für einen String.

    a) Die spezielle Bedeutung der Operatorsymbole

        \ " . ^ $ [ ] * + ? { } | /

muß unterdrückt werden, wenn eines dieser Operatorsymbole als gewöhnliches Zeichen innerhalb eines Vergleichs behandelt werden soll. Dazu muß man solche Symbole in Anführungszeichen setzen. Dies kann auf zwei Arten gesehen. Der Ausdruck "s" vergleicht den String s zeichenweise, vorausgesetzt, innerhalb von s kommt kein ¿ vor. Zum Beispiel paßt "**" auf den String

**. Wir hätten auch ** schreiben können; dieser Ausdruck paßt ebenfalls auf **. Beachten Sie, daß jedes *, das nicht auf eine dieser beiden Arten angeführt ist, als Operator für den Kleene-Abschluß interpretiert wird. Schreiben Sie nun in Lex einen regulären Ausdruck, der auf den String "\ paßt.

Ausdruck	paßt auf ...	Beispiel
c	beliebiges Zeichen c, außer Operatoren	a
$\backslash c$	Zeichen c (ohne Ausnahmen)	*
$"s"$	String s aus beliebigen Zeichen	"**"
.	irgendein Zeichen außer Zeilenwechsel	a.*b
↑	Anfang einer Zeile	^abc
\$	Ende einer Zeile	abc\$
$[s]$	irgendein Zeichen in s	[abc]
$[↑s]$	jedes Zeichen nicht in s	[^abc]
$r*$	null oder mehr r's	a*
$r+$	ein oder mehr r's	a+
$r?$	null oder ein r	a?
$r\{m,n\}$	m- bis n-faches Vorkommen von r	a{1,5}
$r_1 r_2$	r_1 gefolgt von r_2	ab
$r_1 \mid r_2$	r_1 oder r_2	a|b
(r)	r	(a|b)
r_1/r_2	r_1, wenn dahinter r_2 steht	abc/123

Abb. 3.48   Reguläre Ausdrücke in Lex.

b) Das Anfangssymbol ^ kennzeichnet in Lex eine *komplementäre* Zeichenklasse. Eine komplementäre Zeichenklasse paßt auf jedes Zeichen, das nicht in der Klasse enthalten ist. So paßt etwa [^a] auf jedes Zeichen, das kein a ist; [^A-Za-z] paßt auf jedes Zeichen, das weder Groß- noch Kleinbuchstabe ist usw. Zeigen Sie, daß es für jede reguläre Definition mit komplementären Zeichenklassen einen äquivalenten regulären Ausdruck ohne komplementäre Zeichenklassen gibt.

c) Der reguläre Ausdruck $r\{m,n\}$ paßt auf m- bis n-faches Auftreten des Musters r. Zum Beispiel paßt a{1,5} auf einen String, der aus mindestens einem und maximal fünf a's besteht. Zeigen Sie, daß es für jeden regulären Ausdruck mit solchen Wiederholungsoperationen einen äquivalenten regulären Ausdruck ohne Wiederholungsoperatoren gibt.

d) Der Operator ^ paßt auf den Anfang einer Zeile. Der gleiche Operator kennzeichnet auch eine komplementäre Zeichenklasse, der Kontext von ^ legt jedoch stets eine eindeutige Bedeutung für diesen Operator fest. Der Operator $ paßt auf das Ende einer Zeile. Zum Beispiel paßt [^aeiou]*$ auf eine Zeile, die keine klein geschriebenen Vokale enthält. Gibt es für jeden regulären Ausdruck, der die Operatoren ^ und $ enthält, einen äquivalenten regulären Ausdruck ohne diese Operatoren?

3.11 Schreiben Sie ein Lex-Programm, das eine Datei kopiert, wobei jede nicht-leere Folge von Leerräumen durch ein einzelnes Leerzeichen ersetzt.

3.12 Schreiben Sie ein Lex-Programm, das ein Fortran-Programm kopiert, wobei es jedes Vorkommen von DOUBLE PRECISION durch REAL ersetzt.

3.13 Benutzen Sie Ihre Spezifikation der Schlüsselwörter und Bezeichner von Fortran 77 aus Übung 3.9, um in den folgenden Anweisungen die Symbole zu bestimmen:

```
IF(I) = TOKEN
IF(I) ASSIGN5TOKEN
IF(I) 10,20,30
IF(I) GOTO15
IF(I) THEN
```

Können Sie Ihre Spezifikation für Schlüsselwörter und Bezeichner auch in Lex formulieren?

Ausdruck	paßt auf ...	Beispiel
's'	String *s* aus beliebigen Zeichen	'\'
\c	beliebiges Zeichen *c*	\'
*	irgendein String	*.o
?	irgendein Zeichen	sort1.?
[s]	irgendein Zeichen in *s*	sort.[cso]

Abb. 3.49   Ausdrücke für Dateinamen beim Programm sh.

3.14 Im UNIX-System benutzt das Shell-Kommando sh die Operatoren aus Abb. 3.49 in Ausdrücken für Dateinamen, um Mengen von Dateinamen zu beschreiben. Zum Beispiel paßt der Ausdruck *.o auf alle

Dateinamen, die mit .o enden; sort.? paßt auf alle Dateinamen der Form sort.*c*, wobei *c* ein beliebiges Zeichen ist. Zeichenklassen können wie in [a-z] abgekürzt werden. Zeigen Sie, wie Ausdrücke für Dateinamen durch reguläre Ausdrücke dargestellt werden können.

3.15 Modifizieren Sie Algorithmus 3.1 so, daß er das längste Präfix der Eingabe findet, das vom DEA akzeptiert wird.

3.16 Benutzen Sie Algorithmus 3.3, um für die folgenden regulären Ausdrücke endliche Automaten zu erstellen. Geben Sie an, welche Bewegungen jeder von ihnen bei Abarbeitung des Eingabestrings *ababbab* macht.

a) $(a|b)^*$
b) $(a^*|b^*)^*$
c) $((\epsilon|a)b^*)^*$
d) $(a|b)^*abb(a|b)^*$

3.17 Konvertieren Sie unter Verwendung von Algorithmus 3.2 die NEA'en aus Übung 3.16 in DEA'en. Geben Sie die Folge von Bewegungen an, die jeder von ihnen bei Abarbeitung des Eingabestrings *aababbab* macht.

3.18 Konstruieren Sie DEA'en für die regulären Ausdrücke aus Übung 3.16. Benutzen Sie dazu Algorithmus 3.5. Vergleichen Sie die Größe der DEA'en mit der Größe der in Übung 3.17 erstellten DEA'en.

3.19 Konstruieren Sie aus den Übergangsdiagrammen für die Symbole in Abb. 3.10 deterministische endliche Automaten.

3.20 Erweitern Sie die Tabelle von Abb. 3.40 so, daß in regulären Ausdrücken auch die Operatoren ? und $^+$ zulässig sind.

3.21 Benutzen Sie Algorithmus 3.6, um die Zustände des DEA aus Übung 3.18 zu minimieren.

3.22 Um zu beweisen, daß zwei reguläre Ausdrücke äquivalent sind, braucht man nur zu zeigen, daß ihre minimalen DEA'en bis auf Zustandsnamen gleich sind. Zeigen Sie mit dieser Technik, daß die folgenden regulären Ausdrücke alle äquivalent sind.

a) $(a|b)^*$
b) $(a^*|b^*)^*$
c) $((\epsilon|a)b^*)^*$

3.23 Erstellen Sie für die folgenden regulären Ausdrücke minimale DEA'en.

a) $(a|b)^*a(a|b)$

    b) $(a|b)^*a(a|b)(a|b)$

    c) $(a|b)^*a(a|b)(a|b)(a|b)$

**d)   Beweisen Sie, daß jeder deterministische endliche Automat für den regulären Ausdruck $(a|b)^*a(a|b)(a|b)\cdots(a|b)$ mit $n-1$ $(a|b)$'s am Ende mindestens 2^n Zustände haben muß.

3.24 Repräsentieren Sie die Übergangstabelle von Übung 3.19 nach dem Schema von Abb. 3.47. Überlegen Sie sich Default-Zustände und probieren Sie die folgenden beiden Methoden zur Konstruktion des *next*-Array aus. Vergleichen Sie die beiden Methoden bezüglich ihres Speicherplatzbedarfs.

    a)   Schreibe die Zustandseinträge so in den *next*-Array, daß die dichtesten Zustände (das sind die mit der größten Anzahl von Einträgen, die ungleich ihren Default-Zuständen sind) zuerst eingetragen werden.

    b)   Schreibe die Zustandseinträge in zufälliger Reihenfolge in den *next*-Array.

3.25 Eine Variante des Schemas zur Tabellenkomprimierung aus Abschnitt 3.9 vermeidet die Rekursivität der Prozedur *nextstate*, indem für jeden Zustand eine feste Default-Stelle eingerichtet wird. Erstellen Sie mit Hilfe dieser nichtrekursiven Technik für die Übergangstabelle von Übung 3.19 eine Repräsentation gemäß Abb. 3.47. Vergleichen Sie den Platzbedarf mit dem aus Übung 3.24.

3.26 Als Muster sei ein String $b_1 b_2 \cdots b_m$, ein sogenanntes *Schlüsselwort* gegeben. Ein *Präfix-Baum* für ein Schlüsselwort ist ein Übergangsdiagramm mit $m+1$ Zuständen, wobei jeder Zustand einem Präfix des Schlüsselworts entspricht. Für $1\leq s\leq m$ gibt es für ein Symbol b_s einen Übergang vom Zustand $s-1$ zum Zustand s. Der Startzustand entspricht dem leeren String, der Endzustand dem gesamten Schlüsselwort. Der Präfix-Baum für das Schlüsselwort *ababaa* ist:

Wir definieren nun auf allen Zuständen des Übergangsdiagramms mit Ausnahme des Startzustands eine *failure*-Funktion f. Angenommen, die Zustände s und t repräsentieren die Präfixe u und v des Schlüsselworts. Dann definieren wir $f(s) = t$ genau dann, wenn v das längste echte Suffix von u ist, das gleichzeitig auch Präfix des Schlüsselworts ist. Die *failure*-Funktion f für den obigen Präfix-Baum lautet:

s	1	2	3	4	5	6
$f(s)$	0	0	1	2	3	1

Die Zustände 3 bzw. 1 repräsentieren z.B. die Präfixe aba bzw. a des Schlüsselworts $ababaa$. $f(3) = 1$, weil a das längste echte Suffix von aba ist, das auch Präfix des Schlüsselworts ist.

a) Wie lautet die *failure*-Funktion für das Schlüsselwort $abababaab$?

*b) Die Zustände im Präfix-Baum seien mit 0, 1, $\cdots$, m bezeichnet, wobei 0 der Startzustand ist. Zeigen Sie, daß der Algorithmus von Abb. 3.50 die *failure*-Funktion korrekt berechnet.

*c) Zeigen Sie, daß während der Ausführung des Algorithmus von Abb. 3.50 die Zuweisung $t := f(t)$ in der inneren Schleife höchstens m mal ausgeführt wird.

*d) Zeigen Sie, daß der Algorithmus den Zeitbedarf $O(m)$ hat.

```
/* Berechnung der failure-Funktion f für b₁ · · · bₘ */
t := 0; f(1) := 0;
for s := 1 to m-1 do begin
      while t > 0 and b_{s+1} ≠ b_{t+1} do t := f(t);
      if b_{s+1} = b_{t+1} then begin t := t + 1; f(s+1) := t end;
      else f(s+1) := 0
end
```

Abb. 3.50   Berechnung der *failure*-Funktion für Übung 3.26.

3.27 Der Algorithmus KMP in Abb. 3.51 benutzt die in Übung 3.26 erstellte *failure*-Funktion f, um zu bestimmen, ob das Schlüsselwort $b_1 \cdots b_m$ Teilstring des Zielstrings $a_1 \cdots a_n$ ist. Die Zustände des Präfix-Baums sind wie in Übung 3.26 (b) von 0 bis m durchnumeriert.

a) Wenden Sie den Algorithmus KMP an, um zu bestimmen, ob $ababaa$ Teilstring von $abababaab$ ist.

*b) Zeigen Sie, daß der Algorithmus KMP genau dann „Ja" liefert, wenn $b_1 \cdots b_m$ Teilstring von $a_1 \cdots a_n$ ist.

*c) Zeigen Sie, daß Algorithmus KMP in der Zeit $O(m+n)$ läuft.

*d) Gegeben sei ein Schlüsselwort y. Zeigen Sie, daß für den regulären Ausdruck .*y.*, wobei . für ein beliebiges Eingabezeichen

steht, mit Hilfe der failure-Funktion ein DEA mit $|y|+1$ Zu-
ständen in der Zeit $O(|y|)$ erstellt werden kann.

```
/* ist b₁ · · · bₘ Teilstring von a₁ · · · aₙ? */
s := 0;
for i := 1 to n do begin
        while s > 0 and aᵢ ≠ bₛ₊₁ do s := f(s);
        if aᵢ = bₛ₊₁ then s := s+1;
        if s = m then return „Ja"
end;
return „Nein"
```

Abb. 3.51   Algorithmus KMP.

**3.28 Eine *Periode* eines Strings s ist definiert als eine ganze Zahl p, so
daß s geschrieben werden kann als $(uv)^k u$, wobei $k > 0$, $|uv| = p$ und
v nicht der leere String ist. Zum Beispiel sind 2 und 4 Perioden des
Strings $ababab$.

   a)   Zeigen Sie, daß p genau dann Periode eines Strings s ist,
         wenn es Strings t und u der Länge p gibt mit $st = us$.

   b)   Zeigen Sie: Wenn p und q Perioden eines Strings s sind und
         $p+q \leq |s| + ggT(p,q)$ ist, dann ist auch $ggT(p,q)$ eine Peri-
         ode von s. Hierbei ist $ggT(p,q)$ der größte gemeinsame Tei-
         ler von p und q.

   c)   Sei $kp(s_i)$ die kleinste Periode desjenigen Präfixes von s,
         das die Länge i hat. Zeigen Sie, daß für die *failure*-Funk-
         tion f gilt: $f(j) = j - kp(s_{j-1})$.

*3.29 Das *kürzeste periodische Präfix* eines Strings s sei das Präfix u von
s, so daß $s = u^k$ *für ein* $k \geq 1$. Zum Beispiel ist ab das kürzeste periodische Präfix von $abababab$ und aba ist das kürzeste periodische
Präfix von aba. Entwickeln Sie einen Algorithmus, der das kürzeste
periodische Präfix eines Strings s in Zeit $O(|s|)$ findet. *Hinweis*: Be-
nutzen Sie die failure-Funktion von Übung 3.26.

3.30 Ein *Fibonacci-String* ist folgendermaßen definiert:

$$s_1 = b$$
$$s_2 = a$$
$$s_k = s_{k-1}s_{k-2}, \text{ für } k > 2$$

Beispielsweise ist $s_3 = ab$, $s_4 = aba$ und $s_5 = abaab$.

   a)   Welche Länge hat s_n?

**b) Was ist die kleinste Periode von s_n?

c) Wie sieht die failure-Funktion für s_6 aus?

*d) Beweisen Sie durch Induktion, daß sich die *failure*-Funktion durch $f(j) = j - |s_{k-1}|$ beschreiben läßt, wobei k so gewählt ist, daß $|s_k| \leq j < |s_{k+1}|$ für $1 \leq j \leq |s_n|$.

e) Wenden Sie den Algorithmus KMP an, um zu bestimmen, ob s_6 Teilstring des Zielstrings s_7 ist.

f) Konstruieren Sie einen DEA für den regulären Ausdruck .*s_6.*.

**g) Wie oft muß die *failure*-Funktion in Algorithmus KMP maximal hintereinander angewendet werden, um zu entscheiden, ob s_k Teilstring des Zielstrings s_{k+1} ist?

3.31 Die Begriffe Präfix-Baum und *failure*-Funktion, die wir in Übung 3.26 für einzelne Schlüsselwörter definiert haben, lassen sich wie folgt auf Mengen von Schlüsselwörtern ausdehnen: Jeder Zustand im Präfix-Baum entspricht einem Präfix von einem oder mehreren Schlüsselwörtern. Der Startzustand entspricht dem leeren String. Ein Zustand ist Endzustand, wenn er einem vollständigen Schlüsselwort entspricht. Während der Berechnung der *failure*-Funktion können weitere Zustände zu Endzuständen werden. Abb. 3.52 zeigt das Übergangsdiagramm für die Schlüsselwortmenge {he, she, his, hers}.

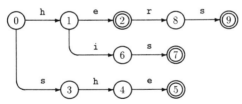

Abb. 3.52 Übergangsdiagramm für {he, she, his, hers}.

Wir definieren für den Präfix-Baum eine *Übergangsfunktion* g, die Paare, bestehend aus einem Zustand und einem Symbol, auf Zustände abbildet: $g(s, b_{j+1}) = s'$, wenn der Zustand s dem Präfix $b_1 \cdots b_j$ irgendeines Schlüsselworts und s' einem Präfix $b_1 \cdots b_j b_{j+1}$ entspricht. Für den Startzustand s_0 definieren wir $g(s_0, a) = s_0$, wenn a ein Eingabesymbol ist, das nicht Anfangssymbol eines Schlüsselwortes ist. Für die übrigen Zustände setzen wir $g(s, a) = fail$, falls ein Übergang nicht definiert ist. Beachten Sie, daß es für den Startzustand keine $fail$-Übergänge gibt.

Angenommen, die Zustände s und t repräsentieren die Präfixe u und v irgendwelcher Schlüsselwörter. Dann ist per Definition $f(s) = t$

genau dann, wenn v das längste echte Suffix von u ist, das auch Präfix eines Schlüsselworts ist. Für die obigen Übergangsdiagramme lautet die failure-Funktion

s	1	2	3	4	5	6	7	8	9
$f(s)$	0	0	0	1	2	0	3	0	3

Die Zustände 4 bzw. 1 repräsentieren beispielsweise sh bzw. h. Es ist $f(4) = 1$, weil h das längste echte Suffix von sh ist, das auch Präfix eines Schlüsselworts ist. Mit Hilfe des Algorithmus aus Abb. 3.53 läßt sich die *failure*-Funktion für Zustände wachsender Tiefe berechnen. Die Tiefe eines Zustands ist sein Abstand vom Startzustand.

```
for jeden Zustand s der Tiefe 1 do
      f(s) := s₀;
for jede Tiefe d ≥ 1 do
      for jeden Zustand s_d der Tiefe d und jedes Zeichen a, so daß
      g(s_d, a) = s' do begin
            s := f(s_d);
            while g(s, a) = fail do s := f(s);
            f(s') := g(s, a);
      end
```

Abb. 3.53 Berechnung der *failure*-Funktion für Präfixbäume.

Beachten Sie, daß aufgrund der Tatsache, daß $g(s_0, c) \neq fail$ für alle Zeichen c, die while-Schleife in Abb. 3.53 in jedem Fall terminiert. Falls $g(t, a)$ Endzustand ist, wird, nachdem $f(s')$ auf $g(t, a)$ gesetzt wurde, s' ebenfalls Endzustand, wenn dies vorher noch nicht der Fall war.

a) Erstellen Sie die *failure*-Funktion für die Schlüsselwortmenge $\{aaa, abaaa, ababaaa\}$.

*b) Zeigen Sie, daß der Algorithmus aus Abb. 3.53 die *failure*-Funktion korrekt berechnet.

*c) Zeigen Sie, daß der Zeitbedarf zur Berechnung der *failure*-Funktion proportional zur Summe der Längen der Schlüsselwörter ist.

3.32 Für die Menge der Schlüsselwörter $K = \{y_1, y_2, \cdots, y_k\}$ seien die Übergangsfunktion g und die failure-Funktion f von Übung 3.31 gegeben. Der Algorithmus von Abb. 3.54 entscheidet mit Hilfe von g

und f, ob ein Zielstring $a_1 \cdots a_n$ ein Schlüsselwort als Teilstring enthält.

```
/* Ist ein Schlüsselwort Teilstring von a₁ · · · aₙ? */
s := s₀;
for i := 1 to n do begin
    while g(s, aᵢ) = fail do s = f(s);
    s := g(s, aᵢ);
    if s ist in F then return „Ja"
end;
return „Nein"
```

Abb. 3.54 Algorithmus AC.

a) Wenden Sie Algorithmus AC auf den Eingabestring ushers an. Benutzen Sie dabei Übergangs- und *failure*-Funktion aus Übung 3.31.

*b) Beweisen Sie, daß Algorithmus AC genau dann „Ja" liefert, wenn ein Schlüsselwort y_i Teilstring von $a_1 \cdots a_n$ ist.

*c) Zeigen Sie, daß Algorithmus AC während der Bearbeitung eines Eingabestrings der Länge n höchstens $2n$ Zustandsübergänge durchführt.

*d) Gegeben seien Übergangsdiagramm und failure-Funktion einer Schlüsselwortmenge $\{y_1, y_2, \cdots y_k\}$. Zeigen Sie, daß sich daraus für den regulären Ausdruck $.^*(y_1|y_2| \cdots |y_k).^*$ ein DEA mit höchstens $\Sigma_{i=1}^k |y_i|+1$ Zuständen erstellen läßt.

e) Ändern Sie Algorithmus AC so, daß er jedes im Zielstring gefundene Schlüsselwort ausdruckt.

3.33 Benutzen Sie den Algorithmus aus Übung 3.32, um für die Schlüsselwörter von Pascal einen Scanner zu erstellen.

3.34 Eine *längste gemeinsame Teilfolge* zweier Strings x und y, $lgT(x, y)$, ist definiert als ein String, der sowohl Teilfolge von x als auch von y und mindestens so lang wie jede andere solche Teilfolge ist. Zum Beispiel ist ehe eine längste gemeinsame Teilfolge von zaehmen und lehre. Wir definieren $d(x, y)$, den *Abstand* zwischen x und y, als die kleinste Anzahl von Einfüg- und Löschoperationen, die nötig ist, um x in y zu transformieren. Beispielsweise ist $d(\text{zaehmen}, \text{lehre}) = 6$.

a) Zeigen Sie, daß für zwei beliebige Strings x und y der Abstand zwischen x und y sowie die Länge ihrer längsten gemeinsamen

Teilfolge durch die Gleichung $d(x,y) = |x| + |y| - 2|lg\,T(x,y)|$ beschrieben werden.

*b) Schreiben Sie einen Algorithmus, der für zwei gegebene Strings x und y eine längste gemeinsame Teilfolge berechnet.

3.35 Der *Editierabstand* $e(x,y)$ zweier Strings x und y ist definiert als die kleinste Zahl von Einfüg-, Lösch- und Ersetzungsoperationen, die nötig sind, um x in y zu transformieren. Sei $x = a_1 \cdots a_m$ und $y = b_1 \cdots b_n$. Nach der Strategie der dynamischen Programmierung läßt sich $e(x,y)$ algorithmisch berechnen. Der Algorithmus benutzt einen Array $d[0..m, 0..n]$, wobei $d[i, j]$ den Editierabstand zwischen $a_1 \cdots a_i$ und $b_1 \cdots b_j$ angibt. Der Algorithmus in Abb. 3.55 berechnet diese d-Matrix. Die Funktion *ers* liefert dabei die Kosten einer Zeichenersetzung: $ers(a_i, b_j) = 0$, wenn $a_i = b_j$, sonst 1.

```
for i := 0 to m do d[i, 0] := i;
for j := 1 to n do d[0, j] := j;
for i := 1 to m do
    for j := 1 to n do
        D[i, j] := min(d[i-1, j-1] + ers(a_i, b_j),
                       d[i-1, j] + 1,
                       d[i, j-1] + 1)
```

Abb. 3.55   Berechnung des Editierabstands zwischen zwei Strings.

a)   In welcher Beziehung steht die Abstandsmetrik aus Übung 3.34 zum Editierabstand?

b)   Berechnen Sie mit Hilfe des Algorithmus von Abb. 3.55 den Editierabstand zwischen *ababb* und *babaaa*.

c)   Entwickeln Sie einen Algorithmus, der die minimale Folge von Editieroperationen angibt, die x in y transformiert.

3.36 Überlegen Sie sich einen Algorithmus, der einen String x und einen regulären Ausdruck r als Eingabe erhält und einen String y aus $L(r)$ als Ausgabe erzeugt, so daß $d(x,y)$ möglichst klein ist. Dabei soll d die Abstandsfunktion aus Übung 3.34 sein.

Programmierübungen

P3.1 Schreiben Sie in Pascal oder C einen Scanner für die in Abb 3.10 aufgeführten Symbole.

P3.2 Schreiben Sie eine Spezifikation für die Symbole von Pascal. Erstellen Sie, ausgehend von dieser Spezifikation, Übergangsdiagramme. Implementieren Sie in einer Sprache wie C oder Pascal einen Scanner für Pascal, wobei Sie die Übergangsdiagramme als Grundlage benutzen.

P3.3 Vervollständigen Sie das Lex-Programm in Abb. 3.18. Vergleichen Sie Umfang und Geschwindigkeit des von Lex erzeugten Scanners mit dem Programm, das Sie in Übung P3.1 geschrieben haben.

P3.4 Schreiben Sie eine Lex-Spezifikation für die Symbole von Pascal und erzeugen Sie mit Hilfe des Lex-Compilers einen Scanner für Pascal.

P3.5 Schreiben Sie ein Programm, das als Eingabe einen regulären Ausdruck und den Namen einer Datei erhält und das als Ausgabe alle Zeilen der Datei liefert, die einen Teilstring enthalten, der dem regulären Ausdruck entspricht.

P3.6 Erweitern Sie das Lex-Programm in Abb. 3.18 um ein Recovery-Schema, das es dem Programm ermöglicht, die Suche nach Symbolen fortzusetzen, selbst wenn es auf Fehler stößt.

P3.7 Programmieren Sie, ausgehend von dem in Übung 3.18 konstruierten DEA, einen Scanner. Vergleichen Sie diesen Scanner mit denen, die Sie in den Übungen P3.1 und P3.3 erstellt haben.

P3.8 Konstruieren Sie ein Werkzeug, das für einen regulären Ausdruck, der eine Menge von Symbolen beschreibt, einen Scanner erzeugt.

Bemerkungen zur Literatur

Die Einschränkungen bezüglich der lexikalischen Aspekte einer Sprache wurden oft von der Umgebung geprägt, in der die Sprache entstand. Als Fortran 1954 entworfen wurde, waren Lochkarten ein verbreitetes Eingabemedium. Leerzeichen wurden in Fortran unter anderem deswegen ignoriert, weil die Leute, die die Karten aus handschriftlichen Notizen lochten, sich bei den Leerzeichen öfter mal verzählten (Backus[1981]). Die Trennung zwischen Hardware-Repräsentation und Referenzsprache in Algol 58 war ein Kompromiß und wurde erst erreicht, nachdem ein Mitglied des Entwurfskomitees beharrlich bei seiner Weigerung blieb „Nein! Ich werde niemals ein Satzende-Zeichen als Dezimalpunkt benutzen." (Wegstein [1981]).

Knuth [1973a] stellt weitere Techniken zur Eingabepufferung vor. Feldman [1979b] diskutiert die in der Praxis auftauchenden Schwierigkeiten bei der Symbolerkennung für Fortran 77.

Reguläre Ausdrücke wurden erstmals von Kleene [1956] untersucht. Sein Interesse galt der Beschreibung von Ereignissen, die durch das Modell der endlichen Automaten dargestellt werden konnten, ein Modell, das McCulloch und Pitts [1943] zur Darstellung von Nervenaktivitäten entwickelt hatten. Mit der Minimierung endlicher Automaten beschäftigten sich erstmals Huffman [1954] und Moore [1956]. Die Äquivalenz zwischen deterministischen und nichtdeterministischen Automaten hinsichtlich ihrer Fähigkeit, Sprachen zu erkennen, wurde von Rabin und Scott [1959] gezeigt. McNaughton und Yamada [1960] beschreiben einen Algorithmus, der einen DEA direkt aus einem regulären Ausdruck erzeugt. Mehr zur Theorie regulärer Ausdrücke steht in Hopcroft und Ullman [1979].

Man erkannte schnell, daß Werkzeuge, die Scanner aus Spezifikationen auf der Basis regulärer Ausdrücke erzeugen, bei der Implementierung von Compilern eine große Hilfe darstellen. Johnson et al. [1968] diskutieren eines der ersten dieser Systeme. Die in diesem Kapitel behandelte Sprache Lex geht auf Lesk [1975] zurück; mit Lex wurden schon viele Scanner für UNIX-basierte Compiler erstellt. Das platzsparende Implementierungsschema für Übergangstabellen aus Abschnitt 3.9 wird S. C. Johnson zugeschrieben, der es als erster bei der Implementierung des Parser-Generators YACC einsetzte (Johnson[1975]). Weitere Strategien zur Tabellenkomprimierung werden in Dencker, Dürre und Heuft [1984] behandelt und bewertet.

Das Problem platzsparender Implementierungen für Übergangstabellen wurde von der theoretischen Seite her in allgemeinerem Rahmen von Tarjan und Yao [1976] und von Fredman, Komlós und Szemerédi [1984] untersucht. Aufbauend auf dieser Arbeit stellen Cormack, Horspool und Kaiserwerth [1985] einen perfekten Hash-Algorithmus vor.

Der Anwendungsbereich regulärer Ausdrücke und endlicher Automaten war und ist nicht auf Übersetzungsprobleme beschränkt. Viele Texteditoren suchen mit Hilfe regulärer Ausdrücke nach Textmustern. Thompson [1968] beschreibt beispielsweise im Zusammenhang mit dem Texteditor QED die Konstruktion eines NEA ausgehend von einem regulären Ausdruck (Algorithmus 3.3). Das UNIX-System bietet drei vielseitig verwendbare Suchprogramme an, die mit regulären Ausdrücken arbeiten: grep, egrep und fgrep. grep erlaubt in regulären Ausdrücken weder Vereinigung noch Klammern zur Gruppierung von Teilausdrücken; allerdings ist wie in Snobol eine eingeschränkte Form von Rückwärts-Verweisen zulässig. grep benutzt die Algorithmen 3.3 und 3.4, um nach Exemplaren für den regulären Ausdruck zu suchen. Die regulären Ausdrücke von egrep ähneln denen von Lex, mit Ausnahme von Iteration und Lookahead. egrep verwendet bei der Suche nach Exemplaren eines regulären Ausdrucks einen DEA mit verzögerter ("lazy") Zustandskonstruktion; wir haben das Verfahren in Abschnitt 3.7 skizziert. fgrep sucht nach Mustern, die aus Mengen von Schlüsselwörtern bestehen, und benutzt dazu den Algorithmus von Aho und Corasick [1975]; er wurde in den Übungen 3.31 und 3.32 behandelt. Aho [1980] vergleicht diese Programme hinsichtlich ihrer Leistungsfähigkeit.

Reguläre Ausdrücke haben in Systemen zur Textverwaltung weite Verbreitung gefunden, in Anfragesprachen für Datenbanken und in Sprachen zur Dateiverarbeitung wie z.b. AWK (Aho, Kernighan und Weinberger [1979]). Jarvis [1976] beschrieb Schwachstellen in gedruckten Schaltungen mit Hilfe regulärer Ausdrücke. Cherry [1982] benutzte den Algorithmus zur Schlüsselwortsuche aus Übung 3.32 dazu, um in Manuskripten stilistische Schwächen aufzudecken.

Der Pattern-matching-Algorithmus aus den Übungen 3.26 und 3.27 stammt von Knuth, Morris und Pratt [1977]. Dieses Papier diskutiert auch ausführlich Perioden in Strings. Einen anderen effizienten Algorithmus zum String-Vergleich haben sich Boyer und Moore [1977] ausgedacht. Sie zeigten, daß man das Teilstring-Problem im allgemeinen lösen kann, ohne sämtliche Zeichen des Zielstrings untersuchen zu müssen. Des weiteren hat sich Hashing als effektive Technik beim Pattern-Matching im Zusammenhang mit Strings erwiesen (Harrison [1971]).

Der Begriff der längsten gemeinsamen Teilfolge, der in Übung 3.34 auftaucht, wurde beim Entwurf des UNIX-Programms diff benutzt. diff ist ein Programm, das Dateinamen miteinander vergleicht (Hunt und McIlroy [1976]). Hunt und Szymanski [1977] geben einen effizienten Algorithmus zur Berechnung der längsten gemeinsamen Teilfolge an. Der Algorithmus zur Berechnung des minimalen Editierabstands in Übung 3.35 stammt von Wagner und Fischer [1974]. In Wagner [1974] wird eine Lösung für Übung 3.36 angegeben. Sankhoff und Kruskal [1983] enthält eine hochinteressante Diskussion über das breite Spektrum an Anwendungsmöglichkeiten für Algorithmen, die Muster mit minimalem Abstand erkennen. Dieses Spektrum umfaßt Untersuchungen von Mustern in genetischen Sequenzen ebenso wie Probleme bei der Verarbeitung natürlicher Sprache.

4

Syntaxanalyse

Zu jeder Programmiersprache gehören Regeln, die festlegen, wie die syntaktische Struktur wohlgeformter Programme auszusehen hat. In Pascal besteht ein Programm aus Blöcken, ein Block besteht aus Anweisungen, eine Anweisung besteht aus Ausdrücken, ein Ausdruck besteht aus Symbolen usw. Die Syntax von Programmiersprachen läßt sich durch kontextfreie Grammatiken oder BNF-Notation (BNF steht für Backus-Naur-Form) beschreiben, die wir bereits in Abschnitt 2.2 eingeführt haben. Grammatiken sind sowohl für den Sprachentwurf als auch für die Compiler-Entwicklung hilfreich:

- Eine Grammatik beschreibt die Syntax einer Programmiersprache exakt, bleibt dabei aber leicht verständlich.

- Für gewisse Grammatikklassen können automatisch effiziente Parser erzeugt werden, die erkennen können, ob ein Quellprogramm syntaktisch wohlgeformt ist. Als weiterer Vorteil kommt hinzu, daß während des Prozesses der Parserkonstruktion syntaktische Mehrdeutigkeiten und andere für die Syntaxanalyse problematische Aspekte ans Licht kommen können, die andernfalls möglicherweise unentdeckt in die frühen Entwurfsphasen von Sprache und Compiler einfließen würden.

- Eine sorgfältig entworfene Grammatik prägt der Programmiersprache eine Struktur auf, die für die Übersetzung des Quellprogramms in korrekten Objektcode und für die Fehlererkennung vorteilhaft ist. Mit Hilfe entsprechender Werkzeuge können grammatik-basierte Beschreibungen von Übersetzungen in lauffähige Programme umgesetzt werden.

- Sprachen entwickeln sich im Lauf der Zeit immer weiter, neue Konstrukte und Leistungen kommen hinzu. Es ist leichter, eine Sprache um neue Aspekte zu erweitern, wenn es bereits eine Implementierung gibt, die auf einer grammatikalischen Sprachbeschreibung aufbaut.

Der Schwerpunkt dieses Kapitels liegt auf Methoden zur Syntaxanalyse, wie man sie in typischen Compilern findet. Zunächst stellen wir die grundlegenden Konzepte vor, dann Techniken, die sich für selbstgeschriebene Implementierungen eignen, und zum Schluß Algorithmen, die in automatisierten Werkzeugen Verwendung finden. Weil Programme schließlich auch Syntaxfehler enthalten, erweitern wir die Parse-Methoden, so daß sie auch mit den üblicherweise auftretenden Fehlern fertig werden.

4.1 Die Rolle des Parsers

In unserem Modell liefert der Scanner dem Parser eine Folge von Symbolen. Dies veranschaulicht Abb. 4.1. Der Parser prüft, ob diese Symbolfolge von der Grammatik der Quellsprache erzeugt werden kann. Wir erwarten, daß der Parser bei Syntaxfehlern aussagekräftige Meldungen liefert. Außerdem sollte er die üblicherweise auftretenden Fehler auf eine Art behandeln, die es ihm erlaubt, auch den Rest der Eingabe weiter zu bearbeiten.

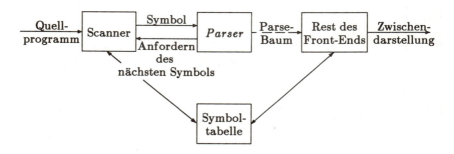

Abb. 4.1 Rolle des Parsers im Compiler-Modell.

Parser für Grammatiken lassen sich in drei Kategorien einteilen: Universelle Parse-Methoden wie z.B. die Algorithmen von Cocke-Younger-Kasami und Early funktionieren für alle Grammatiken (wir verweisen auf die Bemerkungen zur Literatur). Für den praktischen Einsatz sind diese Methoden jedoch zu ineffizient. Die in Compilern überwiegend verwendeten Methoden lassen sich als „Top-Down"- oder „Bottom-Up"-Methoden klassifizieren. Wie der Name schon sagt, beginnt ein Top-Down-Parser die Konstruktion des Parse-Baums mit der Wurzel („Top") und setzt seine Arbeit in Richtung der Blätter („Bottom") fort, während sich ein Bottom-Up-Parser von den Blättern her zur Wurzel hocharbeitet. Beide Parser-Typen lesen die Symbole der Eingabe sukzessive von links nach rechts.

Die effizienten Top-Down- und Bottom-Up-Methoden sind auf Teilklassen von Grammatiken beschränkt. Einige dieser Teilklassen, wie z.B. LL- und LR-Grammatiken, sind jedoch mächtig genug, um die meisten syntaktischen

Konstrukte in Programmiersprachen damit beschreiben zu können. Von Hand geschriebene Parser arbeiten überwiegend mit LL-Grammatiken. Zum Beispiel erstellt die Methode von Abschnitt 2.4 Parser für LL-Grammatiken. Automatisierte Werkzeuge generieren in der Regel Parser für die größere Klasse der LR-Grammatiken.

Wir gehen in diesem Kapitel davon aus, daß der Parser für den vom Scanner erzeugten Symbolstrom irgendeine Form eines Parse-Baums als Ausgabe generiert. In der Praxis sind während des Parse-Prozesses eine Reihe weiterer Aufgaben durchzuführen. Zum Beispiel müssen in der Symboltabelle Informationen über die verschiedenen Symbole gesammelt, Typüberprüfungen und andere Aufgaben der semantischen Analyse durchgeführt und, wie schon in Kapitel 2 gesehen, Zwischencode generiert werden. In Abb. 4.1 haben wir alle diese Aktivitäten in dem Kasten „Rest des Front-Ends" zusammengefaßt. Wir werden diese Aktivitäten in den nächsten drei Kapiteln ausführlich behandeln.

Zum Schluß dieses Abschnitts wollen wir das Wesen syntaktischer Fehler näher beleuchten und einige allgemeine Recovery-Strategien vorstellen. Zwei dieser Strategien, die sogenannte panische und die konstrukt-orientierte Recovery, werden später in Verbindung mit den verschiedenen Parse-Methoden noch ausführlich besprochen werden. Die Implementierung dieser Strategien muß letztlich dem Fingerspitzengefühl des Compiler-Entwicklers überlassen bleiben, wir geben jedoch einige methodische Hinweise.

Behandlung von Syntaxfehlern

Wenn ein Compiler nur korrekte Programme verarbeiten müßte, wären sein Entwurf und seine Implementierung um vieles einfacher. Aber Programmierer schreiben nun mal oft inkorrekte Programme, und ein guter Compiler sollte dem Programmierer dabei helfen, Fehler zu erkennen und zu lokalisieren. Verblüffend ist, daß die Fehlerbehandlung in nur wenigen Sprachen bereits beim Entwurf berücksichtigt wurde, obwohl Fehler doch recht alltäglich sind. Wenn für unsere Umgangssprache die gleichen strengen Forderungen bezüglich syntaktischer Genauigkeit wie bei Computersprachen gelten würden, sähe unsere Kultur ganz anders aus. Die meisten Beschreibungen von Programmiersprachen machen keine Aussage darüber, wie ein Compiler auf Fehler zu reagieren hat. Man überläßt dies dem Compiler-Entwerfer. Würde die Fehlerbehandlung von Anfang an mit eingeplant, könnte dies sowohl die Struktur des Compilers vereinfachen als auch seine Reaktion auf Fehler verbessern.

Bekanntlich kann ein Programm auf vielen verschiedenen Ebenen Fehler enthalten. Man unterscheidet beispielsweise

- lexikalische Fehler wie etwa falsch geschriebene Bezeichner, Schlüsselwörter oder Operatoren,

- syntaktische Fehler wie z.B. einen falsch geklammerten arithmetischen Ausdruck,

- semantische Fehler wie z.B. die Anwendung eines Operators auf inkompatible Operanden,

- logische Fehler wie z.b. ein nicht-terminierender rekursiver Aufruf.

Der größte Teil der Fehlererkennung und Recovery ist in der Phase der Syntaxanalyse angesiedelt. Einer der Gründe dafür ist, daß viele Fehler syntaktischer Natur sind beziehungsweise dann zum Vorschein kommen, wenn der vom Scanner erzeugte Symbolstrom grammatikalische Regeln der Programmiersprache verletzt. Ein anderer Grund dafür ist die Exaktheit der heutigen Parse-Methoden. Sie erkennen sehr effizient, ob Syntaxfehler vorhanden sind. Wesentlich schwieriger ist es, während der Compile-Zeit semantische und logische Fehler exakt zu erkennen. Wir stellen in diesem Abschnitt einige elementare Techniken zur Behandlung von Syntaxfehlern vor. Ihre Implementierung wird in diesem Kapitel zusammen mit den Parse-Methoden diskutiert.

Die Ziele, die die Fehlerbehandlung eines Parsers zu erfüllen hat, lassen sich mühelos hinschreiben:

- Sie sollte verständlich und präzise das Vorhandensein von Fehlern melden.

- Sie sollte sich von einem Fehler schnell genug erholen, um auch Folgefehler entdecken zu können.

- Sie sollte die Verarbeitung korrekter Programme nicht unverhältnismäßig verlangsamen.

Die effektive Umsetzung dieser Ziele ist jedoch schwierig und anspruchsvoll.

Glücklicherweise sind viele der in der Praxis vorkommenden Fehler nicht allzu kompliziert, so daß oft relativ einfache Fehlerbehandlungen genügen. Es kann allerdings vorkommen, daß ein Fehler erst sehr viel später entdeckt wird, als er eigentlich auftrat. Die Art eines solchen Fehlers ist manchmal sehr schwer zu bestimmen. In besonders schlimmen Fällen muß die Fehlerbehandlung unter Umständen sogar raten, was der Programmierer beim Schreiben des Programms eigentlich im Sinn hatte.

Manche Parse-Methoden, wie die LL- und LR-Methode, entdecken einen Syntaxfehler zum frühestmöglichen Zeitpunkt. Sie besitzen, um genauer zu sein, die *viable-prefix-Eigenschaft*. Das heißt, sie erkennen das Auftreten eines Fehlers bereits in dem Moment, in dem das gelesene Präfix der Eingabe nicht mehr Präfix eines Worts der Sprache sein kann.

Beispiel 4.1
Um einen Eindruck davon zu gewinnen, welche Fehler in der Praxis auftreten, wollen wir Fehler betrachten, die Ripley und Druseikis [1978] in einigen repräsentativen, von Studenten geschriebenen Programmen fanden.

Sie fanden heraus, daß Fehler nicht so häufig vorkommen, wie man es vielleicht erwartet. 60% der übersetzten Programme waren syntaktisch und semantisch korrekt; selbst wenn Fehler auftraten, dann geschah dies eher sporadisch. 80% der fehlerhaften Anweisungen enthielten einen einzigen Fehler, 13% enthielten zwei Fehler. Zudem waren die meisten Fehler trivialer Natur. 90% der Fehler betrafen jeweils ein einzelnes Symbol.

Viele Fehler waren einfach einzuordnen: 60% der Fehler betrafen die Zeichensetzung, 20% Operatoren und Operanden, 15% Schlüsselwörter und die restlichen fünf Prozent verteilten sich auf andere Fehlerarten. Die weitaus meisten Fehler bei der Zeichensetzung rührten von inkorrekter Benutzung des Semikolons her. Wir wollen anhand des folgenden Pascal-Programms einige konkrete Beispiele betrachten.

```
(1)     program prmax(input, output);
(2)     var
(3)         x, y: integer;

(4)     function max(i:integer; j:integer) : integer;
(5)     { Rückgabe des Maximums der Integers i und j }
(6)     begin
(7)         if i > j then max := i
(8)         else max := j
(9)     end;

(10)    begin
(11)        readln (x,y);
(12)        writeln (max(x,y))
(13)    end.
```

Ein typischer Zeichensetzungsfehler ist die Verwendung eines Kommas anstelle eines Semikolons in der Argumentliste einer Funktionsdeklaration (z.B. wäre ein Komma anstelle des ersten Semikolons in Zeile (4) ein solcher Fehler). Ein ähnlicher Fehler ist ein fehlendes Semikolon, das am Ende einer Zeile vorgeschrieben ist (z.B. das Semikolon am Ende von Zeile (4)) oder ein überzähliges Semikolon am Ende einer Zeile vor einem else (z.B. ein Semikolon, das am Ende von Zeile (7) stünde).

Ein Grund für die Verbreitung von Semikolon-Fehlern kann darin liegen, daß der Gebrauch des Semikolons von Sprache zu Sprache variiert. In Pascal trennt das Semikolon Anweisungen, in PL/1 und C schließt es Anweisungen ab. Nach Meinung einiger Studien ist die letztgenannte Art der Benutzung weniger fehleranfällig (Gannon und Horning [1975]).

Typisches Beispiel eines Operator-Fehlers ist das Fehlen des Doppelpunkts in :=. Schreibfehler bei Schlüsselwörtern sind verhältnismäßig selten. Ein Fehler dieser Art wäre beginn anstatt begin.

Vielen Pascal-Compilern verursachen die üblichen Fehler, bei denen einzelne Zeichen zuviel, zuwenig oder vertauscht sind, keine Probleme. Tatsächlich werden einige Pascal-Compiler das obige Programm korrekt übersetzen, selbst wenn es die üblichen Zeichensetzungs- und Operator-Fehler enthält. Die Compiler werden lediglich warnende Diagnosen ausgeben und die irritierenden Konstrukte kennzeichnen.

Bei einem anderen weit verbreiteten Fehlertyp ist eine korrekte Reparatur jedoch wesentlich schwieriger. Es handelt sich hierbei um ein fehlendes begin oder end (wenn z.B. Zeile(9) fehlen würde). Die wenigsten Compiler wagen sich an Reparaturmaßnahmen für diese Art von Fehlern. □

Wie soll nun aber eine Komponente zur Fehlerbehandlung einen erkannten Fehler melden? Zumindest sollte sie darauf hinweisen, an welcher Stelle im Quellprogramm der Fehler entdeckt wurde, weil die Wahrscheinlichkeit recht groß ist, daß der Fehler in der Nähe dieser Stelle auch wirklich auftrat. Viele Compiler drucken die widersprüchliche Zeile aus und markieren die Stelle, an der der Fehler entdeckt wurde. Wenn mit einer angemessenen Wahrscheinlichkeit die Art des Fehlers feststeht, geben sie zusätzlich noch aussagekräftige und verständliche Diagnosemeldungen aus wie z.B. „an dieser Stelle wurde ein Semikolon erwartet".

Kommen wir nun zur Frage nach der Recovery-Strategie eines Parsers, d.h. zur Frage, wie ein Parser seine Arbeit nach Erkennen eines Fehlers fortsetzen sollte. Wie Sie sehen werden, gibt es eine Vielzahl allgemeiner Strategien, eine absolut beste gibt es jedoch nicht. Der Parser sollte in der Regel nicht schon nach Erkennen des ersten Fehlers abbrechen, weil durch die Weiterverarbeitung der Eingabe zusätzliche Fehler aufgedeckt werden können. Die Fehler-Recovery versucht im allgemeinen, den Parser wieder in einen Zustand zu versetzen, in dem er die Bearbeitung der Eingabe in der Annahme fortsetzen kann, die Eingabe sei korrekt oder wenigstens vernünftig vom Compiler zu bearbeiten.

Eine schlechte Fehler-Recovery kann zu einer äußerst unangenehmen Lawine von „Schein"-Fehlern führen. „Schein"-Fehler sind keine Programmierfehler, sondern haben ihre Ursache in Zustandsänderungen des Parsers, die im Zuge der Fehlerbehandlung verursacht wurden. Ganz ähnlich kann die Behandlung syntaktischer Fehler auch zu scheinbaren semantischen Fehlern führen, die dann später während der semantischen Analyse oder der Code-Generierung entdeckt werden. Der Parser könnte zum Beispiel in Verbindung mit einer Recovery-Maßnahme eine Deklaration der Variablen zap überspringen. Taucht zap später in einem Ausdruck auf, so ist das zwar kein Syntaxfehler, jedoch würde die Meldung „zap ist undefiniert" erzeugt, weil zap nicht in die Symboltabelle eingetragen wurde.

Konservative Strategien unterdrücken Fehlermeldungen, wenn die verursachenden Fehler im Eingabestrom zu dicht aufeinander folgen. Wenn ein Syntaxfehler entdeckt wurde, sollte der Parser mindestens einige Symbole erfolgreich analysiert haben, bevor er die nächste Fehlermeldung ausgibt. Es kann auch vorkommen, daß der Compiler nicht mehr vernünftig weiterarbeiten kann, weil die Fehler einfach überhand nehmen (Wie sollte etwa ein Pascal-Compiler reagieren, wenn er ein Fortran-Programm als Eingabe erhält?). Strategien zur Fehler-Recovery müssen offensichtlich sorgfältig ausgewogene Kompromisse sein, wobei Fehler zu berücksichtigen sind, die häufig vorkommen und eine sinnvolle Fortsetzung der Arbeit gestatten.

Wie erwähnt versuchen manche Compiler, Fehler zu reparieren. Dabei versucht der Compiler zu erraten, was der Programmierer eigentlich meinte. Beispiel eines solchen Compilertyps ist der PL/C-Compiler (Conway und Wilcox [1973]). Abgesehen vielleicht von Fällen, in denen Studienanfänger kleine Programme schreiben, sind die Kosten bei extensiver Fehlerreparatur höher als ihr Gewinn. Tatsächlich scheint die zunehmende Schwerpunktverlagerung zugunsten interaktiver Systeme und guter Programmierumgebungen eher einen Trend zu einfachen Mechanismen der Fehler-Recovery mit sich zu bringen.

Recovery-Strategien

Es gibt eine Vielzahl allgemeiner Strategien, die es einem Parser ermöglichen, nach Erkennen von Syntaxfehlern weiterzuarbeiten. Obwohl keine dieser Strategien sich als Allheilmittel durchgesetzt hat, haben einige davon große Verbreitung gefunden. Wir wollen hier die folgenden Strategien vorstellen:

* panische Recovery
* konstrukt-orientierte Recovery
* Fehlerproduktionen
* globale Korrektur

Panische Recovery. Diese Strategie ist am einfachsten zu implementieren und eignet sich für die meisten Parse-Methoden. Wenn der Parser einen Fehler entdeckt hat, überliest er die Eingabesymbole solange, bis er ein Symbol findet, das zu einer speziellen Menge „synchronisierender" Symbole gehört. Die synchronisierenden Symbole sind üblicherweise Begrenzer wie das Semikolon oder **end**, deren Bedeutung im Quellprogramm unmißverständlich ist. Selbstverständlich ist es Aufgabe des Compiler-Entwerfers, geeignete synchronisierende Symbole einer Quellsprache zusammenzustellen. Zwar überspringt die panische Recovery einen beträchtlichen Teil der Eingabe, ohne ihn auf weitere Fehler hin zu untersuchen; sie hat jedoch den Vorteil, einfach zu sein und garantiert nie in eine Endlos-Schleife zu geraten – im Gegensatz zu einigen Methoden, auf die wir später noch eingehen. Wenn es selten vorkommt, daß eine einzelne Anweisung mehrere Fehler enthält, kann diese Methode durchaus die geeignete Wahl sein.

Konstrukt-orientierte Recovery. Wenn ein Parser einen Fehler entdeckt, kann er versuchen, die anstehende Eingabe lokal zu korrigieren. Das heißt, er kann ein Präfix der anstehenden Eingabe durch einen String ersetzen, der ihm eine Fortsetzung der Analyse erlaubt. Typische lokale Korrekturen sind Ersetzen eines Kommas durch ein Semikolon, Entfernen eines überzähligen Semikolons oder Einfügen eines fehlenden Semikolons. Die Wahl der lokalen Korrekturen ist Sache des Compiler-Entwerfers. Man muß natürlich aufpassen, daß die gewählte Ersetzung nicht zu einer Endlos-Schleife führt, die zum Beispiel entstehen würde, wenn man vor dem aktuellen Eingabesymbol immer wieder irgend etwas einfügt.

Diese Art der Ersetzung ist prinzipiell zur Korrektur beliebiger Eingabestrings geeignet und wurde bereits in diversen Compilern zur Fehlerreparatur eingesetzt. Die Methode wurde erstmalig bei Top-Down-Parsern verwendet. Ihr Hauptnachteil besteht darin, daß Situationen, in denen ein Fehler tatsächlich früher aufgetreten ist, als er entdeckt wurde, zu Schwierigkeiten führen können.

Fehlerproduktionen. Wenn einigermaßen klar ist, welche Fehler gewöhnlich auftreten, kann man einer Grammatik Produktionen zur Erzeugung dieser fehlerhaften Konstrukte hinzufügen. Aus dieser erweiterten Grammatik wird dann der Parser erstellt. Wenn der Parser eine Fehlerproduktion anwendet, kann er für das in der Eingabe als falsch erkannte Konstrukt geeignete Diagnosemeldungen ausgeben.

Gobale Korrekturen. Ideal wäre es, wenn der Compiler bei der Behandlung inkorrekter Eingaben möglichst wenige Änderungen durchführen würde. Es gibt Algorithmen, die eine minimale Folge von Änderungen finden, um einen String global und mit geringsten Kosten zu korrigieren. Diese Algorithmen erzeugen bei Eingabe x den Parse-Baum eines ähnlichen Strings y, wobei y aus x durch die kleinstmögliche Anzahl von Operationen zum Einfügen, Löschen oder Ändern eines Symbols hervorgeht. Leider ist die Implementierung dieser Methode hinsichtlich ihres Zeit- und Platzbedarfs im allgemeinen zu kostspielig, so daß sie momentan nur von theoretischem Interesse ist.

Selbstverständlich muß ein korrektes Programm minimalen Abstands nicht identisch sein mit dem Programm, das der Programmierer eigentlich schreiben wollte. Dennoch stellt das Konzept der Korrektur mit minimalem Abstand ein gutes Vergleichsmaß bei der Bewertung von Recovery-Techniken dar. Das Verfahren wird in konstrukt-orientierten Recovery-Strategien häufig zur Ermittlung optimaler Ersetzungsstrings angewendet.

4.2 Kontextfreie Grammatiken

Viele programmiersprachliche Konstrukte haben eine inhärent rekursive Struktur, die sich mit Hilfe kontextfreier Grammatiken definieren läßt. Beispielsweise könnte eine bedingte Anweisung durch eine Regel der folgenden Form definiert werden:

$$\text{Wenn } S_1 \text{ und } S_2 \text{ Anweisungen sind und } E \text{ ein Ausdruck ist,} \atop \text{dann ist „if } E \text{ then } S_1 \text{ else } S_2\text{“ eine Anweisung.}} \tag{4.1}$$

Diese Art einer bedingten Anweisung läßt sich durch die Notation regulärer Ausdrücke nicht definieren. Reguläre Ausdrücke eignen sich – wie in Kapitel 3 gesehen – dazu, die lexikalische Struktur von Symbolen zu beschreiben. (4.1) läßt sich jedoch mühelos durch die untenstehende Produktion einer Grammatik ausdrücken. Dabei bezeichnet die syntaktische Variable *stmt* die Klasse der Anweisungen und *expr* die Klasse der Ausdrücke.

$$stmt \rightarrow \textbf{if } expr \textbf{ then } stmt \textbf{ else } stmt \tag{4.2}$$

Wir kommen in diesem Abschnitt nochmals auf die Definition kontextfreier Grammatiken zurück und führen einige Begriffe ein, die wir bei der Behandlung des Parse-Prozesses brauchen. Gemäß Abschnitt 2.2 besteht eine kontextfreie Grammatik (kurz: Grammatik) aus Terminalen, Nichtterminalen, einem Startsymbol und Produktionen.

1. Terminale sind die Grundsymbole, aus denen Strings bestehen. Im Zusammenhang mit Grammatiken von Programmiersprachen benutzen wir für „Terminal" häufig das Synonym „Symbol" oder engl. „token". In (4.2) sind die Schlüsselwörter **if**, **then** und **else** Terminale.

2. Nichtterminale sind syntaktische Variablen, die Mengen von Strings bezeichnen. In (4.2) sind *stmt* und *expr* Nichtterminale. Die Nichtterminale stehen für String-Mengen, die die Definition der von der Grammatik erzeugten Sprache vereinfachen. Darüber hinaus prägen sie der Sprache eine hierarchische Struktur auf, die für Syntaxanalyse und Übersetzung hilfreich ist.

3. Ein Nichtterminal einer Grammatik ist als Startsymbol ausgezeichnet. Die vom Startsymbol bezeichnete String-Menge ist die von der Grammatik definierte Sprache.

4. Die Produktionen einer Grammatik bestimmen, wie Terminale und Nichtterminale zur Bildung von Strings miteinander kombiniert werden können. Eine Produktion besteht aus einem Nichtterminal, gefolgt von einem Pfeil (manchmal wird statt des Pfeils auch das Symbol ::= benutzt), gefolgt von einer Aneinanderreihung von Nichtterminalen und Terminalen.

Beispiel 4.2

Die Grammatik mit den folgenden Produktionen definiert einfache arithmetische Ausdrücke.

$$
\begin{aligned}
expr &\rightarrow expr\ op\ expr \\
expr &\rightarrow (\ expr\ ) \\
expr &\rightarrow -\ expr \\
expr &\rightarrow \mathbf{id} \\
op &\rightarrow + \\
op &\rightarrow - \\
op &\rightarrow * \\
op &\rightarrow / \\
op &\rightarrow \uparrow
\end{aligned}
$$

Die Terminalsymbole dieser Grammatik sind

$$\mathbf{id}\ +\ -\ *\ /\ \uparrow\ (\ )$$

Die Nichtterminale sind *expr* und *op*; *expr* ist das Startsymbol. □

Vereinbarungen zur Schreibweise

Um nicht ständig sagen zu müssen „Dies sind die Terminale", „Dies sind die Nichtterminale" usw. halten wir uns in Verbindung mit Grammatiken für den Rest des Buchs an folgende Schreibkonventionen.

1. Terminale sind:

    i)   Kleinbuchstaben vom Anfang des Alphabets, z.B. *a*, *b*, *c*.
    ii)   Operatorsymbole wie +, −, usw.
    iii)   Symbole der Zeichensetzung wie Klammern, Komma usw.
    iv)   Die Ziffern 0, 1, ..., 9.
    v)   Fettgedruckte Strings wie z.B. **id** oder **if**.

2. Nichtterminale sind:

    i)   Großbuchstaben vom Anfang des Alphabets, z.B. *A*, *B*, *C*.
    ii)   Der Buchstabe *S*, der meistens das Startsymbol bezeichnet.
    iii)   Kleingeschriebene kursive Namen wie beispielsweise *expr* oder *stmt*.

3. Großbuchstaben vom Ende des Alphabets wie *X*, *Y*, *Z* stehen für *Grammatiksymbole*, d.h. für Nichtterminale oder Terminale.

4. Kleinbuchstaben vom Ende des Alphabets, hauptsächlich *u*, *v*, ..., *z*, stehen für Strings von Terminalen.

5. Griechische Kleinbuchstaben wie α, β, γ stehen für Strings von Grammatiksymbolen. Die allgemeine Form einer Produktion könnte daher durch $A \to \alpha$ beschrieben werden. Das heißt, links vom Pfeil steht ein einzelnes Nichtterminal A (das ist die *linke Seite* der Produktion) und rechts vom Pfeil ein String α von Grammatiksymbolen (die *rechte Seite* der Produktion).

6. Wenn nichts anderes gesagt wird, ist die linke Seite der ersten Produktion das Startsymbol.

Beispiel 4.3
Mit diesen Abkürzungen läßt sich die Grammatik von Beispiel 4.2 wie folgt kürzer beschreiben:

$$E \to \quad E\,A\,E \mid (\,E\,) \mid - E \mid \text{id}$$
$$A \to \quad + \mid - \mid * \mid / \mid \uparrow$$

Gemäß unseren Konventionen sind E und A Nichtterminale, E ist das Startsymbol. Die übrigen Symbole sind Terminale. □

Herleitungen

Man kann mit dem Prozeß, durch den die Sprache einer Grammatik definiert wird, verschiedene Vorstellungen verbinden. In Abschnitt 2.2 sahen wir in diesem Prozeß die Erstellung eines Parse-Baums. Eine andere, aber damit verwandte Sichtweise ist die eines Herleitungsprozesses. Sie ist in vielen Fällen hilfreich. Ein Herleitungsprozeß entspricht tatsächlich exakt der Top-Down-Konstruktion eines Parse-Baums. Die Idee dabei ist, eine Produktion als Ersetzungsregel anzusehen, gemäß der das Nichtterminal auf der linken Seite durch den String auf der rechten Seite der Produktion ersetzt werden kann.

Betrachten Sie zum Beispiel die folgende Grammatik für arithmetische Ausdrücke, in der das Nichtterminal E einen Ausdruck repräsentiert:

$$E \to E + E \mid E * E \mid (\,E\,) \mid -E \mid \text{id} \tag{4.3}$$

Die Produktion $E \to -E$ besagt, daß ein Minuszeichen, dem ein Ausdruck folgt, ebenfalls ein Ausdruck ist. Mit dieser Produktion können aus einfachen Ausdrücken komplexere Ausdrücke erzeugt werden. Die Produktion erlaubt nämlich, ein beliebiges Vorkommen von E durch $-E$ zu ersetzen. Der einfachste Fall ist, ein einzelnes E durch $-E$ zu ersetzen. Dies wird als

$$E \Longrightarrow -E$$

geschrieben und als „E leitet $-E$ her" gelesen. Die Produktion $E \rightarrow (E)$ sagt aus, daß in einem beliebigen String von Grammatiksymbolen ein E durch (E) ersetzt werden kann, z.B. $E*E \Rightarrow (E)*E$ oder $E*E \Rightarrow E*(E)$.

Man kann, ausgehend von E, wiederholt Produktionen in beliebiger Reihenfolge anwenden. Dadurch erhält man eine Folge von Ersetzungen, zum Beispiel

$$E \Rightarrow -E \Rightarrow -(E) \Rightarrow -(\mathbf{id})$$

Eine solche Folge von Ersetzungen heißt eine _Herleitung_ von $-(\mathbf{id})$ aus E. Diese Herleitung läßt sich als Beweis dafür interpretieren, daß der String $-(\mathbf{id})$ ein Ausdruck ist.

Allgemein gilt $\alpha A\beta \Rightarrow \alpha\gamma\beta$, wenn $A \rightarrow \gamma$ eine Produktion ist und α und β beliebige Strings von Grammatiksymbolen sind. Man sagt, α_1 _leitet_ α_n _her_, wenn $\alpha_1 \Rightarrow \alpha_2 \Rightarrow ... \Rightarrow \alpha_n$. Das Symbol $\Rightarrow$ ist als „leitet in einem Schritt her" zu verstehen. Oft wollen wir sagen, daß ein String in „null oder mehr Schritten hergeleitet wird". Zu diesem Zweck benutzen wir das Symbol $\overset{*}{\Rightarrow}$.

Es gilt,

1. $\alpha \overset{*}{\Rightarrow} \alpha$ für jeden String α.
2.   Wenn $\alpha \overset{*}{\Rightarrow} \beta$ und $\beta \Rightarrow \gamma$, dann $\alpha \overset{*}{\Rightarrow} \gamma$.

Analog benutzen wir $\overset{+}{\Rightarrow}$ für „leitet in einem oder mehr Schritten her".

Mit Hilfe der Relation $\overset{*}{\Rightarrow}$ können wir für eine gegebene Grammatik G mit Startsymbol S die _von G erzeugte Sprache $L(G)$_ definieren. Ein String w von Terminalen ist genau dann in $L(G)$, wenn $S \overset{*}{\Rightarrow} w$. Der String w heißt _Satz_ oder _Wort_ von G. Eine _kontextfreie Sprache_ ist eine Sprache, die von einer Grammatik erzeugt werden kann. Zwei Grammatiken heißen _äquivalent_, wenn sie die gleiche Sprache erzeugen.

Wenn $S \overset{*}{\Rightarrow} \alpha$, wobei α auch Nichtterminale enthalten darf, dann bezeichnen wir α als _Satzform_ von G. Ein Satz ist eine Satzform ohne Nichtterminale.

Beispiel 4.4
Der String $-(\mathbf{id} + \mathbf{id})$ ist ein Satz der Grammatik (4.3), weil es eine Herleitung für ihn gibt:

$$E \Rightarrow -E \Rightarrow -(E) \Rightarrow -(E+E) \Rightarrow -(\mathbf{id}+E) \Rightarrow -(\mathbf{id}+\mathbf{id}) \tag{4.4}$$

Die in der Herleitung vorkommenden Strings E, $-E$, $-(E)$, ..., $-(\mathbf{id}+\mathbf{id})$ sind sämtlich Satzformen dieser Grammatik. Wir schreiben $E \overset{*}{\Rightarrow} -(\mathbf{id}+\mathbf{id})$, um auszudrücken, daß $-(\mathbf{id}+\mathbf{id})$ aus E herleitbar ist.

Durch Induktion über die Länge einer Herleitung kann man zeigen, daß jeder Satz der Sprache von Grammatik (4.3) ein arithmetischer Ausdruck ist, bestehend aus den zweistelligen Operatoren + und ∗, dem einstelligen Operator −, Klammern und dem Operanden **id**. In ähnlicher Weise kann man durch Induktion über die Länge eines arithmetischen Ausdrucks zeigen, daß jeder derartige Ausdruck von dieser Grammatik erzeugt werden kann. Die Grammatik (4.3) erzeugt also genau die Menge aller arithmetischen Ausdrücke, die aus den zweistelligen Operatoren + und ∗, dem einstelligen Operator −, Klammern und dem Operanden **id** bestehen.   □

In jedem Herleitungsschritt sind zwei Entscheidungen zu treffen. Zunächst ist das Nichtterminal zu bestimmen, das ersetzt werden soll. Danach ist eine der Alternativen auszuwählen, durch die dieses Nichtterminal ersetzt werden soll. Die Herleitung (4.4) könnte beispielsweise nach $-(E+E)$ auch folgendermaßen fortgesetzt werden:

$$-(E+E) \Longrightarrow -(E+\textbf{id}) \Longrightarrow -(\textbf{id}+\textbf{id})$$

Die Nichtterminale werden in (4.5) zwar durch die gleichen rechten Seiten wie in Beispiel 4.4 ersetzt, aber in einer anderen Reihenfolge.

Um die Arbeitsweise mancher Parser zu verstehen, ist es nötig, sogenannte *Links-Herleitungen* zu betrachten. Das sind Herleitungen, bei denen in einer Satzform stets das am weitesten links stehende Nichtterminal ersetzt wird. Wenn β aus α in einem Schritt herleitbar ist, wobei in α das am weitesten links stehende Nichtterminal ersetzt wurde, schreiben wir $\alpha \underset{l}{\Longrightarrow} \beta$. (4.4) ist eine Links-Herleitung. Sie läßt sich deswegen auch als

$$E \underset{l}{\Longrightarrow} -E \underset{l}{\Longrightarrow} -(E) \underset{l}{\Longrightarrow} -(E+E) \underset{l}{\Longrightarrow} -(\textbf{id}+E) \underset{l}{\Longrightarrow} -(\textbf{id}+\textbf{id})$$

formulieren. Gemäß unseren Konventionen kann ein einzelner Schritt einer Links-Herleitung durch $wA\gamma \underset{l}{\Longrightarrow} w\delta\gamma$ beschrieben werden, wobei w nur aus Terminalen besteht, $A \rightarrow \delta$ die angewendete Produktion und γ ein String von Grammatiksymbolen ist. Wenn wir betonen wollen, daß β aus α durch eine Links-Herleitung entsteht, schreiben wir $\alpha \underset{l}{\overset{*}{\Longrightarrow}} \beta$.

Wenn $S \underset{l}{\overset{*}{\Longrightarrow}} \alpha$ gilt, nennen wir α eine *Links-Satzform* der zugehörigen Grammatik.

Analoge Definitionen gelten für *Rechts-Herleitungen*, bei denen in einem Herleitungsschritt jeweils das am weitesten rechts stehende Nichtterminal ersetzt wird. Rechts-Herleitungen werden manchmal auch als *kanonische* Herleitungen bezeichnet.

Parse-Bäume und Herleitungen

Ein Parse-Baum läßt sich als graphische Darstellung einer Herleitung ohne Berücksichtigung der Ersetzungsreihenfolge ansehen. Wie Sie aus Abschnitt 2.2 wissen, ist jeder innere Knoten eines Parse-Baums mit einem Nichtterminal *A* markiert. Die Nachfolger dieses Knotens sind von links nach rechts mit den Symbolen markiert, aus denen die rechte Seite der Produktion besteht, die bei der Herleitung zur Ersetzung von *A* benutzt wurde. Die Blätter des Parse-Baums tragen Nichtterminale oder Terminale als Marken. Von links nach rechts gelesen bilden sie eine Satzform, die sogenannte Front des Baums. Als Beispiel zeigt Abb. 4.2 den zur Herleitung (4.4) gehörigen Parse-Baum für $-(\text{id}+\text{id})$.

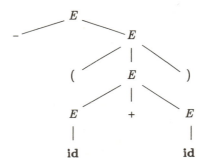

Abb. 4.2   Parse-Baum für $-(\text{id}+\text{id})$.

Um den Zusammenhang zwischen Herleitungen und Parse-Bäumen zu verdeutlichen, betrachten wir allgemein die Herleitung

$$\alpha_1 \Longrightarrow \alpha_2 \Longrightarrow \cdots \Longrightarrow \alpha_n$$

wobei α_1 ein einzelnes Nichtterminal *A* ist. Wir konstruieren für jede Satzform α_i einen Parse-Baum mit Front α_i. Dieser Prozeß entspricht einer Induktion über *i*. Die Induktionsbasis ist der Baum für $\alpha_1 = A$, der nur aus einem mit *A* markierten Knoten besteht. Im Induktionsschritt nehmen wir an, wir hätten bereits einen Parse-Baum mit Front $\alpha_{i-1} = X_1 X_2 \cdots X_k$ erstellt. (Zur Erinnerung: Gemäß unseren Konventionen ist jedes X_i entweder ein Nichtterminal oder ein Terminal.) Wir nehmen weiter an, daß α_i aus α_{i-1} hergeleitet wird, indem ein Nichtterminal X_j durch $\beta = Y_1 Y_2 \cdots Y_r$ ersetzt wird. Das heißt, im *i*-ten Herleitungsschritt wird die Produktion $X_j \to \beta$ auf α_{i-1} angewendet, um $\alpha_i = X_1 X_2 \cdots X_{j-1}\beta X_{j+1} \cdots X_k$ herzuleiten.

Übertragen auf den aktuellen Parse-Baum bedeutet dieser Herleitungsschritt, daß das *j*-te Blatt von links, das ja mit X_j markiert ist, *r* Nachfolger erhält, die von links nach rechts mit den Marken Y_1, Y_2, ..., Y_r versehen werden. Der Sonderfall $r = 0$, d.h. $\beta = \epsilon$, bewirkt, daß das *j*-te Blatt nur einen, mit ϵ markierten Nachfolger erhält.

Beispiel 4.5
Abb. 4.3 zeigt die Entwicklung des Parse-Baums für die Herleitung (4.4). Der erste Herleitungsschritt ist $E \Rightarrow -E$. Dieser Schritt drückt sich dadurch aus, daß an die Wurzel E des ursprünglichen Baums zwei Nachfolger mit den Marken – und E gehängt werden. Es ergibt sich der zweite Baum.

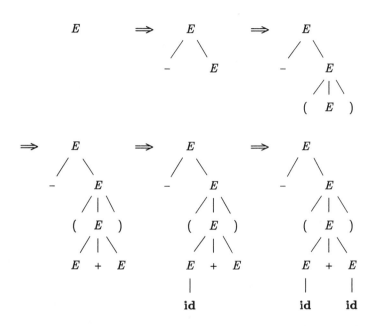

Abb. 4.3 Aufbau des Parse-Baums gemäß Herleitung (4.4).

Der zweite Herleitungsschritt, $-E \Rightarrow -(E)$, hat zur Folge, daß das mit E markierte Blatt des zweiten Baums drei Nachfolger bekommt, die mit (, E und) markiert werden. Ergebnis ist der dritte Baum mit der Front $-(E)$. Setzt man den Prozeß auf diese Art fort, erhält man als sechsten Baum den vollständigen Parse-Baum. □

Wie wir schon erwähnt haben, spielt die Reihenfolge, in der Nichtterminale in Satzformen ersetzt werden, bei Parse-Bäumen keine Rolle. Würde etwa die Herleitung (4.4) wie in Zeile (4.5) fortgesetzt, ergäbe sich letztlich der gleiche Parse-Baum wie in Abb. 4.3. Die Reihenfolge der Produktionsanwendungen ist auch dann bedeutungslos, wenn man ausschließlich Links- oder ausschließlich Rechts-Herleitungen betrachtet. Es ist leicht einzusehen, daß zu jedem Parse-Baum eine eindeutige Links- und eine eindeutige Rechts-Herleitung gehört. Im folgenden werden wir bei der Syntaxanalyse häufig eine Links- oder Rechts-Herleitung erzeugen, wohl wissend, daß diese Herleitung der expliziten Erzeugung des Parse-Baums gleichwertig ist. Wir sollten jedoch nicht den Fehler machen zu glauben, daß jeder Satz notwendigerweise nur einen Parse-Baum oder nur eine Links- oder Rechts-Herleitung hat.

Beispiel 4.6
Wir wollen nochmals die Grammatik (4.3) für arithmetische Ausdrücke betrachten. Der Satz id+id*id hat zwei verschiedene Links-Herleitungen:

$$
\begin{aligned}
E &\Rightarrow E + E \\
  &\Rightarrow \text{id} + E \\
  &\Rightarrow \text{id} + E * E \\
  &\Rightarrow \text{id} + \text{id} * E \\
  &\Rightarrow \text{id} + \text{id} * \text{id}
\end{aligned}
\qquad
\begin{aligned}
E &\Rightarrow E * E \\
  &\Rightarrow E + E * E \\
  &\Rightarrow \text{id} + E * E \\
  &\Rightarrow \text{id} + \text{id} * E \\
  &\Rightarrow \text{id} + \text{id} * \text{id}
\end{aligned}
$$

Die zugehörigen Parse-Bäume zeigt Abb. 4.4.   □

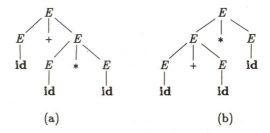

(a)   (b)

Abb. 4.4   Zwei Parse-Bäume für id + id * id.

Beachten Sie, daß der Parse-Baum von Abb. 4.4(a) die mit den Operatoren + und * üblicherweise assoziierte Priorität reflektiert, während dies beim Baum von Abb. 4.4(b) nicht der Fall ist. Der Operator * hat gewöhnlich höhere Priorität als +. Infolgedessen würden wir einen Ausdruck wie $a + b * c$ normalerweise als $a + (b * c)$ auswerten und nicht als $(a + b) * c$.

Mehrdeutigkeit

Eine Grammatik, die für einen Satz mehr als einen Parse-Baum erzeugen kann, heißt *mehrdeutig*. Anders ausgedrückt ist eine Grammatik mehrdeutig, wenn ein und derselbe Satz mehr als eine Links- oder mehr als eine Rechts-Herleitung in dieser Grammatik besitzt. Für manche Parsertypen sind eindeutige Grammatiken wünschenswert. Andernfalls ist unklar, welcher Parse-Baum für einen gegebenen Satz gewählt werden soll. Bei einigen Anwendungen werden wir auf Methoden eingehen, die die Verwendung mehrdeutiger Grammatiken erlauben. Dabei werden mit Hilfe von *Regeln zur Auflösung von Mehrdeutigkeiten* unerwünschte Parse-Bäume „ausgesondert", so daß für jeden Satz nur ein Baum übrig bleibt.

4.3 Erstellung von Grammatiken

Durch Grammatiken lassen sich zwar die meisten, aber nicht alle syntaktischen Aspekte von Programmiersprachen beschreiben. Der Scanner erledigt bereits einen kleinen Teil der Syntaxanalyse, wenn er die Eingabezeichen in eine Folge von Symbolen transformiert. Gewisse Regeln, denen die Eingabe zu gehorchen hat, wie z.B. die Vorschrift, daß Bezeichner vor ihrer Benutzung deklariert sein müssen, können durch kontextfreie Grammatiken nicht beschrieben werden. Die von einem Parser akzeptierten Symbolfolgen bilden daher gewissermaßen eine Obermenge der Programmiersprache. Es ist Sache der nachfolgenden Phasen, durch Analyse der Parser-Ausgabe sicherzustellen, daß auch die vom Parser nicht überprüften Regeln erfüllt sind (Kapitel 6).

Zu Beginn dieses Abschnitts wollen wir die Arbeitsteilung zwischen Scanner und Parser betrachten. Weil Parse-Methoden im allgemeinen spezifische Grammatiktypen verlangen, muß die ursprüngliche Grammatik unter Umständen zuerst umgeschrieben werden, bevor sie für die gewählte Methode geeignet ist. Bei der Erstellung entsprechender Grammatiken für Ausdrücke muß wie in Abschnitt 2.2 die Assoziativität und Priorität der Operatoren berücksichtigt werden. Die in diesem Abschnitt behandelten Transformationen haben das Ziel, gute Ersetzungsgrammatiken zu liefern, die sich für Top-Down-Parser eignen. Zum Schluß des Abschnitts betrachten wir einige programmiersprachliche Konstrukte, die durch keine Grammatik zu beschreiben sind.

Reguläre Ausdrücke versus kontextfreie Grammatiken

Jedes Konstrukt, das durch einen regulären Ausdruck beschrieben werden kann, läßt sich auch durch eine Grammatik spezifizieren. Zum Beispiel definieren der reguläre Ausdruck $(a|b)^*abb$ und die Grammatik

$$A_0 \rightarrow aA_0 \mid bA_0 \mid aA_1$$
$$A_1 \rightarrow bA_2$$
$$A_2 \rightarrow bA_3$$
$$A_3 \rightarrow \epsilon$$

dieselbe Sprache, nämlich die Menge aller aus a's und b's bestehenden Strings, die mit abb enden.

Ein nichtdeterministischer endlicher Automat (NEA) läßt sich ganz mechanisch in eine Grammatik konvertieren, die die vom NEA erkannte Sprache erzeugt. Die obige Grammatik entstand nach folgendem Schema aus dem NEA von Abb. 3.23: Erzeuge für jeden Zustand i des NEA ein Nichtterminal A_i. Nimm $A_i \rightarrow a A_j$ in die Produktionsmenge auf, wenn es für das Symbol a einen Übergang von Zustand i nach Zustand j gibt. Füge der Produktionsmenge $A_i \rightarrow A_j$ hinzu, wenn Zustand i für Eingabe ϵ einen Übergang zu Zustand j hat. Nimm die Produktion $A_i \rightarrow \epsilon$ hinzu, wenn i ein akzeptierender Zustand ist.

Die Beobachtung, daß jede reguläre Menge auch eine kontextfreie Sprache ist, führt zu der berechtigten Frage „Warum definiert man die lexikalische Struktur einer Sprache überhaupt durch reguläre Ausdrücke?". Es gibt eine Reihe guter Gründe dafür:

1.   Meistens sind die lexikalischen Regeln einer Sprache relativ einfach, so daß eine derart mächtige Notation wie Grammatiken nicht notwendig ist.

2.   Eine Symboldefinition durch reguläre Ausdrücke ist im allgemeinen kürzer und leichter zu verstehen als eine gleichwertige Definition durch Grammatiken.

3.   Aus regulären Ausdrücken lassen sich automatisch effizientere Scanner generieren als aus beliebigen Grammatiken.

4.   Die Trennung der syntaktischen Struktur in eine lexikalische und eine nicht-lexikalische Komponente bietet eine gute Ausgangsbasis dafür, das Front-End eines Compilers in zwei Komponenten handhabbarer Größe zu unterteilen.

Strikte Regeln dafür, was in die lexikalischen und was in die syntaktischen Regeln zu packen ist, gibt es nicht. Reguläre Ausdrücke eignen sich vor allem dazu, die Struktur lexikalischer Konstrukte wie z.B. Bezeichner, Konstanten Schlüsselwörter usw. zu beschreiben. Demgegenüber bieten sich Grammatiken in erster Linie zur Definition geschachtelter Strukturen an, wie z.B. ineinander geschachtelte Klammerausdrücke, begin-end- oder if-then-else-Konstrukte. Wie wir schon erwähnt haben, lassen sich solche geschachtelten Strukturen nicht durch reguläre Ausdrücke beschreiben.

Verifikation grammatik-erzeugter Sprachen

Es ist wichtig, für eine gegebene Menge von Produktionen beweisen zu können, daß sie eine bestimmte Sprache erzeugt. Obwohl während des Compilerentwurfs in der Regel keine Verifikation über die komplette Sprachgrammatik durchgeführt wird, werden dennoch problematische Teilaspekte untersucht, indem man eine kleine abstrakte Grammatik dafür angibt und die von ihr erzeugte Sprache betrachtet. Wir werden unten eine solche Grammatik für bedingte Anweisungen erstellen.

Ein Beweis, daß eine Grammatik G eine Sprache L erzeugt, besteht aus zwei Teilen: Man muß zeigen, daß jeder von G erzeugte String in L enthalten ist und daß umgekehrt jeder String aus L auch wirklich von G erzeugt wird.

Beispiel 4.7
Betrachten Sie die Grammatik (4.6)

$$S \rightarrow (S)S \mid \epsilon \qquad\qquad\qquad (4.6)$$

Man sieht es vielleicht nicht auf den ersten Blick, aber diese einfache Grammatik erzeugt genau die Klammerfolgen, bei denen Klammerpaare korrekt ineinander geschachtelt sind. Wir werden uns das klarmachen, indem wir zunächst beweisen, daß jeder aus S herleitbare Satz eine korrekte Klammerung darstellt, und dann, daß jede korrekte Klammerung aus S herleitbar ist. Wir zeigen durch Induktion über die Anzahl der Herleitungsschritte, daß jeder aus S herleitbare Satz eine Folge korrekt ineinander geschachtelter Klammerpaare ist. Offensichtlich ist der leere String der einzige terminale String, der in einem Schritt aus S hergeleitet werden kann. Der leere String ist eine korrekte Klammerung, womit wir die Induktionsbasis haben.

Nehmen wir jetzt an, daß jede Herleitung mit weniger als n Schritten eine korrekte Klammerung erzeugt, und betrachten wir eine Links-Herleitung mit genau n Schritten. Eine solche Herleitung muß die folgende Form haben:

$$S \Longrightarrow (S)S \overset{*}{\Longrightarrow} (x)S \overset{*}{\Longrightarrow} (x)y$$

Um x bzw. y aus S herzuleiten, sind jeweils weniger als n Schritte nötig, weswegen nach Induktionsannahme x und y korrekte Klammerungen sind. Damit ist auch der String $(x)y$ eine korrekte Klammerung.

Wir haben also bisher gezeigt, daß jeder aus S herleitbare String eine korrekte Klammerung ist. Wir müssen nun noch beweisen, daß jede korrekte Klammerung aus S herleitbar ist. Dies tun wir durch Induktion über die Länge eines Strings. Der leere String ist aus S herleitbar; dies ist die Induktionsbasis.

Nehmen wir nun an, daß jede korrekte Klammerung mit weniger als $2n$ Klammern aus S herleitbar ist, und betrachten wir eine korrekte Klammerung w der Länge $2n$, $n \geq 1$. Zweifellos beginnt w mit einer öffnenden Klammer. Sei (x) das kürzeste Präfix von w, daß genau so viele öffnende wie schließende Klammern hat. Dann läßt sich w als $(x)y$ schreiben, wobei x und y jeweils korrekte Klammerungen sind. Nach Induktionsannahme können x und y aus S hergeleitet werden, weil ihre Länge jeweils kleiner als $2n$ ist. Also gibt es eine Herleitung der Form

$$S \Longrightarrow (S)S \overset{*}{\Longrightarrow} (x)S \overset{*}{\Longrightarrow} (x)y$$

wodurch bewiesen ist, daß auch $w = (x)y$ aus S herleitbar ist.   □

Elimination von Mehrdeutigkeiten

Manchmal verschwinden Mehrdeutigkeiten aus einer Grammatik, wenn man die Grammatik anders formuliert. Als Beispiel wollen wir die Mehrdeutigkeiten der folgenden Grammatik eliminieren, die zum bekannten Phänomen des „losen" (engl. dangling) else führen.

$$
stmt \rightarrow \quad \textbf{if } expr \textbf{ then } stmt \\
\mid \quad \textbf{if } expr \textbf{ then } stmt \textbf{ else } stmt \qquad (4.7) \\
\mid \quad \textbf{other}
$$

Dabei steht „**other**" für irgendeine andere Anweisung. Nach dieser Grammatik gehört zu dem geschachtelten Conditional

if E_1 **then** S_1 **else if** E_2 **then** S_2 **else** S_3

der in Abb. 4.5 gezeigte Parse-Baum. Grammatik (4.7) ist mehrdeutig, weil der String

if E_1 **then if** E_2 **then** S_1 **else** S_2

zwei Parse-Bäume hat, wie Abb. 4.6 zeigt.

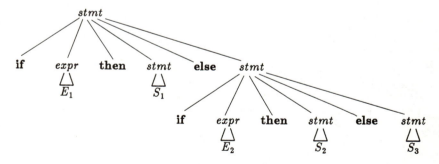

Abb. 4.5   Parse-Baum für die bedingte Anweisung.

Alle Programmiersprachen mit bedingten Anweisungen dieser Art geben dem ersten Parse-Baum den Vorzug. Die allgemeine Regel heißt: „Ein **else** gehört zum letzten noch freien **then**". Diese Regel zur Auflösung der Mehrdeutigkeit kann man in die Grammatik einbauen. Zum Beispiel könnte man Grammatik (4.7) in die untenstehende Grammatik ändern. Die Idee dabei ist, daß eine

Anweisung zwischen einem **then** und einem **else** „geschlossen" sein muß, d.h. sie darf nicht mit einem freien **then**, gefolgt von einer beliebigen Anweisung, enden. Sonst müßte das **else** diesem **then** zugeordnet werden. Geschlossene Anweisungen sind entweder **if-then-else**-Anweisungen, die nur geschlossene Anweisungen enthalten, oder nichtbedingte Anweisungen. Also lautet die Grammatik (wobei das Nichtterminal *matched_stmt* für die geschlossenen Anweisungen steht):

$$
\begin{aligned}
stmt \rightarrow\ & matched\_stmt \\
\mid\ & unmatched\_stmt \\
matched\_stmt \rightarrow\ & \textbf{if } expr \textbf{ then } matched\_stmt \textbf{ else } matched\_stmt \\
\mid\ & \textbf{other} \\
unmatched\_stmt \rightarrow\ & \textbf{if } expr \textbf{ then } stmt \\
\mid\ & \textbf{if } expr \textbf{ then } matched\_stmt \textbf{ else } unmatched\_stmt
\end{aligned}
\tag{4.9}
$$

Diese Grammatik erzeugt die gleiche Sprache wie (4.7), läßt aber nur einen Parse-Baum für den String (4.8) zu, nämlich den, der ein **else** dem letzten freien **then** zuordnet.

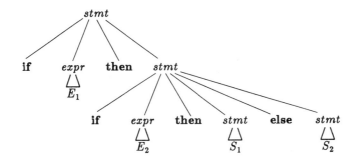

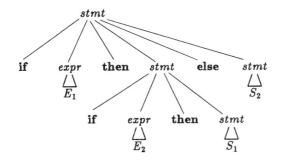

Abb. 4.6 Zwei Parse-Bäume für einen mehrdeutigen String.

Elimination von Links-Rekursionen

Eine Grammatik ist *links-rekursiv*, wenn es für ein Nichtterminal A und einen String α eine Herleitung $A \overset{+}{\Rightarrow} A\alpha$ gibt. Top-Down-Parser können links-rekursive Grammatiken nicht verarbeiten, weswegen Transformationen zur Elimination der Links-Rekursion nötig sind. In Abschnitt 2.4 haben wir bereits eine einfache Art von Links-Rekursion besprochen, die bei Produktionen der Form $A \rightarrow A\alpha$ auftritt. Im folgenden wollen wir den allgemeinen Fall betrachten. In Abschnitt 2.4 zeigten wir, daß die beiden links-rekursiven Produktionen $A \rightarrow A\alpha \mid \beta$ durch die nicht links-rekursiven Produktionen

$$A \rightarrow \beta A'$$
$$A' \rightarrow \alpha A' \mid \epsilon$$

übersetzt werden können, ohne die Menge der aus A herleitbaren Strings zu verändern. Bei vielen Grammatiken reicht diese Regel aus.

Beispiel 4.8
Betrachten Sie die folgende Grammatik für arithmetische Ausdrücke.

$$
\begin{aligned}
E &\rightarrow E + T \mid T \\
T &\rightarrow T * F \mid F \\
F &\rightarrow (E) \mid \mathbf{id}
\end{aligned}
\qquad (4.10)
$$

Durch Elimination der *direkten Links-Rekursion* (Produktionen der Form $A \rightarrow A\alpha$) ändern sich die Produktionen für E und T und wir erhalten

$$
\begin{aligned}
E &\rightarrow TE' \\
E' &\rightarrow + TE' \mid \epsilon \\
T &\rightarrow FT' \\
T' &\rightarrow *FT' \mid \epsilon \\
F &\rightarrow (E) \mid \mathbf{id}
\end{aligned}
\qquad (4.11)
$$
□

Direkte Links-Rekursion läßt sich unabhängig von der Anzahl der A-Produktionen mit Hilfe der folgenden Technik entfernen. Zunächst ordnet man die A-Produktionen nach dem Muster

$$A \rightarrow A\alpha_1 \mid A\alpha_2 \mid \cdots \mid A\alpha_m \mid \beta_1 \mid \beta_2 \mid \cdots \mid \beta_n$$

wobei kein β_i mit A beginnt. Dann ersetzt man die A-Produktionen durch

$$A \rightarrow \beta_1 A' \mid \beta_2 A' \mid \cdots \mid \beta_n A'$$
$$A' \rightarrow \alpha_1 A' \mid \alpha_2 A' \mid \cdots \mid \alpha_m A' \mid \epsilon$$

Das Nichtterminal A erzeugt dieselben Strings wie vorher, ist aber nicht mehr links-rekursiv. Die Prozedur eliminiert die direkte Links-Rekursion in den A- und A'-Produktionen vollständig (vorausgesetzt, kein α_i ist ϵ), führt

jedoch bei Links-Rekursion, die sich über 2 oder mehr Stufen erstreckt,
nicht zum Erfolg. Betrachten Sie zum Beispiel die Grammatik

$$S \rightarrow Aa \mid b$$
$$A \rightarrow Ac \mid Sd \mid \epsilon \quad\quad\quad (4.12)$$

Das Nichtterminal S ist links-rekursiv, weil $S \Rightarrow Aa \Rightarrow Sda$ gilt, aber nicht
direkt links-rekursiv.

Der unten angegebene Algorithmus 4.1 entfernt die Links-Rekursionen
einer Grammatik systematisch. Er arbeitet korrekt, wenn die Grammatik we-
der Zyklen (Herleitungen der Form $A \overset{+}{\Rightarrow} A$) noch ϵ-Produktionen (Produktionen der Form $A \rightarrow \epsilon$) hat. Zyklen und ϵ-Produktionen lassen sich aus jeder
Grammatik durch entsprechende Algorithmen entfernen (s. Übungen 4.20
und 4.22).

Algorithmus 4.1
Elimination von Links-Rekursion

Eingabe: Eine Grammatik G ohne Zyklen und ϵ-Produktionen.

Ausgabe: Eine äquivalente Grammatik ohne Links-Rekursion.

Methode: Wende auf G den Algorithmus aus Abb. 4.7 an. Beachten Sie, daß
die resultierende nicht links-rekursive Grammatik unter Umständen ϵ-Produktionen enthält.   □

1. Ordne die Nichtterminale in einer beliebigen Reihenfolge A_1, A_2,
    ..., A_n an.

2. **for** $i := 1$ **to** n **do**
       for $j := 1$ **to** i-1 **do begin**
          ersetze jede Produktion der Form $A_i \rightarrow A_j\gamma$ durch die
          Produktionen $A_i \rightarrow \delta_1\gamma \mid \delta_2\gamma \mid \cdots \mid \delta_k\gamma$,
          wobei $A_j \rightarrow \delta_1 \mid \delta_2 \mid \cdots \mid \delta_k$ alle aktuellen
          A_j-Produktionen sind;
          eliminiere direkte Links-Rekursion in den A_i-Produk-
          tionen
       end

Abb. 4.7 Algorithmus zur Elimination von Links-Rekursion.

Die Idee der Prozedur in Abb. 4.7 ist folgende: Nach der $(i-1)$-ten Iteration
der äußeren **for**-Schleife in Schritt (2) gilt für jede Produktion der Form
$A_k \rightarrow A_l\alpha$ mit $k < i$, daß $l > k$ ist. In der nächsten Iteration setzt die innere
Schleife (mit Laufvariable j) daraufhin für jede Produktion $A_i \rightarrow A_m\alpha$ die
untere Schranke von m Schritt für Schritt nach oben, bis schließlich $m >= i$

ist. Durch anschließende Elimination der Links-Rekursion für die A_i-Produktionen wird m zwangsläufig größer als i.

Beispiel 4.9

Wir wollen diese Prozedur auf Grammatik (4.12) anwenden. Obwohl prinzipiell die Korrektheit von Algorithmus 4.1 nur bei Fehlen jeglicher ϵ-Produktion garantiert ist, ist in unserem Fall die Produktion $A \to \epsilon$ unproblematisch.

Wir ordnen die Nichtterminale als S, A. Weil in den S-Produktionen keine direkte Links-Rekursion vorkommt, bleibt Schritt (2) für den Fall $i=1$ wirkungslos. Für $i=2$ ersetzen wir die S-Produktionen in $A \to Sd$ und erhalten die folgenden A-Produktionen

$$A \to Ac \mid Aad \mid bd \mid \epsilon$$

Nachdem die direkten Links-Rekursionen in den A-Produktionen eliminiert wurden, ergibt sich die folgende Grammatik

$$
\begin{aligned}
S &\to Aa \mid b \\
A &\to bdA' \mid A' \\
A' &\to cA' \mid adA' \mid \epsilon
\end{aligned}
$$ □

Links-Faktorierung

Links-Faktorierung ist eine Grammatiktransformation, die bei prädiktiven Parsern manchmal erforderlich ist. Der kritische Fall liegt vor, wenn eine Grammatik in bestimmten Situationen für ein Nichtterminal A mindestens zwei alternative Produktionen zur Anwendung anbietet. Die Idee der Links-Faktorierung ist, die A-Produktionen so umzuschreiben, daß die anzuwendende Produktion stets eindeutig bestimmt ist. Die Entscheidung zugunsten einer Produktion wird so weit auf einen späteren Zeitpunkt verlagert, bis genug von der Eingabe gelesen wurde, um die richtige Entscheidung treffen zu können.

Mit den beiden Produktionen

$$
\begin{aligned}
stmt \to \ &\textbf{if } expr \textbf{ then } stmt \textbf{ else } stmt \\
\mid \ &\textbf{if } expr \textbf{ then } stmt
\end{aligned}
$$

können wir zum Beispiel nach Lesen des Symbols **if** nicht sofort entscheiden, welche Produktion zur Expandierung von $stmt$ auszuwählen ist. Allgemein läßt sich für zwei A-Produktionen $A \to \alpha\beta_1 \mid \alpha\beta_2$ und nach Lesen eines aus α herleitbaren nicht-leeren Strings nicht erkennen, ob A zu $\alpha\beta_1$ oder zu $\alpha\beta_2$ zu expandieren ist. Man kann aber die Entscheidung vorerst zurückstellen und A zu $\alpha A'$ expandieren. Erst wenn die aus α hergeleitete Eingabe gesehen wurde, wird A' zu β_1 oder zu β_2 expandiert. Die ursprünglichen Produktionen werden also durch Links-Faktorierung zu

$$A \to \alpha A'$$
$$A' \to \beta_1 \mid \beta_2$$

Algorithmus 4.2
Links-Faktorisierung einer Grammatik.

Eingabe: Eine Grammatik G.

Ausgabe: Eine äquivalente links-faktorisierte Grammatik.

Methode: Bestimme für jedes Nichtterminal A dasjenige α, das längstes gemeinsames Präfix zweier oder mehrerer Alternativen von A ist. Wenn $\alpha \neq \epsilon$ ist, d.h. wenn es ein nichttriviales gemeinsames Präfix gibt, ersetze alle A-Produktionen $A \to \alpha\beta_1 \mid \alpha\beta_2 \mid \cdots \mid \alpha\beta_n \mid \gamma$, wobei γ für alle nicht mit α beginnenden Alternativen steht, durch

$$A \to \alpha A' \mid \gamma$$
$$A' \to \beta_1 \mid \beta_2 \mid \cdots \mid \beta_n$$

Dabei ist A' ein neues Nichtterminal. Wiederhole diese Transformation solange, bis es für kein Nichtterminal mehr Alternativen mit gemeinsamem Präfix gibt. □

Beispiel 4.10
Die folgende Grammatik beschreibt in abstrakter Form das Dangling-Else-Problem.

$$S \to iEtS \mid iEtSeS \mid a$$
$$E \to b \tag{4.13}$$

i, t und e stehen für **if**, **then** und **else**, E und S für „expression" und „statement". Durch Links-Faktorierung wird diese Grammatik zu

$$S \to iEtSS' \mid a$$
$$S' \to eS \mid \epsilon$$
$$E \to b$$

Diese transformierte Grammatik erlaubt es, S für Eingabe i zunächst zu $iEtSS'$ zu expandieren. Erst nach Erkennen von $iEtS$ muß entschieden werden, ob S' zu eS oder zu ϵ zu expandieren ist. Allerdings sind beide Grammatiken (4.13) und (4.14) offensichtlich mehrdeutig. Für Eingabe e ist unbestimmt, welche Alternative für S' gewählt werden sollte. Beispiel 4.19 zeigt einen Ausweg aus diesem Dilemma. □

Nicht kontextfreie Sprachkonstrukte

Es wird kaum überraschen, daß manche Sprachen durch keine Grammatik erzeugt werden können. Tatsächlich finden sich in vielen Programmiersprachen Konstrukte, die durch Grammatiken allein nicht definiert werden können. Wir werden in diesem Abschnitt einige dieser Konstrukte vorstellen, wobei wir die Probleme anhand einfacher abstrakter Sprachen demonstrieren.

Beispiel 4.11

Betrachten wir die Sprache $L_1 = \{wcw \mid w \text{ ist in } (a|b)^*\}$. L_1 ist die Menge aller Wörter, die aus zwei identischen Sequenzen von a's und b's bestehen, die durch c getrennt sind, wie z.B. $aabcaab$. Es läßt sich beweisen, daß diese Sprache nicht kontextfrei ist. Die Sprache abstrahiert das Problem, daß Bezeichner vor ihrer Benutzung im Programm deklariert sein müssen: Das erste w in wcw kann als Deklaration des Bezeichners w aufgefaßt werden, das zweite w als dessen Benutzung. Obwohl ein Beweis dieser Aussage über den Rahmen dieses Buches hinausgeht, folgt aus der Tatsache, daß L_1 nicht kontextfrei ist, direkt, daß auch Programmiersprachen wie Algol und Pascal nicht kontextfrei sind, weil in ihnen Bezeichner vor ihrer Benutzung deklariert sein müssen und beliebig lang sein können.

Aus diesem Grund besagt eine Grammatik für die Syntax von Algol oder Pascal nichts über die Zeichen in einem Bezeichner. In der Grammatik werden sämtliche Bezeichner durch ein einziges Symbol wie z.B. **id** repräsentiert. In Compilern für diese Sprachen überprüft die Phase der semantischen Analyse, ob Bezeichner vor ihrer Benutzung deklariert werden. ☐

Beispiel 4.12

Die Sprache $L_2 = \{a^n b^m c^n d^m \mid n \geq 1 \text{ und } m \geq 1\}$ ist nicht kontextfrei. L_2 ist eine Teilmenge der regulären Menge $a^* b^* c^* d^*$, wobei jedes Wort aus L_2 soviele a's wie c's und soviele b's wie d's hat. (Zur Erinnerung: a^n bedeutet n-faches Hintereinanderschreiben von a.) L_2 abstrahiert das Problem, daß die Anzahl der formalen Parameter in einer Prozedur-Deklaration mit der Anzahl der aktuellen Parameter beim Aufruf der Prozedur übereinstimmen muß. Das heißt, a^n und b^m repräsentieren die Parameterlisten zweier Prozeduren, die mit n bzw. m Argumenten deklariert wurden; c^n und d^m stehen für die Listen aktueller Parameter beim Aufruf der beiden Prozeduren.

Wieder fällt auf, daß die typische Syntax von Prozedurdefinitionen und -aufrufen keinen Bezug auf die Anzahl der Parameter nimmt. Zum Beispiel könnte die CALL-Anweisung einer Fortran-ähnlichen Sprache mit geeigneten Produktionen für *expr* durch

$$
\begin{aligned}
stmt &\rightarrow \textbf{call id } (\ exp\_list \ ) \\
expr\_list &\rightarrow expr\_list \ , \ expr \\
&\mid \quad expr
\end{aligned}
$$

beschrieben werden. Ob die Anzahl aktueller Parameter in einem Prozeduraufruf korrekt ist, wird üblicherweise während der semantischen Analyse überprüft.   □

Beispiel 4.13
Die Sprache $L_3 = \{a^n b^n c^n \mid n \geq 0\}$, d.h. die Strings aus $L(a^* b^* c^*)$ mit gleicher Anzahl von a's, b's und c's, ist nicht kontextfrei. Beispiel für ein Problem, in dem L_3 eine Rolle spielt, ist das folgende. In gesetztem Text wird kursiv geschrieben, was in normal gedrucktem Text unterstrichen ist. Um eine Textdatei, die zur Ausgabe auf einem Zeilendrucker bestimmt ist, in Text für eine Photosatzmaschine zu konvertieren, müssen unterstrichene Wörter durch Kursivschrift ersetzt werden. Ein unterstrichenes Wort ist eine Buchstabensequenz, gefolgt von der gleichen Anzahl Leerzeichen, gefolgt von wiederum der gleichen Anzahl Unterstreichungszeichen. Wenn wir uns vorstellen, daß a ein beliebiger Buchstabe ist, b das Leerzeichen und c das Unterstreichungszeichen, dann repräsentiert L_3 gerade die unterstrichenen Wörter. Infolgedessen können wir unterstrichene Wörter dieser Art nicht durch eine Grammatik beschreiben. Würden wir ein unterstrichenes Wort jedoch als Folge von Tripeln, jeweils bestehend aus einem Buchstaben, einem Leer- und einem Unterstreichungszeichen, darstellen, könnten wir die unterstrichenen Wörter durch den regulären Ausdruck $(abc)^*$ definieren.   □

Interessanterweise sind manche Sprachen kontextfrei, die starke Ähnlichkeit mit L_1, L_2 und L_3 haben. Zum Beispiel ist $L_1' = \{w c w^R \mid w \text{ ist in } (a|b)^*\}$, wobei w^R für das Spiegelbild von w steht, kontextfrei. Erzeugt wird L_1' durch die Grammatik

$$S \rightarrow aSa \mid bSb \mid c$$

Die Sprache $L_2' = \{a^n b^m c^m d^n \mid n \geq 1 \text{ und } m \geq 1\}$ ist kontextfrei. Eine Grammatik für L_2' ist

$$S \rightarrow aSd \mid aAd$$
$$A \rightarrow bAc \mid bc$$

Ebenso ist auch $L_2'' = \{a^n b^n c^m d^m \mid n \geq 1 \text{ und } m \geq 1\}$ kontextfrei, mit der Grammatik

$$S \rightarrow AB$$
$$A \rightarrow aAb \mid ab$$
$$B \rightarrow cBd \mid cd$$

Und schließlich ist $L_3' = \{a^n b^n \mid n \geq 1\}$ kontextfrei, mit der Grammatik

$$S \rightarrow aSb \mid ab$$

Übrigens ist L_3' *ein* klassisches Beispiel einer Sprache, die durch keinen regulären Ausdruck definiert werden kann. Um uns das klar zu machen, nehmen wir an, es gäbe einen regulären Ausdruck, der L_3' definiert. Dann können wir einen DEA D konstruieren, der L_3' akzeptiert. D kann nur endlich viele, etwa k, Zustände haben. Wir betrachten nun die Folge von Zuständen s_0, s_1, s_2, ..., s_k, die D nach Lesen von ϵ, a, aa, ..., a^k betritt. Das heißt, D kommt nach Lesen von i a's in den Zustand s_i.

Weil D nur k verschiedene Zustände besitzt, müssen mindestens zwei Zustände der Folge s_0, s_1, ..., s_k gleich sein. Angenommen, s_i und s_j wären gleich. Vom Zustand s_i aus muß D nach Lesen von i b's in einen akzeptierenden Zustand f gelangen, weil $a^i b^i$ in L_3' enthalten ist. Dann aber gibt es vom Startzustand s_0 aus auch für $a^j b^i$ einen Pfad über s_i nach f, wie Abb. 4.8 zeigt. Folglich akzeptiert D auch den String $a^j b^i$, der jedoch nicht in L_3' enthalten ist. Dies widerspricht unserer Annahme, daß L_3' die von D akzeptierte Sprache ist.

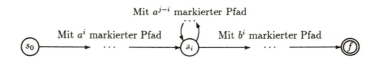

Abb. 4.8   Ein DEA D, der $a^i b^i$ und $a^j b^i$ akzeptiert.

Lapidar gesagt: „Endliche Automaten können nicht zählen." Das heißt, ein endlicher Automat kann eine Sprache wie L_3' nicht akzeptieren, weil er die Anzahl der a's zählen müßte, um sie mit der der b's zu vergleichen. Ähnlich kann man von einer Grammatik sagen, daß sie „zwei Größen zählen kann, nicht aber drei". L_3' kann durch eine Grammatik definiert werden, nicht jedoch L_3.

4.4 Top-Down-Syntaxanalyse

Wir stellen in diesem Abschnitt die grundlegenden Ideen der Top-Down-Syntaxanalyse vor. Wir zeigen, wie man einen effizienten Top-Down-Parser, einen sogenannten prädiktiven Parser, erstellt, der ohne Rücksetzen auskommt. Wir definieren die Klasse der LL(1)-Grammatiken, aus denen sich prädiktive Parser automatisch konstruieren lassen. Neben der Formalisierung der in Abschnitt 2.4 begonnenen Diskussion prädiktiver Parser gehen wir auch auf nicht-rekursive Implementierungen dieser Parser ein. Zum Schluß des Abschnitts behandeln wir Fehler-Recovery. Bottom-Up-Parser sind Inhalt der Abschnitte 4.5–4.7.

Syntaxanalyse durch rekursiven Abstieg

Top-Down-Analyse kann man sich als einen Prozeß vorstellen, der versucht, für einen Eingabestring eine Links-Herleitung zu finden. Ebensogut kann man darin den Versuch sehen, für die Eingabe einen Parse-Baum zu erstellen, wobei die Knoten beginnend mit der Wurzel in Vorordnung (preorder) erzeugt werden. Die prädiktive Syntaxanalyse, die kein Rücksetzen erfordert, ist eine spezielle Form der Syntaxanalyse durch rekursiven Abstieg. Wir haben sie bereits in Abschnitt 2.4 besprochen. An dieser Stelle wollen wir auf eine allgemeine Form der Top-Down-Analyse eingehen, die häufig Recursive-Descent-Analyse genannt wird. Dabei ist im allgemeinen Rücksetzen (engl. backtracking), d.h. wiederholtes Lesen der gleichen Eingabe, erforderlich. Rücksetzende Parser sind jedoch relativ selten. Das kommt zum einen daher, daß gerade bei der Syntaxanalyse programmiersprachlicher Konstrukte Rücksetzen praktisch nie notwendig ist; zum andern ist bei Problemen wie der Analyse natürlicher Sprache Backtracking oder Rücksetzen nach wie vor recht ineffizient, so daß tabellarische Methoden vorgezogen werden, wie der Algorithmus aus Übung 4.63, der nach der Methode des dynamischen Programmierens arbeitet, oder der Algorithmus von Earley [1970]. Wir verweisen auf Aho und Ullman [1972b] für eine ausführliche Behandlung allgemeiner Parse-Methoden.

Im nächsten Beispiel jedoch ist Rücksetzen notwendig. Wir werden dabei eine Methode vorschlagen, wie die Eingabe in Fällen, in denen mit Backtracking zu rechnen ist, verwaltet werden kann.

Beispiel 4.14
Gegeben seien die Grammatik

$$S \rightarrow cAd$$
$$A \rightarrow ab \mid a$$
(4.15)

und der Eingabestring $w = cad$. Um für diesen String einen Parse-Baum von oben nach unten zu erstellen, erzeugen wir zunächst einen Baum, der nur aus einem einzigen, mit S markierten Knoten besteht. Der Eingabezeiger zeigt auf c, das erste Symbol von w. Anschließend wenden wir die erste Produktion für S an und erhalten den Baum von Abb. 4.9(a).

Das am weitesten links stehende Blatt ist mit c markiert und stimmt mit dem ersten Symbol von w überein. Daraufhin wird der Eingabezeiger zum a, dem zweiten Symbol von w vorgerückt. Wir betrachten nun das nächste Blatt mit der Marke A. A kann mit der ersten Alternative für A expandiert werden, wodurch der Baum von Abb. 4.9(b) entsteht. Damit können wir das zweite Eingabesymbol verarbeiten und den Eingabezeiger auf das dritte Symbol d setzen. Ein Vergleich von d mit dem nächsten Blatt, das mit b markiert ist, führt zum Widerspruch; wir müssen uns wieder zu A zurückziehen und versuchen, eine andere Alternative für A zu finden, die noch nicht ausprobiert wurde und Erfolgsaussichten hat.

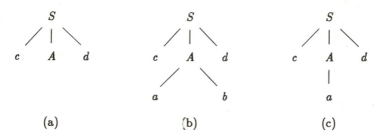

Abb. 4.9 Zwischenschritte beim Top-Down-Parsen.

Dieser Rückzug zu A erfordert auch, daß der Eingabezeiger wieder auf Position 2 gesetzt wird, d.h. auf die Position, die er bei der erstmaligen Bearbeitung von A hatte. Die Prozedur für A (die der Prozedur für Nichtterminale in Abb. 2.17 entspricht) muß sich den Eingabezeiger in einer lokalen Variablen merken. Wir probieren nun die zweite Alternative für A aus und erhalten den Baum von Abb. 4.9(c). Blatt a paßt auf das zweite Symbol von w, Blatt d auf das dritte. Somit wurde ein Parse-Baum für w erstellt, die Prozedur stoppt und meldet den erfolgreichen Abschluß der Analyse.   □

Links-rekursive Grammatiken können dazu führen, daß Recursive-Descent-Parser, auch wenn sie mit Backtracking arbeiten, in Endlosschleifen geraten. Es kann also vorkommen, daß immer wieder versucht wird, A zu expandieren, ohne daß irgendein Eingabesymbol konsumiert wurde.

Prädiktive Parser

Durch sorgfältigen Entwurf, Links-Faktorisierung und Elimination von Links-Rekursionen erhält man in vielen Fällen eine Grammatik, die sich für prädiktive Parser eignet, d.h. für die in Abschnitt 2.4 behandelten Parser, die ohne Backtracking auskommen. Prädiktive Parser sind nur dann möglich, wenn für ein Eingabesymbol a und ein Nichtterminal A zu jeder Zeit feststeht, welche Produktionsalternative von $A \rightarrow \alpha_1 \mid \alpha_2 \mid \cdots \mid \alpha_n$ als einzige den mit a beginnenden String herleiten kann. Das heißt, daß die richtige Alternative allein durch Ansehen des ersten herleitbaren Symbols zu bestimmen sein muß. Kontrollflußkonstrukte sind in den meisten Programmiersprachen dank ihrer signifikanten Schlüsselwörter auf diese Art zu identifizieren. Wenn z.B. die folgenden Produktionen gegeben sind:

$$stmt \rightarrow \textbf{if } expr \textbf{ then } stmt \textbf{ else } stmt$$
$$\mid \textbf{ while } expr \textbf{ do } stmt$$
$$\mid \textbf{ begin } stmt\_list \textbf{ end}$$

kann man an Hand der Schlüsselwörter **if**, **while** und **begin** eindeutig erkennen, welche Alternative zur erfolgreichen Herleitung einer Anweisung führen kann.

Übergangsdiagramm für prädiktive Parser

Abschnitt 2.4 handelte davon, wie prädiktive Parser durch rekursive Prozeduren gemäß Abb. 2.17 implementiert werden können. In Abschnitt 3.4 haben Sie Übergangsdiagramme als eine Art Plan oder Flußdiagramm für Scanner kennengelernt. Auch prädiktive Parser lassen sich mit Hilfe von Übergangsdiagrammen planen.

Einige Unterschiede zwischen Übergangsdiagrammen für Scanner und solchen für prädiktive Parser fallen sofort ins Auge. Bei Parsern gibt es für jedes Nichtterminal ein Diagramm. Die Kanten sind mit Symbolen und Nichtterminalen markiert. Ein Übergang mit einem Symbol (Terminal) wird vollzogen, falls das nächste Eingabesymbol genau dieses Symbol ist. Ein Übergang mit einem Nichtterminal A entspricht einem Prozeduraufruf für A.

Um aus einer Grammatik ein Übergangsdiagramm für einen prädiktiven Parser zu gewinnen, müssen zunächst Linksrekursionen aus der Grammatik entfernt werden. Anschließend muß die Grammatik links-faktorisiert werden. Danach wendet man auf jedes Nichtterminal A die folgende Prozedur an:

1. Erzeuge einen Anfangs- und einen Endzustand („Return-Zustand").

2. Erzeuge für jede Produktion $A \rightarrow X_1 X_2 \cdots X_n$ einen Pfad vom Anfangs- zum Endzustand; markiere die Kanten mit $X_1, X_2, ..., X_n$.

Der prädiktive Parser durchläuft die Übergangsdiagramme nach folgendem Schema: Er beginnt im Startzustand für das Startsymbol. Angenommen, er würde sich nach einigen Aktionen im Zustand s befinden. Wenn vom Zustand s ein Übergang zum Zustand t führt, der Übergang mit dem Terminal a markiert ist und das nächste Eingabesymbol a ist, rückt der Parser den Eingabezeiger um eine Position nach rechts und geht in den Zustand t über. Wenn allerdings die Kante mit einem Nichtterminal A markiert ist, wechselt der Parser stattdessen in den Startzustand für A, ohne den Eingabezeiger zu verändern. Gelangt er irgendwann in den Endzustand für A, wechselt er direkt in den Zustand t. Tatsächlich hat der Parser in der Zeit, in der er von Zustand s in Zustand t überging, das Nichtterminal A in der Eingabe „gelesen".

Als dritte Möglichkeit kann eine Kante von s nach t auch mit ϵ markiert sein. In diesem Fall geht der Parser sofort in den Zustand t, ohne dabei den Eingabezeiger vorzurücken.

Ein prädiktiver Parser, der auf Übergangsdiagrammen basiert, vergleicht Terminale mit den Eingabesymbolen. Weil Kanten auch mit Nichtterminalen markiert sein können, kann es zu rekursiven Prozeduraufrufen kommen. In nicht-rekursiven Implementierungen müssen die Zustände auf einem Stapel verwaltet werden. Führt ein Übergang für ein Nichtterminal aus einem Zustand s heraus, wird s auf den Stapel gelegt („push"). Das oberste Stapelelement wird entfernt („pop"), sobald der Endzustand für ein Nichtterminal erreicht wurde. Wir werden in Kürze ausführlicher auf die Implementierung von Übergangsdiagrammen eingehen.

Die oben genannte Methode funktioniert, solange ein Übergangsdiagramm keine Nichtdeterminismen enthält, d.h. solange es für einen Zustand und eine Eingabe höchstens einen Übergang gibt. Manche Mehrdeutigkeiten lassen sich mit der im folgenden Beispiel vorgestellten Methode ad hoc auflösen. Falls sich die Nichtdeterminismen nicht eliminieren lassen, kann ein prädiktiver Parser nicht erstellt werden. Wenn uns keine bessere Parse-Strategie einfällt, bleibt als letzter Ausweg nur ein Recursive-Descent-Parser, der mit Hilfe von Backtracking systematisch alle Möglichkeiten durchprobiert.

Beispiel 4.15
Abb. 4.10 enthält eine Kollektion von Übergangsdiagrammen für Grammatik (4.11). Die einzige Form der Mehrdeutigkeit betrifft die Frage, ob und wann eine ϵ-Kante gewählt werden soll. Wenn wir die Kanten, die aus dem Startzustand für E' herausführen, so interpretieren, daß der +-Übergang immer dann gewählt werden soll, wenn + das nächste Eingabesymbol ist, und der ϵ-Übergang für die restlichen Fälle bleibt, dann ist das Diagramm für E' nicht mehr mehrdeutig. Übertragen wir diese Interpretation auch auf T', so sind die Diagramme insgesamt eindeutig, und wir können für Grammatik (4.11) einen prädiktiven Parser schreiben.   □

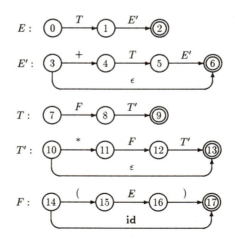

Abb. 4.10 Übergangsdiagramm für Grammatik (4.11).

Man kann Übergangsdiagramme vereinfachen, indem man manche Diagramme in andere einsetzt. Diese Substitutionen entsprechen den Grammatiktransformationen aus Abschnitt 2.5. Zum Beispiel wurde in Abb. 4.11(a) der rekursive Aufruf von E' durch einen Sprung an den Anfang des Diagramms ersetzt.

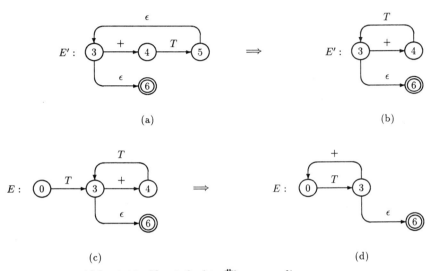

(a)   (b)

(c)   (d)

Abb. 4.11 Vereinfachte Übergangsdiagramme.

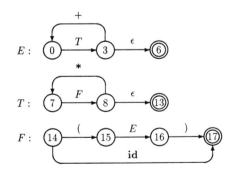

Abb. 4.12 Vereinfachte Übergangsdiagramme für arithmetische Ausdrücke.

Abb. 4.11(b) zeigt ein äquivalentes Übergangsdiagramm für E'. Wir können anschließend im Diagramm für E in Abb. 4.10 den Übergang mit E' durch das Diagramm von Abb. 4.11(b) ersetzen. Dadurch entsteht das Diagramm von Abb. 4.11(c). Schließlich erkennen wir, daß der erste und dritte Knoten in Abb. 4.11(c) äquivalent sind und fassen die beiden Knoten zusammen. Das Ergebnis, Abb. 4.11(d), ist in Abb. 4.12 als erstes Diagramm erneut aufgeführt. Die genannten Techniken lassen sich auch auf die Diagramme für T und T' anwenden. Abb. 4.12 zeigt die resultierende Gesamtmenge der Diagramme. Eine C-Implementierung dieses prädiktiven Parsers ist um 20–25% schneller als eine C-Implementierung von Abb. 4.10.

Nicht-rekursive prädiktive Parser

Es ist möglich, prädiktive Parser nicht-rekursiv zu implementieren. Dazu muß ein Stapel explizit verwaltet werden, anstatt die implizite Stapelverwaltung im Zuge rekursiver Aufrufe zu benutzen. Zentrale Aufgabe eines prädiktiven Parsers ist die Auswahl einer Produktion für ein gegebenes Nichtterminal. Der nicht-rekursive Parser in Abb. 4.13 inspiziert zu diesem Zweck eine Parse-Tabelle. Im folgenden werden wir sehen, wie sich diese Tabelle für bestimmte Grammatiken automatisch erzeugen läßt.

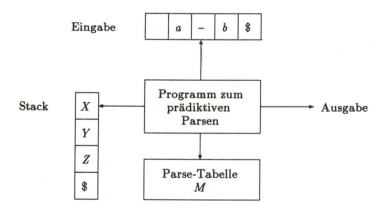

Abb. 4.13 Modell eines nicht-rekursiven prädiktiven Parsers.

Ein tabellen-gesteuerter prädiktiver Parser besteht aus einem Eingabepuffer, einem Stapel, einer Parse-Tabelle und einem Ausgabestrom. Der Eingabepuffer enthält den String, der analysiert werden soll. Der String wird mit der Endemarkierung $ abgeschlossen. Der Stapel enthält eine Folge von Grammatiksymbolen mit $ als unterstem Element. Zweck von $ ist es, das untere

Ende des Stapels zu kennzeichnen. Am Anfang enthält der Stapel $ und darüber das Startsymbol der Grammatik. Die Parse-Tabelle ist ein zweidimensionaler Array $M[A,a]$, wobei A ein Nichtterminal und a ein Terminal oder $ ist.

Die Steuerung des Parsers übernimmt ein Programm, das sich folgendermaßen verhält: Es schaut sich X, das oberste Stapelsymbol, und a, das aktuelle Eingabesymbol, an. Diese beiden Symbole entscheiden darüber, was zu tun ist. Es gibt drei Möglichkeiten:

1. Wenn $X = a = \$$ ist, stoppt der Parser und meldet den erfolgreichen Abschluß der Systemanalyse.

2. Wenn $X = a \neq \$$ ist, entfernt der Parser X als oberstes Element vom Stapel und setzt den Eingabezeiger auf das nächste Eingabesymbol.

3. Wenn X ein Nichtterminal ist, konsultiert das Programm die Parse-Tabelle M und besieht sich den Eintrag $M[X,a]$. Entweder ist dieser Eintrag eine X-Produktion der Grammatik oder ein Fehlereintrag. Wenn etwa $M[X,a] = \{X \rightarrow jUVW\}$ ist, ersetzt der Parser das oberste Stapelelement X durch WVU (wobei U oben liegt). Als Ausgabe druckt er die angewendete Produktion. Dies soll an dieser Stelle genügen; genauso gut könnte er stattdessen jeden anderen Code ausführen. Wenn $M[X,a] = $ **error** ist, ruft der Parser eine Routine zur Fehlerbehandlung auf.

Das Verhalten des Parsers kann auch über *Konfigurationen* definiert werden, die den Stapelinhalt und die noch zu verarbeitende Eingabe beschreiben.

```
die Variable ip zeige auf das erste Symbol von w$;
repeat
       sei X oberstes Stapelsymbol und a das Symbol, auf das ip zeigt;
       if X ist Terminal oder $ then
              if X = a then
                     entferne X vom Stapel und rücke ip vor;
              else error()
       else   /* X ist Nichtterminal */
              if M[X, a] = X → Y₁Y₂··· Yₖ then begin
                     entferne X vom Stapel;
                     lege Yₖ, Yₖ₋₁, ..., Y₁ auf den Stapel, so daß Y₁ oberstes Element ist;
                     gib die Produktion X → Y₁Y₂···Yₖ aus
              end
              else error()
until X = $ /* Stapel ist leer */
```

Abb. 4.14 Programm zur prädiktiven Analyse.

Algorithmus 4.3
Nicht-rekursive prädikative Systemanalyse

Eingabe: Eine Parse-Tabelle M für eine Grammatik G und ein String w.

Ausgabe: Eine Links-Herleitung von w, falls w in $L(G)$ ist; andernfalls eine Fehlermeldung.

Methode: Zu Beginn befindet sich der Parser in einer Konfiguration, in der $\$S$ auf dem Stapel liegt (mit S, dem Startsymbol der Grammatik, als oberstem Element) und in der der Eingabepuffer $w\$$ enthält. Das Programm, das unter Zuhilfenahme der prädiktiven Parse-Tabelle M die Syntaxanalyse durchführt, ist in Abb. 4.14 angegeben.   □

Beispiel 4.16
Gegeben sei die Grammatik (4.11) aus Beispiel 4.8. Abb. 4.15 zeigt eine prädiktive Parse-Tabelle für diese Grammatik. Leereinträge kennzeichnen Fehler. Nicht-leere Einträge liefern eine Produktion, mit der das oberste Nichtterminal des Stapels zu expandieren ist. Beachten Sie, daß wir bisher noch nicht darauf eingegangen sind, wie man an diese Einträgen kommt, wir werden das jedoch in Kürze nachholen.

Bei Eingabe id + id * id führt der prädiktive Parser die in Abb. 4.16 angegebenen Schritte durch. Der Eingabezeiger zeigt jeweils auf das am weitesten links stehende Symbol in der EINGABE-Spalte. Bei näherem Hinsehen erkennen wir, daß die Aktionen des Parsers einer Links-Herleitung der Eingabe entsprechen, d.h. die ausgegebenen Produktionen sind genau die einer Links-Herleitung. Wenn man die bereits verarbeiteten Eingabesymbole und die auf dem Stapel befindlichen Grammatiksymbole hintereinander schreibt, erhält man jeweils Links-Satzformen der Herleitung.   □

NICHT-TERMINAL	EINGABESYMBOL					
	id	+	*	(	)	$
E	$E \to TE'$			$E \to TE'$		
E'		$E' \to +TE'$			$E' \to \epsilon$	$E' \to \epsilon$
T	$T \to FT'$			$T \to FT'$		
T'		$T' \to \epsilon$	$T' \to *FT'$		$T' \to \epsilon$	$T' \to \epsilon$
F	$F \to id$			$F \to (E)$		

Abb. 4.15 Parse-Tabelle M für Grammatik (4.11).

STAPEL	EINGABE	AUSGABE
E	id + id * id\$	
$E'T$	id + id * id\$	$E \to TE'$
$E'T'F$	id + id * id\$	$T \to FT'$
$E'T'$id	id + id * id\$	$F \to$ id
$E'T'$	+ id * id\$	
E'	+ id * id\$	$T' \to \epsilon$
$E'T+$	+ id * id\$	$E' \to + TE'$
$E'T$	id * id\$	
$E'T'F$	id * id\$	$T \to FT'$
$E'T'$id	id * id\$	$F \to$ id
$E'T'$	* id\$	
$E'T'F*$	* id\$	$T' \to *FT'$
$E'T'F$	id\$	
$E'T'$id	id\$	$F \to$ id
$E'T'$	\$	
E'	\$	$T' \to \epsilon$
\$	\$	$E' \to \epsilon$

Abb. 4.16 Aktionen eines prädiktiven Parsers bei Eingabe id+id*id.

FIRST und FOLLOW

Man kann in Verbindung mit einer Grammatik zwei Funktionen FIRST und
FOLLOW definieren, die bei der Konstruktion prädiktiver Parser hilfreich
sind. Diese Funktionen liefern – falls möglich ‖ die Einträge für die prädiktive Parse-Tabelle. Die von der Funktion FOLLOW gelieferten Symbole lassen sich darüber hinaus auch gut als synchronisierende Symbole bei der panischen Fehler-Recovery verwenden.

Sei α eine beliebige Folge von Grammatiksymbolen. Dann ist $FIRST(\alpha)$
als die Menge aller Terminale definiert, mit denen ein aus α hergeleiteter
String beginnen kann. Gilt $\alpha \stackrel{*}{\Rightarrow} \epsilon$, dann ist auch ϵ in FIRST(α).

Für ein Nichtterminal A wird $FOLLOW(A)$ als die Menge aller Terminale a definiert, die in einer Satzform direkt rechts neben A stehen können.
FOLLOW(A) ist also die Menge aller Terminale a, für die es eine Herleitung
der Form $S \stackrel{*}{\Rightarrow} \alpha A a \beta$ mit beliebigen α, β gibt. Beachten Sie, daß irgendwann
während der Herleitung Symbole zwischen A und a gestanden haben können,
die jedoch verschwunden sind, weil ϵ aus ihnen hergeleitet wurde. Gibt es
eine Satzform, in der A das am weitesten rechts stehende Symbol ist, dann
gehört auch \$ zu FOLLOW(A).

Für alle Grammatiksymbole X wird FIRST(X) berechnet, indem die folgenden Regeln solange angewendet werden, bis zu keiner FIRST-Menge mehr ein neues Terminal oder ϵ hinzukommt:

1.   Wenn X Terminal ist, dann ist FIRST(X) = $\{X\}$.

2.   Wenn $X \to \epsilon$ eine Produktion ist, füge ϵ zu FIRST(X) hinzu.

3.   Wenn X Nichtterminal und $X \to Y_1 Y_2 \cdots Y_k$ eine Produktion ist, dann nimm a zu FIRST(X) hinzu, falls a für irgendein i in FIRST(Y_i) und ϵ in allen FIRST(Y_1), ..., FIRST(Y_{i-1}) enthalten ist, d.h. $Y_1 \cdots Y_{i-1} \overset{*}{\Rightarrow} \epsilon$. Wenn ϵ für alle $j = 1, 2, ..., k$ in FIRST(Y_j) enthalten ist, nimm ϵ zu FIRST(X) hinzu. Zum Beispiel gehört jedes Element aus FIRST(Y_1) sicherlich auch zu FIRST(X). Ist ϵ nicht aus Y_1 herleitbar, braucht nichts mehr zu FIRST(X) hinzugefügt zu werden. Gilt aber $Y_1 \overset{*}{\Rightarrow} \epsilon$, müssen wir FIRST($Y_2$) hinzunehmen usw.

Für einen String $X_1 X_2 \cdots X_n$ läßt sich FIRST nun folgendermaßen berechnen: In FIRST($X_1 X_2 \cdots X_n$) werden alle Symbole aus FIRST(X_1) aufgenommen, die ungleich ϵ sind. Ebenso werden alle Symbole ungleich ϵ aus FIRST(X_2) hinzugenommen, falls FIRST(X_1) ϵ enthält, des weiteren alle Symbole ungleich ϵ aus FIRST(X_3), falls ϵ sowohl in FIRST(X_1) als auch in FIRST(X_2) vorkommt usw. Falls ϵ in allen FIRST(X_i) enthalten ist, wird zu guter Letzt auch ϵ zu FIRST($X_1 X_2 \cdots X_n$) hinzugefügt.

FOLLOW(A) wird für alle Nichtterminale A berechnet, indem die folgenden Regeln solange angewendet werden, bis keine FOLLOW-Menge mehr vergrößert werden kann:

1.   Nimm $ in FOLLOW(S) auf, wobei S das Startsymbol und $ die Endmarkierung der Eingabe ist.

2.   Wenn es eine Produktion $A \to \alpha B \beta$ gibt, wird jedes Element von FIRST(β) mit Ausnahme von ϵ auch in FOLLOW(B) aufgenommen.

3.   Wenn es Produktionen $A \to \alpha B$ oder $A \to \alpha B \beta$ gibt und FIRST(β) ϵ enthält (d.h. $\beta \overset{*}{\Rightarrow} \epsilon$), dann gehört jedes Element von FOLLOW(A) auch zu FOLLOW(B).

Beispiel 4.17
Wir betrachten wieder Grammatik (4.11), die unten nochmals aufgeführt ist.

$$
\begin{aligned}
E &\to TE' \\
E' &\to +TE' \mid \epsilon \\
T &\to FT' \\
T' &\to *FT' \mid \epsilon \\
F &\to (\,E\,) \mid \textbf{id}
\end{aligned}
$$

Dann ist

FIRST(E) = FIRST(T) = FIRST(F) = {(, **id**}

FIRST(E') = {+, ϵ}

FIRST(T') = {*, ϵ}

FOLLOW(E) = FOLLOW(E') = {), $}

FOLLOW(T) = FOLLOW(T') = {+,), $}

FOLLOW(F) = {+, *,), $}

Beispielsweise werden **id** und die öffnende Klammer in FIRST(F) gemäß Regel (3) der Definition von FIRST aufgenommen, wobei jeweils $i = 1$ ist, da nach Regel (1) FIRST(**id**) = {**id**} und FIRST('(') = {(} ist. Gemäß Regel (3) mit $i = 1$ und infolge der Produktion $T \rightarrow FT'$ gehören **id** und die öffnende Klammer dann auch zu FIRST(T). Als weiteres Beispiel ist ϵ nach Regel (2) in FIRST(E') enthalten.

Bei der Berechnung der FOLLOW-Mengen wurde $ in FOLLOW(E) aufgrund von Regel (1) der FOLLOW-Definition aufgenommen. Die Anwendung von Regel (2) auf die Produktion $F \rightarrow (E)$ sorgte dafür, daß auch die schließende Klammer in FOLLOW(E) enthalten ist. Regel (3) angewendet auf die Produktion $E \rightarrow TE'$ bringt $ und die schließende Klammer in FOLLOW(E'). Weil $E' \overset{*}{\Rightarrow} \epsilon$ gilt, gehören diese Symbole auch zu FOLLOW(T). Wir wollen noch ein letztes Beispiel für die Anwendung der FOLLOW-Regeln betrachten: Die Produktion $E \rightarrow TE'$ bewirkt aufgrund von Regel (2), daß jedes Element von FIRST(E') außer ϵ in FOLLOW(T) übernommen werden muß. Daß auch $ zu FOLLOW(T) gehört, haben wir bereits gesehen. □

Konstruktion prädiktiver Parse-Tabellen

Eine prädiktive Parse-Tabelle für eine Grammatik G kann mit folgendem Algorithmus erstellt werden. Die Idee dabei ist folgende: Angenommen, $A \rightarrow \alpha$ ist eine Produktion und a ist in FIRST (α). Dann expandiert der Parser A zu α, wenn a aktuelles Eingabesymbol ist. Zu Komplikationen kann es kommen, wenn $\alpha = \epsilon$ oder $\alpha \overset{*}{\Rightarrow} \epsilon$ gilt. In diesem Fall muß A *erneut* zu α expandiert werden, wenn das aktuelle Eingabesymbol in FOLLOW(A) ist oder wenn in der Eingabe die Endmarkierung $ erreicht wurde und $ in FOLLOW(A) enthalten ist.

Algorithmus 4.4
Konstruktion einer prädiktiven Parse-Tabelle

Eingabe: Grammatik G.

Ausgabe: Parse-Tabelle M.

Methode: 1.　Führe für jede Produktion $A \rightarrow \alpha$ der Grammatik die Schritte 2 und 3 durch.

2. Trage für jedes Terminal a aus FIRST(α) die Produktion $A \rightarrow \alpha$ in $M[A,a]$ ein.

3. Wenn ϵ in FIRST(α) enthalten ist, trage $A \rightarrow \alpha$ für jedes Terminal b aus FOLLOW(A) an der Stelle $M[A,b]$ ein. Ist ϵ in FIRST(α) und \$ in FOLLOW(A) enthalten, so trage $A \rightarrow \alpha$ in $M[A,\$]$ ein.

4. Trage in jedem undefinierten Eintrag **error** ein. $\qquad\Box$

Beispiel 4.18
Wir wenden Algorithmus 4.4 auf Grammatik (4.11) an. Weil FIRST(TE') = FIRST(T) = {(,**id**} ist, wird aufgrund der Produktion $E \rightarrow TE'$ an den Stellen $M[E,(]$ und $M[E,\mathbf{id}]$ jeweils $E \rightarrow TE'$ eingetragen.

Produktion $E' \rightarrow +TE'$ bewirkt, daß $E' \rightarrow +TE'$ in $M[E',+]$ eingetragen wird. Produktion $E' \rightarrow \epsilon$ hat zur Folge, daß $E' \rightarrow \epsilon$ sowohl in $M[E',)]$ als auch in $M[E',\$]$ eingetragen wird, da FOLLOW(E')={),\$} ist.

Die von Algorithmus 4.4 für Grammatik (4.11) erzeugte Parse-Tabelle wurde bereits in Abb. 4.15 gezeigt. $\qquad\Box$

LL(1)-Grammatiken

Mit Hilfe von Algorithmus 4.4 läßt sich grundsätzlich für jede Grammatik G eine Parse-Tabelle erstellen. Bei manchen Grammatiken kann es jedoch vorkommen, daß M mehrere Einträge an der gleichen Stelle hat. Das ist etwa dann der Fall, wenn G links-rekursiv oder mehrdeutig ist. Mindestens eine Stelle besitzt dann mehrere Einträge.

Beispiel 4.19
Wir betrachten wieder Grammatik (4.13) aus Beispiel 4.10. Der Übersichtlichkeit halber ist sie unten nochmals angegeben.

$$S \rightarrow iEtSS' \mid a$$
$$S' \rightarrow eS \mid \epsilon$$
$$E \rightarrow b$$

Die Parse-Tabelle dieser Grammatik zeigt Abb. 4.17.

Die Stelle $M[S',e]$ enthält zwei Einträge: $S' \rightarrow eS$ und $S' \rightarrow \epsilon$, weil FOLLOW(S') = {e,\$} ist. Die Grammatik ist mehrdeutig. Die Mehrdeutigkeit zeigt sich darin, daß bei Eingabesymbol e (**else**) die auszuwählende Produktion unbestimmt ist. Die Entscheidung zugunsten von $S' \rightarrow eS$ löst die Mehrdeutigkeit auf. Diese Wahl entspricht außerdem der Strategie, ein **else** dem unmittelbar vorhergehenden **then** zuzuordnen. Beachten Sie, daß die

Alternative $S' \rightarrow \epsilon$ als erste Wahl völlig ungeeignet ist, weil e dadurch weder jemals auf den Stapel gelegt noch aus der Eingabe entfernt würde. □

Nicht-terminal	Eingabesymbol					
	a	b	e	i	t	$\$$
S	$S \rightarrow a$			$S \rightarrow iEtSS'$		
S'			$S' \rightarrow \epsilon$ $S' \rightarrow eS$			$S' \rightarrow \epsilon$
E		$E \rightarrow b$				

Abb. 4.17 Parse-Tabelle M für die Grammatik (4.13).

Eine Grammatik, deren Parse-Tabelle keine Mehrfach-Einträge besitzt, heißt *LL*(1). Dabei bedeutet das erste „L" in LL(1), daß die Eingabe von links nach rechts gelesen wird; das zweite „L", daß eine Links-Herleitung erzeugt wird; und die „1", daß in jedem Schritt des Parse-Prozesses *ein* Symbol vorausge-schaut wird (Lookahead), um zu entscheiden, welche Aktion durchzuführen ist. Man kann zeigen, daß Algorithmus 4.4 für jede LL(1)-Grammatik G eine Tabelle erzeugt, mit deren Hilfe genau die Sätze von G erkannt werden.

LL(1)-Grammatiken besitzen eine Reihe charakteristischer Eigenschaf-ten. Eine mehrdeutige oder linksrekursive Grammatik kann nie LL(1) sein. Darüber hinaus kann man zeigen, daß eine Grammatik G genau dann LL(1) ist, wenn für je zwei Produktionen $A \rightarrow \alpha \mid \beta$ von G gilt:

1. Aus α und β sind keine Strings herleitbar, die beide mit dem gleichen Nichtterminal beginnen.

2. Der leere String kann nicht sowohl aus α als auch aus β hergeleitet werden.

3. Wenn $\beta \overset{*}{\Rightarrow} \epsilon$ gilt, dann beginnt kein aus α herleitbarer String mit einem Terminal aus FOLLOW(A).

Grammatik (4.11) für arithmetische Ausdrücke ist offensichtlich LL(1). Gram-matik (4.13), die das if-then-else-Problem nachbildet, ist es dagegen nicht.

Es bleibt die Frage, was bei Parse-Tabellen mit Mehrfach-Einträgen zu tun ist. Als ersten Versuch kann man die Grammatik mit dem Ziel der Links-Faktorisierung und Elimination von Linksrekursionen umformen. Die Hoff-nung, dadurch eine Grammatik zu erhalten, deren Parse-Tabelle keine Mehr-fach-Einträge enthält, erfüllt sich leider nicht immer. Manche Grammatiken lassen sich auch durch noch so trickreiche Umformungen nicht zu LL(1)-Grammatiken machen. Grammatik (4.13) ist ein Beispiel dafür. Die von ihr erzeugte Sprache besitzt überhaupt keine LL(1)-Grammatik. Wie wir gesehen haben, läßt sich (4.13) dennoch mit einem prädiktiven Parser verarbeiten, wenn man einfach festlegt, daß $M[S',e] = \{S' \rightarrow eS\}$ ist. Allgemein gibt es jedoch keine Regeln, nach denen man Mehrfach-Einträge eindeutig machen kann, ohne die vom Parser erkannte Sprache zu verändern.

Die Hauptschwierigkeit im Zusammenhang mit prädiktiven Parsern besteht darin, für die Quellsprache eine Grammatik zu finden, die sich zur Erstellung prädiktiver Parser eignet. Zwar ist es relativ einfach, Links-Faktorisierung oder Elimination von Linksrekursion durchzuführen, jedoch wird eine Grammatik dadurch auch schwerer verständlich und für die Übersetzung umständlicher. Man löst die Problematik oft dadurch, daß ein Parser Kontrollkonstrukte prädiktiv bearbeitet, während Ausdrücke mit Hilfe von Operatorprioritäten (die Methode wird in Abschnitt 4.6 diskutiert) verarbeitet werden. Steht jedoch ein LR-Parsergenerator (s. Abschnitt 4.9) zur Verfügung, so kann man die Vorteile eines prädiktiven Parsers und eines Parsers, der mit Operatorpriorität arbeitet, geniessen.

Fehler-Recovery in prädiktiven Parsern

Der Stapel eines nicht-rekursiven prädiktiven Parsers enthält explizit die Terminale und Nichtterminale, die vom Parser noch mit der verbleibenden Eingabe zu vergleichen sind. Im folgenden werden wir uns auf diese Symbole des Parse-Stapels beziehen. Ein prädiktiver Parser hat einen Fehler erkannt, wenn das oberste Stapelsymbol ein Terminal ist und dieses Terminal ungleich dem anstehenden Eingabesymbol ist, oder wenn das oberste Stapelelement ein Nichtterminal A und a das anstehende Eingabesymbol ist, der Eintrag $M[A,a]$ der Parse-Tabelle jedoch leer ist.

Grundlage der panischen Fehler-Recovery ist die Idee, Eingabesymbole solange zu ignorieren, bis ein synchronisierendes Symbol gefunden wurde. Die Wirksamkeit dieser Recovery-Methode hängt entscheidend davon ab, wie die Mengen synchronisierender Symbole zusammengestellt wurden. Wichtig ist, daß der Parser nach häufig auftretenden Fehlern schnell in den normalen Parse-Modus zurückfindet. Die folgenden Heuristiken haben sich bei der Bildung von Mengen synchronisierender Symbole bewährt:

1.   Zunächst bieten sich alle Symbole aus FOLLOW(A) als synchronisierende Symbole für ein Nichtterminal A an. Wenn die Eingabe solange überlesen wird, bis ein Element aus FOLLOW(A) gefunden wurde, und A vom Stapel genommen wird, läßt sich der Parse-Prozeß meist erfolgreich fortsetzen.

2.   Es reicht nicht, wenn die synchronisierende Menge für A nur aus FOLLOW(A) besteht. Wenn etwa wie in C Anweisungen mit Semikolon abge-

schlossen werden, sind Schlüsselwörter, die den Beginn einer Anweisung kennzeichnen, im allgemeinen nicht in der FOLLOW-Menge für das Nichtterminal eines Ausdrucks enthalten. Die Folge davon ist, daß ein fehlendes Semikolon nach einer Anweisung dazu führen kann, daß das Schlüsselwort, mit dem die nächste Anweisung beginnt, übersprungen wird. Häufig ist auf Sprachkonstrukten eine hierarchische Struktur definiert, z.B sind Ausdrücke Teil einer Anweisung, die wiederum Teil eines Blocks ist usw. Daher ist es naheliegend, die Anfangssymbole höher stehender Konstrukte zur synchronisierenden Menge tiefer angesiedelter Konstrukte hinzuzunehmen. So könnte man etwa die Schlüsselwörter, mit denen Anweisungen beginnen, den synchronisierenden Mengen für die Nichtterminale von Ausdrücken hinzufügen.

3. Wenn man die Symbole aus FIRST(A) in die synchronisierende Menge für ein Nichtterminal A aufnimmt, hat man die Möglichkeit, für A einen neuerlichen Parse-Versuch zu unternehmen, falls in der Eingabe ein Symbol aus FIRST(A) erkannt wird.

4. Bei einem Terminal, das auch den leeren String herleiten kann, kann man die ϵ herleitende Produktion als „Default" benutzen. Möglicherweise wird die Fehlererkennung dadurch aufgeschoben, aber Fehler werden nicht übersehen. Bei dieser Methode vermindert sich die Anzahl der Nichtterminale, die im Lauf einer Fehlerbehandlung zu berücksichtigen sind.

5. Wenn kein Eingabesymbol auf das oberste, terminale Stapelsymbol paßt, kann man es einfach vom Stapel entfernen, eine Meldung ausgeben, daß ein Terminal eingefügt wurde, und den Parse-Prozeß fortsetzen. Tatsächlich besteht bei dieser Vorgehensweise die synchronisierende Menge eines terminalen Symbols aus allen übrigen terminalen Symbolen.

Beispiel 4.20
Die FOLLOW- und FIRST-Symbole eignen sich besonders bei Ausdrücken als synchronisierende Symbole. Als Beispiel betrachten wir Grammmatik (4.11). Abb. 4.18 zeigt nochmals die Parse-Tabelle dieser Grammatik aus Abb. 4.15, wobei „synch" synchronisierende Symbole kennzeichnet, die man aus der FOLLOW-Menge des jeweiligen Nichtterminals gewonnen hat. Die FOLLOW-Mengen der Nichtterminale wurden in Beispiel 4.17 berechnet.

Die Tabelle in Abb. 4.18 ist folgendermaßen zu interpretieren: Wenn der Eintrag $M[A,a]$ leer ist, überspringt der Parser das aktuelle Eingabesymbol a. Wenn der Eintrag „synch" lautet, entfernt er das oberste Nichtterminal vom Stapel und versucht, die Syntaxanalyse fortzusetzen. Wenn das oberste Stapelelement ein Terminal und ungleich dem Eingabesymbol ist, wird das Terminal wie oben besprochen vom Stapel entfernt.

Abb. 4.19 zeigt, wie sich der Parser mit der Fehler-Recovery von Abb. 4.18 bei der fehlerhaften Eingabe)id∗+id verhält. □

NICHT-TERMINAL	EINGABESYMBOL					
	id	**+**	*****	**(**	**)**	**$**
E	$E \to TE'$			$E \to TE'$	synch	synch
E'		$E' \to +TE'$			$E' \to \epsilon$	$E' \to \epsilon$
T	$T \to FT'$	synch		$T \to FT'$	synch	synch
T'		$T' \to \epsilon$	$T' \to *FT'$		$T' \to \epsilon$	$T' \to \epsilon$
F	$F \to \mathbf{id}$	synch	synch	$F \to (E)$	synch	synch

Abb. 4.18 Parse-Tabelle von Abb. 4.15 mit zusätzlichen synchronisierenden Symbolen.

STAPEL	EINGABE	ERLÄUTERUNG
$\$E$	)id * + id$	Fehler, überspringe)
$\$E$	id * + id$	**id** ist in FIRST(E)
$\$E'T$	id * + id$	
$\$E'T'F$	id * + id$	
$\$E'T'$id	id * + id$	
$\$E'T'$	* + id$	
$\$E'T'F*$	* + id$	
$\$E'T'F$	+ id$	Fehler, $M[F, +] =$ synch
$\$E'T'$	+ id$	F wurde entfernt
$\$E'$	+ id$	
$\$E'T+$	+ id$	
$\$E'T$	id$	
$\$E'T'F$	id$	
$\$E'T'$id	id$	
$\$E'T'$	$	
$\$E'$	$	
$\$$	$	

Abb. 4.19 Aktionen eines prädiktiven Parsers bei Analyse und Fehler-Recovery.

Bei der obigen Diskussion der panischen Recovery haben wir die Wichtigkeit von Fehlermeldungen außer acht gelassen. Es versteht sich, daß beim Compiler-Entwurf die Angabe informativer Fehlermeldungen zu berücksichtigen ist.

Konstrukt-orientierte Recovery.

Bei der konstrukt-orientierten Recovery ersetzt man die Leereinträge der prädiktiven Parse-Tabelle durch Verweise auf Fehlerroutinen. Die Routinen haben die Aufgabe, Eingabesymbole zu ändern, zu löschen oder neu einzufügen und geeignete Fehlermeldungen auszugeben. Unter Umständen entfernen sie Elemente vom Stapel. Nicht unproblematisch ist es dagegen, wenn es den Routinen auch möglich ist, Stapelelemente zu ändern oder neu hinzuzufügen. Es besteht dann nämlich die Gefahr, daß der Parse-Prozeß keiner Herleitung irgendeines Worts der Sprache entspricht. Unter allen Umständen sind Endlos-Schleifen zu vermeiden. Man kann sich leicht gegen solche Schleifen schützen, wenn man für jede Recovery-Aktion sicherstellt, daß sie letztlich ein Eingabesymbol konsumiert (oder den Stapel leert, wenn das Ende der Eingabe erreicht wurde).

4.5 Bottom-Up-Syntaxanalyse

In diesem Abschnitt führen wir eine allgemeine Methode zur Bottom-Up-Syntaxanalyse ein, bekannt als Shift-Reduce-Syntaxanalyse. Eine leicht zu implementierende Form der Shift-Reduce-Syntaxanalyse, Operator-Precedence-Syntaxanalyse genannt, wird in Abschnitt 4.6 vorgestellt. Eine sehr viel allgemeinere Methode der Shift-Reduce-Syntaxanalyse, genannt LR-Syntaxanalyse, wird in Abschnitt 4.7 besprochen. LR-Syntaxanalyse wird in einigen automatischen Parser-Generatoren benutzt.

Die Shift-Reduce-Syntaxanalyse versucht, für einen Eingabestring einen Parse-Baum zu konstruieren, wobei man an den Blättern (bottom) beginnt und sich zur Wurzel (top) hocharbeitet. Wir können uns bei diesem Prozeß vorstellen, daß man einen String w auf das Startsymbol einer Grammatik „reduziert". Bei jedem *Reduktions*schritt wird ein einzelner Substring, der mit der rechten Seite einer Produktion übereinstimmt, durch das Symbol auf der linken Seite dieser Produktion ersetzt. Wenn der Substring bei jedem Schritt richtig gewählt wird, gibt man eine Rechtsableitung in umgekehrter Reihenfolge wieder.

Beispiel 4.21
Betrachten wir die Grammatik:

$$S \rightarrow aABe$$
$$A \rightarrow Abc \mid b$$
$$B \rightarrow d$$

Der Satz *abbcde* kann durch die folgenden Schritte auf *S* reduziert werden:

> *abbcde*
> *aAbcde*
> *aAde*
> *aABe*
> *S*

Wir suchen in *abbcde* nach einem Substring, der mit der rechten Seite irgendeiner Produktion übereinstimmt. Die Substrings *b* und *d* erfüllen dies. Wir wählen das am weitesten links stehende *b* aus und ersetzen es durch *A*, die linke Seite der Produktion *A → b*; wir erhalten so den String *aAbcde*. Nun stimmen die Substrings *Abc*, *b*, und *d* mit der rechten Seite einer Produktion überein. Obwohl *b* der am weitesten links stehende Substring ist, der mit der rechten Seite einer Produktion übereinstimmt, ersetzen wir den Substring *Abc* durch *A*, die linke Seite der Produktion *A → Abc*. Nun erhalten wir *aAde*. Dann ersetzen wir *d* durch *B*, die linke Seite der Produktion *B → d*, und erhalten *aABe*. Wir können nun diesen ganzen String durch *S* ersetzen. Also ist es uns durch eine Folge von vier Reduktionen möglich, *abbcde* auf *S* zu reduzieren. Tatsächlich geben diese Reduktionen in umgekehrter Reihenfolge die folgende Rechtsableitung wieder:

$$S \underset{rm}{\Longrightarrow} aABe \underset{rm}{\Longrightarrow} aAde \underset{rm}{\Longrightarrow} aAbcde \underset{rm}{\Longrightarrow} abbcde \qquad \square$$

Handles

Ein „Handle" eines Strings ist – informell ausgedrückt – ein Substring, der mit der rechten Seite einer Produktion übereinstimmt und dessen Reduktion zum Nichtterminalen auf der linken Seite der Produktion einem Schritt einer inversen Rechtsableitung entspricht. In vielen Fällen ist der am weitesten links stehende Substring β, der mit der rechten Seite irgendeiner Produktion *A → β* übereinstimmt, kein Handle, weil die Reduktion mit der Produktion *A → β* einen String ergibt, der nicht auf das Startsymbol reduziert werden kann. Wenn wir im Beispiel 4.21 im zweiten String *aAbcde b* durch *A* ersetzen, erhalten wir den String *aAAcde*, der anschließend nicht auf *S* reduziert werden kann. Aus diesem Grund müssen wir eine genauere Definition eines Handles angeben.

Formell definiert ist ein Handle einer rechtsabgeleiteten Satzform γ eine Produktion *A → β* und eine Position in γ. An dieser Position wird der String β gefunden und kann durch *A* ersetzt werden, um die in einer Rechtsableitung von γ unmittelbar vorherige rechtsabgeleitete Satzform zu erzeugen. Das bedeutet, daß unter der Voraussetzung

$$S \underset{rm}{\overset{*}{\Longrightarrow}} \alpha A w \underset{rm}{\Longrightarrow} \alpha \beta w$$

$A \rightarrow \beta$ an der α folgenden Position ein Handle von $\alpha\beta w$ ist. Der String w rechts vom Handle enthält nur Terminalsymbole. Beachten Sie, daß wir „ein Handle" und nicht „der Handle" sagen, weil die Grammatik mehrdeutig sein kann, mit mehr als einer Rechtsableitung von $\alpha\beta w$. Wenn eine Grammatik eindeutig ist, dann hat jede rechtsabgeleitete Satzform der Grammatik genau einen Handle.

Im obigen Beispiel ist $abbcde$ eine rechtsabgeleitete Satzform, deren Handle $A \rightarrow b$ an der Position 2 ist. Gleichermaßen ist $aAbcde$ eine rechtsabgeleitete Satzform, deren Handle $A \rightarrow Abc$ an der Position 2 ist. Wir sagen oft nur „der Substring β ist ein Handle von $\alpha\beta w$", wenn die Position von β und die Produktion $A \rightarrow \beta$ aus dem Kontext klar ersichtlich sind.

Abbildung 4.20 zeigt den Handle $A \rightarrow \beta$ im Parse-Baum der rechtsabgeleiteten Satzform $\alpha\beta w$. Der Handle wird durch den am weitesten links stehenden Unterbaum dargestellt, bestehend aus einem Knoten und allen seinen Söhnen. In Abb. 4.20 ist A der tiefste und am weitesten links stehende innere Knoten, der alle seine Söhne im Baum besitzt. Reduziert man in $\alpha\beta w$ β auf A, so kann man an ein „Beschneiden des Handle" (Handle-Pruning) denken, d.h. die Söhne von A werden im Parse-Baum gelöscht.

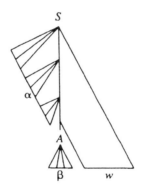

Abb. 4.20   Der Handle $A \rightarrow \beta$ im Parse-Baum für $\alpha\beta w$.

Beispiel 4.22
Betrachten Sie die folgende Grammatik

(1) $E \rightarrow E + E$
(2) $E \rightarrow E * E$
(3) $E \rightarrow (E)$ (4.16)
(4) $E \rightarrow \mathbf{id}$

und die Rechtsableitung

$$E \underset{rm}{\Rightarrow} E + E$$
$$\underset{rm}{\Rightarrow} E + \underline{E * E}$$
$$\underset{rm}{\Rightarrow} E + E * \underline{id_3}$$
$$\underset{rm}{\Rightarrow} E + \underline{id_2} * id_3$$
$$\underset{rm}{\Rightarrow} \underline{id_1} + id_2 * id_3$$

Zur Vereinfachung der Beschreibung haben wir die id's indiziert und einen Handle jeder rechtsabgeleiteten Satzform unterstrichen. Zum Beispiel ist id_1 ein Handle der rechtsabgeleiteten Satzform $id_1 + id_2 * id_3$, weil id die rechte Seite der Produktion $E \rightarrow id$ ist und das Ersetzen von id_1 durch E die unmittelbar vorher abgeleitete Satzform $E + id_2 * id_3$ erzeugt. Beachten Sie, daß der String, der zur Rechten eines Handle steht, nur Terminalsymbole enthält.

Weil die Grammatik (4.16) mehrdeutig ist, gibt es noch eine andere Rechtsableitung des gleichen Strings:

$$E \underset{rm}{\Rightarrow} E * E$$
$$\underset{rm}{\Rightarrow} E * \underline{id_3}$$
$$\underset{rm}{\Rightarrow} \underline{E + E} * id_3$$
$$\underset{rm}{\Rightarrow} E + \underline{id_2} * id_3$$
$$\underset{rm}{\Rightarrow} \underline{id_1} + id_2 * id_3$$

Betrachten Sie die rechtsabgeleitete Satzform $E + E * id_3$. In dieser Ableitung ist $E + E$ ein Handle von $E + E * id_3$, während id_3 laut der obigen Ableitung selbst auch ein Handle der gleichen rechtsabgeleiteten Satzform ist.

Die beiden Rechtsableitungen in diesem Beispiel sind analog zu den beiden Linksableitungen im Beispiel 4.6. Die erste Ableitung ordnet * eine höhere Priorität zu als +, während die zweite + eine höhere Priorität gibt. □

Handle-Pruning

Durch „Handle-Pruning" kann man eine Rechtsableitung in umgekehrter Reihenfolge erreichen. Das bedeutet, wir starten mit einem String von Terminalen w, den wir syntaktisch analysieren wollen. Wenn w ein Satz der aktuellen Grammatik ist, dann ist $w = \gamma_n$, wobei γ_n die n-te rechtsabgeleitete Satzform einer bis jetzt unbekannten Rechtsableitung

$$S = \gamma_0 \underset{rm}{\Rightarrow} \gamma_1 \underset{rm}{\Rightarrow} \gamma_2 \underset{rm}{\Rightarrow} \cdots \underset{rm}{\Rightarrow} \gamma_{n-1} \underset{rm}{\Rightarrow} \gamma_n = w$$

ist.

Um diese Ableitung in umgekehrter Reihenfolge zu rekonstruieren, ermitteln wir den Handle β_n in γ_n und ersetzen β_n durch die linke Seite irgendeiner Produktion $A_n \rightarrow \beta_n$, um die $(n-1)$-te rechtsabgeleitete Satzform γ_{n-1} zu erhalten. Beachten Sie, daß wir noch nicht wissen, wie Handles zu finden sind, aber wir werden bald Methoden dazu kennenlernen.

Dann wiederholen wir diesen Prozeß. Das heißt, wir bestimmen den Handle β_{n-1} in γ_{n-1} und reduzieren diesen Handle, um die rechtsabgeleitete Satzform γ_{n-2} zu erhalten. Wenn dieser Prozeß fortgesetzt wird, erzeugen wir eine rechtsabgeleitete Satzform, die nur aus dem Startsymbol S besteht, halten dann und melden das erfolgreiche Ende der Syntaxanalyse. Die umgekehrte Reihenfolge der Produktionen, die bei den Reduktionen benutzt werden, ist eine Rechtsableitung für den Eingabestring.

Beispiel 4.23
Betrachten Sie die Grammatik (4.16) in Beispiel 4.22 und den Eingabestring $id_1 + id_2 * id_3$. Die Reihenfolge der in Abb. 4.21 gezeigten Reduktionen reduziert $id_1 + id_2 * id_3$ auf das Startsymbol E. Der Leser sollte beachten, daß die Reihenfolge der rechtsabgeleiteten Satzformen in diesem Beispiel genau die umgekehrte Reihenfolge der ersten Rechtsableitung in Beispiel 4.22 ist. □

Rechtsabgeleitete Satzform	Handle	Reduktionsproduktion
$id_1 + id_2 * id_3$	id_1	$E \rightarrow id$
$E + id_2 * id_3$	id_2	$E \rightarrow id$
$E + E * id_3$	id_3	$E \rightarrow id$
$E + E * E$	$E * E$	$E \rightarrow E * E$
$E + E$	$E + E$	$E \rightarrow E + E$
E		

Abb. 4.21 Durch einen Shift-Reduce-Parser ausgeführte Reduktionen.

Stack-Implementierung der Shift-Reduce-Syntaxanalyse

Es müssen zwei Probleme gelöst werden, wenn wir mit Hilfe des Handle-Pruning eine Syntax analysieren wollen. Erstens ist der Substring zu bestimmen, der in einer rechtsabgeleiteten Satzform reduziert werden soll. Und zweitens ist festzulegen, welche Produktion zu wählen ist, falls es mehr als eine Produktion mit dem Substring auf der rechten Seite gibt. Bevor wir zu diesen Fragen kommen, lassen Sie uns zuerst den Typ der Datenstrukturen betrachten, die wir in einem Shift-Reduce-Parser benutzen.

Üblicherweise verwendet man einen Stack und einen Eingabepuffer, um einen Shift-Reduce-Parser zu implementieren. In dem Stack werden die Gram-

matiksymbole gehalten, in dem Eingabepuffer wird der syntaktisch zu analy-
sierende String gespeichert. Wir benutzen das $-Zeichen, um den Boden des
Stacks und auch das rechte Ende der Eingabe zu markieren. Zu Beginn ist
der Stack leer und der String w steht in der Eingabe:

Stack	Eingabe
$	$w\,$$

Der Parser schiebt so lange null oder mehr Eingabesymbole auf den Stack,
bis ein Handle β oben auf dem Stack liegt. Dann reduziert er β auf die linke
Seite der zugehörigen Produktion. Der Parser wiederholt diesen Zyklus so
lange, bis er einen Fehler entdeckt oder bis der Stack das Startsymbol enthält und die Eingabe leer ist:

Stack	Eingabe
$S	$

Nachdem der Parser diesen Zustand erreicht hat, hält er und meldet das erfolgreiche Ende der syntaktischen Analyse.

Beispiel 4.24
Lassen Sie uns die Aktionen durchgehen, die ein Shift-Reduce-Parser beim
syntaktischen Analysieren des Eingabestrings $id_1 + id_2 * id_3$ bei Zugrunde-
legen der Grammatik (4.16) machen würde, wenn die erste Ableitung aus Beispiel 4.22 benutzt wird. Abb. 4.22 zeigt die Ablaufreihenfolge. Beachten Sie,
daß es auch eine andere Reihenfolge der Schritte gibt, die ein Shift-Reduce-
Parser machen kann, weil die Grammatik (4.16) zwei Rechtsableitungen für
diese Eingabe hat.   □

	STACK	EINGABE	AKTION
(1)	$	$id_1 + id_2 * id_3\,$$	schiebe
(2)	$id_1	$+ id_2 * id_3\,$$	reduziere durch $E \rightarrow id$
(3)	$E	$+ id_2 * id_3\,$$	schiebe
(4)	$E +	$id_2 * id_3\,$$	schiebe
(5)	$E + id_2	$* id_3\,$$	reduziere durch $E \rightarrow id$
(6)	$E + E	$* id_3\,$$	schiebe
(7)	$E + E *	$id_3\,$$	schiebe
(8)	$E + E * id_3	$	reduziere durch $E \rightarrow id$
(9)	$E + E * E	$	reduziere durch $E \rightarrow E * E$
(10)	$E + E	$	reduziere durch $E \rightarrow E + E$
(11)	$E	$	akzeptiere

Abb. 4.22 Konfigurationen eines Shift-Reduce-Parsers
bei der Eingabe $id_1 + id_2 * id_3$.

Weil die grundlegenden Operationen des Parsers schieben (shift) und reduzieren (reduce) sind, gibt es genau vier mögliche Aktionen, die ein Shift-Reduce-Parser machen kann: (1) schieben, (2) reduzieren, (3) akzeptieren und (4) Fehler erkennen.

1. In einer *Schiebe*aktion wird das nächste Eingabesymbol oben auf den Stack geschoben.

2. In einer *Reduktions*aktion weiß der Parser, daß das rechte Ende eines Handle oben auf dem Stack liegt. Er muß dann das linke Ende des Handle im Stack finden und entscheiden, durch welches Nichtterminal der Handle zu ersetzen ist.

3. In einer *Akzeptier*aktion meldet der Parser das erfolgreiche Ende der Syntaxanalyse.

4. In einer *Fehler(erkennenden)*aktion entdeckt der Parser, daß ein Syntaxfehler vorgekommen ist und ruft eine Fehlerbehandlungsroutine auf.

Es gibt eine wichtige Tatsache, die den Gebrauch eines Stacks in der Shift-Reduce-Syntaxanalyse rechtfertigt: der Handle wird letztendlich immer an der Spitze des Stacks erscheinen, niemals innerhalb. Diese Tatsache wird offensichtlich, wenn wir uns die möglichen Formen zweier aufeinanderfolgender Schritte in einer Rechtsableitung betrachten. Diese beiden Schritte können die folgende Form haben:

$$(1) \quad S \xRightarrow[rm]{*} \alpha A z \xRightarrow[rm]{*} \alpha \beta B y z \xRightarrow[rm]{*} \alpha \beta \gamma y z$$

$$(2) \quad S \xRightarrow[rm]{*} \alpha B x A z \xRightarrow[rm]{*} \alpha B x y z \xRightarrow[rm]{*} \alpha \gamma x y z$$

In Fall (1) wird A durch $\beta B y$ ersetzt und dann wird das am weitesten rechts stehende Nichtterminal B in dieser rechten Seite durch γ ersetzt. Im Fall (2) wird A wieder zuerst ersetzt, aber diesmal ist die rechte Seite ein String y, der nur Terminale enthält. Das nächste am weitesten rechts stehende Nichtterminal B ist dann irgendwo links von y.

Lassen Sie uns Fall (1) in umgekehrter Reihenfolge betrachten, ab der vom Shift-Reduce-Parser gerade erreichten Konfiguration.

Stack	Eingabe
$\$\alpha\beta\gamma$	$yz\$$

Der Parser reduziert nun den Handle γ auf B, um die Konfiguration

Stack	Eingabe
$\$\alpha\beta B$	$yz\$$

zu erreichen.

Da B das am weitesten rechts stehende Nichtterminal in $\alpha\beta Byz$ ist, kann das rechte Ende des Handle von $\alpha\beta Byz$ nicht innerhalb vom Stack vorkommen. Der Parser kann deshalb den String y auf den Stack schieben, um die Konfiguration

Stack	Eingabe
$\$\alpha\beta By$	$z\$$

zu erlangen, in der βBy der Handle ist und dieser auf A reduziert werden kann.

Im Fall (2), bei der Konfiguration

Stack	Eingabe
$\$\alpha\gamma$	$xyz\$$

ist der Handle γ oben auf dem Stack. Nach der Reduktion des Handle γ auf B kann der Parser den String xy schieben, um den nächsten Handle y oben auf den Stack zu bekommen:

Stack	Eingabe
$\$\alpha Bxy$	$z\$$

Nun reduziert der Parser y auf A.

In beiden Fällen muß der Parser, nachdem er eine Reduktion gemacht hat, null oder mehr Symbole schieben, um den nächsten Handle auf den Stack zu bekommen. Er muß nie in den Stack gehen, um den Handle zu finden. Dieser Aspekt des Handle-Pruning macht einen Stack zu einer besonders geeigneten Datenstruktur zur Implementierung eines Shift-Reduce-Parsers. Nun müssen wir noch untersuchen, wie die Aktionen gewählt werden müssen, daß der Shift-Reduce-Parser auch korrekt arbeitet. Operator-Precedence- und LR-Parser sind zwei solche Techniken, die wir kurz diskutieren werden.

Gültige Vorsilben

Die Menge aller Vorsilben rechtsabgeleiteter Satzformen, die auf dem Stack eines Shift-Reduce-Parsers auftauchen können, werden *gültige Vorsilben* genannt. Eine äquivalente Definition einer gültigen Vorsilbe ist die folgende: eine gültige Vorsilbe einer rechtsabgeleiteten Satzform ist eine Vorsilbe, die nicht über das rechte Ende des am weitesten rechts stehenden Handle dieser rechtsabgeleiteten Satzform hinausgeht. Bei dieser Definition ist es immer möglich, Terminalsymbole am Ende einer gültigen Vorsilbe anzuhängen, um eine rechtsabgeleitete Satzform zu erhalten. Deshalb kann kein Fehler auftreten, solange der Teil der Eingabe, der bis zu einem bestimmten Punkt betrachtet wird, auf eine gültige Vorsilbe reduziert werden kann.

Konflikte während einer Shift-Reduce-Syntaxanalyse

Es gibt kontextfreie Grammatiken, für die die Shift-Reduce-Syntaxanalyse nicht benutzt werden kann. Jeder Shift-Reduce-Parser für solch eine Grammatik kann eine Konfiguration erreichen, in der der Parser, der den vollständigen Stackinhalt und das nächste Eingabesymbol kennt, nicht entscheiden kann, ob zu schieben oder zu reduzieren ist (ein *schiebe/reduziere*-Konflikt), oder in der er nicht entscheiden kann, welche der verschiedenen Reduktionen zu machen ist (ein *reduziere/reduziere*-Konflikt). Nun geben wir einige Beispiele für syntaktische Konstrukte an, die solche Grammatiken hervorbringen. Technisch gesehen sind diese Grammatiken nicht in der Klasse der LR(k)-Grammatiken, die in Abschnitt 4.7 definiert wird; wir bezeichnen sie als Nicht-LR-Grammatiken. Das k in LR(k) bezieht sich auf die Zahl der Symbole, die in der Eingabe im voraus betrachtet werden (lookahead). Grammatiken, die in Übersetzungen benutzt werden, gehören meistens zur LR(1)-Klasse, bei der ein Symbol im voraus betrachtet wird.

Beispiel 4.25
Eine mehrdeutige Grammatik kann niemals LR sein. Betrachten Sie zum Beispiel die Grammatik mit dem optionalen else (4.7) aus Abschnitt 4.3:

$$stmt \rightarrow \quad \textbf{if } expr \textbf{ then } stmt$$
$$| \quad \textbf{if } expr \textbf{ then } stmt \textbf{ else } stmt$$
$$| \quad \textbf{other}$$

Wenn wir einen Shift-Reduce-Parser in der Konfiguration

Stack	Eingabe
$\cdots$ **if** *expr* **then** *stmt*	**else** $\cdots$ \$

haben, können wir nicht entscheiden, ob **if** *expr* **then** *stmt* der Handle ist, gleichgültig, was weiter unten im Stack auftaucht. Hier liegt ein schiebe/reduziere-Konflikt vor. Je nachdem, was dem **else** in der Eingabe folgt, kann es entweder korrekt sein, **if** *expr* **then** *stmt* auf *stmt* zu reduzieren oder **else** zu schieben und dann nach einem anderen *stmt* zu schauen, um die Alternative **if** *expr* **then** *stmt* **else** *stmt* zu vervollständigen. Da wir nicht sagen können, ob in diesem Fall zu schieben oder zu reduzieren ist, ist diese Grammatik nicht LR(1). Allgemeiner gesagt, keine mehrdeutige Grammatik, und diese hier ist sicherlich eine, kann für irgendein k LR(k) sein.

Wir sollten jedoch erwähnen, daß die Shift-Reduce-Syntaxanalyse leicht angepaßt werden kann, um gewisse mehrdeutige Grammatiken wie die obige if-then-else-Grammatik syntaktisch zu analysieren. Wenn wir einen solchen Parser für eine Grammatik konstruieren, die die beiden Produktionen von oben enthält, dann gibt es einen schiebe/reduziere-Konflikt: beim **else** entweder schieben oder reduzieren mit *stmt* → **if** *expr* **then** *stmt*. Wenn wir den Konflikt auflösen, indem wir das Schieben bevorzugen, wird sich der Parser natürlich verhalten. Parser für solche mehrdeutigen Grammatiken behandeln wir in Abschnitt 4.8.

Ein anderer allgemeiner Grund für die Nicht-LR-Klassifizierung liegt vor, wenn wir wissen, daß wir einen Handle haben, aber der Stackinhalt und das nächste Eingabesymbol sind nicht ausreichend, um zu bestimmen, welche Produktion in einer Reduktion benutzt werden sollte. Das nächste Beispiel verdeutlicht diese Situation.

Beispiel 4.26
Nehmen wir an, wir haben einen Scanner, der für alle Bezeichner das Zeichen id zurückliefert, unabhängig von der Benutzung. Nehmen wir weiter an, daß unsere Sprache Prozeduren durch die Angabe ihrer Namen mit in Klammern eingeschlossenen Parametern aufruft und daß Arrays durch die gleiche Syntax referenziert werden. Da die Übersetzung der Indizes in Arrayreferenzen und der Parameter in Prozeduraufrufen verschieden ist, wollen wir auch unterschiedliche Produktionen benutzen, um Listen für aktuelle Parameter beziehungsweise Indizes zu generieren. Unsere Grammatik könnte deshalb (unter anderem) etwa folgende Produktionen enthalten:

$$
\begin{aligned}
(1) \quad & stmt \rightarrow \mathbf{id}\ (parameter\_list) \\
(2) \quad & stmt \rightarrow expr := expr \\
(3) \quad & parameter\_list \rightarrow parameter\_list, parameter \\
(4) \quad & parameter\_list \rightarrow parameter \\
(5) \quad & parameter \rightarrow \mathbf{id} \\
(6) \quad & expr \rightarrow \mathbf{id}\ (expr\_list) \\
(7) \quad & expr \rightarrow \mathbf{id} \\
(8) \quad & expr\_list \rightarrow expr\_list, expr \\
(9) \quad & expr\_list \rightarrow expr
\end{aligned}
$$

Eine Anweisung, die mit A(I, J) beginnt, wird als Zeichenstrom **id** (**id**, **id**) beim Parser erscheinen. Nachdem die ersten drei Zeichen auf den Stack geschoben sind, wäre ein Shift-Reduce-Parser in der Konfiguration

Stack	Eingabe
$\cdots$ **id** (**id**	, **id**) $\cdots$

Es ist klar, daß das **id** an der Spitze des Stack reduziert werden muß, aber durch welche Produktion? Produktion (5) ist die richtige Wahl, wenn A eine Prozedur ist, und Produktion (7), wenn A ein Array ist. Der Stack gibt keinen Hinweis darauf, was richtig ist; es sind Informationen zu benutzen, die druch die Deklaration von A in der Symboltabelle enthalten sind.

Eine Lösung ist, das Zeichen **id** in der Produktion (1) zu **procid** abzuändern und einen intelligenteren Scanner zu benutzen, der das Zeichen **procid** zurückliefert, wenn er einen Bezeichner erkennt, der der Name einer Prozedur ist. Wenn man dies tut, wird vom Scanner verlangt, die Symboltabelle zu untersuchen, bevor er ein Zeichen zurückgibt.

Wenn wir diese Änderung vornehmen, dann wäre der Parser bei der Verarbeitung von A(I, J) entweder in der Konfiguration

Stack	Eingabe
··· procid (id	, id) ···

oder in der obigen Konfiguration. Im ersteren Fall wählen wir die Reduktion mit der Produktion (5), im letzteren Fall mit der Produktion (7). Beachten Sie, wie das drittoberste Symbol im Stack bestimmt, welche Reduktion zu machen ist, selbst wenn es nicht in die Reduktion mit einbezogen ist. Die Shift-Reduce-Syntaxanalyse kann Informationen benutzen, die weit unten im Stack stehen, um den Parser zu steuern.   □

4.6 Operator-Precedence-Syntaxanalyse

Die größte Klasse von Grammatiken, für die Shift-Reduce-Parser erfolgreich erstellt werden – die LR-Grammatiken – werden in Abschnitt 4.7 diskutiert. Wir können jedoch für eine kleine, aber wichtige Klasse von Grammatiken leicht effiziente Shift-Reduce-Parser von Hand konstruieren. Diese Grammatiken haben die Eigenschaft (unter anderen wichtigen Bedingungen), daß keine rechte Seite einer Produktion ϵ ist oder zwei benachbarte Nichtterminale hat. Eine Grammatik mit der letzten Eigenschaft wird eine *Operator-Grammatik* genannt.

Beispiel 4.27
Die folgende Grammatik für Ausdrücke

$$E \rightarrow EAE \mid (E) \mid -E \mid \text{id}$$
$$A \rightarrow + \mid - \mid * \mid / \mid \uparrow$$

ist keine Operator-Grammatik, da die rechte Seite EAE zwei (tatsächlich sogar drei) benachbarte Nichtterminale hat. Wenn wir jedoch A durch jede seiner Alternativen ersetzen, erhalten wir die folgende Operator-Grammatik:

$$E \rightarrow E + E \mid E - E \mid E * E \mid E / E \mid E \uparrow E \mid (E) \mid - E \mid \text{id} \qquad (4.17)$$

Nun beschreiben wir eine leicht zu implementierende Syntaxanalysetechnik, die Operator-Precedence-Syntaxanalyse genannt wird. Historisch gesehen wurde diese Technik zuerst als eine Manipulation auf Zeichen beschrieben, ohne irgendeinen Verweis auf eine zugrundeliegende Grammatik. Konkret können wir wirklich die Grammatik ignorieren, sobald wir einen Operator-Precedence-Parser einer Grammatik zu Ende erstellen. Dabei werden die

Nichtterminale auf dem Stack nur als Platzhalter für Attribute benutzt, die mit den Nichtterminalen assoziiert sind.

Als eine allgemeine Syntaxanalysetechnik hat die Operator-Precedence-Syntaxanalyse eine Anzahl von Nachteilen. Zum Beispiel ist es schwierig, Zeichen wie das Minuszeichen zu behandeln, das zwei verschiedene Prioritäten (precedences) hat (abhängig davon, ob es einstellig oder zweistellig ist). Schlimmer noch, da der Zusammenhang zwischen einer Grammatik für die Sprache, die syntaktisch analysiert wird, und dem Operator-Recedence-Parser selbst lose ist, kann man nicht immer sicher sein, daß der Parser exakt die geforderte Sprache akzeptiert. Letztendlich kann nur eine kleine Klasse von Grammatiken unter Verwendung der Operator-Precedence-Techniken syntaktisch analysiert werden.

Dennoch benutzen zahlreiche Compiler – wegen ihrer Einfachheit – erfolgreich Operator-Precedence-Syntaxanalysetechniken für Ausdrücke. Oftmals benutzen diese Parser für Anweisungen und komplizierte Konstrukte den rekursiven Abstieg, der in Abschnitt 4.4 beschrieben ist. Operator-Precedence-Parser wurden sogar schon für vollständige Sprachen gebaut.

Bei der Operator-Precedence-Syntaxanalyse definieren wir drei unterschiedliche *Prioritätsrelationen*, $\lessdot$, $\doteq$ und $\gtrdot$ zwischen bestimmten Paaren von Terminalen. Diese Prioritätsrelationen steuern die Auswahl der Handles und haben die folgenden Bedeutungen:

RELATION	BEDEUTUNG
$a \lessdot b$	a „hat eine niedrigere Priorität als" b
$a \doteq b$	a „hat die gleiche Priorität wie" b
$a \gtrdot b$	a „hat eine höhere Priorität als" b

Wir sollten den Leser aber warnen, daß die Prioritätsrelationen völlig andere Eigenschaften haben als die arithmetischen Relationen „kleiner", „gleich" und „größer", obwohl diese Relationen gleich erscheinen. Zum Beispiel können wir $a \lessdot b$ und $a \gtrdot b$ für die gleiche Sprache haben. Oder es kann sein, daß für einige Terminale a und b keine der Relationen $a \lessdot b$, $a \doteq b$ und $a \gtrdot b$ gilt.

Es gibt zwei allgemeine Wege, um festzulegen, welche Prioritätsrelationen zwischen einem Paar von Terminalen gelten sollten. Die erste Methode, die wir erläutern, ist intuitiv und basiert auf der traditionellen Bezeichnung von Assoziativität und Priorität von Operatoren. Wenn zum Beispiel $*$ eine höhere Priorität als $+$ haben soll, schreiben wir $+ \lessdot *$ und $* \gtrdot +$. Wir werden sehen, wie diese Vorgehensweise die Mehrdeutigkeit der Grammatik (4.17) auflöst, und dies erlaubt es uns, einen Operator-Precedence-Parser für diese Grammatik zu schreiben (obwohl das einstellige Minuszeichen Probleme mit sich bringt).

Bei der zweiten Methode zur Festlegung von Operator-Prioritätsrelationen konstruiert man zuerst eine eindeutige Grammatik für die Sprache, eine Grammatik, die die korrekte Assoziativität und Priorität in ihrem Parse-Baum widerspiegelt. Diese Arbeit ist für Ausdrücke nicht schwierig; die Syntax der Ausdrücke in Abschnitt 2.2 stellt das Paradigma zur Verfügung. Für die andere allgemeine Quelle der Mehrdeutigkeit, das optionale **else**, ist die Grammatik (4.9) ein hilfreiches Modell. Wenn man eine eindeutige Grammatik erreicht hat, gibt es eine mechanische Methode zum Erstellen von Operator-Prioritätsrelationen. Diese Relationen sind u.U. nicht disjunkt, und sie können auch eine andere Sprache syntaktisch analysieren als die von der Grammatik erzeugte. Aber mit den üblichen arithmetischen Ausdrücken wird man in der Praxis auf wenig Probleme stoßen. Wir werden die Konstruktion hier nicht diskutieren; bei Interesse siehe Aho und Ullman [1972b].

Der Gebrauch von Operator-Prioritätsrelationen

Es ist die Absicht der Prioritätsrelationen, den Handle einer rechtsabgeleiteten Satzform durch die Markierung des linken Endes mit $\lessdot$, durch das Erscheinen von $\doteq$ im Inneren des Handle und durch die Markierung des rechten Endes mit $\gtrdot$ zu begrenzen. Um genauer zu sein, nehmen Sie an, wir hätten eine rechtsabgeleitete Satzform einer Operator-Grammatik. Die Tatsache, daß keine benachbarten Nichtterminale auf der rechten Seite einer Produktion auftauchen, bewirkt, daß auch keine rechtsabgeleitete Satzform zwei benachbarte Nichtterminale haben wird. Deshalb können wir die rechtsabgeleitete Satzform als $\beta_0 a_1 \beta_1 \cdots a_n \beta_n$ schreiben, wobei jedes β_i entweder ϵ (der leere String) oder ein einzelnes Nichtterminal und jedes a_i ein einzelnes Terminal ist.

	id	+	*	$
id		$\gtrdot$	$\gtrdot$	$\gtrdot$
+	$\lessdot$	$\gtrdot$	$\lessdot$	$\gtrdot$
*	$\lessdot$	$\gtrdot$	$\gtrdot$	$\gtrdot$
$	$\lessdot$	$\lessdot$	$\lessdot$	

Abb. 4.23 Operator-Prioritätsrelationen.

Nehmen Sie an, daß zwischen a_i und a_{i+1} genau eine der Relationen $\lessdot$, $\doteq$ und $\gtrdot$ gilt. Lassen Sie uns weiterhin das $-Zeichen benutzen, um die beiden Enden eines Strings zu markieren, und $ $\lessdot b$ und b $\gtrdot$ $ für alle Terminale b definieren. Nun nehmen Sie an, wir streichen die Nichtterminale im String und setzen die korrekte Relation $\lessdot$, $\doteq$ oder $\gtrdot$ zwischen jedes Paar von Terminalen und zwischen den äußeren Terminalen und den $-Zeichen ein. Nehmen Sie zum Beispiel an, wir haben anfangs die rechtsabgeleitete Satzform **id**

+ **id** * **id** und die Prioritätsrelationen sind die in Abb. 4.23 dargestellten. Diese Relationen sind einige derer, die wir zur syntaktischen Analyse gemäß Grammatik (4.17) gewählt haben.

Dann sieht der String mit den eingefügten Prioritätsrelationen so aus:

$$\$ <\cdot \text{ id } \cdot> + <\cdot \text{ id } \cdot> * <\cdot \text{ id } \cdot> \$ \qquad (4.18)$$

Zum Beispiel ist $<\cdot$ zwischen dem am weitesten links stehenden $\$$ und **id** eingefügt, weil $<\cdot$ der Eintrag in der Zeile $\$$ und der Spalte **id** ist. Der Handle kann durch den folgenden Prozeß gefunden werden:

1. Analysiere den String lexikalisch von links nach rechts, bis das erste $\cdot>$ gefunden ist. Oben in (4.18) taucht es zwischen dem ersten **id** und + auf.

2. Dann analysiere rückwärts (nach links) über alle $\doteq$-Relationen hinweg, bis ein $<\cdot$ entdeckt wird. In (4.18) analysieren wir rückwärts bis zum $\$$.

3. Der Handle enthält alles links vom ersten $\cdot>$ und rechts vom im Schritt (2) entdeckten $<\cdot$, alle zwischendurch vorkommenden oder umgebenden Nichtterminale einbezogen. (Das Miteinbeziehen von umgebenden Nichtterminalen ist notwendig, damit nicht zwei benachbarte Nichtterminale in einer rechtsabgeleiteten Satzform erscheinen.) In (4.18) ist das erste **id** der Handle.

Wenn wir uns mit der Grammatik (4.17) beschäftigen, dann reduzieren wir **id** auf E. An diesem Punkt haben wir die rechtsabgeleitete Satzform $E+\textbf{id}*\textbf{id}$. Nach dem Reduzieren der zwei restlichen **id**'s auf E durch die gleichen Schritte erhalten wir die rechtsabgeleitete Satzform $E+E*E$. Betrachten Sie nun den String $\$+*\$$, den wir durch Löschen der Nichtterminale erhalten. Durch Einfügen der Prioritätsrelationen bekommen wir

$$\$ <\cdot + <\cdot * \cdot> \$$$

Dies zeigt an, daß das linke Ende des Handle zwischen + und * liegt und das rechte Ende zwischen * und $\$$. Diese Prioritätsrelationen besagen, daß $E*E$ der Handle der rechtsabgeleiteten Satzform $E+E*E$ ist. Beachten Sie, daß die E's, die das * umgeben, Teil des Handle werden.

Da die Nichtterminale die Syntaxananlyse nicht beeinflussen, brauchen wir zwischen ihnen nicht zu unterscheiden. Ein einziger Markierer „Nichtterminal" kann auf dem Stack eines Shift-Reduce-Parsers gehalten werden, um Platzhalter für Attributwerte anzuzeigen.

Durch die obige Diskussion mag es scheinen, daß die ganze rechtsabgeleitete Satzform in jedem Schritt lexikalisch analysiert werden muß, um den Handle zu finden. Das ist nicht der Fall, wenn wir einen Stack benutzen, um die schon gesehenen Eingabesymbole zu speichern, und wenn die Prioritätsrelationen benutzt werden, um die Aktionen eines Shift-Reduce-Parsers zu steuern. Wenn die Prioritätsrelation $<\cdot$ oder $\doteq$ zwischen dem obersten Terminalsymbol auf dem Stack und dem nächsten Eingabesymbol gilt, dann schiebt der Parser, weil er noch nicht das rechte Ende des Handle gefunden hat aber. Wenn die Relation $\cdot>$ gilt, dann ist eine Reduktion auszuführen. An diesem Punkt hat der Parser das rechte Ende des Handle gefunden und die Prioritätsrelationen können dazu benutzt werden, das linke Ende des Handle im Stack zu finden.

Wenn keine Prioritätsrelation zwischen einem Paar von Terminalen gilt (angezeigt durch einen leeren Eintrag in Abb 4.23), dann ist ein Syntaxfehler entdeckt worden und eine Fehlerbehandlungsroutine muß aktiviert werden, was später in diesem Abschnitt noch diskutiert wird. Die obigen Ideen können durch den folgenden Algorithmus formalisiert werden.

Algorithmus 4.5
Operator-Precedence-Syntaxanalyse.

Eingabe: Ein Eingabestring w und eine Tabelle mit den Prioritätsrelationen.

Ausgabe: Falls w richtig gebildet wurde, ein *skelettartiger* Parse-Baum, bei dem alle inneren Knoten mit einem Platzhalter-Nichtterminal E gekennzeichnet sind; sonst eine Fehleranzeige.

Methode: Anfangs enthält der Stack nur $\$$ und der Eingabepuffer den String $w\$$. Zum syntaktischen Analysieren führen wir das Programm aus Abb. 4.24 aus. ☐

```
(1)    setze ip so, daß er auf das erste Symbol von w$ zeigt;
(2)    repeat forever
(3)        if $ oben auf dem Stapel liegt und ip auf $ zeigt then
(4)            return
           else begin
(5)            sei a das oberste Symbol auf dem Stapel
                   und b das Symbol, auf das ip zeigt;
(6)            if a <· b or a ≐ b then begin
(7)                lege b auf dem Stapel ab;
(8)                rücke ip auf das nächste Eingabesymbol vor;
               end;
(9)            else if a ·> b then   /* reduziere */
(10)               repeat
(11)                   Stapel poppen
(12)               until das oben auf dem Stapel liegende Terminal-
                       zeichen in der Beziehung <· zum zuletzt vom
                       Stapel genommenen Terminalzeichen steht
(13)           else Fehler()
           end
```

Abb. 4.24 Algorithmus zur Operator-Precedence-Syntaxanalyse.

Operator-Prioritätsrelationen
von Assoziativität und Priorität

Wir können immer Operator-Prioritätsrelationen auf irgendeinem geeigneten Weg erzeugen und dann hoffen, daß der Algorithmus zur Operator-Precedence-Syntaxanalyse auch korrekt arbeitet, wenn er durch eben diese Relationen gesteuert wird. Für eine Sprache mit algorithmischen Ausdrücken, so wie sie durch die Grammatik (4.17) generiert wird, können wir die folgende Heuristik anwenden, um eine korrekte Menge von Prioritätsrelationen zu erzeugen. Beachten Sie, daß die Grammatik (4.17) mehrdeutig ist und die rechtsabgeleiteten Satzformen viele Handles haben können. Unsere Regeln wurden so entworfen, daß sie die „korrekten" Handles selektieren, um für gegebene Assoziativitäts- und Prioritätsregeln für zweistellige Operatoren wiederzugeben.

1. Wenn Operator θ_1 eine höhere Priorität hat als Operator θ_2, dann schreibe $\theta_1 \cdot> \theta_2$ und $\theta_2 <\cdot \theta_1$. Wenn $*$ zum Beispiel eine höhere Priorität als $+$ hat, so schreibe $* \cdot> +$ und $+ <\cdot *$. Diese Relationen gewährleisten, daß in einem Ausdruck der Form $E+E*E+E$ das zentrale $E*E$ der Handle ist, der zuerst reduziert wird.

2. Wenn θ_1 und θ_2 Operatoren mit gleicher Priorität sind (sie können in Wirklichkeit der gleiche Operator sein), dann schreibe $\theta_1 \cdot> \theta_2$ und $\theta_2 \cdot> \theta_1$, wenn die Operatoren links-assoziativ sind, oder schreibe $\theta_1 <\cdot \theta_2$ und $\theta_2 <\cdot \theta_1$, wenn sie rechts-assoziativ sind. Wenn zum Beispiel $+$ und $-$ links-assoziativ sind, dann schreibe $+ \cdot> +$, $+ \cdot> -$, $- \cdot> -$ und $- \cdot> +$. Wenn $\uparrow$ rechts-assoziativ ist, dann schreibe $\uparrow <\cdot \uparrow$. Diese Relationen stellen sicher, daß in $E-E+E$ als Handle $E-E$ ausgewählt wird und daß in $E \uparrow E \uparrow E$ das letzte $E \uparrow E$ ausgewählt wird.

3. Schreibe $\theta <\cdot$ **id**, **id** $\cdot> \theta$, $\theta <\cdot ($, $(<\cdot \theta$, $) \cdot> \theta$, $\theta \cdot>)$, $\theta \cdot> \$$ und $\$ <\cdot \theta$ für alle Operatoren θ. Ebenfalls gelten

$(\doteq)$	$\$ <\cdot ($	$\$ <\cdot$ **id**
$(<\cdot ($	**id** $\cdot> \$$	$) \cdot> \$$
$(<\cdot$ **id**	**id** $\cdot>)$	$) \cdot>)$

    Diese Regeln gewährleisten, daß **id** und (E) beide auf E reduziert werden. Auch bewirken sie, daß die Handles zwischen den $\$$-Zeichen – $\$$ dient als linke und als rechte Endemarkierung – gefunden werden, wann immer es möglich ist.

Beispiel 4.28

Abbildung 4.25 enthält die Operator-Prioritätsrelationen für die Grammatik (4.17) unter der Annahme, daß

1. $\uparrow$ von der höchsten Priorität und rechts-assoziativ ist,

2. $*$ und $/$ von der nächsthöheren Priorität und links-assoziativ sind, und

3. $+$ und $-$ von der niedrigsten Priorität und links-assoziativ sind,

(Leerzeichen bedeuten Fehlereinträge). Der Leser sollte die Tabelle ausprobieren, um zu sehen, daß sie richtig arbeitet, und dabei das Problem mit dem einstelligen Minuszeichen für den Moment außer acht lassen. Testen Sie die Tabelle zum Beispiel mit der Eingabe **id** ∗ (**id** ↑ **id**) − **id** / **id**. □

	+	−	∗	/	↑	id	(	)	$
+	·>	·>	<·	<·	<·	<·	<·	·>	·>
−	·>	·>	<·	<·	<·	<·	<·	·>	·>
∗	·>	·>	·>	·>	<·	<·	<·	·>	·>
/	·>	·>	·>	·>	<·	<·	<·	·>	·>
↑	·>	·>	·>	·>	<·	<·	<·	·>	·>
id	·>	·>	·>	·>	·>			·>	·>
(	<·	<·	<·	<·	<·	<·	<·	≐	
)	·>	·>	·>	·>	·>			·>	·>
$	<·	<·	<·	<·	<·	<·	<·		

Abb. 4.25 Operator-Prioritätsrelationen.

Die Behandlung einstelliger Operatoren

Wenn wir einen einstelligen Operator haben, so wie ¬ (logische Negation), der zusätzlich kein zweistelliger Operator ist, dann können wir ihn in das obige Schema zur Erstellung der Operator-Prioritätsrelationen mit einbeziehen. Unter der Annahme, ¬ ist ein einstelliger Präfixoperator, schreiben wir θ <· ¬ für jeden Operator θ, gleichgültig, ob er ein- oder zweistellig ist. Wir schreiben ¬ ·> θ, wenn ¬ eine höhere Priorität als θ hat, und ¬ <· θ, wenn nicht. Wenn zum Beispiel ¬ eine höhere Priorität als & hat und & links-assoziativ ist, dann würden wir $E\&\neg E\&E$ durch diese Regeln zu $(E\&(\neg E))\&E$ gruppieren. Die Regel für einstellige Postfixoperatoren ist analog.

Die Situation ändert sich aber, wenn wir einen Operator wie das Minuszeichen haben − das sowohl ein einstelliges Präfix als auch ein zweistelliges Infix ist. Auch wenn wir dem einstelligen und dem zweistelligen Minus die gleiche Priorität zuordnen, wird die Tabelle von Abb. 4.25 versagen, wenn sie Strings wie **id**∗−**id** korrekt analysieren soll. Die beste Vorgehensweise ist in diesem Fall, den Scanner so zu benutzen, daß er zwischen einstelligem und zweistelligem Minus unterscheidet, indem er ein anderes Zeichen zurückliefert, wenn er ein einstelliges Minus erkennt. Leider kann der Scanner keine Zeichen im voraus betrachten, um diese zwei zu unterscheiden; er muß sich das vorherige Zeichen merken. In Fortran zum Beispiel ist ein Minuszeichen einstellig, wenn das vorherige Zeichen ein Operator, eine linke Klammer, ein Komma oder ein Zuweisungszeichen war.

Prioritätsfunktionen

Compiler, die Operator-Precedence-Parser benutzen, müssen die Tabelle mit den Prioritätsrelationen nicht speichern. In den meisten Fällen kann die Tabelle durch zwei *Prioritätsfunktionen* f und g codiert werden, die den Terminalsymbolen Integerzahlen zuordnen. Wir versuchen f und g so zu wählen, daß für Symbole a und b gilt:

1. $f(a) < g(b)$, wenn $a <\!\cdot\ b$,

2. $f(a) = g(b)$, wenn $a \doteq b$, und

3. $f(a) > g(b)$, wenn $a \cdot\!> b$.

So kann man durch einen numerischen Vergleich zwischen $f(a)$ und $g(b)$ die Prioritätsrelation zwischen a und b bestimmen. Beachten Sie jedoch, daß die Fehlereinträge in der Prioritätsmatrix jetzt unklar sind, da immer eine der Bedingungen (1), (2) oder (3) gilt, gleichgültig welche Werte $f(a)$ und $g(b)$ haben. Der Verlust der Fähigkeit, Fehler zu entdecken, wird gewöhnlich aber nicht so ernst genommen, als daß der Einsatz von Prioritätsfunktionen unterlassen würde, wenn er möglich ist. Fehler können immer noch erkannt werden, wenn eine Reduktion gemacht werden soll und kein Handle gefunden werden kann.

Nicht für jede Tabelle mit Prioritätsrelationen gibt es Prioritätsfunktionen, um sie zu codieren, aber in praktischen Fällen existieren die Funktionen gewöhnlich.

Beispiel 4.29
Die Prioritätstabelle von Abb. 4.25 hat das folgende Paar von Prioritätsfunktionen:

	+	−	*	/	↑	(	)	id	$
f	2	2	4	4	4	0	6	6	0
g	1	1	3	3	5	5	0	5	0

Zum Beispiel gilt $* <\!\cdot$ id, und $f(*) < g(\text{id})$. Beachten Sie, daß $f(\text{id}) > g(\text{id})$ andeutet, daß id $\cdot\!>$ id gilt, aber tatsächlich gilt keine Prioritätsrelation zwischen id und id. Andere Fehlereinträge in Abb. 4.25 werden genauso ersetzt durch die eine oder andere Prioritätsrelation.

Eine einfache Methode zum Finden von Prioritätsfunktionen für eine Tabelle, wenn solche Funktionen überhaupt existieren, ist die folgende:

Algorithmus 4.6
Das Erzeugen von Prioritätsfunktionen.

Eingabe: Eine Operator-Prioritätsmatrix.

Ausgabe: Prioritätsfunktionen, die die Eingabematrix darstellen, oder eine Anzeige, daß keine existieren.

Methode: 1. Erzeuge Symbole f_a und g_a für jedes a, das ein Terminal oder ein $ ist.

2. Teile die erzeugten Symbole in so viele Mengen wie möglich ein. Die Mengen werden auf folgende Art gebildet: wenn $a \doteq b$ gilt, dann sind f_a und g_b in den gleichen Mengen. Beachten Sie, daß wir Symbole in die gleiche Menge hineingeben können, auch wenn sie nicht durch $\doteq$ in Beziehung stehen. Wenn zum Beispiel $a \doteq b$ und $c \doteq b$, dann müssen f_a und f_c in der gleichen Menge sein, da sie beide in der gleichen Menge wie g_b sind. Wenn zusätzlich $c \doteq d$ gilt, dann sind f_a und g_d in der gleichen Menge, obwohl $a \doteq d$ nicht gelten muß.

3. Erzeuge einen gerichteten Graphen, dessen Knoten die in (2) gefundenen Mengen sind. Für alle a und b, für die $a <\!\cdot\, b$ gilt, dann bilde eine Kante von der Menge mit g_b zu der Menge mit f_a. Wenn $a \,\cdot\!> b$ *gilt*, setze eine Kante von der Menge mit f_a zu der mit g_b. Beachten Sie, daß eine Kante oder ein Weg von f_a zu g_b bedeutet, daß $f(a)$ größer als $g(b)$ sein muß.

4. Wenn der in (3) konstruierte Graph einen Zykel enthält, dann existieren keine Prioritätsfunktionen. Wenn aber keine Zykel vorkommen, dann sei $f(a)$ die Länge des längsten Weges, der bei der Menge mit f_a beginnt; und $g(a)$ sei die Länge des längsten Weges ab der Menge mit g_a. □

Beispiel 4.30
Betrachten Sie die Matrix in Abb. 4.23. Dort finden sich keine $\doteq$-Beziehungen, so daß jedes Symbol für sich eine Menge bildet. Abbildung 4.26 zeigt den unter Verwendung von Algorithmus 4.6 konstruierten Graphen.

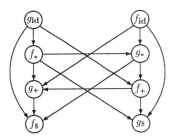

Abb. 4.26   Ein Graph, der die Prioritätsfunktionen repräsentiert.

Es gibt keine Zykel, so daß Prioritätsfunktionen existieren. Weil $f_\$$ und $g_\$$ keine wegführenden Kanten besitzen, gilt $f(\$) = g(\$) = 0$. Der längste Weg von g_+ hat die Länge 1, so daß $g(+) = 1$ ist. Es gibt einen Weg von g_{id} über f_* über g_* über f_+ über g_+ nach $f_\$$, so daß $g_{id} = 5$. Die resultierenden Prioritätsfunktionen sind:

	+	*	id	\$
f	2	4	4	0
g	1	3	5	0

□

Fehlerbehandlung bei der Operator-Precedence-Syntaxanalyse

Es gibt zwei Punkte im Syntaxanalyseprozeß, an denen ein Operator-Precedence-Parser Syntaxfehler entdecken kann:

1. Wenn zwischen dem Terminalen an der Spitze des Stacks und der aktuellen Eingabe keine Prioritätsrelation gilt[1].

2. Wenn ein Handle gefunden ist, es aber keine Produktion mit diesem Handle auf der rechten Seite (Handlematching) gibt.

Erinnern Sie sich, daß der Algorithmus zur Operator-Precedence- Syntaxanalyse (Algorithmus 4.5) eingesetzt wird, um solche Handle zu reduzieren, die nur aus Terminalen zusammengesetzt sind. Obwohl Nichtterminale anonym behandelt werden, werden für sie immer noch Plätze auf dem Syntaxanalysestack bereitgehalten. Deshalb meinen wir, wenn wir oben in (2) über ein Handlematching der rechten Seite einer Produktion sprechen, daß die Terminale und die Positionen, die von den Nichtterminalen besetzt sind, die gleichen sind.

Wir sollten beachten, daß es außer (1) und (2) von oben keine anderen Anhaltspunkte gibt, an denen Fehler erkannt werden können. Wenn im Stack von oben nach unten lexikalisch analysiert wird, um durch die Schritte (10–12) des Operator-Pecedence-Syntaxanalysealgorithmus aus Abb. 4.24 das linke Ende des Handles zu finden, dann entdecken wir bestimmt eine $\lessdot$-Relation, weil \$ den Boden des Stacks markiert und in einer $\lessdot$-Relation zu jedem Symbol steht, das unmittelbar über ihm auf dem Stack auftauchen kann. Beachten Sie also, daß wir niemals benachbarte Symbole auf dem Stack in Abb. 4.24 erlauben, es sei denn, sie stehen in einer $\lessdot$ oder $\doteq$-Relation zueinander. Deshalb müssen die Schritte (10–12) vollzogen werden, wenn eine Reduktion gemacht wird.

---

[1] In Compilern, die Prioritätsfunktionen benutzen, um die Prioritätstabelle zu repräsentieren, kann diese Quelle der Fehlererkennung ungeeignet sein.

Aber nur weil wir eine Folge von Symbolen $a <\cdot\ b_1 \doteq \cdots \doteq b_n$ auf dem Stack finden, bedeutet dies noch nicht, daß $b_1 \cdots b_n$ ein String von Terminalsymbolen auf der rechten Seite irgendeiner Produktion ist. In Abb. 4.24 überprüfen wir diese Bedingung nicht, aber wir können es offensichtlich tun, und müssen es auch tatsächlich tun, wenn wir semantische Regeln mit Reduktionen assoziieren wollen. Daher haben wir die Möglichkeit, in dem Programm aus Abb. 4.24 Fehler zu entdecken, wenn die Schritte (10-12) modifiziert werden, um festzulegen, welche Produktion der Handle in einer Reduktion ist.

Die Behandlung von Fehlern während der Reduktionen

Wir können die Fehlererkennungs- und Fehlerbehandlungsroutine in getrennte Teile zerlegen. Ein Teil behandelt Fehler vom Typ (2). Zum Beispiel könnte diese Routine Symbole vom Stack entfernen, so wie in den Schritten (10–12) in Abb. 4.24. Da es jedoch keine Produktion gibt, mit der man reduzieren kann, werden keine semantischen Aktionen durchgeführt; statt dessen wird eine Diagnosemeldung ausgedruckt. Um zu bestimmen, was die Diagnose aussagt, muß die Routine, die Fall (2) behandelt, feststellen, welcher Produktion die rechte Seite, die entfernt wurde, ähnlich ist. Nehmen wir z.B. an, *abc* wurde vom Stack entfernt und es existiert keine rechte Seite einer Produktion, die aus *a*, *b* und *c* zugleich mit null oder mehr Nichtterminalen besteht. Dann können wir überlegen, ob wir eine legale rechte Seite erhalten, wenn eines von *a*, *b* oder *c* gelöscht wird (Nichtterminale ausgeschlossen). Wenn es zum Beispiel eine rechte Seite *aEcE* gäbe, könnten wir die Diagnose

    illegales b in Zeile (Zeile, die b enthält)

ausgeben.

Wir könnten auch das Ändern und Einfügen eines Terminals betrachten. Wenn also *abEdc* eine rechte Seite wäre, könnten wir eine Diagnose

    fehlendes d in Zeile (Zeile, die c enthält)

ausgeben.

Wir könnten auch feststellen, daß es eine rechte Seite mit der richtigen Reihenfolge von Terminalen, aber mit einer falschen Zeichenfolge von Nichtterminalen gibt. Wenn zum Beispiel *abc* ohne dazwischenstehende oder einrahmende Nichtterminale vom Stack gepoppt wurde, und *abc* ist keine, *aEbc* aber wohl eine rechte Seite, dann könnten wir eine Diagnose

    fehlendes E in Zeile (Zeile, die b enthält)

ausgeben.

Hierbei steht E für eine passende syntaktische Kategorie, die durch das Nichtterminal E vertreten wird. Zum Beispiel, wenn a, b oder c ein Operator ist, können wir „Ausdruck" sagen, oder wenn a ein Schlüsselwort wie if ist, können wir „Bedingung" sagen.

Im allgemeinen hängt die Schwierigkeit der Bestimmung angemessener Diagnosen, wenn keine legale rechte Seite gefungen ist, davon ab, ob es eine endliche oder unendliche Zahl möglicher Strings gibt, die in den Zeilen (10–12) in Abb. 4.24 gepoppt werden können. Jeder solche String $b_1 b_2 \cdots b_k$ muß $\doteq$-Relationen haben, die zwischen benachbarten Symbolen gelten, also $b_1 \doteq b_2 \doteq \cdots \doteq b_k$. Wenn uns eine Operator-Prioritätstabelle anzeigt, daß es nur eine endliche Zahl von Sequenzen von Terminalen gibt, die durch $\doteq$ in Beziehung stehen, dann können wir diese Strings auf einer case-by-case-Basis behandeln. Für jeden solchen String x können wir im voraus eine minimal-abweichende legale rechte Seite y bestimmen und eine Diagnose ausgeben, die anzeigt, daß x gefunden wurde, als y gesucht wurde.

Es ist leicht, alle Strings zu bestimmen, die in den Schritten (10–12) in Abb. 4.24 vom Stack gepoppt werden können. Diese werden in einem gerichteten Graphen offensichtlich, dessen Knoten die Terminale darstellen, mit einer Kante von a nach b genau dann, wenn $a \doteq b$ gilt. Dann sind die möglichen Strings die Bezeichnungen der Knoten entlang von Pfaden in diesem Graphen. Pfade, die nur aus einem einzigen Knoten bestehen, sind möglich. Damit jedoch ein Pfad $b_1 b_2 \cdots b_k$ „poppable" sein kann, muß es ein Symbol a (möglicherweise $\$$) geben, so daß $a \lessdot b_1$ gilt. Nennen wir solch ein b_1 „Anfang". Außerdem muß es ein Symbol c (möglicherweise $\$$) geben, so daß $b_k \gtrdot c$ gilt. Nennen wir b_k „Ende". Nur dann kann eine Reduktion aufgerufen werden und $b_1 b_2 \cdots b_k$ die Reihenfolge der Symbole sein, die gepoppt werden. Wenn der Graph einen Pfad von einem Anfangs- zu einem Endknoten hat, der einen Zyklus enthält, dann gibt es unendlich viele Strings, die gepoppt werden können; andernfalls gibt es nur eine endliche Anzahl.

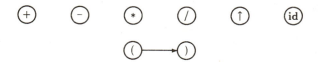

Abb. 4.27   Graph für die Prioritätsmatrix aus Abb. 4.25.

Beispiel 4.31
Lassen Sie uns zurückdenken an die Grammatik (4.17):

$$E \to E + E \mid E - E \mid E * E \mid E / E \mid E \uparrow E \mid (E) \mid - E \mid \text{id}$$

Die Prioritätsmatrix für diese Grammatik wurde in Abb. 4.25 gezeigt, der zugehörige Graph ist in Abb. 4.27 dargestellt. Dieser enthält nur eine Kante, weil das einzige Paar mit einer $\doteq$-Relation die linke und die rechte Klammer ist. Alle außer der rechten Klammer sind Anfänge, und alle außer der linken Klammer sind Enden. Deshalb sind die einzigen Pfade von einem Anfang zu einem Endknoten die Pfade +, −, *, /, id und ↑ der Länge eins und der Pfad von (nach) der Länge zwei. Es gibt nur eine endliche Anzahl von Pfaden, und jeder paßt zu den Terminalen einer rechten Seite irgendeiner Produktion in der Grammatik. Deshalb braucht der Fehlerprüfer für Reduktionen nur zu überprüfen, ob die richtige Menge von Markierern für Nichtterminale zwischen den terminalen Strings, die reduziert werden, auftaucht. Speziell macht der Überprüfer folgendes:

1. Wenn +, −, *, / oder ↑ reduziert wird, prüft er, ob auf beiden Seiten Nichtterminale erscheinen. Wenn nicht, gibt er die Diagnose

    fehlender Operand

    aus.

2. Wenn **id** reduziert wird, prüft er, ob es zur Rechten oder Linken keine Nichtterminale gibt. Wenn dort welche sind, kann er warnen:

    fehlender Operator

3. Wenn ( ) reduziert wird, prüft er, ob es ein Nichtterminal zwischen den Klammern gibt. Wenn nicht, kann er sagen:

    kein Ausdruck zwischen den Klammern

Er muß auch prüfen, ob links oder rechts von den Klammern keine Nichtterminale auftauchen. Wenn doch eines erscheint, gibt er die gleiche Diagnose wie in (2) aus.   □

Wenn es unendlich viele Strings gibt, die gepoppt werden können, können die Fehlermeldungen nicht auf einer case-by-case-Basis tabularisiert werden. Wir können eine allgemeine Routine benutzen, um zu bestimmen, ob irgendeine rechte Seite einer Produktion nahe an dem gepoppten String ist (sagen wir Abstand 1 oder 2, wobei die Distanz in Token − und nicht in Zeichen − gemessen wird, die eingefügt, gelöscht oder verändert werden müssen). Ist dies der Fall, so geben wir unter der Annahme, daß diese Produktion gemeint war, eine spezifische Diagnose aus. Wenn keine Produktion nahe an dem gepoppten String ist, können wir eine allgemeine Diagnose mit der Aussage, daß „irgendetwas in der aktuellen Zeile falsch ist", ausgeben.

Die Behandlung von Schiebe/Reduziere-Fehlern

Wir müssen nun den anderen Weg diskutieren, durch den der Operator-Pre-cedence-Parser Fehler entdeckt. Wenn die Prioritätsmatrix konsultiert wird, um zu entscheiden, ob zu schieben oder zu reduzieren ist (Zeile (6) und (9) in Abb. 4.24), könnten wir feststellen, daß zwischen dem obersten Symbol des Stacks und dem ersten Eingabesymbol keine Relation gilt. Nehmen wir zum Beispiel an, a und b sind die beiden obersten Stacksymbole (b ist das ober-ste), c und d sind die nächsten beiden Eingabesymbole, und es gibt keine Prioritätsrelation zwischen b und c. Um weiterzukommen, müssen wir den Stack, die Eingabe oder beides verändern. Wir können Symbole in der Ein-gabe oder im Stack ändern, einfügen, oder löschen. Wenn wir einfügen oder ändern, müssen wir vorsichtig sein, daß wir nicht in eine Endlosschleife ge-raten. Dies geschieht, wenn wir zum Beispiel am Anfang der Eingabe fort-während Symbole einfügen, ohne die Möglichkeit zu erhalten, einige der ein-gefügten Symbole zu reduzieren oder zu schieben.

Eine Möglichkeit, die uns zusichert, daß keine Endlosschleifen auftreten, ist, zu garantieren, daß nach dem Eingriff das aktuelle Eingabesymbol ge-schoben werden kann (wenn die aktuelle Eingabe ein $ ist wird kein Symbol in der Eingabe eingefügt, sondern der Stack eventuell verkürzt). Wenn zum Beispiel ab auf dem Stack und cd in der Eingabe sind und es gilt $a \lessdot c^2$, dann können wir b vom Stack poppen. Eine andere Möglichkeit ist, falls $b \lessdot d$ gilt, c in der Eingabe zu löschen. Eine dritte Möglichkeit ist es, ein Sym-bol e zu finden, so daß $b \lessdot e \lessdot c$ gilt, und dann e vor c in der Eingabe einzufügen. Allgemeiner ausgedrückt, wir können einen String von Symbolen einfügen, so daß

$$b \lessdot e_1 \lessdot e_2 \lessdot \cdots \lessdot e_n \lessdot c$$

gilt, wenn ein einziges Symbol zum Einfügen nicht gefunden werden kann. Die tatsächlich gewählte Aktion sollte der Intention des Compilerbauers ent-sprechen und berücksichtigen, welcher Fehler in dem entsprechenden Fall am wahrscheinlichsten ist.

Für jeden Leereintrag in der Prioritätsmatrix müssen wir eine Fehler-behandlungsroutine spezifizieren; die gleiche Routine kann an verschiedenen Stellen benutzt werden. Wenn der Parser dann in Schritt (6) von Abb. 4.24 den Eintrag für a und b konsultiert und zwischen a und b keine Prioritäts-relation gilt, so findet er einen Verweis auf die Fehlerbehandlungsroutine für diesen Fehler.

Beispiel 4.32

Erinnern Sie sich noch einmal an die Prioritätsmatrix von Abb. 4.25. In Abb. 4.28 zeigen wir die Zeilen und Spalten dieser Matrix, die einen oder

---

[2] Fußnote 2: Wir benutzen $\lessdot$ mit der Bedeutung $\lessdot$ oder $\doteq$.

mehrere Leereinträge haben, und diese Leerfelder haben wir mit den Namen
von Fehlerbehandlungsroutinen gefüllt.

	id	(	)	$
id	e3	e3	·>	·>
(	<·	<·	≐	e4
)	e3	e3	·>	·>
$	<·	<·	e2	e1

Abb. 4.28 Operator-Prioritätsmatrix mit Fehlereinträgen.

Das Wesentliche dieser Fehlerbehandlungsroutinen ist folgendes:

e1:   /* wird aufgerufen, wenn ein ganzer Ausdruck fehlt */
          füge ein id in der Eingabe ein
          gebe die Diagnose aus: „fehlender Operand"

e2:   /* wird aufgerufen, wenn ein Ausdruck mit einer rechten Klammer
          beginnt */
          lösche) aus der Eingabe
          gebe die Diagnose aus: „unausgeglichene rechte Klammer"

e3:   /* wird aufgerufen, wenn auf id oder) ein id oder (folgt */
          füge ein + in der Eingabe ein
          gebe die Diagnose aus: „fehlender Operator"

e4:   /* wird aufgerufen, wenn ein Ausdruck mit einer linken Klammer
          endet */
          nimm (vom Stack
          gebe die Diagnose aus: „fehlende rechte Klammer"

Lassen Sie uns nun betrachten, wie dieser Fehlerbehandlungsmechanismus die
fehlerhafte Eingabe id +) behandeln wird. Die ersten Aktionen, die durch
den Parser gemacht werden, bestehen darin, id zu schieben, es auf E zu reduzieren (wir benutzen E wieder für anonyme Nichtterminale auf dem Stack),
und dann das + zu schieben. Nun haben wir die Konfiguration

            Stack   Eingabe
            $E+   )$

Da + ·>) gilt, ist eine Reduktion zu machen, und der Handle ist +. Der Feh-
lerüberprüfer für Reduktionen ist gefordert, links und rechts nach E's zu
suchen. Findet er heraus, daß eines fehlt, gibt er die Diagnose

fehlender Operand

aus und macht die Reduktion trotzdem.

Unsere Konfiguration ist nun

$$\$E \qquad\qquad\qquad\qquad)\$$$

Es gibt keine Relation zwischen \$ und), und der Eintrag in Abb. 4.28 für dieses Paar der Symbole ist e2. Die Routine e2 bewirkt, daß die Diagnose

unausgeglichene rechte Klammer

gedruckt wird und die rechte Klammer in der Eingabe gelöscht wird. Wir haben nun die Endkonfiguration für den Parser erreicht:

$$\$E \qquad\qquad\qquad\qquad \$ \qquad\qquad\qquad \Box$$

4.7 LR-Parser

Dieser Abschnitt präsentiert eine effiziente Bottom-Up-Syntaxanalysetechnik, die benutzt werden kann, um eine große Klasse kontextfreier Grammatiken syntaktisch zu analysieren. Diese Technik wird LR(k)-Syntaxanalyse genannt; das „L" steht für das von-links-nach-rechts abarbeiten der Eingabe, das „R" steht für die Bildung einer Rechtsableitung in umgekehrter Reihenfolge, und das k steht für die Zahl der im voraus betrachteten Eingabesymbole, die bei Syntaxanalyseentscheidungen gebraucht werden. Wird (k) weggelassen, so wird $k = 1$ angenommen. LR-Syntaxanalyse ist aus einer Vielzahl von Gründen attraktiv.

- LR-Parser können praktisch alle Programmiersprachenkonstrukte erkennen, für die kontextfreie Grammatiken geschrieben werden können.

- Die LR-Syntaxanalysemethode ist die allgemeinste Shift-Reduce-Syntaxanalysemethode ohne Backtracking, die man kennt. Dennoch kann sie effizienter implementiert werden als andere Shift-Reduce-Methoden.

- Die Klasse der Grammatiken, die mit Hilfe der LR-Methode syntaktisch analysiert werden können, ist eine echte Obermenge der Klasse der Grammatiken, die mit prädikativen Parsern syntaktisch analysiert werden können.

- Ein LR-Parser kann einen Syntaxfehler so früh wie möglich entdecken, indem die Eingabe von links nach rechts abgearbeitet wird.

Der prinzipielle Nachteil dieser Methode ist, daß es ein zu großer Aufwand ist, einen LR-Parser für eine Grammatik einer typischen Programmiersprache von Hand zu konstruieren. Man benötigt ein spezielles Werkzeug – einen LR-Parser-Generator. Glücklicherweise sind viele solcher Generatoren verfügbar, und wir werden den Aufbau und Gebrauch eines solchen, genannt Yacc, in Abschnitt 4.9 diskutieren. Mit solch einem Generator kann man eine kontextfreie Grammatik schreiben und automatisch einen Parser für diese Grammatik erzeugen. Wenn die Grammatik Mehrdeutigkeiten enthält oder andere Konstrukte, die syntaktisch schwierig zu analysieren sind, wenn die Eingabe von links nach rechts abgearbeitet wird, dann kann der Parsergenerator diese Konstrukte lokalisieren und den Compilerbauer über deren Existenz informieren.

Nachdem die Arbeitsweise eines LR-Parsers diskutiert wurde, präsentieren wir drei Techniken zur Konstruktion einer LR-Syntaxanalysetabelle für eine Grammatik. Die erste Methode, *einfacher* LR genannt (kurz SLR), ist die am einfachsten zu implementierende, aber die schwächste der drei. Für bestimmte Grammatiken kann es fehlschlagen, eine Syntaxanalysetabelle zu erzeugen. Auf diesen Grammatiken arbeiten aber die anderen Methoden erfolgreich. Die zweite Methode, *kanonische* LR genannt, ist die stärkste und die teuerste. Die dritte Methode, *vorausschauende* LR (kurz LALR) genannt, liegt in der Mächtigkeit und den Kosten zwischen den beiden anderen. Die LALR-Methode arbeitet auf den meisten Grammatiken für Programmiersprachen und kann, mit einiger Anstrengung, auch effizient implementiert werden. Einige Techniken zur Reduktion der Größe der LR-Syntaxanalysetabellen werden später in diesem Abschnitt noch betrachtet.

Der LR-Syntaxanalysealgorithmus

Die schematische Form eines LR-Parsers ist in Abb. 4.29 gezeigt. Sie besteht aus einer Eingabe, einer Ausgabe, einem Stack, einem Treiberprogramm und einer Syntaxanalysetabelle, die zwei Teile hat (*Aktion* und *Sprung*). Das Treiberprogramm ist für alle LR-Parser das gleiche; nur die Syntaxanalysetabelle wechselt von einem Parser zum anderen. Das Syntaxanalyseprogramm liest Zeichen für Zeichen aus einem Eingabepuffer. Das Programm benutzt einen Stack, um einen String der Form $s_0X_1s_1X_2s_2 \cdots X_ms_m$ zu speichern, wobei dann s_m als oberstes Element steht. Jedes X_i ist ein Grammatiksymbol und jedes s_i ist ein Symbol, das einen Zustand repräsentiert. Jedes Zustandssymbol faßt die Information zusammen, die im Stack unter ihm enthalten ist. Die Kombination des Zustandssymbols an der Spitze des Stacks und des aktuellen Eingabesymbols wird benutzt, um die Syntaxanalysetabelle zu indizieren und die Entscheidungen bei der Shift-Reduce-Syntaxanalyse zu bestimmen. In einer konkreten Implementierung brauchen die Grammatiksymbole nicht auf dem Stack aufzutauchen; wir werden diese jedoch immer in unsere Diskussion mit einbeziehen, um dazu beizutragen, das Verhalten eines LR-Parsers zu erklären.

Die Syntaxanalysetabelle besteht aus zwei Teilen, einer Syntaxanalyse-aktionsfunktion *Aktion* und einer Sprungfunktion *Sprung*. Das Treiberprogramm des LR-Parsers verhält sich wie folgt: Es bestimmt den momentan an der Spitze des Stacks stehenden Zustand s_m und das aktuelle Eingabesymbol a_i. Dann konsultiert es den Aktionstabelle neintrag $Aktion[s_m, a_i]$, der einen der folgenden vier Werte enthalten kann:

1. schiebe s, wobei s ein Zustand ist,
2. reduziere mit einer Grammatikproduktion $A \rightarrow \beta$,
3. akzeptiere und
4. Fehler.

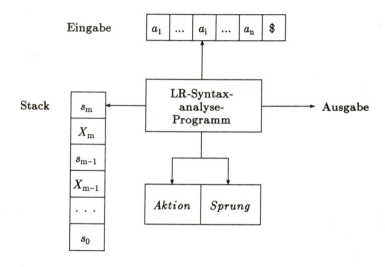

Abb. 4.29   Modell eines LR-Parsers.

Die Funktion *Sprung* enthält einen Zustand und ein Grammatiksymbol als Argumente und erzeugt einen Zustand. Wir werden sehen, daß die *Sprung*-funktion einer Syntaxanalysetabelle, die von einer Grammatik G unter Verwendung der SLR-, der kanonischen LR- oder der LALR-Methode konstruiert wurde, die Übergangsfunktion eines DEA ist, der die gültigen Vorsilben von G erkennt. Erinnern Sie sich, daß die gültigen Vorsilben von G solche Vorsilben rechtsabgeleiteter Satzformen sind, die auf dem Stack eines Shift-Reduce-Parsers auftauchen können, weil sie nicht über den am weitesten rechtsstehenden Handle hinausragen. Der Anfangszustand dieses DEA ist der Zustand, der anfangs als oberstes Element auf den Stack gelegt wurde.

Eine *Konfiguration* eines LR-Parsers ist ein Paar, dessen erste Komponente der Stackinhalt und dessen zweite Komponente die unverbrauchte Eingabe ist:

$$(s_0 X_1 s_1 X_2 s_2 \cdots X_m s_m, a_i a_{i+1} \cdots a_n \$)$$

Diese Konfiguration repräsentiert die rechtsabgeleitete Satzform

$$X_1 X_2 \cdots X_m a_i a_{i+1} \cdots a_n$$

im wesentlichen auf die gleiche Weise, wie dies ein Shift-Reduce-Parser tun würde; lediglich das Vorhandensein von Zuständen auf dem Stack ist neu.

Die nächste Bewegung des Parsers ist nach dem Lesen von a_i, dem aktuellen Eingabesymbol, und s_m, dem Zustand an der Spitze des Stacks durch das Aufsuchen des Eintrages $Aktion[s_m, a_i]$ in der Syntaxanalyseaktionstabelle bestimmt. Die Konfigurationen, die nach jeder der vier Typen von Aktionen entstehen, sind wie folgt:

1. Wenn $Aktion\ [s_m, a_i]$ = schiebe s ist, dann führt der Parser eine Schiebeaktion aus und erreicht die Konfiguration

$$(s_0 X_1 s_1 X_2 s_2 \cdots X_m s_m a_i s, a_{i+1} \cdots a_n \$)$$

Hier hat der Parser sowohl das aktuelle Eingabesymbol a_i als auch den nächsten Zustand s, der in Sprung$[s_m, a_i]$ steht, auf den Stack geschoben; a_{i+1} wird zum aktuellen Eingabesymbol.

2. Wenn $Aktion\ [s_m, a_i]$ = reduziere $A \to b$ ist, dann führt der Parser eine Reduzieraktion aus und erreicht die Konfiguration

$$(s_0 X_1 s_1 X_2 s_2 \cdots X_{m-r} s_{m-r} A s, a_i a_{i+1} \cdots a_n \$)$$

wobei $s = Sprung\ [s_{m-r}, A]$ und r die Länge von β ist, der rechten Seite der Produktion. Hier poppt der Parser zuerst $2r$ Symbole vom Stack herunter (r Zustandssymbole und r Grammatiksymbole), so daß der Zustand s_{m-r} sichtbar wird. Der Parser legt dann sowohl A, die linke Seite der Produktion, als auch s, den Eintrag für $Sprung[s_{m-r}, A]$, auf den Stack. Das aktuelle Eingabesymbol wird in einer Reduzieraktion nicht verändert. Für die LR-Parser, die wir konstruieren werden, wird $X_{m-r+1} \cdots X_m$, die Sequenz der Grammatiksymbole, die vom Stack heruntergeholt werden, immer auf β passen, die rechte Seite der reduzierten Produktion.

Die Ausgabe eines LR-Parsers nach einer Reduzieraktion wird durch die Ausführung der semantischen Aktion generiert, die mit der reduzierten Produktion verbunden ist. Bis zu diesem Zeitpunkt nehmen wir an, daß die Ausgabe nur aus dem Drucken der reduzierten Produktion besteht.

3. Wenn $Aktion[s_m, a_i]$ = akzeptiere ist, dann ist die Syntaxanalyse beendet.

4. Wenn $Aktion[s_m, a_i]$ = Fehler ist, dann hat der Parser einen Fehler entdeckt und ruft eine Fehlerbehandlungsroutine auf.

Der LR-Syntaxanalysealgorithmus ist unten zusammengefaßt. Alle LR-Parser verhalten sich in dieser Weise; der einzige Unterschied zwischen einem LR-Parser und einem anderen ist die Information in den Feldern für die Syntaxanalyseaktionen und -sprünge der Syntaxanalysetabelle.

Algorithmus 4.7
LR-Syntaxanalysealgorithmus

Eingabe: Ein Eingabestring w und eine LR-Syntaxanalysetabelle mit den Funktionen *Aktion* und *Sprung* für eine Grammatik G.

Ausgabe: Wenn w in $L(G)$ ist, eine Bottom-Up-Syntaxanalyse für w; andernfalls eine Fehleranzeige.

Methode: Anfangs hat der Parser den Startzustand s_0 auf seinem Stack, und $w\$$ im Eingabepuffer. Der Parser führt dann das Programm von Abb. 4.30 aus, bis eine Akzeptieraktion oder eine Fehleraktion erreicht wird.   □

```
    setze ip, um auf das erste Symbol von w$ zu zeigen;
    repeat forever begin
        sei s der Zustand an der Spitze des Stacks
              und a das Symbol, auf das ip zeigt;
        if Aktion[s, a] = schiebe s' then begin
            lege zuerst a, dann s' auf den Stack;
            rücke ip auf das nächste Eingabesymbol vor
        end
        else if Aktion[s, a] = reduziere A → β then begin
            hole 2*|β| Symbole vom Stack;
            sei s' der Zustand, der nun als oberstes Element
                 im Stack steht;
            lege zuerst A, dann Sprung[s', A] auf den Stack;
            gebe die Produktion A → β aus
        end
        else if Aktion[s, a] = akzeptiere then
            return
        else Fehler()
    end
```

Abb. 4.30   LR-Syntaxanalyseprogramm.

Beispiel 4.33

Abbildung 4.31 zeigt die Syntaxanalysefunktionen Aktion und Sprung einer LR-Syntaxanalysetabelle der folgenden Grammatik für arithmetische Ausdrücke mit den zweistelligen Operatoren + und *:

(1) $E \rightarrow E + T$
(2) $E \rightarrow T$
(3) $T \rightarrow T * F$
(4) $T \rightarrow F$
(5) $F \rightarrow (E)$
(6) $F \rightarrow \text{id}$

Die Codierung der Aktionen lautet:

1. si bedeutet schieben und den Zustand i auf den Stack legen,
2. rj bedeutet mit der Produktion Nummer j reduzieren,
3. acc bedeutet akzeptieren,
4. Leereintrag bedeutet Fehler.

Zustand	Aktion						Sprung		
	id	**+**	*****	**(**	**)**	**$**	**E**	**T**	**F**
0	s5			s4			1	2	3
1		s6				acc			
2		r2	s7		r2	r2			
3		r4	r4		r4	r4			
4	s5			s4			8	2	3
5		r6	r6		r6	r6			
6	s5			s4				9	3
7	s5			s4					10
8		s6			s11				
9		r1	s7		r1	r1			
10		r3	r3		r3	r3			
11		r5	r5		r5	r5			

Abb. 4.31 Syntaxanalysetabelle für eine Ausdrucksgrammatik.

Beachten Sie, daß der Wert von $Sprung[s, a]$ für das Terminal a in dem Aktionsfeld gefunden wird, das mit der Schiebeaktion für die Eingabe a im Zustand s verbunden ist. Das Sprungfeld gibt $Sprung[s, A]$ für Nichtterminale A an. Wir müssen auch daran denken, daß wir noch nicht ausgeführt haben, wie die Einträge von Abb. 4.31 ausgewählt werden; wir werden diese Angelegenheit in Kürze behandeln.

Für die Eingabe id * id + id ist die Reihenfolge des Stackinhalts und
der Eingabe in Abb. 4.32 gezeigt. Zum Beispiel ist der LR-Parser in Zeile (1)
im Zustand 0 mit id als erstem Eingabesymbol. Die Aktion in Zeile 0 und
Spalte id im Aktionsfeld von Abb. 4.31 ist s5; das heißt schieben und den
Zustand 5 auf den Stack bringen. Genau das erscheint in Zeile (2): das erste
id-Zeichen und das Zustandssymbol 5 sind beide auf den Stack gelegt und id
ist aus der Eingabe gelöscht worden.

Danach wird * das aktuelle Eingabesymbol; die Aktion im Zustand 5 mit
Eingabe * ist: reduzieren mit $F \rightarrow$ id. Zwei Symbole werden vom Stack heruntergeholt (ein Zustandssymbol und ein Grammatiksymbol). Zustand 0 ist
dann freigelegt. Da der Sprung in Zustand 0 bei F 3 ist, werden F und 3 auf
den Stack gelegt. Nun haben wir die Konfiguration in Zeile (3). Jede der
restlichen Aktionen wird ähnlich bestimmt.   □

	Stack	Eingabe	Aktion
(1)	0	id * id + id\$	schiebe
(2)	0 id 5	* id + id\$	reduziere durch $F \rightarrow$ id
(3)	0 F 3	* id + id\$	reduziere durch $T \rightarrow F$
(4)	0 T 2	* id + id\$	schiebe
(5)	0 T 2 * 7	id + id\$	schiebe
(6)	0 T 2 * 7 id 5	+ id\$	reduziere durch $F \rightarrow$ id
(7)	0 T 2 * 7 F 10	+ id\$	reduziere durch $T \rightarrow T*F$
(8)	0 T 2	+ id\$	reduziere durch $E \rightarrow T$
(9)	0 E 1	+ id\$	schiebe
(10)	0 E 1 + 6	id\$	schiebe
(11)	0 E 1 + 6 id 5	\$	reduziere durch $F \rightarrow$ id
(12)	0 E 1 + 6 F 3	\$	reduziere durch $T \rightarrow F$
(13)	0 E 1 + 6 T 9	\$	$E \rightarrow E + T$
(14)	0 E 1	\$	akzeptiere

Abb. 4.32 Aktionen des LR-Parsers bei id * id + id.

LR-Grammatiken

Wie konstruieren wir eine LR-Syntaxanalysetabelle für eine gegebene Grammatik? Eine Grammatik, für die wir eine Syntaxanalysetabelle konstruieren
können, soll eine *LR-Grammatik* sein. Es gibt kontextfreie Grammatiken, die
nicht LR sind, aber diese können im allgemeinen für typische Programmiersprachenkonstrukte vermieden werden. Damit eine Grammatik LR ist, reicht
es intuitiv, daß ein von links nach rechts arbeitender Shift-Reduce-Parser

fähig ist, Handles zu erkennen, wenn diese an der Spitze des Stack auftauchen.

Ein LR-Parser muß nicht den ganzen Stack abarbeiten, um zu wissen, wann der Handle an der Spitze erscheint. Vielmehr enthält das Zustandssymbol an der Spitze des Stacks alle Informationen, die der Parser benötigt. Es sollte angemerkt werden, daß, wenn es möglich ist, einen Handle nur mit dem Wissen der Grammatiksymbole auf dem Stack zu erkennen, es einen endlichen Automaten gibt, der durch das Lesen der Grammatiksymbole auf dem Stack von oben nach unten bestimmen kann, welcher Handle (wenn es überhaupt einen gibt) an der Spitze des Stack steht,

Die Sprungfunktion einer LR-Syntaxanalysetabelle ist im wesentlichen solch ein endlicher Automat. Der Automat braucht jedoch nicht bei jeder Aktion den Stack zu lesen. Das Zustandssymbol, das als oberstes Element im Stack gespeichert ist, ist der Zustand, in dem sich der Handle-erkennende endliche Automat befinden wird, wenn er die Grammatiksymbole auf dem Stack von unten nach oben gelesen hat. Deshalb kann der LR-Parser vom Zustand an der Spitze des Stack alles bestimmen, was er benötigt, um etwas über den Inhalt des Stack zu wissen.

Eine andere Quelle der Information, die ein LR-Parser benutzen kann, um seine Shift-Reduce-Entscheidungen zu unterstützen, sind die nächsten k Eingabesymbole. Die Fälle $k = 0$ oder $k = 1$ sind von praktischem Interesse, und wir werden hier nur LR-Parser mit $k \leq 1$ betrachten. Zum Beispiel benutzt die Aktionstabelle in Abb. 4.31 ein Symbol in der Vorausschau. Eine Grammatik, die durch einen LR-Parser syntaktisch analysiert werden kann, der bis zu k Eingabesymbole bei jeder Aktion untersucht, wird eine *LR(k)- Grammatik* genannt.

Es gibt einen bedeutenden Unterschied zwischen LL- und LR-Grammatiken. Für eine Grammatik, die LR(k) sein soll, muß es uns möglich sein, das Vorkommen einer rechten Seite einer Produktion zu erkennen, nachdem wir alles gesehen haben, was von dieser rechten Seite, mit k Eingabesymbolen im voraus betrachtet, abgeleitet wird. Diese Forderung ist nicht so streng wie die für LL(k)-Grammatiken, wo wir in der Lage sein müssen, den Gebrauch einer Produktion zu erkennen. Dabei sehen wir aber nur die ersten k Symbole dessen, was ihre rechte Seite ableitet. Deshalb können LR-Grammatiken mehr Sprachen beschreiben als LL-Grammatiken.

Die Konstruktion von SLR-Syntaxanalysetabellen

Nun zeigen wir, wie man ausgehend von einer Grammatik eine Syntaxanalysetabelle konstruiert. Wir werden drei Methoden angeben, unterschiedlich in ihrer Mächtigkeit und Leichtigkeit der Implementierung. Die erste, „einfaches LR" genannt oder kurz *SLR*, ist die schwächste der drei in Bezug auf die Anzahl der Grammatiken, für die sie erfolgreich arbeitet. Sie ist aber am leichtesten zu implementieren. Wir werden bei der Syntaxanalysetabelle, die durch diese Methode konstruiert wird, von einer SLR-Tabelle sprechen, und bei einem LR-Parser, der eine SLR-Syntaxanalysetabelle benutzt, von einem SLR-Parser. Eine Grammatik, für die ein SLR-Parser konstruiert werden kann, soll eine SLR-Grammatik sein. Die anderen beiden Methoden erweitern die SLR-Methode, indem sie Information durch Vorausschau benutzen. Darum ist die SLR-Methode ein guter Startpunkt zum Studium der LR-Syntaxanalyse.

Ein *LR(0)-Element* (kurz *Element*) einer Grammatik G ist eine Produktion von G mit einem Punkt an irgendeiner Position auf der rechten Seite. Deshalb bringt die Produktion $A \rightarrow XYZ$ die vier Elemente

$$A \rightarrow \cdot XYZ$$
$$A \rightarrow X \cdot YZ$$
$$A \rightarrow XY \cdot Z$$
$$A \rightarrow XYZ \cdot$$

hervor.

Die Produktion $A \rightarrow \epsilon$ generiert nur ein Element, $A \rightarrow \cdot$. Ein Element kann durch ein Paar ganzer Zahlen wiedergegeben werden; die erste gibt die Nummer der Produktion an, die zweite die Position des Punktes. Intuitiv zeigt ein Element an, wie viel von einer Produktion wir an einem gegebenen Punkt im Syntaxanalyseprozeß gesehen haben. Zum Beispiel zeigt das erste Element von oben an, daß wir einen String, der von XYZ ableitbar ist, als nächstes in der Eingabe zu sehen hoffen. Das zweite Element zeigt an, daß wir in der Eingabe gerade einen String gesehen haben, der von X ableitbar ist, und daß wir hoffen, als nächstes einen zu sehen, der von YZ ableitbar ist.

Die zentrale Idee bei der SLR-Methode ist, zuerst für eine Grammatik einen DEA zu konstruieren, der gültige Vorsilben erkennt. Wir fassen Elemente in Mengen zusammen, welche den Ausgangspunkt der Zustände des SLR-Parsers bilden. Die Elemente können als die Zustände eines NEA, der gültige Vorsilben erkennt, angesehen werden, und das „Zusammenfassen" ist in Wirklichkeit die Untermengenkonstruktion, die in Abschnitt 3.6 diskutiert wurde.

Eine Sammlung von Mengen mit LR(0)-Elementen, die wir die *kanonische* LR(0)-Sammlung nennen, bereitet die Basis zur Konstruktion von SLR-Parsern vor. Um die kanonische LR(0)-Sammlung für eine Grammatik zu konstruieren, definieren wir eine erweiterte Grammatik und zwei Funktionen, *Hülle* und *Sprung*.

Wenn G eine Grammatik mit dem Startsymbol S ist, dann ist G', die *erweiterte Grammatik* für G, G mit einem neuen Startsymbol S' und der Produktion $S' \rightarrow S$. Die Absicht dieser neuen Startproduktion ist es, dem Parser anzuzeigen, wann er die Syntaxanalyse stoppen und das Akzeptieren der Eingabe melden soll. Das heißt, die Akzeptanz ereignet sich genau dann, wenn der Parser dabei ist, mit $S' \to S$ zu reduzieren.

Die Hüllenoperation
Wenn I eine Menge von Elementen für eine Grammatik G ist, dann ist $Hülle(I)$ die Menge von Elementen, die aus I durch die folgenden zwei Regeln konstruiert wird:

1.   Zuerst wird jedes Element aus I zu $Hülle(I)$ hinzugefügt.

2.   Wenn $A \to \alpha \cdot B\beta$ in $Hülle(I)$ ist und $B \to \gamma$ eine Produktion, dann füge das Element $B \to \cdot \gamma$ zu I hinzu, falls es nicht schon vorhanden ist. Wir rufen diese Regel solange auf, bis keine neuen Elemente mehr zu $Hülle(I)$ hinzugefügt werden können.

Intuitiv zeigt $A \to a \cdot B\beta$ in $Hülle(I)$ an, daß wir an irgendeinem Punkt im Syntaxanalyseprozeß denken, wir könnten als nächstes einen Substring sehen, der von der Eingabe $B\beta$ ableitbar ist. Wenn $B \to \gamma$ eine Produktion ist, dann erwarten wir auch, daß wir einen Substring sehen werden, der an diesem Punkt von γ ableitbar ist. Aus diesem Grund nehmen wir auch $B \to \cdot \gamma$ in $Hülle(I)$ mit auf.

Beispiel 4.34
Betrachten Sie die erweiterte Ausdrucksgrammatik:

$$
\begin{aligned}
E' &\to E \\
E &\to E + T \mid T \\
T &\to T * F \mid F \\
F &\to (E) \mid \mathbf{id}
\end{aligned}
\qquad (4.19)
$$

Wenn I die Menge mit dem einen Element $\{[E' \to \cdot E]\}$ ist, dann enthält $Hülle(I)$ die Elemente

$$
\begin{aligned}
E' &\to \cdot E \\
E &\to \cdot E + T \\
E &\to \cdot T \\
T &\to \cdot T * F \\
T &\to \cdot F \\
F &\to \cdot (E) \\
F &\to \cdot \mathbf{id}
\end{aligned}
$$

Hier ist $E' \to \cdot E$ durch die Regel (1) in $Hülle(I)$ eingebracht worden. Da unmittelbar zur Rechten eines Punktes ein E steht, fügen wir mit der Regel (2) die E-Produktionen mit Punkten am linken Ende hinzu; das sind $E \to \cdot E + T$ und $E \to \cdot T$. Nun gibt es unmittelbar zur Rechten eines Punktes ein T, und deshalb fügen wir $T \to \cdot T * T$ und $T \to \cdot F$ hinzu. Als nächstes bewirkt das F zur Rechten eines Punktes, daß $F \to \cdot (E)$ und $F \to \cdot \mathbf{id}$ hinzu-

gefügt werden. Andere Elemente werden durch die Regel (2) nicht in $Hülle(I)$
eingebracht.   ☐

Die Funktion $Hülle$ kann wie in Abb. 4.33 berechnet werden. Üblicherweise
benutzt man ein boolesches Feld *hinzugefügt*, um die Funktion $Hülle$ zu implementieren. Dieses Feld ist durch die Nichtterminale von G indiziert, so
daß *hinzugefügt*$[B]$ auf **true** gesetzt wird, wenn wir die Elemente $B \to \cdot\gamma$ für
jede B-Produktion $B \to \gamma$ hinzufügen.

```
function Hülle(I);
begin
    J := I;
    repeat
        for jedes Element A → α·Bβ in J und jede Produktion B → γ
            aus G mit B → · γ ist nicht in J do
                füge B → · γ zu J hinzu
        until keine weiteren Elemente mehr zu J hinzugefügt werden kön-
        nen;
    return J
end
```

Abb. 4.33   Berechnung von $Hülle$.

Beachten Sie, daß dann, wenn eine B-Produktion mit dem Punkt am linken
Ende zur Hülle von I hinzugefügt wird, auch alle B-Produktionen gleichermaßen zur Hülle hinzugefügt werden. Tatsächlich ist es unter bestimmten
Umständen nicht notwendig, wirklich die Elemente $B \to \cdot\gamma$ aufzulisten, die
durch die Funktion $Hülle$ in I hinzugefügt werden. Eine Liste der Nichtterminale B, deren Produktionen so hinzugefügt wurden, wird genügen. Tatsächlich stellt sich heraus, daß wir alle Mengen von Elementen, an denen wir
interessiert sind, in zwei Klassen von Elementen einteilen können.

1.   *Kernelemente*, welche das Anfangselement $S' \to \cdot S$ und alle Elemente,
      deren Punkte nicht am linken Ende sind, beinhalten.

2.   *Nichtkernelemente*, die ihre Punkte am linken Ende haben.

Tatsächlich wird jede Menge von Elementen, an der wir interessiert sind,
durch den Aufbau der Hülle einer Menge von Kernelementen gebildet; die
Elemente, die zur Hülle hinzugefügt werden, können natürlich niemals Kernelemente sein. Deshalb können wir die Mengen der Elemente, an denen wir
interessiert sind, mit sehr kleinem Speicheraufwand repräsentieren, wenn wir
alle Nichtkernelemente weglassen, da wir wissen, daß sie durch den Hüllen-
prozeß wieder erzeugt werden können.

Die Sprungoperation
Die zweite hilfreiche Funktion ist *Sprung*(*I*, *X*), wobei *I* eine Menge von Elementen und *X* ein Grammatiksymbol ist. *Sprung*(*I*, *X*) ist als die Hülle der Menge aller Elemente [*A* → α*X*·β] definiert, so daß [*A* → α·*X*β] in *I* ist. Wenn *I* die Menge der Elemente ist, die für irgendeine gültige Vorsilbe γ gültig sind, dann ist *Sprung*(*I*, *X*) die Menge der Elemente, die für die gültige Vorsilbe γ*X* gültig sind.

Beispiel 4.35
Wenn *I* die Menge {[*E'* → *E*·], [*E* → *E*·+*T*]} ist, dann besteht *Sprung*(*I*, +) aus

$$E → E + ·T$$
$$T → ·T * F$$
$$T → ·F$$
$$F → ·(E)$$
$$F → · \text{id}$$

Wir berechnen *Sprung*(*I*, +), indem wir *I* auf Elemente mit + unmittelbar zur Rechten des Punktes untersuchen. *E'* → *E*· ist kein solches Element, wohl aber *E* → *E*·+*T*. Wir bewegen den Punkt über das +, um {*E* → *E* + ·*T* } zu erhalten, und dann haben wir die Hülle dieser Menge. □

Die Konstruktion der Mengen-von-Elementen
Wir sind nun bereit, den Algorithmus anzugeben, um *C* zu konstruieren, die kanonische Sammlung von Mengen von LR(0)-Elementen für eine erweiterte Grammatik *G'*; der Algorithmus ist in Abb. 4.34 dargestellt.

procedure *Elemente*(*G'*);
begin
    C := {*Hülle*({[*S'* → ·*S*]})};
    repeat
        for jede Menge von Elementen *I* in *C* und jedes Grammatik-
        symbol *X* mit *Sprung*(*I*, *X*) ist nicht leer und nicht in *C*
        do
            füge *Sprung*(*I*, *X*) zu *C* hinzu
    until keine weiteren Elementemengen mehr zu *C* hinzugefügt werden können
end

Abb. 4.34 Die Konstruktion der Mengen-von-Elementen.

Beispiel 4.36
Die kanonische Sammlung von Mengen von LR(0)-Elementen für die Grammatik (4.19) aus Beispiel 4.34 wird in Abb. 4.35 gezeigt. Die *Sprung*funktion

für diese Menge von Elementen ist in Abb. 4.36 als ein Übergangsdiagramm eines DEA D dargestellt.

I_0: $E' \rightarrow \cdot E$
         $E \rightarrow \cdot E + T$
         $E \rightarrow \cdot T$
         $T \rightarrow \cdot T * F$
         $T \rightarrow \cdot F$
         $F \rightarrow \cdot (E)$
         $F \rightarrow \cdot \ \mathbf{id}$

I_1: $E' \rightarrow E\cdot$
         $E \rightarrow E\cdot + T$

I_2: $E \rightarrow T\cdot$
         $T \rightarrow T\cdot * F$

I_3: $T \rightarrow F\cdot$

I_4: $F \rightarrow (\cdot E)$
         $E \rightarrow \cdot E + T$
         $E \rightarrow \cdot T$
         $T \rightarrow \cdot T * F$
         $T \rightarrow \cdot F$
         $F \rightarrow \cdot (E)$
         $F \rightarrow \cdot \mathbf{id}$

I_5: $F \rightarrow \mathbf{id}\cdot$

I_6: $E \rightarrow E + \cdot T$
         $F \rightarrow \cdot T * F$
         $T \rightarrow \cdot F$
         $F \rightarrow \cdot (E)$
         $F \rightarrow \cdot \mathbf{id}$

I_7: $T \rightarrow T * \cdot F$
         $F \rightarrow \cdot (E)$
         $F \rightarrow \cdot \mathbf{id}$

I_8: $F \rightarrow (E\cdot)$
         $E \rightarrow E\cdot + T$

I_9: $E \rightarrow E + T\cdot$
         $T \rightarrow T\cdot * F$

I_{10}: $T \rightarrow T * F\cdot$

I_{11}: $F \rightarrow (E)\cdot$

Abb. 4.35   Kanonische LR(0)-Sammlung für Grammatik (4.19).

Wenn jeder Zustand von D in Abb. 4.36 ein Endzustand und I_0 der Startzustand ist, dann erkennt D genau die gültigen Vorsilben der Grammatik (4.19). Dies ist kein Zufall. Für jede Grammatik G definiert die *Sprung*funktion der kanonischen Sammlung von Mengen von Elementen einen DEA, der die gültigen Vorsilben von G erkennt. Tatsächlich kann man sich einen NEA N vorstellen, dessen Zustände die Elemente selbst sind. Es gibt einen Übergang von $A \rightarrow \alpha \cdot X\beta$ nach $A \rightarrow \alpha X \cdot \beta$, der mit X beschriftet ist, und es gibt einen Übergang von $A \rightarrow \alpha \cdot B\beta$ nach $B \rightarrow \cdot \gamma$, der mit ϵ beschriftet ist. Dann ist *Hülle*(I) für die Menge I von Elementen (Zustände von N) genau die ϵ-*Hülle* einer Menge von NEA-Zuständen, die in Abschnitt 3.6 definiert wurden. Deshalb gibt *Sprung*(I, X) den Übergang von I beim Symbol X in dem DEA an, der aus N durch Untermengenbildung konstruiert wurde. So betrachtet ist die Prozedur *items*(G') in Abb. 4.34 gerade die Untermengenbildung selbst, angewendet auf den NEA N, der aus G' so konstruiert wurde.

Gültige Elemente

Wir sagen, ein Element $A \to \beta_1 \cdot \beta_2$ ist *gültig* für eine gültige Vorsilbe $\alpha\beta_1$, wenn es eine Ableitung

$$S' \underset{rm}{\overset{*}{\Rightarrow}} \alpha A w \underset{rm}{\overset{*}{\Rightarrow}} \alpha\beta_1\beta_2 w$$

gibt. Im allgemeinen wird ein Element für viele gültige Vorsilben gültig sein. Die Tatsache, daß $A \to \beta_1 \cdot \beta_2$ für $\alpha\beta_1$ gültig ist, sagt viel darüber aus, ob wir schieben oder reduzieren müssen ist, wenn wir $\alpha\beta_1$ auf dem Syntaxanalysestack finden.

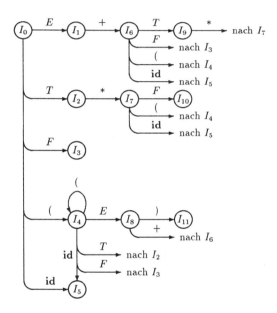

Abb. 4.36 Übergangsdiagramm des DEA D für gültige Vorsilben.

Genauer gesagt, wenn $\beta_2 \neq \epsilon$ ist, dann deutet dies darauf hin, daß wir den Handle noch nicht geschoben haben; deshalb ist schieben unsere Aktion. Wenn $\beta_2 = \epsilon$ ist, dann sieht es aus, als wäre $A \to \beta_1$ der Handle und als sollten wir mit dieser Produktion reduzieren. Selbstverständlich können uns zwei gültige Elemente sagen, daß wir für die gleiche gültige Vorsilbe unterschiedliche Dinge tun sollen. Einige dieser Konflikte können durch das Untersuchen des nächsten Eingabesymbols gelöst werden, andere können durch die Methoden im nächsten Abschnitt behoben werden. Aber wir sollten nicht annehmen, daß alle Konflikte bei Aktionen in der Syntaxanalyse gelöst wer-

den können, wenn die LR-Methode benutzt wird, um eine Syntaxanalysetabelle für eine willkürliche Grammatik zu konstruieren.

Wir können die Menge der gültigen Elemente für jede gültige Vorsilbe,
die auf dem Stack eines LR-Parsers erscheinen kann, leicht berechnen. Tatsächlich ist es ein zentrales Theorem der LR-Syntaxanalysetheorie, daß die
Menge der gültigen Elemente für eine gültige Vorsilbe γ exakt die Menge der
Elemente ist, die vom Anfangszustand längs eines mit γ bezeichneten Pfads
im DEA erreicht werden. Der DEA wird aus der kanonischen Sammlung von
Mengen von Elementen konstruiert, mit Übergängen, die durch *Sprung* gegeben sind. Im wesentlichen verkörpert die Menge der gültigen Elemente die
ganze nützliche Information, die man aus dem Stack erhalten kann. Wir werden dieses dieses Theorem hier nicht beweisen, sondern nur ein Beispiel vorstellen.

Beispiel 4.37
Lassen Sie uns wieder die Grammatik (4.19) betrachten, deren Mengen von
Elementen und deren *Sprung*funktion in Abb. 4.35 und 4.36 gezeigt werden.
Es ist klar, daß der String $E + T*$ eine gültige Vorsilbe von (4.19) ist. Der
Automat in Abb. 4.36 wird im Zustand I_7 sein, nachdem er $E + T*$ gelesen hat.
Zustand 7 enthält die Elemente

$$T \rightarrow T * \cdot F$$
$$F \rightarrow \cdot (E)$$
$$F \rightarrow \cdot \mathbf{id}$$

die genau die gültigen Elemente für $E + T*$ sind. Um dies zu sehen, betrachten
Sie die folgenden drei Rechtsableitungen

$E' \Rightarrow E$	$E' \Rightarrow E$	$E' \Rightarrow E$
$\Rightarrow E + T$	$\Rightarrow E + T$	$\Rightarrow E + T$
$\Rightarrow E + T * F$	$\Rightarrow E + T * F$	$\Rightarrow E + T * F$
	$\Rightarrow E + T * (E)$	$\Rightarrow E + T * \mathbf{id}$

Die erste Ableitung zeigt die Gültigkeit von $T \rightarrow T * \cdot F$, die zweite die Gültigkeit von $F \rightarrow \cdot (E)$ und die dritte die Gültigkeit von $F \rightarrow \cdot$ **id** jeweils für
die gültige Vorsilbe $E + T*$. Es kann gezeigt werden, daß es keine anderen
gültigen Elemente für $E + T*$ gibt, und wir überlassen einen Beweis dem interessierten Leser.   □

SLR-Syntaxanalysetabellen
Nun werden wir zeigen, wie Aktions- und Sprungfunktionen der SLR-Syn-
taxanalyse aus dem DEA zu konstruieren sind, der die gültigen Vorsilben
erkennt. Unser Algorithmus erzeugt nicht für alle Grammatiken eindeutig
definierte Syntaxanalyseaktionstabellen, aber er ist auf vielen Grammatiken
für Programmiersprachen erfolgreich. Sei eine Grammatik G gegeben, dann
erweitern wir G, um G' zu erzeugen. Von G' ausgehend konstruieren wir C,

die kanonische Sammlung von Mengen von Elementen für G'. Wir konstruieren *ausgehend von* C die Syntaxanalyseaktionsfunktion *Aktion* und die Sprungfunktion *Sprung* unter Verwendung des folgenden Algorithmus. Er erfordert, daß wir FOLLOW(A) für jedes Nichtterminal A einer Grammatik kennen (siehe Abschnitt 4.4).

Algorithmus 4.8
Die Konstruktion einer SLR-Syntaxanalysetabelle.

Eingabe: Eine erweiterte Grammatik G'.

Ausgabe: Die SLR-Syntaxanalysetabellenfunktionen *Aktion* und *Sprung* für G'.

Methode: 1.   Konstruiere $C = \{I_0, I_1, ..., I_n\}$, die Sammlung von Mengen von LR(0)-Elementen für G'.

     2.   Zustand i wird aus I_i konstruiert. Die Syntaxanalyseaktionen für den Zustand i werden wie folgt bestimmt:

        a)   Wenn $[A \rightarrow \alpha \cdot a\beta]$ in I_i ist und $Sprung(I_i, a) = I_j$, dann setze *Aktion*$[i,a]$ auf „schiebe j". Hier muß a ein Terminalsymbol sein.

        b)   Wenn $[A \rightarrow \alpha \cdot]$ in I_i ist, dann setze *Aktion* $[i, a]$ für alle a in FOLLOW(A) auf „reduziere $A \rightarrow \alpha$"; hier kann A nicht S' sein.

        c)   Wenn $[S' \rightarrow S\cdot]$ in I_i ist, dann setze *Aktion*$[i, \$]$ auf „akzeptiere".

    Wenn durch die obigen Regeln irgendwelche Konfliktaktionen generiert werden, sagen wir, die Grammatik ist nicht SLR(1). Der Algorithmus produziert in diesem Fall keinen Parser.

     3.   Die Sprungübergänge für Zustand i werden für alle Nichtterminale A unter Verwendung der folgenden Regel konstruiert: Wenn $Sprung(I_i, A) = I_j$ ist, dann setze $Sprung(i, A) = j$.

     4.   Alle Einträge, die nicht durch die Regeln (2) und (3) definiert sind, werden auf „Fehler" gesetzt.

     5.   Der Anfangszustand des Parsers ist der, der von der Menge von Elementen konstruiert wird, die $[S' \rightarrow \cdot S]$ enthält. □

Die Syntaxanalysetabelle, die aus den Syntaxanalyseaktions- und -sprungfunktionen besteht, die durch den Algorithmus 4.8 bestimmt werden, wird die *SLR(1)-Tabelle für* G genannt. Ein LR-Parser, der die SLR(1)-Tabelle für G benutzt, wird SLR(1)-Parser für G genannt, und eine Grammatik, die eine SLR(1)-Syntaxanalysetabelle hat, soll *SLR(1)* sein. Wir werden normalerweise die „(1)" nach dem „SLR" weglassen, weil wir hier keine Parser behandeln, die mehr als ein Symbol im voraus betrachten.

Beispiel 4.38

Lassen Sie uns die SLR-Tabelle für Grammatik (4.19) konstruieren. Die kanonische Sammlung von Mengen von LR(0)-Elementen für (4.19) wurde in Abb. 4.35 gezeigt. Betrachten Sie zuerst die Menge von Elementen I_0:

$$
\begin{aligned}
E' &\rightarrow \cdot E \\
E &\rightarrow \cdot E + T \\
E &\rightarrow \cdot T \\
T &\rightarrow \cdot T * F \\
T &\rightarrow \cdot F \\
F &\rightarrow \cdot (E) \\
F &\rightarrow \cdot \ \mathbf{id}
\end{aligned}
$$

Das Element $F \rightarrow \cdot (E)$ bewirkt den Eintrag *Aktion* [0, (] = schiebe 4, das Element $F \rightarrow \cdot \ \mathbf{id}$ den Eintrag *Aktion* [0, id] = schiebe 5. Die anderen Elemente in I_0 bringen keine Aktionen hervor.

Betrachten Sie nun I_1:

$$
\begin{aligned}
E' &\rightarrow E \cdot \\
E &\rightarrow E \cdot + T
\end{aligned}
$$

Das erste Element bewirkt die *Aktion*[1, \$] = akzeptiere, das zweite *Aktion* [1, +] = schiebe 6. Als nächstes betrachten Sie I_2:

$$
\begin{aligned}
E &\rightarrow T \cdot \\
T &\rightarrow T \cdot * F
\end{aligned}
$$

Da FOLLOW$(E) = \{\$, +,)\}$ ist, bewirkt das erste Element *Aktion*[2, \$] = *Aktion*[2, +] = *Aktion*[2,)] = reduziere $E \rightarrow T$. Das zweite Element bewirkt *Aktion*[2, *] = schiebe 7. Wenn wir auf diese Weise fortfahren, erhalten wir die Syntaxanalyseaktions- und Sprungtabellen, die in Abb. 4.31 gezeigt wurden. In dieser Abbildung ist die Nummer der Produktionen in Reduzieraktionen gleich mit der Reihenfolge, in der sie in der ursprünglichen Grammatik (4.18) auftauchen. Das bedeutet, $E \rightarrow E + T$ hat die Nummer 1, $E \rightarrow T$ die 2 usw. □

Beispiel 4.39

Jede SLR(1)-Grammatik ist eindeutig, aber es gibt viele eindeutige Grammatiken, die nicht SLR(1) sind. Betrachten Sie die Grammatik mit den Produktionen

$$
\begin{aligned}
S &\rightarrow L = R \\
S &\rightarrow R \\
L &\rightarrow *R \\
L &\rightarrow \mathbf{id} \\
R &\rightarrow L
\end{aligned}
\qquad (4.20)
$$

Wir können von L und R denken, daß sie jeweils für L-*Wert* beziehungsweise R-*Wert* stehen, und bei $*$ an einen Operator, der „Inhalt von" anzeigt[3]. Die kanonische Sammlung von Mengen von LR(0)-Elementen für die Grammatik (4.20) ist in Abb. 4. 37 gezeigt.

I_0: $S' \to \cdot S$
          $S \to \cdot L{=}R$
          $S \to \cdot R$
          $L \to \cdot *R$
          $L \to \cdot$ id
          $R \to \cdot L$

I_1: $S' \to S\cdot$

I_2: $S \to L\cdot{=}R$
          $R \to L\cdot$

I_3: $S \to R\cdot$

I_4: $L \to *\cdot R$
          $R \to \cdot L$
          $L \to \cdot *R$
          $L \to \cdot$ id

I_5: $L \to$ id$\cdot$

I_6: $S \to L{=}\cdot R$
          $R \to \cdot L$
          $L \to \cdot *R$
          $L \to \cdot$ id

I_7: $L \to *R\cdot$

I_8: $R \to L\cdot$

I_9: $S \to L{=}R\cdot$

Abb. 4.37   Kanonische LR(0)-Sammlung für Grammatik (4.20).

Betrachten Sie die Menge von Elementen I_2. Das erste Element in dieser Menge bewirkt, daß $Aktion[2, =]$ „schiebe 6" ist. Da FOLLOW(R) = enthält (um zu sehen warum, betrachten Sie $S \Longrightarrow L = R \Longrightarrow *R = R$), setzt das zweite Element $Aktion[2, =]$ auf „reduziere $R \to L$". Somit ist der Eintrag $Aktion[2, =]$ mehrfach definiert. Da es sowohl einen Schiebe- als auch einen Reduziere-Eintrag in $Aktion[2, =]$ gibt, entsteht im Zustand 2 ein schiebe/reduziere-Konflikt beim Eingabesymbol =.

Die Grammatik (4.20) ist aber nicht mehrdeutig. Dieser schiebe/reduziere-Konflikt entsteht durch die Tatsache, daß die Konstruktionsmethode für den SLR-Parser nicht mächtig genug ist, genügend linken Kontext wiederzugeben, um zu entscheiden, welche Aktion der Parser bei der Eingabe = nehmen soll, wenn er einen auf L reduzierbaren String gesehen hat. Die kanonischen und die LALR-Methoden, die als nächstes diskutiert werden, werden auf einer größeren Anzahl von Grammatiken erfolgreich sein, einschließlich der Grammatik (4.20).

---

[3]   Wie in Abschnitt 2.8 bezeichnet ein L-Wert einen Speicherplatz und ein R-Wert ist ein Wert, der in einem Speicherplatz gespeichert werden kann.

Es sollte jedoch darauf hingewiesen werden, daß es eindeutige **Gramma-**
tiken gibt, für die jede Konstruktionsmethode für LR-Parser eine **Syntax-**
analyseaktionstabelle mit Aktionskonflikten erzeugen wird. Glücklicherweise
können solche Grammatiken in Programmiersprachenanwendungen im allge-
meinen vermieden werden.   □

Konstruktion kanonischer LR-Syntaxanalysetabellen

Wir werden nun die allgemeinste Technik zur Konstruktion einer LR-Syntaxanalysetabelle aus einer Grammatik präsentieren. Erinnern Sie sich, daß in
der SLR-Methode der Zustand i eine Reduktion mit $A \rightarrow \alpha$ aufruft, wenn die
Menge von Elementen I_i das Element $[A \rightarrow \alpha \cdot]$ enthält und a in FOLLOW(A)
ist. In einigen Situationen jedoch, wenn der Zustand i an der Spitze des
Stacks auftaucht, ist die gültige Vorsilbe $\beta\alpha$ auf dem Stack, so daß βA in
einer rechtsabgeleiteten Satzform nicht von a gefolgt werden kann. Somit
wäre die Reduktion mit $A \rightarrow \alpha$ bei der Eingabe a nicht richtig.

Beispiel 4.40
Lassen Sie uns das Beispiel 4.39 noch einmal betrachten, Dort hatten wir in
Zustand 2 das Element $R \rightarrow L \cdot$, das mit dem obigen $A \rightarrow \alpha$ verglichen werden
könnte, und a könnte das =-Zeichen sein, das in FOLLOW(R) ist. Daher ruft
der SLR-Parser eine Reduktion mit $R \rightarrow L$ im Zustand 2 bei = als nächster
Eingabe (die Schiebeaktion ist auch deshalb aufgerufen, weil das Element
$S \rightarrow L \cdot = R$ im Zustand 2 ist. Es gibt jedoch keine rechtsabgeleitete Satzform
der Grammatik im Beispiel 4.39, die mit $R = \cdot \cdot$ beginnt. Also sollte Zustand
2, der einzige Zustand, der mit der gültigen Vorsilbe L korrespondiert, nicht
wirklich eine Reduktion von diesem L auf R ausführen.   □

Es ist möglich, mehr Information in den Zustand aufzunehmen, was uns erlaubt, einige dieser unrichtigen Reduktionen mit $A \rightarrow \alpha$ auszuschließen. Durch
das Teilen von Zuständen können wir vereinbaren, daß jeder Zustand eines
LR-Parsers genau anzeigt, welche Eingabesymbole einem Handle α folgen
können, für den es eine mögliche Reduktion auf A gibt.

Die Zusatzinformation wird in den Zustand eingebettet, indem wir die
Elemente neu definieren, um so ein Terminalsymbol als eine zweite Komponente mit einzubeziehen. Die allgemeine Form für ein Element wird zu $[A$
$\rightarrow \alpha \cdot \beta, a]$, wobei $A \rightarrow \alpha\beta$ eine Produktion und a ein Terminal oder die rechte
Endemarkierung $\$$ ist. Wir nennen solch ein Objekt ein *LR(1)-Element*. Die 1
verweist auf die Länge der zweiten Komponente, die mit *Lookahead* (*Voraus-*
schau) des Elementes bezeichnet wird[4]. Die Vorausschau hat keinen Einfluß
auf ein Element der Form $[A \rightarrow \alpha \cdot \beta, a]$, wobei β nicht ϵ ist. Aber ein Element

---

[4] Lookaheads sind Strings von einer Länge, die selbstverständlich größer als eins sein kann. Aber wir
werden solche Lookaheads hier nicht betrachten.

der Form $[A \rightarrow \alpha\cdot, a]$ ruft nur dann eine Reduktion mit $A \rightarrow \alpha$ auf, wenn das nächste Eingabesymbol a ist. Also erzwingen wir, nur bei solchen Eingabesymbolen a mit $A \rightarrow \alpha$ zu reduzieren, für die $[A \rightarrow \alpha\cdot, a]$ ein LR(1)-Element im Zustand an der Spitze des Stacks ist. Die Menge derartiger a's wird immer eine Untermenge von FOLLOW(A) sein, aber es kann wie im Beispiel 4.40 eine echte Untermenge sein,

Formal sagen wir, das LR(1)-Element $[A \rightarrow \alpha\cdot\beta, a]$ ist *korrekt* für eine gültige Vorsilbe γ, wenn es eine Ableitung

$$S \overset{*}{\underset{rm}{\Rightarrow}} \delta Aw \overset{*}{\underset{rm}{\Rightarrow}} \delta\alpha\beta w$$

gibt, wobei

1. $\gamma = \delta\alpha$ und
2. entweder a das erste Symbol von w ist, oder w ist ϵ und a ist \$.

Beispiel 4.41
Lassen Sie uns die Grammatik

$$S \rightarrow BB$$
$$B \rightarrow aB \mid b$$

betrachten. Es gibt eine Rechtsableitung

$$S \overset{*}{\underset{rm}{\Rightarrow}} aaBab \underset{rm}{\Rightarrow} aaaBab$$

Wir sehen, daß das Element $[B \rightarrow a\cdot B, a]$ für eine gültige Vorsilbe $\gamma = aaa$ korrekt ist, wenn in der obigen Definition $\delta = aa$, $A = B$, $w = ab$, $\alpha = a$ und $\beta = B$ gesetzt wird.

Es gibt auch eine Rechtsableitung

$$S \overset{*}{\underset{rm}{\Rightarrow}} BaB \underset{rm}{\Rightarrow} BaaB$$

Aus dieser Ableitung sehen wir, daß das Element $[B \rightarrow a\cdot B, \$]$ für die gültige Vorsilbe Baa korrekt ist. □

Die Methode zur Konstruktion der Sammlung von Mengen von korrekten LR(1)-Elementen ist im wesentlichen die gleiche wie der Weg, auf dem wir die kanonische Sammlung von Mengen von LR(0)-Elementen gebildet haben. Wir müssen nur die beiden Prozeduren *Hülle* und *Sprung* modifizieren.

Um die neue Definition der *Hüllen*operation zu verstehen, betrachten Sie ein Element der Form $[A \rightarrow \alpha\cdot B\beta]$ in der Menge der Elemente, die für irgendeine gültige Vorsilbe γ korrekt sind. Dann gibt es eine Rechtsableitung

$$S \overset{*}{\underset{rm}{\Rightarrow}} \delta Aax \underset{rm}{\Rightarrow} \delta\alpha B\beta ax$$

wobei $\gamma = \delta a$ ist. Nehmen wir an, $\beta a x$ leitet den terminalen String by ab.
Dann haben wir für jede Produktion der Form $B \to \eta$ für irgendein η die
Ableitung

$$S \overset{*}{\underset{rm}{\Rightarrow}} \gamma B b y \underset{rm}{\Rightarrow} \gamma \eta b y$$

Also ist $[B \to \cdot\eta, b]$ korrekt für γ. Beachten Sie, daß b das erste Terminal
sein kann, das von β abgeleitet wird. Es ist aber auch möglich, daß β in der
Ableitung

$$\beta a x \overset{*}{\underset{rm}{\Rightarrow}} by$$

ϵ herleitet; b kann deshalb a sein. Um beide Möglichkeiten zusammenzufassen, sagen wir, daß b jedes Terminal in FIRST($\beta a x$) sein kann, wobei FIRST
die Funktion aus Abschnitt 4.4 ist. Beachten Sie, daß x nicht das erste Terminal von by enthalten kann, deshalb ist FIRST($\beta a x$) = FIRST(βa). Wir geben nun die Konstruktion für die LR(1)-Mengen von Elementen an.

Algorithmus 4.9
Konstruktion der Mengen von LR(1)-Elementen.

Eingabe: Eine erweiterte Grammatik G'.

Ausgabe: Die Mengen von LR(1)-Elementen, die die Menge der korrekten
Elemente für eine oder mehr gültige Vorsilben von G' sind.

Methode: Die Prozeduren *Hülle* und *Sprung* und die Hauptroutine *Elemente*
zur Konstruktion der Mengen von Elementen. Diese sind in
Abb. 4.38 dargestellt.   □

```
function Hülle(I);
begin
    repeat
        for jedes Element [A → α·Bβ, a] in I, jede Produktion B → γ
            in G' und jedes Terminal b in FIRST(βa) mit [B → ·γ, b]
            ist nicht in I do
            füge [B → ·γ, b] zu I hinzu;
    until keine weiteren Elemente mehr zu I hinzugefügt werden kön-
    nen;
    return I
end;

function Sprung(I, X);
begin
    sei J die Menge der Elemente [A → αX·β, a]
        mit [A → α·Xβ, a] ist in I;
    return Hülle(J)
end;
```

procedure *Elemente*(*G'*);
begin
    $C := \{H\ddot{u}lle(\{[S' \rightarrow \cdot S, \$]\})\}$;
    repeat
        for jede Menge von Elementen *I* in *C* und jedes Grammatik-
        symbol *X* mit *Sprung*(*I*, *X*) ist nicht leer und nicht in *C*
        do
            füge *Sprung*(*I*, *X*) zu *C* hinzu
    until keine weiteren Elementemengen mehr zu *C* hinzugefügt wer-
    den können
end

Abb. 4.38 Konstruktion der Mengen von
LR(1)-Elementen für Grammatik *G'*.

Beispiel 4.42
Betrachten Sie die folgende erweiterte Grammatik.

$$S' \rightarrow S$$
$$S \rightarrow CC \qquad\qquad (4.21)$$
$$C \rightarrow cC \mid d$$

Wir beginnen bei der Berechnung der Hülle von $\{[S' \rightarrow \cdot S, \$]\}$. Um die Hülle zu erstellen, matchen wir das Element $[S' \rightarrow \cdot S, \$]$ mit dem Element $[A \rightarrow \alpha \cdot B\beta, a]$ in der Prozedur *Hülle*. Dabei ist $A = S'$, $\alpha = \epsilon$, $B = S$, $\beta = \epsilon$ und $a = \$$. Die Funktion *Hülle* zwingt uns, $[B \rightarrow \cdot\gamma, b]$ für jede Produktion $B \rightarrow \gamma$ und jedes Terminal b in FIRST(a) hinzuzufügen. In Ausdrücken der vorhandenen Grammatik muß $B \rightarrow \gamma$ gleich $S \rightarrow CC$ sein, und weil β gleich ϵ und a gleich $\$$ ist, kann b nur $\$$ sein. Also addieren wir $[S \rightarrow \cdot CC, \$]$.

Wir berechnen die Hülle weiter, indem wir alle Elemente $[C \rightarrow \cdot\gamma, b]$ mit b in FIRST($C\$$) hinzufügen. Das heißt, da $[S \rightarrow \cdot CC, \$]$ wieder auf $[A \rightarrow \alpha \cdot B\beta, a]$ paßt, haben wir $A = S$, $\alpha = \epsilon$, $B = C$, $\beta = C$ und $a = \$$. Da C nicht den leeren String ableitet, ist FIRST($C\$$) = FIRST(C). Da FIRST(C) die Terminale c und d enthält, addieren wir die Elemente $[C \rightarrow \cdot cC, c]$, $[C \rightarrow \cdot cC, d]$, $[C \rightarrow \cdot d, c]$ und $[C \rightarrow \cdot d, d]$. Keines der neuen Elemente hat ein Nichtterminal unmittelbar zur Rechten des Punktes, also haben wir unsere erste Menge von LR(1)-Elementen vollständig. Die Anfangsmenge von Elementen ist:

I_0: $S' \rightarrow \cdot S, \$$
        $S \rightarrow \cdot CC, \$$
        $C \rightarrow \cdot cC, c/d$
        $C \rightarrow \cdot d, c/d$

Um die Notation zu vereinfachen, wurden die Klammern weggelassen, und wir benutzen die Schreibweise $[C \rightarrow \cdot cC,\ c/d]$ als Abkürzung für die zwei Elemente $[C \rightarrow \cdot cC,\ c]$ und $[C \rightarrow \cdot cC,\ d]$.

Nun berechnen wir $Sprung(I_0,\ X)$ für die verschiedenen Werte von X. Für $X = S$ müssen wir das Element $[S' \rightarrow S\cdot,\ \$]$ als Hülle erstellen. Es gibt keine zusätzliche Hülle, weil der Punkt am rechten Ende ist. Somit haben wir die nächste Menge von Elementen:

$$I_1: \quad S' \rightarrow S\cdot,\ \$$$

Für $X = C$ erstellen wir als Hülle $[S \rightarrow C\cdot C,\ \$]$. Wir addieren die C-Produktionen mit zweiter Komponente $\$$ und erhalten:

$$I_2: \quad S \rightarrow C\cdot C,\ \$$$
$$C \rightarrow \cdot cC,\ \$$$
$$C \rightarrow \cdot d,\ \$$$

Als nächstes sei $X = c$. Wir müssen $\{[C \rightarrow c\cdot C,\ c/d]\}$ als Hülle erstellen. Wir fügen die C-Produktionen mit zweiter Komponente c/d hinzu und erhalten:

$$I_3: \quad C \rightarrow c\cdot C,\ c/d$$
$$C \rightarrow \cdot cC,\ c/d$$
$$C \rightarrow \cdot d,\ c/d$$

Zum Schluß sei $X = d$ und wir schließen mit der folgenden Menge von Elementen ab:

$$I_4: \quad C \rightarrow d\cdot,\ c/d$$

Wir haben die Behandlung von $Sprung$ auf I_0 beendet. Wir erhalten keine neuen Mengen von I_1, aber I_2 hat $Sprünge$ bei C, c und d. Bei C erhalten wir:

$$I_5: \quad S \rightarrow CC\cdot,\ \$$$

wobei keine Hülle benötigt wird. Bei c nehmen wir die Hülle $\{[C \rightarrow c\cdot C,\ \$]\}$, um

$$I_6: \quad C \rightarrow c\cdot C,\ \$$$
$$C \rightarrow \cdot cC,\ \$$$
$$C \rightarrow \cdot d,\ \$$$

zu erhalten.

Beachten Sie, daß sich I_6 von I_3 nur in der zweiten Komponente unterscheidet. Wir werden sehen, daß es für mehrere Mengen von LR(1)-Elementen für eine Grammatik üblich ist, daß sie die gleichen ersten Komponenten haben und sich nur in ihrer zweiten Komponente unterscheiden. Wenn wir die

Sammlung von Mengen von LR(0)-Elementen für die gleiche Grammatik konstruieren, dann wird jede Menge von LR(0)-Elementen mit der Menge der
ersten Komponenten einer oder mehrerer Mengen von LR(1)-Elementen übereinstimmen. Wir werden zu diesem Phänomen noch mehr zu sagen haben,
wenn wir die LALR-Syntaxanalyse diskutieren.

Nun fahren wir fort mit der *Sprung*funktion für I_2. *Sprung* (I_2, d) sieht
so aus:

I_7: $C \to d\cdot, \$$

Nun wenden wir uns I_3 zu. Die *Sprünge* von I_3 bei c und d sind jeweils I_3
und I_4, und *Sprung* (I_3, C) ist:

I_8: $C \to cC\cdot, c/d$

I_4 und I_5 haben keine *Sprünge*. Die Sprünge von I_6 bei c und d sind I_6 beziehungsweise I_7, *Sprung* (I_6, C) ist:

I_9: $C \to cC\cdot, \$$

Die restlichen Mengen von Elementen besitzen keine *Sprünge*, also sind wir
fertig. Abbildung 4.39 zeigt die zehn Mengen von Elementen mit ihren
Sprüngen.   □

Nun geben wir die Regeln an, durch die die LR(1)-Syntaxanalyseaktions- und
sprungfunktionen der Mengen von LR(1)-Elementen konstruiert werden. Die
Aktions- und Sprungfunktionen werden wie vorher durch eine Tabelle repräsentiert. Der einzige Unterschied besteht in den Werten der Einträge.

Algorithmus 4.10
Konstruktion der kanonischen LR-Syntaxanalysetabelle.

Eingabe: Eine erweiterte Grammatik G'.

Ausgabe: Die kanonischen LR-Syntaxanalysetabellenfunktionen *Aktion* und
            Sprung für G'.

Methode: 1.   Konstruiere $C = \{I_0, I_1, ..., I_n\}$, die Sammlung von Mengen von
                LR(1)-Elementen für G'.

           2.   Zustand i des Parsers wird von I_i konstruiert. Die Syntax-
                analyseaktionen für Zustand i werden folgendermaßen be-
                stimmt:

                a)   Wenn $[A \to \alpha\cdot a\beta, b]$ in I_i und $Sprung(I_i, a) = I_j$ ist, dann
                     setze $Aktion[i, a]$ auf „schiebe j". Hier ist es erforder-
                     lich, daß a ein Terminal ist.

                b)   Wenn $[A \to \alpha\cdot, a]$ in I_i und $A \neq S'$ ist, dann setze Ak-
                     $tion[i, a]$ auf „reduziere $A \to a$".

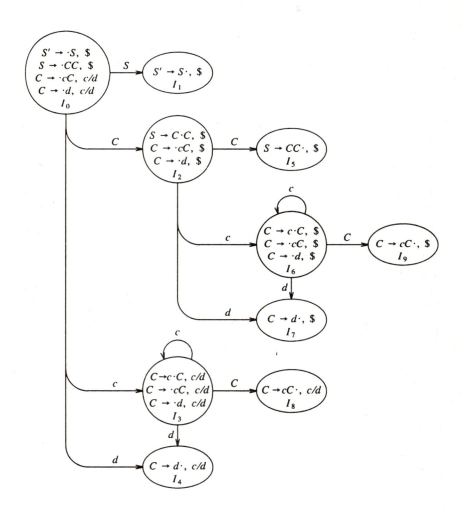

Abb. 4.39   Der *Sprung*graph für Grammatik (4.21).

c)   Wenn $[S' \to S\cdot, \$]$ in I_i ist, dann setze *Aktion* $[i, \$]$ auf „akzeptiere".

Wenn aus den obigen Regeln ein Konflikt resultiert, dann ist die Grammatik nicht LR(1) und der Algorithmus schlägt fehl.

3.   Die Sprungübergänge für Zustand i sind wie folgt bestimmt: Wenn $Sprung(I_i, A) = I_j$ ist, dann ist $Sprung(i, A) = j$.

4.   Alle Einträge, die nicht durch die Regeln (2) und (3) definiert werden, werden auf „Fehler" gesetzt.

5.   Der Anfangszustand des Parsers ist derjenige, der aus der Menge mit dem Element $[S' \to \cdot S, \$]$ konstruiert wird.   □

Die Tabelle, die von den Syntaxanalyseaktions- und sprungfunktionen gebildet wird, die durch Algorithmus 4.10 produziert werden, nennt man die *kanonische* LR(1)-Syntaxanalysetabelle. Ein LR-Parser, der diese Tabelle benutzt, wird ein kanonischer LR(1)-Parser genannt. Wenn die Syntaxanalyseaktionsfunktion keine mehrfach definierten Einträge hat, dann wird die gegebene Grammatik *LR(1)-Grammatik* genannt. Wie zuvor lassen wir „(1)" weg, wenn es eindeutig ist.

Beispiel 4.43
Die kanonische Syntaxanalysetabelle für Grammatik (4.21) ist in Abbildung 4.40 dargestellt. Die Produktionen 1, 2 und 3 sind $S \to CC$, $C \to cC$, $C \to d$.□

Zustand	Aktion			Sprung	
	c	d	$\$$	S	C
0	s3	s4		1	2
1			acc		
2	s6	s7			5
3	s3	s4			8
4	r3	r3			
5			r1		
6	s6	s7			9
7			r3		
8	r2	r2			
9			r2		

Abb. 4.40   Kanonische Syntaxanalysetabelle für Grammatik (4.21).

Jede SLR(1)-Grammatik ist eine LR(1)-Grammatik, aber für eine SLR(1)-Grammatik kann der kanonische LR-Parser mehr Zustände haben als der SLR-Parser für die gleiche Grammatik. Die Grammatik vom vorhergehenden Beispiel ist SLR und hat einen SLR-Parser mit sieben Zuständen, im Gegensatz zu den zehn von Abb. 4.40.

Die Konstruktion von LALR-Syntaxanalysetabellen

Nun stellen wir unsere letzte Parserkonstruktionsmethode vor, die LALR (lookahead-LR)-Technik. Diese Methode wird oft in der Praxis benutzt, weil die Tabellen, die man durch sie erhält, bedeutend kleiner sind als die kanonischen LR-Tabellen. Dennoch können die allgemeinsten Syntaxkonstrukte von Programmiersprachen bequem durch eine LALR-Grammatik ausgedrückt werden. Fast das gleiche gilt für SLR-Grammatiken, aber es gibt einige Konstrukte, die durch SLR-Techniken nicht bequem behandelt werden können (siehe z.B. Beispiel 4.39). Bei einem Vergleich der Parsergröße haben die SLR- und LALR-Tabellen für eine Grammatik immer die gleiche Anzahl von Zuständen, und diese Anzahl liegt typischerweise bei einigen hundert Zuständen für eine Sprache wie Pascal. Die kanonische LR-Tabelle hätte typischerweise einige tausend Zustände für die gleiche Sprachgröße. Also ist es viel leichter und wirtschaftlicher, SLR- und LALR-Tabellen zu konstruieren als die kanonischen LR-Tabellen.

Lassen Sie uns bei der Einführung wieder die Grammatik (4.21) betrachten, deren Mengen von LR(1)-Elementen in Abb. 4.39 gezeigt sind. Nehmen wir ein Paar von gleich aussehenden Zuständen, so wie I_4 und I_7. Jeder dieser Zustände hat nur Elemente mit der ersten Komponente $C \rightarrow d\cdot$. In I_4 sind die Lookaheads c oder d; in I_7 ist $\$$ das einzige Lookahead.

Um den Unterschied zwischen den Rollen von I_4 und I_7 im Parser zu sehen, beachten Sie, daß die Grammatik (4.21) die reguläre Menge c^*dc^*d generiert. Wenn eine Eingabe $cc \cdots cdcc \cdots cd$ gelesen wird, schiebt der Parser die erste Gruppe von c's und das ihnen folgende d auf den Stack und erreicht nach dem Lesen von d *Zustand 4*. Der Parser ruft dann eine Reduktion mit $C \rightarrow d$ auf, vorausgesetzt das nächste Eingabesymbol ist c oder d. Die Forderung, daß c oder d folgt, ist sinnvoll, weil dies die Symbole sind, mit denen Strings in c^*d beginnen können. Wenn $\$$ dem ersten d folgt, haben wir eine Eingabe wie ccd, die nicht in der Sprache ist, und Zustand 4 deklariert korrekt einen Fehler, wenn $\$$ die nächste Eingabe ist.

Der Parser erreicht Zustand 7 nach dem Lesen des zweiten d. Dann muß der Parser ein $\$$ in der Eingabe sehen, oder er startet mit einem String, der nicht von der Form c^*dc^*d ist. Es ist also sinnvoll, daß der Zustand 7 bei der Eingabe $\$$ mit $C \rightarrow d$ reduzieren soll und bei der Eingabe c oder d einen Fehler deklarieren soll.

Lassen Sie uns nun I_4 und I_7 durch I_{47} ersetzen, die Vereinigung von I_4 und I_7, die aus der Menge der drei Elemente besteht, die durch

$[C \rightarrow d\cdot, c/d/\$]$ repräsentiert werden. Die Sprünge bei d nach I_4 oder I_7 aus I_0, I_2, I_3 und I_6 erreichen nun I_{47}. Die Aktion von Zustand 47 ist, bei jeder Eingabe zu reduzieren. Der überarbeitete Parser verhält sich im wesentlichen wie das Original, obwohl er unter Umständen, wo das Original einen Fehler deklarieren würde, zum Beispiel bei der Eingabe wie ccd oder $cdcdc$, d zu C reduzieren kann. Der Fehler wird schließlich erreicht werden; tatsächlich wird er erreicht sein, noch ehe einige Eingabesymbole geschoben werden.

Allgemeiner ausgedrückt, wir können nach den Mengen von LR(1)-Elementen schauen, die den gleichen *Kern* haben. Kern heißt die Menge der ersten Komponenten, und wir können diese Mengen mit gemeinsamen Kernen in eine einzige Menge von Elementen mischen. Zum Beispiel bilden in Abb. 4.39 I_4 und I_7 solch ein Paar mit dem Kern $\{C \rightarrow d\cdot\}$. I_3 und I_6 bilden ein weiteres Paar mit dem Kern $\{C \rightarrow c\cdot C, C \rightarrow \cdot cC, C \rightarrow \cdot d\}$. Es gibt noch ein weiteres Paar, I_8 und I_9, mit dem Kern $\{C \rightarrow cC\cdot\}$. Beachten Sie, daß im allgemeinen ein Kern eine Menge von LR(0)-Elementen für die aktuelle Grammatik ist und daß eine LR(1)-Grammatik mehr als zwei Mengen von Elementen mit dem gleichen Kern produzieren kann.

Weil der Kern von $Sprung(I, X)$ nur vom Kern von I abhängt, können die Sprünge gemischter Mengen ihrerseits gemischt werden. Also gibt es kein Problem beim Überarbeiten der Sprungfunktion, wenn wir Mengen von Elementen mischen. Die Aktionsfunktionen werden modifiziert, um die Nicht-Fehler-Aktionen aller Mengen von Elementen im Mischer zu reflektieren.

Nehmen wir an, wir haben eine LR(1)-Grammatik, d.h. eine Grammatik, deren Mengen von LR(1)-Elementen keine Syntaxanalyseaktionskonflikte produzieren. Wenn wir alle Zustände, die den gleichen Kern haben, durch ihre Vereinigung ersetzen, ist es möglich, daß die resultierende Vereinigung einen Konflikt hat. Aber dies ist aus dem folgenden Grund unwichtig: Nehmen Sie an, es gibt in der Vereinigung einen Konflikt beim Lookahead a, weil es ein Element $[A \rightarrow \alpha\cdot, a]$ gibt, das eine Reduktion mit $A \rightarrow \alpha$ aufruft, und es gibt ein anderes Element $[B \rightarrow \beta\cdot a\gamma, b]$, das ein Schieben aufruft. Dann hat irgendeine Menge von Elementen, aus denen die Vereinigung gebildet wurde, das Element $[A \rightarrow \alpha\cdot, a]$, und da die Kerne all dieser Zuständen die gleichen sind, muß sie auch ein Element $[B \rightarrow \beta\cdot a\gamma, c]$ für irgendein c haben. Aber dann hat dieser Zustand den gleichen schiebe/reduziere-Konflikt bei a und die Grammatik war nicht LR(1), wie wir annahmen. Also kann das Mischen von Zuständen mit gemeinsamen Kernen niemals einen schiebe/reduziere-Konflikt erzeugen, der nicht schon in einem der ursprünglichen Zustände vorhanden war, weil Schiebeaktionen nur vom Kern und nicht vom Lookahead abhängig sind.

Es ist jedoch möglich, daß ein Mischer einen reduziere/reduziere-Konflikt erzeugt, wie das folgende Beispiel zeigt.

Beispiel 4.44

Betrachten Sie die Grammatik

$$S' \rightarrow S$$
$$S \rightarrow aAd \mid bBd \mid aBe \mid bAe$$
$$A \rightarrow c$$
$$B \rightarrow c$$

die die vier Strings acd, ace, bcd und bce generiert. Der Leser kann durch die Konstruktion der Mengen von Elementen überprüfen, daß die Grammatik LR(1) ist. Indem wir dies tun, finden wir die Menge von Elementen $\{[A \rightarrow c\cdot, d], [B \rightarrow c\cdot, e]\}$, die für die gültige Vorsilbe ac korrekt ist, und die Menge von Elementen $\{[A \rightarrow c\cdot, e], [B \rightarrow c\cdot, d]\}$, daie für die gültige Vorsilbe bc korrekt ist. Keine dieser Mengen generiert einen Konflikt, und ihre Kerne sind die gleichen. Ihre Vereinigung jedoch, die folgendermaßen aussieht:

$$A \rightarrow c\cdot, d/e$$
$$B \rightarrow c\cdot, d/e$$

generiert einen reduziere/reduziere-Konflikt, weil Reduktionen sowohl mit $A \rightarrow c$ als auch mit $B \rightarrow c$ bei den Eingaben d und e aufgerufen werden. $\quad\square$

Wir sind nun vorbereitet, um den ersten zweier Konstruktionsalgorithmen für LALR-Tabellen anzugeben. Die Hauptidee ist, die Mengen von LR(1)-Elementen zu konstruieren, und, wenn sich keine Konflikte ergeben, Mengen mit gemeinsamen Kernen zu mischen. Dann konstruieren wir die Syntaxanalysetabelle aus der Sammlung gemischter Mengen von Elementen. Die Methode, die wir gerade beschreiben, dient in erster Linie als eine Definition von LALR(1)-Grammatiken. Die Konstruktion der ganzen Sammlung von LR(1)-Mengen von Elementen erfordert zuviel Platz und Zeit, um in der Praxis brauchbar zu sein.

Algorithmus 4.11

Eine leichte, aber Platz verbrauchende LALR-Tabellenkonstruktion.

Eingabe: Eine erweiterte Grammatik G'.

Ausgabe: Die LALR-Syntaxanalysetabellenfunktionen *Aktion* und *Sprung* für G'.

Methode: 1.   Konstruiere $C = \{I_0, I_1, ..., I_n\}$, die Sammlung von Mengen von LR(1)-Elementen.

          2.   Für jeden Kern, der unter der Menge von LR(1)-Elementen vorhanden ist, finde alle Mengen, die diesen Kern haben, und ersetze diese Mengen durch ihre Vereinigung.

          3.   Seien $C' = \{J_0, J_1, ..., J_m\}$ die resultierenden Mengen von LR(1)-Elementen. Die Syntaxanalyseaktionen für den Zustand i werden von J_i in der gleichen Weise wie in Algorithmus

     4.10 konstruiert. Wenn es einen Syntaxanalyseaktionskonflikt gibt, schlägt der Algorithmus beim Erzeugen eines Parsers fehl und die Grammatik wird als nicht LALR(1) angesehen.

4.   Die *Sprung*tabelle wird wie folgt konstruiert. Wenn J die Vereinigung einer oder mehrerer Mengen von LR(1)-Elementen ist, das bedeutet $J = I_1 \cup I_2 \cup ... \cup I_k$, dann sind die Kerne von $Sprung(I_1, X)$, $Sprung(I_2, X)$,..., $Sprung(I_k, X)$ die gleichen, weil I_1, I_2,..., I_k alle den gleichen Kern haben. Sei K die Vereinigung aller Mengen von Elementen, die den gleichen Kern haben wie $Sprung(I_1, X)$. Das ist $Sprung(J,X) = K$. $\square$

Die Tabelle, die durch den Algorithmus 4.11 erzeugt wird, wird die *LALR-Syntaxanalysetabelle* für G genannt. Wenn es keine Syntaxanalyseaktionskonflikte gibt, dann ist die gegebene Grammatik eine *LALR(1)-Grammatik*. Die Sammlung von Mengen von Elementen, die im Schritt (3) konstruiert wird, nennt man die *LALR(1)-Sammlung*.

Beispiel 4.45
Betrachten Sie wiederum die Grammatik (4.21), deren *Sprung*graph in Abb. 4.39 gezeigt wurde. Wie wir bereits erwähnten, gibt es drei Paare von Mengen von Elementen, die gemischt werden können. I_3 und I_6 werden durch ihre Vereinigung ersetzt:

$$I_{36}: \quad C \to c \cdot C, \; c/d/\$$$
$$C \to \cdot cC, \; c/d/\$$$
$$C \to \cdot d, \; c/d/\$$$

I_4 und I_7 werden durch ihre Vereinigung ersetzt:

$$I_{47}: \quad C \to d \cdot, \; c/d/\$$$

und I_8 und I_9 werden durch ihre Vereinigung ersetzt:

$$I_{89}: C \to cC \cdot, \; c/d/\$$$

Die LALR-Aktions- und Sprungfunktionen für die verdichteten Mengen von Elementen werden in Abb. 4.41 gezeigt.

     Um zu sehen, wie die Sprünge berechnet werden, betrachten Sie $Sprung(I_{36}, C)$. In der ursprünglichen Menge von LR(1)-Elementen ist $Sprung(I_6, C) = I_8$, und I_8 ist nun Teil von I_{89}. Als ein anderes Beispiel betrachten Sie $Sprung(I_2, C)$, ein Eintrag, der nach der Schiebeaktion von I_2 bei Eingabe c ausgeführt wird. In den ursprünglichen Mengen von LR(1)-Elementen ist $Sprung(I_2, C) = I_6$. Weil I_6 nun ein Teil von I_{36} ist, wird $Sprung(I_2, C)$ zu I_{36}. Also wird s36 als Eintrag in Abb. 4.41 für Zustand 2 und Eingabe c gemacht, mit der Bedeutung schieben und den Zustand 36 oben auf den Stack legen. $\square$

Zustand	Aktion			Sprung	
	c	d	$	S	C
0	s36	s47		1	2
1			acc		
2	s36	s47			5
36	s36	s47			89
47	r3	r3	r3		
5			r1		
89	r2	r2	r2		

Abb. 4.41 LALR-Syntaxanalysetabelle für Grammatik (4.21).

Wenn der LR-Parser von Abb. 4.40 und der LALR-Parser von Abb. 4.41 mit einem String der Sprache $c*dc*d$ konfrontiert werden, führen beide genau die gleiche Folge von Schiebeaktionen und Reduktionen aus, obwohl die Namen der Zustände auf dem Stack unterschiedlich sein können; d.h. wenn der LR-Parser I_3 oder I_6 auf den Stack legt, wird der LALR-Parser I_{36} auf den Stack legen. Diese Beziehung gilt im allgemeinen für eine LALR-Grammatik. Die LR- und LALR-Parser werden sich bei korrekten Eingaben gleich verhalten.

Werden sie jedoch mit einer fehlerhaften Eingabe konfrontiert, dann kann der LALR-Parser noch einige Reduktionen durchführen, nachdem der LR-Parser schon einen Fehler entdeckt hat. Der LALR-Parser wird aber niemals ein weiteres Symbol schieben, nachdem der LR-Parser einen Fehler findet. Bei der Eingabe ccd\$$ wird der LR-Parser von Abb. 4.34 zum Beispiel

$$0 \; c \; 3 \; c \; 3 \; d \; 4$$

auf den Stack legen und im Zustand 4 einen Fehler entdecken, weil \$ das nächste Eingabesymbol ist und der Zustand 4 bei \$ die Aktion Fehler hat. Im Gegensatz dazu wird der LALR-Parser von Abb. 4.41 die entsprechenden Schritte ausführen und dabei zunächst

$$0 \; c \; 36 \; c \; 36 \; d \; 47$$

auf den Stack legen. Aber Zustand 47 hat bei Eingabe \$ die Aktion reduziere $C \to d$. Der LALR-Parser wird also seinen Stack zu

$$0 \; c \; 36 \; c \; 36 \; D \; 89$$

ändern. Nun ist reduziere $C \to cC$ die Aktion von Zustand 89 bei Eingabe \$. Der Stack wird zu

0 *c* 36 *C* 89

woraufhin eine ähnliche Reduktion ausgeführt wird, und wir erhalten den Stack

0 *C* 2

Zum Schluß hat der Zustand 2 bei Eingabe $ die Aktion Fehler, also ist der Fehler nun entdeckt. □

Effiziente Konstruktion von LALR-Syntaxanalysetabellen

Es gibt verschiedene Modifikationen, die wir an Algorithmus 4.11 vornehmen können, um die Konstruktion der ganzen Sammlung von Mengen von LR(1)-Elementen im Prozeß der Erstellung einer LALR(1)-Syntaxanalysetabelle zu vermeiden. Die erste Beobachtung ist, daß wir eine Menge von Elementen I durch ihren Kern repräsentieren können, d.h. durch solche Elemente, die entweder das Startelement $[S' \to \cdot S, \$]$ sind oder die den Punkt irgendwo anders haben als am Anfang der rechten Seite.

Zweitens können wir die von I generierten Syntaxanalyseaktionen allein vom Kern aus berechnen. Irgendein Element, das eine Reduktion mit $A \to \alpha$ aufruft, wird im Kern sein, es sei denn $\alpha = \epsilon$. Eine Reduktion mit $A \to \epsilon$ wird bei Eingabe a nur dann aufgerufen, wenn es ein Kernelement $[B \to \gamma \cdot C\delta, b]$ gibt, so daß $C \underset{rm}{\overset{*}{\Rightarrow}} A\eta$ für irgendein η, und a ist in FIRST($\eta\delta b$). Die Menge der Nichtterminale A, für die $C \underset{rm}{\overset{*}{\Rightarrow}} A\eta$ gilt, kann für jedes Nichtterminal C im voraus berechnet werden.

Die von I generierten Schiebeaktionen können vom Kern von I wie folgt bestimmt werden: Wir schieben bei Eingabe a, wenn es ein Kernelement $[B \to \gamma \cdot C\delta, b]$ gibt, wobei $C \underset{rm}{\overset{*}{\Rightarrow}} ax$ eine Ableitung ist, bei derem letzten Schritt keine ϵ-Produktion benutzt wird. Die Menge solcher a's kann auch für jedes C vorausberechnet werden.

Nun folgt, wie die Sprungübergänge für I vom Kern berechnet werden können. Wenn $[B \to \gamma \cdot X\delta, b]$ im Kern von I ist, dann ist $[B \to \gamma X \cdot \delta, b]$ im Kern von $Sprung(I, X)$. Das Element $[A \to X \cdot \beta, a]$ ist auch im Kern von $Sprung(I, X)$, wenn es ein Element $[B \to \gamma \cdot C\delta, b]$ im Kern von I gibt und $C \underset{rm}{\overset{*}{\Rightarrow}} A\eta$ für irgendein η. Wenn wir für jedes Paar von Nichtterminalen C und A vorausberechnen, ob $C \underset{rm}{\overset{*}{\Rightarrow}} A\eta$ für irgendein η gilt, dann ist die Berechnung der Mengen von Elementen nur vom Kern sogar geringfügig effizienter, als würde man sie mit Mengen von Elementen, die mit Hüllen versehen sind, ausführen.

Um die LALR(1)-Mengen von Elementen für eine erweiterte Grammatik G' zu berechnen, starten wir mit dem Kern $S' \to \cdot S$ der Initialmenge von Elementen I_0. Dann berechnen wir die Kerne der Sprungübergänge von I_0, so wie es oben beschrieben ist. Wir fahren mit der Berechnung der Sprungübergänge für jeden neu generierten Kern fort, bis wir die Kerne der gesamten Sammlung von Mengen von LR(0)-Elementen haben.

Beispiel 4.46

Lassen Sie uns wieder die erweiterte Grammatik

$$S' \to S$$
$$S \to L = R \mid R$$
$$L \to *R \mid \text{id}$$
$$R \to L$$

betrachten. Die Kerne der Mengen von LR(0)-Elementen für diese Grammatik werden in Abb. 4.42 gezeigt.   □

I_0:	$S' \to \cdot S$		I_5:	$L \to \text{id}\cdot$
I_1:	$S' \to S\cdot$		I_6:	$S \to L = \cdot R$
I_2:	$S \to L \cdot = R$		I_7:	$L \to *R\cdot$
	$R \to L\cdot$			
			I_8:	$R \to L\cdot$
I_3:	$S \to R\cdot$			
			I_9:	$S \to L = R\cdot$
I_4:	$L \to *\cdot R$			

Abb. 4.42   Die Kerne der Mengen von LR(0)-Elementen
für die Grammatik (4.20).

Nun erweitern wir die Kerne durch das Anheften der korrekten Lookaheads (zweite Komponente) an jedes LR(0)-Element. Um zu sehen, wie sich Lookaheads einer Menge von Elementen I auf $Sprung(I, X)$ verbreiten, betrachten Sie ein LR(0)-Element $B \to \gamma C \delta$ im Kern von I. Nehmen wir $C \overset{*}{\underset{rm}{\Rightarrow}} A\eta$ für irgendein η an (vielleicht $C = A$ und $\eta = e$), und $A \to X\beta$ sei eine Produktion. Dann ist das LR(0)-Element $A \to X\cdot\beta$ in $Sprung(I,X)$.

Nehmen Sie nun an, daß wir keine LR(0)-Elemente sondern LR(1)-Elemente berechnen und daß $[B \to \gamma \cdot C\delta, b]$ in der Menge I ist. Für welche Werte von a wird dann $[A \to X\cdot\beta, a]$ in $Sprung(I, X)$ sein? Sicherlich, wenn irgendein a in FIRST($\eta\delta$) ist, dann sagt uns die Ableitung $C \overset{*}{\underset{rm}{\Rightarrow}} A\eta$, daß $[A \to X\cdot\beta, a]$ in $Sprung(I, X)$ sein muß. In diesem Fall ist der Wert von b irrelevant, und wir sagen, daß a, als ein Lookahead für $A \to X\cdot\beta$, *spontan* generiert ist. Per Definition ist \$ spontan generiert als ein Lookahead für das Element $S' \to \cdot S$ in der Startmenge von Elementen.

Aber es gibt noch eine andere Quelle von Lookaheads für das Element $A \to X\cdot\beta$. Wenn $\eta\delta \overset{*}{\Rightarrow} \epsilon$ gilt, dann wird $[A \to X\cdot\beta, b]$ auch in $Sprung(I, X)$ sein. In diesem Fall sagen wir, daß sich die Lookaheads von $B \to \gamma \cdot C\delta$ auf A

→ $X \cdot \beta$ verbreiten. Eine einfache Methode, um zu bestimmen, wann ein LR(1)-Element in I ein Lookahead in $Sprung(I, X)$ spontan generiert und wann sich Lookaheads ausbreiten, ist im nächsten Algorithmus enthalten.

Algorithmus 4.12
Bestimmung der Lookaheads.

Eingabe: Der Kern K einer Menge von LR(0)-Elementen I und ein Grammatiksymbol X.

Ausgabe: Die Lookaheads, die von Elementen in I für Kernelemente in $Sprung(I, X)$ spontan generiert werden und die Elemente in I, von denen sich Lookaheads auf Kernelemente in $Sprung(I, X)$ ausbreiten.

Methode: Der Algorithmus ist in Abb. 4.43 wiedergegeben. Er benutzt ein Dummy-Lookahead-Symbol #, um Situationen zu entdecken, in denen sich Lookaheads verbreiten. □

for jedes Element $B \to \gamma \cdot \delta$ in K **do begin**
    $J' := H\ddot{u}lle(\{[B \to \gamma \cdot \delta, \#]\})$;
    if $[A \to \alpha \cdot X\beta, a]$ ist in J', wobei a nicht # ist **then**
        Lookahead a wird spontan aus dem Element $A \to \alpha X \cdot \beta$
            in $Sprung(I, X)$ generiert;
    if $[A \to \alpha \cdot X\beta, \#]$ ist in J' **then**
        Lookaheads breiten sich von $B \to \gamma \cdot \delta$ in I nach
            $A \to \alpha X \cdot \beta$ in $Sprung(I, X)$ aus
end

Abb. 4.43 Entdeckung sich ausbreitender und spontaner Lookaheads.

Lassen Sie uns nun die Vorgehensweise betrachten, um die Lookaheads zu finden, die mit den Elementen in den Kernen der Mengen von LR(0)-Elementen assoziiert werden. Zuerst einmal wissen wir, daß $ ein Lookahead für $S' \to \cdot S$ in der Startmenge von LR(0)-Elementen ist. Der Algorithmus 4.12 liefert uns alle spontan generierten Lookaheads. Nachdem alle diese Lookaheads aufgelistet sind, müssen wir diesen erlauben, sich solange auszubreiten, bis keine weitere Ausbreitung mehr möglich ist. Es gibt viele verschiedene Methoden, die alle in irgendeiner Weise die „neuen" Lookaheads beobachten, die sich zu einem Element hin, aber noch nicht nach außen ausgebreitet haben. Der nächste Algorithmus beschreibt eine Technik, um die Lookaheads auf alle Elemente auszubreiten.

Algorithmus 4.13
Eine effiziente Berechnung der Kerne der LALR(1)-Sammlung von Mengen von Elementen.

Eingabe: Eine erweiterte Grammatik G'.

Ausgabe: Die LALR(1)-Sammlung von Mengen von Elementen für G'.

Methode: 1. Benutze die oben beschriebene Methode, um die Kerne der Mengen von LR(0)-Elementen für G zu konstruieren.

2. Wende den Algorithmus 4.12 auf den Kern jeder Menge von LR(0)-Elementen und das Grammatiksymbol X an. Damit wird bestimmt, welche Lookaheads für Kernelemente in $Sprung(I, X)$ spontan generiert werden und von welchen Elementen in I Lookaheads auf Kernelemente in $Sprung(I, X)$ weitergegeben werden.

3. Initialisiere eine Tabelle, die für jedes Kernelement in jeder Menge von Elementen die assoziierten Lookaheads wiedergibt. Anfangs wird jedes Element durch die Tabelle nur mit solchen Lookaheads assoziiert, die wir in (2) als spontan generiert bestimmen.

4. Führe wiederholt Durchläufe über die Kernelemente in allen Mengen aus. Wenn wir ein Element i besuchen, dann schauen wir uns das Kernelement an, an welches i seine Lookaheads weitergibt, unter Benutzung der in (2) in der Tabelle aufgelisteten Information. Die aktuelle Menge von Lookaheads für i wird zu solchen hinzugefügt, die bereits mit jedem der Elemente assoziiert sind, an die i seine Lookaheads weitergibt. Wir fahren mit den Durchläufen über die Kernelemente fort, bis sich keine neuen Lookaheads mehr ausbreiten. □

Beispiel 4.47

Lassen Sie uns die Kerne der LALR(1)-Elemente für die Grammatik im vorherigen Beispiel konstruieren. Die Kerne der LR(0)-Elemente wurden in Abb. 4.42 gezeigt. Wenn wir den Algorithmus 4.12 auf den Kern der Menge von Elementen I_0 anwenden, dann berechnen wir $Hülle(\{[S' \rightarrow \cdot S, \#]\})$:

$$S' \rightarrow \cdot S, \#$$
$$S \rightarrow \cdot L = R, \#$$
$$S \rightarrow \cdot R, \#$$
$$L \rightarrow \cdot *R, \#/=$$
$$L \rightarrow \cdot \text{id}, \#/=$$
$$R \rightarrow \cdot L, \#$$

Zwei Elemente in dieser Hülle haben spontan generierte Lookaheads zur Folge. Das Element $[L \rightarrow \cdot *R, =]$ bewirkt, daß das Lookahead $=$ für das Kernelement $L \rightarrow *\cdot R$ in I_4 spontan generiert wird, und das Element $[L \rightarrow \cdot \text{id}, =]$ bewirkt, daß $=$ für das Kernelement $L \rightarrow \text{id}\cdot$ in I_5 spontan generiert wird.

Das Prinzip der Weitergabe von im Schritt (2) vom Algorithmus 4.13 bestimmten Lookaheads unter den Kernelementen ist in Abb. 4.44 zusammengefaßt. Zum Beispiel sind die Sprünge von I_0 bei den Symbolen S, L, R, $*$ und **id** jeweils I_1, I_2, I_3, I_4 und I_5. Für I_0 berechnen wir nur die Hülle des einzigen Kernelementes $[S' \to \cdot S, \#]$. Somit gibt $S' \to \cdot S$ seine Lookaheads an jedes Kernelement in I_1 bis I_5 weiter.

In Abb. 4.45 zeigen wir die Schritte (3) und (4) von Algorithmus 4.13. Die Spalte, die mit INIT bezeichnet ist, zeigt die spontan generierten Lookaheads für jedes Kernelement. Beim ersten Durchlauf wird das Lookahead S von $S' \to S$ in I_0 aus an die sechs Elemente weitergegeben, die in Abb. 4.44 aufgelistet sind. Das Lookahead = wird von $L \to *R$ in I_4 aus an die Elemente $L \to *R\cdot$ in I_7 und $R \to L\cdot$ in I_8 weitergegeben. Es wird auch an sich selbst weitergegeben und an $L \to \text{id}\cdot$ in I_5, aber diese Lookaheads sind bereits vorhanden. Im zweiten und dritten Durchlauf ist \$ das einzige neu weitergegebene Lookahead, beim zweiten Durchlauf entdeckt für die Nachfolger von I_2 und I_4 und beim dritten Durchlauf für den Nachfolger von I_6. Im vierten Durchlauf werden keine neuen Lookaheads verbreitet, also ist die Endmenge der Lookaheads in der am weitesten rechts stehenden Spalte in Abb. 4.45 gezeigt.

VON	NACH
I_0: $S' \to \cdot S$	I_1: $S' \to S\cdot$ I_2: $S \to L\cdot=R$ I_2: $R \to L\cdot$ I_3: $S \to R\cdot$ I_4: $L \to *\cdot R$ I_5: $L \to \text{id}\cdot$
I_2: $S \to L\cdot=R$	I_6: $S \to L=\cdot R$
I_4: $L \to *\cdot R$	I_4: $L \to *\cdot R$ I_5: $L \to \text{id}\cdot$ I_7: $L \to *R\cdot$ I_8: $R \to L\cdot$
I_6: $S \to L=\cdot R$	I_4: $L \to *\cdot R$ I_5: $L \to *\cdot R$ I_8: $R \to L\cdot$ I_9: $S \to L=R\cdot$

Abb. 4.44   Die Weitergabe der Lookaheads.

SET ITEM	LOOKAHEADS			
	INIT	PASS 1	PASS 2	PASS 3
I_0: $S' \to \cdot S$	\$	\$	\$	\$
I_1: $S' \to S\cdot$		\$	\$	\$
I_2: $S \to L\cdot=R$		\$	\$	\$
I_2: $R \to L\cdot$		\$	\$	\$
I_3: $S \to R\cdot$		\$	\$	\$
I_4: $L \to *\cdot R$	=	=/\$	=/\$	=/\$
I_5: $L \to \mathbf{id}\cdot$	=	=/\$	=/\$	=/\$
I_6: $S \to L=\cdot R$			\$	\$
I_7: $L \to *R\cdot$		=	=/\$	=/\$
I_8: $R \to L\cdot$		=	=/\$	=/\$
I_9: $S \to L=R\cdot$				\$

Abb. 4.45   Die Berechnung der Lookaheads.

Beachten Sie, daß der schiebe/reduziere-Konflikt, der in Beispiel 4.39 unter Benutzung der SLR-Methode gefunden wurde, mit der LALR-Technik verschwunden ist. Der Grund dafür ist, daß nur das Lookahead \$ mit $R \to L\cdot$ in I_2 assoziiert ist, also entsteht kein Konflikt mit der Syntaxanalyseaktion schieben bei =, die durch das Element $S \to L\cdot =R$ in I_2 generiert wurde.   □

Die Verdichtung von LR-Syntaxanalysetabellen

Eine typische Programmiersprachengrammatik mit 50 bis 100 Terminalen und 100 Produktionen kann eine LALR-Syntaxanalysetabelle mit einigen hundert Zuständen haben. Die Aktionsfunktion kann leicht 20.000 Einträge haben, und jeder Eintrag erfordert zumindest 8 Bit zum Kodieren. Es ist klar, daß eine effizientere Kodierung als ein zweidimensionales Feld wichtig sein kann. Wir werden kurz einige Techniken erwähnen, die benutzt wurden, um die Aktions- und Sprungfelder einer LR-Syntaxanalysetabelle zu verdichten.

Eine nützliche Technik zum Verdichten des Aktionsfeldes ist, zu erkennen, daß gewöhnlich viele Zeilen der Aktionstabelle identisch sind. Zum Beispiel haben in Abb. 4.40 die Zustände 0 und 3 identische Aktionseinträge, ebenfalls die Zustände 2 und 6. Wir können deshalb – bei geringen Kosten an Zeit – beträchtlich an Platz sparen, wenn wir für jeden Zustand einen Zeiger auf ein eindimensionales Feld kreieren.

Zeiger für Zustände mit den gleichen Aktionen zeigen auf den gleichen Platz. Um von diesem Feld Informationen zu erhalten, weisen wir jedem Terminal eine Zahl von null bis zur Anzahl der Terminale minus eins zu und benutzen diese Integer-Zahl als einen Offset vom Zeigerwert für jeden Zustand. In einem gegebenen Zustand wird die Syntaxanalyseaktion für das i-te Terminal i Plätze nach dem Zeigerwert für diesen Zustand gefunden.

Weitere Platzeffizienz kann durch das Kreieren einer Liste für die Aktionen eines jeden Zustandes erreicht werden, vorausgesetzt man nimmt einen etwas langsameren Parser in Kauf (dies wird generell als ein begründbarer Handel betrachtet, weil ein LR-ähnlicher Parser nur einen kleinen Teil der gesamten Übersetzungszeit verbraucht). Die Liste besteht aus Paaren (Terminalsymbol, Aktion). Die am häufigsten benötigte Aktion für einen Zustand kann am Ende der Liste plaziert werden; anstelle eines Terminals können wir die Notation „any" benutzen. Dies bedeutet: wenn das aktuelle Eingabesymbol bis dahin nicht in der Liste gefunden wurde, führen wir (unabhängig von der Eingabe) diese Aktion aus. Außerdem können die Fehlereinträge ohne Schaden durch Reduzieraktionen ersetzt werden, um die Uniformität einer Zeile zu erhöhen. Die Fehler werden dadurch später entdeckt werden, aber vor einem Schiebeschritt.

Beispiel 4.48
Betrachten Sie die Syntaxanalysetabelle in Abb. 4.31. Beachten Sie zuerst, daß die Aktionen für die Zustände 0, 4, 6 und 7 übereinstimmen. Wir können diese alle durch folgende Liste darstellen:

SYMBOL	ACTION
id	s5
(	s4
any	error

Der Zustand 1 hat eine ähnliche Liste:

+	s6
$	acc
any	error

Im Zustand 2 können wir die Fehlereinträge durch r2 ersetzen, also wird eine Reduktion mit Produktion 2 bei jeder Eingabe außer * stattfinden. Deshalb sieht die Liste für Zustand 2 so aus:

```
        *                           s7
       any                          r2
```

Zustand 3 hat nur Fehler- und r4-Einträge. Wir können die ersteren durch die letzteren ersetzen, also besteht die Liste für Zustand 3 nur aus dem Paar (any, r4). Die Zustände 5, 10 und 11 können gleichermaßen behandelt werden. Die Liste für Zustand 8 ist:

```
        +                           s6
        )                           s11
       any                         error
```

und für Zustand 9:

```
        *                           s7
       any                          r1                        □
```

Wir können auch die *Sprung*tabelle durch eine Liste kodieren, aber hier erscheint es effizienter, eine Liste von Paaren für jedes Nichtterminal A zu erstellen. Jedes Paar der Liste für A ist von der Form (*aktueller_Zustand*, *nächster_Zustand*) und bedeutet

$$Sprung[aktueller\_Zustand, A] = nächster\_Zustand.$$

Diese Technik ist nützlich, weil *Sprung*tabellen oftmals nur wenige Zustände in irgendeiner Spalte haben. Der Grund dafür ist, daß der Sprung beim Nichtterminal A nur ein Zustand sein kann, der von einer Menge von Elementen ableitbar ist, in der einige Elemente A unmittelbar links neben einem Punkt haben. Keine Menge hat Elemente mit X und Y direkt links neben einem Punkt, wenn $X \neq Y$. Deshalb erscheint jeder Zustand in höchstens einer *Sprung*spalte.

Für mehr Platzersparnis beachten wir, daß bei den Fehlereinträgen in der Sprungtabelle niemals nachgeschaut wird. Deshalb können wir jeden Fehlereintrag durch den allgemeinsten Nicht-Fehlereintrag in seiner Spalte ersetzen. Dieser Eintrag wird der Defaulteintrag; er wird in der Liste für jede Spalte dargestellt durch ein Paar mit „any" anstelle von *aktueller_Zustand*.

Beispiel 4.49
Betrachten Sie wieder Abb. 4.31. Die Spalte für F hat für den Zustand 7 den Eintrag 10, alle anderen Einträge sind entweder 3 oder Fehler. Wir können Fehler durch 3 ersetzen und für die Spalte F die folgende Liste erstellen:

```
   current_state                  next_state
        7                             10
       any                             3
```

Ähnlich ist die passende Liste für Spalte T:

6	9
any	2

Für Spalte E können wir entweder 1 oder 8 als Defaulteintrag wählen; zwei Einträge sind in jedem Fall notwendig. Zum Beispiel könnten wir für Spalte E folgende Liste erzeugen:

4	8	
any	1	□

Wenn der Leser die Zahl der Einträge in den Listen zusammenzählt, die in diesem Beispiel und den vorhergehenden erstellt wurden, und dann die Zeiger von Zuständen auf Aktionslisten und von Nichtterminalen auf Listen mit Folgezuständen hinzuaddiert, so wird er nicht beeindruckt sein durch den Platz, den er gegenüber der Matriximplementation von Abb. 4.31 spart. Jedoch sollten wir durch dieses kleine Beispiel nicht enttäuscht sein. Für praktische Grammatiken ist der Platz, der zur Listenrepräsentation benötigt wird, typischerweise weniger als zehn Prozent des Platzbedarfs, der für eine Matrixrepräsentation benötigt wird.

Wir sollten auch darauf hinweisen, daß die Methoden zur Tabellenkomprimierung für endliche Automaten, die in Abschnitt 3.9 diskutiert wurden, auch benutzt werden können, um LR-Syntaxanalysetabellen darzustellen. Die Anwendung dieser Methoden wird in den Übungen behandelt.

4.8 Der Gebrauch mehrdeutiger Grammatiken

Es ist ein Theorem, daß kein mehrdeutige Grammatik LR sein kann. Dies ist bei allen im vorigen Abschnitt diskutierten Klassen von Grammatiken der Fall. Aber gewisse Typen mehrdeutiger Grammatiken sind bei der Spezifikation und Implementierung von Sprachen hilfreich, wie wir in diesem Abschnitt noch sehen werden. Für Sprachkonstrukte wie Ausdrücke bietet eine mehrdeutige Grammatik eine kürzere und natürlichere Spezifikation als jede äquivalente eindeutige Grammatik. Weiterhin ist der Gebrauch mehrdeutiger Grammatiken bei der Isolierung gemeinsam auftauchender Syntaxkonstrukte zur Optimierung von Spezialfällen nützlich. Mit einer mehrdeutigen Grammatik können wir durch umsichtiges Hinzufügen neuer Produktionen zur Grammatik die Konstrukte der Spezialfälle spezifizieren.

Wir sollten betonen, daß wir, obwohl die benutzten Grammatiken, mehrdeutig sind, in allen Fällen eindeutige Regeln spezifizieren, die nur einen Syntaxanalysebaum für jeden Satz erlauben. So bleibt die gesamte Sprachspezifikation noch eindeutig. Wir betonen auch, daß mehrdeutige Konstrukte sparsam und in einer streng kontrollierten Weise benutzt werden sollten;

andernfalls kann es keine Garantie dafür geben, welche Sprache durch einen Parser erkannt wird.

Auflösung von Aktionskonflikten bei der Syntaxanalyse durch Priorität und Assoziativität

Betrachten wir einmal Ausdrücke in Programmiersprachen. Die folgende Grammatik für arithmetische Ausdrücke mit den Operatoren + und *

$$E \rightarrow E + E \mid E * E \mid (E) \mid \text{id} \qquad\qquad (4.22)$$

ist mehrdeutig, weil sie die Assoziativität oder Priorität der Operatoren + und * nicht spezifiziert. Die eindeutige Grammatik

$$\begin{aligned} E &\rightarrow E + T \mid T \\ T &\rightarrow T * F \mid F \\ F &\rightarrow (E) \mid \text{id} \end{aligned} \qquad\qquad (4.23)$$

generiert die gleiche Sprache, gibt aber + eine niedrigere Priorität als * und macht beide Operatoren links-assoziativ. Es gibt zwei Gründe, warum wir die Grammatik (4.22) an Stelle von (4.23) benutzen wollen. Erstens können wir, wie wir noch sehen werden, die Assoziativitäts- und Prioritätsstufen der Operatoren + und * leicht verändern, ohne die Produktionen von (4.22) oder die Zahl der Zustände im resultierenden Parser zu zerstören. Zweitens wird der Parser für (4.23) einen substantiellen Teil seiner Zeit verbrauchen, wenn er mit den Produktionen $E \rightarrow T$ und $T \rightarrow F$ reduziert. Deren einzige Funktion ist es, Assoziativität und Priorität zu erzeugen. Der Parser für (4.22) wird keine Zeit mit der Reduktion dieser *Ketten*produktionen, wie diese auch genannt werden, verschwenden.

Die Mengen von LR(0)-Elementen für (4.22), die durch $E' \rightarrow E$ erweitert ist, sind in Abb. 4.46 gezeigt. Weil Grammatik (4.22) mehrdeutig ist, werden dann Konflikte bei Syntaxanalyseaktionen generiert, wenn wir versuchen, aus den Mengen von Elementen eine LR-Syntaxanalysetabelle zu erzeugen. Die Zustände, die den Mengen von Elementen I_7 und I_8 entsprechen, generieren diese Konflikte. Nehmen Sie an, wir benutzen die SLR-Methode zur Konstruktion der Syntaxanalyseaktionstabelle. Der durch I_7 generierte Konflikt zwischen der Reduktion mit $E \rightarrow E+E$ und dem Schieben von + und * kann nicht aufgelöst werden, weil + und * beide in FOLLOW(E) sind. Deshalb werden beide Aktionen bei den Eingaben + und * aufgerufen. Ein ähnlicher Konflikt wird durch I_8 zwischen der Reduktion mit $E \rightarrow E*E$ und dem Schieben bei den Eingaben + und * generiert. Tatsächlich wird jede unserer Konstruktionsmethoden für LR-Syntaxanalysetabellen diese Konflikte generieren.

I_0: $E' \to \cdot E$
        $E \to \cdot E + E$
        $E \to \cdot E * E$
        $E \to \cdot (E)$
        $E \to \cdot \mathbf{id}$

I_5: $E \to E * \cdot E$
        $E \to \cdot E + E$
        $E \to \cdot E * E$
        $F \to \cdot (E)$
        $E \to \cdot \mathbf{id}$

I_1: $E' \to E\cdot$
        $E \to E\cdot + E$
        $E \to E\cdot * E$

I_6: $E \to (E\cdot)$
        $E \to E\cdot + E$
        $E \to E\cdot * E$

I_2: $E \to (\cdot E)$
        $E \to \cdot E + E$
        $E \to \cdot E * E$
        $E \to \cdot (E)$
        $E \to \cdot \mathbf{id}$

I_7: $E \to E + E\cdot$
        $E \to E\cdot + E$
        $E \to E\cdot * E$

I_3: $E \to \mathbf{id}\cdot$

I_8: $E \to E * E\cdot$
        $E \to E\cdot + E$
        $E \to E\cdot * E$

I_4: $E \to E + \cdot E$
        $E \to \cdot E + E$
        $E \to \cdot E * E$
        $E \to \cdot (E)$
        $E \to \cdot \mathbf{id}$

I_9: $E \to (E)\cdot$

Abb. 4.46   Mengen von LR(0)-Elementen für
die erweiterte Grammatik (4.22).

Jedoch können diese Probleme unter Verwendung der Prioritäts- und Assoziativitätsinformation für + und * aufgelöst werden. Betrachten Sie die Eingabe id + id * id, die bewirkt, daß ein auf Abb. 4.46 basierender Parser nach der Verarbeitung von id + id den Zustand 7 erreicht; genau genommen erreicht der Parser eine Konfiguration

STACK	INPUT
$0\, E\, 1 + 4\, E\, 7$	* id $

Unter der Annahme, daß * eine höhere Priorität besitzt als +, wissen wir, daß der Parser * auf den Stack schieben sollte, um anschließend das * und seine umschließenden id's auf einen Ausdruck zu reduzieren. Das ist das, was der SLR-Parser von Abb. 4.31 für die gleiche Sprache tun wird, und es ist das, was ein Operator-Precedence-Parser tun wird. Wenn andererseits + eine höhere Priorität besitzt als *, wissen wir, daß der Parser $E + E$ auf E reduzieren sollte. Deshalb bestimmt die relative Priorität von + eindeutig, wie der Syntaxanalyseaktionskonflikt zwischen dem Reduzieren mit $E \to E + E$ und dem Schieben von * im Zustand 7 aufgelöst werden soll.

Wenn stattdessen die Eingabe id + id + id enthält, wird der Parser dennoch eine Konfiguration erreichen, in welcher im Stack nach der Verarbeitung der Eingabe id + id $0E1+4E7$ steht. Bei der Eingabe + gibt es wieder einen schiebe/reduziere-Konflikt im Zustand 7. Nun jedoch bestimmt die Assoziativität des +-Operators, wie dieser Konflikt aufgelöst werden sollte. Wenn + links-assoziativ ist, dann sollte mit $E \rightarrow E+E$ reduziert werden. Das bedeutet, daß die das erste + umgebenden id's zuerst gruppiert werden müssen. Diese Wahl stimmt wieder mit dem überein, was der SLR- oder Operator-Precedence-Parser für die Grammatik aus Beispiel 4.34 tun würde.

Zusammengefaßt: unter der Annahme, daß + links-assoziativ ist, sollte die Aktion von Zustand 7 bei Eingabe + reduzieren mit $E \rightarrow E+E$ sein, und unter der Annahme, daß * eine höhere Priorität als + besitzt, sollte die Aktion von Zustand 7 bei Eingabe * schieben sein. Ähnlich ist es unter der Annahme, daß * links-assoziativ ist und eine höhere Priorität als + besitzt. Dann können wir argumentieren, daß Zustand 8, der nur an der Spitze des Stack auftauchen kann, wenn $E+E$ die obersten drei Grammatiksymbole sind, die Aktion reduzieren mit $E \rightarrow E*E$ bei den beiden Eingaben + und * haben sollte. Im Falle der Eingabe von + lautet die Begründung, daß * eine höhere Priorität als + besitzt, dagegen ist im Falle von * als Eingabe die vernünftige Erklärung, daß * links-assoziativ ist.

Zustand	Aktion						Sprung
	id	+	*	(	)	$	E
0	s3			s2			1
1		s4	s5			acc	
2	s3			s2			6
3		r4	r4		r4	r4	
4	s3			s2			8
5	s3			s2			8
6		s4	s5		s9		
7		r1	s5		r1	r1	
8		r2	r2		r2	r2	
9		r3	r3		r3	r3	

Abb. 4.47   Syntaxanalysetabelle für Grammatik (4.22).

Wenn wir in dieser Weise fortfahren, erhalten wir die LR-Syntaxanalysetabelle von Abb. 4.47. Die Produktionen 1–4 sind $E \rightarrow E+E$, $E \rightarrow E*E$, $E \rightarrow (E)$ und $E \rightarrow$ id. Es ist interessant, daß eine ähnliche Syntaxanalyseaktionstabelle produziert wird, indem die Reduktionen mit den Kettenproduktionen $E \rightarrow T$ und $T \rightarrow F$ aus der SLR-Tabelle für Grammatik (4.23), die in Abb. 4.31 gezeigt ist, eliminiert werden. Mehrdeutige Grammatiken wie z.B. (4.22) können in einer ähnlichen Weise im Zusammenhang von LALR- und kanonischer LR-Syntaxanalyse behandelt werden.

Die Mehrdeutigkeit beim "optionalen else"

Betrachten Sie wieder die folgende Grammatik für bedingte Anweisungen:

$$stmt \rightarrow \quad \textbf{if } expr \textbf{ then } stmt \textbf{ else } stmt$$
$$| \quad \textbf{if } expr \textbf{ then } stmt$$
$$| \quad \textbf{other}$$

Wie wir in Abschnitt 4.3 bemerkten, ist diese Grammatik mehrdeutig, weil sie die Mehrdeutigkeit des optionalen else nicht auflöst. Um die Diskussion zu vereinfachen, lassen Sie uns eine Abstraktion der obigen Grammatik betrachten, in der i für **if** $expr$ **then**, e für **else** und a für „alle anderen Produktionen" steht. Wir können dann die mit der Produktion $S' \rightarrow S$ erweiterte Grammatik als:

$$S' \rightarrow S$$
$$S \rightarrow iSeS \mid iS \mid a \tag{4.24}$$

schreiben. Die Mengen von LR(0)-Elementen für die Grammatik (4.24) sind in Abb. 4.48 gezeigt. Die Mehrdeutigkeit in (4.24) stellt den Ursprung für einen schiebe/reduziere-Konflikt in I_4 dar. Dort fordert $S \rightarrow iS \cdot eS$ ein Schieben von e, und das Element $S \rightarrow iS \cdot$ ruft eine Reduktion mit $S \rightarrow iS$ bei der Eingabe e auf, da FOLLOW(S) = {e, \$} ist.

Wenn (zurückübersetzt in die **if** $\cdots$ **then** $\cdots$ **else**-Terminologie)

if $expr$ **then** $stmt$

auf dem Stack liegt und **else** als erstes Eingabesymbol gegeben ist, sollen wir dann **else** auf den Stack schieben (d.h. schiebe e) oder sollen wir **if** $expr$ **then** $stmt$ auf $stmt$ reduzieren (d.h. reduziere mit $S \rightarrow iS$)? Die Antwort ist, daß wir **else** schieben sollten, weil es mit dem vorhergehenden **then** „assoziiert" ist. In der Terminologie von Grammatik (4.24) kann das e in der Eingabe, das für **else** steht, nur solche Teile auf der rechten Seite bilden, die mit dem iS an der Spitze des Stack beginnen. Wenn das, was e in der Eingabe folgt, nicht als ein S analysiert werden kann, um die rechte Seite auf $iSeS$ zu vervollständigen, dann kann gezeigt werden, daß keine andere Syntaxanalyse möglich ist.

Wir ziehen daraus den Schluß, daß der schiebe/reduziere-Konflikt in I_4 durch den Vorzug von Schieben bei der Eingabe e aufgelöst werden sollte. Die SLR-Syntaxanalysetabelle, die von den Mengen von Elementen in Abb. 4.48 unter Verwendung dieser Auflösung des Syntaxanalyseaktionskonflikts

in I_4 bei Eingabe e konstruiert ist, ist in Abb. 4.49 gezeigt. Die Produktionen
1 bis 3 sind $S \to iSeS$, $S \to iS$ und $S \to a$.

I_0: $S' \to \cdot S$
       $S \to \cdot iSeS$
       $S \to \cdot iS$
       $S \to \cdot a$

I_1: $S' \to S \cdot$

I_2: $S \to i \cdot SeS$
       $S \to i \cdot S$
       $S \to \cdot iSeS$
       $S \to \cdot iS$
       $S \to \cdot a$

I_3: $S \to a \cdot$

I_4: $S \to iS \cdot eS$
       $S \to iS \cdot$

I_5: $S \to iSe \cdot S$
       $S \to \cdot iSeS$
       $S \to \cdot iS$
       $S \to \cdot a$

I_6: $S \to iSeS \cdot$

Abb. 4.48   LR(0)-Zustände für die erweiterte Grammatik (4.24).

Zustand	Aktion				Sprung
	i	e	a	\$	S
0	s2		s3		1
1				acc	
2	s2		s3		4
3		r3		r3	
4		s5		r2	
5	s2		s3		6
6		r1		r1	

Abb. 4.49   LR-Syntaxanalysetabelle für die abstrakte
Grammatik mit „optionalem else".

Zum Beispiel macht der Parser bei der Eingabe *iiaea* die in Abb. 4.50 gezeigten Schritte, die mit der korrekten Auflösung des „optionalen else" übereinstimmen. In Zeile (5) wählt der Zustand 4 die Schiebeaktion bei der Eingabe
e, während in Zeile (9) der Zustand 4 eine Reduktion mit $S \to iS$ bei der Eingabe \$ durchführt.

Zum Vergleich: wenn es uns nicht möglich ist, eine mehrdeutige Grammatik zu benutzen, um bedingte Anweisungen zu spezifizieren, dann müssen
wir eine umfangreichere Grammatik in den Zeilen von (4.9) benutzen.

Mehrdeutigkeiten von Produktionen für Spezialfälle

Unser letztes Beispiel weist auch auf die Nützlichkeit mehrdeutiger Grammatiken hin. Es entsteht, wenn wir eine zusätzliche Produktion einführen, um einen Spezialfall eines Syntaxkonstrukts zu spezifizieren, das in einer allgemeineren Weise durch den Rest der Grammatik generiert wurde. Wenn wir die Zusatzproduktion hinzufügen, generieren wir einen Syntaxanalyseaktionskonflikt. Wir können diesen Konflikt oft durch eine eindeutige Regel befriedigend lösen, die besagt, daß man mit der Produktion für den Spezialfall reduzieren soll.

	Stack	Eingabe
(1)	0	$iiaea\$$
(2)	$0i2$	$iaea\$$
(3)	$0i2i2$	$aea\$$
(4)	$0i2i2a3$	$ea\$$
(5)	$0i2i2S4$	$ea\$$
(6)	$0i2i2S4e5$	$a\$$
(7)	$0i2i2S4e5a3$	$\$$
(8)	$0i2i2S4e5S6$	$\$$
(9)	$0i2S4$	$\$$
(10)	$0S1$	$\$$

Abb. 4.50 Syntaxanalyseaktionen, die bei der Eingabe _iiaea_ gemacht werden.

Die semantische Aktion, die mit der zusätzlichen Produktion assoziiert ist, erlaubt dann, den Spezialfall durch einen spezielleren Mechanismus zu behandeln.

Ein interessanter Gebrauch von Produktionen für Spezialfälle wurde von Kernighan und Cherry [1975] in ihrem Schriftsetzer-Preprozessor für mathematische Formeln (equation type setting preprocessor) EQN gemacht. Im EQN ist die Syntax eines mathematischen Ausdrucks durch eine Grammatik beschrieben, die einen Operator **sub** für tiefgestellte und einen Operator **sup** für hochgestellte Indizes benutzt, so wie es in dem Grammatikfragment (4.25) dargestellt ist. Geschweifte Klammern werden vom Preprozessor benutzt, um zusammengesetzte Ausdrücke zu klammern, und c wird als Zeichen benutzt, um irgendeinen Textstring zu repräsentieren.

$$
\begin{aligned}
(1)\quad & E \rightarrow E \text{ sub } E \text{ sup } E \\
(2)\quad & E \rightarrow E \text{ sub } E \\
(3)\quad & E \rightarrow E \text{ sup } E \\
(4)\quad & E \rightarrow \{ \, E \, \} \\
(5)\quad & E \rightarrow c
\end{aligned}
\qquad (4.25)
$$

I_0: $E' \rightarrow \cdot E$
$E \rightarrow \cdot E \text{ sub } E \text{ sup } E$
$E \rightarrow \cdot E \text{ sub } E$
$E \rightarrow \cdot E \text{ sup } E$
$E \rightarrow \cdot \{E\}$
$E \rightarrow \cdot c$

I_1: $E' \rightarrow E \cdot$
$E \rightarrow E \cdot \text{sub } E \text{ sup } E$
$E \rightarrow E \cdot \text{sub } E$
$E \rightarrow E \cdot \text{sup } E$

I_2: $E \rightarrow \{ \cdot E \}$
$E \rightarrow \cdot E \text{ sub } E \text{ sup } E$
$E \rightarrow \cdot E \text{ sub } E$
$E \rightarrow \cdot E \text{ sup } E$
$E \rightarrow \cdot \{E\}$
$E \rightarrow \cdot c$

I_3: $E \rightarrow c \cdot$

I_4: $E \rightarrow E \text{ sub} \cdot E \text{ sup } E$
$E \rightarrow E \text{ sub} \cdot E$
$E \rightarrow \cdot E \text{ sub } E \text{ sup } E$
$E \rightarrow \cdot E \text{ sub } E$
$E \rightarrow \cdot E \text{ sup } E$
$E \rightarrow \cdot \{E \}$
$E \rightarrow \cdot c$

I_5: $E \rightarrow E \text{ sup } \cdot E$
$E \rightarrow \cdot E \text{ sub } E \text{ sup } E$
$E \rightarrow \cdot E \text{ sub } E$
$E \rightarrow \cdot E \text{ sup } E$
$E \rightarrow \cdot \{E\}$
$E \rightarrow \cdot c$

I_6: $E \rightarrow E \cdot \text{ sub } E \text{ sup } E$
$E \rightarrow E \cdot \text{ sub } E$
$E \rightarrow E \cdot \text{ sup } E$
$E \rightarrow \{E \cdot\}$

I_7: $E \rightarrow E \cdot \text{ sub } E \text{ sup } E$
$E \rightarrow E \text{ sub } E \cdot \text{ sup } E$
$E \rightarrow E \cdot \text{ sub } E$
$E \rightarrow E \text{ sub } E \cdot$
$E \rightarrow E \cdot \text{ sup } E$

I_8: $E \rightarrow E \cdot \text{ sub } E \text{ sup } E$
$E \rightarrow E \cdot \text{ sub } E$
$E \rightarrow E \cdot \text{ sup } E$
$E \rightarrow E \text{ sup } E \cdot$

I_9: $E \rightarrow \{E\} \cdot$

I_{10}: $E \rightarrow E \text{ sub } E \text{ sup } \cdot E$
$E \rightarrow E \text{ sup } \cdot E$
$E \rightarrow \cdot E \text{ sub } E \text{ sup } E$
$E \rightarrow \cdot E \text{ sub } E$
$E \rightarrow \cdot E \text{ sup } E$
$E \rightarrow \cdot \{E\}$
$E \rightarrow \cdot c$

I_{11}: $E \rightarrow E \cdot \text{ sub } E \text{ sup } E$
$E \rightarrow E \text{ sub } E \text{ sup } E \cdot$
$E \rightarrow E \cdot \text{ sub } E$
$E \rightarrow E \cdot \text{ sup } E$
$E \rightarrow E \text{ sup } E \cdot$

Abb. 4.51   LR(0)-Mengen von Elementen für Grammatik (4.25).

Die Grammatik (4.25) ist aus verschiedenen Gründen mehrdeutig. Die Grammatik spezifiziert zum einen nicht die Assoziativität und Priorität der Operatoren **sub** und **sup**. Aber selbst wenn wir die Mehrdeutigkeit auflösen, die von der Assoziativität und Priorität von **sub** und **sup** herrührt, etwa indem wir die zwei Operatoren auf die gleiche Priorität stellen und rechts-assoziativ machen, wird die Grammatik immer noch mehrdeutig sein. Das ist so, weil die Produktion (1) einen Spezialfall für Ausdrücke isoliert, die durch die Produktionen (2) und (3) generiert werden, nämlich Ausdrücke der Form E **sub** E **sup** E. Der spezielle Grund für die Betrachtung von Ausdrücken dieser Form ist, daß es viele Schriftsetzer bevorzugen würden, einen Ausdruck wie a **sub** i **sup** 2 als a_i^2 denn als in der Form $a_i{}^2$ erscheinen zu lassen. Nur durch Hinzufügen einer Spezialfallproduktion war es Kernighan und Cherry möglich, einen EQN zu erhalten, der die Ausgabe dieses Spezialfalles produziert.

Um zu sehen, wie diese Art der Mehrdeutigkeit behandelt werden kann, wollen wir einen SLR-Parser für Grammatik (4.25) konstruieren. Die Mengen von LR(0)-Elementen für diese Grammatik sind in Abb. 4.51 gezeigt. In dieser Sammlung bringen drei Mengen von Elementen Syntaxanalyseaktionskonflikte hervor. I_7, I_8 und I_{11} generieren bei den Zeichen **sub** und **sup** schiebe/reduziere-Konflikte, weil die Assoziativität und die Priorität dieser Operatoren nicht spezifiziert wurden. Wir lösen diese Aktionskonflikte auf, indem wir **sub** und **sup** auf die gleiche Priorität setzen und rechts-assoziativ machen. So wird in jedem Fall schieben bevorzugt.

Zustand	Aktion						Sprung
	sub	**sup**	{	}	c	$	E
0			s2			s3	1
1	s4	s5				acc	
2			s2			s3	6
3	r5	r5			r5		r5
4			s2			s3	7
5			s2			s3	8
6	s4	s5			s9		
7	s4	s10			r2		r2
8	s4	s5			r3		r3
9	r4	r4			r4		r4
10			s2			s3	11
11	s4	s5			r1		r1

Abb. 4.52 Syntaxanalysetabelle für Grammatik (4.25).

Zustand I_{11} erzeugt bei den Eingaben } und \$ einen reduziere/reduziere-Konflikt zwischen den beiden Produktionen

$$E \to E \text{ sub } E \text{ sup } E$$
$$E \to E \text{ sup } E$$

Zustand I_{11} wird an der Spitze des Stack stehen, wenn wir eine Eingabe gesehen haben, die zu E sub E sup E auf dem Stack reduziert wurde. Wenn wir den reduziere/reduziere-Konflikt durch das Bevorzugen der Produktion (1) auflösen, dann sollten wir eine Gleichung der Form E sub E sup E als einen Spezialfall betrachten. Unter Verwendung dieser eindeutigen Regeln erhalten wir die SLR-Syntaxanalysetabelle, die in Abb. 4.52 gezeigt ist.

Das Schreiben eindeutiger Grammatiken, die Syntaxkonstrukte für Spezialfälle aufweisen, ist sehr schwierig. Um zu verstehen, wie schwierig dies ist, ist der Leser aufgefordert, eine äquivalente eindeutige Grammatik für (4.25) zu konstruieren, die Ausdrücke der Form E sub E sup E isoliert.

Fehlerbehandlung bei der LR-Syntaxanalyse

Ein LR-Parser entdeckt einen Fehler, wenn er die Syntaxanalyseaktionstabelle aufsucht und einen Fehlereintrag vorfindet. Fehler werden niemals beim Aufsuchen der Sprungtabelle entdeckt. Anders als ein Operator-Precedence-Parser wird ein LR-Parser einen Fehler sofort melden, sobald es keine korrekte Fortsetzung für den Teil der Eingabe gibt, der gerade syntaktisch analysiert wird. Eine kanonische LR-Syntaxanalyse wird keine einzige Reduktion mehr ausführen, bevor sie einen Fehler meldet. Dagegen können die SLR- und LALR-Parser noch verschiedene Reduktionen durchführen, bevor ein Fehler gemeldet wird, aber sie werden niemals ein fehlerhaftes Eingabesymbol auf den Stack schieben.

Bei der LR-Syntaxanalyse können wir wie folgt die panic-mode Fehlerbehandlung implementieren. Wir analysieren den Stack lexikalisch von oben nach unten, bis ein Zustand s mit einem Sprung zu einem einzelnen Nichtterminal A gefunden ist. Null oder mehr Eingabesymbole werden dann weggeworfen, bis ein Symbol a gefunden ist, das korrekterweise A folgen kann. Der Parser legt dann den Zustand $Sprung[s, A]$ auf den Stack und fährt mit der normalen Syntaxanalyse fort. Es können mehr als nur eine Möglichkeit für das Nichtterminal A vorhanden sein. Normalerweise werden dies Nichtterminale sein, die größere Programmstücke repräsentieren, so wie ein Ausdruck, eine Anweisung oder ein Block. Wenn zum Beispiel A ein Nichtterminal *stmt* ist, dann kann a ein Semikolon oder **end** sein.

Diese Methode der Behandlung versucht das Satzfragment zu isolieren, das den Syntaxfehler enthält. Der Parser bestimmt, daß ein von A ableitbarer String einen Fehler enthält. Ein Teil dieses Strings wurde bereits verarbeitet; das Ergebnis dieser Verarbeitung ist eine Sequenz von Zuständen an der Spitze des Stack. Der Rest des Strings ist noch in der Eingabe, und der Par-

ser versucht, den Rest dieses Strings zu überlesen, indem er nach einem
Symbol in der Eingabe schaut, das legitim A folgen kann. Durch die
Wegnahme von Zuständen vom Stack, das Überlesen der Eingabe und das
Pushen von $Sprung[s, A]$ täuscht der Parser vor, daß er eine Instanz von A
gefunden hat, und setzt die normale Syntaxanalyse fort.

Phase-level-Fehlerbehandlung wird implementiert, indem man jeden
Fehlereintrag in der LR-Syntaxanalysetabelle überprüft und sich auf der Basis des Sprachgebrauchs auf den am wahrscheinlichsten Programmierfehler
festlegt, der den Anlaß zu diesem Fehler geben würde. Eine entsprechende
Behandlungsprozedur kann dann konstruiert werden; wahrscheinlich wird die
Spitze des Stacks und/oder das erste Eingabesymbol in einer Weise verändert,
die für jeden Fehlereintrag angemessen erscheint.

Verglichen mit Operator-Precedence-Parsern ist der Entwurf spezieller
Fehlerbehandlungsroutinen für einen LR-Parser relativ leicht. Im Einzelnen
brauchen wir uns keine Gedanken über fehlerhafte Reduktionen zu machen;
jede auszuführende Reduktion ist bei einem LR-Parser sicherlich korrekt.
Also können wir jeden Leereintrag in dem Aktionsfeld mit einem Zeiger auf
eine Fehlerroutine füllen, die eine entsprechende, vom Entwerfer des Compilers ausgewählte Aktion beinhaltet. Die Aktionen können das Einfügen oder
Löschen von Symbolen entweder vom Stack oder von der Eingabe oder von
beiden beinhalten, oder das Ändern und Verschieben von Eingabesymbolen,
genau wie beim Operator-Precedence-Parser. Ebenso wie dieser Parser müssen
auch wir unsere Wahl so treffen, daß der LR-Parser keine Möglichkeit hat,
in eine Endlosschleife zu geraten. Eine Strategie, die zusichert, daß zumindest ein Eingabesymbol gelöscht oder letztendlich geschoben wird oder das
schließlich der Stack zusammenschrumpft, wenn das Ende der Eingabe erreicht ist, ist in dieser Hinsicht zufriedenstellend. Das Poppen eines Stack-
Zustandes, der ein Nichtterminal bedeckt, sollte vermieden werden, weil diese
Veränderung ein Konstrukt vom Stack eliminiert, das gerade erfolgreich syntaktisch analysiert wurde.

Beispiel 4.50
Betrachten Sie abermals die Grammatik für Ausdrücke

$$E \to E + E \mid E * E \mid (E) \mid \text{id}$$

Abbildung 4.53 zeigt die LR-Syntaxanalysetabelle aus Abb. 4.47 für diese
Grammatik, aber modifiziert für die Fehlererkennung und -behandlung. Wir
haben jeden Zustand, der nur eine einzige Reduktion für einige Eingabesymbole vornimmt, geändert, indem wir die Fehlereinträge in diesem Zustand
durch diese Reduktion ersetzten. Diese Änderung hat den Effekt, daß die
Fehlererkennung solange verschoben wird, bis eine oder mehrere Reduktionen
gemacht sind. Aber der Fehler wird noch erkannt, bevor irgendeine Schiebe-
bewegung erfolgt. Die restlichen Leereinträge aus Abb. 4.47 sind durch Aufrufe von Fehlerroutinen ersetzt worden.

Zustand	Aktion						Sprung
	id	+	*	(	)	$	E
0	s3	e1	e1	s2	e2	e1	1
1	e3	s4	s5	e3	e2	acc	
2	s3	e1	e1	s2	e2	e1	6
3	r4	r4	r4	r4	r4	r4	
4	s3	e1	e1	s2	e2	e1	7
5	s3	e1	e1	s2	e2	e1	8
6	e3	s4	s5	e3	s9	e4	
7	r1	r1	s5	r1	r1	r1	
8	r2	r2	r2	r2	r2	r2	
9	r3	r3	r3	r3	r3	r3	

Abb. 4.53   LR-Syntaxanalysetabelle mit Fehlerroutinen.

Die Ähnlichkeit dieser Fehleraktionen und der Fehler, die sie repräsentieren, mit den Fehleraktionen in Beispiel 4.32 (Operatorpriorität) sollte erwähnt werden. Jedoch wird der Fall e1 im LR-Parser häufig durch den Reduktionsprozessor des Operator-Precedence-Parser behandelt.

e1:   /* Diese Routine wird von den Zuständen 0, 2, 4 und 5 aufgerufen, die alle den Anfang eines Operanden erwarten, entweder ein **id** oder eine linke Klammer. Statt dessen wird einer der Operatoren + oder * oder das Ende der Eingabe vorgefunden. */

      lege ein erdachtes **id** auf den Stack und darüber den Zustand 3 (das Sprungziel der Zustände 0, 2, 4 und 5 bei **id**)[5]

      gib die Diagnose „fehlender Operand" aus

e2:   /* Diese Routine wird von den Zuständen 0, 1, 2, 4 und 5 beim Auffinden einer rechten Klammer aufgerufen. */

      lösche die rechte Klammer von der Eingabe

      gib die Diagnose „unausgeglichene rechte Klammer" aus

e3:   /* Diese Routine wird von den Zuständen 1 oder 6 aufgerufen, wenn ein Operator erwartet, aber ein **id** oder eine rechte Klammer gefunden wird. */

---

[5]   Beachten Sie, daß normalerweise keine Grammatiksymbole auf den Stack gelegt werden. Es ist aber nützlich, sich diese dort vorzustellen, um uns an die Symbole zu erinnern, die die Zustände repräsentieren.

lege + auf den Stack, darauf dann den Zustand 4

gib die Diagnose „fehlender Operator" aus

e4: /* Diese Routine wird vom Zustand 6 aufgerufen, wenn das Ende der Eingabe gefunden wird. Zustand 6 erwartet einen Operator oder eine rechte Klammer. */

lege eine rechte Klammer auf den Stack, darüber den Zustand 9

gib die Diagnose „fehlende rechte Klammer" aus

Die Reihenfolge der Konfigurationen des Parsers bei der fehlerhaften Eingabe id +), die in Beispiel 4.32 diskutiert wurde, ist in Abb. 4.54 gezeigt. ☐

Stack	Eingabe	Fehlermeldung und Aktion
0	id+)$	
0id3	+)$	
0E1	+)$	
0E1+4	)$	
0E1+4	$	"unausgeglichene rechte Klammer"
		e2 löscht die rechte Klammer
0E1+4id3	$	"fehlender Operand"
		e1 setzt id 3 auf den Stack
0E1+4E7	$	
0E1	$	

Abb. 4.54 Die von einem LR-Parser gemachten Syntaxanalyse- und Fehlerbehandlungsschritte.

4.9 Parser-Generatoren

Dieser Abschnitt zeigt, wie ein Parser-Generator dazu benutzt werden kann, die Konstruktion des Front-End eines Compilers zu erleichtern. Wir werden den LALR-Parser-Generator Yacc als Basis für unsere Diskussion benutzen, da er viele der in den vorherigen beiden Abschnitten behandelten Konzepte implementiert und weit verbreitet ist. Yacc steht für „yet another compiler compiler" (deutsch: noch ein weiterer Compiler-Compiler), was die Popularität von Parser-Generatoren in den frühen 70er Jahren reflektiert, die Zeit, in der die erste Version von Yacc durch S. C. Johnson erstellt wurde. Yacc ist als ein Befehl auf dem UNIX-System verfügbar und wurde benutzt, um bei der Implementierung Hunderter von Compilern zu helfen.

Der Parser-Generator Yacc

Ein Übersetzer kann unter Verwendung von Yacc in der Art und Weise konstruiert werden, wie es in Abb. 4.55 erläutert ist. Zuerst wird eine Datei, nennen wir sie translate.y, vorbereitet, die eine Yacc-Spezifikation des Übersetzers enthält. Der UNIX-Systembefehl

    yacc translate.y

überführt, unter Verwendung der in Algorithmus 4.13 aufgezeigten LALR-Methode, die Datei translate.y in ein C-Programm, das y.tab.c genannt wird. Das Programm y.tab.c ist eine in C geschriebene Darstellung eines LALR-Parsers zusammen mit anderen C-Routinen, die der Benutzer eventuell vorbereitet hat. Die LALR-Syntaxanalysetabelle wird so verkürzt, wie es in Abschnitt 4.7 beschrieben wurde. Die Übersetzung von y.tab.c zusammen mit der ly-Bibliothek, die das LR-Syntaxanalyseprogramm enthält, geschieht durch den Befehl[6]

    cc y.tab.c -ly

Dabei erhalten wir das verlangte Objektprogramm a.out, das die Übersetzung durchführt, die durch das originale Yacc-Programm spezifiziert wurde. Werden noch andere Prozeduren gebraucht, so können diese mit y.tab.c gemeinsam übersetzt oder geladen werden, gerade so wie bei irgendeinem C-Programm.

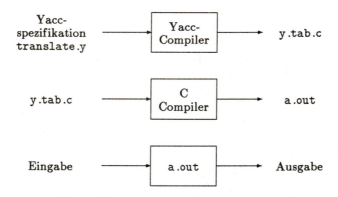

Abb. 4.55   Das Erstellen eines Eingabe-/Ausgabe-Übersetzers mit Yacc.

---

[6]   Fußnote 6: Der Name ly ist systemabhängig.

Ein Yacc-Quellprogramm besteht aus drei Teilen:

```
Deklarationen
%%
Übersetzungsregeln
%%
unterstützende C-Routinen
```

Beispiel 4.51
Um zu illustrieren, wie man ein Yacc-Quellprogramm vorbereitet, werden wir
einen einfachen Tischrechner konstruieren, der einen arithmetischen Ausdruck liest, ihn auswertet und dann den entsprechenden Zahlenwert ausdruckt.

```
%{
#include <ctype.h>
%}

%token DIGIT

%%
line   :  expr '\n'              { printf("%d\n", $1); }
       ;
expr   :  expr '+' term          { $$ = $1 + $3; }
       |  term
       ;
term   :  term '*'  factor       { $$ = $1 * $3; }
       |  factor
       ;
factor :  '(' expr ')'           { $$ = $2; }
       |  DIGIT
       ;

%%
yylex() {
    int c;
    c = getchar();
    if (isdigit(c)) {
        yylval = c-'0';
        return DIGIT;
    }
    return c;
}
```

Abb. 4.56 Die Yacc-Spezifikation eines einfachen Tischrechners.

Wir werden den Tischrechner bilden, indem wir mit der folgenden **Gramma-**
tik für arithmetische Ausdrücke starten:

$$E \rightarrow E + T \mid T$$
$$T \rightarrow T * F \mid F$$
$$F \rightarrow (E) \mid \textbf{digit}$$

Das Token **digit** ist eine Ziffer zwischen 0 und 9. Ein von dieser **Grammatik**
hergeleitetes Yacc-Tischrechnerprogramm ist in Abb. 4.56 gezeigt.   □

Der Deklarationsteil. Es gibt zwei optionale Abschnitte im Deklarationsteil
eines Yacc-Programms. Im ersten Abschnitt setzen wir gewöhnliche C-Deklarationen, begrenzt durch %{ und %}. Hier plazieren wir die Deklarationen
einiger Hilfsvariablen, die bei den Übersetzungsregeln oder -prozeduren vom
zweiten und dritten Abschnitt benötigt werden. In Abb. 4.56 enthält dieser
Abschnitt nur die Einbinde-Anweisung

```
#include <ctype.h>
```

die bewirkt, daß der C-Preprozessor die standardmäßige Headerdatei
<ctype.h>, die das Prädikat isdigit beinhaltet, einbindet.

    Ebenfalls im Deklarationsteil sind die Deklarationen von **Grammatikzei-**
chen. In Abb. 4.56 deklariert die Anweisung

```
%token DIGIT
```

DIGIT als ein Token. Die in diesem Abschnitt deklarierten Token können
dann im zweiten und dritten Teil der Yacc-Spezifikation verwendet werden.

Der Übersetzungsregelteil. In dem Teil der Yacc-Spezifikation nach dem
ersten %%-Paar geben wir die Übersetzungsregeln an. Jede Regel besteht aus
einer Grammtikproduktion und der assoziierten semantischen Aktion. Die
Menge unserer Produktionen

      <linke Seite> → <alt 1> | <alt 2> | · · · | <alt *n*>

wird in Yacc als

```
<left side>   :   <alt 1>   { semantische Aktion 1 }
              |   <alt 2>   { semantische Aktion 2 }
              ...
              |   <alt n>   { semantische Aktion n }
              ;
```

geschrieben. In einer Yacc-Produktion wird ein gequotetes, einzelnes Token
'c' als Terminalsymbol c genommen, und ungequotete Strings mit Buchstaben
und Ziffern, die nicht als Token deklariert sind, werden als Nichtterminale

genommen. Alternative rechte Seiten können durch einen senkrechten Strich getrennt werden, und ein Doppelpunkt folgt jeder linken Seite mit ihren Alternativen und ihren semantischen Aktionen. Die erste linke Seite wird als Startsymbol genommen.

Eine semantische Aktion in Yacc ist eine Folge von C-Anweisungen. In einer semantischen Aktion verweist das Symbol $$ auf den Attributwert, der mit dem Nichtterminal auf der Linken assoziiert ist, während $i auf den Wert verweist, der mit dem i-ten Grammatiksymbol (Terminal oder Nichtterminal) auf der Rechten assoziiert ist. Die semantische Aktion wird immer dann ausgeführt, wenn wir mit der assoziierten Produktion reduzieren. Deshalb berechnet die semantische Aktion normalerweise einen Wert für $$ in Abhängigkeit von den $i's. In der Yacc-Spezifikation haben wir die zwei *E*-Produktionen

$$E \rightarrow E + T \mid T$$

und ihre assoziierten semantischen Aktionen wie folgt

```
expr    :   expr '+' term { $$ = $1 + $3; }
        |   term
        ;
```

formuliert. Beachten Sie, daß das Nichtterminal term in der ersten Produktion das dritte Grammatiksymbol auf der rechten Seite ist, während '+' das zweite ist. Die mit der ersten Produktion assoziierte semantische Aktion addiert die Werte von expr und term auf der Rechten und bestimmt das Ergebnis als Wert für das Nichtterminal expr auf der Linken. Wir haben die semantische Aktion für die zweite Produktion völlig weggelassen, da das Kopieren eines Werts die Defaultaktion für Produktionen mit einem einzigen Grammatiksymbol auf der rechten Seite ist. Im allgemeinen ist {$$ = $1;} die semantische Defaultaktion.

Beachten Sie, daß wir eine neue Startproduktion

```
line    :   expr '\n' { printf ("%d\n", $1); }
```

zur Yacc-Spezifikation hinzugefügt haben. Diese Produktion drückt aus, daß eine Eingabe in den Tischrechner ein Ausdruck, gefolgt von einem Token für eine neue Zeile sein muß. Die mit dieser Produktion assoziierte semantische Aktion schreibt den Dezimalwert des Ausdrucks, gefolgt von einem Token für eine neue Zeile.

Die unterstützenden C-Routinen. Der dritte Teil der Yacc-Spezifikation besteht aus unterstützenden C-Routinen. Ein Scanner mit dem Namen yylex() muß zur Verfügung stehen. Andere Prozeduren wie die Fehlerbehandlungsroutinen können hinzugefügt werden, soweit es notwendig ist.

Der Scanner yylex() erstellt Paare, die aus einem Token und seinem assoziierten Attributwert bestehen. Wenn ein Token wie DIGIT zurückgeliefert wird, dann muß dieses Token im ersten Abschnitt der Yacc-Spezifikation deklariert sein. Der mit einem Token assoziierte Attributwert wird dem Parser über eine Yacc-definierte Variable yylval mitgeteilt.

Der Scanner in Abb. 4.56 ist noch sehr grob. Er liest immer nur ein einzelnes Eingabezeichen, indem er die C-Funktion getchar() benutzt. Wenn das Token eine Ziffer ist, dann wird der Wert der Ziffer in der Variablen yylval gespeichert und das Token DIGIT wird zurückgeliefert. Andernfalls wird das Zeichen selbst als Token zurückgegeben.

Der Gebrauch von Yacc bei mehrdeutigen Grammatiken

Lassen Sie uns nun die Yacc-Spezifikation verändern, so daß der resultierende Tischrechner nützlicher wird. Zuerst sollten wir dem Tischrechner erlauben, eine Folge von Ausdrücken auszuwerten, jeweils einen Ausdruck in einer Zeile. Wir sollten ebenfalls Leerzeilen zwischen den Ausdrücken zulassen. Dies erreichen wir durch die Veränderung der ersten Regel zu

```
lines    :    lines expr '\n'    { printf ("%g\n", $2); }
         |    lines '\n'
         |
         ;
```

In Yacc bezeichnet eine leere Alternative wie die dritte Zeile ε.

Als zweites sollten wir die Klasse der Ausdrücke vergrößern, zum einen, um Zahlen anstelle einzelner Ziffern zu behandeln, und anderen, um die arithmetischen Operatoren +, − (beide zwei- und einstellig), ∗ und / aufzunehmen. Am leichtesten zu spezifizieren ist diese Klasse von Ausdrücken mit Hilfe der mehrdeutigen Grammatik

$$E \to E + E \mid E - E \mid E * E \mid E / E \mid (E) \mid -E \mid \text{number}$$

Die resultierende Yacc-Spezifikation ist in Abb. 4.57 gezeigt.

Weil die Grammatik in der Yacc-Spezifikation von Abb. 4.57 mehrdeutig ist, wird der LALR-Algorithmus Syntaxanalyseaktionskonflikte generieren. Yacc wird die Zahl der Aktionskonflikte, die generiert werden, melden. Eine Beschreibung der Mengen von Elementen und der Syntaxanalyseaktionskonflikte kann durch den Aufruf von Yacc mit der Option −v erreicht werden. Diese Option generiert eine zusätzliche Datei y.output. Diese Datei enthält die bei der Syntaxanalyse gefundenen Kerne der Mengen von Elementen, eine Beschreibung der durch den LALR-Algorithmus generierten Syntaxanalyseaktionskonflikte und eine lesbare Darstellung der LR-Syntaxanalysetabelle, die anzeigt, wie die Syntaxanalyseaktionskonflikte aufgelöst wurden. Wenn immer Yacc meldet, daß er Aktionskonflikte gefunden hat, ist es klug, die Datei y.output zu erstellen und zu untersuchen, um zu sehen, warum die Syntaxanalyseaktionskonflikte generiert wurden und ob sie korrekt aufgelöst wurden.

```
%{
#include <ctype.h>
#include <stdio.h>
#define YYSTYPE double /* double-Typ für den YACC-Stack */
%}

%token NUMBER
%left '+' '-'
%left '*' '/'
%right UMINUS

%%
lines  :  lines expr '\n'              { printf("%g\n", $2); }
       |  lines '\n'
       |  /* ε */
       ;
expr   :  expr '+' expr                { $$ = $1 + $3; }
       |  expr '-' expr                { $$ = $1 - $3; }
       |  expr '*' expr                { $$ = $1 * $3; }
       |  expr '/' expr                { $$ = $1 / $3; }
       |  '(' expr ')'                 { $$ = $2; }
       |  '-' expr %prec UMINUS        { $$ = - $2; }
       |  NUMBER
       ;
%%
yylex() {
      int c;
      while ( ( c = getchar() ) == ' ' );
      if ( (c == '.') || (isdigit(c)) ) {
          ungetc(c, stdin);
          scanf("%lf", &yylval);
          return NUMBER;
      }
      return c;
}
```

Abb. 4.57   Die Yacc-Spezifikation für einen
besser verwendbaren Tischrechner.

Wenn Yacc nicht anders instruiert war, wird er alle Syntaxanalyseaktionskonflikte unter Verwendung der folgenden beiden Regeln auflösen:

1. Ein reduziere/reduziere-Konflikt wird durch das Auswählen der Kon-
    fliktproduktion aufgelöst, die als erstes in der Yacc-Spezifikation auf-
    gelistet ist. Um die korrekte Auflösung in der Schriftsatzgrammatik
    (4.25) zu erreichen, ist es deshalb ausreichend, daß Produktion (1) vor
    Produktion (3) aufgelistet wird.

2. Ein schiebe/reduziere-Konflikt wird durch das Bevorzugen von schieben
    aufgelöst. Diese Regel löst den schiebe/reduziere-Konflikt, der durch die
    Mehrdeutigkeit des optionalen else entsteht, korrekt auf.

Weil diese Defaultregeln aber nicht immer das tun, was der Compilerschrei-
ber im Sinne hat, bietet Yacc einen allgemeinen Mechanismus zur Auflösung
von schiebe/reduziere-Konflikten. Im Deklarationsteil können wir den Terminalen Priorität und Assoziativität zuweisen. Die Deklaration

```
%left '+' '-'
```

bewirkt, daß + und − von der gleichen Priorität und links-assoziativ sind. Wir
können einen Operator durch

```
%right '^'
```

als rechts-assoziativ deklarieren, und wir können einen Operator als nicht-
assoziativen zweistelligen Operator festlegen (d.h. zwei Vorkommen dieses Operators können niemals kombiniert werden), indem wir sagen

```
%nonassoc '<'
```

Die Token erhalten ihre Priorität in der Reihenfolge, in der sie im Deklarationsteil auftauchen, die niedrigste zuerst. Token in der gleichen Deklaration
haben gleiche Priorität. Also gibt die Deklaration

```
%right UMINUS
```

in Abb. 4.57 dem Token UMINUS eine höhere Priorität als den fünf vorhergehenden Terminalen.

Yacc löst schiebe/reduziere-Konflikte durch Zuordnen einer Priorität
und Assoziativität zu jeder Produktion auf, die an einem Konflikt beteiligt
ist, wie auch zu jedem an einem Konflikt beteiligten Terminal. Wenn er wählen muß zwischen dem Schieben des Eingabesymbols a und dem Reduzieren
mit der Produktion $A \rightarrow \alpha$, dann reduziert Yacc, wenn die Priorität der Produktion höher ist als die von a oder wenn die Prioritäten gleich sind und die
Produktion links-assoziativ ist. Andernfalls ist schieben die ausgewählte Aktion.

Normalerweise ist die Priorität einer Produktion die gleiche wie die Priorität des am weitesten rechts stehenden Terminal in dieser Produktion. Dies ist in den meisten Fällen die vernünftigste Entscheidung. Bei den vorgegebenen Produktionen

$$E \rightarrow E + E \mid E * E$$

würden wir es zum Beispiel vorziehen, bei dem Lookahead + mit $E \rightarrow E + E$ zu reduzieren, weil das + in der rechten Seite die gleiche Priorität wie das Lookahead hat, aber links-assoziativ ist. Mit dem Lookahead * würden wir es vorziehen, zu schieben, weil das Lookahead eine höhere Priorität als das + in der Produktion hat.

In solchen Situationen, wo das am weitesten rechts stehende Terminal nicht die passende Priorität zu einer Produktion liefert, können wir eine Priorität erzwingen, indem wir an eine Produktion das Tag

%prec <terminal>

anhängen.

Die Produktion wird dann die gleiche Priorität und Assoziativität besitzen wie das Terminal, das im Deklarationsabschnitt definiert ist. Yacc meldet keine schiebe/reduziere-Konflikte, die unter Verwendung dieses Prioritäts- und Assoziativitätsmechanismus aufgelöst werden.

Dieses „Terminal" kann ein Platzhalter sein wie UMINUS in Abb. 4.57; dieses Terminal wird nicht durch den Scanner zurückgeliefert, aber es ist einzig und allein deklariert, um eine Priorität für eine Produktion zu definieren. In Abb. 4.57 weist die Deklaration

%right UMINUS

dem Token UMINUS eine Priorität zu, die höher ist als die von * und /. Im Übersetzungsregelteil bewirkt das Tag

%prec UMINUS

am Ende der Produktion

expr : '-' expr

daß der einstellige Minusoperator in dieser Produktion eine höhere Priorität besitzt als irgendein anderer Operator.

Das Erzeugen von Yacc-Scannern mit Lex

Lex wurde entwickelt, um Scanner zu produzieren, die mit Yacc benutzt werden können. Die Lex-Bibliothek ll bietet ein Treiberprogramm mit Namen yylex() an, und dieser Name wird von Yacc für seinen Scanner verwendet. Wenn Lex benutzt wird, um einen Scanner zu erzeugen, dann ersetzen wir die Routine yylex() im dritten Teil der Yacc-Spezifikation durch die Anweisung

```
#include "lex.yy.c"
```

und haben damit erreicht, daß jede Lex-Aktion ein Terminal liefert, das Yacc bekannt ist. Bei der Verwendung der Anweisung #include "lex.yy.c" muß das Programm yylex auf Yacc-Namen für Token zugreifen, da die Lex-Ausgabedatei als Teil der Yacc-Ausgabedatei y.tab.c übersetzt wird.

Wenn die Lex-Spezifikation in der Datei first.l und die Yacc-Spezifikation in second.y ist, dann können wir im UNIX-System

```
lex first.l
yacc second.y
cc y.tab.c -ly -ll
```

eingeben, um den gewünschten Übersetzer zu erhalten.

Die Lex-Spezifikation in Abb. 4.58 kann anstelle des Scanners von Abb. 4.57 benutzt werden. Die letzte Zeichenfolge ist \n|., weil . in Lex auf jedes Token paßt, nur nicht auf neue Zeile.

```
number      [0-9]+\.?|[0-9]*\.[0-9]+
%%
[ ]         { /* Leerzeichen überlesen */ }
{number}    { sscanf(yytext, "%lf", &yylval);
                  return NUMBER; }
\n|.        { return yytext[0]; }
```

Abb. 4.58 Die Lex-Spezifikation für yylex() von Abb. 4.57.

Fehlerbehandlung in Yacc

In Yacc kann die Fehlerbehandlung unter Verwendung einer Art von Fehlerproduktion durchgeführt werden. Zuerst entscheidet der Benutzer, mit welchen „großen" Nichtterminalen Fehlerbehandlung assoziiert werden soll. Typische Möglichkeiten sind einige Untermengen von Nichtterminalen, die Ausdrücke, Anweisungen, Blöcke und Prozeduren generieren. Der Benutzer fügt dann zu der Grammatik Fehlerproduktionen der Form $A \rightarrow$ **error** α hinzu, wobei *A* ein großes Nichtterminal und α ein String aus Grammatiksymbolen ist, eventuell auch der leere String; **error** ist ein Yacc-Schlüsselwort. Yacc wird aus solch einer Spezifikation einen Parser generieren, wobei er die Fehlerproduktionen wie gewöhnliche Produktionen behandelt. Wenn jedoch der durch Yacc generierte Parser einen Fehler findet, dann behandelt er die Zustände, deren Mengen von Elementen Fehlerproduktionen enthalten, in einer speziellen Weise. Beim Aufdecken eines Fehlers nimmt Yacc solange Symbole von seinem Stack, bis er als obersten Zustand in Stack einen Zustand findet, dessen zugrundeliegende Menge von Elementen ein Element der Form *A* → **error** α beinhaltet. Der Parser „schiebt" dann ein fiktives Token **error** auf den Stack, als würde er es in seiner Eingabe sehen.

Wenn α der leere String ε ist, dann findet sofort eine Reduktion auf *A* statt und die semantische Aktion, die mit der Produktion *A* → **error** (welche eine benutzerspezifische Fehlerbehandlungsroutine sein kann) assoziiert ist, wird angestoßen. Der Parser überliest dann solange Eingabesymbole, bis er ein Eingabesymbol findet, bei dem die normale Syntaxanalyse fortgesetzt werden kann.

Wenn α nicht leer ist, dann springt Yacc in der Eingabe vor, wobei er nach einem Substring Ausschau hält, der auf α reduziert werden kann. Wenn α nur aus Terminalen besteht, dann sucht er nach diesem String von Terminalen in der Eingabe und „reduziert" ihn, indem er ihn auf den Stack schiebt. An dieser Stelle wird der Parser **error** α an der Spitze seines Stack haben. Der Parser wird dann **error** α auf *A* reduzieren und die normale Syntaxanalyse wiederaufnehmen.

Zum Beispiel wird eine Fehlerproduktion der Form

> *stmt* → **error** ;

dem Parser anzeigen, daß er beim Erkennen eines Fehlers direkt hinter das nächste Semikolon springen und annehmen soll, daß eine Anweisung gefunden wurde. Die semantische Routine für diese Fehlerproduktion wird nicht benötigt, um die Eingabe zu manipulieren, aber sie kann eine Diagnosemeldung generieren und ein Flag setzen, um zum Beispiel die Generierung von Objektcode zu verhindern.

Beispiel 4.52
Abbildung 4.59 zeigt den Yacc-Tischrechner von Abb. 4.57 mit der Fehlerproduktion

```
lines : error '\n'
```

Diese Fehlerproduktion veranlaßt den Tischrechner, die normale Syntaxanalyse zu unterbrechen, wenn ein Syntaxfehler in einer Eingabezeile gefunden ist. Beim Aufdecken des Fehlers startet der Parser im Tischrechner mit dem Entfernen von Symbolen von seinem Stack, bis er einen Zustand findet, der eine Schiebeaktion beim Token **error** hat. Zustand 0 ist solch ein Zustand (in diesem Beispiel ist er der einzige solche Zustand), weil seine Elemente

$$lines \rightarrow \cdot\textbf{error} \text{ '\textbackslash n'}$$

beinhalten. Auch ist Zustand 0 immer auf dem Boden vom Stack. Der Parser schiebt das Token **error** auf den Stack und springt dann in der Eingabe so-lange vorwärts, bis er ein Token für eine neue Zeile gefunden hat. An dieser Stelle schiebt der Parser das Token für die neue Zeile auf den Stack, redu-ziert **error** '\n' auf *lines* und gibt die Diagnosemeldung „wiederhole die letz-te Zeile:" aus. Die spezielle Yacc-Routine yyerrok setzt den Parser auf seinen normalen Arbeitsmodus zurück.   □

```
%{
#include <ctype.h>
#include <stdio.h>
#define YYSTYPE double /* double-Typ für den YACC-Stack */
%}

%token NUMBER
%left '+' '-'
%left '*' '/'
%right UMINUS

%%
lines  :  lines expr '\n'              { printf("%g\n", $2); }
       |  lines '\n'
       |  /* leer */
       |  error '\n' { yyerror("Eingabe wiederholen:");
                       yyerrok; }
       ;
expr   :  expr '+' expr                { $$ = $1 + $3; }
       |  expr '-' expr                { $$ = $1 - $3; }
       |  expr '*' expr                { $$ = $1 * $3; }
       |  expr '/' expr                { $$ = $1 / $3; }
       |  '(' expr ')'                 { $$ = $2; }
       |  '-' expr %prec UMINUS        { $$ = - $2; }
       |  NUMBER
       ;
%%
#include "lex.yy.c"
```

Abb. 4.59 Der Tischrechner mit Fehlerbehandlung.

Übungen

4.1 Betrachten Sie die Grammatik

$$S \rightarrow (L) \mid a$$
$$L \rightarrow L, S \mid S$$

   a) Welches sind die Terminale, Nichtterminale und das Startsymbol?

   b) Finden Sie Syntaxanalysebäume für die folgenden Sätze:
       i) (a, a)
       ii) $(a, (a, a))$
       iii) $(a, ((a, a), (a, a)))$

   c) Konstruieren Sie eine Linksableitung für jeden der Sätze in (b).

   d) Konstruieren Sie eine Rechtsableitung für jeden der Sätze in (b).

   *e) Welche Sprache generiert diese Grammatik?

4.2 Betrachten Sie die Grammatik

$$S \rightarrow aSbS \mid bSaS \mid \epsilon$$

   a) Zeigen Sie durch Konstruktion zweier verschiedener Linksableitungen für den Satz *abab*, daß diese Grammatik mehrdeutig ist.

   b) Konstruieren Sie die entsprechenden Rechtsableitungen für *abab*.

   c) Konstruieren Sie die entsprechenden Syntaxanalysebäume für *abab*.

   *d) Welche Sprache generiert diese Grammatik?

4.3 Betrachten Sie die Grammatik

$$bexpr \rightarrow bexpr \textbf{ or } bterm \mid bterm$$
$$bterm \rightarrow bterm \textbf{ and } bfactor \mid bfactor$$
$$bfactor \rightarrow \textbf{not } bfactor \mid (\ bexpr \ ) \mid \textbf{true} \mid \textbf{false}$$

   a) Konstruieren Sie einen Syntaxanalysebaum für den Satz

   not (true or false).

   b) Zeigen Sie, daß diese Grammatik alle booleschen Ausdrücke generiert.

   *c) Ist diese Grammatik mehrdeutig und wenn ja, warum?

4.4 Betrachten Sie die Grammatik

$$R \rightarrow R \ '|' \ R \mid RR \mid R^* \mid (R) \mid a \mid b$$

Beachten Sie, daß der erste senkrechte Strich das „oder"-Symbol ist und kein Separator zwischen Alternativen.

a) Zeigen Sie, daß diese Grammatik alle regulären Ausdrücke über den Symbolen a und b generiert.

b) Zeigen Sie, daß diese Grammatik mehrdeutig ist.

*c) Konstruieren Sie eine äquivalente eindeutige Grammatik, die den Operatoren *, Konkatenation und | die in Abschnitt 3.3 definierten Prioritäten und Assoziativitäten zuordnet.

d) Konstruieren Sie in beiden Grammatiken einen Syntaxanalysebaum für den Satz $a \mid b^*c$.

4.5 Die folgende Grammatik für **if-then-else**-Anweisungen wird vorgeschlagen, um die Mehrdeutigkeit des optionalen else aufzulösen:

$$
\begin{aligned}
stmt \rightarrow\ & \textbf{if}\ expr\ \textbf{then}\ stmt \\
\mid\ & matched\_stmt \\
matched\_stmt \rightarrow\ & \textbf{if}\ expr\ \textbf{then}\ matched\_stmt\ \textbf{else}\ stmt \\
\mid\ & \textbf{other}
\end{aligned}
$$

Zeigen Sie, daß diese Grammatik immer noch mehrdeutig ist.

*4.6 Versuchen Sie, für jede der folgenden Sprachen eine Grammatik zu entwerfen. Welche Sprachen sind regulär?

a) Die Menge aller Strings aus 0'en und 1'en, so daß jede 0 direkt von mindestens einer 1 gefolgt wird.

b) Strings aus 0'en und 1'en mit einer gleichen Anzahl von 0'en und 1'en.

c) Strings aus 0'en und 1'en mit einer ungleichen Anzahl von 0'en und 1'en.

d) Strings aus 0'en und 1'en, in denen 011 nicht als Substring vorkommt.

e) Strings aus 0'en und 1'en der Form xy, wobei $x \neq y$ ist.

f) Strings aus 0'en und 1'en der Form xx.

4.7 Konstruieren Sie je eine Grammatik für die Ausdrücke jeder der folgenden Sprachen:

a) Pascal
b) C
c) Fortran 77
d) Ada
e) Lisp

4.8 Konstruieren Sie mehrdeutige Grammatiken für die Anweisungen jeder der Sprachen aus Übung 4.7.

4.9 Wir können auf der rechten Seite von Grammatikproduktionen Operatoren verwenden, die regulären Ausdrücken ähnlich sind. Eckige Klammern können benutzt werden, um einen optionalen Teil einer Produktion zu bezeichnen. Zum Beispiel könnten wir

$$stmt \rightarrow \textbf{if } expr \textbf{ then } stmt \; [\; \textbf{else } stmt \;]$$

schreiben, um eine optionale else-Anweisung auszuweisen. Im allgemeinen ist $A \rightarrow \alpha[\beta]\gamma$ zu den beiden Produktionen $A \rightarrow \alpha\beta\gamma$ und $A \rightarrow \alpha\gamma$ äquivalent.

Geschweifte Klammern können benutzt werden, um ein Satzfragment zu bezeichnen, das null oder mehrmals wiederholt werden kann. Zum Beispiel bezeichnet

$$stmt \rightarrow \textbf{begin } stmt \; \{ \; ; stmt \; \} \; \textbf{end}$$

eine Liste durch Semikola getrennter $stmt$'s, die zwischen **begin** und **end** eingeschlossen sind. Im allgemeinen ist $A \rightarrow \alpha\{\beta\}\gamma$ zu $A \rightarrow \alpha B\gamma$ und $B \rightarrow \beta B \mid \epsilon$ äquivalent.

In gewissem Sinne steht $[\beta]$ für den regulären Ausdruck $\beta \mid \epsilon$ und $\{\beta\}$ steht für β^*. Wir können diese Notationen verallgemeinern, um jeden regulären Ausdruck von Grammatiksymbolen auf der rechten Seite von Produktionen zu erlauben.

a) Modifizieren Sie die obige $stmt$-Produktion, so daß eine durch ein Semikolon beendete Liste von $stmt$'s auf der rechten Seite erscheint.

b) Geben Sie eine Menge kontextfreier Produktionen an, die die gleiche Menge von Strings generiert wie $A \rightarrow B^*a(C \mid D)$.

c) Zeigen Sie, wie irgendeine Produktion $A \rightarrow r$, wobei r ein regulärer Ausdruck ist, durch eine endliche Sammlung kontextfreier Produktionen zu ersetzen ist.

4.10 Die folgende Grammatik generiert Deklarationen für einen einzigen Bezeichner:

$$
\begin{aligned}
stmt &\rightarrow \textbf{declare id } \textit{option\_list} \\
option\_list &\rightarrow \textit{option\_list option} \mid \epsilon \\
option &\rightarrow \textit{mode} \mid \textit{scale} \mid \textit{precision} \mid \textit{base} \\
mode &\rightarrow \textbf{real} \mid \textbf{complex} \\
scale &\rightarrow \textbf{fixed} \mid \textbf{floating} \\
precision &\rightarrow \textbf{single} \mid \textbf{double} \\
base &\rightarrow \textbf{binary} \mid \textbf{decimal}
\end{aligned}
$$

a) Zeigen Sie, wie diese Grammatik verallgemeinert werden kann, um n Optionen A_i zu erlauben, mit $1 \leq i \leq n$, wobei jede dieser Optionen entweder a_i oder b_i sein kann.

b) Die obige Grammatik erlaubt redundante oder sich widersprechende Deklarationen wie

```
declare zap real fixed real floating
```

Wir können darauf dringen, daß die Syntax der Sprache solche Deklarationen verbietet. Deshalb bleibt uns noch eine endliche Zahl von Zeichenfolgen, die syntaktisch korrekt sind. Offensichtlich formen diese legalen Deklarationen eine kontextfreie Sprache, tatsächlich sogar eine reguläre Menge. Schreiben Sie eine Grammatik für Deklarationen mit n Optionen, wobei jede Option höchstens einmal auftauchen darf.

**c) Zeigen Sie, daß eine Grammatik für Teil (b) mindestens 2^n Symbole haben muß.

d) Was sagt (c) über die Machbarkeit aus, Redundanzfreiheit und Widerspruchsfreiheit unter den Optionen in Deklarationen durch die Syntaxdefinition einer Sprache zu erzwingen?

4.11 a) Beseitigen Sie die Linksrekursion in der Grammatik aus Übung 4.1.

b) Konstruieren Sie einen prädiktiven Parser für die Grammatik in (a). Zeigen Sie das Verhalten des Parsers bei den Sätzen aus Übung 4.1(b).

4.12 Konstruieren Sie einen rekursiv-absteigenden Parser mit Backtracking für die Grammatik aus Übung 4.2. Können Sie auch einen prädiktiven Parser für diese Grammatik konstruieren?

4.13 Die Grammatik

$$S \to aSa \mid aa$$

generiert alle Strings mit a's, die eine geradzahlige Länge besitzen, mit Ausnahme des leeren Strings.

a) Konstruieren Sie für diese Grammatik einen rekursiv-absteigenden Parser mit Backtracking, der die Alternative aSa vor aa versucht. Zeigen Sie, daß die Prozedur für S bei 2, 4 oder 8 a's gelingt, aber bei 6 a's fehlschlägt.

*b) Welche Sprache erkennt Ihr Parser?

4.14 Konstruieren Sie einen prädiktiven Parser für die Grammatik aus Übung 4.3.

4.15 Konstruieren Sie einen prädiktiven Parser aus der eindeutigen Grammatik für reguläre Ausdrücke aus Übung 4.4.

***4.16** Zeigen Sie, daß keine linksrekursive Grammatik LL(1) sein kann.

***4.17** Zeigen Sie, daß keine LL(1)-Grammatik mehrdeutig sein kann.

4.18 Zeigen Sie, daß eine Grammatik ohne ϵ-Produktionen, in der jede Alternative mit einem unterschiedlichen Terminal beginnt, immer LL(1) ist.

4.19 Ein Grammatiksymbol X ist *nutzlos*, wenn es keine Ableitung der Form $S \overset{*}{\Rightarrow} wXy \overset{*}{\Rightarrow} wxy$ gibt. Das heißt, X kann niemals in einer Ableitung erscheinen.

*a) Schreiben Sie einen Algorithmus, um alle Produktionen zu eliminieren, die nutzlose Symbole einer Grammatik enthalten.

b) Wenden Sie Ihren Algorithmus auf folgende Grammatik an

$$\begin{aligned} S &\to 0 \mid A \\ A &\to AB \\ B &\to 1 \end{aligned}$$

4.20 Wir sagen, eine Grammatik ist ϵ-*frei*, wenn sie entweder keine ϵ-Produktionen hat, oder es gibt genau eine ϵ-Produktion $S \to \epsilon$ und das Startsymbol S taucht dann nicht auf der rechten Seite irgendeiner Produktion auf.

a) Schreiben Sie einen Algorithmus, um eine gegebene Grammatik in eine äquivalente ϵ-freie Grammatik umzuwandeln. *Hinweis*: Bestimmen Sie zuerst alle Nichtterminale, die den leeren String generieren können.

b) Wenden Sie Ihren Algorithmus auf die Grammatik aus Übung
    4.2 an.

4.21 Eine _Ketten_produktion ist eine Produktion mit einem einzigen Nichtterminal als rechte Seite.

a) Schreiben Sie einen Algorithmus, um eine Grammatik in eine
    äquivalente Grammatik ohne Kettenproduktionen umzuwandeln.

b) Wenden Sie Ihren Algorithmus auf die Ausdrucksgrammatik
    (4.10) an.

4.22 Eine _zyklenfreie_ Grammatik hat keine Ableitungen der Form
$A \overset{+}{\Rightarrow} A$ für irgendein Nichtterminal A.

a) Schreiben Sie einen Algorithmus, um eine Grammatik in eine
    äquivalente zyklenfreie Grammatik umzuwandeln.

b) Wenden Sie Ihren Algorithmus auf die Grammatik $S \rightarrow SS \mid (S) \mid$
    ϵ an.

4.23 a) Konstruieren Sie unter Verwendung der Grammatik aus Übung
    4.1 eine Rechtsableitung für $(a, (a, a))$ und zeigen Sie den
    Handle jeder rechtsabgeleiteten Satzform.

b) Zeigen Sie die Schritte eines Shift-Reduce-Parsers, die bei der
    Rechtsableitung von (a) zu machen sind.

c) Zeigen Sie die Schritte bei der bottom-up-Konstruktion eines
    Syntaxanalysebaums während der Shift-Reduce-Syntaxanalyse
    aus (b).

4.24 Abbildung 4.60 zeigt die Operator-Prioritätsrelationen für die Grammatik aus Übung 4.1. Analysieren Sie die Sätze aus Übung 4.1(b)
syntaktisch mit Hilfe dieser Prioritätsrelationen.

	a	$($	$)$	$,$	$\$$
a			$\cdot>$	$\cdot>$	$\cdot>$
$($	$<\cdot$	$<\cdot$	$\doteq$	$<\cdot$	
$)$			$\cdot>$	$\cdot>$	$\cdot>$
$,$	$<\cdot$	$<\cdot$	$\cdot>$	$\cdot>$	
$\$$	$<\cdot$	$<\cdot$			

Abb. 4.60 Operator-Prioritätsrelationen
für die Grammatik aus Übung 4.1.

4.25 Finden Sie Operator-Prioritätsfunktionen für die Tabelle von Abb. 4.60.

4.26 Es gibt einen mechanischen Weg, um Operator-Prioritätsrelationen aus einer Operator-Grammatik zu erzeugen, sogar bei Grammatiken mit vielen verschiedenen Nichtterminalen. Definieren Sie *leading*(*A*) für ein Nichtterminal *A* als die Menge von Terminalen *a*, so daß *a* das am weitesten links stehende Terminal in irgendeinem von *A* abgeleiteten String ist. Definieren Sie *trailing*(*A*) als die Menge von Terminalen, die am weitesten rechts in einem von *A* abgeleiteten String sind. Für die Terminale *a* und *b* gilt dann $a \doteq b$, falls es eine rechte Seite der Form $\alpha a \beta b \gamma$ gibt, wobei β entweder leer oder ein einziges Nichtterminal ist und α und γ willkürlich sind. Es gilt $a \lessdot b$ falls es eine rechte Seite der Form $\alpha a A \beta$ gibt und *b* in *leading*(*A*) ist; es gilt $a \gtrdot b$, falls es eine rechte Seite der Form $\alpha a A \beta$ gibt und *a* in *trailing*(*A*) ist. In beiden Fällen sind α und β beliebige Strings. Auch gilt $\$ \lessdot b$, wenn *b* in *leading*(*S*) ist und $a \gtrdot \$$, wenn *a* in *trailing*(*S*) ist, wobei *S* das Startsymbol bedeutet.

a) Berechnen Sie für die Grammatik aus Übung 4.1 *leading* und *trailing* von *S* und *T*.

b) Verifizieren Sie, daß die Prioritätsrelationen von Abb. 4.60 diejenigen sind, die von dieser Grammatik abgeleitet wurden.

4.27 Generieren Sie Operator-Prioritätsrelationen für die folgenden Grammatiken:

a) Die Grammatik aus Übung 4.2.

b) Die Grammatik aus Übung 4.3.

c) Die Ausdrucksgrammatik (4.10).

4.28 Konstruieren Sie einen Operator-Precedence-Parser für reguläre Ausdrücke.

4.29 Eine Grammatik wird eine (eindeutig umkehrbare) *Operator-Precedence-Grammatik* genannt, wenn sie eine Operator-Grammatik ist, in der keine zwei rechte Seiten das gleiche Pattern von Terminalen haben und die Methode aus Übung 4.26 höchstens eine Prioritätsrelation zwischen irgendeinem Paar von Terminalen liefert. Welche der Grammatiken aus Übung 4.27 sind Operator-Precedence-Grammatiken?

4.30 Eine Grammatik wird in *Greibach-Normalform* (GNF) genannt, wenn sie ϵ-frei ist und jede Produktion (mit Ausnahme von $S \rightarrow \epsilon$, falls sie existiert) ist von der Form $A \rightarrow a\alpha$, wobei *a* ein Terminal und α ein (möglicherweise leerer) String von Nichtterminalen ist.

a) Schreiben Sie einen Algorithmus, um eine Grammatik in eine äquivalente Greibach-Normalform-Grammatik umzuwandelt.

b) Wenden Sie Ihren Algorithmus auf die Ausdrucksgrammatik (4.10) an.

*4.31 Zeigen Sie, daß jede Grammatik in eine äquivalente Operator-Grammatik umgewandelt werden kann. *Hinweis*: Transformieren Sie die Grammatik zuerst in die Greibach-Normalform.

*4.32 Zeigen Sie, daß jede Grammatik in eine Operator-Grammatik umgewandelt werden kann, in der jede Produktion von einer der Formen

$$A \to aBcC \qquad A \to aBb \qquad A \to aB \qquad A \to a$$

ist. Wenn ϵ in der Sprache ist, dann ist auch $S \to \epsilon$ eine Produktion.

4.33 Betrachten Sie die Grammatik

$$S \to AS \mid b$$
$$A \to SA \mid a$$

a) Konstruieren Sie die Sammlung von Mengen von LR(0)-Elementen für diese Grammatik.

b) Konstruieren Sie einen NEA, in dem jeder Zustand ein LR(0)-Element von (a) ist. Zeigen Sie, daß der Sprunggraph der kanonischen Sammlung von LR(0)-Elementen für diese Grammatik gleich ist mit dem DEA, der aus dem NEA unter Verwendung der Untermengenkonstruktion erstellt wurde.

c) Konstruieren Sie die Syntaxanalysetabelle mit Hilfe des SLR-Algorithmus 4.8.

d) Zeigen Sie die Bewegungen, die vom SLR-Parser bei der Eingabe *bab* gemacht werden.

e) Konstruieren Sie die kanonische Syntaxanalysetabelle.

f) Konstruieren Sie die LALR-Syntaxanalysetabelle unter Verwendung von Algorithmus 4.11.

g) Konstruieren Sie die LALR-Syntaxanalysetabelle unter Verwendung von Algorithmus 4.13.

4.34 Konstruieren Sie eine SLR-Syntaxanalysetabelle für die Grammatik aus Übung 4.3.

4.35 Betrachten Sie die folgende Grammatik

$$E \to E + T \mid T$$
$$T \to T F \mid F$$
$$F \to F^* \mid a \mid b$$

a) Konstruieren Sie die SLR-Syntaxanalysetabelle für diese Grammatik.

b) Konstruieren Sie die LALR-Syntaxanalysetabelle.

4.36 Verdichten Sie gemäß der Methode aus Abschnitt 4.7 die Syntaxanalysetabellen, die in den Übungen 4.33, 4.34 und 4.35 konstruiert wurden.

4.37 a) Zeigen Sie, daß die Grammatik

$$S \to AaAb \mid BbBa$$
$$A \to \epsilon$$
$$B \to \epsilon$$

LL(1) ist, aber nicht SLR(1).

**b) Zeigen Sie, daß jede LL(1)-Grammatik eine LR(1)-Grammatik ist.

*4.38** Zeigen Sie, daß keine LR(1)-Grammatik mehrdeutig sein kann.

4.39 Zeigen Sie, daß die Grammatik

$$S \to Aa \mid bAc \mid dc \mid bda$$
$$A \to d$$

LALR(1) ist, aber nicht SLR(1).

4.40 Zeigen Sie, daß die folgende Grammatik

$$S \to Aa \mid bAc \mid Bc \mid bBa$$
$$A \to d$$
$$B \to d$$

LR(1) ist, aber nicht LALR(1).

*4.41** Betrachten Sie die Familie der Grammatiken G_n, die definiert sind durch:

$$S \to A_i b_i \qquad\qquad 1 \le i \le n$$
$$A_i \to a_j A_i \mid a_j \qquad 1 \le i, j \le n \text{ und } j \ne i$$

a) Zeigen Sie, daß G_n $2n^2 - n$ Produktionen und $2^n + n^2 + n$ Mengen von LR(0)-Elementen hat.

b)   Ist G_n SLR(1)?

c)   Ist G_n LALR(1)?

4.42 Schreiben Sie einen Algorithmus, der für jedes Nichtterminal A einer Grammatik die Menge der Nichtterminale B berechnet, so daß $A \stackrel{*}{\Rightarrow} B\alpha$ für irgendeinen String α aus Grammatiksymbolen gilt.

4.43 Schreiben Sie einen Algorithmus, der für jedes Nichtterminal A einer Grammatik die Menge der Terminale a berechnet, so daß $A \stackrel{*}{\Rightarrow} aw$ für irgendeinen String w aus Terminalen gilt. Hierbei darf der letzte Schritt der Ableitung aber keine ϵ-Produktion benutzen.

4.44 Konstruieren Sie eine SLR-Syntaxanalysetabelle für die Grammatik aus Übung 4.4. Lösen Sie die Aktionskonflikte der Syntaxanalyse so auf, daß reguläre Ausdrücke syntaktisch normal analysiert werden.

4.45 Konstruieren Sie einen SLR-Parser für die Grammatik (4.7) mit dem optionalen else, wobei *expr* als ein Terminal behandelt wird. Lösen Sie die Aktionskonflikte der Syntaxanalyse in der üblichen Weise auf.

4.46 a)   Konstruieren Sie eine SLR-Syntaxanalysetabelle für die Grammatik

$$E \to E \text{ sub } R \mid E \text{ sup } E \mid \{ E \} \mid c$$
$$R \to E \text{ sup } E \mid E$$

Lösen Sie die Aktionskonflikte der Syntaxanalyse so auf, daß Ausdrücke in der gleichen Weise syntaktisch anlysiert werden wie bei dem LR-Parser in Abb. 4.52.

b)   Kann jeder reduziere/reduziere-Konflikt, der beim Konstruktionsprozeß für die LR-Syntaxanalysetabelle generiert wird, durch Umformen der Grammatik in einen schiebe/reduziere-Konflikt umgewandelt werden?

*4.47 Konstruieren Sie für die Schriftsatzgrammatik (4.25) eine äquivalente LR-Grammatik, die Ausdrücke der Form $E \text{ sub } E \text{ sup } E$ als einen Spezialfall ausweist.

*4.48 Betrachten Sie die folgende mehrdeutige Grammatik für n zweistellige Infixoperatoren:

$$E \to E \, \theta_1 \, E \mid E \, \theta_2 \, E \mid \cdots \mid E \, \theta_n \, E \mid (E) \mid \text{id}$$

Nehmen Sie an, daß alle Operatoren links-assoziativ sind und daß θ_i eine höhere Priorität hat als θ_j, wenn $i > j$ ist.

a) Konstruieren Sie die SLR-Mengen von Elementen für diese Grammatik. Wieviele Mengen von Elementen gibt es, als eine Funktion von n ausgedrückt?

b) Konstruieren Sie die SLR-Syntaxanalysetabelle für diese Grammatik und verdichten Sie diese unter Verwendung der Listendarstellung aus Abschnitt 4.7. Was ist die Gesamtlänge aller in der Darstellung benutzten Listen, als eine Funktion von n ausgedrückt?

c) Wie viele Schritte macht der Parser, um **id** θ_i **id** θ_j **id** zu analysieren?

*4.49 Wiederholen Sie die Übung 4.48 für die eindeutige Grammatik

$$E_1 \to E_1 \, \theta_1 \, E_2 \mid E_2$$
$$E_2 \to E_2 \, \theta_2 \, E_3 \mid E_3$$
$$\cdots$$
$$E_n \to E_n \, \theta_n \, E_{n+1} \mid E_{n+1}$$
$$E_{n+1} \to (E_1) \mid \textbf{id}$$

Was sagen Ihre Antworten zu den Übungen 4.48 und 4.49 über die relative Effizienz von Parsern für äquivalente mehrdeutige und eindeutige Grammatiken aus? Was über die relative Effizienz der Konstruktion der Parser?

4.50 Schreiben Sie ein Yacc-Programm, das arithmetische Ausdrücke als Eingabe erhält und die entsprechenden Postfixausdrücke als Ausgabe erzeugt.

4.51 Schreiben Sie ein Yacc-„Tischrechner"-Programm, das boolesche Ausdrücke auswertet.

4.52 Schreiben Sie ein Yacc-Programm, das einen regulären Ausdruck als Eingabe erhält und seinen Syntaxanalysebaum als Ausgabe erzeugt.

4.53 Legen Sie die Schritte dar, die durch den prädiktiven Parser, den Operator-Precedence-Parser und den LR-Parser aus den Übungen 4.20, 4.32 und 4.50 bei den folgenden fehlerhaften Eingaben gemacht werden:

a) (**id** + (∗ **id**)

b) ∗ + **id**) + (**id** ∗

*4.54 Konstruieren Sie einen fehlerkorrigierenden Operator-Precedence-Parser und einen ebensolchen LR-Parser für die folgende Grammatik:

$$stmt \rightarrow \quad \textbf{if } e \textbf{ then } stmt$$
$$\qquad | \quad \textbf{if } e \textbf{ then } stmt \textbf{ else } stmt$$
$$\qquad | \quad \textbf{while } e \textbf{ do } stmt$$
$$\qquad | \quad \textbf{begin } list \textbf{ end}$$
$$\qquad | \quad s$$
$$list \rightarrow \quad list \textbf{ ; } stmt$$
$$\qquad | \quad stmt$$

*4.55 Die Grammatik aus Übung 4.54 kann LL gemacht werden, indem wir die Produktionen für *list* durch

$$list \rightarrow \quad stmt \; list'$$
$$list' \rightarrow \quad \textbf{; } stmt \mid \epsilon$$

ersetzen. Konstruieren Sie einen fehlerkorrigierenden prädiktiven Parser für die überarbeitete Grammatik.

4.56 Zeigen Sie das Verhalten Ihrer Parser aus den Übungen 4.54 und 4.55 bei den fehlerhaften Eingaben

a) **if** e **then** s; **if** e **then** s **end**

b) **while** e **do begin** s; **if** e **then** s; **end**

4.57 Schreiben Sie einen prädiktiven Parser, einen Operator-Precedence-Parser und einen LR-Parser mit panic-mode-Fehlerbehandlung für die Grammatiken aus den Übungen 4.54 und 4.55. Benutzen Sie dabei Semikolon und **end** als Synchronisationszeichen. Zeigen Sie das Verhalten Ihrer Parser bei den fehlerhaften Eingaben aus Übung 4.56.

4.58 In Abschnitt 4.6 schlugen wir eine graphorientierte Methode zur Bestimmung der Menge der Strings vor, die in einer Reduzierbewegung eines Operator-Precedence-Parsers vom Stack heruntergeholt werden können.

    *a)   Geben Sie einen Algorithmus zum Finden eines regulären Ausdrucks an, der alle solche Strings bezeichnet.

    b)   Geben Sie einen Algorithmus an, der bestimmt, ob die Menge solcher Strings endlich oder unendlich ist, und der die Menge auflistet, falls sie endlich ist.

    c)   Wenden Sie Ihre Algorithmen aus (a) und (b) auf die Grammatik aus der Übung 4.54 an.

**4.59 Wir erheben für die fehlerkorrigierenden Parser aus den Abbildungen 4.18, 4.28 und 4.53 den Anspruch, daß jede Fehlerkorrektur letztendlich darin resultiert, daß mindestens ein Symbol mehr von der Eingabe gelöscht wird oder daß der Stack verkürzt wird, wenn das Ende der Eingabe erreicht wurde. Nicht alle Korrekturmöglichkeiten bewirken jedoch, daß unmittelbar ein Eingabesymbol zu verbrauchen ist. Können Sie beweisen, daß für die Parser aus den Abbildungen 4.18, 4.28 und 4.53 keine Endlosschleifen möglich sind? *Hinweis*: Es ist hilfreich, zu beachten, daß beim Operator-Precedence-Parser aufeinanderfolgende Terminale auf dem Stack durch $\leq\cdot$ in Beziehung stehen, selbst wenn Fehler vorhanden sind. Beim LR-Parser wird der Stack sogar noch beim Vorhandensein von Fehlern eine gültige Vorsilbe enthalten.

**4.60 Geben Sie einen Algorithmus an, der in prädiktiven Operator-Precedence-und LR-Syntaxanalysetabellen unerreichbare Einträge entdeckt.

4.61 Der LR-Parser in Abb. 4.53 behandelt die vier Situationen, in denen der oberste Zustand 4 oder 5 ist (welche dann auftauchen, wenn + beziehungsweise * als oberstes im Stack stehen) und die nächste Eingabe + oder * ist, durch das Aufrufen der Routine e1, die ein **id** zwischen diesen einfügt. Wir können für Ausdrücke, die alle arithmetischen Operatoren miteinbeziehen, leicht einen LR-Parser enkwickeln, der sich in der gleichen Weise verhält: füge ein **id** zwischen den benachbarten Operatoren ein. In gewissen Sprachen (wie PL/1 oder C, aber nicht Fortran oder Pascal) ist es klug, den Fall, in dem / als oberstes im Stack steht und * das nächste Eingabesymbol ist, auf eine spezielle Art zu behandeln. Warum? Was wird ein angemessener Ablauf von Aktionen für den Fehlerkorrektor sein?

4.62 Eine Grammatik heißt in *Chomsky-Normalform* (CNF), wenn sie ϵ-frei ist und jede nicht-ϵ-Produktion von der Form $A \to BC$ oder von der Form $A \to a$ ist.

    *a) Geben Sie einen Algorithmus an, der eine Grammatik in eine äquivalente Chomsky-Normalform-Grammatik umwandelt.

    b) Wenden Sie Ihren Algorithmus auf die Ausdrucksgrammatik (4.10) an.

4.63 Gegeben ist eine Grammatik G in Chomsky-Normalform und ein Eingabestring $w = a_1 a_2 \cdots a_n$. Schreiben Sie einen Algorithmus, um zu bestimmen, ob w in $L(G)$ ist. *Hinweis*: Füllen Sie unter Verwendung des dynamischen Programmierens eine $n \times n$-Tabelle T aus, in der $T[i, j] = \{ A \mid A \overset{*}{\Longrightarrow} a_i a_{i+1} \cdots a_j \}$ ist. Der Eingabestring w ist genau dann in $L(G)$, wenn S in $T[1, n]$ ist.

*4.64 a) Gegeben ist eine Chomsky-Normalform-Grammatik G. Zeigen Sie, wie man Produktionen für einzelne Einfüge-, Lösch- und Änderungsfehler zu der Grammatik so hinzufügt, daß die vergrößerte Grammatik alle möglichen Tokenstrings generiert.

    b) Modifizieren Sie den Syntaxanalysealgorithmus aus Übung 4.63 so, daß er bei irgendeinem gegebenen String w eine Syntaxanalyse findet, die die geringste Zahl an Fehlerproduktionen benutzt.

4.65 Schreiben Sie einen Yacc-Parser für arithmetische Ausdrücke, der den Fehlerbehandlungsmechanismus aus Übung 4.50 benutzt.

Literaturhinweise

Der sehr einflußreiche Algol-60-Report (Naur [1963]) benutzt die Backus-Naur-Form (BNF), um die Syntax einer größeren Programmiersprache zu definieren. Die Äquivalenz von BNF und kontextfreien Grammatiken wurde schnell bemerkt, und die Theorie der formalen Sprachen erhielt in den 60'er Jahren ziemlich viel Aufmerksamkeit. Hopcroft und Ullman [1979] berichten über die grundlegenden Aspekte in diesem Bereich.

Die Syntaxanalysemethoden wurden nach der Entwicklung kontextfreier Grammatiken sehr viel systematischer. Verschiedene allgemeine Techniken zur Syntaxanalyse irgendeiner kontextfreien Grammatik wurden erfunden. Eine der frühesten ist die in Übung 4.63 angedeutete Technik des dynamischen Programmierens, die durch J. Cocke, Younger [1967] und Kasami [1965] unabhängig voneinander entdeckt wurde. In seiner Doktorarbeit entwickelte auch Earley [1970] einen universellen Syntaxanalysealgorithmus für alle kontextfreien Grammatiken. Aho und Ullman [1972b und 1973a] diskutieren diese und andere Syntaxanalysemethoden im Detail.

Viele unterschiedliche Syntaxanalysemethoden wurden in Compilern verwendet. Sheridan [1959] beschreibt die in dem ursprünglichen Fortran-Compiler benutzte Syntaxanalysemethode, die zusätzliche Klammern um die Operanden herum einführt, damit sie Ausdrücke syntaktisch analysieren kann. Die Idee der Operatorpriorität und der Gebrauch von Prioritätsfunktionen stammt von Floyd [1963]. In den 60'er Jahren wurde eine große Zahl von Strategien zur Bottom-Up-Syntaxanalyse vorgeschlagen. Diese beinhalten einfache Priorität (Wirth und Weber [1966]), bounded-context (Floyd [1964], Graham [1964]), mixed strategy Priorität (McKeeman, Horning und Wortman [1970]) und schwache Priorität (Ichbiah und Morse [1970]).

Rekursiv-absteigende und prädiktive Syntaxanalyse werden häufig in der Praxis benutzt. Weil die rekursiv-absteigende Syntaxanalyse flexibel ist, wurde sie in vielen frühen Compiler-Generatoren wie META (Schorre [1964]) und TMG (McClure [1965]) benutzt. Eine Lösung zu Übung 4.13 kann in Birman und Ullman [1973] gefunden werden, zusammen mit einigem über die Theorie dieser Syntaxanalysemethode. Pratt [1973] schlägt eine Top-Down-Methode zur Operator-Precedence-Syntaxanalyse vor.

LL-Grammatiken wurden von Lewis und Stearns [1968] bearbeitet, und ihre Eigenschaften wurden von Rosenkrantz und Stearns [1970] erschlossen. Prädiktive Parser wurden ausführlich durch Knuth [1971a] bearbeitet. Lewis, Rosenkrantz und Stearns [1976] beschreiben den Gebrauch prädiktiver Parser in Compilern. Algorithmen zur Transformation von Grammatiken in die LL(1)-Form werden in Forster [1968], Wood [1969], Stearns [1971] und Soisalon-Soininen und Ukkonen [1979] präsentiert.

LR-Grammatiken und -Parser sind zuerst von Knuth [1965] eingeführt worden, der die Konstruktion kanonischer LR-Syntaxanalysetabellen beschreibt. Die LR-Methode wurde nicht praktisch eingesetzt, bis Korenjak [1969] zeigte, daß mit ihr Parser vernünftigen Umfangs für Grammatiken von Programmiersprachen erzeugt werden können. Als sich DeRemer [1969, 1971] die SLR- und LALR-Methode ausdachte, die einfacher sind als die von Korenjak, wurde die LR-Technik die auserwählte Methode für automatische Parser-Generatoren. Heute sind LR-Parser-Generatoren in Konstruktionsumgebungen für Compiler üblich.

Ein großer Teil der Forschung wurde in die Entwicklung von LR-Parsern gesteckt. Der Gebrauch mehrdeutiger Grammatiken bei der LR-Syntaxanalyse ist Aho, Johnson und Ullman [1975] und Earley [1975a] zuzuschreiben. Die Beseitigung von Reduktionen mit Kettenproduktionen wurde in Anderson, Eve und Horning [1973], Aho und Ullman [1973b], Demers [1975], Backhouse [1976], Joliat [1976], Prager [1977b], Soisalon-Soininen [1980] und Tokuda [1981] diskutiert.

Techniken zur Berechnung von LALR(1)-Lookahead-Mengen wurden von LaLonde [1971], Anderson, Eve und Horning [1973], Prager [1977a], Kristensen und Madsen [1981], DeRemer und Pennello [1982] und von Park, Choe und Chang [1985] vorgeschlagen, die auch einige experimentelle Vergleiche vorweisen.

Aho und Johnson [1974] geben einen allgemeinen Überblick der LR-Syntaxanalyse und diskutieren einige dem Yacc-Parser-Generator zugrundeliegende Algorithmen einschließlich dem Gebrauch von Fehlerproduktionen zur Fehlerbehandlung. Aho und Ullman [1972b und 1973a] geben eine umfassende Behandlung der LR-Syntaxanalyse und ihrer theoretischen Grundlagen.

Viele Fehlerbehandlungstechniken für Parser wurden vorgeschlagen. Fehlerbehandlungstechniken wurden von Ciesinger [1979] und von Sippu [1981] begutachtet. Irons [1963] schlug einen grammatik-basierten Zugang zur Syntaxfehlerbehandlung vor. Von Wirth [1968] wurden Fehlerproduktionen zur Behandlung von Fehlern in einem PL360-Compiler verwendet. Leinius [1970] schlug die Strategie der Phrase-level-Fehlerbehandlung vor. Aho und Peterson [1972] zeigen, wie globale least-cost-Fehlerbehandlung erreicht werden kann, und zwar mit Hilfe von Fehlerproduktionen in Verbindung mit allgemeinen Syntaxanalysealgorithmen für kontextfreie Grammatiken. Mauney und Fischer [1982] erweitern diese Ideen zur lokalen least-cost-Behandlung für LL- und LR-Parser unter Verwendung der Syntaxanalysetechnik von Graham, Harrison und Ruzzo [1980]. Graham und Rhodes [1975] diskutieren die Fehlerbehandlung im Zusammenhang mit der Precedence-Syntaxanalyse.

Horning [1976] diskutierte die Qualitäten, die gute Fehlermeldungen haben sollten. Sippu und Soisalon-Soininen [1983] vergleichen die Leistung der

Fehlerbehandlungstechnik im Helsinki Language Processor (Räihä et al. [1983]) mit der „forward-move"-Behandlungstechnik von Pennello und DeRemer [1978], mit der LR-Fehlerbehandlungstechnik von Graham, Haley und Joy [1979] und mit der „global-context"-Behandlungstechnik von Pai und Kieburtz [1980].

Fehlerkorrektur während der Syntaxanalyse wird von Conway und Maxwell [1963], Moulton und Muller [1967], Conway und Wilcox [1973], Levy [1975], Tai [1978] und Röhrich [1980] diskutiert. Aho und Peterson [1972] enthält eine Lösung zu Übung 4.63.

5
Syntaxgesteuerte Übersetzung

Dieses Kapitel entwickelt das Thema von Abschnitt 2.3, die durch kontext-freie Grammatiken gesteuerte Übersetzung von Sprachen. Wir verbinden Information mit einem Programmiersprachenkonstrukt, indem wir an die Grammatiksymbole, die diese Konstrukte repräsentieren, Attribute anheften. Werte für Attribute werden durch „semantische Regeln" berechnet, die mit den Grammatikproduktionen assoziiert werden.

Es gibt zwei mögliche Notationen, um semantische Regeln mit Produktionen zu verbinden: die syntaxgesteuerten Definitionen und die Übersetzungsschemata. Syntaxgesteuerte Definitionen sind abstraktere Spezifikationen für Übersetzungen. Sie verbergen viele Implementierungsdetails und befreien den Benutzer von der expliziten Spezifikation der Reihenfolge, in der die Übersetzung stattfindet. Übersetzungsschemata legen die Reihenfolge fest, in der die semantischen Regeln auszuwerten sind, daher erlauben sie es, einige Implementierungsdetails zu zeigen. Wir benutzen beide Notationen in Kapitel 6 zur Spezifikation semantischer Überprüfungen, insbesondere zur Bestimmung von Typen, und in Kapitel 8 zum Generieren von Zwischencode.

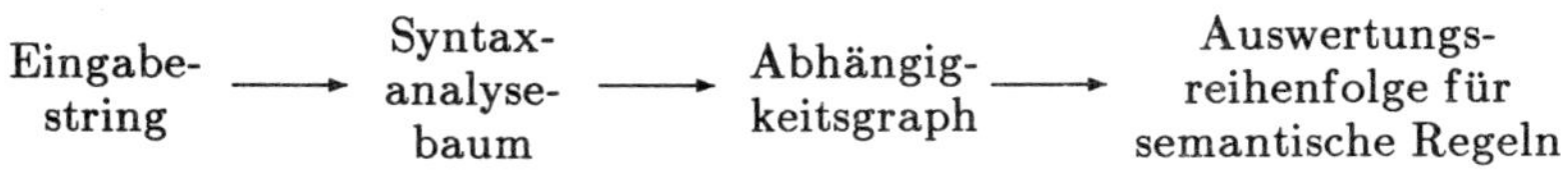

| Eingabe-string | → | Syntax-analyse-baum | → | Abhängig-keitsgraph | → | Auswertungs-reihenfolge für semantische Regeln |

Abb. 5.1 Konzeptuelle Sicht der syntaxgesteuerten Übersetzung.

Konzeptionell betrachtet analysieren wir sowohl mit den syntaxgesteuerten Definitionen als auch mit den Übersetzungsschemata den Eingabezeichenstrom, bilden den Syntaxanalysebaum, und durchlaufen dann diesen Baum so, daß die semantischen Regeln an den Knoten des Syntaxanalysebaums auszuwerten sind (siehe Abb. 5.1). Die Auswertung semantischer Regeln kann

Code generieren, Information in einer Symboltabelle abspeichern, Fehlermeldungen ausgeben oder die Durchführung einiger anderer Aktivitäten beinhalten. Durch die Auswertung der semantischen Regeln wird die Übersetzung des Zeichenstroms erreicht.

Eine Implementierung muß nicht genau dem Abriß in Abb. 5.1 folgen.
Spezialfälle syntaxgesteuerter Definitionen können in einem einzigen Durch-
lauf implementiert werden, indem die semantischen Regeln während der
Syntaxanalyse ausgewertet werden, ohne die explizite Konstruktion eines
Syntaxanalysebaums oder eines Graphen, der die Abhängigkeiten zwischen
Attributen anzeigt. Weil die Implementierung mit einem einzigen Durchlauf
für die Effizienz der Übersetzungszeit wichtig ist, ist ein Großteil dieses
Kapitels dem Studium derartiger Spezialfälle gewidmet. Eine wichtige Unter-
klasse, die „L-attributierte" Definitionen genannt wird, umfaßt alle Übersetzungen, die ohne explizite Erstellung eines Syntaxanalysebaums ausgeführt
werden können.

5.1 Syntaxgesteuerte Definitionen

Eine syntaxgesteuerte Definition ist eine Verallgemeinerung einer kontextfreien Grammatik. Jedes Grammatiksymbol besitzt eine ihm zugehörige At-
tributmenge, die in zwei Untermengen aufgeteilt ist: die synthetisierten und
die ererbten Attribute dieses Grammatiksymbols. Wenn wir uns einen Knoten
für ein Grammatiksymbol in einem Parsebaum als einen Record mit Feldern
für die Information vorstellen, dann „entspricht" ein Attribut einem Namen
eines Felds.

Ein Attribut kann irgendetwas beliebiges repräsentieren: einen String,
eine Zahl, einen Typ, einen Speicherplatz oder was auch immer. Der Wert
eines Attributs an einem Parsebaumknoten wird durch eine Semantikregel
definiert, die mit der an diesem Knoten angewendeten Produktion assoziiert
ist. Der Wert eines synthetisierten Attributs an einem Knoten errechnet sich
aus den Werten der Attribute der Nachfolger dieses Knotens im Parsebaum;
der Wert eines ererbten Attributs wird aus den Werten der Geschwister und
des Vorgängers dieses Knotens berechnet.

Semantikregeln erzeugen Abhängigkeiten zwischen Attributen, die
durch einen Graph dargestellt werden. Von diesem Abhängigkeitsgraph leiten wir eine Auswertungsreihenfolge für die Semantikregeln ab. Die Auswertung der Semantikregeln definiert die Werte der Attribute an den Knoten
im Parsebaum für den Eingabestring. Eine Semantikregel kann auch Seiteneffekte haben, z.B. das Drucken eines Wertes oder das Updaten einer globalen Variablen. Natürlich braucht eine Implementierung nicht explizit einen
Parsebaum oder einen Abhängigkeitsgraphen zu konstruieren; sie muß nur
für jeden Eingabestring die gleiche Ausgabe produzieren.

Ein Parsebaum, der die Werte der Attribute an jedem Knoten zeigt,
wird ein *bewerteter (annotated)* Parsebaum genannt. Der Prozeß der Berech-

nung der Attributwerte an den Knoten wird *Bewertung* (*annotating* oder *decorating*) des Parsebaums genannt.

Die Form einer syntaxgesteuerten Definition

In einer syntaxgesteuerten Definition hat jede Grammatikproduktion $A \rightarrow \alpha$ eine ihr zugehörige Menge von Semantikregeln der Form $b := f(c_1, c_2, ..., c_k)$, wobei wobei $c_1, c_2, ..., c_k$ Attribute sind, die zu den Grammatiksymbolen der Produktion gehören, f eine Funktion und entweder

1. b ein synthetisiertes Attribut von A, oder

2. b ein ererbtes Attribut eines der Grammatiksymbole der rechten Seite der Produktion ist.

In beiden Fällen sagen wir, daß Attribut b von den Attributen $c_1, c_2, ..., c_k$ *abhängig* ist. Eine *Attributgrammatik* ist eine syntaxgesteuerte Definition, in der die Funktionen in den Semantikregeln keine Seiteneffekte haben können.

Funktionen in Semantikregeln werden oft als Ausdrücke geschrieben. Gelegentlich ist die einzige Absicht einer Semantikregel, in einer syntaxgesteuerten Definition einen Seiteneffekt zu erzeugen. Solche Semantikregeln sind als Prozeduraufrufe oder Programmfragmente geschrieben. Sie können als Regeln angesehen werden, die den Wert synthetisierter Scheinattribute eines Nichtterminals der linken Seite der zugehörigen Produktion definieren; das Scheinattribut und das Zeichen := in der Semantikregel werden nicht gezeigt.

Produktion	Semantikregeln
$L \rightarrow E$ **n**	$print(E.val)$
$E \rightarrow E_1 + T$	$E.val := E_1.val + T.val$
$E \rightarrow T$	$E.val := T.val$
$T \rightarrow T_1 * F$	$T.val := T_1.val \times F.val$
$T \rightarrow F$	$T.val := F.val$
$F \rightarrow (E)$	$F.val := E.val$
$F \rightarrow$ **digit**	$F.val := $ **digit**.$lexval$

Abb. 5.2 Syntaxgesteuerte Definition eines einfachen Tischrechners.

Beispiel 5.1
Die syntaxgesteuerte Definition in Abb. 5.2 ist für ein Tischrechnerprogramm. Diese Definition assoziiert ein ganzahliges synthetisiertes Attribut mit Namen *val* mit jedem der Nichtterminale E, T und F. Für jede E-, T- und F-Produk-

tion berechnet die Semantikregel den Wert des Attributes *val* für das Nichtterminal der linken Seite aus den Werten von *val* der Nichtterminale auf der rechten Seite.

Das Token **digit** hat ein synthetisiertes Attribut *lexval*, von dessen Wert wir annehmen, daß er vom Scanner geliefert wird. Die Regel, die mit der Produktion $L \rightarrow E$n für das nichtterminale Startsymbol L assoziiert ist, ist lediglich eine Prozedur, die den Wert des arithmetischen Ausdrucks ausgibt, der durch E generiert wird; wir können diese Regel so betrachten, als würde sie ein Scheinattribut für das Nichtterminal L definieren. Eine Yacc-Spezifikation für diesen Tischrechner wurde in Abb. 4.56 dargestellt, um die Übersetzung während der LR-Syntaxanalyse zu illustrieren.   □

In einer syntaxgesteuerten Definition wird für Terminale angenommen, daß sie nur synthetisierte Attribute haben, da die Definition keine Semantikregeln für Terminale bietet. Werte für Attribute von Terminalen werden gewöhnlich durch den Scanner geliefert, wie es in Abschnitt 3.1 diskutiert wurde. Weiterhin wird bis auf weiteres vom Startsymbol angenommen, daß es keine ererbten Attribute hat.

Synthetisierte Attribute

Synthetisierte Attribute werden in der Praxis häufig benutzt. Eine syntaxgesteuerte Definition, die ausschließlich synthetisierte Attribute benutzt, wird eine *S-attributierte Definition* genannt. Ein Parsebaum für eine S-attributierte Definition kann bewertet werden, indem die Semantikregeln für die Attribute an jedem Knoten von unten nach oben, also von den Blättern zur Wurzel, ausgewertet werden. Abschnitt 5.3 beschreibt, wie ein LR-Parser-Generator so angepaßt werden kann, daß er eine auf einer LR-Grammatik basierende S-attributierte Definition mechanisch implementiert.

Beispiel 5.2

Die S-attributierte Definition in Beispiel 5.1 spezifiziert einen Tischrechner, der eine Eingabezeile liest, die einen arithmetischen Ausdruck enthält, gefolgt von einem Zeichen **n** für eine neue Zeile, und den Wert des Ausdrucks ausgibt. In einem arithmetischen Ausdruck können Ziffern, Klammern und die Operatoren + und * vorkommen. Für den Ausdruck 3*5+4, gefolgt von einem Zeichen für eine neue Zeile, gibt das Programm den Wert **19** aus. Abbildung 5.3 enthält einen bewerteten Parsebaum für die Eingabe 3*5+4n. An der Wurzel des Baums wird der Wert von *E.val* beim ersten Nachfolger der Wurzel ausgegeben.

Um zu sehen, wie Attributwerte berechnet werden, betrachten wir einmal den untersten inneren Knoten. Dieser Knoten entspricht dem Einsatz der Produktion $F \rightarrow$ **digit**. Die zugehörige Semantikregel, *F.val* := **digit**.*lexval*, definiert für das Attribut *F.val* an diesem Knoten den Wert 3, weil der

Wert von **digit**.*lexval* am Nachfolgerknoten 3 ist. Auf die gleiche Weise erhält das Attribut $T.val$ am Vorgänger dieses F-Knotens den Wert 3.

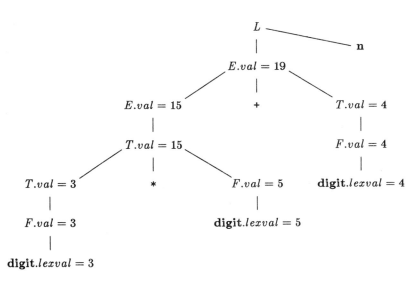

Abb. 5.3 Bewerteter Parse-Baum für 3*5+4n.

Nun betrachten Sie den Knoten für die Produktion $T \rightarrow T * F$. Der Wert des Attributs $T.val$ an diesem Knoten ist durch

PRODUKTION	SEMANTIKREGEL
$T \rightarrow T_1 * F$	$T.val := T_1.val \times F.val$

definiert. Wenn wir die Semantikregel an diesem Knoten anwenden, dann hat $T_1.val$ den Wert 3 vom linken Nachfolger und $F.val$ den Wert 5 vom rechten Nachfolger. Also erhält $T.val$ an diesem Knoten den Wert 15.

Die Regel, die mit der Produktion $L \rightarrow E$**n** für das nichtterminale Startsymbol assoziiert ist, druckt den bei E generierten Wert des Ausdrucks. □

Ererbte Attribute

Ein ererbtes Attribut ist ein Attribut, dessen Wert an einem Knoten des Parsebaums in Termen von Attributen des Vorgängers und/oder der Nachbarn des Knotens definiert ist. Ererbte Attribute sind brauchbar, um die

Abhängigkeit eines Programmiersprachenkonstruktes vom Kontext, in dem es auftritt, auszudrücken. Z.B. können wir ein ererbtes Attribut benutzen, um festzuhalten, ob ein Bezeichner auf der linken oder rechten Seite einer Anweisung auftritt. Dies geschieht mit dem Ziel, zu entscheiden, ob die Adresse oder der Wert des Bezeichners gebraucht wird. Obwohl es immer möglich ist, eine syntaxgesteuerte Definition so umzuschreiben, daß sie nur synthetisierte Attribute benutzt, ist es oft natürlicher, eine syntaxgesteuerte Definition mit ererbten Attributen zu benutzen.

Im folgenden Beispiel verbreitet ein ererbtes Attribut die Typinformation zu den verschiedenen Bezeichnern einer Deklaration.

Beispiel 5.3
Eine Deklaration, die durch das Nichtterminal D in der syntaxgesteuerten Definition von Abb. 5.4 generiert wird, besteht aus dem Schlüsselwort **int** oder **real**, gefolgt von einer Liste von Bezeichnern. Das Nichtterminal T hat ein synthetisiertes Attribut *type*, dessen Wert durch das Schlüsselwort in der Deklaration bestimmt ist. Die Semantikregel $L.in := T.type$, die mit der Produktion $D \rightarrow TL$ assoziiert ist, setzt das ererbte Attribut $L.in$ auf den Typ in der Deklaration. Die Regeln reichen dann diesen Typ im Parsebaum mit Hilfe des ererbten Attributes $L.in$ nach unten. Die mit den Produktionen für L assoziierten Regeln rufen die Prozedur *addtype* auf, um den Typ jedes Bezeichners zu seinem Eintrag in der Symboltabelle hinzuzufügen (mit dem Attribut *entry* wird auf den Eintrag verwiesen).

Produktionen	Semantikregeln
$D \rightarrow T\ L$	$L.in := T.type$
$T \rightarrow$ **int**	$T.type := integer$
$T \rightarrow$ **real**	$T.type := real$
$L \rightarrow L_1 ,$ **id**	$L_1.in := L.in$ $addtype(\textbf{id}.entry, L.in)$
$L \rightarrow$ **id**	$addtype(\textbf{id}.entry, L.in)$

Abb. 5.4 Syntaxgesteuerte Definition mit dem ererbten Attribut $L.in$.

Abbildung 5.5 zeigt einen bewerteten Parsebaum für den Satz **real id**$_1$**, id**$_2$**, id**$_3$. Der Wert von $L.in$ an den drei L-Knoten gibt den Typ der Bezeichner **id**$_1$, **id**$_2$ und **id**$_3$ wieder. Diese Werte werden durch die Berechnung des Wertes des Attributs $T.type$ am linken Nachfolger der Wurzel und dann durch die top-down-Auswertung von $L.in$ an den drei L-Knoten im rechten Unterbaum der Wurzel bestimmt. An jedem L-Knoten rufen wir die Prozedur *addtype* auf, um die Tatsache, daß der Bezeichner am rechten Nachfolger dieses Knotens den Typ real hat, in die Symboltabelle einzutragen.   □

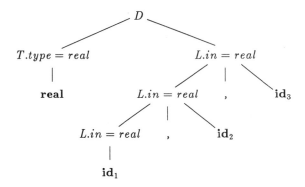

Abb. 5.5 Ein Parse-Baum mit ererbtem Attribut *in* an jedem mit dem Label L versehenen Knoten.

Abhängigkeitsgraphen

Wenn an einem Knoten in einem Parsebaum ein Attribut b von einem Attribut c abhängt, dann muß die Semantikregel für b an diesem Knoten nach der Semantikregel, die c definiert, ausgewertet werden. Die Abhängigkeiten zwischen den ererbten und den synthetisierten Attributen an den Knoten in einem Parsebaum können durch einen gerichteten Graphen, einen sogenannten *Abhängigkeitsgraphen*, dargestellt werden.

Bevor wir einen Abhängigkeitsgraphen für einen Parsebaum konstruieren, bringen wir jede Semantikregel in die Form $b := f(c_1, c_2, ..., c_k)$. Dabei führen wir ein synthetisiertes Scheinattribut b für jede Semantikregel ein, die nur aus einem Prozeduraufruf besteht. Der Graph hat für jedes Attribut einen Knoten sowie eine Kante vom Knoten für c zum Knoten für b, wenn das Attribut b vom Attribut c abhängt. Im folgenden wird genauer beschrieben, wie der Abhängigkeitsgraph für einen gegebenen Parsebaum konstruiert wird.

Nehmen wir z.B. an, $A.a := f(X.x, Y.y)$ ist eine Semantikregel für die Produktion $A \rightarrow XY$. Diese Regel definiert ein synthetisiertes Attribut $A.a$, das von den Attributen $X.x$ und $Y.y$ abhängt. Wenn diese Produktion im Parsebaum benutzt wird, dann wird es drei Knoten $A.a$, $X.x$ und $Y.y$ in dem Abhängigkeitsgraphen geben, einmal mit einer Kante von $X.x$ nach $A.a$, da

$A.a$ von $X.x$ abhängt, und mit einer Kante von $Y.y$ nach $A.a$, da $A.a$ auch noch von $Y.y$ abhängt.

```
for jeden Knoten n im Parsebaum do
    for jedes Attribut a des Grammatiksymbols bei n do
        konstruiere im Abhängigkeitsgraphen einen Knoten für a;
for jeden Knoten n im Parsebaum do
    for jede Semantikregel b := f(c₁, c₂, ..., cₖ), die mit der bei
        n benutzten Produktion assoziiert ist do
        for i := 1 to k do
            konstruiere eine Kante vom Knoten für cᵢ
            zum Knoten für b;
```

Wenn die Produktion $A \rightarrow XY$ mit der Semantikregel $X.i := g(A.a, Y.y)$ assoziiert ist, dann gibt es eine Kante von $A.a$ nach $X.i$ und eine von $Y.y$ nach $X.i$, da $X.i$ sowohl von $A.a$ als auch von $Y.y$ abhängt.

Beispiel 5.4
Jedesmal, wenn die folgende Produktion in einem Parsebaum benutzt wird, fügen wir die Kanten, die in Abb. 5.6 gezeigt sind, dem Abhängigkeitsgraphen hinzu.

PRODUKTION	SEMANTIKREGEL
$E \rightarrow E_1 + E_2$	$E.val := E_1.val + E_2.val$

Die drei durch einen • markierten Knoten des Abhängigkeitsgraphen repräsentieren die synthetisierten Attribute $E.val$, $E_1.val$ und $E_2.val$ der entsprechenden Knoten im Parsebaum. Die Kante von $E_1.val$ nach $E.val$ zeigt, daß $E.val$ von $E_1.val$ abhängt, und die Kante von $E_2.val$ nach $E.val$ zeigt, daß $E.val$ auch von $E_2.val$ abhängt. Die gepunkteten Linien stellen den Parsebaum dar und sind nicht Teil des Abhängigkeitsgraphen.   □

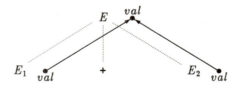

Abb. 5.6 *E.val* ist aus $E_1.val$ und $E_2.val$ synthetisiert.

Beispiel 5.5
Abbildung 5.7 zeigt den Abhängigkeitsgraphen für den Parsebaum in Abb. 5.5 Die Knoten im Abhängigkeitsgraphen sind durch Zahlen markiert; diese Zahlen werden im folgenden benutzt. Es gibt eine Kante von Knoten 4 für *T.type* zum Knoten 5 für *L.in*, weil das ererbte Attribut *L.in* von dem Attribut *T.type* abhängt. Dies stimmt mit der Semantikregel *L.in* := *T.type* für die Produktion $D \rightarrow TL$ überein. Die beiden abwärts gerichteten Kanten zu den Knoten 7 und 9 erscheinen, weil $L_1.in$ von *L.in* abhängt. Dies stimmt mit der Semantikregel $L_1.in$:= *L.in* für die Produktion $L \rightarrow L1$, **id** überein. Jede der Semantikregeln *addtype*(**id**.*entry*, *L.in*), die mit den *L*-Produktionen assoziiert sind, führt zur Erzeugung eines Scheinattributes. Die Knoten 6, 8 und 10 wurden für diese Scheinattribute konstruiert. □

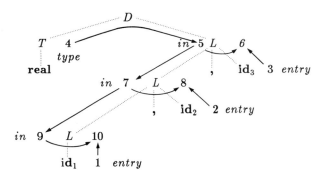

Abb. 5.7 Abhängigkeitsgraph für den Parsebaum aus Abb. 5.5.

Auswertungsreihenfolge

Eine *topologische Sortierung* eines gerichteten azyklischen Graphen ist irgendeine Reihenfolge m_1, m_2, ..., m_k der Knoten des Graphen, so daß alle Kanten von Knoten ausgehen, die früher in der Reihenfolge auftreten, und zu Knoten hinführen, die später vorkommen; das heißt, wenn $m_i \rightarrow m_j$ eine Kante von m_i nach m_j ist, dann taucht m_i vor m_j in der Reihenfolge auf.

Jede topologische Sortierung eines Abhängigkeitsgraphen liefert eine richtige Reihenfolge, in der die Semantikregeln, die mit den Knoten eines Parsebaums assoziiert sind, ausgewertet werden können. Das bedeutet, daß in der topologischen Reihenfolge die abhängigen Attribute c_1, c_2, ..., c_k einer Semantikregel $b := f(c_1, c_2, ..., c_k)$ an einem Knoten verfügbar sind, bevor f ausgewertet wird.

Die Übersetzung, die durch eine syntaxgesteuerte Definition spezifiziert ist, kann wie folgt präzisiert werden: Die zugrundeliegende Grammatik wird benutzt, um einen Parsebaum für die Eingabe zu konstruieren. Der Abhängigkeitsgraph wird so konstruiert, wie es oben erklärt wurde. Ausgehend von einer topologischen Sortierung des Abhängigkeitsgraphen erhalten wir eine Auswertungsreihenfolge für die Semantikregeln. Die Auswertung der Semantikregeln in dieser Reihenfolge ergibt die Übersetzung des Eingabestrings.

Beispiel 5.6

Alle Kanten in dem Abhängigkeitsgraphen in Abb. 5.7 führen von einem Knoten mit einer kleineren Zahl zu einem Knoten mit einer größeren Zahl. Deshalb wird durch das Niederschreiben der Knoten in der Reihenfolge ihrer Zahlen eine topologische Sortierung des Abhängigkeitsgraphen erreicht. Wir schreiben a_n für das Attribut, das mit dem Knoten mit der Zahl n im Abhängigkeitsgraphen assoziiert ist.

$a_4 := real;$
$a_5 := a_4;$
$addtype(\text{id}_3.entry, a_5);$
$a_7 := a_5;$
$addtype(\text{id}_2.entry, a_7);$
$a_9 := a_7;$
$addtype(\text{id}_1.entry, a_9);$

Die Auswertung dieser Semantikregeln speichert den Typ *real* in dem Symboltabelleneintrag für jeden Bezeichner.

Für die Auswertung der Semantikregeln wurden verschiedene Methoden vorgeschlagen:

1. *Parse-Baum-Methoden.* Zur Übersetzungszeit erhalten diese Methoden eine Auswertungsreihenfolge aus einer topologischen Sortierung des Abhängigkeitsgraphen, der aus dem Parsebaum für jede Eingabe konstruiert wird. Diese Methoden versagen beim Auffinden einer Auswertungsreihenfolge nur, wenn der Abhängigkeitsgraph einen Zykel hat.

2. *Regelbasierte Methoden.* Zur Konstruktionszeit des Compilers werden die mit Produktionen assoziierten Semantikregeln analysiert, entweder von Hand oder durch ein spezielles Werkzeug. Für jede Produktion ist die Reihenfolge, in der die mit diesen Produktionen assoziierten Attribute ausgewertet werden, zur Konstruktionszeit des Compilers vorbestimmt.

3. *Unbewußte (oblivious) Methoden.* Eine Auswertungsreihenfolge wird ohne Betrachtung der Semantikregeln gewählt. Wenn z.B. die Übersetzung während des Parsens stattfindet, dann ist die Reihenfolge der Auswertung unabhängig von den Semantikregeln durch die Parsemethode festgelegt. Eine unbewußte Auswertungsreihenfolge beschränkt die Klasse der syntaxgesteuerten Definitionen, die implementiert werden können.

Regelbasierte und unbewußte Methoden erfordern nicht die explizite Konstruktion des Abhängigkeitsgraphen zur Übersetzungszeit, so daß sie in ihrem Verbrauch an Übersetzungszeit und Speicherplatz effizienter sind.

Eine syntaxgesteuerte Definition wird *zirkulär* genannt, wenn der Abhängigkeitsgraph für irgendeinen Parsebaum, der durch ihre Grammatik erzeugt wurde, einen Zykel enthält. In Abschnitt 5.10 wird erläutert, wie eine syntaxgesteuerte Definition auf Zirkularität geprüft wird.

5.2 Die Konstruktion von Syntaxbäumen

In diesem Abschnitt zeigen wir, wie syntaxgesteuerte Definitionen benutzt werden können, um die Konstruktion von Syntaxbäumen und anderen graphischen Darstellungen von Sprachkonstrukten zu spezifizieren.

Der Gebrauch von Syntaxbäumen als Zwischendarstellung erlaubt es, die Übersetzung vom Parser zu entkoppeln. Übersetzungsroutinen, die während des Parsens aktiviert werden, müssen mit zwei Arten von Restriktionen leben. Zuerst kann eine Grammatik, die zum Parsen geeignet ist, nicht die natürliche, hierarchische Struktur der Konstrukte in der Sprache widerspiegeln. Zum Beispiel wird eine Grammatik für Fortran eine Unterroutine so ansehen, als bestünde sie einfach aus einer Liste mit Anweisungen. Jedoch wäre die Analyse der Unterroutine einfacher, wenn wir eine Baumdarstellung benutzen, die die Schachtelungen von DO-Schleifen wiedergibt. Zweitens beschränkt die Parsemethode die Reihenfolge, in der die Knoten in einem Parsebaum betrachtet werden. Diese Reihenfolge muß nicht mit der Reihenfolge übereinstimmen, in der die Information über ein Konstrukt verfügbar wird. Aus diesem Grund konstruieren Compiler für C gewöhnlich Syntaxbäume für Deklarationen.

Syntaxbäume

Ein (abstrakter) Syntaxbaum ist eine verdichtete Form eines Parsebaums, die zur Darstellung von Sprachkonstrukten hilfreich ist. Die Produktion $S \to$ **if** B **then** S_1 **else** S_2 wird in einem Syntaxbaum als

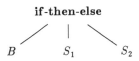

auftauchen. In einem Syntaxbaum kommen Operatoren und Schlüsselworte nicht als Blätter vor, sondern sie sind mit den inneren Knoten assoziiert, die Vorgänger solcher Blätter im Parsebaum sind. Eine andere in Syntaxbäumen vorzufindende Vereinfachung ist, daß Ketten von Kettenproduktionen in sich zusammenfallen; der Parsebaum von Abb. 5.3 wird zu dem Syntaxbaum

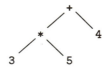

Syntaxgesteuerte Übersetzung kann sowohl auf Syntaxbäumen als auch auf Parsebäumen basieren. Die Vorgehensweise ist in jedem Fall die gleiche; wir heften die Attribute wie in einem Parsebaum an die Knoten.

Die Konstruktion von Syntaxbäumen für Ausdrücke

Die Konstruktion eines Syntaxbaums für einen Ausdruck ist der Übersetzung des Ausdrucks in die Postfixform ähnlich. Wir konstruieren Unterbäume für die Unterausdrücke, indem wir für jeden Operator und jeden Operanden einen Knoten erzeugen. Die Nachfolger eines Operatorknotens sind die Wurzeln der Knoten, die die Unterausdrücke darstellen, die die Operanden dieses Operators ausmachen.

Jeder Knoten in einem Syntaxbaum kann als ein Record mit verschiedenen Feldern implementiert werden. In dem Knoten für einen Operator identifiziert ein Feld den Operator, die restlichen Felder enthalten Zeiger auf die Knoten für die Operanden. Der Operator wird auch oft das *Label* des Knotens genannt. Wenn sie in der Übersetzung benutzt werden, können die Knoten in einem Syntaxbaum noch zusätzliche Felder haben, um die Werte (oder Zeiger zu den Werten) der dem Knoten angehefteten Attribute aufzunehmen. In diesem Abschnitt benutzen wir die folgenden Funktionen, um die Knoten von Syntaxbäumen für Ausdrücke mit binären Operatoren zu erzeugen. Jede Funktion liefert einen Zeiger auf einen neu erzeugten Knoten zurück.

1. *mknode*(*op*, *left*, *right*) erzeugt einen Operatorknoten mit dem Label *op* und zwei Feldern, die Zeiger auf *left* und *right* enthalten.

2. *mkleaf*(**id**, *entry*) erzeugt einen Bezeichnerknoten mit dem Label **id** und einem Feld, das *entry* – einen Zeiger auf den Symboltabelleneintrag für den Bezeichner – enthält.

3. *mkleaf*(**num**, *val*) erzeugt einen Zahlknoten mit dem Label **num** und einem Feld, das *val* – den Wert der Zahl – enthält.

Beispiel 5.7
Die folgende Sequenz von Funktionsaufrufen erzeugt den in Abbildung 5.8 gezeigten Syntaxbaum für den Ausdruck a−4+c. In dieser Sequenz sind p_1, p_2, ..., p_5 Zeiger auf Knoten, *entrya* und *entryc* sind Zeiger auf die Symboltabelleneinträge für die Bezeichner a bzw. c.

(1) $p_1 := mkleaf(\text{id}, entrya)$;   (4) $p_4 := mkleaf(\text{id}, entryc)$;
(2) $p_2 := mkleaf(\text{num}, 4)$;   (5) $p_5 := mknode(\text{'+'}, p_3, p_4)$;
(3) $p_3 := mknode(\text{'-'}, p_1, p_2)$;

Der Baum wird von unten nach oben konstruiert. Die Funktionsaufrufe *mkleaf*(id, *entrya*) und *mkleaf*(num, 4) konstruieren die Blätter für a und 4; die Zeiger auf diese Knoten werden unter Verwendung von p_1 und p_2 gesichert.

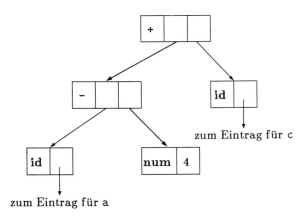

Abb. 5.8 Syntaxbaum für a−4+c.

Der Aufruf $mknode(\text{'-'}, p_1, p_2)$ konstruiert dann den inneren Knoten mit den Blättern für a und 4 als Nachfolger. Nach zwei weiteren Schritten ist p_5, der Zeiger auf die Wurzel, erreicht. □

Eine syntaxgesteuerte Definition zur Konstruktion von Syntaxbäumen

Abbildung 5.9 enthält eine S-attribuierte Definition zur Konstruktion eines Syntaxbaums für einen Ausdruck, der die Operatoren + und − beinhaltet. Sie benutzt die zugrundeliegenden Produktionen der Grammatik, um die Aufrufe der Funktionen *mknode* und *mkleaf* zur Konstruktion des Baums zu koordinieren. Das synthetisierte Attribut $nptr$ für E und T verwaltet die Zeiger, die durch die Funktionsaufrufe zurückgeliefert werden.

Produktion	Semantikregeln
$E \rightarrow E_1 + T$	$E.nptr := mknode(\text{'+'}, E_1.nptr, T.nptr)$
$E \rightarrow E_1 - T$	$E.nptr := mknode(\text{'-'}, E_1.nptr, T.nptr)$
$E \rightarrow T$	$E.nptr := T.nptr$
$T \rightarrow (E)$	$T.nptr := E.nptr$
$T \rightarrow \textbf{id}$	$T.nptr := mkleaf(\textbf{id}, \textbf{id}.entry)$
$T \rightarrow \textbf{num}$	$T.nptr := mkleaf(\textbf{num}, \textbf{num}.val)$

Abb. 5.9 Syntaxgesteuerte Definition zur Konstruktion eines Syntaxbaums für einen Ausdruck.

Beispiel 5.8
Ein bewerteter Parsebaum, der die Konstruktion eines Syntaxbaums für den Ausdruck a-4+c wiedergibt, ist in Abb. 5.10 gezeigt. Der Parsebaum ist punktiert dargestellt. Die Parsebaumknoten, die als Label das Nichtterminal E und T haben, benutzen das synthetisierte Attribut $nptr$. Damit wird ein Zeiger auf den Knoten des Syntaxbaums für den Ausdruck, der durch das Nichtterminal repräsentiert wird, gespeichert.

Die Semantikregeln, die mit den Produktionen $T \rightarrow \textbf{id}$ und $T \rightarrow \textbf{num}$ assoziiert sind, definieren das Attribut $T.nptr$ als Zeiger auf ein neues Blatt für einen Bezeichner bzw. eine Zahl. Die Attribute $\textbf{id}.entry$ und $\textbf{num}.val$ sind die lexikalischen Werte, von denen angenommen wird, daß sie durch den Scanner mit den Token $\textbf{id}$ und $\textbf{num}$ geliefert werden.

Wenn in Abb. 5.10 ein Ausdruck E ein einzelner Term ist, der dem Gebrauch der Produktion $E \rightarrow T$ entspricht, dann erhält das Attribut $E.nptr$ den Wert von $T.nptr$.

Wenn die Semantikregel $E.nptr := mknode(\text{'-'}, E_1.nptr, T.nptr)$, die mit der Produktion $E \rightarrow E_1 - T$ assoziiert ist, aktiviert wird, dann haben bereits frühere Regeln $E_1.nptr$ und $T.nptr$ als Zeiger auf die Blätter für a bzw. 4 gesetzt.

Bei Interpretation von Abb. 5.10 ist es wichtig zu erkennen, daß der Unterbaum, der durch die Records gebildet wird, ein „realer" Syntaxbaum ist, der die Ausgabe ausmacht. Dagegen ist der punktierte Baum darüber der Parsebaum, der lediglich in einer bildlichen Vorstellung existieren sollte. Im nächsten Abschnitt zeigen wir, wie eine S-attributierte Definition einfach implementiert werden kann. Dies geschieht mit Hilfe des Kellers eines Bottom-up-Parsers zur Verwaltung der Attributwerte. Konkret werden bei dieser

Implementierung die knotenbildenden Funktionen in der gleichen Reihenfolge aktiviert wie in Beispiel 5.7. □

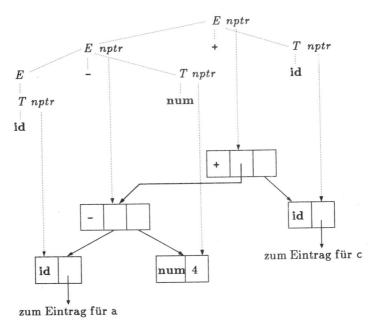

Abb. 5.10 Die Konstruktion eines Syntaxbaums für a-4+c.

Gerichtete azyklische Graphen für Ausdrücke

Ein gerichteter azyklischer Graph (künftig *GAG* genannt) für einen Ausdruck identifiziert die gemeinsamen Unterausdrücke in dem Ausdruck. So wie ein Syntaxbaum hat auch ein GAG einen Knoten für jeden Unterausdruck des Ausdrucks; ein innerer Knoten repräsentiert einen Operator, und seine Nachfolger stellen seine Operanden dar. Der Unterschied ist folgender: ein Knoten in einem GAG, der einen gemeinsamen Unterausdruck repräsentiert, hat mehr als einen Vorgänger; in einem Syntaxbaum wird der gemeinsame Unterausdruck als ein duplizierter Unterbaum dargestellt.

Abb. 5.11 enthält einen GAG für den Ausdruck

a + a * (b − c) + (b − c) * d

Das Blatt für a hat zwei Vorgänger, weil a für die beiden Unterausdrücke a und a*(b-c) gemeinsam ist. In gleicher Weise werden die beiden Vorkommen des gemeinsamen Unterausdrucks b-c durch einen einzigen Knoten repräsentiert, der auch zwei Vorgänger hat.

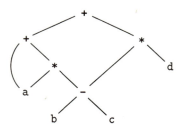

Abb. 5.11   Ein GAG für den Ausdruck a+a*(b-c)+(b-c)*d.

Die syntaxgesteuerte Definition aus Abb. 5.9 wird an Stelle eines Syntaxbaums einen GAG konstruieren, wenn wir die Operationen zur Knotenkonstruktion modifizieren. Ein GAG wird erreicht, wenn die Funktion, die einen Knoten konstruiert, zuerst überprüft, ob bereits ein identischer Knoten existiert. Zum Beispiel kann $mknode(op, left, right)$, bevor ein neuer Knoten mit Label op und Feldern mit Zeigern auf $left$ und $right$ konstruiert wird, überprüfen, ob solch ein Knoten bereits konstruiert wurde. Wenn dies der Fall ist, dann kann $mknode(op, left, right)$ einen Zeiger auf den früher konstruierten Knoten zurückliefern. Die blattkonstruierenden Funktionen $mkleaf$ können sich in gleicher Weise verhalten.

Beispiel 5.9

Die Instruktionen in Abb. 5.12 konstruiert den GAG in Abb. 5.11, vorausgesetzt $mknode$ und $mkleaf$ erzeugen nur neue Knoten, wenn es erforderlich ist, und sie liefern, wann immer möglich, Zeiger auf existierende Knoten mit dem korrekten Label und den korrekten Nachfolgern zurück. In Abb. 5.12 verweisen a, b, c und d auf die Symboltabelleneinträge für die Bezeichner a, b, c und d.

(1)	$p_1 := mkleaf(\textbf{id}, a);$	(8)	$p_8 := mkleaf(\textbf{id}, b);$
(2)	$p_2 := mkleaf(\textbf{id}, a);$	(9)	$p_9 := mkleaf(\textbf{id}, c);$
(3)	$p_3 := mkleaf(\textbf{id}, b);$	(10)	$p_{10} := mknode('-', p_8, p_9);$
(4)	$p_4 := mkleaf(\textbf{id}, c);$	(11)	$p_{11} := mkleaf(\textbf{id}, d);$
(5)	$p_5 := mknode('-', p_3, p_4);$	(12)	$p_{12} := mknode('*', p_{10}, p_{11});$
(6)	$p_6 := mknode('*', p_2, p_5);$	(13)	$p_{13} := mknode('+', p_7, p_{12});$
(7)	$p_7 := mknode('+', p_1, p_6);$		

Abb. 5.12   Instruktionen zur Konstruktion des GAG in Abb. 5.11.

Wenn der Aufruf *mkleaf*(**id**, *a*) in Zeile 2 wiederholt wird, dann wird der
Knoten zurückgegeben, der durch den vorherigen Aufruf von *mkleaf*(**id**, *a*)
konstruiert wurde, und so ist $p_1 = p_2$. Gleichermaßen sind die Knoten, die
in den Zeilen 8 und 9 geliefert werden, genau diejenigen, die in den Zeilen
3 bzw. 4 zurückgegeben wurden. Deshalb muß der Knoten, der in Zeile 10
geliefert wird, der gleiche sein, der durch den Aufruf von *mknode* in Zeile
5 konstruiert wurde.   □

In vielen Anwendungen sind die Knoten als in einem Array gespeicherte Records implementiert, so wie in Abb. 5.13. In dieser Abbildung hat jeder Record ein Labelfeld, das die Art des Knotens bestimmt. Wir können auf einen
Knoten durch seinen Index oder seine Position im Array verweisen. Der
ganzzahlige Index eines Knotens wird aus historischen Gründen oft ein *Zahlenwert* genannt. Zum Beispiel können wir unter Verwendung der Zahlenwerte sagen, daß Knoten 3 das Label + hat, sein linker Nachfolger Knoten 1
ist und sein rechter Nachfolger Knoten 2. Der folgende Algorithmus kann benutzt werden, um Knoten für eine GAG-Darstellung eines Ausdrucks zu erzeugen.

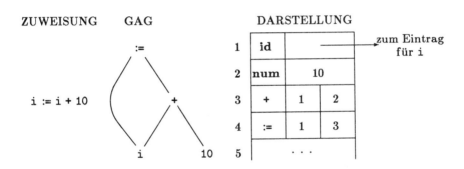

Abb. 5.13 Knoten in einem GAG für i := i + 10
abgespeichert in einem Array.

Algorithmus 5.1
Zahlenwert-Methode zur Konstruktion eines Knotens in einem GAG.

Nehmen wir an, daß Knoten wie in Abb. 5.13 in einem Array abgespeichert
sind und daß jeder Knoten mit seinem Zahlenwert referiert wird. Die *Signatur* eines Operatorknotens sei ein Tripel <*op*, *l*, *r*>, das aus seinem Label *op*,
dem linken Nachfolger *l* und dem rechten Nachfolger *r* besteht.

Eingabe: Das Label *op*, der Knoten *l* und der Knoten *r*.

Ausgabe: Ein Knoten mit der Signatur <*op*, *l*, *r*>.

Methode: Suche im Array nach einem Knoten m mit dem Label op, dem linken Nachfolger l und dem rechten Nachfolger r. Wenn es solch einen Knoten gibt, liefere m zurück; andernfalls erzeuge einen neuen Knoten n mit dem Label op, dem linken Nachfolger l, dem rechten Nachfolger r und gib n zurück.

Zur Bestimmung, ob ein Knoten m bereits im Array ist, gibt es einen offensichtlichen Weg: alle vorher erzeugten Knoten in einer Liste festzuhalten und jeden Knoten auf der Liste zu überprüfen, um zu sehen, ob er die verlangte Signatur hat. Die Suche nach m kann noch effizienter gestaltet werden, indem man k Listen, genannt Buckets, verwendet und eine Hashfunktion h benutzt, um zu bestimmen, welcher Bucket zu durchsuchen ist.[1]

Die Hashfunktion h berechnet die Nummer eines Buckets aus den Werten von op, l und r. Sie wird bei gleichen Argumenten immer die gleiche Bucketnummer liefern. Wenn m nicht im Bucket $h(op, l, r)$ *enthalten* ist, dann wird ein neuer Knoten n erzeugt und zu diesem Bucket hinzugefügt, so daß nachfolgende Suchvorgänge ihn dort finden werden. Verschiedene Signaturen können auf die gleiche Bucketnummer abgebildet werden, aber in der Praxis nehmen wir an, daß jeder Bucket nur eine kleine Zahl von Knoten enthält.

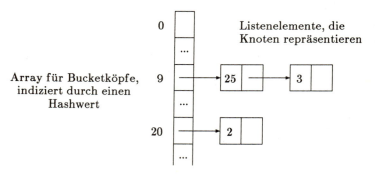

Abb. 5.14 Datenstruktur zum Suchen nach Buckets.

---

[1]   Irgendeine Datenstruktur, die ein "Wörterbuch" im Sinn von Aho, Hopcraft und Ullman [1983] implementiert, genügt. Die wichtige Eigenschaft der Struktur ist, daß wir zu einem gegebenen Schlüssel, d.h. einem Label op und zwei Knoten l und r, schnell einen Knoten m mit der Signatur $<op, l, r>$ entdecken oder feststellen, daß keiner existiert.

Jeder Bucket kann als eine verkettete Liste implementiert werden, so wie es in Abb. 5.14 gezeigt ist. Jedes Element einer verketteten Liste repräsentiert einen Knoten. Die Köpfe der Buckets, die aus einem Zeiger auf das erste Element einer Liste bestehen, werden in einem Array gespeichert. Dic Bucketnummer, die durch $h(op, l, r)$ zurückgegeben wird, ist ein Index in diesem Array mit Bucketköpfen.

Dieser Algorithmus kann so angepaßt werden, daß man ihn auf Knoten anwenden kann, die nicht zusammenhängend in einem Array gespeichert werden. In vielen Compilern werden Knoten dann angefordert, wenn sie gebraucht werden, um so die Voranforderung eines Arrays zu vermeiden, das meistens zu viele Knoten und oftmals nicht genug Knoten enthält. In diesem Fall können wir nicht annehmen, daß Knoten in einem zusammenhängenden Speicherbereich sind, also müssen wir Zeiger benutzen, um auf die Knoten zu verweisen. Wenn die Hashfunktion so gestaltet werden kann, daß sie die Bucketnummer aus einem Label und aus Zeigern auf Nachfolger berechnen kann, dann können wir anstelle von Zahlenwerten Zeiger auf Knoten benutzen. Ansonsten können wir die Knoten in irgendeiner Weise mit Nummern versehen und diese Nummer als die Zahlenwerte eines Knotens benutzen. □

GAGs können auch benutzt werden, um Mengen von Ausdrücken zu repräsentieren, weil ein GAG mehr als eine Wurzel haben kann. In den Kapiteln 9 und 10 werden die Berechnungen, die durch eine Folge von Zuweisungsanweisungen durchgeführt werden, als ein GAG dargestellt.

5.3 Bottom-up-Auswertung S-attributierter Definitionen

Da wir nun gesehen haben, wie man syntaxgesteuerte Definitionen benutzt, um Übersetzungen zu spezifizieren, können wir nun untersuchen, wie man einen Übersetzer für diese Definition implementiert. Es kann schwierig sein, einen Übersetzer für eine beliebige syntaxgesteuerte Definition zu erstellen. Dennoch gibt es eine große Klasse nützlicher syntaxgesteuerter Definitionen, für die es leicht ist, einen Übersetzer zu konstruieren. In diesem Abschnitt untersuchen wir eine solche Klasse: die S-attributierten Definitionen, also die syntaxgesteuerten Definitionen, die nur synthetisierte Attribute enthalten. Die nachfolgenden Abschnitte betrachten die Implementierung von Definitionen, die auch ererbte Attribute haben.

Synthetisierte Attribute können durch einen Bottom-up-Parser ausgewertet werden, wenn die Eingabe syntaktisch analysiert wird. Der Parser kann die Werte der synthetisierten Attribute, die mit den Grammatiksymbolen assoziiert sind, auf seinem Stack festhalten. Wann immer eine Reduktion gemacht wird, werden die Werte der neu synthetisierten Attribute aus den Attributen berechnet, die für die Grammatiksymbole der rechten Seite der

„reduzierenden" Produktion auf dem Stack erscheinen. Dieser Abschnitt zeigt, wie der Parserstack erweitert werden kann, um die Werte der synthetisierten Attribute aufzunehmen. Wir werden in Abschnitt 5.6 sehen, daß diese Implementierung auch einige ererbte Attribute unterstützt.

Nur synthetisierte Attribute erscheinen in der syntaxgesteuerten Definition in Abbildung 5.9, die den Syntaxbaum für einen Ausdruck konstruiert. Die Vorgehensweise in diesem Abschnitt kann deshalb so angelegt werden, daß Syntaxbäume während des Bottom-up-Parsens konstruiert werden. Wie wir in Abschnitt 5.5 sehen werden, benutzt die Übersetzung von Ausdrücken während des Top-Down-Parsens oft ererbte Attribute. Wir verschieben deshalb die Übersetzung während der Top-Down-Syntaxanalyse solange, bis die „von-links-nach-rechts"-Abhängigkeiten im nächsten Abschnitt untersucht sind.

Synthetisierte Attribute auf dem Parserstack

Ein Übersetzer für eine S-attributierte Definition kann oft mit der Hilfe eines LR-Parser-Generators, so wie wir ihn in Abschnitt 4.9 diskutiert haben, implementiert werden. Ausgehend von einer S-attributierten Definition kann der Parser-Generator einen Übersetzer konstruieren, der die Attribute auswertet, während er die Eingabe syntaktisch analysiert.

state	val
. . .	. . .
X	$X.x$
Y	$Y.y$
Z	$Z.z$
. . .	. . .

top → (points to Z row)

Abb. 5.15 Ein Parserstack mit einem Feld
für synthetisierte Attribute.

Ein Bottom-up-Parser benutzt einen Stack, um Information über Unterbäume festzuhalten, die schon syntaktisch analysiert wurden. Wir können Extrafelder im Parserstack benutzen, um die Werte synthetisierter Attribute zu speichern. Abbildung 5.15 zeigt ein Beispiel für einen Parserstack mit zusätzlichem Platz für einen Attributwert. Wir wollen annehmen, daß der Stack wie in der Abbildung durch ein Paar von Arrays *state* und *val* implementiert wird. Jeder *state*-Eintrag ist ein Zeiger (oder ein Index) auf eine LR(1)-Syntaxanalysetabelle. (Beachten Sie, daß das Grammatiksymbol implizit im Zustand enthalten ist und nicht im Stack gespeichert werden muß.) Es ist dennoch bequem, auf einen Zustand durch das einzige Grammatiksymbol zu verweisen, das er enthält, wenn er auf den Parserstack plaziert wird, so wie es in Abschnitt 4.7 beschrieben ist. Wenn das i-te *state*-Symbol ein A ist, dann wird $val[i]$ den Wert des Attributs enthalten, das mit dem Parsebaumknoten assoziiert ist, der diesem A entspricht.

Die aktuelle Spitze des Stacks wird durch den Zeiger *top* angezeigt. Wir nehmen an, daß synthetisierte Attribute unmittelbar vor jeder Reduktion ausgewertet werden. Wir setzen voraus, daß die Semantikregel $A.a := f(X.x, Y.y, Z.z)$ mit der Produktion $A \rightarrow XYZ$ assoziiert ist. Bevor XYZ auf A reduziert wird, ist der Wert des Attributs $Z.z$ in $val[top]$, der von $Y.y$ in $val[top-1]$ und der von $X.x$ in $val[top-2]$. Wenn ein Symbol kein Attribut hat, dann ist der entsprechende Eintrag im *val*-Array undefiniert. Nach der Reduktion wird *top* um 2 vermindert, der Zustand, der A enthält, wird in $state[top]$ gelegt (d.h. wo X war), und der Wert des synthetisierten Attributes $A.a$ wird in $val[top]$ plaziert.

Beispiel 5.10
Betrachten wir abermals die syntaxgesteuerte Definition des Tischrechners aus Abb. 5.2. Die synthetisierten Attribute im bewerteten Parsebaum in Abb. 5.3 können von einem LR-Parser während einer bottom-up-Syntaxanalyse der Eingabezeile 3*5+4n berechnet werden. Wie vorher nehmen wir an, daß der Scanner den Wert des Attributes **digit**.*lexval* liefert, welcher der numerische Wert jedes Tokens ist, das eine Ziffer repräsentiert. Wenn der Parser ein **digit** auf den Stack schiebt, wird das Token **digit** in $state[top]$ und sein Attributswert in $val[top]$ plaziert.

Produktion	Codefragment
$L \rightarrow E$ **n**	$print(val[top])$
$E \rightarrow E_1 + T$	$val[ntop] := val[top\text{-}2] + val[top]$
$E \rightarrow T$	
$T \rightarrow T_1 * F$	$val[ntop] := val[top\text{-}2] \times val[top]$
$T \rightarrow F$	
$F \rightarrow (E)$	$val[ntop] := val[top\text{-}1]$
$F \rightarrow$ **digit**	

Abb. 5.16 Implementierung eines Tischrechners mit einem LR-Parser.

Wir können die Technik aus Abschnitt 4.7 benutzen, um einen LR-Parser für die zugrundeliegende Grammatik zu konstruieren. Um die Attribute auszuwerten, modifizieren wir den Parser so, daß die Codefragmente, die in Abb. 5.16 gezeigt sind, gerade vor der Durchführung der entsprechenden Reduktion ausgeführt werden. Beachten Sie, daß wir Attributauswertungen mit Reduktionen assoziieren können, weil jede Reduktion die Produktion bestimmt, die anzuwenden ist. Die Codesegmente hat man aus den Semantikregeln in Abb. 5.2 erhalten, indem jedes Attribut durch eine Position im *val*-Array ersetzt wurde.

Die Codefragmente zeigen nicht, wie die Variablen *top* und *ntop* verwaltet werden. Wenn eine Produktion mit *r* Symbolen auf der rechten Seite reduziert wird, dann wird der Wert von *ntop* auf den Wert *top−r+1* gesetzt. Nachdem jedes Codefragment ausgeführt ist, wird *top* auf *ntop* gesetzt.

Abbildung 5.17 zeigt die Reihenfolge der Bewegungen, die von dem Parser bei der Eingabe 3*5+4n gemacht werden. Die Inhalte der *state*- und *val*-Felder des Parserstacks sind nach jeder Bewegung gezeigt. Wir nehmen uns wieder die Freiheit, die Stackzustände durch ihre entsprechenden Grammatiksymbole zu ersetzen und anstatt des Token **digit** die aktuelle Eingabeziffer zu schreiben.

Eingabe	*state*	*val*	benutzte Produktion
3*5+4n	_	_	
*5+4n	3	3	
*5+4n	F	3	$F \rightarrow$ **digit**
*5+4n	T	3	$T \rightarrow F$
5+4n	T *	3 _	
+4n	T * 5	3 _ 5	
+4n	T * F	3 _ 5	$F \rightarrow$ **digit**
+4n	T	15	$T \rightarrow T$ * F
+4n	E	15	$E \rightarrow T$
4n	E +	15 _	
n	E + 4	15 _ 4	
n	E + F	15 _ 4	$F \rightarrow$ **digit**
n	E + T	15 _ 4	$T \rightarrow F$
n	E	19	$E \rightarrow E + T$
	E n	19 _	
	L	19	$L \rightarrow E$ n

Abb. 5.17   Bewegungen, die von einem Übersetzer bei der Eingabe 3*5+4n gemacht werden.

Betrachten wir die Folge der Ereignisse, wenn das Eingabesymbol 3 gesichtet wird. In der ersten Bewegung schiebt der Parser den Zustand auf den Stack, der dem Token **digit** (dessen Attributwert 3 ist) entspricht. (Der Zustand wird durch 3 dargestellt, und der Wert 3 ist im *val*-Feld.) Bei der zweiten Bewegung reduziert der Parser mit der Produktion $F \rightarrow$ **digit** und implementiert die Semantikregel *F.val :=* **digit**.*lexval*. Bei der dritten Bewegung reduziert der Parser mit $T \rightarrow F$. Mit dieser Produktion ist kein Codesegment assoziiert, so daß das *val*-Array unverändert bleibt. Beachten Sie, daß nach jeder Reduktion die Spitze des *val*-Stack den Attributwert enthält, der mit der linken Seite der zur Reduktion herangezogenen Produktion assoziiert ist.

In der Implementierung, die oben skizziert ist, werden die Codefragmente direkt vor einer stattfindenden Reduktion ausgeführt. Reduktionen bieten einen „Haken", an den Aktionen aufgehängt werden können, die aus beliebigen Codefragmenten bestehen. Das bedeutet, wir können dem Benutzer erlauben, eine Aktion mit einer Produktion zu assoziieren, die ausgeführt wird, wenn eine Reduktion gemäß dieser Produktion stattfindet. Die Übersetzungsschemata, die im nächsten Abschnitt betrachtet werden, stellen eine Notation zum Überlappen der Syntaxanalyse mit Aktionen zur Verfügung. In Abschnitt 5.6 werden wir sehen, wie eine große Klasse syntaxgesteuerter Definitionen während des Bottom-up-Parsens implementiert werden kann.

5.4 L-attributierte Definitionen

Wenn die Übersetzung während der Syntaxanalyse stattfindet, dann ist die Reihenfolge der Attributauswertungen mit der Reihenfolge verbunden, in der die Knoten eines Parsebaums durch die Syntaxanalysemethode „erzeugt" werden. Eine natürliche Reihenfolge, die viele top-down- und bottom-up-Übersetzungsmethoden charakterisiert, ist diejenige, die man durch Anwendung der Prozedur *dfvisit* in Abb. 5.18 auf die Wurzel eines Parsebaums erhält. Wir nennen diese Auswertungsreihenfolge die *depth-first-Reihenfolge*. Selbst wenn der Parsebaum nicht wirklich konstruiert wird, ist es doch nützlich, die Übersetzung während der Syntaxanalyse zu studieren, indem wir uns die depth-first-Auswertung von Attributen an den Knoten eines Parsebaums betrachten.

Wir führen nun eine Klasse syntaxgesteuerter Definitionen, genannt L-attributierte Definitionen, ein, deren Attribute immer in der depth-first-Reihenfolge ausgewertet werden können. (Das L steht für „links", weil die auftretende Attributinformation von links nach rechts fließt.) Die Implementierung immer umfangreicherer Klassen L-attributierter Definitionen wird in den nächsten drei Abschnitten dieses Kapitels behandelt. L-attributierte Definitionen schließen alle syntaxgesteuerten Definitionen ein, die auf LL(1)-Grammatiken basieren; Abschnitt 5.5 enthält eine Methode zur Implementierung solcher Definitionen in einem einzigen Durchlauf unter Verwendung der prädikativen Syntaxanalysemethoden. Eine größere Klasse L-attributierter Definitionen wird in Abschnitt 5.6 während der bottom-up-Syntaxanalyse implementiert, indem die Übersetzungsmethoden aus Abschnitt 5.3 erweitert werden. Eine allgemeine Methode zur Implementierung aller L-attributierten Definitionen wird in Abschnitt 5.7 skizziert.

> **procedure** *df visit* (n : node);
> **begin**
>   **for** jeden Nachfolger m von n, von links nach rechts **do begin**
>   werte die ererbten Attribute von m aus;
>   *df visit* (m)
>   **end**;
>
>   werte die synthetisierten Attribute von n aus
> **end**

Abb. 5.18 Depth-first-Auswertungsreihenfolge für
Attribute in einem Parse-Baum.

L-attributierte Definitionen

Eine syntaxgesteuerte Definition ist *L-attributiert*, wenn jedes ererbte Attribut von X_j, mit $1 \leq j \leq n$ und X_j steht auf der rechten Seite von $A \rightarrow X_1 X_2 \cdots X_n$, nur von

1. den Attributen der Symbole X_1, X_2, ..., X_{j-1}, die in der Produktion links von X_j stehen und

2. den ererbten Attributen von A

abhängt. Beachten Sie, daß jede S-attributierte Definition auch L-attributiert ist, weil die Restriktionen (1) und (2) nur auf ererbte Attribute angewendet werden.

Beispiel 5.11
Die syntaxgesteuerte Definition aus Abb. 5.19 ist nicht L-attributiert, weil das ererbte Attribut $Q.i$ des Grammatiksymbols Q von dem Attribut $R.s$ *abhängt* und das Grammatiksymbol R von Q rechts steht. Andere Beispiele für Definitionen, die nicht L-attributiert sind, sind in den Abschnitten 5.8 und 5.9 vorzufinden. □

Produktion	Semantikregeln
$A \rightarrow L\ M$	$L.i := l(A.i)$ $M.i := m(L.s)$ $A.s := f(M.s)$
$A \rightarrow Q\ R$	$R.i := r(A.i)$ $Q.i := q(R.s)$ $A.s := f(Q.s)$

Abb. 5.19 Eine nicht-L-attributierte syntaxgesteuerte Definition.

Übersetzungsschemata

Ein Übersetzungsschema ist eine kontextfreie Grammatik, in der Attribute mit den Grammatiksymbolen assoziiert sind und die semantischen Aktionen zwischen den Klammern { } eingeschlossen innerhalb der rechten Seiten der Produktionen eingefügt sind; so wie in Abschnitt 2.3. Wir werden die Übersetzungsschemata in diesem Kapitel als eine nützliche Notation zur Spezifikation der Übersetzung während der Syntaxanalyse benutzen.

Die Übersetzungsschemata, die in diesem Kapitel betrachtet werden, können sowohl synthetisierte als auch ererbte Attribute haben. In den einfachen Übersetzungsschemata, die in Kapitel 2 betrachtet wurden, waren die Attribute vom Typ String und jedes Symbol besaß nur eines. Für jede Produktion $A \rightarrow X_1 \cdots X_n$ bildete die Semantikregel den String für A durch das Aneinanderhängen der Strings von X_1, ..., X_n, und zwar in dieser Reihenfolge, mit einigen optionalen zusätzlichen Strings dazwischen. Wir sahen, daß wir die Übersetzung durchführen konnten, indem wir die Strings einfach in der Reihenfolge ausgaben, in der sie in den Semantikregeln auftauchten.

Beispiel 5.12
(5.1) ist ein einfaches Übersetzungsschema, das Infixausdrücke mit Addition und Subtraktion in die entsprechenden Postfixausdrücke überführt. Es ist eine leichte Überarbeitung des Übersetzungsschemas (2.14) aus Kapitel 2.

$$E \rightarrow T\ R$$
$$R \rightarrow \textbf{addop}\ T\ \{print(\textbf{addop}.lexeme)\}\ R_1 \mid \epsilon \qquad (5.1)$$
$$T \rightarrow \textbf{num}\ \{print(\textbf{num}.val)\}$$

Abbildung 5.20 zeigt den Parsebaum für die Eingabe 9-5+2. Dort ist jede semantische Aktion als der entsprechende Nachfolger mit dem Knoten verbunden, der der linken Seite ihrer Produktion entspricht. Das heißt also, wir behandeln die Aktionen so, als wären sie Terminalsymbole. Wir haben uns die

Freiheit genommen, die wirklichen Zahlen und den entsprechenden Operator anstelle der Token **num** und **addop** darzustellen. Wenn die Aktionen in Abb. 5.20 in der depth-first-Reihenfolge ausgeführt werden, dann drucken sie die Ausgabe 95-2+.   □

Wenn wir ein Übersetzungsschema entwerfen, dann müssen wir einige Restriktionen beachten, die sicherstellen, daß ein Attributwert auch verfügbar ist, wenn eine Aktion auf ihn zugreift. Diese Beschränkungen, begründet durch L-attributierte Definitionen, garantieren, daß eine Aktion nicht auf ein Attribut verweist, das noch nicht berechnet wurde.

Der einfachste Fall tritt ein, wenn nur synthetisierte Attribute benötigt werden. In diesem Fall können wir das Übersetzungsschema konstruieren, indem wir für jede Semantikregel eine Aktion erstellen. Diese Aktion besteht aus einer Zuweisung und ist am Ende der rechten Seite der assoziierten Produktion zu plazieren.

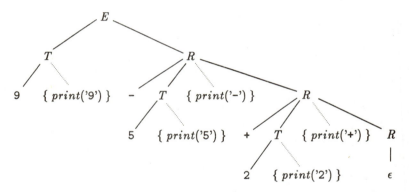

Abb. 5.20   Parse-Baum für 9-5+2, der Aktionen zeigt.

Zum Beispiel bringt die Produktion und die Semantikregel

<table>
<tr><td>PRODUKTION</td><td>SEMANTIKREGEL</td></tr>
<tr><td>$T \rightarrow T_1 * F$</td><td>$T.val := T_1.val \times F.val$</td></tr>
</table>

die folgende Produktion und semantische Aktion hervor:

$$T \rightarrow T_1 * F \ \{T.val := T_1.val \times F.val\}$$

Wenn wir sowohl ererbte als auch synthetisierte Attribute haben, dann müssen wir sorgfältiger sein:

1. Ein ererbtes Attribut für ein Symbol auf der rechten Seite einer Produktion muß in einer Aktion vor diesem Symbol berechnet werden.

2. Eine Aktion darf nicht auf ein synthetisiertes Attribut eines Symbols rechts der Aktion verweisen.

3. Ein synthetisiertes Attribut für das Nichtterminal auf der Linken kann erst berechnet werden, nachdem alle Attribute, auf die es verweist, bereits berechnet sind. Die Aktion, die solche synthetisierten Attribute berechnet, kann gewöhnlich am Ende der rechten Seite der Produktion plaziert werden.

In den nächsten zwei Abschnitten zeigen wir, wie ein Übersetzungsschema, das diese drei Forderungen erfüllt, durch die Verallgemeinerung von Top-Down- und Bottom-up-Parsern implementiert werden kann.

Das folgende Übersetzungsschema erfüllt die erste der drei Forderungen nicht.

$$S \rightarrow A_1 A_2 \qquad \{A_1.in := 1;\ A_2.in := 2\}$$
$$A \rightarrow a \qquad \{print(A.in)\}$$

Wie Sie sehen, ist das ererbte Attribut $A.in$ in der zweiten Produktion noch nicht definiert, wenn ein Versuch gemacht wird, seinen Wert während eines depth-first-Durchlaufs durch den Parsebaum für den Eingabestring aa auszudrucken. Das passiert, weil ein depth-first-Durchlauf bei S startet und die Unterbäume für A_1 und A_2 besucht, bevor die Werte von $A_1.in$ und $A_2.in$ gesetzt sind. Wäre die Aktion, die die Werte von $A_1.in$ und $A_2.in$ definiert, vor den A's auf der rechten Seite von $S \rightarrow A_1 A_2$ anstatt danach eingebettet, dann wird $A.in$ bereits definiert sein, wenn $print(A.in)$ ausgeführt wird.

Es ist immer möglich, mit einer L-attributierten syntaxgesteuerten Definition zu starten und ein Übersetzungsschema zu konstruieren, das die drei Forderungen von oben erfüllt. Das nächste Beispiel illustriert diese Konstruktion. Es basiert auf der Mathematik-Formatierungssprache EQN, die in Abschnitt 1.2 kurz beschrieben wurde. Wenn die Eingabe

E sub 1 .val

gegeben ist, dann plaziert EQN E, 1 und $.val$ in die relativen Positionen und Größen, wie sie in Abb. 5.21 gezeigt sind. Beachten Sie, daß der Index 1 in einer kleineren Größe und einem kleineren Font gedruckt ist und, relativ zu E und $.val$, nach unten versetzt ist.

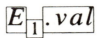

Abb. 5.21 Syntaxgesteuerte Anordnung von Boxen.

Beispiel 5.13
Ausgehend von der L-attributierten Definition in Abb. 5.22 wollen wir das
Übersetzungsschema in Abb. 5.23 konstruieren. In den Abbildungen repräsentiert das Nichtterminal B (für Box) eine mathematische Formel. Die Produktion $B \rightarrow BB$ repräsentiert die Nebeneinanderstellung zweier Boxen,
$B \rightarrow B$ sub B repräsentiert die Anordnung der zweiten Box als Indexbox in
einer kleineren Größe als die erste Box in der korrekten relativen Position
für einen Index.

Produktion	Semantikregeln
$S \rightarrow B$	$B.ps := 10$ $S.ht := B.ht$
$B \rightarrow B_1\,B_2$	$B_1.ps := B.ps$ $B_2.ps := B.ps$ $B.ht := max(B_1.ht, B_2.ht)$
$B \rightarrow B_1$ **sub** B_2	$B_1.ps := B.ps$ $B_2.ps := shrink(B.ps)$ $B.ht := disp(B_1.ht, B_2.ht)$
$B \rightarrow$ **text**	$B.ht :=$ **text**$.h \times B.ps$

Abb. 5.22 Syntaxgesteuerte Definition für
die Größe und Höhe von Boxen.

Das ererbte Attribut ps (für point size = Punktgröße) bewirkt die Höhe einer
Formel. Die Regel für die Produktion $B \rightarrow$ **text** bewirkt, daß die normale Höhe des Textes mit der Punktgröße multipliziert wird, um so die wirk-
liche Höhe des Textes zu erhalten. Das Attribut h von **text** erhält man durch
Nachschauen in der Tabelle mit dem gegebenen Zeichen, das durch das Token
text repräsentiert wird. Wenn die Produktion $B \rightarrow B_1 B_2$ angewendet wird,

dann erben B_1 und B_2 die Punktgröße von B durch Kopierregeln. Die Höhe von B, die durch das synthetisierte Attribut *ht* repräsentiert wird, ist das Maximum der Höhen von B_1 und B_2.

Wenn die Produktion $B \rightarrow B_1$ **sub** B_2 benutzt wird, dann verkleinert die Funktion *shrink* die Punktgröße von B_2 um 30%. Die Funktion *disp* berücksichtigt die Verschiebung der Box B_2, wenn sie die Höhe von B berechnet. Die Regeln, die die wirklichen Schriftsatzkommandos als Ausgabe generieren, sind nicht gezeigt.

Die Definition in Abb. 5.22 ist L-attributiert. Das einzige ererbte Attribut ist *ps* für das Nichtterminal B. Jede Semantikregel definiert *ps* nur in Termen mit diesem ererbten Attribut des Nichtterminals auf der Linken der Produktion. Deshalb ist die Definition L-attributiert.

Das Übersetzungsschema in Abb. 5.23 erhält man durch Einfügen von den Semantikregeln in Abb. 5.22 entsprechenden Zuweisungen in die Produktionen und indem man den drei oben angegebenen Forderungen folgt.

$$
\begin{aligned}
S \rightarrow \quad & \{ B.ps := 10 \} \\
B \quad & \{ S.ht := B.ht \}
\end{aligned}
$$

$$
\begin{aligned}
B \rightarrow \quad & \{ B_1.ps := B.ps \} \\
B_1 \quad & \{ B_2.ps := B.ps \} \\
B_2 \quad & \{ B.ht := max(B_1.ht, B_2.ht) \}
\end{aligned}
$$

$$
\begin{aligned}
B \rightarrow \quad & \{ B_1.ps := B.ps \} \\
B_1 \quad & \\
\textbf{sub} \quad & \{ B_2.ps := shrink(B.ps) \} \\
B_2 \quad & \{ B.ht := disp(B_1.ht, B_2.ht) \}
\end{aligned}
$$

$$
B \rightarrow \textbf{text} \quad \{ B.ht := \textbf{text}.h \times B.ps \}
$$

Abb. 5.23 Ein aus Abb. 5.22 konstruiertes Übersetzungsschema.

Zur besseren Lesbarkeit ist jedes Grammatiksymbol einer Produktion auf eine separate Zeile geschrieben, die Aktionen sind rechts davon gezeigt. Also wird

$$
S \rightarrow \{B.ps := 10\} \; B \; \{S.ht := B.ht\}
$$

als

$$S \rightarrow \quad \{B.ps := 10\}$$
$$\quad B \quad \{S.ht := B.ht\}$$

dargestellt. Beachten Sie, daß Aktionen, die die ererbten Attribute $B_1.ps$ und $B_2.ps$ setzen, gerade vor B_1 und B_2 auf der rechten Seite von Produktionen erscheinen. □

5.5 Top-Down-Übersetzung

In diesem Abschnitt werden die L-attributierten Definitionen während der prädiktiven Syntaxanalyse implementiert. Wir arbeiten lieber mit Übersetzungsschemata als mit syntaxgesteuerten Definitionen, damit wir die Reihenfolge, in der Aktionen und Attributauswertungen stattfinden, ausführlich behandeln können. Wir erweitern auch den Algorithmus zur Eliminierung von Linksrekursion auf Übersetzungsschemata mit synthetisierten Attributen.

Die Eliminierung der Linksrekursion aus einem Übersetzungsschema

Da die meisten arithmetischen Operatoren linksassoziativ sind, ist es natürlich, für Ausdrücke linksrekursive Grammatiken zu benutzen. Wir erweitern nun den Algorithmus zur Eliminierung der Linksrekursion aus den Abschnitten 2.4 und 4.3, damit die Attribute berücksichtigt werden, wenn die zugrundeliegende Grammatik eines Übersetzungsschemas umgeformt wird. Die Umformung bezieht sich auf die Übersetzungsschemata mit synthetisierten Attributen. Sie erlaubt es, daß viele der syntaxgesteuerten Definitionen aus den Abschnitten 5.1 und 5.2 unter Verwendung der prädiktiven Syntaxanalyse implementiert werden können. Das nächste Beispiel begründet die Umformung.

Beispiel 5.14

Das Übersetzungsschema in Abbildung 5.24 wird weiter unten in das Übersetzungsschema in Abb. 5.25 umgeformt. Das neue Schema erzeugt für den Ausdruck 9−5+2 den bewerteten Parsebaum in Abb. 5.26. Die Pfeile in dieser Abbildung weisen auf einen Weg zur Bestimmung des Wertes des Ausdrucks hin.

$$E \rightarrow E_1 + T \quad \{ E.val := E_1.val + T.val \}$$
$$E \rightarrow E_1 - T \quad \{ E.val := E_1.val - T.val \}$$
$$E \rightarrow T \quad \{ E.val := T.val \}$$
$$T \rightarrow (E) \quad \{ T.val := E.val \}$$
$$T \rightarrow \textbf{num} \quad \{ T.val := \textbf{num}.val \}$$

Abb. 5.24 Übersetzungsschema mit linksrekursiver Grammatik.

In Abb. 5.26 werden die einzelnen Zahlen durch T generiert; $T.val$ erhält seinen Wert aus dem lexikalischen Wert der Zahl, der durch das Attribut **num**.val gegeben ist. Die 9 in dem Unterausdruck 9−5 wird durch das am weitesten links stehende T generiert, aber der Minusoperator und die 5 werden durch das R am rechten Nachfolger der Wurzel generiert. Das ererbte Attribut $R.i$ erhält den Wert 9 von $T.val$. Die Subtraktion 9−5 und das Weiterreichen des Ergebniswertes 4 nach unten zum mittleren Knoten für R wird erreicht, indem die folgende Aktion in $R \to T R_1$ zwischen T und R$_1$ eingebettet wird:

$$\{ R_1.i := R.i - T.val \}$$

Eine ähnliche Aktion addiert 2 auf den Wert von 9−5, was zu dem Ergebnis $R.i = 6$ am untersten Knoten für R führt. Das Ergebnis wird aber an der Wurzel als Wert von $E.val$ gebraucht; das synthetisierte Attribut s für R, das nicht in Abb. 5.26 gezeigt ist, wird dazu benutzt, das Ergebnis an die Wurzel hochzukopieren. □

Bei der Top-Down-Syntaxanalyse können wir davon ausgehen, daß eine Aktion zu der Zeit ausgeführt wird, zu der ein Symbol in der gleichen Position expandiert wird. Deshalb wurde in der zweiten Produktion in Abb. 5.25 die erste Aktion (Zuweisung an $R_1.i$) erst ausgeführt, nachdem T komplett auf Terminale expandiert wurde, und die zweite Aktion erst, nachdem R_1 komplett expandiert wurde.

$$
\begin{aligned}
E \to \ & T &&\{\quad R.i := T.val\ \} \\
& R &&\{\ E.val := R.s\ \} \\[4pt]
R \to \ & + && \\
& T &&\{\ R_1.i := R.i + T.val\ \} \\
& R_1 &&\{\ R.s := R_1.s\ \} \\[4pt]
R \to \ & - && \\
& T &&\{\ R_1.i := R.i - T.val\ \} \\
& R_1 &&\{\ R.s := R_1.s\ \} \\[4pt]
R \to \ & \epsilon &&\{\quad R.s := R.i\ \} \\[4pt]
T \to \ & (&& \\
& E && \\
&) &&\{\ T.val := E.val\ \} \\[4pt]
T \to \ & \mathbf{num} &&\{\ T.val := \mathbf{num}.val\ \}
\end{aligned}
$$

Abb. 5.25 Umgeformtes Übersetzungsschema mit rechtsrekursiver Grammatik.

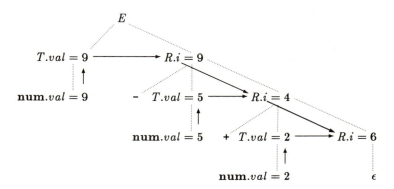

Abb. 5.26 Auswertung des Ausdrucks 9-5+2.

Bei der Diskussion über L-attributierte Definitionen in Abschnitt 5.4 wurde schon darauf hingewiesen, daß ein ererbtes Attribut eines Symbols durch eine Aktion berechnet werden muß, die vor dem Symbol erscheint, und daß ein synthetisiertes Attribut von dem Nichtterminal auf der Linken berechnet werden muß, nachdem alle Attribute berechnet wurden, von denen es abhängt.

Um andere linksrekursive Übersetzungsschemata an die prädiktive Syntaxanalyse anzupassen, wollen wir den Gebrauch der Attribute $R.i$ und $R.s$ in Abb. 5.25 abstrakter ausdrücken. Nehmen wir an, wir haben das folgende Übersetzungsschema

$$
\begin{aligned}
A &\to A_1 Y && \{\, A.a := g(A_1.a,\, Y.y)\} \\
A &\to X && \{\, A.a := f(X.x)\}
\end{aligned}
\qquad (5.2)
$$

Jedes Grammatiksymbol (Großbuchstabe) hat ein synthetisiertes Attribut, das durch den entsprechenden Kleinbuchstaben beschrieben ist, und f und g sind willkürliche Funktionen. Die Verallgemeinerung auf zusätzliche A-Produktionen und auf Produktionen mit Strings anstelle der Symbole X und Y kann so erfolgen wie in Beispiel 5.15.

Der Algorithmus zur Eliminierung von Linksrekursion aus Abschnitt 2.4 konstruiert aus (5.2) die folgende Grammatik:

$$
\begin{aligned}
A &\to XR \\
R &\to YR \mid \epsilon
\end{aligned}
\qquad (5.3)
$$

Berücksichtigt man die semantischen Aktionen, dann wird das Übersetzungsschema zu:

$$A \rightarrow X \quad \{R.i := f(X.x)\}$$
$$R \quad \{A.a := R.s\}$$

$$R \rightarrow Y \quad \{R_1.i := g(R.i, Y.y)\} \quad\quad\quad (5.4)$$
$$R_1 \quad \{R.s := R_1.s\}$$

$$R \rightarrow \epsilon \quad \{R.s := R.i\}$$

Das umgeformte Schema benutzt die Attribute i und s für R wie in Abb. 5.25. Um zu sehen, warum die Ergebnisse von (5.2) und (5.4) gleich sind, betrachten wir die beiden bewerteten Parsebäume in Abb. 5.27. Der Wert von $A.a$ in Abb. 5.27(a) wird gemäß (5.2) berechnet. Abb. 5.27(b) enthält die Berechnung von $R.i$, die gemäß (5.4) im Baum abwärts verläuft. Der Wert von $R.i$ ganz unten wird unverändert als $R.s$ wieder nach oben gereicht und wird der korrekte Wert von $A.a$ an der Wurzel ($R.s$ ist in der Abb. 5.27(b) nicht dargestellt).

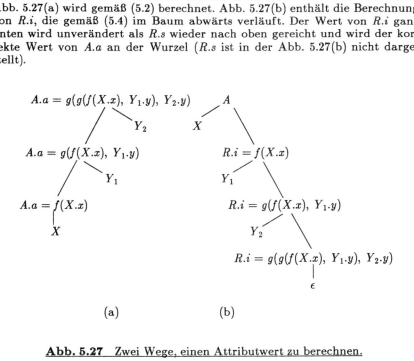

(a)   (b)

Abb. 5.27 Zwei Wege, einen Attributwert zu berechnen.

Beispiel 5.15
Wenn die syntaxgesteuerte Definition in Abb. 5.9 zur Konstruktion von Syntaxbäumen in ein Übersetzungsschema umgewandelt wird, dann werden die Produktionen und semantischen Aktionen für E zu:

$$E \to E_1 + T \quad \{E.nptr := mknode('+', E_1.nptr, T.nptr)\}$$
$$E \to E_1 - T \quad \{E.nptr := mknode('-', E_1.nptr, T.nptr)\}$$
$$E \to T \quad\quad\ \{E.nptr := T.nptr\}$$

Wenn die Linksrekursion durch dieses Übersetzungsschema eliminiert wird, dann entspricht das Nichtterminal E dem A in (5.2) und die Strings $+T$ und $-T$ in den ersten beiden Produktionen entsprechen dem Y; das Nichtterminal T in der dritten Produktion entspricht dem X. Das umgeformte Übersetzungsschema ist in Abb. 5.28 gezeigt. Die Produktionen und semantischen Aktionen für T sind denen in der ursprünglichen Definition in Abb. 5.9 ähnlich.

$$
\begin{aligned}
E \to\ &T && \{ && R.i := T.nptr \} \\
&R && \{ && E.nptr := R.s \} \\[6pt]
R \to\ &+ \\
&T && \{ && R_1.i := mknode('+', R.i, T.nptr) \} \\
&R_1 && \{ && R.s := R_1.s \} \\[6pt]
R \to\ &- \\
&T && \{ && R_1.i := mknode('-', R.i, T.nptr) \} \\
&R_1 && \{ && R.s := R_1.s \} \\[6pt]
R \to\ &\epsilon && \{ && R.s := R.i \} \\[6pt]
R \to\ &(\\
&E \\
&) && \{ && T.nptr := E.nptr \}
\end{aligned}
$$

$$T \to \mathbf{id} \quad \{ T.nptr := mkleaf(\mathbf{id}, \mathbf{id}.entry) \}$$

$$T \to \mathbf{num} \quad \{ T.nptr := mkleaf(\mathbf{num}, \mathbf{num}.val) \}$$

Abb. 5.28 Umgeformtes Übersetzungsschema
zur Konstruktion von Syntaxbäumen.

Abbildung 5.29 zeigt, wie die Aktionen in Abb. 5.28 einen Syntaxbaum für a-4+c konstruieren. Synthetisierte Attribute sind rechts von einem Knoten für ein Grammatiksymbol aufgelistet, ererbte Attribute links. Ein Blatt in dem Syntaxbaum wird durch die Aktionen konstruiert, die mit den Produktionen $T \to \mathbf{id}$ und $T \to \mathbf{num}$ assoziiert sind, so wie in Beispiel 5.8. Bei dem am weitesten links stehenden T zeigt das Attribut $T.nptr$ auf das Blatt für a. Ein Zeiger auf den Knoten für a wird als Attribut $R.i$ auf der rechten Seite von $E \to TR$ ererbt.

Wenn die Produktion $R \to -TR_1$ auf den rechten Nachfolger der Wurzel angewendet wird, dann zeigt $R.i$ auf den Knoten für a und $T.nptr$ auf den

Knoten für 4. Der Knoten für a-4 wird durch die Anwendung von *mknode* auf den Minusoperator und dessen Zeiger konstruiert.

Wenn zum Schluß die Produktion $R \to \epsilon$ angewendet wird, dann zeigt *R.i* auf die Wurzel des vollständigen Syntaxbaum. Der vollständige Baum wird durch die *s*-Attribute der Knoten für R (nicht in Abb. 5.29 gezeigt) zurückgegeben, bis er zum Wert von *E.nptr* wird.   □

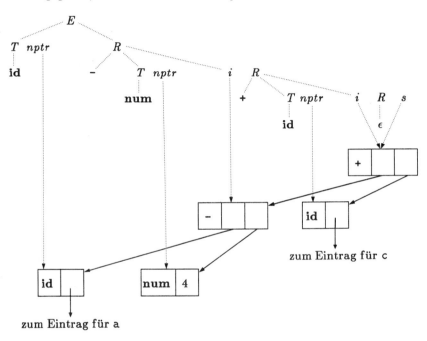

Abb. 5.29. Der Gebrauch ererbter Attribute zur Konstruktion von Syntaxbäumen

Entwurf eines prädiktiven Übersetzers

Der nächste Algorithmus verallgemeinert die Konstruktion prädiktiver Parsern, um ein Übersetzungsschema zu implementieren, das auf einer für die Top-Down-Syntaxanalyse geeigneten Grammatik basiert.

Algorithmus 5.2

Die Konstruktion eines prädiktiven syntaxgesteuerten Übersetzers.

Eingabe: Ein syntaxgesteuertes Übersetzungsschema mit einer zugrundeliegenden Grammatik, die für eine prädiktive Syntaxanalyse geeignet
ist.

Ausgabe: Code für einen syntaxgesteuerten Übersetzer.

Methode: Die Technik ist eine Modifikation der Konstruktion prädiktiver
Parser in Abschnitt 2.4.

1. Konstruiere für jedes Nichtterminal A eine Funktion, die für
    jedes ererbte Attribut von A einen formalen Parameter hat
    und die die Werte der synthetisierten Attribute von A zu-
    rückliefert (möglicherweise als einen Record, als einen Zeiger
    auf einen Record mit einem Feld für jedes Attribut oder un-
    ter Verwendung des call-by-reference-Mechanismus für die
    Übergabe von Parametern, der in Abschnitt 7.5 diskutiert
    wird). Zur Vereinfachung nehmen wir an, daß jedes Nichter-
    minal gerade ein synthetisiertes Attribut hat. Die Funktion
    für A hat für jedes Attribut jedes Grammatiksymbols, das in
    einer Produktion für A erscheint, eine lokale Variable.

2. Wie in Abschnitt 2.4 entscheidet der Code für das Nichter-
    minal A in Abhängigkeit vom aktuellen Eingabesymbol, wel-
    che Produktion zu benutzen ist,

3. Der mit jeder Produktion assoziierte Code wird wie folgt
    behandelt: Wir betrachten von links nach rechts die Token,
    die Nichtterminale und die Aktionen auf der rechten Seite
    der Produktion.

    i)   Für das Token X mit dem synthetisierten Attribut x
         wird den Wert von x in der Variablen gesichert, die für
         $X.x$ deklariert ist. Dann wird ein Aufruf generiert, um
         das Token X zu matchen, und in der Eingabe vorge-
         rückt.

    ii) Für das Nichtterminal B wird eine Zuweisung $c := B(b_1,
         b_2, ..., b_k)$ mit einem Funktionsaufruf auf der rechten
         Seite generiert. Dabei sind $b_1, b_2, ..., b_k$ die Variablen
         für die ererbten Attribute von B, und c ist die Variable
         für das synthetisierte Attribut von B.

    iii) Für eine Aktion wir der Code in den Parser kopiert und
         jede Referenz auf ein Attribut durch die Variable für
         dieses Attribut ersetzt.   □

Algorithmus 5.2 wird in Abschnitt 5.7 erweitert, um eine beliebige L-attributierte Definition zu implementieren. Dabei wird vorausgesetzt, daß bereits
ein Parsebaum konstruiert wurde. In Abschnitt 5.8 betrachten wir Möglich-

keiten zur Verbesserung der Übersetzer, die durch Algorithmus 5.2 konstruiert werden. Zum Beispiel kann es möglich sein, Kopieranweisungen der Form $x := y$ zu eliminieren, oder eine einzige Variable zu benutzen, um die Werte verschiedener Attributen zu speichern. Einige solcher Verbesserungen können auch mit Hilfe der Methoden aus Kapitel 10 automatisch durchgeführt werden.

Beispiel 5.16
Die Grammatik in Abb. 5.28 ist LL(1) und daher zur Top-Down-Syntaxanalyse geeignet. Die Attribute der Nichtterminale in der Grammatik liefern die folgenden Typen für die Argumente und für die Ergebnisse der Funktionen für E, R und T. Weil E und T keine ererbten Attribute haben, haben sie auch keine Argumente.

> **function** E : ↑*syntax_tree_node*;
> **function** R (*in* : ↑*syntax_tree_node*) : ↑*syntax_tree_node*;
> **function** T : ↑*syntax_tree_node*;

Wir kombinieren zwei der R-Produktionen aus Abb. 5.28, um den Übersetzer kleiner zu machen. Die neue Produktion benutzt das Token **addop**, um + und - zu repräsentieren:

$$
\begin{aligned}
R &\rightarrow \textbf{addop} \\
&\quad T \quad \{R_1.i := mknode\ (\textbf{addop}.lexeme, R.i, T.nptr)\} \\
&\quad R_1 \quad \{R.s := R_1.s\} \\
R &\rightarrow \epsilon \quad \{R.s := R.i\}
\end{aligned}
\tag{5.5}
$$

Der Code für R basiert auf der Syntaxanalyseprozedur in Abb. 5.30. Wenn das Lookahead-Symbol **addop** ist, dann wird die Produktion $R \rightarrow$ **addop** TR angewendet, und zwar unter Verwendung der Prozedur *match* zum Lesen des nächsten Eingabetoken nach **addop**. Danach werden dann die Prozeduren für T und R aufgerufen. Andernfalls tut die Prozedur nichts, um die Produktion $R \rightarrow \epsilon$ zu imitieren.

> **procedure** R;
> **begin**
>   **if** *lookahead* = **addop then begin**
>   *match*(**addop**); T; R
>   **end**
>   **else begin**   /* tue nichts */
>   **end**
> **end**;

Abb. 5.30 Syntaxanalyseprozedur für die Produktionen $R \rightarrow$ **addop** $TR \mid \epsilon$.

Die Prozedur für R in Abb. 5.31 enthält Code zur Auswertung von Attributen. Der lexikalische Wert *lexval* des Token **addop** wird in *addoplexeme* gesichert, **addop** wird gematcht, T wird aufgerufen, und das Ergebnis wird mit Hilfe von *nptr* gesichert. Die Variable *il* entspricht dem ererbten Attribut $R_1.i$, *sl* dem synthetisierten Attribut $R_1.s$. Die **return**-Anweisung gibt den Wert von *s* unmittelbar vor dem Ende der Funktion zurück. Die Funktionen für E und T sind in gleicher Weise konstruiert.   □

```
function R(i: ↑syntax_tree_node): ↑syntax_tree_node;
        var nptr, il, sl, s: ↑syntax_tree_node;
            addoplexeme : char;
begin
    if lookahead = addop then begin
        /* Produktion R → addop TR */
        addoplexeme := lexval;
        match(addop);
        nptr := T;
        il := mknode(addoplexeme, i, nptr);
        sl := R(il);
        s := sl
    end
    else s := i;        /* Produktion R → ϵ */
    return s
end;
```

Abb. 5.31   Konstruktion von Syntaxbäumen durch rekursiven Abstieg.

5.6 Bottom-Up-Auswertung ererbter Attribute

In diesem Abschnitt präsentieren wir eine Implementierungsmethode für L-attributierte Definitionen im Rahmen der Bottom-Up-Syntaxanalyse. Die Methode ist mächtig genug, alle L-attributierten Definitionen zu behandeln, die im vorherigen Abschnitt betrachtet wurden. Das heißt, sie kann jede auf einer LL(1)-Grammatik basierende L-attributierte Definition implementieren. Sie kann ebenfalls viele (aber nicht alle) L-attributierten Definitionen implementieren, die auf einer LR(1)-Grammatik basieren. Diese Methode stellt eine Verallgemeinerung der Bottom-Up-Übersetzungstechnik dar, die im Abschnitt 5.3 eingeführt wurde.

Das Entfernen eingebetteter Aktionen
aus den Übersetzungsschemata

In der Methode zur Bottom-Up-Übersetzung aus Abschnitt 5.3 verließen wir
uns darauf, daß alle Übersetzungsaktionen am rechten Ende der Produktion
sind. Dagegen müssen wir in der prädiktiven Syntaxanalysemethode aus Abschnitt 5.5 Aktionen an den verschiedensten Stellen innerhalb der rechten
Seite einbetten. Zu Beginn unserer Diskussion, wie man ererbte Attribute von
unten nach oben (bottom up) verarbeiten kann, führen wir eine Übersetzung
ein, die bewirkt, daß alle eingebetteten Aktionen eines Übersetzungsschemas
am rechten Ende ihrer Produktionen auftreten.

Die Übersetzung fügt neue *Markierungs*nichtterminale ein, die ϵ in der
Basisgrammatik generieren. Wir ersetzen jede eingebettete Aktion durch ein
unterschiedliches Markierungsnichtterminal M und hängen die Aktion ans
Ende der Produktion $M \to \epsilon$. Zum Beispiel wird das Übersetzungsschema

$$E \to TR$$
$$R \to +T \ \{print('+')\} \ R \mid -T \ \{print('-')\}R \mid \epsilon$$
$$T \to \mathbf{num} \ \{print(\mathbf{num}.val)\}$$

unter Verwendung der Markierungsnichtterminale M und N in

$$E \to TR$$
$$R \to +TMR \mid -TNR \mid \epsilon$$
$$T \to \mathbf{num} \ \{print(\mathbf{num}.val)\}$$
$$M \to \epsilon \ \{print('+')\}$$
$$N \to \epsilon \ \{print('-')\}$$

transformiert. Die Grammatiken in den beiden Übersetzungsschemata akzeptieren exakt die gleiche Sprache und wir können (indem wir einen Parsebaum
mit zusätzlichen Knoten für die Aktionen zeichnen) zeigen, daß die Aktionen
in der gleichen Reihenfolge ausgeführt werden. Aktionen im transformierten
Übersetzungsschema beenden die Produktionen, so daß sie gerade ausgeführt
werden, bevor die rechte Seite während der Bottom-Up-Syntaxanalyse reduziert wird.

Das Erben von Attributen auf dem Parserstack

Ein Bottom-Up-Parser reduziert die rechte Seite der Produktion $A \to XY$,
indem er X und Y von der Spitze des Parserstacks entfernt und diese durch
A ersetzt. Nehmen wir an, daß X ein synthetisiertes Attribut $X.s$ hat. Dieses
Attribut wird bei der Implementierung aus Abschnitt 5.3 zusammen mit dem
X auf dem Parserstack aufbewahrt.

Da der Wert von $X.s$ bereits auf dem Parserstack ist, bevor irgendwel-
che Reduktionen im Unterbaum unterhalb von Y stattfinden, kann dieser

Wert von Y ererbt werden. Das heißt, wenn das ererbte Attribut $Y.i$ durch
die Kopierregel $Y.i := X.s$ definiert ist, dann kann der Wert $X.s$ dort benutzt
werden, wo $Y.i$ aufgerufen wird. Wie wir sehen werden, spielen Kopierregeln
eine wichtige Rolle bei der Auswertung ererbter Attribute während der Bottom-Up-Syntaxanalyse.

Beispiel 5.17
Der Typ eines Bezeichners kann mit Hilfe ererbter Attribute durch Kopierre-
geln weitergereicht werden, wie es in Abb. 5.32 gezeigt ist (angepaßt aus
Abb. 5.7). Wir werden zuerst die Bewegungen untersuchen, die durch einen
Bottom-Up-Parser bei der Eingabe

```
real p,q,r
```

gemacht werden. Dann zeigen wir, wie auf den Wert des Attributs $T.type$
zugegriffen werden kann, wenn die Produktionen für L angewendet werden.
Das Übersetzungsschema, das wir implementieren wollen, ist

$$
\begin{array}{ll}
D \to T & \{L.in := T.type\} \\
\quad L & \\
T \to \textbf{int} & \{T.type := integer\} \\
T \to \textbf{real} & \{T.type := real\} \\
L \to & \{L_1.in := L.in\} \\
\quad L_1, \textbf{id} & \{addtype(\textbf{id}.entry, L.in)\} \\
L \to \textbf{id} & \{addtype(\textbf{id}.entry, L.in)\}
\end{array}
$$

Wenn wir die Aktionen in dem obigen Übersetzungsschema ignorieren, dann
ist die Reihenfolge der Bewegungen, die durch den Parser bei der Eingabe
aus Abb. 5.32 gemacht werden, wie in Abb. 5.33.

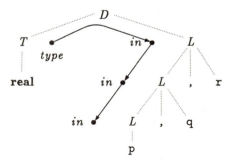

Abb. 5.32 An jedem Knoten für L gilt $L.in = T.type$.

Zur Verdeutlichung zeigen wir anstatt eines Stackzustands das entsprechende Grammatiksymbol und anstatt des Token den wirklichen Bezeichner **id**.

Eingabe	*state*	benutzte Produktion
real p ,q ,r	–	
p ,q ,r	**real**	
p ,q ,r	T	$T \rightarrow$ **real**
,q ,r	T p	
,q ,r	$T\ L$	$L \rightarrow$ **id**
q ,r	$T\ L$,	
,r	$T\ L$, q	
,r	$T\ L$	$L \rightarrow$ L , **id**
r	$T\ L$,	
	$T\ L$, r	
	$T\ L$	$L \rightarrow$ L , **id**
	D	$D \rightarrow T\ L$

Abb. 5.33 Immer wenn eine rechte Seite für L reduziert wird, dann steht T gerade unterhalb der rechten Seite.

Nehmen wir wie in Abschnitt 5.3 an, daß der Parserstack als ein Paar von Arrays *state* und *val* implementiert ist. Wenn *state*[i] das Grammatiksymbol X enthält, dann enthält *val*[i] ein synthetisiertes Attribut $X.s$. Die Inhalte des Arrays *state* sind in Abb. 5.33 gezeigt. Beachten Sie, daß zu jeder Zeit, zu der in Abb. 5.33 die rechte Seite einer Produktion für L reduziert wird, T gerade unterhalb dieser rechten Seite im Stack steht. Wir können diese Tatsache ausnutzen, um auf den Attributwert $T.type$ zuzugreifen.

Die Implementierung in Abb. 5.34 nutzt die Tatsache aus, daß das Attribut $T.type$ relativ zur Spitze (top) an einem bekannten Platz im *val*-Stack gespeichert ist. Seien *top* und *ntop* die Indizes auf die Spitze des Stack gerade bzw. nachdem eine Reduktion stattfindet bzw. stattfand. Von den Kopierregeln, die $L.in$ definieren, wissen wir, daß anstelle von $L.in$ $T.type$ benutzt werden kann.

Wenn die Produktion $L \rightarrow$ **id** angewendet wird, dann ist **id**.*entry* an der Spitze des *val*-Stack und $T.type$ direkt unterhalb davon. Daher ist *addtype*(*val*[*top*], *val*[*top*-1]) äquivalent zu *addtype*(**id**.*entry*, $T.type$). Da die rechte Seite der Produktion $L \rightarrow L$, **id** drei Symbole hat, erscheint dann $T.type$ in *val*[*top-3*], wenn die Reduktion stattfindet. Die Kopierregeln, die $L.in$ beinhalten, werden eliminiert, da stattdessen der Wert von $T.type$ im Stack benutzt wird. □

Produktion	Code-Fragment
$D \rightarrow TL;$	
$T \rightarrow$ **int**	$val[ntop] := integer$
$T \rightarrow$ **real**	$val[ntop] := real$
$L \rightarrow L$, **id**	$addtype(val[top], val[top-3])$
$L \rightarrow$ **id**	$addtype(val[top], val[top-1])$

Abb. 5.34   Der Wert von $T.type$ wird anstelle von $L.in$ benutzt.

Die Simulation der Auswertung ererbter Attribute

Der Zugriff in den Parserstack nach einem Attributwert funktioniert nur, wenn die Grammatik erlaubt, die Position des Attributwertes vorher zu bestimmen.

Beispiel 5.18
Als Beispiel, bei dem wir die Position nicht vorherbestimmen können, betrachten wir das folgende Übersetzungsschema:

Produktion	Semantikregeln	
$S \rightarrow aAC$	$C.i := A.s$	(5.6)
$S \rightarrow bABC$	$C.i := A.s$	
$C \rightarrow c$	$C.s := g(C.i)$	

C erbt das synthetisierte Attribut $A.s$ durch eine Kopierregel. Beachten Sie, daß zwischen A und C im Stack eventuell noch ein B auftauchen kann. Wenn die Reduktion mit $C \rightarrow c$ ausgeführt wird, dann steht der Wert von $C.i$ entweder in $val[top-1]$ oder in $val[top-2]$, aber es ist nicht klar, welcher Fall zutrifft.

In Abbildung 5.35 wurde unmittelbar vor dem C auf der rechten Seite der zweiten Produktion in (5.6) ein neues Markierungsnichtterminal M eingefügt. Wenn wir gemäß der Produktion $S \rightarrow bABMC$ syntaktisch analysieren, dann erbt $C.i$ den Wert von $A.s$ indirekt durch $M.i$ und $M.s$. Wenn die Produktion $M \rightarrow \epsilon$ angewendet wird, dann stellt eine Kopierregel $M.s := M.i$ sicher, daß der Wert $M.s = M.i = A.s$ gerade vor dem Teil des Stacks erscheint, der zur Syntaxanalyse des Unterbaums für C benutzt wird. Somit kann der Wert von $C.i$ in $val[top-1]$ gefunden werden, wenn $C \rightarrow c$ angewendet wird, unabhängig davon, ob die erste oder zweite Produktion in der folgenden Modifikation von (5.6) benutzt wird.

Produktion	Semantikregeln
$S \to aAC$	$C.i := A.s$
$S \to bABMC$	$M.i := A.s;\ C.i := M.s$
$C \to c$	$C.s := g(C.i)$
$M \to \epsilon$	$M.s := M.i$

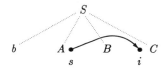

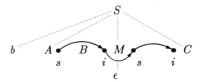

(a) originale Produktion   (b) modifizierte Abhängigkeiten

Abb. 5.35 Das Kopieren eines Attributwerts durch eine Markierung M.

Markierungsnichtterminale können auch dazu benutzt werden, Semantikregeln zu simulieren, die keine Kopierregeln sind. Betrachten wir zum Beispiel

Produktion	Semantikregeln	
$S \to aAC$	$C.i := f(A.s)$	(5.7)

Diesmal ist die Regel, die $C.i$ definiert, keine Kopierregel, so daß der Wert von $C.i$ nicht bereits im val-Stack steht. Dieses Problem kann auch mit Hilfe einer Markierung gelöst werden.

Produktion	Semantikregeln	
$S \to aANC$	$N.i := A.s;\ C.i := N.s$	(5.8)
$N \to \epsilon$	$N.s := f(N.i)$	

Das ausgezeichnete Nichtterminal N erbt $A.s$ durch eine Kopierregel. Sein synthetisiertes Attribut $N.s$ wird auf $f(A.s)$ gesetzt; dann erbt $C.i$ diesen Wert mit Hilfe einer Kopierregel. Wenn wir mit $N \to \epsilon$ reduzieren, dann finden wir den Wert von $N.i$ an dem Platz für $A.s$, das heißt in $val[top-1]$. Wenn wir mit $S \to aANC$ reduzieren, dann wird der Wert von $C.i$ auch in $val[top-1]$ gefunden, da er $N.s$ ist. Wir brauchen $C.i$ zu dieser Zeit nicht unbedingt; wir brauchen ihn während der Reduktion eines Terminalstring auf C, wenn sein Wert sicher auf dem Stack mit N gespeichert wurde.

Beispiel 5.19
In Abb. 5.36 werden drei Markierungsnichtterminale L, M und N benutzt, um sicherzustellen, daß der Wert des ererbten Attributes $B.ps$ an einer bekannten Position im Parserstack auftaucht, während der Unterbaum für B reduziert

wird. Die ursprüngliche Attributgrammatik erscheint in Abb. 5.22, und ihre Bedeutung zur Textformatierung ist in Beispiel 5.13 erläutert.

Produktion	Semantikregeln
$S \to L\,B$	$B.ps := L.s$ $S.ht := B.ht$
$L \to \epsilon$	$L.s := 10$
$B \to B_1\,M\,B_2$	$B_1.ps := B.ps$ $M.i := B.ps$ $B_2.ps := M.s$ $B.ht := max(B_1.ht, B_2.ht)$
$B \to B_1\ \mathbf{sub}\ N\,B_2$	$B_1.ps := B.ps$ $N.i := B.ps$ $B_2.ps := N.s$ $B.ht := disp(B_1.ht, B_2.ht)$
$B \to \mathbf{text}$	$B.ht := \mathbf{text}.h \times B.ps$
$M \to \epsilon$	$M.s := M.i$
$N \to \epsilon$	$N.s := shrink(N.i)$

Abb. 5.36   Alle ererbten Attribute werden durch Kopierregeln gesetzt.

Die Initialisierung geschieht mit Hilfe von L. Die Produktion für S ist in Abb. 5.36 $S \to LB$, so daß L auf dem Stack bleiben wird, während der Unterbaum unterhalb von B reduziert wird. Der Wert 10 des ererbten Attributes $B.ps = L.s$ wird durch die mit $L \to \epsilon$ assoziierte Regel $L.s := 10$ in den Parserstack hineingebracht.

Die Markierung M in $B \to B_1 M B_2$ spielt die gleiche Rolle wie das M in Abb. 5.35; es stellt sicher, daß der Wert von $B.ps$ direkt unterhalb von B_2 im Parserstack erscheint. In der Produktion $B \to B_1\ \mathbf{sub}\ NB_2$ wird das Nichtterminal N so benutzt wie in (5.8). N erbt (über die Kopierregel $N.i := B.ps$) den Attributwert, der von $B_2.ps$ abhängt, und synthetisiert den Wert von $B_2.ps$ durch die Regel $N.s := shrink(N.i)$. Die Konsequenz, die wir als eine Übung aufgeben, ist, daß der Wert von $B.ps$ immer unmittelbar unterhalb der rechten Seite ist, wenn wir auf B reduzieren.

Die Code-Fragmente, die die syntaxgesteuerte Definition von Abb. 5.36 implementieren, sind in Abb. 5.37 dargestellt. Alle ererbten Attribute werden in Abb. 5.36 durch Kopierregeln gesetzt, so daß die Implementierung ihre Werte durch das Verfolgen ihrer Position im *val*-Stack erhält. Wie in vorhergehenden Beispielen enthalten *top* und *ntop* die Indizes für die Spitze des Stack vor bzw. nach einer Reduktion.   □

Die systematische Einführung der Markierungen wie bei den Modifikationen von (5.6) und (5.7) kann es ermöglichen, L-attributierte Definitionen während der LR-Syntaxanalyse auszuwerten. Da es nur eine Produktion für jede Markierung gibt, bleibt eine Grammatik LL(1), wenn Markierungen hinzugefügt werden.

Produktion	Code-Fragment
$S \rightarrow L\ B$	$val[ntop] := val[top]$
$L \rightarrow \epsilon$	$val[ntop] := 10$
$B \rightarrow B_1\ M\ B_2$	$val[ntop] := max(val[top-2],\ val[top])$
$B \rightarrow B_1\ \mathbf{sub}\ N\ B_2$	$val[ntop] := disp(val[top-3],\ val[top])$
$B \rightarrow \mathbf{text}$	$val[ntop] := val[top] \times val[top-1]$
$M \rightarrow \epsilon$	$val[ntop] := val[top-1]$
$N \rightarrow \epsilon$	$val[ntop] := shrink(val[top-2])$

Abb. 5.37 Die Implementierung der syntaxgesteuerten
Definition in Abb. 5.36.

Jede LL(1)-Grammatik ist auch eine LR(1)-Grammatik, so daß keine Konflikte bei der Syntaxanalyse auftreten, wenn zu einer LL(1)-Grammatik Markierungen hinzugefügt werden. Leider kann von einer LR(1)-Grammatik nicht dasselbe gesagt werden; das heißt, daß Konflikte bei der Syntaxanalyse auftreten können, wenn Markierungen in bestimmten LR(1)-Grammatiken eingeführt werden.

Die Ideen des vorhergehenden Beispiels können durch den folgenden Algorithmus formalisiert werden.

Algorithmus 5.3
Bottom-Up-Syntaxanalyse und Übersetzung mit ererbten Attributen.

Eingabe: Eine L-attributierte Definition mit einer zugrundeliegenden LL(1)-Grammatik.

Ausgabe: Ein Parser, der die Werte aller Attribute auf seinem Syntaxanalysestack berechnet.

Methode: Lassen Sie uns der Einfachheit halber annehmen, daß jedes Nichtterminal A ein ererbtes Attribut $A.i$ hat und daß jedes Grammatiksymbol X ein synthetisiertes Attribut $X.s$ hat. Wenn X ein Terminal ist, dann ist sein synthetisiertes Attribut wirklich der lexikalische Wert, der mit X durch den Scanner zurückgeliefert wird; dieser lexikalische Wert erscheint wie in den vorherigen Beispielen in einem Array *val* auf dem Stack.

Für jede Produktion $A \rightarrow X_1 \cdots X_n$ werden n neue Markierungsnichtterminale $M_1, \ldots, M_n$ eingeführt und die Produktion durch $A \rightarrow M_1 X_1 \cdots M_n X_n$ ersetzt.[2]

Das synthetisierte Attribut $X_j.s$ wird auf den Parserstack in den Eintrag des *val*-Arrays kommen, der mit X_j assoziiert ist. Das ererbte Attribut $X_j.i$ (falls vorhanden) erscheint in dem gleichen Array, ist aber mit M_j assoziiert.

Wichtige ist, daß bei der syntaktischen Analyse das ererbte Attribut $A.i$ (wenn es existiert) im *val*-Array unmittelbar unterhalb der Position für M_1 zu finden ist. Da wir davon ausgehen, daß das Startsymbol kein ererbtes Attribut hat, gibt es keine Probleme mit dem Fall, wenn das Startsymbol A ist. Aber selbst wenn es ein solches ererbtes Attribut gäbe, könnte es unterhalb des Stackbodens plaziert werden. Wir können diese Invariante durch eine einfache Induktion über die Zahl der Schritte in einer Bottom-Up-Syntaxanalyse beweisen, wobei wir beachten müssen, daß ererbte Attribute mit den Markierungsnichtterminalen M_j assoziiert sind und daß das Attribut $X_j.i$ bei M_j berechnet wird, bevor wir mit der Reduktion auf X_j beginnen.

Um zu sehen, daß die Attribute so berechnet werden können, wie sie während einer Bottom-Up-Syntaxanalyse bestimmt werden, betrachten wir zwei Fälle. Erstens: Wenn wir auf ein Markierungsnichtterminal M_j reduzieren, wissen wir, zu welcher Produktion $A \rightarrow M_1 X_1 \cdots M_n X_n$ diese Markierung gehört. Deshalb kennen wir die Position jedes Attributs, das zur Berechnung des ererbten Attributes $X_j.i$ benötigt wird. $A.i$ ist in $val[top-2j+2]$, $X_1.i$ ist in $val[top-2j+3]$, $X_1.s$ ist in $val[top-2j+4]$, $X_2.i$ ist in $val[top-2j+5]$ usw. Deshalb können wir $X_j.i$ berechnen und in $val[top+1]$ speichern, was nach der Reduktion zur neuen Spitze des Stacks wird. Beachten Sie, wie wichtig die Tatsache ist, daß die Grammatik LL(1) ist. Sonst könnten wir nicht sicher sein, daß wir ϵ auf ein einziges Markierungsnichtterminal reduzieren werden und könnten

---

[2]   Obwohl das Einfügen von M_1 vor X_1 die Diskussion über die Markierungsnichtterminalen vereinfacht, hat es den unglücklichen Seiteneffekt, daß dadurch in eine linksrekursive Grammatik Konflikte bei der Syntaxanalyse eingeführt werden. Schauen Sie auch in Aufgabe 5.21. Wie weiter unten aufgezeigt wird, kann M_1 eliminiert werden.

deshalb nicht die passenden Attribute lokalisieren oder wissen, welche Formel anzuwenden ist. Wir stellen es dem Leser frei, ob er es glaubt oder ob er einen Beweis für die Tatsache führt, daß jede LL(1)-Grammatik mit Markierungen immer noch LR(1) ist.

Der zweite Fall tritt dann ein, wenn wir auf ein Symbol reduzieren, das keine Markierung ist, sagen wir durch die Produktion $A \to M_1 X_1 \cdots M_n X_n$. Dann haben wir nur das synthetisierte Attribut $A.s$ zu berechnen; beachten Sie, daß $A.i$ bereits berechnet ist und sich im Stack an der Position befindet, die unmittelbar unterhalb der Position liegt, in welcher wir A selbst einfügen. Die Attribute, die zur Berechnung von $A.s$ benötigt werden, sind während der Reduktion an bekannten Positionen im Stack, nämlich den Positionen der X_j's, voll verfügbar.

Die folgenden Vereinfachungen reduzieren die Zahl der Markierungen; die zweite vermeidet in linksrekursiven Grammatiken Konflikte bei der Syntaxanalyse.

1. Wenn X_j kein ererbtes Attribut hat, dann brauchen wir die Markierung M_j nicht zu benutzen. Natürlich werden sich die erwarteten Positionen für Attribute auf dem Stack ändern, wenn M_j weggelassen wird, aber diese Änderung kann leicht in den Parser integriert werden.

2. Wenn $X_1.i$ existiert, aber durch eine Kopierregel $X_1.i := A.i$ berechnet wird, dann können wir M_1 weglassen, weil wir durch unsere Invariante wissen, daß $A.i$ bereits lokalisiert sein wird, wenn wir es brauchen, nämlich unmittelbar unterhalb von X_1 auf dem Stack. Dieser Wert kann deshalb genauso gut anstelle von $X_1.i$ benutzt werden. $\square$

Das Ersetzen ererbter Attribute durch synthetisierte Attribute

Manchmal ist es möglich, den Gebrauch ererbter Attribute zu vermeiden, indem man die zugrundeliegende Grammatik ändert. Eine Deklaration in Pascal zum Beispiel kann aus einer Liste von Bezeichnern bestehen, gefolgt von einem Typ, z.B.: `m, n : integer`. Eine Grammatik für solche Deklarationen könnte Produktionen der folgenden Form enthalten:

$$D \to L : T$$
$$T \to \mathbf{integer} \mid \mathbf{char}$$
$$L \to L , \mathbf{id} \mid \mathbf{id}$$

Da die Bezeichner durch L generiert werden, der Typ aber nicht in dem Unterbaum von L enthalten ist, können wir auch den Typ nicht ausschließlich durch synthetisierte Attribute mit den Bezeichnern assoziieren. Das heißt, wenn das Nichtterminal L in der ersten Produktion einen Typ von dem T zu seiner Rechten erbt, dann erhalten wir eine syntaxgesteuerte Definition, die nicht L-attributiert ist. Deshalb kann eine Übersetzung, die auf dieser Definition basiert, nicht während der Syntaxanalyse durchgeführt werden.

Eine Lösung für dieses Problem besteht darin, die Grammatik so umzustrukturieren, daß der Typ als letztes Element in die Liste der Bezeichner mit aufgenommen wird:

$$D \rightarrow \mathbf{id}\, L$$
$$L \rightarrow \ ,\mathbf{id}\, L \mid : T$$
$$T \rightarrow \mathbf{integer} \mid \mathbf{char}$$

Nun kann der Typ als ein synthetisiertes Attribut $L.type$ weitergegeben werden. Sowie irgendein Bezeichner durch L generiert wird, kann sein Typ in die Symboltabelle eingetragen werden.

Eine schwierige syntaxgesteuerte Definition

Der Algorithmus 5.3, der zur Implementierung ererbter Attribute während der Bottom-Up-Syntaxanalyse dient, erstreckt sich auf einige, aber nicht auf alle LR-Grammatiken. Die L-attributierte Definition in Abbildung 5.38 basiert auf einer einfachen LR(1)-Grammatik, aber sie kann zum gegenwärtigen Zeitpunkt nicht während einer LR-Syntaxanalyse implementiert werden. Das Nichtterminal L in der Produktion $L \rightarrow \epsilon$ erbt die Summe der 1'er, die durch S erzeugt wird. Weil die Produktion $L \rightarrow \epsilon$ die erste ist, mit der ein Bottom-Up-Parser reduzieren würde, kann der Übersetzer zu dieser Zeit die Anzahl der 1'er in der Eingabe noch nicht kennen.

Produktion	Semantikregeln
$S \rightarrow L$	$L.count := 0$
$L \rightarrow L_1\ 1$	$L_1.count := L.count + 1$
$L \rightarrow \epsilon$	$print(L.count)$

Abb. 5.38   Eine schwierige syntaxgesteuerte Definition.

5.7   Rekursive Auswerter

Aus einer syntaxgesteuerten Definition können rekursive Funktionen konstruiert werden, die Attribute dann auswerten, wenn sie einen Parsebaum durchlaufen. Dies geschieht unter Verwendung einer Verallgemeinerung der Technik für die prädiktive Übersetzung aus Abschnitt 5.5. Solche Funktionen erlauben es uns, diejenigen syntaxgesteuerten Definitionen zu implementieren, die nicht gleichzeitig mit der Syntaxanalyse implementiert werden können. In diesem Abschnitt assoziieren wir mit jedem Nichtterminal eine einzige Übersetzungsfunktion. Diese Funktion besucht die Nachfolger eines Knotens für das Nichtterminal in einer Reihenfolge, die durch die Produktion an diesem Knoten bestimmt wird; es ist nicht notwendig, daß die Nachfolger von links nach rechts besucht werden. Im Abschnitt 5.10 werden wir noch sehen, wie der Effekt der Übersetzung während mehrerer Durchläufe durch Assoziation mehrerer Prozeduren mit einem Nichtterminal erreicht werden kann.

Methoden zum Durchlaufen von links nach rechts

Im Algorithmus 5.2 zeigten wir, wie eine L-attributierte Definition, die auf einer LL(1)-Grammatik basiert, durch die Konstruktion einer rekursiven Funktion, die jedes Nichtterminal syntaktisch analysiert und übersetzt, implementiert werden kann. Alle L-attributierten syntaxgesteuerten Definitionen können implementiert werden, wenn in einem vorher erstellten Parse-Baum eine ähnliche rekursive Funktion an dem Knoten für dieses Nichtterminal aufgerufen wird. Indem sich die Funktion die Produktion an dem Knoten anschaut, kann sie bestimmen, welches die Nachfolger sind. Die Funktion für ein Nichtterminal A erhält einen Knoten und die Werte der ererbten Attribute von A als Argumente und liefert die Werte der synthetisierten Attribute von A als Ergebnisse zurück.

Die Details der Konstruktion sind genau wie im Algorithmus 5.2, mit Ausnahme von Schritt 2, in dem die Funktion für ein Nichtterminal basierend auf dem aktuellen Eingabesymbol entscheidet, welche Produktion zu benutzen ist. Die Funktion hier verwendet eine Case-Anweisung, um die Produktion zu bestimmen, die an einem Knoten benutzt wird. Wir geben ein Beispiel, um diese Methode zu erläutern.

Beispiel 5.20
Betrachten wir die syntaxgesteuerte Definition zur Bestimmung der Größe und Höhe von Formeln in Abb. 5.22. Das Nichtterminal B hat ein ererbtes Attribut ps und ein synthetisiertes Attribut ht. Mit Hilfe des wie oben erläutert modifizierten Algorithmus 5.2 konstruieren wir die Funktion für B, die in Abb. 5.39 gezeigt ist.

Die Funktion B erhält als Argumente einen Knoten n und einen Wert, der $B.ps$ an diesem Knoten entspricht, und liefert einen Wert zurück, der $B.ht$ am Knoten n entspricht. Die Funktion hat für jede Produktion mit einem B auf der Linken eine Alternative. Der den Produktionen entsprechende Code simuliert die Semantikregeln, die mit der Produktion assoziiert sind. Die Reihenfolge, in der die Regeln angewendet werden, muß derart sein, daß ererbte Attribute eines Nichtterminals berechnet werden, bevor die Funktion für das Nichtterminal aufgerufen wird.

```
function B(n, ps);
    var ps1, ps2, ht1, ht2;
begin
    case Produktion am Knoten n of
    'B → B₁B₂':
            ps1 := ps;
            ht1 := B(child(n, 1), ps1);
            ps2 := ps;
            ht2 := B(child(n, 2), ps2);
            return max(ht1, ht2);
    'B → B₁ sub B₂':
            ps1 := ps;
            ht1 := B(child(n, 1), ps1);
            ps2 := shrink(ps);
            ht2 := B(child(n, 3), ps2);
            return disp(ht1, ht2);
    'B → text':
            return ps × text.h;
    default:
            error
    end
end;
```

Abb. 5.39   Die Funktion für das Nichtterminal B aus Abb. 5.22.

In dem der Produktion $B \rightarrow B$ **sub** B entsprechenden Code beinhalten die Variablen *ps*, *ps1* und *ps2* die Werte der ererbten Attribute $B.ps$, $B_1.ps$ und $B_2.ps$. Genauso enthalten *ht*, *ht1* und *ht2* die Werte von $B.ht$, $B_1.ht$ und $B_2.ht$. Wir benutzen die Funktion *child(m,i)*, um auf den i-ten Nachfolger des Knotens m zu verweisen. Da B_2 das Label des dritten Nachfolgers von Knoten n ist, wird der Wert von $B_2.ht$ durch den Funktionsaufruf $B(child(n, 3),$ ps2) bestimmt. □

Andere Durchlaufmethoden

Sobald ein expliziter Parsebaum verfügbar ist, haben wir die Möglichkeit, die Nachfolger eines Knotens in einer beliebigen Reihenfolge zu besuchen. Betrachten Sie die nicht L-attributierte Definition aus Beispiel 5.21. In einer durch diese Definition spezifizierten Übersetzung müssen die Nachfolger des Knotens für die eine Produktion von links nach rechts besucht werden, während die Nachfolger des Knotens für die andere Produktion von rechts nach links besucht werden müssen.

Dieses abstrakte Beispiel verdeutlicht die Mächtigkeit der Verwendung wechselseitig rekursiver Funktionen zur Auswertung der Attribute an den Knoten eines Parsebaums. Die Funktionen müssen nicht von der Reihenfolge abhängen, in der die Knoten des Parsebaums erzeugt wurden. Die wichtigste Überlegung für die Auswertung während des Durchlaufens ist, daß die ererbten Attribute an einem Knoten berechnet sein müssen, bevor der Knoten zum ersten Mal besucht wird, und daß synthetisierte Attribute berechnet sein müssen, bevor wir den Knoten zum letzten Mal verlassen.

Beispiel 5.21
Jedes der Nichtterminale in Abb. 5.40 hat ein ererbtes Attribut i und ein synthetisiertes Attribut s. Die Abhängigkeitsgraphen für die zwei Produktionen sind ebenfalls gezeigt. Die mit $A \rightarrow LM$ assoziierten Regeln erzeugen Abhängigkeiten von links nach rechts, die mit $A \rightarrow QR$ assoziierten Regeln erzeugen Abhängigkeiten von rechts nach links.

Produktion	Semantikregeln
$A \rightarrow L\,M$	$L.i := l(A.i)$ $M.i := m(L.s)$ $A.s := f(M.s)$
$A \rightarrow Q\,R$	$R.i := r(A.i)$ $Q.i := q(R.s)$ $A.s := f(Q.s)$

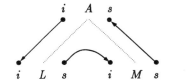 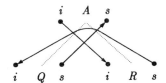

Abb. 5.40 Produktionen und Semantikregeln für das Nichtterminal A.

Die Funktion für das Nichtterminal A ist in Abb. 5.41 gezeigt; wir nehmen an, daß für L, M, Q und R Funktionen konstruiert werden können. Die Variablen in Abb. 5.41 sind nach dem Nichtterminal und seinem Attribut benannt; z.B. sind li und ls die Variablen, die $L.i$ und $L.s$ entsprechen.

Der der Produktion $A \to LM$ entsprechende Code wird wie in Beispiel 5.20 konstruiert. Das heißt, wir bestimmen das ererbte Attribut von L, rufen die Funktion für L auf, um das synthetisierte Attribut von L zu bestimmen, und wiederholen den Prozeß für M. Der $A \to QR$ entsprechende Code besucht den Unterbaum für R, bevor er den Unterbaum für Q besucht. Ansonsten ist der Code für die zwei Produktionen sehr ähnlich.

```
function A(n.ai);
begin
    case Produktion am Knoten n of
    'A → L M':              /* von links nach rechts */
        li := l(ai);
        ls := L(child(n, 1), li);
        mi := m(ls);
        ms := M(child(n, 2), mi);
        return f(ms);
    'A → Q R':              /* von rechts nach links */
        ri := r(ai);
        rs := R(child(n, 1), ri);
        qi := q(rs);
        qs := Q(child(n, 1), qi);
        return f(qs);
    default:
        error
    end
end;
```

Abb. 5.41   Abhängigkeiten in Abb. 5.40 bestimmen die Reihenfolge, in der Nachfolger besucht werden.

5.8 Speicherplatz für Attributwerte zur Übersetzungszeit

In diesem Abschnitt betrachten wir die Zuweisung von Speicherplatz für Attributwerte zur Übersetzungszeit. Wir werden Informationen des Abhängigkeitsgraphen für einen Parsebaum benutzen; darum ist die Vorgehensweise in diesem Abschnitt geeignet für Parsebaummethoden, die die Auswertungsreihenfolge aus dem Abhängigkeitsgraphen bestimmen. Im nächsten Abschnitt betrachten wir den Fall, daß die Auswertungsreihenfolge vorhergesagt werden kann. Deshalb können wir über den Platzbedarf für Attribute bereits bei der Konstruktion des Compilers endgültig entscheiden.

Gegeben sei eine (nicht notwendigerweise depth-first-) Reihenfolge zur Auswertung von Attributen. Dann beginnt die *Lebenszeit* eines Attributs, wenn das Attribut zum ersten Mal berechnet wird, und sie endet, wenn alle von ihm abhängigen Attribute berechnet wurden. Indem wir einen Attributwert nur während seiner Lebenszeit erhalten, können wir Speicherplatz einsparen.

Mit der Absicht, ausdrücklich zu betonen, daß die Techniken in diesem Abschnitt für irgendeine Auswertungsreihenfolge gelten, werden wir die folgende nicht L-attributierte syntaxgesteuerte Definition betrachten. Sie dient in einer Deklaration zum Weiterleiten der Typinformation an die Bezeichner.

Beispiel 5.22
Die syntaxgesteuerte Definition in Abb. 5.42 ist eine Erweiterung der Definition in Abb. 5.4, mit der auch Definitionen der folgenden Form erlaubt sind:

`real c[12][31];`	(5.9)
`int x[3], y[5];`	(5.10)

Ein Parse-Baum für (5.10) ist durch die gepunkteten Linien in Abb. 5.43(a) dargestellt. Die Nummern an den Knoten werden im nächsten Beispiel besprochen. Wie in Beispiel 5.3 wird der von T erhaltene Typ durch L ererbt und nach unten zu den Bezeichnern in der Deklaration gereicht. Eine Kante von $T.type$ zu $L.in$ zeigt, daß $L.in$ von $T.type$ abhängt. Die syntaxgesteuerte Definition in Abb. 5.42 ist nicht L-attributiert, weil $I_1.in$ von **num**.*val* abhängt und **num** von I_1 in $I \rightarrow I_1$ [**num**] rechts ist. □

Produktion	Regeln
$D \rightarrow T\,L$	$L.in := T.type$
$T \rightarrow$ **int**	$T.type := integer$
$T \rightarrow$ **real**	$T.type := real$
$L \rightarrow L_1\,,\,I$	$L_1.in := L.in$ $I.in := L.in$
$L \rightarrow I$	$I.in := L.in$
$I \rightarrow I_1$ [**num**]	$I_1.in := array(\mathbf{num}.val, I.in)$
$I \rightarrow$ **id**	$addtype(\mathbf{id}.entry, I.in)$

Abb. 5.42 Das Weiterreichen des Typs an die Bezeichner in einer Deklaration.

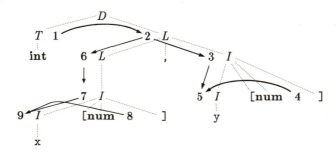

(a) Abhängigkeitsgraph für eine Parse-Baum

(b) Knoten in der Reihenfolge von Auswertung (a)

Ab. 5.43   Bestimmung der Lebenszeit von Attributwerten.

Zuweisung von Speicherplatz für Attribute zur Übersetzungszeit

Nehmen wir an, wir hätten eine Reihe von Registern zur Aufnahme von Attributwerten. Zweckmäßigerweise nehmen wir weiter an, daß jedes Register einen beliebigen Attributwert beinhalten kann. Wenn Attribute unterschiedlichen Typs sind, dann können wir Gruppen von Attributen bilden, die die gleiche Menge an Speicherplatz benötigen, und betrachten jede Gruppe separat. Wir verwenden die Information über die Lebenszeit von Attributen, um die Register zu bestimmen, in die die Auswertungsergebnisse der Attribute hineingeschrieben werden.

Beispiel 5.23
Nehmen wir an, daß die Attribute in der Reihenfolge ausgewertet werden, die durch die Knotennummern der (im vorherigen Beispiel konstruierten) Abhängigkeitsgraphen aus Abb. 5.43[3] gegeben ist. Die Lebenszeit jedes Knotens

---

[3]   Der Abhängigkeitsgraph in Abb. 5.43 zeigt keine Knoten, die der Semantikregel *addtype*(id.*entry*, *I.in*) entsprechen, weil kein Speicherplatz für Scheinattribute angefordert wird. Beachten Sie jedoch, daß diese Semantikregel erst ausgewertet werden darf, nachdem der Wert von *I.in* verfügbar ist. Ein Algorithmus, der diese Tatsache ermittelt, muß mit einem Abhängigkeitsgraphen arbeiten, der Knoten für diese Semantikregel enthält.

beginnt, wenn sein Attribut ausgewertet wird, und endet, wenn sein Attribut zum letzten Mal benutzt wird. Zum Beispiel endet die Lebenszeit vom Knoten 1, wenn 2 ausgewertet ist, weil 2 der einzige Knoten ist, der von 1 abhängt. Die Lebenszeit von 2 endet, wenn 6 ausgewertet ist. □

```
for jeden Knoten m in m₁, m₂, ..., mₙ do begin
    for jeden Knoten n, dessen Lebenszeit mit der Auswertung
            von m endet do
                markiere das Register von n;
    if irgendein Register r markiert ist then begin
        entferne die Markierung von r;
        werte m in das Register r aus;
        gib die markierten Register an die Menge der freien
                Register zurück (Freigeben der Register)
    end
    else /* es sind keine Register markiert */
        werte m in ein Register der Menge
                der freien Register aus;
    /* hier können Aktionen eingefügt werden,
            die den Wert von m benutzen */
    if die Lebenszeit von m beendet ist then
        gib das Register von m an die Menge
                der freien Register zurück
end
```

Abb. 5.44 Die Zuweisung von Attributwerten an Register.

Eine Methode zur Attributauswertung, die so wenig Register wie möglich benutzt, ist in Abb. 5.44 wiedergegeben. Wir betrachten die Knoten des Abhängigkeitsgraphen D für einen Parsebaum in der Reihenfolge, in der sie auszuwerten sind. Anfangs haben wir eine Menge von Registern $r_1, r_2, ...$ Wenn das Attribut b durch die Semantikregel $b := f(c_1, c_2, ..., c_k)$ definiert ist, dann kann die Lebenszeit eines oder mehrerer der $c_1, c_2, ..., c_k$ mit der Auswertung von b enden; die Register, die solche Attribute enthalten, werden freigegeben, nachdem b ausgewertet ist. Immer wenn es möglich ist, wird b in ein Register ausgewertet, das eines der $c_1, c_2, ..., c_k$ beinhaltete.

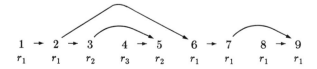

Abb. 5.45 Die Register, die für Attributwerte
aus Abb. 5.43 benutzt werden.

Die während einer Auswertung des Abhängigkeitsgraphen von Abb. 5.43 benutzten Register sind in Abb. 5.45 gezeigt. Wir starten mit der Auswertung des Knotens 1 in das Register r_1. Die Lebenszeit von Knoten 1 endet, wenn 2 ausgewertet wird, also wird 2 in r_1 ausgewertet. Der Knoten 3 erhält ein neues Register r_2, weil der Knoten 6 noch den Wert von 2 benötigt.

Das Vermeiden von Kopien

Wir können die Methode aus Abb. 5.44 verbessern, indem wir die Kopierregeln als einen Spezialfall behandeln. Eine Kopierregel hat die Form $b := c$; also wenn der Wert von c in dem Register r ist, dann erscheint auch der Wert von b bereits in Register r. Die Zahl der Attribute, die durch Kopierregeln definiert sind, kann signifikant sein, daher ist Vermeidung expliziter Kopien wünschenswert.

Eine Menge von Knoten, die den gleichen Wert haben, bildet eine Äquivalenzklasse. Um den Wert einer Äquivalenzklasse in einem Register aufzunehmen, kann die Methode aus Abb. 5.44 wie folgt modifiziert werden: Wenn der Knoten m betrachtet wird, überprüfen wir zuerst, ob er durch eine Kopierregel definiert ist. Ist dies der Fall, dann muß sein Wert bereits in einem Register sein und m wird zu der Äquivalenzklasse mit Werten in diesem Register hinzugefügt. Des weiteren wird ein Register nur am Ende der Lebenszeiten aller Knoten mit Werten in diesem Register an die Menge der freien Register zurückgegeben.

Beispiel 5.24

Der Abhängigkeitsgraph in Abb. 5.43 ist in Abb. 5.46 mit einem Gleichheitszeichen vor jedem Knoten, der durch eine Kopierregel definiert ist, umgezeichnet. Aus der syntaxgesteuerten Definition in Abb. 5.42 erkennen wir, daß der am Knoten 1 bestimmte Typ auf jedes Element in der Liste von Bezeichnern kopiert wird. Dies führt dazu, daß die Knoten 2, 3, 6 und 7 in Abb. 5.43 Kopien von Knoten 1 sind.

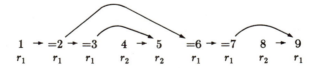

Abb. 5.46 Benutzte Register unter
Berücksichtigung der Kopierregeln.

Da 2 und 3 Kopien von 1 sind, werden ihre Werte in Abb. 5.46 aus dem Register r_1 genommen. Beachten Sie, daß die Lebenszeit von 3 endet, wenn 5 ausgewertet wird, aber das Register r_1, das den Wert von 3 enthält, wird nicht an die Menge der freien Register zurückgegeben, weil die Lebenszeit von 2 in dieser Äquivalenzklasse noch nicht beendet ist.

Der folgende Code zeigt, wie die Deklaration (5.10) aus Beispiel 5.22 durch einen Compiler verarbeitet werden könnte:

$$r_1 := integer; \qquad /* \text{Auswertung der Knoten } 1, 2, 3, 6, 7 */$$
$$r_2 := 5; \qquad /* \text{Auswertung von Knoten } 4 */$$
$$r_2 := array\ (r_2, r_1); \qquad /* \text{Typ von y} */$$
$$addtype\ (y, r_2);$$
$$r_2 := 3; \qquad /* \text{Auswertung von Knoten } 8 */$$
$$r_2 := array\ (r_2, r_1); \qquad /* \text{Typ von x} */$$
$$addtype\ (x, r_2);$$

Oben zeigen x und y auf die Einträge von x und y in der Symboltabelle, und die Prozedur *addtype* muß zur passenden Zeit aufgerufen werden, um die Typen von x und y ihren Einträgen in der Symboltabelle hinzuzufügen. $\square$

5.9 Zuweisung von Speicherplatz zur Konstruktionszeit

Obwohl es möglich ist, alle Attributwerte während eines Durchlaufs auf einem einzigen Stack zu verwalten, können wir doch manchmal das Erstellen von Kopien vermeiden, indem wir mehrere Stacks benutzen. Allgemein heißt das, wenn es Abhängigkeiten zwischen Attributen schwierig machen, gewisse Attributwerte auf einem Stack zu plazieren, dann können wir diese an Knoten eines explizit konstruierten Syntaxbaums aufbewahren.

Wir haben bereits in den Abschnitten 5.3 und 5.6 die Verwendung eines Stacks gesehen, um die Attributwerte während der Bottom-Up-Syntaxanalyse aufzunehmen. Bei einem rekursiv absteigenden Parser wird ebenfalls implizit ein Stack benutzt, um die Prozeduraufrufe zu verfolgen; dies wird in Kapitel 7 diskutiert werden.

Der Gebrauch eines Stacks kann mit anderen Techniken kombiniert werden, um Speicherplatz zu sparen. Die Druckaktionen, die in den Übersetzungsschemata in Kapitel 2 umfassend benutzt wurden, schicken jedesmal, wenn es möglich ist, Attribute mit Stringwerten zu einer Ausgabedatei. In Abschnitt 5.2 reichten wir während der Konstruktion von Syntaxbäumen Zeiger auf Knoten anstelle ganzer Unterbäume weiter. Im allgemeinen können wir durch das Weitergeben von Zeigern auf große Objekte gegenüber dem Weiterreichen der großen Objekte selbst Platz sparen. Diese Techniken werden in den Beispielen 5.27 und 5.28 angewendet werden.

Das Vorhersagen von Lebenszeiten aus der Grammatik

Wenn man die Auswertungsreihenfolge für Attribute aus einem einzelnen Durchlauf durch einen Parsebaum erhält, dann können wir die Lebenszeiten von Attributen bereits zur Konstruktionszeit des Compilers vorhersagen. Nehmen wir zum Beispiel an, daß während eines Depth-First-Durchlaufs die Nachfolger wie in Abschnitt 5.4 von links nach rechts besucht werden. Beim Start an einem Knoten für die Produktion $A \to BC$ wird zuerst der Unterbaum für B besucht, dann der Unterbaum für C, und dann kehren wir zu dem Knoten für A zurück. Der Vorgänger von A kann nicht auf Attribute von B und C verweisen, also müssen ihre Lebenszeiten enden, wenn wir zu A zurückkehren. Beachten Sie, daß diese Beobachtungen auf der Produktion $A \to BC$ basieren und auf der Reihenfolge, in der die Knoten für diese Nichtterminale besucht werden. Wir brauchen nichts über die Unterbäume für B und C zu wissen.

Wenn mit irgendeiner Auswertungsreihenfolge die Lebenszeit von Attribut c in der von b enthalten ist, dann kann der Wert von c in einem Stack oberhalb des Wertes von b aufbewahrt werden. Hierbei dürfen b und c nicht Attribute des gleichen Nichtterminals sein. Für die Produktion $A \to BC$ können wir während eines Depth-First-Durchlaufs einen Stack in der im folgenden beschriebenen Weise benutzen.

Wir starten bei dem Knoten für A, wobei die ererbten Attribute von A bereits auf dem Stack sind. Dann berechnen wir die Werte der ererbten Attribute von B und legen diese auf den Stack. Diese Attribute verbleiben auf dem Stack, wenn wir den Unterbaum von B durchlaufen, und wir kehren mit den synthetisierten Attributen von B zurück, die jetzt oberhalb der ererbten liegen. Dieser Prozeß wird mit C wiederholt, das heißt, wir legen seine ererbten Attribute auf den Stack, durchlaufen seinen Unterbaum und kehren mit seinen synthetisierten Attributen an der Spitze des Stacks zurück. Wenn wir $\mathbf{E}(X)$ und $\mathbf{S}(X)$ für die ererbten bzw. die synthetisierten Attribute von X schreiben, dann enthält nun der Stack

$$\mathbf{E}(A), \mathbf{E}(B), \mathbf{S}(B), \mathbf{E}(C), \mathbf{S}(C) \tag{5.11}$$

Alle Attributwerte, die gebraucht werden, um die synthetisierten Attribute von A zu berechnen, sind nun auf dem Stack; also können wir mit dem folgenden Stackinhalt zu A zurückkehren:

$$\mathbf{E}(A), \mathbf{S}(A)$$

Beachten Sie, daß die Zahl (und vermutlich auch die Größe) der ererbten und synthetisierten Attribute eines Grammatiksymbols fest ist. Deshalb wissen wir bei jedem Schritt des obigen Prozesses, wie weit wir in den Stack nach unten zu greifen haben, um ein Attribut zu finden.

Beispiel 5.25

Nehmen wir an, daß die Attributwerte für die Schriftsatzübersetzung aus Abb. 5.22 oben diskutiert in einem Stack aufbewahrt werden. Wir starten an einem Knoten für die Produktion $B \rightarrow B_1 B_2$ mit $B.ps$ als oberstem Element des Stacks. Die Stackinhalte vor und nach dem Besuch eines Knotens sind in Abb. 5.47 zur Linken bzw. zur Rechten des Knotens abgebildet. So wie üblich wachsen die Stacks nach unten.

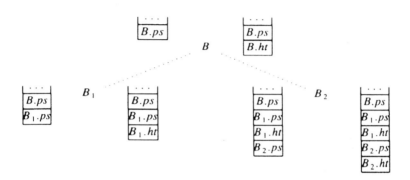

Abb. 5.47   Die Stackinhalte vor und nach dem Besuchen eines Knotens.

Beachten Sie, daß, unmittelbar bevor ein Knoten für das Nichtterminal B zum ersten Mal besucht wird, sein Attribut ps als oberstes Element im Stack steht. Direkt nach dem letzten Besuch, d.h. wenn sich der Durchlauf nach oben von diesem Knoten weg bewegt, stehen seine Attribute ht und ps in den zwei obersten Positionen des Stacks. □

Wenn ein Attribut b durch eine Kopierregel $b := c$ definiert wird und der Wert von c an der Spitze des Stacks der Attributwerte steht, dann ist es mitunter nicht notwendig, eine Kopie von c auf den Stack zu legen. Es gibt mehrere Möglichkeiten zur Eliminierung von Kopierregeln, wenn mehr als ein Stack benutzt wird, um die Attributwerte aufzunehmen. In dem nächsten Beispiel benutzen wir getrennte Stacks für synthetisierte und ererbte Attribute. Ein Vergleich mit Beispiel 5.25 zeigt, daß mehr Kopierregeln eliminiert werden können, wenn getrennte Stacks verwendet werden.

Beispiel 5.26

Wir nehmen an, daß wir bei der syntaxgesteuerten Definition aus Abb. 5.22 getrennte Stacks für das ererbte Attribut ps und das synthetisierte Attribut ht verwenden. Wir verwalten die Stacks so, daß $B.ps$, unmittelbar bevor B zum ersten Mal und direkt nachdem B zum letzten Mal besucht wird, an der

Spitze des *ps*-Stacks steht. *B.ht* wird, direkt nachdem *B* besucht wurde, als oberstes Element auf dem Stack sein.

Mit getrennten Stacks können wir die beiden mit $B \rightarrow B_1 B_2$ assoziierten Kopierregeln $B_1.ps := B.ps$ und $B_2.ps := B.ps$ ausnutzen. Wie in Abb. 5.48 gezeigt brauchen wir $B_1.ps$ nicht auf den Stack zu legen, weil sein Wert bereits als *B.ps* an oberster Stelle im Stack steht.

In Abbildung 5.49 wird ein Übersetzungsschema, das auf der syntaxgesteuerten Definition von Abb. 5.22 basiert, dargestellt. Die Operation *push(v, s)* legt den Wert *v* auf den Stack *s*, und *pop(s)* nimmt den obersten Wert vom Stack *s* weg. Wir benutzen *top(s)*, um auf das oberste Element vom Stack *s* zu verweisen.   □

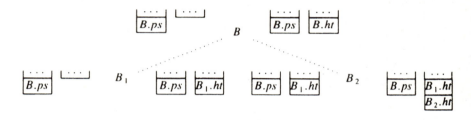

Abb. 5.48   Die Verwendung getrennter Stacks
für die Attribute *ps* und *ht*.

$$S \rightarrow$$
$$\qquad B \qquad\qquad \{\ push(10, ps)\ \}$$

$$B \rightarrow B_1$$
$$\qquad B_2 \qquad\qquad \{\ h2 := top(ht);\ pop(ht);$$
$$\qquad\qquad\qquad\qquad h1 := top(ht);\ pop(ht);$$
$$\qquad\qquad\qquad\qquad push(max(h1, h2), ht)\ \}$$

$$B \rightarrow B_1$$
$$\qquad \textbf{sub} \qquad\quad \{\ push(shrink(top(ps)), ps)\ \}$$
$$\qquad B_2 \qquad\qquad \{\ pop(ps);$$
$$\qquad\qquad\qquad\qquad h2 := top(ht);\ pop(ht);$$
$$\qquad\qquad\qquad\qquad h1 := top(ht);\ pop(ht);$$
$$\qquad\qquad\qquad\qquad push(disp(h1, h2), ht)\ \}$$

$$B \rightarrow \textbf{text} \qquad \{\ push(\textbf{text}.h \times top(ps), ht)\ \}$$

Abb. 5.49   Ein Übersetzungsschema, das die Stacks *ps* und *ht* verwaltet.

Das nächste Beispiel kombiniert den Gebrauch eines Stacks für Attributwerte mit Aktionen zur Erstellung von Code.

Beispiel 5.27
Hier betrachten wir Techniken zur Implementierung einer syntaxgesteuerten Definition, die die Generierung von Zwischencode spezifiziert. Der Wert eines booleschen Ausdrucks E **and** F ist falsch, wenn E falsch ist. In C wird der Teilausdruck F nicht ausgewertet, wenn E bereits falsch ist. Die Auswertung derartiger boolescher Ausdrücke wird in Abschnitt 8.4 betrachtet.

Die booleschen Ausdrücke in der syntaxgesteuerten Definition in Abb. 5.50 werden aus Bezeichnern und dem **and**-Operator konstruiert. Jeder Ausdruck E erbt zwei Label $E.true$ und $E.false$, die die Punkte markieren, zu denen die Kontrolle springen muß, wenn E wahr bzw. falsch ist.

Produktion	Semantikregeln
$E \rightarrow E_1$ **and** E_2	$E_1.true := newlabel$ $E_1.false := E.false$ $E_2.true := E.true$ $E_2.false := E.false$ $E.code := E_1.code \parallel gen('\text{label}' \ E_1.true) \parallel$ $\qquad\qquad E_2.code$
$E \rightarrow$ **id**	$E.code := gen('\text{if}' \ \text{id}.place \ '\text{goto}' \ E.true) \parallel$ $\qquad\qquad gen('\text{goto}' \ E.false)$

Abb. 5.50 Verkürzte Auswertung boolescher Ausdrücke.

Nehmen wir $E \rightarrow E_1$ **and** E_2 an. Wenn E_1 zu falsch ausgewertet wird, dann wechselt die Kontrolle zu dem ererbten Label $E.false$; wird E_1 zu wahr ausgewertet, so wechselt die Kontrolle zu dem Code für die Auswertung von E_2. Ein neues Label, das durch die Funktion $newlabel$ generiert wird, markiert den Anfang des Codes für E_2. Mit Hilfe der Funktion gen werden einzelne Instruktionen gebildet. Zur weiteren Diskussion der Relevanz von Abb. 5.50 zur Zwischencodeerzeugung siehe Abschnitt 8.4.

Die syntaxgesteuerte Definition in Abb. 5.50 ist L-attributiert, also können wir ein Übersetzungsschema für sie konstruieren. Das Übersetzungsschema in Abb. 5.51 benutzt eine Prozedur *emit*, um Instruktionen inkrementell zu generieren und auszugeben. Ebenso sind in der Abbildung Aktionen zum Setzen der Werte der ererbten Attribute gezeigt, die wie in Abschnitt 5.4 diskutiert vor dem passenden Grammatiksymbol eingefügt sind.

$$E \rightarrow \qquad \{ E_1.true := newlabel;$$
$$\qquad\qquad\qquad E_1.false := E.false \}$$
$$\quad E_1$$
$$\mathbf{and} \qquad \{ emit('label' E_1.true);$$
$$\qquad\qquad\qquad E_2.true := E.true;$$
$$\qquad\qquad\qquad E_2.false := E.false \}$$
$$\quad E_2$$

$$E \rightarrow \mathbf{id} \qquad \{ emit('if' \ id.place \ 'goto' \ E.true);$$
$$\qquad\qquad\qquad emit('goto' \ E.false) \}$$

Abb. 5.51   Code-Ausgabe für boolesche Ausdrücke.

Das Übersetzungsschema in Abb. 5.52 geht weiter; es benutzt getrennte Stacks, um die Werte der ererbten Attribute $E.true$ und $E.false$ aufzubewahren. Kopierregeln haben, wie in Beispiel 5.26, keine Auswirkungen auf die Stacks. Um die Regel $E_1.true := newlabel$ zu implementieren, wird ein neues Label auf den $true$-Stack gelegt, und zwar bevor E_1 besucht wird. Die Lebenszeit dieses Label endet mit der Aktion $emit('label' \ top(true))$, die $emit('label' \ E_1.true)$ entspricht; also wird nach dieser Aktion das oberste Element vom $true$-Stack weggenommen. Der $false$-Stack wird in diesem Beispiel nicht verändert; dies wird aber notwendig, wenn der **or**-Operator zusätzlich zum **and**-Operator erlaubt ist.   □

$$E \rightarrow \qquad \{ push(newlabel, true) \}$$
$$\quad E_1$$
$$\mathbf{and} \qquad \{ emit('label' \ top(true));$$
$$\qquad\qquad\qquad pop(true) \}$$
$$\quad E_2$$

$$E \rightarrow \mathbf{id} \qquad \{ emit('if' \ \mathbf{id}.place \ 'goto' \ top(true));$$
$$\qquad\qquad\qquad emit('goto' \ top(false)) \}$$

Abb. 5.52   Das Ausgeben von Code für boolesche Ausdrücke.

Nichtüberlappende Lebenszeiten

Ein einziges Register ist ein Spezialfall eines Stacks. Wenn jeder $push$-Operation eine pop-Operation folgt, dann kann imeer höchstens ein Element im Stack sein. In diesem Fall können wir anstelle eines Stacks ein Register verwenden. In bezug auf die Lebenszeiten heißt das, wenn sich die Lebenszeiten zweier Attribute nicht überlappen, dann können ihre Werte im gleichen Register aufbewahrt werden.

Beispiel 5.28
Die syntaxgesteuerte Definition in Abb. 5.53 konstruiert Syntaxbäume für listenähnliche Ausdrücke mit Operatoren mit nur einer Prioritätsebene. Diese Definition ist aus dem Übersetzungsschema in Abb. 5.28 entnommen.

Produktion	Semantikregeln
$E \rightarrow T\ R$	$R.i := T.nptr$ $E.nptr := R.s$
$R \rightarrow \textbf{addop}\ T\ R_1$	$R_1.i := mknode(\textbf{addop}.lexeme, R.i, T.nptr)$ $R.s := R_1.s$
$R \rightarrow \epsilon$	$R.s := R.i$
$T \rightarrow \textbf{num}$	$T.nptr := mkleaf(\textbf{num}, \textbf{num}.val)$

Abb. 5.53   Eine syntaxgesteuerte Definition,
die aus Abb. 5.28 angepaßt wurde.

Wir fordern, daß die Lebenszeit jedes Attributs von R endet, wenn das von ihm abhängige Attribut ausgewertet wird. Wir können zeigen, daß die Attribute von R bei irgendeinem Parsebaum in das gleiche Register r ausgewertet werden können. Die folgende Schlußweise ist typisch für die Analyse von Grammatiken. Die Induktion geschieht über die Größe des Unterbaums, der in dem Parsebaumfragment in Abb. 5.54 unter R angehängt wird.

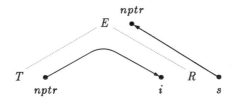

Abb. 5.54   Der Abhängigkeitsgraph für $E \rightarrow TR$.

Man erhält den kleinsten Unterbaum, wenn $R \rightarrow \epsilon$ angewendet wird. In diesem Fall ist $R.s$ eine Kopie von $R.i$, so daß beide ihre Werte in Register r haben. Für einen größeren Unterbaum muß man an dessen Wurzel die Produktion $R \rightarrow \textbf{addop}\ TR_1$ verwenden. Die Lebenszeit von $R.i$ endet, wenn $R_1.i$

ausgewertet wird, also kann $R.i$ in das Register r ausgewertet werden. Wegen der Induktionsannahme können alle Attribute für Instanzen des Nichtterminals R in dem Unterbaum für R_1 das gleiche Register zugewiesen bekommen. Am Ende ist $R.s$ eine Kopie von $R_1.s$, also ist sein Wert bereits in r.

Das Übersetzungsschema in Abb. 5.55 wertet die Attribute der attributierten Grammatik von Abb. 5.53 aus. Dabei wird das Register r verwendet, um die Werte der Attribute $R.i$ und $R.s$ für alle Instanzen des Nichtterminals R aufzubewahren.

$$E \rightarrow T \qquad \{ \ r := T.nptr \quad /* \ \text{r enthält nun R.i} */ \ \}$$
$$ R \qquad \{ \ E.nptr := r \quad /* \ \text{r kam mit R.s zurück} */ \ \}$$

$$E \rightarrow \textbf{addop}$$
$$ T \qquad \{ \ r := mknode(\textbf{addop}.lexeme, r, T.nptr) \ \}$$
$$ R$$

$$R \rightarrow \epsilon$$

$$T \rightarrow \textbf{num} \qquad \{ \ T.nptr := mkleaf(\textbf{num}, \textbf{num}.val) \ \}$$

Abb. 5.55 Umgeformtes Übersetzungsschema zur Konstruktion von Syntaxbäumen.

Zur Vollständigkeit zeigen wir in Abb. 5.56 den Code zur Implementierung des obigen Übersetzungsschemas; er wurde gemäß Algorithmus 5.2 konstruiert. Das Nichtterminal R hat jetzt keine Attribute mehr, also wird R eine Prozedur anstatt eine Funktion. Die Variable r wurde lokal zur Funktion E definiert, so daß es möglich wird, E rekursiv aufzurufen, obwohl wir dies in dem Schema von Abb. 5.55 nicht zu tun brauchen. Dieser Code kann durch die Eliminierung der endständigen Rekursion und anschließendes Ersetzen der verbleibenden Aufrufe von R durch den Rumpf der resultierenden Prozedur (wie in Abschnitt 2.5) verbessert werden. □

5.10 Die Analyse syntaxgesteuerter Definitionen

In Abschnitt 5.7 wurden die Attribute während des Durchlaufs eines Baums mit Hilfe einer Menge wechselseitig rekursiver Funktionen ausgewertet. Die Funktion für ein Nichtterminal bildet die Werte der ererbten Attribute an einem Knoten auf die Werte der synthetisierten Attribute an diesem Knoten ab.

```
function E: ↑syntax_tree_node;
     var r: ↑syntax_tree_node;
         addoplexeme: char;

     procedure R;
     begin
         if lookahead = addop then begin
             addoplexeme := lexval;
             match(addop);
             r := mknode(addoplexeme, r, T);
             R
         end
     end;

 begin
     r := T; R
     return r
 end;
```

Abb. 5.56 Vergleichen Sie die Prozedur *R* mit dem Code in Abb. 5.31.

Die Vorgehensweise in Abschnitt 5.7 erstreckte sich auch auf Übersetzungen, die nicht während eines einzigen Depth-First-Durchlaufs durchgeführt werden können. Hier wollen wir für jedes synthetisierte Attribut jedes Nichtterminals eine eigene Funktion verwenden, obwohl ganze Gruppen synthetisierter Attribute von einer einzigen Funktion ausgewertet werden können. Die Konstruktion in Abschnitt 5.7 befaßte sich mit dem Spezialfall, daß alle synthetisierten Attribute eine Gruppe bilden. Die Gruppierung von Attributen wird durch die Abhängigkeiten festgelegt, die durch die Semantikregeln in einer syntaxgesteuerten Definition festgesetzt werden. Das folgende abstrakte Beispiel illustriert die Konstruktion eines rekursiven Auswerters.

Beispiel 5.29
Die syntaxgesteuerte Definition in Abb. 5.57 ist durch ein Problem begründet, das wir in Kapitel 6 betrachten werden: Ein „überladener" Bezeichner kann eine Menge möglicher Typen haben; als eine Folge davon kann auch ein Ausdruck eine Menge möglicher Typen haben. Information aus dem Kontext wird verwendet, um einen der möglichen Typen für jeden Teilausdruck auszuwählen. Das Problem kann man lösen, indem man einen Bottom-Up-Durchgang macht, um die Menge der möglichen Typen zusammenzustellen. Anschließend folgt ein Top-Down-Durchgang, um die Menge auf einen einzigen Typ zu beschränken.

Die Semantikregeln in Abb. 5.57 sind eine Abstraktion dieses Problems. Das synthetisierte Attribut *s* repräsentiert die Menge der möglichen Typen, das ererbte Attribut *i* repräsentiert die Kontextinformation. Ein zusätzliches synthetisiertes Attribut *t*, das nicht in dem gleichen Durchgang wie *s* ausgewertet werden kann, möge den generierten Code oder den für einen Teilausdruck ausgewählten Typ repräsentieren.

Die Abhängigkeitsgraphen für die Produktionen aus Abb. 5.57 sind in Abb. 5.58 dargestellt.   □

Produktion	Semantikregeln
$S \to E$	$E.i := g(E.s)$ $S.r := E.t$
$E \to E_1\ E_2$	$E.s := fs(E_1.s, E_2.s)$ $E_1.i := fi1(E.i)$ $E_2.i := fi2(E.i)$ $E.t := ft(E_1.t, E_2.t)$
$E \to \mathbf{id}$	$E.s := \mathbf{id}.s$ $E.t := h(E.i)$

Abb. 5.57   Die synthetisierten Attribute s und t können nicht zusammen ausgewertet werden.

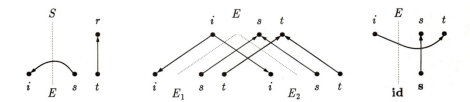

Abb. 5.58 Abhängigkeitsgraphen für die Produktionen aus Abb. 5.57.

Rekursive Auswertung von Attributen

Der Abhängigkeitsgraph für einen Parsebaum wird durch das Zusammenfügen kleinerer Graphen gebildet, die den Semantikregeln für eine Produktion entsprechen. Der Abhängigkeitsgraph D_p für die Produktion p basiert nur auf den Semantikregeln für eine einzige Produktion, den Semantikregeln für die synthetisierten Attribute auf der linken Seite und für die ererbten Attribute der Grammatiksymbole auf der rechten Seite der Produktion. Das heißt, der Graph D_p zeigt nur lokale Abhängigkeiten. Zum Beispiel sind in Abb. 5.58

alle Kanten in dem Abhängigkeitsgraphen für $E \rightarrow E_1 E_2$ zwischen Instanzen des gleichen Attributes. Ausgehend von diesem Abhängigkeitsgraphen können wir nicht sagen, daß die s-Attribute vor den anderen Attributen berechnet werden müssen.

Ein Gesamtüberblick über den Abhängigkeitsgraphen für den Parse-baum in Abb. 5.59 zeigt, daß die Attribute jeder Instanz des Nichtterminals E in der Reihenfolge $E.s$, $E.i$, $E.t$ ausgewertet werden müssen. Beachten Sie, daß alle Attribute in Abb. 5.59 in drei Durchgängen ausgewertet werden können: ein Bottom-Up-Durchgang zum Auswerten der s-Attribute, ein Top-Down-Durchgang zum Auswerten der i-Attribute und ein abschließender Bottom-Up-Durchgang zum Auswerten der t-Attribute.

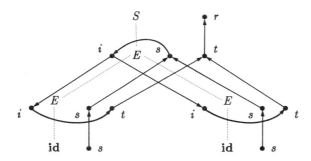

Abb. 5.59 Abhängigkeitsgraph für einen Parse-Baum.

In einem rekursiven Auswerter erhält die Funktion für ein synthetisiertes Attribut die Werte einiger der ererbten Attribute als Parameter. Allgemein ausgedrückt: wenn das synthetisierte Attribut $A.a$ von dem ererbten Attribut $A.b$ abhängen kann, dann erhält die Funktion für $A.a$ $A.b$ als einen Parameter. Vor der Analyse der Abhängigkeiten betrachten wir ein Beispiel, das ihren Gebrauch zeigt.

Beispiel 5.30
Die Funktionen Es und Et in Abb. 5.60 liefern als Ergebnis die Werte der synthetisierten Attribute s und t an einem Knoten n mit dem Label E. Wie in Abschnitt 5.7 gibt es in der Funktion für ein Nichtterminal eine Fallunterscheidung für jede Produktion. Der bei jedem einzelnen Fall auszuführende Code simuliert die Semantikregeln, die mit der entsprechenden Produktion in Abb. 5.57 assoziiert sind.

Aus der obigen Diskussion über den Abhängigkeitsgraphen in Abb. 5.59 wissen wir, daß das Attribut $E.t$ an einem Knoten in einem Parse-Baum von $E.i$ abhängen kann. Deshalb übergeben wir das ererbte Attribut i als einen Parameter an die Funktion Et für das Attribut t. Weil das Attribut $E.s$ nicht von irgendwelchen ererbten Attributen abhängt, hat die Funktion *Es* keine Parameter, die Attributwerten entsprechen.   □

```
function Es(n);
begin
    case Produktion am Knoten n of
    'E → E₁ E₂':
        s1 := Es(child(n, 1));
        s2 := Es(child(n, 2));
        return fs(s1, s2);
    'E → id':
        return id.s;
    default:
        error
    end
end;

function Et(n, i);
begin
    case Produktion am Knoten n of
    'E → E₁ E₂':
        i1 := fi1(i);
        t1 := Et(child(n, 1), i1);
        i2 := fi2(i);
        t2 := Et(child(n, 2), i2);
        return ft(t1, t2);
    'E → id':
        return h(i);
    default:
        error
    end
end;

function Sr(n);
begin
    s := Es(child(n, 1));
    i := g(s);
    t := Et(child(n, 1), i);
    return t
end;
```

Abb. 5.60 Funktionen für die synthetisierten Attribute aus Abb. 5.57.

Streng nichtzirkuläre syntaxgesteuerte Definitionen

Für eine Klasse syntaxgesteuerter Definitionen, „streng nichtzirkuläre" Definitionen genannt, können rekursive Auswerter konstruiert werden. Für eine Definition dieser Klasse können die Attribute an jedem Knoten für ein Nichtterminal gemäß der gleichen (partiellen) Reihenfolge ausgewertet werden. Wenn wir die Funktion für ein synthetisiertes Attribut eines Nichtterminals erstellen, dann wird diese Reihenfolge benutzt, um die ererbten Attribute auszuwählen, die die Parameter dieser Funktion werden.

Wir geben eine Definition dieser Klasse an und zeigen, daß die syntaxgesteuerte Definition in Abb. 5.57 in diese Klasse fällt. Dann geben wir einen Algorithmus zum Test auf Zirkularität und der strengen Nichtzirkularität an und zeigen, wie die Implementierung von Beispiel 5.30 auf alle streng nichtzirkulären Definitionen erweitert wird.

Betrachten wir das Nichtterminal A an einem Knoten n in einem Parse-Baum. Der Abhängigkeitsgraph für den Parsebaum kann Pfade haben, die bei einem Attribut des Knotens n starten, zu Attributen anderer Knoten im Parsebaum führen und an einem anderen Attribut von n enden. Für unseren Zweck ist es ausreichend, die Pfade zu betrachten, die sich in dem Teil des Parse-Baums unterhalb von A befinden. Ein bißchen Nachdenken enthüllt uns, daß solche Pfade von irgendeinem ererbten Attribut von A zu irgendeinem synthetisierten Attribut von A führen.

Wir werden eine (möglicherweise zu pessimistische) Abschätzung über die Menge solcher Pfade machen, indem wir die partiellen Reihenfolgen der Attribute von A betrachten.

Die Produktion p habe die Nichtterminale A_1, A_2, ..., A_n, die auf der rechten Seite erscheinen. RA_j sei eine partielle Reihenfolge der Attribute von A_j mit $1 \leq j \leq n$. Wir schreiben $D_p[RA_1, RA_2, ..., RA_n]$ für den Graph, den wir erhalten, indem wir folgendermaßen Kanten zu D_p hinzufügen: wenn RA_j das Attribut $A_j.b$ vor $A_j.c$ anordnet, dann füge eine Kante von $A_j.b$ nach $A_j.c$ hinzu.

Eine syntaxgesteuerte Definition wird *streng nichtzirkulär* genannt, wenn wir für jedes Nichtterminal A eine partielle Reihenfolge RA der Attribute von A finden können, so daß für jede Produktion p mit A auf der linken Seite und Nichtterminalen A_1, A_2, ..., A_n auf der rechten Seite gilt:

1. $D_p[RA_1, RA_2, ..., RA_n]$ ist azyklisch und

2. wenn es in $D_p[RA_1, RA_2, ..., RA_n]$ eine Kante von Attribut $A.b$ zu Attribut $A.c$ gibt, dann ordnet RA $A.b$ vor $A.c$.

Beispiel 5.31

Sei p die Produktion $E \rightarrow E_1E_2$ aus Abb. 5.57, deren Abhängigkeitsgraph D_p in der Mitte von Abb. 5.58 dargestellt ist. Sei RE die partielle Reihenfolge (in diesem Fall totale Reihenfolge) $s \rightarrow i \rightarrow t$. Es gibt zwei Auftreten von Nichtterminalen auf der rechten Seite von p, wie gewöhnlich als E_1 und E_2

geschrieben. Also sind RE_1 und RE_2 die gleichen Reihenfolgen wie RE, und der Graph $D_p[RE_1, RE_2]$ sieht aus wie in Abb. 5.61 gezeigt.

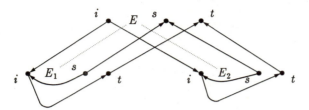

Abb. 5.61   Erweiterter Abhängigkeitsgraph für eine Produktion.

Zwischen den Attributen, die mit der Wurzel E in Abb. 5.61 assoziiert sind, führen die einzigen Pfade von i nach t. Weil RE i als Vorgänger von t definiert, entsteht keine Verletzung von Bedingung (2). $\Box$

Gegeben sei eine streng nichtzirkuläre Definition und eine partielle Reihenfolge RA für jedes Nichtterminal A. Dann erhält die Funktion für das synthetisierte Attribut s von A ihre Argumente wie folgt: wenn RA das ererbte Attribut i vor s anordnet, dann ist i ein Argument der Funktion, andernfalls nicht.

Ein Test auf Zirkularität

Eine syntaxgerichtete Definition wird zirkulär genannt, wenn der Abhängigkeitsgraph für irgendeinen Parsebaum einen Zyklus enthält; zirkuläre Definitionen sind mißgebildet und bedeutungslos. Es gibt keine Möglichkeit, einen sinnvollen Anfang anzugeben, um einige der Attributwerte auf dem Zyklus zu berechnen. Die Berechnung der partiellen Reihenfolgen, die sicher stellen, daß eine Definition streng nichtzirkulär ist, ist eng verwandt mit dem Testen, ob eine Definition zirkulär ist. Deshalb werden wir zuerst einen Test auf Zirkularität betrachten.

Beispiel 5.32

In der folgenden syntaxgesteuerten Definition sind die Pfade zwischen den Attributen von A davon abhängig, welche Produktion angewendet wird. Wenn $A \to 1$ angewendet wird, dann hängt $A.s$ von $A.i$ ab; ansonsten ist dies nicht der Fall. Um vollständige Informationen über die möglichen Abhängigkeiten zu erhalten, müssen wir die Mengen partieller Reihenfolgen der Attribute eines Nichterminals verfolgen.

Produktion	Semantikregeln
$S \to A$	$A.i := c$
$A \to 1$	$A.s := f(A.i)$
$A \to 2$	$A.s := d$

□

Die Idee, die hinter dem Algorithmus in Abb. 5.62 steckt, ist die folgende: Wir repräsentieren die partiellen Reihenfolgen durch gerichtete azyklische Graphen (GAGs). Wenn die GAGs für die Attribute der Symbole auf der rechten Seite einer Produktion gegeben sind, können wir wie folgt einen GAG für die Attribute der linken Seite bestimmen:

for Grammatiksymbol X **do**
    $\mathcal{F}(X)$ hat einen einzigen Graphen mit den Attributen von X
        und ohne Kanten;
repeat
    $change := $ **false**;
    for Produktion p, die durch $A \to X_1 X_2 \cdots X_k$
        gegeben ist **do begin**
        for GAGs $G_1 \in \mathcal{F}(X_1), ..., G_k \in \mathcal{F}(X_k)$ **do begin**
        $D := D_p$;
        for Kante $b \to c$ in G_j, $1 \leq j \leq k$ **do**
            füge zwischen den Attributen b und c von X_j
                in D eine Kante hinzu;
        if D einen Zyklus hat **then**
            lasse den Test auf Zirkularität fehlschlagen
        else begin
            $G := $ ein neuer Graph mit Knoten für
                die Attribute von A und ohne Kanten;
            for jedes Paar von Attributen b und c von A **do**
                if es einen Pfad von b nach c in D gibt **then**
                    füge $b \to c$ zu G hinzu;
            if G nicht bereits in $\mathcal{F}(A)$ ist **then begin**
                füge G zu $\mathcal{F}(A)$ hinzu;
                $change := $ **true**
            end
        end
        end
    end
until $change := $ **false**

Abb. 5.62 Ein Test auf Zirkularität.

Die Produktion p sei $A \rightarrow X_1 X_2 \cdots X_k$ mit dem Abhängigkeitsgraphen D_p. Sei D_j ein GAG für X_j mit $1 \leq j \leq k$. Jede Kante $b \rightarrow a$ in D_j wird temporär dem Abhängigkeitsgraphen D_p für die Produktion hinzugefügt. Wenn der resultierende Graph einen Zykel hat, dann ist die syntaxgesteuerte Definition zirkulär. Andernfalls bestimmen die Pfade in dem resultierenden Graphen einen neuen GAG auf den Attributen der linken Seite der Produktion; der resultierende GAG wird $\mathcal{F}(A)$ hinzugefügt.

Der Test auf Zirkularität in Abb. 5.62 hat einen exponentiellen Zeitbedarf in bezug auf die Anzahl der Graphen in den Mengen $\mathcal{F}(X)$ für jedes Grammatiksymbol X. Es gibt syntaxgesteuerte Definitionen, die nicht in polynomialer Zeit auf Zirkularität getestet werden können.

Wir können den Algorithmus in Abb. 5.62 wie folgt in einen effizienteren Test umwandeln, der feststellt, ob eine syntaxgesteuerte Definition streng nichtzirkulär ist. Anstatt der Verwaltung einer Familie von Graphen $\mathcal{F}(X)$ für jedes X summieren wir die Information dieser Familie durch die Beobachtung eines einzigen Graphen $F(X)$. Beachten Sie, daß jeder Graph in $\mathcal{F}(X)$ die gleichen Knoten für die Attribute von X hat, aber unterschiedliche Kanten haben kann. $F(X)$ ist der Graph mit den Knoten für die Attribute von X, der eine Kante zwischen $X.b$ und $X.c$ hat, wenn jeder Graph in $\mathcal{F}(X)$ eine solche Kante hat. $F(X)$ repräsentiert eine „Beurteilung für den schlechtesten Fall" möglicher Abhängigkeiten zwischen Attributen von X. Genauer gesagt, wenn $F(X)$ azyklisch ist, dann ist garantiert, daß die syntaxgesteuerte Definition nichtzirkulär ist. Jedoch braucht die Umkehrung nicht zu stimmen, d.h. wenn $F(X)$ einen Zykel hat, dann ist die syntaxgesteuerte Definition nicht unbedingt zirkulär.

Der modifizierte Test auf Zirkularität konstruiert azyklische Graphen $F(X)$ für jedes X, wenn dies möglich ist. Ausgehend von diesem Graphen können wir einen Auswerter für die syntaxgesteuerte Definition konstruieren. Die Methode ist eine einfache Verallgemeinerung von Beispiel 5.30. Die Funktion für das synthetisierte Attribut $X.s$ erhält als Argumente nur alle ererbten Attribute, die in $F(X)$ dem s vorausgehen. Die am Knoten n aufgerufene Funktion ruft andere Funktionen auf, die die benötigten synthetisierten Attribute an den Nachfolgern von n berechnen. Den Routinen zum Berechnen dieser Attribute werden die Werte für die ererbten Attribute, die sie brauchen, weitergereicht. Die Tatsache, daß der Test auf die strenge Nichtzirkularität erfolgreich beendet wurde, garantiert, daß diese ererbten Attribute berechnet werden können.

Übungen

5.1 Konstruieren Sie für den Eingabeausdruck (4*7+1)*2 einen bewerteten Parsebaum gemäß der syntaxgesteuerten Definition aus Abb. 5.2.

5.2 Konstruieren Sie den Parse-Baum und den Syntaxbaum für den Ausdruck ((a)+(b)) gemäß

a) der syntaxgesteuerten Definition aus Abb. 5.9 und

b) des Übersetzungsschemas aus Abb. 5.28.

5.3 Konstruieren Sie den GAG und identifizieren Sie die Zahlenwerte für die Teilausdrücke des folgenden Ausdrucks unter der Annahme, daß + linksassoziativ ist:

   a+a+(a+a+a+(a+a+a+a)).

*5.4 Geben Sie eine syntaxgesteuerte Definition an, um Infix-Ausdrücke in Infix-Ausdrücke ohne redundante Klammern zu übersetzen. Zum Beispiel kann, weil + und * linksassoziativ sind, der Ausdruck ((a*(b+c)) *(d)) als a*(b+c)*d geschrieben werden.

5.5 Geben Sie eine syntaxgesteuerte Definition an, um Ausdrücke abzuleiten, die durch die Anwendung der arithmetischen Operatoren + und * auf die Variable x und auf Konstanten gebildet wurden, z.B. x* (3*x+x*x). Nehmen Sie an, daß keine Vereinfachung stattfindet; 3*x wird also nach 3*1+0*x abgeleitet.

5.6 Die folgende Grammatik generiert Ausdrücke, die durch Anwendung eines arithmetischen Operators + auf integer- und real-Konstanten gebildet werden. Wenn zwei integers addiert werden, dann ist das Ergebnis vom Typ integer, andernfalls vom Typ real.

$$E \to E + T \mid T$$
$$T \to \textbf{num . num} \mid \textbf{num}$$

a) Geben Sie eine syntaxgesteuerte Definition an, um den Typ jedes Teilausdrucks zu bestimmen.

b) Erweitern Sie die syntaxgesteuerte Definition aus (a), um sowohl die Ausdrücke in die Postfixnotation zu übersetzen als auch die Typen zu bestimmen. Benutzen Sie den einstelligen Operator **intto-real**, um einen integer-Wert in einen äquivalenten real-Wert zu konvertieren, so daß beide Operanden von + in der Postfixform den gleichen Typ haben.

5.7 Erweitern Sie die syntaxgesteuerte Definition aus Abb. 5.22, um zur Verfolgung der Höhe von Boxen noch zusätzlich ihre Weite zu verfolgen. Nehmen Sie an, daß das Terminal **text** ein synthetisiertes Attribut *w* hat, das die normalisierte Weite des Textes angibt.

5.8 Das synthetisierte Attribut *val* gebe den Wert der binären Zahl an, die durch S in der folgenden Grammatik generiert wird. Zum Beispiel ist bei der Eingabe 101.101 der Wert $S.val = 5.625$.

$$S \rightarrow L \, . \, L \mid L$$
$$L \rightarrow L \, B \mid B$$
$$B \rightarrow 0 \mid 1$$

a) Benutzen Sie synthetisierte Attribute, um $S.val$ zu bestimmen.

b) Bestimmen Sie $S.val$ mit einer syntaxgesteuerten Definition, in der c das einzige synthetisierte Attribut von B ist. Dieses c gibt den Beitrag des Bits, das durch B generiert wird, an den Endwert weiter. Zum Beispiel ist der Beitrag des ersten und letzten Bits in 101.101 zum Endwert 5.625 gleich 4 bzw. 0.125.

5.9 Schreiben Sie die der syntaxgesteuerten Definition aus Beispiel 5.3 zugrundeliegende Grammatik so um, daß die Typinformation nur durch die Benutzung synthetisierter Attribute propagiert wird.

*5.10 Wenn die Anweisungen, die durch die folgende Grammatik generiert werden, in einen abstrakten Maschinencode übersetzt werden, dann wird eine Break-Anweisung übersetzt in: einen Sprung zur Instruktion, die der die Break-Anweisung direkt umschließende while-Anweisung folgt. Zur Vereinfachung werden Ausdrücke durch das Terminal **expr** und andere Arten von Anweisungen durch das Terminal **other** repräsentiert. Diese Terminale haben ein synthetisiertes Attribut *code*, das ihre Übersetzung angibt.

$$S \rightarrow \textbf{while expr do begin } S \textbf{ end}$$
$$\mid S \, ; \, S$$
$$\mid \textbf{break}$$
$$\mid \textbf{other}$$

Geben Sie eine syntaxgesteuerte Definition an, die Anweisungen in den Code für die Stackmaschine aus Abschnitt 2.8 übersetzt. Überzeugen Sie sich davon, daß Break-Anweisungen in geschachtelten while-Anweisungen korrekt übersetzt werden.

5.11 Eliminieren Sie die Linksrekursion in den syntaxgesteuerten Definitionen aus den Übungen 5.6(a) und (b).

5.12 Ausdrücke, die durch die folgende Grammatik generiert werden, können Zuweisungen enthalten.

$$S \rightarrow E$$
$$E \rightarrow E := E \mid E + E \mid (\, E \,) \mid \textbf{id}$$

Die Semantik dieser Ausdrücke ist wie in C. Das heißt, b:=c ist ein Ausdruck, der den Wert von c b zuweist; der r-Wert dieses Ausdrucks ist der gleiche wie der von c. Weiterhin weist a := (b := c) den Wert von c zuerst b zu und dann a.

a) Konstruieren Sie eine syntaxgesteuerte Definition zur Überprüfung, daß die linke Seite eines Ausdrucks ein *l*-Wert ist. Benutzen Sie ein ererbtes Attribut *side* des Nichtterminals E, um anzuzeigen, ob der durch E generierte Ausdruck auf der linken oder rechten Seite einer Zuweisung erscheint.

b) Erweitern Sie die syntaxgesteuerte Definition aus (a), um Zwischencode für die Stackmaschine aus Abschnitt 2.8 zu generieren, wenn sie die Eingabe überprüft.

5.13 Schreiben Sie die Grammatik, die der Übung 5.12 zugrunde liegt, so um, daß sie die Teilausdrücke von := rechts und die Teilausdrücke von + links gruppiert.

a) Konstruieren Sie ein Übersetzungsschema, das die syntaxgesteuerte Definition aus Übung 5.12(b) simuliert.

b) Modifizieren Sie das Übersetzungsschema aus (a), um den Code inkrementell in eine Ausgabedatei zu schreiben.

5.14 Geben Sie ein Übersetzungsschema an, um zu überprüfen, daß der gleiche Bezeichner nicht zweimal in einer Liste von Bezeichnern erscheint.

5.15 Nehmen Sie an, daß Deklarationen durch die folgende Grammatik generiert werden.

$D \rightarrow \textbf{id}\ L$
$L \rightarrow , \textbf{id}\ L \mid : T$
$T \rightarrow \textbf{integer} \mid \textbf{real}$

a) Konstruieren Sie ein Übersetzungsschema, um den Typ jedes Bezeichners in die Symboltabelle einzutragen, so wie im Beispiel 5.3.

b) Konstruieren Sie aus dem Übersetzungsschema von (a) einen prädiktiven Übersetzer.

5.16 Die folgende Grammatik ist eine eindeutige Version der Grammatik, die Abb. 5.22 zugrunde liegt. Die Klammern { und } werden nur zum Gruppieren von Boxen benutzt; sie werden während der Übersetzung eliminiert.

$S \rightarrow L$
$L \rightarrow L\ B \mid B$
$B \rightarrow B\ \textbf{sub}\ F \mid F$
$F \rightarrow \{\ L\ \} \mid \textbf{text}$

a) Passen Sie die syntaxgesteuerte Definition aus Abb. 5.22 an, um die obige Grammatik zu benutzen.

b)   Wandeln Sie die syntaxgesteuerte Definition aus (a) in ein Übersetzungsschema um.

*5.17 Erweitern Sie die Umformung zur Eliminierung der Linksrekursion aus Abschnitt 5.5, um das folgende für das Nichtterminal A in (5.2) zu erlauben:

a)   Durch Kopierregeln definierte ererbte Attribute.
b)   Ererbte Attribute.

5.18 Eliminieren Sie die Linksrekursion aus dem Übersetzungsschema von Übung 5.16(b).

*5.19 Nehmen Sie an, daß wir eine L-attributierte Definition haben, deren zugrundeliegende Grammatik entweder LL(1) ist, oder eine, bei der wir die Mehrdeutigkeiten auflösen und einen prädiktiven Parser konstruieren können. Zeigen Sie, daß wir die ererbten und synthetisierten Attribute auf dem Parserstack eines Top-Down-Parsers, der durch eine prädiktive Syntaxanalysetabelle gesteuert wird, verfolgen können.

*5.20 Beweisen Sie, daß das Hinzufügen einzelner Markierungsnichtterminale irgendwo in einer LL(1)-Grammatik eine Grammatik ergibt, die LR(1) ist.

5.21 Betrachten Sie die folgende Modifikation der LR(1)-Grammatik $L \to L\ b \mid a$:

$$L \to M\ L\ b \mid a$$
$$M \to \epsilon$$

a)   In welcher Reihenfolge würde ein Bottom-Up-Parser in dem Parsebaum für den Eingabestring *abbb* die Produktionen anwenden?

*b)   Zeigen Sie, daß die modifizierte Grammatik nicht LR(1) ist.

*5.22 Zeigen Sie, daß in dem Übersetzungsschema aus Abb. 5.36 der Wert des ererbten Attributs $B.ps$ immer unmittelbar unterhalb der rechten Seite ist, wenn wir eine rechte Seite auf B reduzieren.

5.23 Der Algorithmus 5.3 für die Bottom-Up-Syntaxanalyse und die Übersetzung mit ererbten Attributen benutzt Markierungsnichtterminale, um die Werte ererbter Attribute an vorhersehbaren Positionen in dem Parserstack aufzubewahren. Es werden weniger Markierungen benötigt, wenn die Werte auf einem Stack untergebracht werden, der vom Stack zur Syntaxanalyse getrennt ist.

a)   Wandeln Sie die syntaxgesteuerte Definition aus Abb. 5.36 in ein Übersetzungsschema um.

b) Modifizieren Sie das in (a) konstruierte Übersetzungsschema so, daß der Wert des ererbten Attributs *ps* auf einem separaten Stack erscheint. Eliminieren Sie bei diesem Prozeß das Markierungsnichtterminal *M*.

*5.24 Betrachten Sie die Übersetzung während der Syntaxanalyse wie in Übung 5.23. S. C. Johnson regte die folgende Methode zur Simulation eines separaten Stacks für ererbte Attribute an. Sie verwendet Markierungen und eine globale Variable für jedes ererbte Attribut. In der folgenden Produktion wird der Wert v durch die erste Aktion auf den Stack i geschrieben und durch die zweite Aktion vom Stack heruntergeholt:

$$A \rightarrow \alpha \ \{push(v, i)\} \ \beta \ \{pop(i)\}$$

Stack i kann durch die folgenden Produktionen, die eine globale Variable g und ein Markierungsnichtterminal M mit dem synthetisierten Attribut s benutzen, simuliert werden:

$$A \rightarrow \alpha \ M \ \beta \ \{ \ g := M.s \ \}$$
$$M \rightarrow \epsilon \ \{ \ M.s := g; \ g := v \ \}$$

a) Wenden Sie diese Umformung auf das Übersetzungsschema aus Übung 5.23(b) an. Ersetzen Sie alle Verweise auf die Spitze des separaten Stacks durch Verweise auf die globale Variable.

b) Zeigen Sie, daß das in (a) konstruierte Übersetzungsschema die gleichen Werte für die synthetisierten Attribute des Startsymbols berechnet wie das Schema in Übung 5.23(b).

5.25 Benutzen Sie die Vorgehensweise aus Abschnitt 5.8, um alle $E.side$-Attribute in dem Übersetzungsschema aus Übung 5.12(b) durch eine einzige boolesche Variable zu implementieren.

5.26 Modifizieren Sie die Verwendung des Stacks während des Depth-First-Durchlaufs von Beispiel 5.26 so, daß die Werte auf dem Stack denen entsprechen, die auf dem Parserstack in Beispiel 5.19 vorhanden sind.

Literaturhinweise

Der Gebrauch synthetisierter Attribute, um die Übersetzung einer Sprache zu spezifizieren, erscheint in Irons [1961]. Die Idee eines Parseraufrufs für semantische Aktionen wird von Samelson und Bauer [1960] und von Brooker und Morris [1962] besprochen. Ererbte Attribute erscheinen zusammen mit Abhängigkeitsgraphen und einem Test für strenge Nichtzirkularität in Knuth [1968] – ein Test für Zirkularität erscheint in einer Korrektur dieses Papiers.

Das erweiterte Beispiel in dem Papier benutzt disziplinierte Seiteneffekte auf globale Attribute, die an der Wurzel eines Parsebaums hängen. Wenn Attribute Funktionen sein können, dann können die ererbten Attribute eliminiert werden. Wie in einer denotationalen Semantik können wir eine Funktion von ererbten auf synthetisierte Attribute mit einem Nichtterminal assoziieren. Solche Beobachtungen erscheinen in Mayoh [1981].

Eine Anwendung, in der Seiteneffekte in Semantikregeln unerwünscht sind, ist das syntaxgesteuerte Editieren. Nehmen Sie an, ein Editor wird aus einer Attributgrammatik für die Quellsprache generiert, wie in Reps [1984]. Nun betrachten Sie eine Änderung beim Editieren des Quellprogramms, aus der sich ergibt, daß ein Teil des Parsebaums für das Programm gelöscht werden muß. Solange es keine Seiteneffekte gibt, können die Attributwerte für das veränderte Programm inkrementell neu berechnet werden. Ershov [1958] benutzt Hashing, um gemeinsame Teilausdrücke zu verfolgen.

Die Definition L-attributierter Grammatiken in Lewis, Rosenkrantz und Stearns [1974] ist durch die Übersetzung während der Syntaxanalyse motiviert. Die gleichen Restriktionen von Attributabhängigkeiten werden in Bochmann [1976] auf jeden von links nach rechts verlaufenden Depth-First-Durchlauf angewendet. Affix-Grammatiken, wie sie durch Koster [1971] eingeführt werden, sind mit den L-attributierten Grammatiken verwandt. Restriktionen auf L-attributierten Grammatiken werden in Koskimies und Räihä [1983] vorgeschlagen, um den Zugriff auf globale Attribute zu kontrollieren.

Die mechanische Konstruktion eines prädiktiven Übersetzers, der denen gleicht, die durch Algorithmus 5.2 konstruiert werden, wird von Bochmann und Ward [1978] beschrieben. In Brosgol [1974] wird gezeigt, daß der Eindruck, die Top-Down-Syntaxanalyse erlaube mehr Flexibilität für die Übersetzung, falsch ist. Dies geschieht durch einen Beweis, daß ein Übersetzungsschema, das auf einer LL(1)-Grammatik basiert, während der LR(1)-Syntaxanalyse simuliert werden kann. Unabhängig davon benutzt Watt [1977] Markierungsnichtterminale, um sicherzustellen, daß die Werte ererbter Attribute während der Bottom-Up-Syntaxanalyse auf einem Stack erscheinen. Die Positionen auf den rechten Seiten von Produktionen, an denen Markierungsnichtterminale sicher eingefügt werden können, ohne daß die LR(1)-Eigenschaft verloren geht, werden in Purdom und Brown [1980] betrachtet (siehe Übung 5.21). Die einfache Forderung, daß ererbte Attribute durch Kopierregeln zu definieren sind, ist nicht ausreichend, um sicherzustellen, daß Attribute während der Bottom-Up-Syntaxanalyse ausgewertet werden können; ausreichende Bedingungen für Semantikregeln werden in Tarhio [1982] angegeben. Eine Charakterisierung von Attributen in Form von Parserzuständen, die während der LR(1)-Syntaxanalyse ausgewertet werden können, wird von Jones und Madsen [1980] angegeben. Als ein Beispiel für eine Übersetzung, die nicht während der Syntaxanalyse durchgeführt werden kann, betrachten Fiegerich und Wilhelm [1978] die Codegenerierung für boolesche Ausdrücke. Wir werden in Abschnitt 8.6 sehen, daß Backpatching für dieses Problem benutzt werden kann, so daß kein kompletter zweiter Durchgang notwendig ist.

Eine Menge von Werkzeugen zur Implementierung syntaxgesteuerter Definitionen wurde entwickelt, angefangen mit FOLDS von Fang [1972], aber nur wenige haben eine weite Verbreitung erreicht. DELTA von Lorho [1977] konstruiert einen Abhängigkeitsgraphen zur Übersetzungszeit. Es spart Platz durch das Verfolgen der Lebenszeiten von Attributen und durch die Eliminierung von Kopierregeln. Auf einem Parsebaum basierende Auswertungsmethoden für Attribute werden von Kennedy und Ramanathan [1979] und von Cohen und Harry [1979] besprochen.

Auswertungsmethoden für Attribute werden von Engelfriet [1984] begutachtet. Eine Gemeinschaftsarbeit von Courcelle [1984] begutachtet die theoretischen Grundlagen. Das von Räihä et al. [1983] beschriebene HLP führt alternierende Depth-First-Durchläufe aus, so wie es von Jazayeri und Walter [1975] angedeutet wurde. LINGUIST von Farrow [1984] macht ebenfalls alternierende Durchgänge. Ganzinger et al. [1982] berichten, daß es mit MUG möglich ist, die Reihenfolge, in der die Nachfolger eines Knoten besucht werden, durch die Produktion an diesem Knoten zu bestimmen. GAG, das Kastens, Hutt und Zimmerman [1982] zuzuschreiben ist, ermöglicht wiederholte Besuche von Nachfolgern eines Knotens. GAG implementiert die Klasse der geordneten Attributgrammatiken, die von Kastens [1980] definiert wurden. Die Idee der wiederholten Besuche taucht bereits in einem früheren Papier von Kennedy und Warren [1976] auf, in dem Auswerter für die größere Klasse streng nichtzirkulärer Grammatiken konstruiert werden. Saarinen [1978] beschreibt eine Modifikation der Methode von Kennedy und Warren, die Speicherplatz spart, indem Attributwerte in einem Stack aufbewahrt werden, wenn diese während eines späteren Besuchs nicht mehr benötigt werden. Eine von Jourdan [1984] beschriebene Implementation konstruiert rekursive Auswerter für diese Klasse. Rekursive Auswerter werden ebenfalls in Katayama [1984] konstruiert. Eine ganz andere Vorgehensweise wird von Madsen [1980] in NEATS verwendet, wo ein GAG für Ausdrücke konstruiert wird, die Attributwerte repräsentieren.

Die Analyse von Abhängigkeiten bereits zur Konstruktionszeit der Compiler kann Zeit und Platz zur Übersetzungszeit sparen. Der Test auf Zirkularität ist ein typisches Analyseproblem. Jazayeri, Ogden und Rounds [1975] beweisen, daß ein Zirkularitätstest in einen mit der Grammatikgröße exponentiell wachsenden Bedarf an Zeit erfordert. Techniken zur Verbesserung der Implementierung eines Tests auf Zirkularität werden in Lorho und Pair [1975], in Räihä und Saarinen [1982] und in Deransart, Jourdan und Lorho [1984] betrachtet.

Der Platzbedarf naiver Auswerter führte zur Entwicklung von Techniken zum Einsparen von Platz. Der Algorithmus zum Zuweisen von Attributwerten auf Register in Abschnitt 5.8 wurde in einem ganz anderen Zusammenhang von Marill [1962] beschrieben. Von dem Problem, eine topologische Sortierung des Abhängigkeitsgraphen zu finden, der die Anzahl der benutzten Register minimiert, wird in Sethi [1975] gezeigt, daß es NP-vollständig ist. Die Analyse von Lebenszeiten zur Übersetzungszeit in einem Auswerter, der mehrere Durchgänge macht, erscheint in Räihä [1981] und in Jazayeri und

Pozefsky [1981]. Branquart et al. [1976] erwähnen den Gebrauch getrennter Stacks zum Aufbewahren synthetisierter und ererbter Attribute während eines Durchlaufs. GAG führt die Analyse von Lebenszeiten durch und plaziert die Attributwerte in globalen Variablen, Stacks und Parsebaumknoten, so wie es erforderlich ist. Ein Vergleich der Techniken zum Platzsparen, die von GAG und LINGUIST benutzt werden, wird von Farrow und Yellin [1984] vorgenommen.

6
Typüberprüfung

Ein Compiler muß prüfen, ob die Quellprogramme sowohl den syntaktischen als auch den semantischen Konventionen der Quellsprache genügen. Diese Überprüfung, genannt *statische Überprüfung* (um sie von der *dynamischen* Überprüfung während der Ausführung des Zielprogramms zu unterscheiden), stellt sicher, daß verschiedene Arten von Programmierfehlern erkannt und gemeldet werden. Beispiele für statische Überprüfungen beinhalten:

1. *Typüberprüfungen.* Ein Compiler sollte einen Fehler melden, wenn ein Operator auf inkompatible Operanden angewendet wird; wenn z.B. eine Arrayvariable und eine Funktionsvariable addiert werden.

2. *Überprüfungen des Kontrollflusses.* Anweisungen, die bewirken, daß der Kontrollfluß eines Konstrukts verlassen wird, müssen irgendeinen Platz haben, an den der Kontrollfluß übertragen wird. Eine Break-Anweisung in C bewirkt z.B., daß die Kontrolle die innerste while-, for- oder switch-Anweisung, die das break enthält, verlässt; ein Fehler tritt dann auf, wenn eine solche umschließende Anweisung nicht existiert.

3. *Überprüfungen auf Eindeutigkeit.* Es gibt Situationen, in denen ein Objekt genau einmal definiert sein muß. In Pascal z.B. muß ein Bezeichner eindeutig deklariert sein, müssen in einer Case-Anweisung die Label unterschiedlich sein, und die Elemente in einem Aufzählungstypen dürfen nicht wiederholt werden.

4. *Auf Namen bezogene Überprüfungen.* Manchmal muß der gleiche Name zwei- oder mehrmals auftauchen. In Ada z.B: muß eine Schleife oder ein Block einen Namen haben, der am Anfang und am Ende des Konstrukts erscheint. Der Compiler muß überprüfen, ob der gleiche Name an den beiden Stellen benutzt wird.

In diesem Kapitel konzentrieren wir uns auf die Typüberprüfung. Wie die obigen Beispiele zeigen, sind die meisten anderen statischen Überprüfungen Routine und können mit Hilfe der Techniken des vorherigen Kapitels implementiert werden. Einige dieser Prüfungen können in andere Aktivitäten eingebunden werden. Wenn wir z.B. Information über einen Namen in eine Symboltabelle eintragen, dann können wir überprüfen, ob der Name eindeutig deklariert ist. Viele Pascal-Compiler kombinieren die statische Überprüfung und die Erzeugung von Zwischencode mit der Syntaxanalyse. Bei einer komplexeren Konstruktion wie der von Ada ist es gebräuchlich, daß man zwischen der Syntaxanalyse und der Zwischencodeerzeugung einen eigenen Durchgang zur Typüberprüfung hat, so wie es in Abb. 6.1 angedeutet wird.

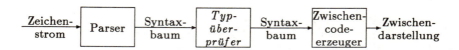

Abb. 6.1   Die Position des Typüberprüfers.

Ein Typüberprüfer verifiziert, daß der Typ eines Konstrukts mit dem Typ zusammenpaßt, der aufgrund des Kontextes des Konstruktes erwartet wird. Zum Beispiel verlangt der arithmetische built-in-Operator mod in Pascal Operanden vom Typ integer. Also muß ein Typüberprüfer verifizieren, daß die Operanden von mod vom Typ integer sind. Genauso muß der Typüberprüfer verifizieren, daß die Dereferenzierung nur auf einen Zeiger angewendet wird, daß das Indizieren nur auf einem Array gemacht wird, daß eine benutzerdefinierte Funktion auf die korrekte Anzahl und den korrekten Typ von Argumenten angewendet wird usw. Eine Spezifikation eines einfachen Typüberprüfers erscheint in Abschnitt 6.2. Die Darstellung von Typen und die Frage, wann zwei Typen zusammenpassen, wird in Abschnitt 6.3 besprochen.

Die Typinformation, die vom Typüberprüfer gesammelt wird, kann benötigt werden, wenn Code generiert wird. Zum Beispiel werden arithmetische Operatoren wie + gewöhnlich entweder auf integer- oder real-Zahlen angewendet, vielleicht auch auf andere Typen. Wir müssen dann den Kontext von + untersuchen, um den beabsichtigten Sinn zu bestimmen. Ein Symbol, das in verschiedenen Kontexten verschiedene Operationen repräsentieren kann, wird als „überladen" bezeichnet. Die Überladung kann durch den Zwang von Typen begleitet sein. Dann liefert der Compiler einen Operator, um einen Operanden in den Typ umzuwandeln, der vom Kontext erwartet wird.

Eine andere Vorstellung von Überladung ist die des „Polymorphismus". Der Körper einer polymorphen Funktion kann mit Argumenten verschiedenen Typs ausgeführt werden. Ein Unifikationsalgorithmus zur Herleitung der Typen polymorpher Funktionen schließt dieses Kapitel ab.

6.1 Typsysteme

Der Entwurf eines Typüberprüfers für eine Sprache basiert auf der Information über die syntaktischen Konstrukte in der Sprache, auf den Begriffen der Typen und auf den Regeln zum Zuordnen der Typen zu den Sprachkonstrukten. Die folgenden Auszüge aus dem Pascal-Report bzw. dem C-Reference-Manual sind Beispiele von Information, die ein Compiler-Implementierer haben kann, um damit zu starten.

- „Wenn beide Operanden der arithmetischen Operatoren Addition, Subtraktion und Multiplikation vom Typ integer sind, dann ist das Ergebnis auch vom Typ integer."

- „Das Ergebnis des einstelligen Operators & ist ein Zeiger auf das Objekt, das durch den Operanden übergeben wurde. Wenn der Typ des Operanden '...' ist, dann ist 'Zeiger auf ...' der Typ des Ergebnisses."

Implizit steckt in den obigen Auszügen die Idee, daß jeder Ausdruck einen Typ hat, der mit ihm assoziiert ist. Weiterhin haben Typen eine Struktur; der Typ „Zeiger auf ..." ist aus dem Typ konstruiert, auf den sich „..." bezieht.

Sowohl in Pascal als auch in C sind die Typen entweder einfach oder zusammengesetzt. Die einfachen Typen sind die atomaren Typen ohne innere Struktur, soweit es den Programmierer betrifft. In Pascal sind boolean, character, integer und real die einfachen Typen. Teilbereichstypen wie 1..10 und Aufzählungstypen wie

(violett, indigo, blau, grün, gelb, orange, rot)

können auch als einfache Typen angesehen werden. Pascal erlaubt einem Programmierer, Typen zusammenzusetzen, und zwar aus einfachen Typen und anderen zusammengesetzten Typen, z.B. die Arrays, Records und Sets. Zusätzlich können auch Zeiger und Funktionen als zusammengesetzte Typen betrachtet werden.

Typausdrücke

Der Typ eines Sprachkonstruktes wird durch einen „Typausdruck" angegeben. Informell ist ein Typausdruck entweder ein einfacher Typ, oder er ist durch die Anwendung eines Operators, _Typkonstruktor_ genannt, auf andere Typausdrücke gebildet. Die Menge der einfachen Typen und der Konstruktoren hängt von der Sprache ab, die überprüft wird.

Dieses Kapitel benutzt die folgende Definition für _Typausdrücke_:

1.   Ein einfacher Typ ist ein Typausdruck. Unter den einfachen Typen sind _boolean_, _char_, _integer_ und _real_. Ein spezieller einfacher Typ,

type_error, wird einen Fehler während der Typüberprüfung anzeigen. Der letzte einfache Typ *void*, der „die Abwesenheit eines Wertes" bezeichnet, erlaubt es, daß Anweisungen überprüft werden.

2. Da Typausdrücke benannt sein können, ist auch ein Typname ein Typausdruck. Ein Beispiel für den Gebrauch von Typnamen erscheint unten in 3(c); Typausdrücke, die Namen enthalten, werden in Abschnitt 6.3 diskutiert.

3. Ein auf Typausdrücke angewandter Typkonstruktor ist ein Typausdruck. Die Konstruktoren sind:

   a) *Arrays*. Wenn T ein Typausdruck ist, dann ist $array(I,T)$ ein Typausdruck, der den Typ eines Arrays mit Elementen vom Typ T und der Indexmenge I bezeichnet. I ist oft ein Bereich der integer-Zahlen. Zum Beispiel assoziiert die Pascal-Deklaration

   ```
   var A : array[1..10] of integer;
   ```

   den Typausdruck $array(1..10, integer)$ mit A.

   b) *Produkte*. Wenn T_1 und T_2 Typausdrücke sind, dann ist ihr kartesisches Produkt $T_1 \times T_2$ ein Typausdruck. Wir nehmen an, daß $\times$ linksassoziativ ist.

   c) *Records*. Der Unterschied zwischen einem Record und einem Produkt ist, daß die Felder eines Records Namen haben. Der Typkonstruktor *record* wird auf ein Tupel angewendet, das aus Feldnamen und Feldtypen gebildet ist. (Technisch gesehen sollten die Feldnamen Teil des Typkonstruktors sein, aber es ist gebräuchlich, Feldnamen zusammen mit ihren assoziierten Typen zu betrachten. In Kapitel 8 wird der Typkonstruktor *record* auf einen Zeiger auf eine Symboltabelle, die Einträge für die Feldnamen enthält, angewendet) Z.B. deklariert das Fragment eines Pascalprogramms

   ```
   type row = record
                 address: integer;
                 lexeme: array[1...15] of char
              end;
   var table: array[1...101] of row;
   ```

   den Typnamen row, der den Typausdruck

   $$record ((\text{address} \times integer) \times (\text{lexeme} \times array(1..15, char)))$$

   repräsentiert, und es deklariert die Variable table als ein Array von Records dieses Typs.

d) *Zeiger*. Wenn T ein Typausdruck ist, dann ist *pointer(T)* ein Typausdruck, der den Typ „Zeiger auf ein Objekt vom Typ T" bezeichnet. Z.B. definiert die Pascal-Deklaration

> var p : ↑ row

eine Variable p, die den Typ *pointer*(row) hat.

e) *Funktionen*. Mathematisch gesehen bildet eine Funktion Elemente einer Menge, dem Definitionsbereich, auf die einer anderen Menge, dem Bildbereich, ab. Wir können Funktionen in Programmiersprachen als eine Abbildung von einem *Definitionsbereichstyp D* in einen *Bildbereichstyp R* betrachten. Der Typ einer solchen Funktion wird durch den Typausdruck $D \rightarrow R$ ausgedrückt. Z.B. hat die built-in-Funktion mod von Pascal als Definitionsbereichstyp *int* $\times$ *int*, d.h. ein Paar von integer-Zahlen, und als Bildbereichstyp *int*. Deshalb sagen wir, mod hat den Typ[1]

$$int \times int \rightarrow int$$

Als ein anderes Beispiel sagt die Pascaldeklaration

> function f(a, b : char) : ↑ integer; ...

aus, daß der Definitionsbereichstyp von f mit *char* $\times$ *char* bezeichnet ist und der Bildbereichstyp mit *pointer(integer)*. Der Typ von f ist deshalb durch den Typausdruck

$$char \times char \rightarrow pointer(integer)$$

festgelegt. Aus Implementierungsgründen, die im nächsten Kapitel besprochen werden, gibt es oft Beschränkungen für den Typ, den eine Funktion zurückliefern kann; z.b. können keine Arrays oder Funktionen zurückgegeben werden. Jedoch gibt es Sprachen, von denen Lisp das berühmteste Beispiel ist, die es Funktionen erlauben, Objekte der unterschiedlichsten Typen als Ergebnis zu liefern. So können wir z.B. eine Funktion g vom Typ

$$(integer \rightarrow integer) \rightarrow (integer \rightarrow integer)$$

definieren. Das heißt, g erhält als Argument eine Funktion, die einen integer-Wert auf einen integer-Wert abbildet, und g erzeugt als Ergebnis eine andere Funktion des gleichen Typs.

---

[1] Wir nehmen an, daß $\times$ eine höhere Priorität hat als $\rightarrow$, also ist *int* $\times$ *int* $\rightarrow$ *int* das gleiche wie $(int \times int) \rightarrow int$. Auch ist $\rightarrow$ rechtsassoziativ.

4. Typausdrücke können Variablen enthalten, deren Werte Typausdrücke sind. Typvariablen werden in Abschnitt 6.6 eingeführt.

Ein gebräuchlicher Weg, einen Typausdruck zu repräsentieren, ist die Verwendung eines Graphen. Mit Hilfe der syntaxgesteuerten Vorgehensweise aus Abschnitt 5.2 können wir einen Baum oder einen GAG für einen Typausdruck konstruieren. Dabei sind die inneren Knoten für Typkonstruktoren und die Blätter für einfache Typen, Typnamen und Typvariablen (siehe Abb. 6.2). Beispiele für Darstellungen von Typausdrücken, die in Compilern benutzt wurden, werden in Abschnitt 6.3 gegeben.

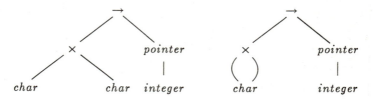

Abb. 6.2 Ein Baum bzw. ein GAG für *char × char → pointer(integer)*.

Typsysteme

Ein *Typsystem* ist eine Sammlung von Regeln zur Zuweisung von Typausdrücken zu den verschiedenen Teilen eines Programms. Ein Typüberprüfer ist die Implementierung eines Typsystems. Die Typsysteme in diesem Kapitel werden in einer syntaxgesteuerten Art und Weise spezifiziert, also können sie ohne weiteres unter Verwendung der Techniken aus dem vorherigen Kapitel implementiert werden.

Von unterschiedlichen Compilern oder Prozessoren der gleichen Sprache können unterschiedliche Typsysteme benutzt werden. In Pascal zum Beispiel schließt der Typ eines Arrays die Indexmenge des Arrays mit ein. Also kann eine Funktion mit einem Array-Argument nur auf Arrays mit dieser Indexmenge angewendet werden. Jedoch erlauben viele Pascal-Compiler, daß die Indexmenge unspezifiziert bleiben kann, wenn ein Array als ein Argument übergeben wird. Somit benutzen diese Compiler ein anderes Typsystem als das in der Sprachdefinition von Pascal. So ähnlich untersucht im UNIX-System das lint-Kommando C-Programme auf mögliche Fehler. Dabei wird ein detaillierteres Typsystem als das des C-Compiler benutzt.

Statische und dynamische Überprüfung von Typen

Die Überprüfung, die durch einen Compiler ausgeführt wird, wird statisch genannt, während die Überprüfung, die durchgeführt wird, wenn das Zielprogramm läuft, als dynamisch bezeichnet wird. Prinzipiell kann jede Überprüfung dynamisch erfolgen, wenn der Zielcode den Typ eines Elements zusammen mit dem Wert dieses Elements beinhaltet.

Ein *korrektes* Typsystem eliminiert die Notwendigkeit der dynamischen Überprüfung auf Typfehler, weil es uns erlaubt, statisch zu bestimmen, daß diese Fehler nicht passieren können, wenn das Zielprogramm abläuft. Das heißt, wenn ein korrektes Typsystem einem Programmteil einen anderen Typ als *type_error* zuweist, dann können keine Typfehler auftauchen, wenn der Zielcode für diesen Programmteil abläuft. Eine Sprache ist *streng getypt*, wenn ihre Compiler garantieren können, daß die Programme, die sie akzeptieren, ohne Typfehler ausgeführt werden.

Praktisch können einige Überprüfungen nur dynamisch vorgenommen werden. Zum Beispiel, wenn wir zuerst

```
table: array[0..255] of char;
i: integer
```

deklarieren und dann table[i] berechnen. Dann kann im allgemeinen ein Compiler nicht garantieren, daß während der Ausführung der Wert von i im Bereich von 0 bis 255 liegen wird.[2]

Fehlerbehandlung

Da die Typüberprüfung die Möglichkeit hat, in Programmen Fehler aufzdecken, ist es für einen Typüberprüfer wichtig, wenn ein Fehler entdeckt wird, irgendetwas zur Behebung zu tun. Zumindest muß der Compiler die Art und den Ort des Fehlers melden. Es ist wünschenswert für den Typüberprüfer, daß er sich von Fehlern wieder erholt, so daß er den Rest der Eingabe überprüfen kann. Da die Fehlerbehandlung die Regeln zur Typüberprüfung berührt, müssen diese von Anfang an richtig in das Typsystem mit eingeplant werden; die Regeln müssen so präpariert werden, daß sie mit Fehlern fertig werden.

Die Hinzunahme der Fehlerbehandlung wird ein Typsystem ergeben, das über dasjenige hinausgeht, das zur Spezifikation korrekter Programme benötigt wird. Zum Beispiel werden wir, sobald ein Fehler aufgetaucht ist, nicht den Typ des falsch erstellten Programmfragments kennen. Das Fertig-

---

[2] Datenflußanalysemethoden, die denen in Kapitel 10 gleichen, können dazu benutzt werden, um in einigen Programmen herauszufinden, ob i innerhalb der Grenzen ist. Jedoch kann keine Technik diese Entscheidung in allen Fällen korrekt treffen.

werden mit fehlender Information erfordert Techniken, die denen gleichen, die für solche Sprachen benötigt werden, die nicht fordern, daß Bezeichner deklariert sein müssen, bevor sie benutzt werden. Typvariablen, die im Abschnitt 6.6 besprochen werden, können benutzt werden, um einen konsistenten Gebrauch undeklarierter oder scheinbar falsch deklarierter Bezeichner sicherzustellen.

6.2 Die Spezifikation eines einfachen Typüberprüfers

In diesem Abschnitt spezifizieren wir einen Typüberprüfer für eine einfache Sprache, in der der Typ jedes Bezeichners festgelegt sein muß, bevor der Bezeichner benutzt wird. Der Typüberprüfer ist ein Übersetzungsschema, das den Typ jedes Ausdrucks aus den Typen seiner Teilausdrücke zusammensetzt. Der Typüberprüfer kann Arrays, Zeiger, Anweisungen und Funktionen behandeln.

Eine einfache Sprache

Die Grammatik in Abb. 6.3 generiert Programme (repräsentiert durch das Nichtterminal *P*) die aus einer Sequenz von Deklarationen *D*, gefolgt von einem einzigen Ausdruck *E* bestehen.

$$P \rightarrow D \; ; \; E$$
$$D \rightarrow D \; ; \; D \mid \textbf{id} : T$$
$$T \rightarrow \textbf{char} \mid \textbf{integer} \mid \textbf{array} \; [\; \textbf{num} \;] \; \textbf{of} \; T \mid \uparrow T$$
$$E \rightarrow \textbf{literal} \mid \textbf{num} \mid \textbf{id} \mid E \; \textbf{mod} \; E \mid E \; [\; E \;] \mid E\uparrow$$

Abb. 6.3   Die Grammatik für eine Quellsprache.

Ein durch die Grammatik in Abb. 6.3 generiertes Programm ist:

```
key : integer;
key mod 1999
```

Bevor wir die Ausdrücke besprechen, betrachten wir die Typen in der Sprache. Die Sprache selbst hat zwei einfache Typen, *char* und *integer*; ein dritter einfacher Typ, *type_error*, wird zum Anzeigen von Fehlern benutzt. Zur Vereinfachung nehmen wir an, daß alle Arrays bei 1 beginnen. Zum Beispiel führt

```
array [256] of char
```

zu dem Typausdruck *array*(1..256, *char*), der aus dem Konstruktor *array* besteht, angewendet auf den Teilbereich 1..256 und auf den Typ *char*. Wie in Pascal bildet der Präfixoperator ↑ in Deklarationen einen Zeigertyp. Also führt

↑integer

zu dem Typausdruck *pointer*(*integer*), der aus dem Konstruktor *pointer* besteht, angewendet auf den Typ *integer*.

In dem Übersetzungsschema in Abb. 6.4 speichert die Aktion, die mit der Produktion $D \to$ **id** : T assoziiert ist, einen Typ in einem Eintrag einer Symboltabelle. Die Aktion *addtype*(**id**.*entry*, T.*type*) wird auf das synthetisierte Attribut *entry*, das auf den Symboltabelleneintrag für **id** zeigt, und einen Typausdruck, der durch das synthetisierte Attribut *type* des Nichtterminals T repräsentiert wird, angewendet.

Wenn T **char** oder **integer** generiert, dann ist T.*type* so definiert, daß es *char* bzw. *integer* wird. Die obere Grenze eines Arrays erhält man aus dem Attribut *val* des Tokens **num**, das den integer-Wert, der durch **num** repräsentiert wird, wiedergibt. Von den Arrays wird angenommen, daß sie bei 1 starten, also wird der Typkonstruktor *array* auf den Teilbereich 1..**num**.*val* und den Elementtyp angewendet.

Da D auf der rechten Seite von $P \to D$; E vor E erscheint, können wir sicher sein, daß die Typen aller deklarierter Bezeichner gespeichert sind, bevor der durch E generierte Ausdruck überprüft wird (siehe Kapitel 5). Tatsächlich können wir durch eine passende Modifikation der Grammatik in Abb. 6.3 das Übersetzungsschema in diesem Abschnitt ganz nach Belieben entweder während einer Top-Down- oder einer Bottom-Up-Syntaxanalyse implementieren.

$$P \to D \; ; \; E$$
$$D \to D \; ; \; D$$

$D \to$ **id** : T	{ $addtype$(**id**.$entry$, $T.type$) }
$T \to$ **char**	{ $T.type := char$ }
$T \to$ **integer**	{ $T.type := integer$ }
$T \to \uparrow T_1$	{ $T.type := pointer(T_1.type)$ }
$T \to$ **array** [**num**] **of** T_1	{ $T.type := array(1..\text{num}.val, T_1.type)$ }

Abb. 6.4 Der Teil eines Übersetzungsschemas, der den Typ eines Bezeichners abspeichert.

Typüberprüfung von Ausdrücken

In den folgenden Regeln gibt das synthetisierte Attribut *type* von E den Typausdruck wieder, der von dem Typsystem dem durch E generierten Ausdruck zugewiesen wird. Die folgenden Semantikregeln besagen, daß Konstanten, die durch die Token **literal** und **num** repräsentiert werden, den Typ *char* bzw. *integer* haben:

$$E \rightarrow \textbf{literal} \qquad \{E.type := char\}$$

$$E \rightarrow \textbf{num} \qquad \{E.type := integer\}$$

Wir benutzen eine Funktion *lookup(e)*, um auf den Typ zuzugreifen, der in dem Symboltabelleneintrag gespeichert ist, auf den e zeigt. Wenn ein Bezeichner in einem Ausdruck erscheint, wird sein deklarierter Typ ermittelt und dem Attribut *type* zugewiesen:

$$E \rightarrow \textbf{id} \qquad \{E.type := lookup(\textbf{id}.entry)\}$$

Der Ausdruck, der durch die Anwendung des mod-Operators auf zwei Teilausdrücke vom Typ *integer* gebildet wird, hat den Typ *integer*; sonst ist sein Typ *type_error*.

Die entsprechende Regel ist

$$E \rightarrow E_1 \textbf{ mod } E_2 \qquad \{E.type := \textbf{if } E_1.type = integer \textbf{ and} \\ E_2.type = integer \textbf{ then } integer \\ \textbf{else } type\_error\}$$

In einer Array-Referenz $E_1[E_2]$ muß der Indexausdruck E_2 den Typ *integer* haben. In diesem Fall ist das Ergebnis der Elementtyp t, den man aus dem Typ *array(s, t)* des Ausdrucks E_1 erhält; wir machen von der Indexmenge s des Arrays keinen Gebrauch.

$$E \rightarrow E_1[E_2] \qquad \{E.type := \textbf{if } E_2.type = integer \textbf{ and} \\ E_1.type = array(s, t) \textbf{ then } t \\ \textbf{else } type\_error\}$$

Innerhalb von Ausdrücken liefert der Postfix-Operator ↑ das Objekt, auf den sein Operand zeigt. Der Typ von $E\uparrow$ ist der Typ t des Objekts, auf den der Zeiger E zeigt:

$$E \rightarrow E_1\uparrow \qquad \{E.type := \textbf{if } E_1.type = pointer(t) \textbf{ then } t \\ \textbf{else } type\_error\}$$

Wir überlassen es dem Leser, weitere Produktionen und Semantikregeln hinzuzufügen, um zusätzliche Typen und Operationen innerhalb von Ausdrücken zu erlauben. Um zum Beispiel Bezeichner mit dem Typ *boolean* zu erlauben, können wir die Produktion $T \rightarrow$ **boolean** in der Grammatik von Abb. 6.3 einführen. Die Einführung von Vergleichsoperatoren wie $<$ und von logischen Verknüpfungen wie **and** in die Produktionen für E würde die Konstruktion von Ausdrücken des Typs *boolean* erlauben.

Typüberprüfung von Anweisungen

Da Sprachkonstrukte wie Anweisungen typischerweise keine Werte haben, kann diesen der spezielle einfache Typ *void* zugewiesen werden. Wenn innerhalb einer Anweisung ein Fehler entdeckt wird, dann wird der Anweisung der Typ *type_error* zugewiesen.

Die Anweisungen, die wir betrachten, sind Zuweisungen, Verzweigungen und Schleifen. Folgen von Anweisungen sind durch Strichpunkte getrennt. Die Produktionen aus Abb. 6.5 können mit denen aus Abb. 6.3 kombiniert werden, wenn wir die Produktion für ein komplettes Programm ändern zu $P \rightarrow D$; S. Ein Programm besteht nun aus Deklarationen, gefolgt von Anweisungen; die obigen Regeln zum Überprüfen von Ausdrücken werden dennoch benötigt, weil Anweisungen Ausdrücke beinhalten können.

$$S \rightarrow \mathbf{id} := E \qquad \{\ S.type := \ \mathbf{if}\ \mathbf{id}.type = E.type\ \mathbf{then}\ void$$
$$\mathbf{else}\ type\_error\ \}$$

$$S \rightarrow \mathbf{if}\ E\ \mathbf{then}\ S_1 \qquad \{\ S.type := \ \mathbf{if}\ E.type = boolean\ \mathbf{then}\ S_1.type$$
$$\mathbf{else}\ type\_error\ \}$$

$$S \rightarrow \mathbf{while}\ E\ \mathbf{do}\ S_1 \qquad \{\ S.type := \ \mathbf{if}\ E.type = boolean\ \mathbf{then}\ S_1.type$$
$$\mathbf{else}\ type\_error\ \}$$

$$S \rightarrow S_1\ ;\ S_2 \qquad \{\ S.type := \ \mathbf{if}\ S_1.type = void\ \mathbf{and}$$
$$S_2.type = void\ \mathbf{then}\ void$$
$$\mathbf{else}\ type\_error\ \}$$

Abb. 6.5 Übersetzungsschema zum Überprüfen des Typs von Anweisungen.

Regeln zum Überprüfen von Anweisungen sind in Abb. 6.5 angegeben. Die erste Regel überprüft, ob die linke und rechte Seite einer Zuweisung den gleichen Typ haben.[3] Die zweite und die dritte Regel spezifizieren, daß Ausdrücke in Verzweigungen und Schleifen den Typ *boolean* haben müssen. Durch die letzte Regel aus Abb. 6.5 werden Fehler weiter verbreitet, weil eine Folge von Anweisungen nur den Typ *void* hat, wenn jede Teilanweisung den Typ *void* hat. In diesen Regeln erzeugt die Unverträglichkeit von Typen

---

[3] Wenn auf der linken Seite einer Zuweisung ein Ausdruck zulässig ist, dann haben wir auch zwischen *l*-Werten und *r*-Werten zu unterscheiden. Z.B. ist 1:=2 nicht korrekt, weil der Konstanten 1 nichts zugewiesen werden kann.

den Typ *type_error*; ein freundlicher Typüberprüfer wird selbstverständlich die Art und die Stelle der Typunverträglichkeit so gut wie möglich wiedergeben.

Typüberprüfung von Funktionen

Die Anwendung einer Funktion auf ein Argument kann durch die Produktion

$$E \rightarrow E\,(E)$$

erreicht werden. In dieser Produktion ist ein Ausdruck die Anwendung eines Ausdrucks auf einen anderen. Die Regeln, mit denen Typausdrücke mit dem Nichtterminal T assoziiert werden, können durch die folgende Produktion und Aktion erweitert werden, um so Funktionstypen in Deklarationen zu erlauben.

$$T \rightarrow T_1 \;'\!\rightarrow'\; T_2 \qquad \{T.type := T_1.type \rightarrow T_2.type\}$$

Die Hochkommata, die den Pfeil umgeben, der als ein Funktionskonstruktor benutzt wird, unterscheiden diesen von dem Pfeil, der als Metasymbol in einer Produktion verwendet wird. Die Regel zum Überprüfen des Typs einer Funktionsanwendung ist

$$E \rightarrow E_1(E_2) \qquad \{E.type := \textbf{if } E_2.type = s \textbf{ and}$$
$$E_1.type = s \rightarrow t \textbf{ then } t$$
$$\textbf{else } type\_error\}$$

Diese Regel besagt, daß in einem Ausdruck, der durch die Anwendung von E_1 auf E_2 gebildet wird, der Typ von E_1 eine Funktion $s \rightarrow t$ vom Typ s des Ausdrucks E_2 auf irgendeinen Teilbereichstyp t sein muß; der Typ von $E_1(E_2)$ ist t.

Viele Fragen, die mit der Typüberprüfung bei Anwesenheit von Funktionen in Beziehung stehen, können anhand der obigen einfachen Syntax besprochen werden. Die Verallgemeinerung auf Funktionen mit mehr als einem Argument erreicht man durch das Konstruieren eines Produkttyps, der aus den Argumenten besteht. Beachten Sie, daß n Argumente mit den Typen T_1, ..., T_n als ein einziges Argument vom Typ $T_1 \times \cdots \times T_n$ angesehen werden können. Z.B. könnten wir

$$\text{root} : (\text{real} \rightarrow \text{real}) \times \text{real} \rightarrow \text{real} \qquad\qquad (6.1)$$

schreiben, um eine Funktion root zu deklarieren, die eine Funktion von real nach real und einen real-Wert als Argumente erhält und einen real-Wert als Ergebnis liefert. Die pascal-ähnliche Syntax für diese Deklaration ist:

```
function root (function f(real) : real; x : real) : real
```

Die Syntax in (6.1) trennt die Deklaration der Typen einer Funktion von den Namen ihrer Parameter.

6.3 Gleichheit von Typausdrücken

Die Überprüfungsregeln im vorherigen Abschnitt haben die Form „**if** zwei Typausdrücke gleich sind **then** gib eine bestimmten Typ zurück **else** gib *type_error* zurück". Deshalb ist es wichtig, eine genaue Definition dafür zu haben, wenn zwei Typausdrücke gleich sind. Mögliche Mehrdeutigkeiten tauchen auf, wenn Typausdrücken Namen gegeben werden und diese Namen dann in nachfolgenden Typausdrücken benutzt werden. Die Schlüsselfrage ist, ob ein Name in einem Typausdruck für sich selbst steht oder ob er eine Abkürzung für einen anderen Typausdruck ist.

Da es eine Interaktion zwischen dem Begriff der Gleichheit von Typen und der Repräsentation von Typen gibt, werden wir über beides zusammen reden. Aus Effizienzgründen benutzen Compiler solche Repräsentationen, die es erlauben, Typgleichheit schnell zu bestimmen. Der Begriff der Typgleichheit, der durch einen bestimmten Compiler implementiert ist, kann oft mit Hilfe der Konzepte von struktureller Gleichheit und Namensgleichheit erklärt werden. Diese Konzepte werden in diesem Abschnitt diskutiert. Die Diskussion erfolgt mit Hilfe einer Graphendarstellung für Typausdrücke, wobei die Blätter für einfache Typen und Typnamen und die inneren Knoten für Typkonstruktoren stehen, so wie in Abb. 6.2. Wie wir sehen werden, führen rekursiv definierte Typen in dem Typgraphen zu Zyklen, wenn ein Name als Abkürzung für einen Typausdruck angesehen wird.

Strukturelle Gleichheit von Typausdrücken

Solange Typausdrücke aus bestehenden einfachen Typen und Konstruktoren gebildet werden, ist ein natürlicher Begriff von Gleichheit zwischen zwei Typausdrücken die *strukturelle Gleichheit*; d.h. zwei Ausdrücke sind entweder vom gleichen einfachen Typ oder sie sind durch Anwendung desselben Konstruktors auf strukturell gleiche Typen gebildet. Also: zwei Typausdrücke sind strukturell genau dann gleich, wenn sie identisch sind. Z.B. ist der Typausdruck *integer* nur mit *integer* gleich, weil sie die gleichen einfachen Typen sind. Genauso ist *pointer(integer)* nur gleich mit *pointer(integer)*, weil die beiden Typausdrücke durch die Anwendung desselben Konstruktors *pointer* auf die gleichen Typen gebildet werden. Wenn wir die Zahlenwerte-Methode von Algorithmus 5.1 benutzen, um eine GAG-Repräsentation von Typausdrücken zu konstruieren, dann werden identische Typausdrücke durch denselben Knoten repräsentiert werden.

Modifikationen des Begriffs der strukturellen Gleichheit werden in der Praxis oft benutzt, um die aktuellen Typüberprüfungsregeln der Quellsprache wiederzugeben. Wenn z.B. Arrays als Parameter übergeben werden, dann werden wir die Arraygrenzen nicht als Teil des Typs mit einschließen wollen.

(1)   **function** *sequiv*(*s*, *t*): *boolean*;
         begin
(2)   **if** *s* und *t* vom selben Basistyp sind **then**
(3)   **return true**
(4)   **else if** $s = array(s_1, s_2)$ **and** $t = array(t_1, t_2)$ **then**
(5)   **return** $sequiv(s_1, t_1)$ **and** $sequiv(s_2, t_2)$
(6)   **else if** $s = s_1 \times s_2$ **and** $t = t_1 \times t_2$ **then**
(7)   **return** $sequiv(s_1, t_1)$ **and** $sequiv(s_2, t_2)$
(8)   **else if** $s = pointer(s_1)$ **and** $t = pointer(t_1)$ **then**
(9)   **return** $sequiv(s_1, t_1)$
(10)   **else if** $s = s_1 \rightarrow s_2$ **and** $t = t_1 \rightarrow t_2$ **then**
(11)   **return** $sequiv(s_1, t_1)$ **and** $sequiv(s_2, t_2)$
         else
(12)   **return false**
     end

Abb. 6.6   Test der strukturellen Gleichheit
zweier Typausdrücke *s* und *t*.

Der Algorithmus zum Testen der strukturellen Gleichheit in Abb. 6.6 kann angepaßt werden, um veränderte Begriffe von Gleichheit zu testen. Er geht davon aus, daß die einzigen Typkonstruktoren die für Arrays, Produkte, Zeiger und Funktionen sind. Der Algorithmus vergleicht rekursiv die Struktur der Typausdrücke ohne Überprüfung auf Zyklen. Also kann er auf eine Baum- oder eine GAG-Repräsentation angewendet werden. Identische Typausdrücke müssen nicht durch denselben Knoten in dem GAG repräsentiert werden. Strukturelle Gleichheit von Knoten in Typgraphen mit Zyklen kann unter Verwendung eines Algorithmus aus Abschnitt 6.7 getestet werden.

Die Arraygrenzen s_1 und t_1 in

$$s = array\,(s_1, s_2)$$
$$t = array\,(t_1, t_2)$$

werden ignoriert, wenn der Test auf Arraygleichheit in den Zeilen 4 und 5 von Abb. 6.6 zu

     else if $s = array\,(s_1, s_2)$ **and** $t = array\,(t_1, t_2)$ **then**
         return $sequiv\,(s_2, t_2)$

umformuliert ist. In bestimmten Situationen können wir eine Darstellung für Typausdrücke finden, die bedeutend kompakter ist als die Typgraphnotation. In dem nächsten Beispiel ist ein Teil der Information eines Typausdrucks als eine Folge von Bits kodiert, die dann als ein einziger integer-Wert interpretiert werden kann. Die Kodierung ist so, daß verschiedene integer-Werte strukturell ungleiche Typausdrücke repräsentieren. Der Test auf strukturelle Gleichheit kann beschleunigt werden, indem man zuerst durch das Vergleichen der integer-Repräsentationen von Typen auf strukturelle Ungleichheit testet und dann den Algorithmus von Abb. 6.6 anwendet, aber nur wenn die integer-Werte dieselben sind.

Beispiel 6.1
Die Kodierung von Typausdrücken in diesem Beispiel stammt von einem C-Compiler, der von D. M. Ritchie geschrieben wurde. Sie wurde auch bei dem C-Compiler benutzt, der in Johnson [1979] beschrieben ist.

Betrachten wir Typausdrücke mit den folgenden Typkonstruktoren für Zeiger, Funktionen und Arrays: $pointer(t)$ bezeichnet einen Zeiger auf Typ t, $freturns(t)$ bezeichnet eine Funktion mit einigen Parametern, die ein Objekt vom Typ t zurückliefert, und $array(t)$ bezeichnet ein Array (irgendeiner unbestimmten Länge) mit Elementen vom Typ t. Beachten Sie, daß wir die Typkonstruktoren für Arrays und Funktionen vereinfacht haben. Wir dürfen die Anzahl der Elemente in einem Array nicht außer acht lassen, kümmern uns aber an andererer Stelle darum, daher ist diese Anzahl kein Teil des Typkonstruktors $array$. Gleichermaßen ist der einzige Operand des Typkonstruktors $freturns$ der Typ des Ergebnisses einer Funktion; die Typen der Funktionsargumente werden anderswo gespeichert werden. Deshalb können Objekte mit in diesem Typsystem strukturell gleichen Ausdrücken beim Test von Abb. 6.6, der auf das dort benutzte detaillierte Typsystem angewendet wird, dennoch durchfallen.

Da jeder dieser Konstruktoren ein einstelliger Operator ist, haben Typausdrücke, die durch die Anwendung dieser Konstruktoren auf einfache Typen gebildet werden, eine sehr einheitliche Struktur. Beispiele für solche Typausdrücke sind:

$$char$$
$$freturns(char)$$
$$pointer(freturns(char))$$
$$array(pointer(freturns(char)))$$

Jeder dieser Ausdrücke kann durch eine Bitfolge mit Hilfe eines einfachen Kodierungsschemas repräsentiert werden. Da es nur drei Typkonstruktoren gibt, können wir zwei Bits benutzen, um folgendermaßen einen Konstruktor zu kodieren:

TYPKONSTRUKTOR	KODIERUNG
pointer	01
array	10
freturns	11

Die einfachen Typen von C werden in Johnson [1979] mit Hilfe von vier Bits kodiert; unsere vier einfachen Typen seien wie folgt kodiert:

EINFACHER TYP	KODIERUNG
boolean	0000
char	0001
integer	0010
real	0011

Eingeschränkte Typausdrücke können nun als eine Bitfolge kodiert werden. Die vier am weitesten rechts stehenden Bits kodieren den einfachen Typ in einem Typausdruck. Bewegt man sich jetzt von rechts nach links, so zeigen die nächsten zwei Bits den Konstruktor an, der auf den einfachen Typ angewendet wird, die nächsten zwei Bits beschreiben den Konstruktor, der auf das Vorhergehende angewendet wird usw. Als Beispiel:

TYPAUSDRUCK	KODIERUNG
char	000000 0001
freturns(char)	000011 0001
pointer(freturns(char))	000111 0001
array(pointer(freturns(char)))	100111 0001

Übung 6.12 enthält weitere Details.

Neben dem Einsparen von Speicherplatz verfolgt solch eine Repräsentation die Konstruktoren, die in irgendeinem Typausdruck erscheinen. Zwei verschiedene Bitfolgen können nicht denselben Typ repräsentieren, weil entweder die einfachen Typen oder die Konstruktoren in den Typausdrücken unterschiedlich sind. Natürlich können unterschiedliche Typen die selbe Bitfolge haben, da die Arraygröße und die Funktionsargumente nicht repräsentiert werden.

Die Kodierung in diesem Beispiel kann ausgeweitet werden, um Recordtypen mit einzubeziehen. Die Idee dabei ist, jeden Record in der Kodierung als einen einfachen Typ zu betrachten; eine getrennte Bitfolge kodiert den Typ jedes Felds des Records. Die Typgleichheit in C wird im Beispiel 6.4 weiter untersucht. □

Namen für Typausdrücke

In einigen Sprachen können Typen Namen gegeben werden. Z.B. ist in dem Pascalprogrammstück

```
type link = ↑ cell;
var next  : link;
    last  : link;                                            (6.2)
    p     : ↑ cell;
    q, r  : ↑ cell;
```

der Bezeichner link als ein Name für den Typ ↑cell deklariert. Nun stellt sich die Frage: haben die Variablen next, last, p, q, r alle identische Typen? Überraschenderweise hängt die Antwort von der Implementierung ab. Das Problem entstand, weil der Pascal-Report den Begriff „identischer Typ" nicht definiert.

Um diese Situation zu modellieren, erlauben wir, daß Typausdrücke mit einem Namen versehen sind und daß diese Namen in Typausdrücken dort auftauchen können, wo vorher nur einfache Typen standen. Wenn zum Beispiel cell der Name eines Typausdrucks ist, dann ist auch *pointer*(cell) ein Typausdruck. Nehmen wir für den Moment einmal an, daß es keine Definitionen für zirkuläre Typausdrücke gibt, so wie z.B. die Definition von cell als Name für einen Typausdruck, der cell enthält.

Wenn Namen in Typausdrücken erlaubt sind, dann entstehen zwei Begriffe der Gleichheit von Typausdrücken, abhängig von der Behandlung von Namen. *Namensgleichheit* sieht jeden Typnamen als einen unterschiedlichen Typ an; also sind zwei Typausdrücke genau dann namensgleich, wenn sie identisch sind. Unter *struktureller Gleichheit* werden Namen durch den Typausdruck ersetzt, den sie definieren; also sind zwei Typausdrücke strukturell gleich, wenn sie zwei strukturell gleiche Typausdrücke repräsentieren, in denen alle Namen ersetzt wurden.

Beispiel 6.2
Die Typausdrücke, die mit den Variablen aus der Deklaration (6.2) assoziiert werden können, sind in der folgenden Tabelle angegeben.

VARIABLE	TYPAUSDRUCK
next	link
last	link
p	*pointer*(cell)
q	*pointer*(cell)
r	*pointer*(cell)

Bei Namensgleichheit haben die Variablen next und last denselben Typ, weil sie den selben assoziierten Typausdruck haben. Die Variablen p, q und r haben ebenfalls denselben Typ, aber p und next nicht, da ihre assoziierten Typausdrücke verschieden sind. Unter struktureller Gleichheit haben alle

fünf Variablen denselben Typ, weil link ein Name für den Typausdruck
pointer(cell) ist.   □

Die Konzepte von struktureller Gleichheit und Namensgleichheit sind hilfreich beim Erläutern der Regeln, die bei verschiedenen Sprachen benutzt
werden, um Typen durch Deklarationen mit Bezeichnern zu assoziieren.

Beispiel 6.3
In Pascal entsteht Verwirrung durch die Tatsache, daß viele Implementierungen jeden deklarierten Bezeichner mit einem impliziten Typnamen assoziieren. Wenn die Deklaration einen Typausdruck enthält, der kein Name ist,
dann wird ein impliziter Name erzeugt. Ein neuer impliziter Name wird immer dann erzeugt, wenn ein Typausdruck in einer Variablendeklaration erscheint.

Deshalb werden für die Typausdrücke in den zwei Deklarationen in
(6.2), die p, q und r enthalten, implizite Namen erzeugt. Das heißt, die
Deklarationen werden wie folgt betrachtet:

```
type link = ↑ cell;
     np   = ↑ cell;
     nqr  = ↑ cell;
var  next : link;
     last : link;
     p    : np;
     q    : nqr;
     r    : nqr;
```

Hier wurden neue Typnamen np und nqr eingeführt. Unter Namensgleichheit
werden next und last als vom gleichen Typ betrachtet, da sie mit demselben
Typnamen deklariert werden. Genauso werden q und r als vom gleichen Typ
angesehen, weil derselbe implizite Typname mit ihnen assoziiert ist. Jedoch
haben p, q und next keine gleichen Typen, da sie alle Typen mit unterschiedlichen Namen haben.

Die typische Implementierung ist es, einen Typgraphen zu konstruieren,
um die Typen zu repräsentieren. Immer wenn ein Typkonstruktor oder ein
einfacher Typ gesehen wird, wird ein neuer Knoten erzeugt. Immer wenn ein
neuer Typname gesehen wird, wird ein Blatt erzeugt; jedoch verfolgen wir
den Typausdruck, auf den der Name verweist. Bei dieser Repräsentation sind
zwei Typausdrücke gleich, wenn sie durch denselben Knoten in dem Typgraphen repräsentiert werden. Abb. 6.7 zeigt einen Typgraphen für die Deklarationen (6.2). Gepunktete Linien zeigen die Assoziation zwischen Variablen
und Knoten in dem Typgraphen. Beachten Sie, daß der Typname cell drei
Vorgänger hat, die alle mit dem Label *pointer* versehen sind. Ein Gleich-

heitszeichen erscheint zwischen dem Typnamen `link` und dem Knoten im Typgraph, auf den er verweist.   □

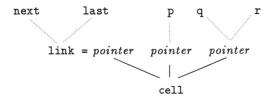

Abb. 6.7 Assoziation von Variablen und Knoten im Typgraph.

Zyklen in Repräsentationen von Typen

Grundlegende Datenstrukturen wie verkettete Listen und Bäume werden oft rekursiv definiert; d. eine verkettete Liste ist entweder leer oder besteht aus einem Element mit einem Zeiger auf eine verkettete Liste. Solche Datenstrukturen werden typischerweise mit Hilfe von Records implementiert, die Zeiger auf gleichartige Records enthalten, und Typnamen spielen eine wichtige Rolle beim Definieren der Typen solcher Records.

Betrachten wir eine verkettete Liste mit Elementen, von denen jedes irgendeine integer-Information und einen Zeiger auf das nächste Element in der Liste enthält. Pascal-Deklarationen von Typnamen, die Verbindungen und Elementen entsprechen, sind:

```
type link = ↑ cell;
     cell = record
               info : integer;
               next : link
            end;
```

Beachten Sie, daß der Typname `link` unter Verwendung von `cell` definiert ist und daß `cell` unter Verwendung von `link` definiert ist, also sind ihre Definitionen rekursiv.

Rekursiv definierte Typnamen können ersetzt werden, wenn wir bereit sind, Zyklen in die Typgraphen mit aufzunehmen. Wenn *pointer*(cell) anstelle von `link` gesetzt wird, dann erhält man für `cell` den Typausdruck, der in Abb. 6.8(a) gezeigt ist. Unter Verwendung von Zyklen, wie in Abb. 6.8(b), können wir die Erwähnung von `cell` aus dem Teil des Typgraphen unterhalb des Knotens mit dem Label *record* eliminieren.

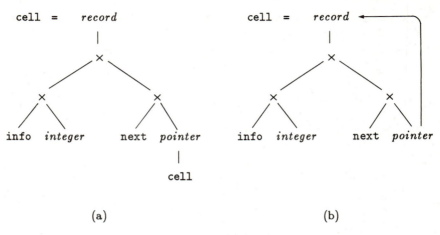

(a)   (b)

Abb. 6.8   Der rekursiv definierte Typname cell.

Beispiel 6.4
C vermeidet Zyklen in Typgraphen durch die Benutzung von struktureller
Gleichheit für alle Typen mit Ausnahme von Records. In C würde die Dekla-
ration von cell so aussehen:

```
struct cell {
     int info;
     struct cell *next;
};
```

C benutzt das Schlüsselwort struct anstatt record, und der Name cell wird
Teil des Typs des Records. Tatsächlich benutzt C die azyklische Repräsentation aus Abb. 6.8(a).

C fordert, daß Typnamen deklariert sein müssen, bevor sie benutzt werden. Mit einer Ausnahme: Zeiger auf nicht deklarierte Recordtypen sind erlaubt. Deshalb werden durch Zeiger auf Records alle möglichen Zyklen verursacht. Da der Name eines Records Teil seines Typs ist, stoppt der Test auf
strukturelle Gleichheit, wenn ein Konstruktor für einen Record erreicht wird
– entweder sind die Typen, die verglichen werden, gleich, weil sie der gleiche, mit einem Namen versehene Recordtyp sind, oder sie sind ungleich.   □

6.4 Typumwandlungen

Betrachten Sie einmal Ausdrücke wie x + i, wobei x vom Typ real und i vom
Typ integer ist. Da die Darstellung von integer- und real-Werten innerhalb

eines Computers unterschiedlich ist und verschiedene Maschinenbefehle für Operationen auf integer- und auf real-Werten benutzt werden, muß der Compiler zuerst einen der Operanden von + umwandeln, um so sicherzustellen, daß beide Operanden vom selben Typ sind, wenn die Addition stattfindet.

Die Sprachdefinition spezifiziert, welche Umwandlungen notwendig sind. Wenn ein integer einem real zugewiesen wird oder umgekehrt, dann geschieht eine Umwandlung in den Typ der linken Seite der Zuweisung. In Ausdrücken ist es üblich, einen integer-Wert in eine real-Wert umzuwandeln und dann eine real-Operation auf dem resultierenden Paar von real-Operanden auszuführen. Der Typüberprüfer in einem Compiler kann dazu benutzt werden, diese Umwandlungsoperationen in die Zwischencodedarstellung des Quellprogramms einzufügen. Zum Beispiel könnte die Postfixnotation für x + i folgendermaßen aussehen:

> x i **inttoreal real**+

Der Operator **inttoreal** konvertiert i von integer nach real, und dann führt **real**+ eine real-Addition mit seinen Operanden aus.

Typkonversion ergibt sich oft in einem anderen Zusammenhang. Ein Symbol, das verschiedene Bedeutungen hat, die von seinem Kontext abhängen, wird als überladen bezeichnet. Die Überladung wird im nächsten Abschnitt diskutiert, aber sie ist hier zu erwähnen, weil Typumwandlungen oft die Überladung begleiten.

Implizite Typumwandlungen

Eine Umwandlung von einem Typ in einen anderen wird als *implizit* bezeichnet, wenn sie automatisch durch den Compiler gemacht wird. Implizite Typumwandlungen, auch *Coercions* genannt, sind in vielen Sprachen auf Situationen beschränkt, wo im Prinzip keine Information verloren geht; z.B. kann ein integer-Wert in einen real-Wert umgewandelt werden, aber nicht umgekehrt. In der Praxis ist jedoch ein Informationsverlust möglich, wenn sich eine real-Zahl mit derselben Anzahl von Bits wie eine integer-Zahl begnügen muß.

Eine Umwandlung wird *explizit* genannt, wenn der Programmierer irgendetwas angeben muß, um die Umwandlung zu bewirken. Sämtliche Umwandlungen in Ada für alle praktischen Zwecke sind explizit. Explizite Umwandlungen sehen für einen Typüberprüfer genau so aus wie Funktionsanwendungen. Also stellen sie keine neuen Probleme dar.

In Pascal zum Beispiel bildet eine built-in-Funktion ord ein Zeichen auf einen integer-Wert ab, und chr führt die inverse Abbildung von einem integer-Wert auf ein Zeichen aus. Also sind diese Umwandlungen explizit. Auf der anderen Seite wandelt C in arithmetischen Ausdrücken die ASCII-Zeichen implizit in integer-Werte zwischen 0 und 127.

Beispiel 6.5

Betrachten wir Ausdrücke, die durch die Anwendung eines arithmetischen Operators **op** auf Konstanten und Bezeichner gebildet werden, so wie in der Grammatik in Abb. 6.9. Nehmen wir an, es gibt zwei Typen – real und integer, wobei integer-Werte in real-Werte umgewandelt werden, wenn es notwendig ist. Das Attribut *type* des Nichtterminals E kann entweder integer oder real sein, und die Regeln zur Typüberprüfung werden in Abb. 6.9 gezeigt. Wie in Abschnitt 6.2 gibt die Funktion *lookup(e)* den Typ zurück, der in dem Eintrag der Symboltabelle gespeichert ist, auf den e zeigt. □

Produktion	Semantikregel
$E \rightarrow$ **num**	$E.type := integer$
$E \rightarrow$ **num . num**	$E.type := real$
$E \rightarrow$ **id**	$E.type := lookup(\mathbf{id}.entry)$

$E \rightarrow E_1$ **op** E_2	$E.type :=$ **if** $E_1.type = integer$ **and** $E_2.type = integer$
	    then $integer$
	   else if $E_1.type = integer$ **and** $E_2.type = real$
	    then $real$
	   else if $E_1.type = real$ **and** $E_2.type = integer$
	    then $real$
	   else if $E_1.type = real$ **and** $E_2.type = real$
	    then $real$
	   else $type\_error$

Abb. 6.9 Regeln zum Typüberprüfen für die implizite Typumwandlung von integer nach real.

Die implizite Umwandlung von Konstanten kann meistens zur Übersetzungszeit gemacht werden, oft mit einer großen Verbesserung der Laufzeit des Objektprogramms. In dem folgenden Codefragment ist X ein Array mit real-Elementen, die alle mit 1 initialisiert werden. Bei einem Pascalcompiler fand Bentley [1982] heraus, daß das Codefragment

  `for I := 1 to N do X[I] := 1`

48.8N Mikrosekunden verbrauchte, dagegen verbrauchte das Codefragment

  `for I := 1 to N do X[I] := 1.0`

nur 5.4N Mikrosekunden. Beide Teilstücke weisen den real-Elementen eines Arrays den Wert eins zu. Jedoch enthält der Code, der (von diesem Compiler) für das erste Teilstück erzeugt wird, einen Aufruf einer Laufzeitroutine, um die integer-Repräsentation von 1 in eine real-Zahlendarstellung umzuwandeln. Da es zur Übersetzungszeit bereits bekannt ist, daß X ein Array mit real-Elementen ist, wird ein besserer Compiler zur Übersetzungszeit die 1 in 1.0 umwandeln.

6.5 Die Überladung von Funktionen und Operatoren

Ein *überladenes* Symbol ist ein Symbol, das abhängig von seinem Kontext unterschiedliche Bedeutungen hat. In der Mathematik ist der Additionsoperator + überladen, weil + in $A + B$ verschiedene Bedeutungen hat, je nachdem ob A und B integer-Werte, real-Werte, komplexe Zahlen oder Matrizen sind. In Ada sind die Klammern ( ) überladen; der Ausdruck A(I) kann das I-te Element vom Array A sein, kann ein Aufruf der Funktion A mit dem Argument I sein oder kann eine explizite Umwandlung des Ausdrucks I in den Typ A sein.

Die Überladung ist *aufgelöst*, wenn für ein Auftreten eines überladenen Symbol eine einzige Bedeutung bestimmt ist. Wenn zum Beispiel + entweder eine integer-Addition oder eine real-Addition bezeichnen kann, dann können die zwei Vorkommen von + in x + (i + j) verschiedene Formen der Addition bezeichnen, abhängig von den Typen von x, i und j. Die Auflösung der Überladung wird manchmal mit *Operatoridentifikation* bezeichnet, weil sie bestimmt, welche Operation ein Operatorsymbol bezeichnet.

Die arithmetischen Operatoren sind in den meisten Sprachen überladen. Jedoch kann die Überladung, die arithmetische Operatoren wie + mit einbezieht, durch das Betrachten der Argumente der Operatoren bereits aufgelöst werden. Die Fallanalyse zur Bestimmung, ob die integer- oder real-Version von + zu verwenden ist, ist der in der Semantikregel für $E \rightarrow E_1$ op E_2 aus Abb. 6.9 ähnlich. Dort wird der Typ von E durch das Betrachten der möglichen Typen von E_1 und E_2 bestimmt.

Die Menge der möglichen Typen für einen Teilausdruck

Es ist nicht immer möglich, die Überladung nur durch das Betrachten der Argumente einer Funktion aufzulösen, wie das nächste Beispiel zeigt. Anstelle eines einzigen Typs kann ein Teilausdruck, der allein steht, eine Menge möglicher Typen haben. In Ada muß der Kontext ausreichend Information liefern, um die Möglichkeiten auf einen einzigen Typ zu reduzieren.

Beispiel 6.6
In Ada ist eine der Standardinterpretationen (d.h. built-in) des Operators ∗ die einer Funktion von einem Paar von integer-Werten auf einen integer-Wert. Der Operator kann durch das Hinzufügen folgender Deklarationen überladen werden:

```
function "*" (i, j : integer) return complex;
function "*" (x, y : complex) return complex;
```

Nach den obigen Deklarationen zählen zu den möglichen Typen für *:

integer × *integer* → *integer*
integer × *integer* → *complex*
complex × *complex* → *complex*

Nehmen wir an, daß integer der einzig mögliche Typ für 2, 3 und 5 ist. Mit den obigen Deklarationen hat der Teilausdruck 3*5 dann entweder den Typ integer oder den Typ complex, abhängig von seinem Kontext. Wenn der vollständige Ausdruck 2*(3*5) ist, dann muß 3*5 den Typ integer haben, weil * entweder ein Paar von integer-Werten oder ein Paar komplexer Zahlen als Argumente akzeptiert. Auf der anderen Seite muß 3*5 den Typ complex haben, wenn der vollständige Ausdruck (3*5)*z ist und z als complex deklariert ist. □

In Abschnitt 6.2 nahmen wir an, daß jeder Ausdruck einen einzigen Typ hat, also war die Regel zur Typüberprüfung bei einer Funktionsanwendung:

$$E \rightarrow E_1(E_2) \qquad \{E.type := \text{if } E_2.type = s \text{ and}$$
$$E_1.type = s \rightarrow t \text{ then } t$$
$$\text{else } type\_error\}$$

Die natürliche Verallgemeinerung dieser Regel auf Mengen von Typen erscheint in Abb. 6.10. Die einzige Operation in Abb. 6.10 ist die der Funktionsanwendung; die Regeln zum Überprüfen anderer Operatoren in Aukdrücken sind gleich. Es können verschiedene Deklarationen eines überladenen Bezeichners vorhanden sein. Also nehmen wir an, daß ein Eintrag in der Symboltabelle eine Menge möglicher Typen enthalten kann; diese Menge wird durch die *lookup*-Funktion zurückgegeben. Das Nichtterminal *E'*, mit dem gestartet wird, erzeugt einen vollständigen Ausdruck. Seine Rolle wird unten geklärt.

Produktion	Semantikregel
$E' \rightarrow E$	$E'.types := E.types$
$E \rightarrow \textbf{id}$	$E.types := lookup(\textbf{id}.entry)$
$E \rightarrow E_1 \, (\, E_2 \,)$	$E.types := \{ t \mid$ es gibt ein s in $E_2.types$, so daß $s \rightarrow t$ in $E_1.types$ ist $\}$

Abb. 6.10 Die Bestimmung der Menge möglicher Typen eines Ausdrucks.

In Worten ausgedrückt besagt die dritte Regel von Abb. 6.10: wenn s einer der Typen von E_2 ist und einer der Typen von E_1 s auf t abbilden kann, dann ist t einer der Typen von $E_1(E_2)$. Eine Typunverträglichkeit während einer Funktionsanwendung zeigt sich darin, daß die Menge $E.types$ leer wird, eine Bedingung, die wir temporär benutzen, um einen Typfehler zu signalisieren.

Beispiel 6.7
Neben der Verdeutlichung der Spezifikation aus Abb. 6.10 deutet dieses Beispiel an, wie diese Vorgehensweise auf andere Konstrukte übertragen wird. Insbesondere betrachten wir den Ausdruck 3*5. Die Deklarationen des Operators * seien wie im Beispiel 6.6. Das heißt, * kann ein Paar von integer-Werten entweder auf einen integer-Wert oder eine komplexe Zahl abbilden, abhängig vom Kontext. Die Menge der möglichen Typen für die Teilausdrücke von 3*5 sind in Abb. 6.11 gezeigt, wobei i und c eine Abkürzung für *integer* bzw. *complex* darstellen.

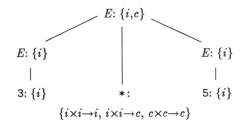

Abb. 6.11 Die Menge möglicher Typen für den Ausdruck 3*5.

Wieder nehmen wir an, daß der einzige mögliche Typ für 3 und 5 *integer* ist. Deshalb wird der Operator * auf ein Paar von integer-Werten angewendet. Wenn wir dieses Paar von integer-Werten als eine Einheit betrachten, dann wird ihr Typ mit *integer* × *integer* angegeben. Es gibt zwei Funktionen in der Menge von Typen für *, die auf Paare von integer-Werten angewendet werden; eine liefert einen integer-Wert, während die andere eine komplexe Zahl zurückgibt. Also kann die Wurzel entweder den Typ *integer* oder den Typ *complex* haben. □

Das Verkleinern der Menge möglicher Typen

Ada erfordert einen vollständigen Ausdruck, um einen eindeutigen Typ zu haben. Wenn durch den Kontext ein einziger Typ vorgegeben ist, dann können wir die Typmöglichkeiten für jeden Teilausdruck einschränken. Wenn dieser Prozeß nicht dazu führt, daß es für jeden Teilausdruck einen einzigen Typ gibt, dann wird ein Typfehler für den Ausdruck angegeben.

Bevor wir uns ausgehend von einem Ausdruck abwärts zu seinen Teilausdrücken vorarbeiten, gestatten wir uns einen kurzen Blick auf die Mengen _E.types_, die durch die Regeln in Abb. 6.10 gebildet werden. Wir zeigen, daß jeder Typ t in _E.types_ ein _machbarer (feasible)_ Typ ist; d.h. es ist möglich, aus den überladenen Typen der Bezeichner in E in solch einer Weise auszuwählen, daß E den Typ t erhält. Diese Eigenschaft gilt für Bezeichner per Definition, weil jedes Element von **id**._types_ machbar ist. Für den Induktionsschritt betrachten wir den Typ t in _E.types_, wobei E gleich $E_1(E_2)$ ist. Wegen der Regel zur Funktionsanwendung in Abb. 6.10 muß für irgendeinen Typ s s in E_2._types_ sein und ein Typ $s \rightarrow t$ muß in E_1._types_ sein. Per Induktionsannahme sind s und $s \rightarrow t$ machbare Typen für E_2 bzw. E_1. Daraus folgt, daß t ein machbarer Typ für E ist.

Es kann verschiedene Wege geben, einen machbaren Typ zu erhalten. Betrachten wir zum Beispiel den Ausdruck f(x), wobei f die Typen $a \rightarrow c$ und $b \rightarrow c$ haben kann und x die Typen a und b. Dann hat f(x) den Typ c, aber x kann entweder den Typ a oder den Typ b haben.

Die syntaxgesteuerte Definition in Abb. 6.12 erhält man aus der Definition von Abb. 6.10, indem man Semantikregeln hinzufügt, um das ererbte Attribut _unique_ von E zu bestimmen. Das synthetisierte Attribut _code_ von E wird weiter unten besprochen.

Da der vollständige Ausdruck durch E' generiert wird, wollen wir, daß E'._types_ eine Menge ist, die einen einzigen Typ t enthält. Dieser einzelne Typ wird als Wert von _E.unique_ ererbt. Wieder zeigt der einfache Typ _type_error_ einen Fehler an.

Wenn eine Funktion $E_1(E_2)$ den Typ t zurückliefert, dann können wir einen Typ s finden, der für das Argument E_2 _machbar ist_; gleichzeitig ist $s \rightarrow t$ für die Funktion machbar. Die Menge S in der entsprechenden Semantikregel aus Abb. 6.12 wird benutzt, um zu überprüfen, daß es einen einzigen Typ s mit dieser Eigenschaft gibt.

Die syntaxgesteuerte Definition in Abb. 6.12 kann implementiert werden, indem man zwei Depth-first-Durchläufe eines Syntaxbaums für einen Ausdruck macht. Während des ersten Durchlaufs wird das Attribut _types_ von unten nach oben synthetisiert. Während des zweiten Durchlaufs wird das Attribut _unique_ von oben nach unten verbreitet, und wenn wir von einem Knoten zurückkehren, kann das Attribut _code_ synthetisiert werden. Praktisch kann der Typüberprüfer einfach einen einzigen Typ an jeden Knoten des Syntaxbaumes anheften. In Abb. 6.12 erzeugen wir eine Postfixnotation, um anzudeuten, wie Zwischencode erzeugt werden kann. In der Postfixschreibweise hat jeder Bezeichner und jede Instanz des Operators **apply** einen Typ, der diesen durch die Funktion _gen_ zugeordnet wird.

Produktion	Semantikregel
$E' \rightarrow E$	$E'.types := E.types$ $E.unique :=$ **if** $E'.types = \{t\}$ **then** t **else** $type\_error$ $E'.code := E.code$
$E \rightarrow$ **id**	$E.types := lookup(\textbf{id}.entry)$ $E.code := gen(\textbf{id}.lexeme\ ':'\ E.unique)$
$E \rightarrow E_1\ (\ E_2\ )$	$E.types := \{\ s'\ \vert\ \text{es existiert ein } s \text{ in } E_2.types,$ $\text{so daß } s{\rightarrow}s' \text{ in } E_1.types \text{ liegt}\ \}$ $t := E.unique$ $S := \{\ s \in E_2.types \textbf{ and } s{\rightarrow}t \in E_1.types\ \}$ $E_2.unique :=$ **if** $S = \{s\}$ **then** s **else** $type\_error$ $E_1.unique :=$ **if** $S = \{s\}$ **then** $s{\rightarrow}t$ **else** $type\_error$ $E.code := E_1.code \parallel E_2.code \parallel gen('\textbf{apply}'\ ':'\ E.unique)$

Abb. 6.12 Reduktion der Menge von Typen für einen Ausdruck.

6.6 Polymorphe Funktionen

Eine gewöhnliche Prozedur erlaubt, daß die Anweisungen ihres Körpers mit Argumenten festen Typs ausgeführt werden; immer wenn eine polymorphe Prozedur aufgerufen wird, können die Anweisungen in ihrem Körper mit Argumenten verschiedenen Typs ausgeführt werden. Der Begriff „polymorph" kann auch auf irgendein Stück Code angewendet werden, das mit Argumenten verschiedenen Typs ausgeführt werden kann, also können wir von polymorphen Funktionen und genauso gut von polymorphen Operatoren reden.

Built-in-Operatoren zum Indizieren von Arrays, zum Anwenden von Funktionen und zum Manipulieren von Zeigern sind üblicherweise polymorph, weil sie nicht auf eine bestimmte Art von Array, Funktion oder Zeiger beschränkt sind. Zum Beispiel hält das C-Reference-Manual über den Zeigeroperator & fest: „If the type of the operand is '...', the type of the result is 'pointer to ...'." Da irgendein Typ für „..." eingesetzt werden kann, ist der &-Operator in C polymorph.

In Ada sind „generische" Funktionen polymorph, aber der Polymorphismus in Ada ist eingeschränkt. Da der Begriff „generisch" auch benutzt wird, um auf überladene Funktionen und auf die implizite Typumwandlung der Argumente von Funktionen zu verweisen, werden wir es vermeiden, diesen Begriff zu benutzen.

Dieser Abschnitt befaßt sich mit den Problemen, die beim Entwurf eines Typüberprüfers für eine Sprache mit polymorphen Funktionen entstehen. Um

mit dem Polymorphismus umzugehen, erweitern wir unsere Menge von Typausdrücken um Ausdrücke mit Typvariablen. Die Aufnahme von Typvariablen wirft einige algorithmische Fragen auf, die die Gleichheit von Typausdrücken betreffen.

Warum polymorphe Funktionen?

Polymorphe Funktionen sind attraktiv, weil sie die Implementierung solcher
Algorithmen erleichtern, die Datenstrukturen ohne Rücksicht auf die Typen
der Elemente in der Datenstruktur manipulieren. Zum Beispiel ist es bequem,
ein Programm zu haben, das die Länge einer Liste bestimmt, ohne daß man
die Typen der Elemente der Liste kennen muß.

```
type link = ↑ cell;
     cell = record
                 info: integer;
                 next: link
           end;

function length ( lptr : link ) : integer;
var len : integer;
begin
    len := 0;
    while lptr <> nil do begin
          len := len + 1;
          lptr := lptr↑.next
    end;
    length := len
end;
```

Abb. 6.13   Ein Pascalprogramm zur Bestimmung der Länge einer Liste.

Pascal-ähnliche Sprachen erfordern die volle Spezifikation der Typen von
Funktionsparametern, also kann eine Funktion zur Bestimmung der Länge
einer verketteten Liste mit integer-Elementen nicht auf eine Liste mit real-
Elementen angewendet werden. Der Pascalcode in Abb. 6.13 ist für Listen mit
integer-Elementen. Die Funktion length folgt dem nächsten Verweis in der
Liste, bis ein nil-Verweis erreicht wird. Obwohl diese Funktion in keiner
Weise vom Typ der Information in einem Element abhängt, erfordert Pascal,
daß der Typ des info-Feldes deklariert ist, wenn die Funktion length geschrieben wird.

```
fun length(lptr) =
    if null(lptr) then 0
    else length(tl(lptr)) + 1;
```

Abb. 6.14 Ein ML-Programm zur Bestimmung der Länge einer Liste.

In einer Sprache mit polymorphen Funktionen, wie z.B. ML (Milner [1984]), kann eine Funktion length so geschrieben werden, daß sie auf irgendeine beliebige Liste angewendet werden kann, wie es in Abb. 6.14 verdeutlicht ist. Das Schlüsselwort fun zeigt an, daß length eine rekursive Funktion ist. Die Funktionen null und tl sind vordefiniert; null testet, ob eine Liste leer ist, und tl liefert den Rest einer Liste, nachdem das erste Element gelöscht ist. Mit der Definition, die in Abb. 6.14 dargestellt ist, ergeben die beiden nachfolgenden Anwendungen der Funktion length den Wert 3:

```
length(["sun", "mon", "true"]);
length([10, 9, 8]);
```

Im ersten Fall wird length auf eine Liste mit Strings angewendet; im zweiten Fall wird length auf eine Liste mit integer-Werten angewendet.

Typvariablen

Variablen, die Typausdrücke repräsentieren, erlauben es uns, über unbekannte Typen zu sprechen. Im Rest dieses Abschnitts werden wir griechische Buchstaben α, β ... für Typvariablen in Typausdrücken benutzen.

Eine wichtige Anwendung von Typvariablen ist die Überprüfung des konsistenten Gebrauchs von Bezeichnern in einer Sprache, die es nicht erfordert, daß Bezeichner, bevor sie benutzt werden, auch deklariert sind. Eine Variable repräsentiert den Typ eines nichtdeklarierten Bezeichners. Durch das Betrachten des Programms können wir erkennen, ob der nicht deklarierte Bezeichner z.B. in einer Anweisung als ein Integer und in einer anderen als ein Array benutzt wird. Solch ein inkonsistenter Gebrauch kann als ein Fehler angezeigt werden. Wenn auf der anderen Seite die Variable immer als ein Integer benutzt wird, dann haben wir nicht nur einen konsistenten Gebrauch sichergestellt; wir haben dabei auch hergeleitet, welchen Typs sie sein muß.

Typherleitung ist das Problem, den Typ eines Sprachkonstrukts aus der Art und Weise, wie es benutzt wird, zu bestimmen. Der Begriff wird oft auf das Problem angewendet, den Typ einer Funktion aus ihrem Körper herzuleiten.

Beispiel 6.8
Techniken zur Typherleitung können auf Programme in Sprachen wie C und Pascal angewendet werden, um zur Übersetzungszeit fehlende Typinforma-

tion einzufügen. Das Codestück in Abb. 6.15 zeigt eine Prozedur mlist, die
einen Parameter p hat, der selbst wieder eine Prozedur ist. Alles was wir
wissen, wenn wir uns die erste Zeile der Prozedur mlist anschauen, ist, daß p
eine Prozedur ist; wir kennen nicht die Anzahl oder die Typen der Argumente, die von p erwartet werden. Solche unvollständigen Spezifikationen
über den Typ von p werden durch C und durch das Pascal-Reference-Manual
erlaubt.

```
type link ↑cell;

procedure mlist ( lptr : link; procedure p ) ;
begin
    while lptr <> nil do begin
        p(lptr);
        lptr := lptr↑.next
    end
end;
```

Abb. 6.15   Die Prozedur mlist mit dem Prozedurparameter p.

Die Prozedur mlist wendet den Parameter p auf jedes Element einer verketteten Liste an. Zum Beispiel kann p benutzt werden, um die integer-Werte,
die in einem Element gespeichert sind, zu initialisieren oder auszudrucken.
Trotz der Tatsache, daß die Typen der Argumente von p nicht spezifiziert
werden, können wir aus dem Gebrauch von p in dem Ausdruck p(lptr) herleiten, daß der Typ von p

$$link \rightarrow void$$

sein muß. Jeder Aufruf von mlist mit einem Prozedurparameter, der nicht
diesen Typ hat, ist ein Fehler. Eine Prozedur kann als eine Funktion angesehen werden, die keinen Wert zurückliefert, also ist ihr Ergebnistyp *void*. □

Techniken zur Typherleitung und zur Typüberprüfung haben eine Menge
gemeinsam. In jedem Fall haben wir Typausdrücke, die Variablen enthalten,
zu handhaben. Eine Schlußfolgerung, die der in dem folgenden Beispiel
ähnelt, wird später in diesem Abschnitt von einem Typüberprüfer verwendet,
um die Typen, die durch Variablen repräsentiert werden, herzuleiten.

Beispiel 6.9
Für die polymorphe Funktion deref in dem folgenden Pseudo-Programm
kann ein Typ hergeleitet werden. Die Funktion deref hat denselben Effekt
wie der Pascal-Operator ↑ zum Dereferenzieren von Zeigern.

```
function deref(p);
begin
     return p↑
end;
```

Wenn wir die erste Zeile

```
function deref(p);
```

sehen, dann wissen wir nichts über den Typ von p, also repräsentieren wir ihn durch eine Typvariable β. Per Definition erhält der Postfixoperator ↑ einen Zeiger auf ein Objekt und gibt das Objekt zurück. Da der ↑-Operator in dem Ausdruck p↑ auf p angewendet wird, folgt, daß p ein Zeiger auf ein Objekt eines unbekannten Typs α sein muß. Also lernen wir, daß

$$\beta = pointer(\alpha)$$

ist, wobei α eine weitere Typvariable ist. Ferner hat der Ausdruck p↑ den Typ α, also können wir den Typausdruck

$$\text{für jeden Typ } \alpha,\ pointer(\alpha) \to \alpha \tag{6.3}$$

für den Typ der Funktion deref schreiben.   □

Eine Sprache mit polymorphen Funktionen

Alles, was wir bis jetzt über polymorphe Funktionen gesagt haben, ist, daß sie mit Argumenten „unterschiedlichen Typs" ausgeführt werden können. Genaue Angaben über die Menge von Typen, auf welche eine polymorphe Funktion angewendet werden kann, werden mit Hilfe des Symbols $\forall$ – mit der Bedeutung „für jeden Typ" – gemacht. Deshalb schreiben wir

$$\forall a.\ pointer(\alpha) \to \alpha \tag{6.4}$$

anstelle des Typausdruck (6.3) für den Typ der Funktion deref in Beispiel 6.9. Die polymorphe Funktion length in Abb. 6.14 erhält eine Liste mit Elementen irgendeinen beliebigen Typs und gibt einen integer-Wert zurück. Also kann der Typ von length geschrieben werden als:

$$\forall \alpha.\ list(\alpha) \to integer \tag{6.5}$$

Hierbei ist *list* ein Typkonstruktor. Ohne das Symbol $\forall$ können wir für die möglichen Werte- und Funktionsbereichstypen von length nur Beispiele angeben:

$$list(integer) \rightarrow integer$$
$$list(list(char)) \rightarrow integer$$

Typausdrücke wie (6.5) sind die allgemeinsten Angaben, die wir über den Typ einer polymorphen Funktion machen können.

Das Symbol $\forall$ ist der *für-alle-Quantor* und die Typvariable, auf den er angewendet wird, wird als durch ihn *gebunden* bezeichnet. Gebundene Variablen können umbenannt werden, wenn man es wünscht, vorausgesetzt alle Vorkommen der Variable werden umbenannt. Also ist der Typausdruck

$$\forall \gamma. \; pointer(\gamma) \rightarrow \gamma$$

äquivalent zu (6.4). Auf einen Typausdruck, in dem ein $\forall$-Symbol enthalten ist, wird informell mit „polymorpher Typ" verwiesen.

Die Sprache, die wir zum Überprüfen polymorpher Funktionen verwenden werden, wird durch die Grammatik in Abb. 6.16 erzeugt.

$$
\begin{aligned}
P &\rightarrow D \, ; E \\
D &\rightarrow D \, ; D \mid \mathbf{id} : Q \\
Q &\rightarrow \forall \; \mathbf{type\_variable} . \; Q \mid T \\
T &\rightarrow T \, '{\rightarrow}' \, T \\
&\mid \quad T \times T \\
&\mid \quad \mathbf{unary\_constructor} \; (\; T \;) \\
&\mid \quad \mathbf{basic\_type} \\
&\mid \quad \mathbf{type\_variable} \\
&\mid \quad (\; T \;) \\
E &\rightarrow E \; (\; E \;) \mid E \, , \, E \mid \mathbf{id}
\end{aligned}
$$

Abb. 6.16   Grammatik für eine Sprache mit polymorphen Funktionen.

Programme, die durch diese Grammatik erzeugt werden, bestehen aus einer Sequenz von Deklarationen gefolgt von dem Ausdruck E, der überprüft werden soll. Zum Beispiel:

$$
\begin{aligned}
\texttt{deref} \; &: \quad \forall \alpha. \; pointer(\alpha) \rightarrow \alpha; \\
\texttt{q} \; &: \quad pointer(pointer(integer)); \\
\texttt{deref(deref(q))} &
\end{aligned}
\tag{6.6}
$$

Wir minimieren die Notation, weil wir das Nichtterminal T haben, um Teilausdrücke direkt zu generieren. Die Konstruktoren $\rightarrow$ und $\times$ bilden Funktions- und Produkttypen. Einstellige Konstruktoren, repräsentiert durch **unary-constructor**, ermöglichen es, Typen wie *pointer(integer)* und *list(integer)* zu schreiben. Klammern werden lediglich zum Gruppieren von Typen benutzt. Ausdrücke, deren Typen zu überprüfen sind, haben eine sehr einfache Syntax: sie können Bezeichner sein, oder Folgen von Ausdrücken, die ein Tupel bilden, oder die Anwendung einer Funktion auf ein Argument.

Die Regeln zur Überprüfung polymorpher Funktionen unterscheiden sich in drei Punkten von denen für gewöhnliche Funktionen in Abschnitt 6.2. Bevor wir die Regeln präsentieren, verdeutlichen wir diese Unterschiede, indem wir den Ausdruck `deref(deref(q))` in dem Programm (6.6) betrachten. Ein Syntaxbaum für diesen Ausdruck wird in Abb. 6.17 dargestellt. Jedem Knoten sind zwei Label zugeordnet. Das erste zeigt uns den Teilausdruck, der durch den Knoten repräsentiert wird, das zweite ist ein Typausdruck, der dem Teilausdruck zugewiesen wird. Die tiefgestellten Indices a und i unterscheiden zwischen dem äußeren beziehungsweise dem inneren Vorkommen von `deref`.

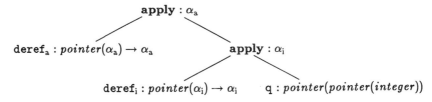

Abb. 6.17 Ein mit Labeln versehener Syntaxbaum für `deref(deref(q))`.

Die Unterschiede zu den Regeln für gewöhnliche Funktionen sind:

1. Unterschiedliche Vorkommen einer polymorphen Funktion in demselben Ausdruck müssen nicht Argumente desselben Typs haben. In dem Ausdruck $\text{deref}_a(\text{deref}_i(q))$ beseitigt deref_i eine Stufe der Zeigerindirektion, also wird deref_a auf ein Argument mit einem anderen Typ angewendet. Die Implementierung dieser Eigenschaft basiert auf der Interpretation von $\forall\alpha$ als „für jeden Typ α". Jedes Vorkommen von `deref` hat ihre eigene Sicht von dem, für was die gebundene Variable α in (6.4) steht. Deshalb weisen wir jedem Vorkommen von `deref` einen Typausdruck zu, der gebildet wird durch das Ersetzen von α in (6.4) durch eine neue Variable und durch das Löschen des $\forall$-Quantors in diesem Prozeß. In Abb. 6.17 werden die neuen Variablen αa und α_i in den Typausdrücken benutzt, die dem äußeren beziehungsweise dem inneren Vorkommen von `deref` zugewiesen werden.

2. Da Variablen in Typausdrücken erscheinen können, haben erneut wir den Begriff der Gleichheit von Typen zu untersuchen. Nehmen wir an, daß E_1 vom Typ $s \rightarrow s'$ E_2 *auf* vom Typ t *angewendet wird*. Anstelle der einfachen Bestimmung der Gleichheit von s und t müssen wir sie „unifizieren". Unifikation wird weiter unten erläutert; informell bestimmen wir, ob s und t strukturell gleich gemacht werden können, in-

dem die Typvariablen s und t durch Typausdrücke ersetzt werden. Zum Beispiel ist an dem inneren, mit dem Label **apply** versehenen Knoten in Abb. 6.17 die Gleichheit

$$pointer(\alpha_i) = pointer(pointer\ (integer))$$

erfüllt, wenn α_i durch $pointer(integer)$ ersetzt wird.

3. Wir benötigen einen Mechanismus, um die Auswirkungen der Unifikation zweier Ausdrücke aufzuzeichnen. Im allgemeinen kann eine Typvariable in verschiedenen Typausdrücken erscheinen. Wenn die Unifikation von s und s' in einer Variable α resultiert, die den Typ t repräsentiert, dann muß α weiterhin t repräsentieren, wenn die Typüberprüfung fortgesetzt wird. Zum Beispiel ist α_i in der Abb. 6.17 der Funktionsbereichstyp von deref_i. Also können wir ihn für den Typ von $\text{deref}_i(q)$ benutzen. Die Unifikation des Wertebereichstyps von deref_i mit dem Typ von q bewirkt deshalb den Typausdruck an dem inneren Knoten, der mit dem Label **apply** versehen ist. Die andere Typvariable α_o in Abb. 6.17 repräsentiert *integer*.

Substitutionen, Instanzen und Unifikation

Informationen über Typen, die durch Variablen repräsentiert werden, werden durch die Definition einer Abbildung von Typvariablen auf Typausdrücke, die eine *Substitution* genannt wird, formalisiert. Die folgende rekursive Funktion $subst(t)$ präzisiert den Begriff der Anwendung einer Substitution S, um alle Typvariablen in einem Ausdruck t zu ersetzen. Wie üblich verwenden wir den Funktionstypkonstruktor als den „typischen" Konstruktor.

```
function subst(t:type_expression): type_expression;
begin
        if t ein Grundtyp ist then return t
        else if t eine Variable ist then return S(t)
        else if t gleich t₁ → t₂ ist then return subst(t₁) → subst(t₂)
end
```

Aus Bequemlichkeit schreiben wir $S(t)$ für den Typausdruck, der sich ergibt, wenn *subst* auf t angewendet wird. Das Ergebnis $S(t)$ wird eine *Instanz* von t genannt. Wenn eine Substitution S für die Variable α keinen Ausdruck spezifiziert, dann nehmen wir an, daß $S(\alpha)$ gleich α ist; d.h., daß S die Identitätsabbildung auf solchen Variablen ist.

Beispiel 6.10

Nachfolgend schreiben wir $s < t$, um anzugeben, daß s eine Instanz von t ist:

$$
\begin{aligned}
pointer(integer) &< pointer(\alpha) \\
pointer(real) &< pointer(\alpha) \\
integer \to integer &< \alpha \to \alpha \\
pointer(\alpha) &< \beta \\
\alpha &< \beta
\end{aligned}
$$

Jedoch ist nachfolgend der Typausdruck auf der Linken aus dem jeweils angegebenen Grund keine Instanz von dem auf der Rechten.

$integer$	$real$	Substitutionen werden nicht auf einfache Typen angewendet.
$integer \to real$	$\alpha \to \alpha$	Inkonsistente Substitution für α.
$integer \to \alpha$	$\alpha \to \alpha$	Alle Vorkommen von α müssen ersetzt werden. □

Zwei Typausdrücke t_1 und t_2 kann man *unifizieren*, wenn es irgendeine Substitution S gibt, so daß $S(t_1) = S(t_2)$ gilt. Praktisch sind wir am *allgemeinsten Unifikator* interessiert. Dieser ist eine Substitution, die den Variablen in den Ausdrücken die geringsten Beschränkungen auferlegt. Genauer ausgedrückt ist der allgemeinste Unifikator der Ausdrücke t_1 und t_2 eine Substitution S mit den folgenden Eigenschaften:

1. $S(t_1) = S(t_2)$ und

2.   für irgendeine andere Substitution S' mit $S'(t_1) = S'(t_2)$ ist die Substitution S' eine Instanz von S (das heißt, für ein beliebiges t ist $S'(t)$ eine Instanz von $S(t)$).

Wenn wir also im folgenden „unifizieren" sagen, meinen wir damit den allgemeinsten Unifikator.

Die Überprüfung polymorpher Funktionen

Die Regeln zum Überprüfen von Ausdrücken, die durch die Grammatik in Abb. 6.16 generiert werden, werden mit den Begriffen der folgenden Operationen auf einer Graphrepräsentation von Typen geschrieben.

1.   *fresh*(t) ersetzt die gebundenen Variablen in dem Typausdruck t durch neue Variablen und gibt einen Zeiger auf einen Knoten zurück, der den resultierenden Teilausdruck repräsentiert. Alle ∀-Symbole in t werden dabei gelöscht.

2.   *unify*(m, n) unifiziert die Typausdrücke, die durch die Knoten repräsentiert werden, auf die m und n zeigen. Sie hat den Seiteneffekt der Ver-

folgung der Substitution, die die Ausdrücke gleich macht. Wenn die Ausdrücke nicht zu unifizieren sind, dann schlägt der ganze Prozeß der Typüberprüfung fehl.[4]

Unter Verwendung der Operationen *mkleaf* und *mknode*, die denen aus Abschnitt 5.2 gleich sind, werden einzelne Blätter und innere Knoten in dem Typgraphen konstruiert. Es ist notwendig, daß es für jede Typvariable ein eigenes Blatt gibt. Andere strukturell gleiche Ausdrücke müssen keine eigenen Knoten haben.

Die *unify*-Operation basiert auf der folgenden graphentheoretischen Formulierung von Unifikation und auf Substitutionen. Nehmen wir an, die Knoten m und n eines Graphen repräsentieren die Ausdrücke e bzw. f. Wir sagen, die Knoten m und n sind *gleich unter* der Substitution S, wenn $S(e) = S(f)$ gilt. Das Problem, die allgemeinste Unifikation S zu finden, kann zurückgeführt werden auf das Problem, solche Knoten, die unter S gleich sein müssen, in Mengen zu gruppieren. Bei den Ausdrücken, die gleich sein sollen, müssen ihre Wurzeln gleich sein. Auch sind zwei Knoten m und n genau dann gleich, wenn sie denselben Operator repräsentieren und ihre zugehörigen Nachfolger gleich sind.

Ein Algorithmus zum Unifizieren eines Paars von Ausdrücken wird bis zum nächsten Abschnitt aufgeschoben. Der Algorithmus verfolgt Mengen von Knoten, die unter den auftretenden Substitutionen gleich sind.

$$E \rightarrow E_1 (E_2) \qquad \{\ p := mkleaf(newtypevar);$$
$$unify(E_1.type,\ mknode(\text{'}\rightarrow\text{'},\ E_2.type,\ p));$$
$$E.type := p\ \}$$

$$E \rightarrow E_1,\ E_2 \qquad \{\ E.type := mknode(\text{'}\times\text{'},\ E_1.type,\ E_2.type)\ \}$$

$$E \rightarrow \mathbf{id} \qquad \{\ E.type := fresh(\mathbf{id}.type)\ \}$$

Abb. 6.18   Übersetzungsschema zum Überprüfen polymorpher Funktionen.

Die Regeln zur Typüberprüfung von Ausdrücken werden in Abb. 6.18 gezeigt. Wir zeigen nicht, wie Deklarationen verarbeitet werden. Wenn Typausdrücke, die durch die Nichtterminale T und Q generiert werden, untersucht werden, dann fügen *mkleaf* und *mknode* Knoten zu dem Typgraphen hinzu, der GAG-Konstruktion aus Abschnitt 5.2 folgend. Wenn ein Bezeichner deklariert wird,

---

[4]   Der Grund für das Abbrechen des Prozesses zur Typüberprüfung ist, daß die Seiteneffekte einiger Unifikationen schon aufgezeichnet sein können bevor ein Fehler entdeckt ist. Fehlerbehandlung kann implementiert werden, wenn die Seiteneffekte der *unify*-Operation solange aufgeschoben werden bis die Ausdrücke erfolgreich unifiziert wurden.

dann wird der Typ aus der Deklaration in der Symboltabelle gespeichert, und zwar in Form eines Zeigers auf den Knoten, der den Typ repräsentiert. In Abb. 6.18 wird dieser Zeiger als das synthetisierte Attribut **id**.*type* angesprochen. Wie oben erwähnt löscht die *fresh*-Operation die ∀-Symbole, wenn sie gebundene Variablen durch neue Variablen ersetzt. Die Aktion, die mit der Produktion $E \to E_1, E_2$ assoziiert ist, setzt E.*type* auf das Produkt der Typen von E_1 und E_2.

Die Regel zur Typüberprüfung der Funktionsanwendung $E \to E_1(E_2)$ wird motiviert, indem wir den Fall betrachten, in dem E_1.*type* und E_2.*type* beide Typvariablen sind, sagen wir E_1.*type* $= \alpha$ und E_2.*type* $= \beta$. Hier muß E_1.*type* eine Funktion sein, so daß wir für irgendeinen unbekannten Typ γ $\alpha = \beta \to \gamma$ haben. In Abb. 6.18 wird eine neue Typvariable, die γ entspricht, erzeugt, und E_1.*type* wird mit E_2.*type* $\to \gamma$ unifiziert. Bei jedem Aufruf von *newtypvar* wird eine neue Typvariable zurückgegeben, durch *mkleaf* wird für sie ein Blatt konstruiert, und durch *mknode* wird ein Knoten konstruiert, der die Funktion repräsentiert, die mit E_1.*type* unifiziert wird. Nachdem die Unifikation gelungen ist, repräsentiert das neue Blatt den Ergebnistyp.

Die Regeln in Abb. 6.18 werden durch die Ausarbeitung eines einfachen Beispiels im Detail erläutert. Wir fassen die Arbeitsweise des Algorithmus zusammen, indem wir den Typausdruck aufschreiben, der jedem Teilausdruck zugewiesen wird, wie in Abb. 6.19. Bei jeder Funktionsanwendung könnte die *unify*-Operation den Seiteneffekt haben, daß ein Typausdruck für einige der Typvariablen aufgezeichnet wird. Auf solche Seiteneffekte wird in Abb. 6.19 mit der Spalte für eine Substitution hingewiesen.

Ausdruck : Typ		Substitution
q :	$pointer(pointer(integer))$	
deref$_i$:	$pointer(\alpha_i) \to \alpha_i$	
deref$_i$(q) :	$pointer(integer)$	$\alpha_i = pointer(integer)$
deref$_a$:	$pointer(\alpha_a) \to \alpha_a$	
deref$_a$(deref$_i$(q)) :	$integer$	$\alpha_a = integer$

Abb. 6.19 Zusammenfassung einer Bottom-Up Typbestimmung.

Beispiel 6.11
Die Typüberprüfung des Ausdrucks deref$_a$(deref$_i$(q)) im Programm (6.6) erfolgt bottom-up, ausgehend von den Blättern. Abermals unterscheiden die tiefgestellten Indizes a und i die Vorkommen von deref. Wenn der Teilausdruck deref$_a$ betrachtet wird, dann konstruiert *fresh* die folgenden Knoten unter Verwendung einer neuen Typvariablen α_a.

Die Zahl an einem Knoten zeigt die Äquivalenzklasse an, zu der der Knoten
gehört. Der Teil des Typgraphen für die drei Bezeichner wird weiter unten
gezeigt. Die gepunkteten Linien deuten an, daß die mit 3, 6 und 9 numerierten Knoten für $deref_a$, $deref_i$ bzw. q sind.

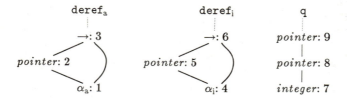

Die Funktionsanwendung $deref_i(q)$ wird überprüft, indem man einen Knoten
n für eine Funktion konstruiert, deren Typ die Abbildung von dem Typ von
q auf eine neue Typvariable β ist. Diese Funktion kann erfolgreich mit dem
Typ von $deref_i$, der durch den Knoten m weiter unten repräsentiert wird,
unifiziert werden. Bevor die Knoten m und n unifiziert werden, hat jeder
Knoten eine unterschiedliche Nummer. Nach der Unifikation sind die äquivalenten Knoten diejenigen, die unten dieselbe Nummer haben; die verän-
derten Nummern sind unterstrichen:

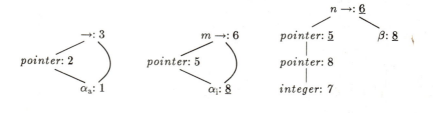

Beachten Sie, daß die Knoten für α_i und für $pointer(integer)$ beide mit 8 numeriert sind. Das heißt, daß α_i mit diesem Typausdruck unifiziert wird, so
wie es in Abb. 6.19 gezeigt ist. Hinterher wird α_a mit $integer$ unifiziert.   □

Das nächste Beispiel setzt die Typherleitung polymorpher Funktionen in ML
in Beziehung zu den Regeln zur Typüberprüfung aus Abb. 6.18. Die Syntax
für Funktionsdefinitionen in ML ist gegeben durch

fun $id_0(id_1, \ldots, id_k) = E$;

wobei id_0 den Funktionsnamen und $id_1, \ldots, id_k$ die Parameter der Funktion repräsentieren. Zur Vereinfachung nehmen wir an, daß die Syntax vom Ausdruck E wie in Abb. 6.16 ist und daß die einzigen Bezeichner in E der Funktionsname, die Parameter der Funktion und Built-in-Funktionen sind.

Die Vorgehensweise ist eine Formalisierung des Beispiels 6.9, wo eine polymorphe Funktion für deref hergeleitet wurde. Neue Typvariablen werden für den Funktionsnamen und für die Parameter der Funktion gebildet. Die Built-in-Funktionen haben im allgemeinen polymorphe Typen; alle Typvariablen, die in diesen Typen erscheinen, werden durch ∀-Quantoren gebunden. Dann überprüfen wir, daß die Typen der Ausdrücke $id_0(id_1, \ldots, id_k)$ und E übereinstimmen. Wenn der Vergleich erfolgreich ist, dann werden wir einen Typ für den Funktionsnamen hergeleitet haben. Am Ende werden alle Variablen in dem hergeleiteten Typ durch ∀-Quantoren gebunden, um so den polymorphen Typ für die Funktion zu erhalten.

Beispiel 6.12
Erinnern wir uns an die ML-Funktion zur Bestimmung der Länge einer Liste in Abb. 6.14:

```
fun length(lptr) =
        if null(lptr) then 0
        else length(tl(lptr))+1;
```

Die Typvariablen β und γ werden für die Typen von length bzw. von lptr eingeführt. Wir finden heraus, daß der Typ von length(lptr) mit dem Typ des Ausdrucks, der den Funktionskörper bildet, übereinstimmt und daß length den Typ

für jeden Typ α, $list(\alpha) \rightarrow integer$

haben muß, also ist der Typ von length

$\forall \alpha.\ list(\alpha) \rightarrow$ integer

Um mehr Einzelheiten zu sehen, erstellen wir das Programm, das in Abb. 6.20 gezeigt wird. Darauf können die Regeln zur Typüberprüfung aus Abb. 6.18 angewendet werden. Die Deklarationen in dem Programm assoziieren die neuen Typvariablen β und γ mit length und lptr, und sie machen die Typen der Built-in-Operationen deutlich. Wir schreiben Verzweigungen im Stil von Abb. 6.16, indem wir den polymorphen Operator if auf drei Operanden anwenden, die den Ausdruck, der zu testen ist, den then-Teil und den else-Teil repräsentieren; die Deklaration besagt, daß der then- und der else-Teil von irgendeinem übereinstimmenden Typ sein können, der gleichzeitig der Typ vom Ergebnis ist.

```
    length : β;
      lptr : γ;
        if : ∀α. boolean × α × α → α;
      null : ∀α. list(α) → boolean;
        tl : ∀α. list(α) → list(α);
         0 : integer;
         1 : integer;
         + : integer × integer → integer;
     match : ∀α. α × α → α;

match(
    length(lptr),
    if( null(lptr), 0, length(tl(lptr)) + 1 )
    )
```

Abb. 6.20 Deklaration gefolgt durch den Ausdruck,
der zu überprüfen ist.

Zeile	Ausdruck : Typ	Substitution
(1)	lptr : γ	
(2)	length : β	
(3)	length(lptr) : δ	$\beta = \gamma \rightarrow \delta$
(4)	lptr : γ	
(5)	null : $list(\alpha_n) \rightarrow boolean$	
(6)	null(lptr) : $boolean$	$\gamma = list(\alpha_n)$
(7)	0 : $integer$	
(8)	lptr : $list(\alpha_n)$	
(9)	tl : $list(\alpha_t) \rightarrow list(\alpha_t)$	
(10)	tl(lptr) : $list(\alpha_n)$	$\alpha_t = \alpha_n$
(11)	length : $list(\alpha_n) \rightarrow \delta$	
(12)	length(tl(lptr)) : δ	
(13)	1 : $integer$	
(14)	+ : $integer \times integer \rightarrow integer$	
(15)	length(tl(lptr))+1 : $integer$	$\delta = integer$
(16)	if : $boolean \times \alpha_i \times \alpha_i \rightarrow \alpha_i$	
(17)	if($\cdots$) : $integer$	$\alpha_i = integer$
(18)	match : $\alpha_m \times \alpha_m \rightarrow \alpha_m$	
(19)	match($\cdots$) : $integer$	$\alpha_m = integer$

Abb. 6.21 Herleitung des Typs $list(\alpha_n) \rightarrow integer$ für length.

`length(lptr)` muß natürlich denselben Typ haben wie der Funktionskörper; diese Überprüfung wird mit Hilfe eines Operators `match` codiert. Die Verwendung von `match` ist eine technische Vereinfachung, die es erlaubt, alle Überprüfungen, die zu erledigen sind, mit Hilfe eines Programms in der Art von Abb. 6.16 zu machen.

Der Effekt der Anwendung der Regeln zur Typüberprüfung aus Abb. 6.18 auf das Programm aus Abb. 6.20 ist in Abb. 6.21 zusammengefaßt. Die neuen Variablen, die durch die Anwendung der Operation *fresh* auf die polymorphen Typen der Built-in-Operationen eingeführt werden, werden durch tiefstehende Indizes an α unterschieden. Wir lernen in Zeile (3), daß `length` eine Funktion von γ auf irgendeinen unbekannten Type δ sein muß. Wenn dann der Teilausdruck `null(lptr)` überprüft wird, finden wir in Zeile (6) heraus, daß γ sich mit $list(\alpha_n)$ unifizieren läßt, wobei α_n ein unbekannter Typ ist. An diesem Punkt wissen wir, daß der Typ von `length`

$$\text{für jeden Typ } \alpha_n, \; list\,(\alpha_n) \to \delta$$

sein muß. Wenn die Addition in Zeile (15) überprüft wird – wir nehmen uns die Freiheit und schreiben zur Klarheit + zwischen die Argumente – wird schließlich δ mit *integer* unifiziert.

Wenn die Überprüfung beendet ist, dann bleibt die Typvariable α_n in dem Typ von `length` übrig. Da über α_n keine Annahmen gemacht wurden, kann jeder Typ für α_n substituiert werden, wenn die Funktion benutzt wird. Darum machen wir α_n zu einer gebundenen Variablen und schreiben

$$\forall \, \alpha_n. \; list(\alpha_n) \to integer$$

für den Typ von `length`. □

6.7 Ein Unifikationsalgorithmus

Informell bedeutet Unifikation folgendes: die Bestimmung, ob zwei Ausdrücke e und f durch Einsetzen von Ausdrücken für die Variablen in e und f identisch gemacht werden können. Das Testen der Gleichheit von Ausdrücken ist ein Spezialfall der Unifikation; wenn e und f Konstanten haben, aber keine Variablen, dann kann man e und f genau dann unifizieren, wenn sie identisch sind. Der Unifikationsalgorithmus in diesem Abschnitt kann auf Graphen mit Zyklen angewendet werden. Also kann er benutzt werden, um die strukturelle Gleichheit zirkulärer Typen zu testen.[5]

---

[5] In einigen Anwendungen ist es ein Fehler eine Variable mit einem Ausdruck zu unifizieren, der diese Variable enthält. Der Algorithmus 6.1 erlaubt solche Substitutionen.

Unifikation wurde im vorherigen Abschnitt definiert mit Hilfe einer
Funktion S, die man eine Substitution genannt und die die Variablen auf
Ausdrücke abbildet. Wir schreiben $S(e)$ für den Ausdruck, den wir dann erhalten, wenn jede Variable α in e durch $S(\alpha)$ ersetzt wird. S ist ein Unifikator für e und f, wenn $S(e) = S(f)$ gilt. Der Algorithmus in diesem Abschnitt bestimmt eine Substitution, die der allgemeinste Unifikator für ein
Paar von Ausdrücken ist.

Beispiel 6.13
Um einen Eindruck von den allgemeinsten Unifikatoren zu erhalten, betrachten wir die beiden Typausdrücke

$$((\alpha_1 \rightarrow \alpha_2) \times list(\alpha_3)) \rightarrow list(\alpha_2)$$
$$((\alpha_3 \rightarrow \alpha_4) \times list(\alpha_3)) \rightarrow \alpha_5$$

Zwei Unifikatoren für diese Ausdrücke sind S und S':

x	$S(x)$	$S'(x)$
α_1	α_3	α_1
α_2	α_2	α_1
α_3	α_3	α_1
α_4	α_2	α_1
α_5	$list(\alpha_2)$	$list(\alpha_1)$

Diese Substitutionen bilden e und f wie folgt ab:

$$S(e) = S(f) = ((\alpha_3 \rightarrow \alpha_2) \times list(\alpha_3)) \rightarrow list(\alpha_2)$$
$$S'(e) = S'(f) = ((\alpha_1 \rightarrow \alpha_1) \times list(\alpha_1)) \rightarrow list(\alpha_1)$$

Die Substitution S ist der allgemeinste Unifikator von e und f. Beachten Sie,
daß $S'(e)$ eine Instanz von $S(e)$ ist, weil wir α_1 für beide Variablen in $S(e)$
einsetzen können. Jedoch ist das Umgekehrte falsch, weil für jedes Vorkommen von α_1 in $S'(e)$ derselbe Ausdruck ersetzt werden muß. Also können wir
$S(e)$ nicht erhalten, indem wir die Variable α_1 in $S'(e)$ ersetzen.   □

Wenn Ausdrücke, die zu unifizieren sind, durch Bäume repräsentiert werden,
dann kann die Anzahl der Knoten in dem Baum für den substituierten Ausdruck $S(e)$ exponentiell in Bezug auf die Anzahl der Knoten in den Bäumen
für e und f sein, auch wenn S der allgemeinste Unifikator ist. Jedoch muß
solch eine Größenexplosion nicht auftreten, wenn Graphen anstelle von Bäumen benutzt werden, um Ausdrücke und Substitutionen zu repräsentieren.

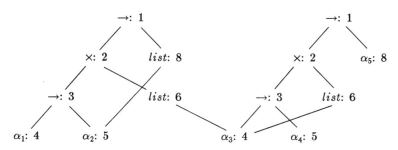

Abb. 6.22 Äquivalenzklassen nach der Unifikation.

Wir werden die graphentheoretische Formulierung der Unifikation, die auch im vorherigen Abschnitt präsentiert wurde, implementieren. Das Problem besteht im Zusammenfassen von Knoten zu Mengen, die unter dem allgemeinsten Unifikator von zwei Ausdrücken gleich sein müssen. Die zwei Ausdrücke in Beispiel 6.13 werden durch die zwei Knoten dargestellt, die in Abb. 6.22 mit dem Label →:1 versehen sind. Die integer-Zahlen an den Knoten zeigen die Äquivalenzklassen an, zu denen die Knoten gehören, die nach den mit 1 numerierten Knoten unifiziert werden. Die Äquivalenzklassen haben die Eigenschaft, daß alle inneren Knoten in der Klasse für denselben Operator stehen. Die entsprechenden Nachfolger von inneren Knoten in einer Äquivalenzklasse sind ebenfalls gleich.

Algorithmus 6.1
Die Unifikation eines Paars von Knoten in einem Graph.

Eingabe: Ein Graph und ein Paar von Knoten, m und n, das zu unifizieren ist.

Ausgabe: Der boolesche Wert wahr, wenn die Ausdrücke, die durch die Knoten m und n repräsentiert werden, unifiziert werden können; sonst den Wert falsch. Die Version der Operation *unify*, die für die Regeln zur Typüberprüfung aus Abb. 6.18 benötigt wird, erhält man, wenn die Funktion in diesem Algorithmus so modifiziert wird, daß sie fehlschlägt anstatt den Wert falsch zurückzugeben.

Methode: Ein Knoten wird durch einen Rekord mit Feldern für einen zweistelligen Operator und für Zeiger auf den linken und den rechten Nachfolger repräsentiert, wie in Abb. 6.23.

Die Mengen äquivalenter Knoten werden mit Hilfe des Feldes *set* verwaltet. In jeder Äquivalenzklasse wird ein Knoten als der einzige Repräsentant der Äquivalenzklasse ausgewählt indem sein Feld *set* mit einem nil-Zeiger besetzt wird. Die *set*-Felder der restlichen Knoten in der Äquivalenzklasse werden auf den Repräsentanten zeigen (möglicherweise indirekt durch andere Knoten in der Menge). Am Anfang ist jeder Knoten n in seiner eigenen Äquivalenzklase, mit n als ihrem einzigen repräsentativen Knoten.

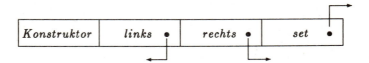

| *Konstruktor* | *links* • | *rechts* • | *set* • |

Abb. 6.23 Datenstruktur für einen Knoten.

Der Unifikationsalgorithmus, der in Abb. 6.24 gezeigt ist, benutzt die folgenden zwei Operationen auf Knoten:

1.   *find*(n) liefert den repräsentativen Knoten der Äquivalenzklasse, die gegenwärtig den Knoten n enthält.

2.   *union*(m,n) mischt die Äquivalenzklassen, die die Knoten m und n enthalten. Wenn einer der Repräsentanten für die Äquivalenzklassen von m und n ein nicht-variabler Knoten ist, dann bewirkt *union*, daß dieser nicht-variable Knoten zum Repräsentant für die zusammengemischte Äquivalenzklasse wird; sonst macht *union* irgendeinen der beiden ursprünglichen Repräsentanten zum neuen Repräsentanten. Diese Asymmetrie in der Spezifikation von *union* ist wichtig, weil eine Variable nicht als Repräsentant einer Äquivalenzklasse für einen solchen Ausdruck benutzt werden kann, der einen Typkonstruktor oder einen einfachen Typ enthält. Sonst könnten zwei ungleiche Ausdrücke durch diese Variable unifiziert werden.

Die *union*-Operation auf Mengen wird durch einfaches Verändern des *set*-Feldes des Repräsentanten einer Äquivalenzklasse implementiert, so daß es auf den Repräsentanten der anderen Klasse zeigt. Um die Äquivalenzklasse zu finden, zu der ein Knoten gehört, folgen wir den *set*-Zeigern der Knoten, bis der Repräsentant (der Knoten mit einem nil-Zeiger im *set*-Feld) erreicht wird.

Beachten Sie, daß der Algorithmus in Abb. 6.24 anstelle von m und n $s = find(m)$ und $t = find(n)$ benutzt. Die repräsentativen Knoten s und t sind gleich, wenn m und n in derselben Äquivalenzklasse sind. Wenn s und t denselben einfachen Typ repräsentieren, dann liefert der Aufruf *unify*(m, n) wahr zurück. Wenn s und t beide innere Knoten für einen zweistelligen Typkonstruktor sind, dann mischen wir ihre Äquivalenzklassen auf Verdacht und überprüfen rekursiv, daß ihre entsprechenden Nachfolger gleich sind. Da wir zuerst mischen, verringern wir die Anzahl der Äquivalenzklassen, bevor wir rekursiv die Nachfolger überprüfen; deshalb terminiert der Algorithmus.

Die Substitution einer Variablen durch einen Ausdruck wird implementiert, indem wir das Blatt für die Variable zu der Äquivalenzklasse, die den Knoten für den Ausdruck enthält, hinzufügen. Wenn entweder m oder n ein Blatt für eine Variable ist, das in eine Äquivalenzklasse gegeben wurde, die einen Knoten enthält, der einen Ausdruck mit einem Typkonstruktor oder mit einem einfachen Typ enthält, dann wird *find* einen Repräsentanten liefern, der diesen Typkonstruktor oder einfachen Typ widerspiegelt. Dadurch kann eine Variable nicht mit zwei verschiedenen Ausdrücken unifiziert werden. □

```
function unify(m, n : node) : boolean
begin
    s := find(m);
    t := find(n);
    if s = t then
        return true
    else if s und t Knoten sind, die denselben Basistyp
                repräsentieren then
        return true
    else if s ein op-Knoten mit den Söhnen s₁ und s₂ ist and
                t ein op-Knoten mit den Söhnen t₁ und t₂ then begin
        union(s, t);
        return unify(s₁, t₁) and unify(s₂, t₂)
    end
    else if s oder t Variable repräsentieren then begin
        union(s, t);
        return true
    end
    else return false
                /* innere Knoten mit unterschiedlichen Operatoren
                    können nicht unifiziert werden */
end
```

Abb. 6.24   Der Unifikationsalgorithmus.

Beispiel 6.14
Wir haben den Anfangsgraphen für die zwei Ausdrücke aus Beispiel 6.13 in Abb. 6.25 gezeigt. Dort ist jeder Knoten numeriert und in seiner eigenen Äquivalenzklasse. Um $unify(1, 9)$ zu berechnen, beachtet der Algorithmus, daß die Knoten 1 und 9 beide denselben Operator repräsentieren. Also mischt er 1 und 9 in die gleiche Äquivalenzklasse und ruft $unify(2, 10)$ und $unify(8,$

14) auf. Das Ergebnis der Berechnung von *unify*(1, 9) ist der Graph, der vorher in Abb. 6.22 dargestellt wurde.   □

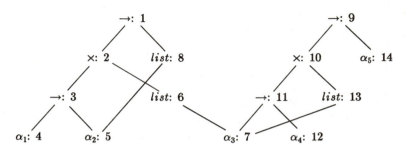

Abb. 6.25   Anfangs-GAG, wobei jeder Knoten in seiner eigenen Äquivalenzklasse ist.

Wenn der Algorithmus 6.1 wahr zurück gibt, dann können wir wie folgt eine Substitution S, die als Unifikator fungiert, konstruieren. Es soll jeder Knoten n des Ergebnisgraphen den Ausdruck repräsentieren, der mit $find(n)$ assoziiert ist. Somit liefert $find(\alpha)$ für jede Variable α den Knoten n, der der Repräsentant der Äquivalenzklasse von α ist. Der Ausdruck, der durch n repräsentiert wird, ist $S(\alpha)$. Zum Beispiel sehen wir in Abb. 6.22, daß der Repräsentant für α_3 der Knoten 4 ist, der α_1 repräsentiert. Der Repräsentant für α_5 ist der Knoten 8, der $list(\alpha_2)$ repräsentiert.

Beispiel 6.15
Der Algorithmus 6.1 kann benutzt werden, um die strukturelle Gleichheit der beiden Typausdrücke

$\quad$ **e** : *real* → e
$\quad$ **f** : *real* → (*real* → f)

zu testen. Die Typgraphen für diese Ausdrücke sind in Abb. 6.26 abgebildet. Zur Vereinfachung wurde jeder Knoten numeriert.

Abb. 6.26   Graphen für zwei zirkuläre Typen.

Wir rufen *unify*(1, 3) auf, um die strukturelle Gleichheit dieser beiden Ausdrücke zu testen. Der Algorithmus mischt die Knoten 1 und 3 in eine Äquivalenzklasse und ruft rekursiv *unify*(2, 4) und *unify*(1, 5) auf. Da 2 und 4
denselben einfachen Typ repräsentieren, gibt der Aufruf *unify*(2, 4) den Wert
wahr zurück. Der Aufruf *unify*(1, 5) fügt 5 zu der Äquivalenzklasse von 1
und 3 hinzu und ruft rekursiv *unify*(2, 6) und *unify*(1, 3) auf.

Abb. 6.27 Typgraphen, die die Äquivalenzklassen der Knoten zeigen.

Der Aufruf *unify*(2, 6) gibt wahr zurück, weil 2 und 6 auch denselben einfachen Typ repräsentieren. Der zweite Aufruf von *unify*(1, 3) terminiert, weil
wir die Knoten 1 und 3 bereits in dieselbe Äquivalenzklasse zusammenge-
mischt haben. Der Algorithmus terminiert dann und gibt wahr zurück, um zu
zeigen, daß die zwei Typausdrücke wirklich gleich sind. Die Abbildung 6.27
zeigt die resultierenden Äquivalenzklassen von Knoten, wobei Knoten mit
demselben integer-Wert in derselben Äquivalenzklasse sind.   □

Übungen

6.1 Schreiben Sie für die folgenden Typen Typausdrücke:

    a) Ein Array mit Elementen vom Typ Zeiger auf real-Werte, wobei
der Array-Index von 1 bis 100 läuft.

    b) Ein zweidimensionales Array (d.h. ein Array mit Elementen vom
Typ Array) mit Integer-Werten, dessen Zeilen von 0 bis 9 und
dessen Spalten von −10 bis 10 indiziert sind.

    c) Funktionen, deren Wertebereiche Funktionen sind, die integer-
Werte auf Zeiger zu integer-Werten abbilden, und deren Funk-
tionsbereiche Records sind, die aus einem integer-Wert und
einem Zeichen bestehen.

6.2 Nehmen Sie an, daß wir die folgenden C-Deklarationen haben:

```
typedef struct {
    int a, b;
    } CELL, *PCELL;
CELL foo[100];
PCELL bar(x, y) int x; CELL y { · · · }
```

Schreiben Sie Typausdrücke für die Typen von **foo** und **bar**.

6.3 Die folgende Grammatik definiert Listen aus Listen mit Literalen. Die Interpretation der Symbole ist dieselbe wie die für die Grammatik von Abb. 6.3. Eine Ausnahme bildet der zusätzliche **Typ list**, der auf eine Liste mit Elementen vom Typ T verweist.

$$
\begin{array}{rcl}
P & \rightarrow & D \,;\, E \\
D & \rightarrow & D \,;\, D \mid \textbf{id} : T \\
T & \rightarrow & \textbf{list of } T \mid \textbf{char} \mid \textbf{integer} \\
E & \rightarrow & (L) \mid \textbf{literal} \mid \textbf{num} \mid \textbf{id} \\
L & \rightarrow & E, L \mid E
\end{array}
$$

Schreiben Sie Übersetzungsregeln, die denen aus Abschnitt 6.2 ähnlich sind, um die Typen der Ausdrücke (E) und der Listen (L) zu bestimmen.

6.4 Fügen Sie zu der Grammatik aus Übung 6.3 die Produktion

$$E \rightarrow \textbf{nil}$$

hinzu, die die Bedeutung hat, daß ein Ausdruck die leere Liste sein kann. Überarbeiten Sie die Regeln in Ihrer Antwort zu Übung 6.3, so daß die Tatsache berücksichtigt wird, daß **nil** für eine leere Liste mit Elementen irgendeinen Typs stehen kann.

6.5 Berechnen Sie mit Hilfe des Übersetzungsschemas aus Abschnitt 6.2 die Typen der Ausdrücke in den folgenden Programmfragmenten. Zeigen Sie die Typen an jedem Knoten des Parsebaums.

a) c: char; i: integer;
    c mod i mod 3

b) p: ↑integer; a: array[10] of integer;
    a[p↑]

c) f: integer → boolean;
    i: integer; j: integer; k: integer;
    while f(i) do
        k := i;
        i := j mod i;
        j := k

6.6 Modifizieren Sie das Übersetzungsschema zur Überprüfung von Ausdrücken aus Abschnitt 6.2, um eine beschreibende Meldung auszugeben, wenn ein Fehler entdeckt ist, und um die Überprüfung fortzusetzen, wenn der erwartete Typ gesichtet wurde.

6.7 Schreiben Sie die Regeln zur Typüberprüfung von Ausdrücken aus Abschnitt 6.2 so um, daß sie sich auf Knoten in einer Graphrepräsentation von Typausdrücken beziehen. Die umgeschriebenen Regeln sollten Datenstrukturen und Operationen verwenden, die durch eine Sprache wie Pascal unterstützt werden. Benutzen Sie strukturelle Gleichheit von Typausdrücken, wenn:

a) Typausdrücke durch Bäume repräsentiert werden, wie in Abb. 6.2, und

b) der Typgraph ein GAG mit einem einzigen Knoten für jeden Typausdruck ist

6.8 Modifizieren Sie das Übersetzungsschema aus Abb. 6.5, um das folgende zu behandeln.

a) Anweisungen, die Werte haben. Der Wert einer Zuweisung ist der Wert des Ausdrucks auf der rechten Seite des :=-Zeichens. Der Wert einer Verzweigung oder einer while-Schleife ist der Wert des Körpers der Anweisung; der Wert einer Liste von Anweisungen ist der Wert der letzten Anweisung in dieser Liste.

b) Boolesche Ausdrücke. Fügen Sie Produktionen für die logischen Operatoren **and, or** und **not** und für Vergleichsoperatoren (<, etc.) hinzu. Fügen Sie dann passende Übersetzungsregeln hinzu, die den Typ dieser Ausdrücke ergeben.

6.9 Verallgemeinern Sie die Regeln zur Typüberprüfung von Funktionen, die am Ende von Abschnitt 6.2 angegeben sind, um *n*-stellige Funktionen zu behandeln.

6.10 Nehmen Sie an, daß die Typnamen link und cell wie in Abschnitt 6.3 definiert sind. Welche der folgenden Ausdrücke sind strukturell gleich? Welche besitzen Namensgleichheit?

    i)   link.
    ii)   *pointer*(cell).
    iii)   *pointer*(link).
    iv)   *pointer*(*record*((info × *integer*) × (next × *pointer*(cell)))).

6.11 Formulieren Sie den Algorithmus zum Testen der strukturellen Gleichheit aus Abb. 6.6 neu, so daß die Argumente von *sequiv* Zeiger auf Knoten in einem GAG sind.

6.12 Betrachten Sie die Kodierung eingeschränkter Typausdrücke als Bit-folgen im Beispiel 6.1. In Johnson [1979] erscheinen die Zwei-Bit-Felder für Konstruktoren in entgegengesetzter Reihenfolge. Und zwar erscheint das Feld für den äußersten Konstruktor neben den vier Bits für den einfachen Typ. Als Beispiel:

TYPAUSDRUCK	KODIERUNG
char	000000 0001
f returns(char)	000011 0001
pointer(f returns(char))	001101 0001
array(pointer(f returns(char)))	110110 0001

Schreiben sie unter Verwendung der Operatoren von C ein Programm, um die Repräsentation von *array(t)* aus *t* zu konstruieren und umgekehrt. Nehmen Sie an, daß die Kodierung ist wie in:

a)   Johnson [1979].
b)   Beispiel 6.1.

6.13 Nehmen Sie an, daß der Typ jedes Bezeichners ein Teilbereich der integer-Zahlen ist. Schreiben Sie für Ausdrücke mit den Operatoren +, -, *, div und mod wie in Pascal Regeln zur Typüberprüfung, die jedem Teilausdruck den Teilbereich zuweisen, in dem sein Wert liegen muß.

6.14 Geben Sie einen Algorithmus an, der die Gleichheit von C-Typen testet (siehe Beispiel 6.4).

6.15 Einige Sprachen, wie z.B. PL/1, wandeln einen booleschen Wert implizit in einen integer-Wert um. Dabei wird wahr mit 1 und falsch mit 0 identifiziert. Zum Beispiel wird 3<4<5 zu (3<4)<5 gruppiert und hat den Wert „wahr" (oder 1), weil 3<4 den Wert 1 hat und 1<5 wahr ist. Schreiben Sie Übersetzungsregeln für boolesche Ausdrücke, die diese Typumwandlung ausführen. Benutzen Sie in der Zwischen-sprache Verzweigungen, um damit den Hilfsvariablen, die den Wert eines booleschen Ausdrucks repräsentieren, integer-Werte zuzuweisen, wenn es notwendig ist.

6.16 Verallgemeinern Sie die Algorithmen von

a) Abb. 6.9 und

b) Abb. 6.12

auf Ausdrücke mit den Typkonstruktoren *array*, *pointer* und kartesisches Produkt.

6.17 Welche der folgenden rekursiven Typausdrücke sind gleich?

$$e1 = integer \rightarrow e1$$
$$e2 = integer \rightarrow (integer \rightarrow e2)$$
$$e3 = integer \rightarrow (integer \rightarrow e1)$$

6.18 Bestimmen Sie mit Hilfe der Regeln aus Beispiel 6.6, welche der folgenden Ausdrücke eindeutige Typen besitzen. Nehmen Sie an, daß z eine komplexe Zahl ist.

a) 1*2*3
b) 1*(z*2)
c) (1*z)*z

6.19 Nehmen Sie an, daß wir die Typumwandlung aus Beispiel 6.6 erlauben. Unter welcher Bedingung für die Typen a, b und c (integer oder komplex) wird der Ausdruck $(a*b)*c$ einen eindeutigen Typ haben?

6.20 Drücken Sie mit Hilfe von Typvariablen die Typen der folgenden Funktionen aus.

a) Die Funktion *ref*, die als Argument ein Objekt irgendeines beliebigen Typs erhält und einen Zeiger auf dieses Objekt zurückgibt.

b) Eine Funktion, die als Argument ein durch integer-Werte indiziertes Array mit Elementen irgendeines beliebigen Typs erhält und ein Array zurückgibt, dessen Elemente die Objekte sind, auf die durch die Elemente des gegebenen Arrays verwiesen wird.

6.21 Finden Sie den allgemeinsten Unifikator der Typausdrücke

i) $(pointer(\alpha)) \times (\beta \rightarrow \gamma)$
ii) $\beta \times (\gamma \rightarrow \delta)$

Was ist, wenn das δ in ii) ein α wäre?

6.22 Finden Sie den allgemeinsten Unifikator für jedes Paar von Aukdrücken aus der folgenden Liste oder bestimmen Sie, daß keiner existiert.

a) $\alpha_1 \rightarrow (\alpha_2 \rightarrow \alpha_1)$
b) $array(\beta_1) \rightarrow (pointer(\beta_1) \rightarrow \beta_3)$
c) $\gamma_1 \rightarrow \gamma_2$
d) $\delta_1 \rightarrow (\delta_1 \rightarrow \delta_2)$

6.23 Erweitern Sie die Regeln zur Typüberprüfung aus Beispiel 6.6, um damit Records zu erfassen. Verwenden Sie die folgende zusätzliche Syntax für Typausdrücke und Ausdrücke:

$$T \rightarrow \textbf{record } \textit{fields } \textbf{end}$$
$$E \rightarrow E.\textbf{id}$$
$$\textit{fields} \rightarrow \textit{fields} \textbf{ ; } \textit{field} \mid \textit{field}$$
$$\textit{field} \rightarrow \textbf{id} : T$$

Welche Restriktionen entstehen durch das Fehlen von Typnamen für die Typen, die definiert werden können.

*6.24 Die Auflösung der Überladung in Abschnitt 6.5 erfolgt in zwei Phasen: zuerst wird die Menge der möglichen Typen für jeden Teilausdruck bestimmt und dann in der zweiten Phase auf einen einzigen Typ reduziert und man hat somit den einzigen Typ für den gesamten Ausdruck bestimmt. Welche Datenstrukturen würden Sie verwenden, um die Überladung in einem einzigen Bottom-Up-Durchgang aufzulösen?

**6.25 Die Auflösung der Überladung wird noch schwieriger, wenn die Deklarationen von Bezeichnern optional sind. Noch genauer ausgedrückt: nehmen Sie an, daß Deklarationen benutzt werden können, um solche Bezeichner zu überladen, die Funktionssymbole darstellen, aber daß alle Vorkommen eines nicht deklarierten Bezeichners denselben Typ haben. Zeigen Sie, daß das Problem der Bestimmung, ob ein Ausdruck in dieser Sprache einen gültigen Typ hat, NP-vollständig ist. Dieses Problem entsteht während der Typüberprüfung in der experimentellen Sprache Hope (Burstall, MacQueen und Sannella [1980]).

6.26 Leiten Sie, dem Beispiel 6.12 folgend, den folgenden polymorphen Typ für map her:

$$\texttt{map} : \forall \alpha. \, \forall \beta. \, ((\alpha \rightarrow \beta) \times \textit{list}(\alpha)) \rightarrow \textit{list}(\beta)$$

Die ML-Definition für map ist:

```
fun map (f, l) =
            if null(l) then nil
            else cons(f(hd(l)), map(f, tl(l)))
```

Die Typen der Built-in-Bezeichner im Funktionskörper sind:

$$
\begin{aligned}
\texttt{null} &: \forall \alpha. \, \textit{list}(\alpha) \rightarrow \textit{boolean}; \\
\texttt{nil} &: \forall \alpha. \, \textit{list}(\alpha); \\
\texttt{cons} &: \forall \alpha. \, (\alpha \times \textit{list}(\alpha)) \rightarrow \textit{list}(\alpha); \\
\texttt{hd} &: \forall \alpha. \, \textit{list}(\alpha) \rightarrow \alpha; \\
\texttt{tl} &: \forall \alpha. \, \textit{list}(\alpha) \rightarrow \textit{list}(\alpha);
\end{aligned}
$$

**6.27 Zeigen Sie, daß der Unifikationsalgorithmus aus Abschnitt 6.7 den allgemeinsten Unifikator bestimmt.

*6.28 Modifizieren Sie den Unifikationsalgorithmus aus Abschnitt 6.7 so, daß er eine Variable nicht mit einem Ausdruck unifiziert, der diese Variable enthält.

**6.29 Nehmen Sie an, daß Ausdrücke durch Bäume repräsentiert werden. Finden Sie Ausdrücke e und f, so daß für jeden Unifikator S die Zahl der Knoten in $S(e)$ exponentiell in Bezug auf die Zahl der Knoten in e und f ist.

6.30 Zwei Knoten werden *kongruent* genannt, wenn sie gleiche Typen repräsentieren. Selbst wenn keine zwei Knoten im originalen Typgraphen kongruent sind, dann ist es nach der Unifikation für unterschiedliche Knoten möglich, daß sie kongruent sind.

a) Geben Sie einen Algorithmus an, um eine Klasse gegenseitig kongruenter Knoten in einen einzigen Knoten zu mischen.

**b) Erweitern Sie den Algorithmus in (a), um kongruente Knoten solange zu mischen, bis keine zwei unterschiedlichen Knoten mehr kongruent sind.

*6.31 Der Ausdruck g(g) in Zeile 9 des vollständigen C-Programm in Abb. 6.28 ist die Anwendung einer Funktion auf sich selbst. Die Deklaration in Zeile 3 gibt *integer* als den Funktionsbereich von g an, aber die Typen der Argumente von g sind nicht spezifiziert. Versuchen Sie das Programm laufen zu lassen. Der Compiler wird eine Warnung ausgeben, weil g in Zeile 3 als eine Funktion deklariert wurde anstatt als ein Zeiger auf eine Funktion.

a) Was können Sie über den Typ von g aussagen?

b) Benutzen Sie die Regeln zur Typüberprüfung für polymorphe Funktionen aus Abb. 6.18, um in dem folgenden Programm einen Typ für g herzuleiten.

```
     m : integer;
 times : integer × integer → integer;
     g : α;

 times (m, g(g))
```

```
(1)       int n;

(2)       int f(g);
(3)       int g();
(4)       {
(5)           int m;
(6)           m = n;
(7)           if(m == 0 ) return 1;
(8)           else {
(9)               n = n - 1; return m * g(g);
(10)          }
(11)      }

(12)      main()
(13)      {
(14)          n = 5; printf("%d Fakultät ist %d\n", n, f(f) );
(15)      }
```

Abb. 6.28 Ein C-Programm, das Funktionsanwendungen
auf sich selbst enthält.

Anmerkungen zur Literatur

Die einfachen Typen und die Typkonstruktoren älterer Sprachen wie Fortran
und Algol 60 waren genügend eingeschränkt, so daß die Typüberprüfung kein
ernstes Problem darstellte. Als Folge davon werden die Beschreibungen der
Typüberprüfung in ihren Compilern in Diskussionen über Codegenerierung
für Ausdrücke verborgen. Sheridan [1959] beschreibt die Übersetzung von
Ausdrücken in dem originalen Fortran-Compiler. Der Compiler verfolgt, ob
der Typ eines Ausdrucks integer oder real ist, aber implizite Typumwandlungen werden durch die Sprache nicht erlaubt. Backus [1981, S.54] erinnert
sich: „Ich glaube, es war einfach so, daß wir die Regeln zur Behandlung von
Ausdrücken verschiedenen Typs nicht mochten. Also beschlossen wir: 'Raus
damit, es ist einfacher so'". Naur [1965] ist ein frühes Papier über Typüberprüfung in einem Algol-Compiler; die Techniken, die von dem Compiler
benutzt werden, sind denen gleich, die im Abschnitt 6.2 behandelt werden.

Erleichterungen zur Datenstrukturierung wie Arrays und Records wurden in den 40-iger Jahren von Zuse in seinem Plankalkül, das wenig direkten
Einfluß hatte, entworfen (Bauer und Wössner [1972]). Eine der ersten Programmiersprachen, die es erlaubt, Typausdrücke systematisch zu konstruieren, ist Algol 68. Typausdrücke können rekursiv definiert werden, und es
wird strukturelle Gleichheit benutzt. Eine klare Unterscheidung zwischen Namensgleichheit und struktureller Gleichheit findet man in EL1, die Auswahl
wird dem Programmierer übertragen (Wegbreit [1974]). Die Besprechung von

Pascal durch Welsh, Sneeringer und Hoare [1977] lenkte die Aufmerksamkeit auf die Unterscheidung.

Die Kombination von impliziter Typumwandlung und Überladung kann zu Mehrdeutigkeiten führen: das implizite Umwandeln eines Arguments kann dazu führen, daß die Überladung zugunsten eines anderen Algorithmus aufgelöst wird. Deshalb werden bei einem der beiden Beschränkungen auferlegt. Eine freie Vorgehensweise von impliziten Typumwandlungen erfolgte in PL/1, wo das wichtigste Entwurfskriterium lautete: *„Alles ist möglich.* Wenn eine bestimmte Kombination von Symbolen eine sinnvolle Bedeutung hat, dann wird diese Bedeutung offiziell eingeführt (Radin und Rogoway [1965])". Oft wird eine Ordnung auf der Menge einfacher Typen festgesetzt – z.B. beschreibt Hext [1967] eine Gitterstruktur, die den einfachen Typen von CPL aufgezwungen wird – und einfacherere Typen werden implizit in höhere Typen umgewandelt.

Die Auflösung von Überladung zur Übersetzungszeit in Sprachen wie APL (Iverson [1962]) und SETL (Schwartz [1973]) beinhaltet die Möglichkeit zur Verbesserung der Laufzeit von Programmen (Bauer und Saal [1974]). Tennenbaum [1974] unterscheidet zwischen „Vorwärts"-Auflösung, die die Menge möglicher Typen eines Operators aus seinen Operanden bestimmt, und „Rückwärts"-Auflösung, die von dem Typ ausgeht, der durch den Kontext erwartet wird. Mit Hilfe eines Typengitters lösen Jones und Muchnick [1976] und Kaplan und Ullman [1980] Einschränkungen auf, die man aus der Vorwärts- und Rückwärtsanalyse erhält. Die Überladung in Ada kann dadurch aufgelöst werden, daß man einen einzigen Vorwärtsdurchgang macht und dann einen einzigen Rückwärtsdurchgang, so wie in Abschnitt 6.5. Diese Beobachtung geht aus einer Anzahl von Papieren hervor: Ganzinger und Ripken [1980]; Pennello, De Remer und Meyers [1980]; Janas [1980]; Persch et al. [1980]. Cormack [1981] bietet eine rekursive Implementierung an und Baker [1982] verhindert einen expliziten Rückwärtsdurchgang, indem er einen GAG möglicher Typen mitschleift.

Die Typherleitung wurde durch Curry (siehe Curry und Feys [1958]) im Zusammenhang mit kombinatorischer Logik und dem Lambdakalkül von Church [1941] untersucht. Es wurde schon lange beobachtet, daß im Kern einer funktionalen Sprache der Lambdakalkül steckt. Wir haben wiederholt die Anwendung einer Funktion auf ein Argument benutzt, um die Konzepte zur Typüberprüfung in diesem Kapitel zu diskutieren. Funktionen können ohne Rücksicht auf die Typen im Lambdakalkül definiert und angewendet werden. Und Curry war an ihrem funktionalen Charakter interessiert und bestimmte das was wir heute einen allgemeinsten polymorphen Typ nennen, der aus einem Typausdruck mit All-Quantoren besteht, so wie in Abschnitt 6.6. Angeregt durch Curry beobachtete Hundley [1969], daß die Unifikation zum Herleiten von Typen verwendet werden konnte. Unabhängig davon weist Morris [1968a] in seiner Dissertation den Typen Lambdaausdrücke zu, indem er eine Menge von Gleichungen aufstellt und diese dann löst, um so die Typen zu bestimmen, die mit Variablen assoziiert sind. In Unkenntnis von Hindley's Arbeit beobachtete Milner [1978] ebenfalls, daß die Unifikation benutzt werden kann, um Mengen von Gleichungen zu lösen. Und er wendet diese Idee an, um Typen in der ML-Programmiersprache herzuleiten.

Die Grundlagen der Typüberprüfung in ML werden von Cardelli [1984] beschrieben. Diese Vorgehensweise wurde von Meertens [1983] auf eine Sprache angewendet; Suzuki [1981] erforschte ihre Anwendung auf Smalltalk 1976 (Ingalls [1978]. Mitchell [1984] zeigt, wie implizite Typumwandlungen mit einbezogen werden können.

Morris [1968a] beobachtet, daß es rekursive oder zirkuläre Typen zulassen, daß für Ausdrücke, die die Anwendung einer Funktion auf sich selbst enthalten, Typen hergeleitet werden. Das C-Programm in Abb. 6.28, das eine Anwendung einer Funktion auf sich selbst enthält, wurde durch ein Algol-Programm in Ledgard [1971] angeregt. Die Übung 6.31 ist aus MacQueen, Plotkin und Sethi [1984], wo ein semantisches Modell für rekursive polymorphe Typen angegeben ist. Verschiedene Vorgehensweisen erscheinen in McCracken [1979] und in Cartwright [1985]. Reynolds [1985] begutachtet das ML-Typsystem, theoretische Richtlinien zur Vermeidung von Anomalien, die implizite Typumwandlungen und Überladung mit sich bringen, und kompliziertere polymorphe Funktionen.

Die Unifikation wurde zuerst von Robinson [1965] untersucht. Der Unifikationsalgorithmus in Abschnitt 6.7 kann ohne weiteres erstellt werden aus Algorithmen zum Testen der Gleichheit von (1) endlichen Automaten und (2) verketteten Listen mit Zyklen (Knuth [1973a], Abschnitt 2.3.5, Übung 11). Der fast lineare Algorithmus zum Testen der Gleichheit endlicher Automaten, der Hopcraft und Karp [1971] zuzuschreiben ist, kann als eine Implementierung der Skizze auf Seite 594 in Knuth [1973a] angesehen werden. Durch den geschickten Einsatz von Datenstrukturen ist es Peterson und Wegman [1978] und Martelli und Montanari [1982] möglich, lineare Algorithmen für den zyklischen Fall vorzustellen. Ein Algorithmus zum Auffinden kongruenter Knoten (siehe Übung 6.30) erscheint in Downey, Sethi und Tarjan [1980].

Despeyroux [1984] beschreibt einen Generator für Typüberprüfer. Dieser Generator benutzt Patternmatching, um aus einer operational-semantischen Spezifikation einen Typüberprüfer zu erzeugen, der auf Herleitungsregeln basiert.

7

Laufzeit-Umgebungen

Bevor wir die Code-Generierung betrachten, müssen wir den statischen Quelltext eines Programms mit den zur Laufzeit auszuführenden Aktionen in Verbindung bringen, um das Programm zu implementieren. Während der Ausführung kann der gleiche Name im Quelltext verschiedene Datenobjekte in der Zielmaschine benennen. Dieses Kapitel untersucht die Beziehungen zwischen Namen und Datenobjekten.

Die Speicherplatzzuweisung und Freigabe für Datenobjekte wird von einem *laufzeitunterstützenden Paket* verwaltet, das Routinen, die mit dem generierten Code geladen sind, enthält. Der Entwurf des laufzeitunterstützenden Pakets wird von der Semantik der Prozeduren beeinflußt. Unterstützende Pakete für Sprachen wie Fortran, Pascal und Lisp können mit den in diesem Kapitel beschriebenen Techniken erstellt werden.

Jede Ausführung einer Prozedur wird als *Aktivierung* dieser Prozedur bezeichnet. Falls die Prozedur rekursiv ist, können mehrere Aktivierungen zur gleichen Zeit existieren. Jeder Aufruf einer Prozedur in Pascal führt zu einer Aktivierung, die sie allozierte Datenobjekte verändern kann.

Die Darstellung eines Datenobjekts zur Laufzeit wird durch seinen Typ bestimmt. Oftmals können elementare Datentypen wie Zeichen, Integer und Reals mit äquivalenten Datenobjekten in der Zielmaschine dargestellt werden. Zusammengesetzte Typen wie Arrays, Strings und Strukturen jedoch werden gewöhnlich durch Zusammensetzen einfacher Objekte gebildet; ihr Aufbau wird im Kapitel 8 diskutiert.

7.1 Bedingungen der Quellsprache

Der Einfachheit halber nehmen wir an, daß ein Programm wie in Pascal aus Prozeduren besteht. Dieser Abschnitt unterscheidet zwischen dem Quelltext einer Prozedur und ihren Aktivierungen zur Laufzeit.

Prozeduren

Eine *Prozedurdefinition* ist eine Deklaration, die in ihrer einfachsten Form einen Bezeichner mit einer Anweisung assoziiert. Der Bezeichner ist der *Prozedurname*, und die Anweisung ist der *Prozedurkörper*. Beispielsweise beinhaltet der Pascal-Code in Abb. 7.1 in Zeile 3–7 die Definition der Prozedur readarray; der Prozedurkörper reicht von Zeile 5–7. Prozeduren, die Werte zurückliefern, werden in vielen Sprachen *Funktionen* genannt; der Einfachheit halber nennen wir sie ebenfalls Prozeduren. Ein vollständiges Programm wird ebenfalls wie eine Prozedur behandelt.

```
(1)        program sort(input, output);
(2)            var a : array [0..10] of integer;

(3)            procedure readarray;
(4)                var i : integer;
(5)                begin
(6)                    for i := 1 to 9 do read(a[i])
(7)                end;

(8)            function partition(y, z: integer) : integer;
(9)                var i, j, x, v: integer;
(10)               begin ...
(11)               end;

(12)           procedure quicksort(m, n: integer);
(13)               var i : integer;
(14)               begin
(15)                   if ( n > m ) then begin
(16)                       i := partition(m,n);
(17)                       quicksort(m,i-1);
(18)                       quicksort(i+1,n)
(19)                   end
(20)               end;

(21)           begin
(22)               a[0] := -9999; a[10] := 9999;
(23)               readarray;
(24)               quicksort(1,9)
(25)           end.
```

Abb. 7.1 Ein Pascalprogramm, das Integer-Zahlen einliest und sortiert.

Wenn ein Prozedurname in einer ausführbaren Anweisung erscheint, sagen wir, daß die Prozedur an diesem Punkt *aufgerufen* wird. Die Grundidee dabei ist, daß durch den Prozeduraufruf der Prozedurkörper ausgeführt wird. Das

Hauptprogramm von Zeile 21–25 in Abb. 7.1 ruft in Zeile 23 die Prozedur readarray und dann in Zeile 24 quicksort auf. Beachten Sie, daß Prozeduraufrufe ebenso in Ausdrücken wie in Zeile 16 auftreten können.

Einige der Bezeichner, die in der Prozedurdefinition erscheinen, sind spezielle Bezeichner und werden *formale Parameter* der Prozedur genannt (In C nennt man sie „formale Argumente", in Fortran „dummy-Argumente"). Die Bezeichner m und n in Zeile 12 sind formale Parameter von quicksort. Argumente, die als *aktuelle Parameter* bekannt sind, können einer gerufenen Prozedur übergeben werden; sie ersetzen die formalen Parameter im Körper. Die Methoden, wie aktuelle und formale Parameter miteinander verbunden werden, werden in Abschnitt 7.5 behandelt.

Zeile 18 in Abb. 7.1 enthält einen Aufruf von quicksort mit den aktuellen Parametern i+1 und n.

Aktivierungsbäume

Wir machen die folgenden Annahmen über den Kontrollfluß der Prozeduren während der Ausführung eines Programms:

1. Der Kontrollfluß ist sequentiell; dies bedeutet, die Ausführung eines Programms besteht aus einer Folge von Schritten, wobei sich die Kontrolle bei jedem Schritt an einem bestimmten Punkt des Programms befindet.

2. Jede Ausführung einer Prozedur beginnt am Anfang des Prozedurkörpers und führt schließlich zu dem Punkt direkt hinter dem Prozeduraufruf zurück. Dies bedeutet, daß der Kontrollfluß zwischen Prozeduren mit Bäumen beschrieben werden kann, wie wir noch sehen werden.

Jede Ausführung eines Prozedurkörpers wird als Aktivierung der Prozedur bezeichnet. Die *Lebenszeit* einer Aktivierung einer Prozedur p ist die Folge von Schritten zwischen dem ersten und letzten Schritt der Ausführung des Prozedurkörpers, inklusive der Zeit für die Ausführung der von p aufgerufenen Prozeduren, den von diesen aufgerufenen Prozeduren usw. Generell verweist der Ausdruck „Lebenszeit" auf eine aufeinanderfolgende Folge von Schritten während der Ausführung eines Programms.

In Sprachen wie Pascal kehrt die Kontrolle jedesmal, wenn sie von einer Prozedur p zu einer Prozedur q verzweigt, zu p zurück (außer bei folgenschweren Fehlern). Genauer gesagt, jedesmal wenn der Kontrollfluß von einer Aktivierung einer Prozedur p zu einer Aktivierung einer Prozedur q verzweigt, kehrt er zu derselben Aktivierung von p zurück.

Falls *a* und *b* Prozedur-Aktivierungen sind, dann sind ihre Lebenszeiten entweder nicht überlappend oder geschachtelt. Dies bedeutet, daß, wenn zu *b* verzweigt wird, bevor *a* verlassen wurde, die Kontrolle zuerst *b* verlassen muß, bevor *a* verlassen wird.

Diese Schachtelung der Lebenszeiten von Aktivierungen kann durch Einfügen von zwei Schreib-Anweisungen in jeder Prozedur demonstriert werden, eine vor der ersten Anweisung des Prozedurkörpers und die andere hinter der letzten Anweisung. Die erste Anweisung schreibt betrete, gefolgt vom Namen der Prozedur und den Werten der aktuellen Parameter; die letzte Anweisung schreibt verlasse, gefolgt von der gleichen Information. Eine Ausführung des Programms in Abb. 7.1 mit diesen Schreib-Anweisungen erzeugt die in Abb. 7.2 gezeigte Ausgabe. Die Lebenszeit der Aktivierung quicksort(1,9) ist die Folge von Schritten, die zwischen der Ausgabe betrete quicksort(1,9) und verlasse quicksort(1,9) ausgeführt wird. In Abb. 7.2 wird angenommen, daß der von partition(1,9) zurückgelieferte Wert 4 ist.

```
Ausführung gestartet...
betrete readarray
verlasse readarray
betrete quicksort(1,9)
betrete partition(1,9)
verlasse partition(1,9)
betrete quicksort(1,3)
   . . .
verlasse quicksort(1,3)
betrete quicksort(5,9)
   . . .
verlasse quicksort(5,9)
verlasse quicksort(1,9)
Ausführung beendet.
```

Abb. 7.2 Ausgabe, die die Aktivierungen der
Prozeduren aus Abb. 7.1 darstellt.

Eine Prozedur ist *rekursiv*, falls eine neue Aktivierung beginnen kann, bevor eine frühere Aktivierung der gleichen Prozedur beendet ist. Abb. 7.2 zeigt, daß die Kontrolle die Aktivierung von quicksort(1,9) von Zeile 24 frühzeitig bei der Ausführung des Programms betritt, aber sie verläßt diese Aktivierung erst am Ende. In der Zwischenzeit gibt es verschiedene andere Aktivierungen von quicksort, also ist quicksort rekursiv.

Eine rekursive Prozedur p muß sich nicht direkt selbst aufrufen; p kann eine andere Prozedur q rufen, die dann in einer Folge von Prozeduraufrufen wieder p aufrufen kann. Wir können einen Baum (*Aktivierungsbaum*) benutzen, um den Weg, auf dem die Kontrolle die Aktivierungen betritt und verläßt, zu beschreiben.

Für einen Aktivierungsbaum gilt:

1.   Jeder Knoten stellt eine Aktivierung einer Prozedur dar,

2. die Wurzel stellt die Aktivierung des Hauptprogramms dar,

3. der Knoten für *a* ist genau dann der Vater des Knotens für *b*, wenn der Kontrollfluß von Aktivierung *a* zu *b* verzweigt und

4. der Knoten für *a* ist genau dann links vom Knoten für *b*, wenn die Lebenszeit von *a* vor der Lebenszeit von *b* beendet ist.

Da jeder Knoten eine einzigartige Aktivierung darstellt, und umgekehrt, ist es üblich, davon zu sprechen, daß die Kontrolle an einem Knoten ist, wenn sie sich innerhalb der Aktivierung befindet, die durch den Knoten dargestellt wird.

Beispiel 7.1
Der Aktivierungsbaum in Abb. 7.3 ist aus der Ausgabe von Abb. 7.2[1] aufgebaut. Um Platz zu sparen, wird nur der erste Buchstabe jeder Prozedur dargestellt. Die Wurzel des Aktivierungsbaumes steht für das gesamte Programm sort. Während der Ausführung von sort existiert eine Aktivierung von readarray, dargestellt durch den ersten Sohn der Wurzel mit Namen r. Die nächste Aktivierung, dargestellt durch den zweiten Sohn der Wurzel, ist für quicksort mit den aktuellen Parametern 1 und 9. Während dieser Aktivierung führen die Aufrufe von partition und quicksort in den Zeilen 16–18 in Abb. 7.1 zu den Aktivierungen p(1,9), q(1,3) und q(5,9). Beachten Sie, daß die Aktivierungen q(1,3) und q(5,9) rekursiv sind und daß sie beginnen und enden, bevor q(1,9) endet.   □

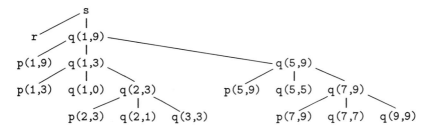

Abb. 7.3   Der Abb. 7.2 entsprechende Aktivierungsbaum.

---

[1]   Die von quicksort gemachten aktuellen Aufrufe hängen davon ab, was partition zurückliefert (siehe Aho, Hopcroft und Ullman [1983] für Details des Algorithmus). Abb. 7.3 zeigt einen möglichen Baum von Prozeduraufrufen. Sie ist konsistent mit Abb. 7.2, obwohl bestimmte Aufrufe, die tiefer im Baum liegen, in Abb. 7.2 nicht dargestellt sind.

Kontroll-Keller

Der Kontrollfluß eines Programms entspricht einem „Depth-first"-Durchlauf (Tiefendurchlauf) durch den Aktivierungsbaum, der an der Wurzel beginnt, einen Knoten vor seinen Söhnen besucht und rekursiv an jedem Knoten die Söhne von links nach rechts besucht. Die Ausgabe in Abb. 7.2 kann also rekonstruiert werden beim Durchlaufen des Aktivierungsbaumes von Abb. 7.3, indem betrete gedruckt wird, wenn der Knoten einer Aktivierung zum ersten Mal erreicht wird, und verlasse, nachdem der ganze Teilbaum des Knotens während des Durchlaufens besucht worden ist.

Wir können einen Keller benutzen, der *Kontroll-Keller* genannt wird, um uns die aktiven Prozedur-Aktivierungen genau zu merken. Die Idee ist, den Knoten für eine Aktivierung auf den Kontroll-Keller zu legen, wenn die Aktivierung beginnt, und den Knoten vom Keller zu nehmen, wenn die Aktivierung endet. Dann entspricht der Inhalt des Kontroll-Kellers dem Pfad des Aktivierungsknotens zu der Wurzel des Aktivierungsbaumes. Wenn ein Knoten *n* oberstes Element des Kontroll-Kellers ist, enthält der Keller die Knoten entlang des Pfads von *n* zur Wurzel.

Beispiel 7.2
Abb. 7.4 zeigt die Knoten des Aktivierungsbaums von Abb. 7.3, die besucht worden sind, wenn die Kontrolle die durch q(2,3) dargestellte Aktivierung erreicht. Die Aktivierungen mit Namen r, p(1,9), p(1,3) und q(1,0) sind komplett ausgeführt, die Kanten zu ihren Knoten sind in der Abbildung punktet gezeichnet. Die durchgezogenen Kanten markieren den Pfad von q(2,3) zu der Wurzel.

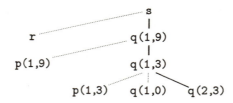

Abb. 7.4   Der Kontroll-Keller enthält die Knoten
entlang eines Pfads zu der Wurzel.

An diesem Punkt enthält der Kontroll-Keller nur die folgenden Knoten entlang dem Pfad zur Wurzel (die Spitze des Kellers steht rechts):

s, q(1,9), q(1,3), q(2,3)

Kontroll-Keller werden erweitert zur Keller-Speicherzuweisungstechnik, die

verwendet wird, um Sprachen wie Pascal und C zu implementieren. Diese
Technik wird im Detail in Abschnitt 7.3 und 7.4 diskutiert.

Der Gültigkeitsbereich einer Deklaration

Eine Deklaration in einer Sprache ist ein syntaktisches Gebilde, das Informationen mit einem Namen verbindet. Deklarationen können explizit sein,
wie in dem Pascal-Fragment

    var i : integer ;

oder sie können implizit sein. Es wird zum Beispiel angenommen, daß ein
Variablenname, der mit I beginnt, im Fortran-Programm eine Integervariable
bezeichnet, falls er nicht anders deklariert ist.

Es können voneinander unabhängige Deklarationen mit gleichem Namen in verschiedenen Teilen des Programms stehen. Die *Gültigkeitsbereich-
Regeln* einer Sprache legen fest, welche Deklaration eines Namens angewendet wird, wenn der Name im Text des Programms erscheint. Im Pascal-Programm in Abb. 7.1 wird i dreimal in den Zeilen 4, 9 und 13 deklariert, und
die Verwendung des Namens i in den Prozeduren readarray, partition und
quicksort ist unabhängig voneinander. Die Deklaration in Zeile 4 wird auf
die Verwendung von i in Zeile 6 angewendet. Der Grund dafür ist, daß das
zweimalige Auftauchen von i in Zeile 6 im Gültigkeitsbereich der Deklaration
von Zeile 4 liegt. Das dreimalige Auftauchen von i in den Zeilen 16–18 liegt
im Gültigkeitsbereich der Deklaration von i in Zeile 13.

Der Teil eines Programms, auf den eine Deklaration angewandt wird,
wird *Gültigkeitsbereich* dieser Deklaration genannt. Erscheint ein Name innerhalb einer Prozedur, wird er *lokal* zur Prozedur genannt, falls er im Gültigkeitsbereich einer Deklaration innerhalb der Prozedur liegt; andernfalls
wird das Erscheinen des Namens als *nichtlokal* bezeichnet. Die Unterscheidung zwischen lokalen und nichtlokalen Namen betrifft alle syntaktischen
Gebilde, die Deklarationen enthalten können.

Weil der Gültigkeitsbereich eine Eigenschaft der Deklaration eines Namens ist, ist es oft üblich, als Abkürzung „Gültigkeitsbereich von Name x"
an Stelle von „Gültigkeitsbereich der Deklaration des Namens x, die auf das
Auftreten von x angewandt wird" zu verwenden. In diesem Sinn ist der Gültigkeitsbereich von i in Zeile 17 in Abb. 7.1 der Prozedurkörper von quicksort[2].

Zur Übersetzungszeit kann die Symboltabelle verwendet werden, um die
Deklaration zu finden, die auf das Auftreten eines Namens angewandt wird.

---

[2]   Die meiste Zeit können die Ausdrücke Name, Bezeichner, Variable und Lexem synonym verwendet
werden, ohne Verwirrung über die beabsichtigte Bedeutung zu stiften.

Wenn eine Deklaration erkannt wird, wird ein Symboltabelleneintrag für sie erzeugt. Solange wir uns im Gültigkeitsbereich der Deklaration befinden, wird, wenn in dem Bereich nach dem Namen gesucht wird, ihr Tabelleneintrag zurückgeliefert. Symboltabellen werden in Abschnitt 7.6 diskutiert.

Bindungen von Namen

Selbst wenn jeder Name nur einmal im Programm deklariert wird, kann der gleiche Name zur Laufzeit verschiedene Datenobjekte bezeichnen. Der informale Ausdruck „Datenobjekt" stimmt mit einem Speicherplatz überein, der Werte beinhalten kann.

In der Semantik einer Programmiersprache deutet der Ausdruck *Umgebung* auf eine Funktion, die einen Namen auf einen Speicherplatz abbildet, und der Ausdruck *Zustand* deutet auf eine Funktion, die einen Speicherplatz auf den Wert, den er beinhaltet, abbildet (siehe Abb. 7.5). Um die Ausdrücke *l*-Wert und *r*-Wert aus Kapitel 2 zu gebrauchen, bildet eine Umgebung einen Namen auf einen *l*-Wert ab, und ein Zustand bildet einen *l*-Wert auf einen *r*-Wert ab.

Name $\xrightarrow{\;Umgebung\;}$ Speicherplatz $\xrightarrow{\;Zustand\;}$ Wert

Abb. 7.5   Zwei-Stufen-Abbildung von Namen auf Werte.

Umgebungen und Zustände sind verschieden; eine Zuweisung ändert den Zustand, aber nicht die Umgebung. Nehmen wir zum Beispiel an, daß die Speicheradresse 100 mit der Variablen pi verbunden ist und den Wert 0 enthält. Nach der Zuweisung pi := 3.14 ist noch der gleiche Speicherplatz mit pi verbunden, aber der Wert, den er enthält, ist jetzt 3.14.

Wenn eine Umgebung den Speicherplatz *s* mit einem Namen x verbindet, sagen wir, daß x an *s gebunden* ist; die Verbindung selbst wird als *Bindung* von x bezeichnet. Der Ausdruck „Speicherplatz" ist im übertragenen Sinn zu verstehen. Falls x kein Basistyp ist, könnte der Speicherplatz *s* für x eine Zusammensetzung von Speicherwörtern sein.

Eine Bindung ist das dynamische Gegenstück zu einer Deklaration, wie Abb. 7.6 zeigt. Wie wir gesehen haben, kann mehr als eine Aktivierung einer rekursiven Prozedur zur gleichen Zeit existieren. In Pascal ist ein lokaler Variablenname einer Prozedur in jeder Aktivierung der Prozedur an verschiedene Speicherplätze gebunden. Techniken zur Bindung lokaler Variablennamen werden in Abschnitt 7.3 betrachtet.

Statische Notation	Dynamische Notation
Definition einer Prozedur Deklaration eines Namens Gültigkeitsbereich einer Deklaration	Aktivierungen der Prozedur Bindung dieses Namens Lebenszeit einer Bindung

Abb. 7.6 Statische und dazugehörende dynamische Notationen.

Fragen

Der Weg, wie ein Compiler für eine Sprache seinen Speicher organisieren muß und Namen bindet, wird grob durch die Antworten auf folgende Fragen festgelegt:

1. Dürfen Prozeduren rekursiv sein?

2. Was passiert mit den Werten der lokalen Namen, wenn die Kontrolle von der Aktivierung einer Prozedur zurückkehrt?

3. Darf eine Prozedur auf nichtlokale Namen zugreifen?

4. Wie werden Parameter übergeben, wenn eine Prozedur aufgerufen wird?

5. Dürfen Prozeduren als Parameter übergeben werden?

6. Dürfen Prozeduren als Ergebnisse zurückgeliefert werden?

7. Darf Speicherplatz dynamisch unter Programmkontrolle zugewiesen werden?

8. Muß der Speicherplatz explizit freigegeben werden?

Die Einfluß dieser Punkte auf die Laufzeit-Unterstützung, die für eine gegebene Programmiersprache benötigt wird, wird im folgenden in diesem Kapitel untersucht.

7.2 Speicherverwaltung

Die in diesem Abschnitt beschriebene Verwaltung des Laufzeitspeichers kann für Sprachen wie Fortran, Pascal und C verwendet werden.

Unterteilung des Laufzeitspeichers

Nehmen wir an, der Compiler enthält einen Speicher-Block vom Betriebssystem, in dem das übersetzte Programm laufen kann. Aus der Diskussion des letzten Abschnitts wissen wir, daß dieser Laufzeitspeicher unterteilt werden kann, um folgendes festzuhalten:

1. den erzeugten Zielcode,
2. Datenobjekte und
3. eine Gegenstück zum Kontroll-Keller, um sich die Prozedur-Aktivierungen zu merken.

Die Größe des erzeugten Zielcodes steht zur Übersetzungszeit fest, so kann der Compiler ihn in einem statisch festgelegten Bereich ablegen, eventuell am unteren Ende des Speichers. Genauso kann die Größe einiger Datenobjekte zur Übersetzungszeit bekannt sein, und diese können ebenso in einem statisch festgelegten Bereich abgelegt werden (siehe Abb. 7.7). Ein Grund dafür, daß sovielen Datenobjekten wie möglich statisch Speicherplatz zugeordnet wird, ist, daß die Adressen dieser Objekte vom Compiler in den Zielcode geschrieben werden können. In Fortran kann allen Datenobjekten statisch Speicherplatz zugewiesen werden.

Implementierungen von Sprachen wie Pascal und C benutzen Erweiterungen des Kontroll-Kellers, um Aktivierungen von Prozeduren zu verwalten. Wenn ein Aufruf geschieht, wird die Ausführung einer Aktivierung unterbrochen und Informationen über den Zustand der Maschine wie der Wert des Programmzählers und die Maschinenregister werden auf dem Keller gerettet. Wenn die Kontrolle vom Aufruf zurückkehrt, kann diese Aktivierung wieder gestartet werden, nachdem die Werte der relevanten Register zurückgeholt wurden und der Programmzähler auf den Punkt nach dem Aufruf gesetzt wurde. Datenobjekte, deren Lebenszeit der einer Aktivierung entspricht, können auf dem Keller gespeichert werden, zusammen mit anderer Information, die mit der Aktivierung zusammenhängt. Diese Strategie wird im nächsten Abschnitt behandelt.

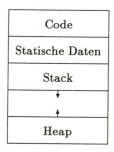

Abb. 7.7   Typische Aufteilung des Laufzeitspeichers in Code- und Datenbereiche.

Ein getrennter Teil des Laufzeitspeichers, der *Heap* genannt wird, enthält alle anderen Informationen. Pascal erlaubt die Zuweisung von Speicherplatz für Daten unter Programmkontrolle, wie in Kapitel 7.7 beschrieben; der Speicherplatz für diese Daten wird vom Heap genommen. Sprachimplementierungen, in denen die Lebenszeit von Aktivierungen nicht durch einen Aktivierungsbaum dargestellt werden kann, können den Heap benutzen, um Informationen über die Aktivierungen zu sichern. Durch den vorgegebenen Weg, wie Daten auf den Keller gelegt und vom Keller entfernt werden, ist es billiger, die Daten auf dem Keller zu speichern als auf dem Heap.

Die Größen des Kellers und des Heaps können sich während des Programmlaufs ändern, wie an den gegenüberliegenden Enden des Speichers in Abb. 7.7 zu sehen ist, wo beide Enden soweit wie nötig aufeinander zu wachsen können. Pascal und C benötigen beides, einen Laufzeit-Keller und einen Heap, aber nicht alle Sprachen benötigen beides.

Konventionsgemäß wächst der Keller nach unten. Dies bedeutet, die Spitze des Kellers zeigt zum Boden der Speicherseite. Da sich die Speicheradressen erhöhen, wenn wir in der Seite nach unten gehen, bedeutet „nach unten wachsen", zu höheren Adressen überzugehen. Wenn *top* die Spitze des Kellers markiert, können Offsets von der Spitze des Kellers durch Subtraktion des Offset von *top* berechnet werden. In vielen Maschinen kann diese Berechnung effizient ausgeführt werden, indem der Wert von *top* in einem Register gehalten wird. Keller-Adressen können dann als Offsets von *top* dargestellt werden[3].

Aktivierungssegmente

Die Information, die bei einer einzelnen Ausführung einer Prozedur benötigt wird, wird durch einen zusammenhängenden Speicherblock verwaltet, der *Aktivierungssegment* oder „*Frame*" (Rahmen) genannt wird und aus verschiedenen Feldern besteht (siehe Abb. 7.8). Weder alle Sprachen noch alle Compiler gebrauchen jedes dieser Felder; oft können Register den Platz von einem oder mehreren dieser Felder übernehmen. Für Sprachen wie Pascal und C ist es üblich, das Aktivierungssegment einer Prozedur auf den Laufzeit-Keller zu legen, wenn die Prozedur aufgerufen wird, und das Segment wieder

---

[3]   Die Struktur der Abb. 7.7 setzt voraus, daß der Laufzeit-Speicher aus einem einzigen zusammenhängenden Speicherblock besteht, der beim Start der Ausführung zugeteilt wird. Diese Voraussetzung hat eine feste Grenze der Größe von Keller und Heap zur Folge. Falls diese Grenze so groß ist, daß sie selten überschritten wird, dann würde sie für die meisten Programme verschwenderisch groß sein. Die Alternative, Objekte auf dem Keller und dem Heap mit Verweisen zu versehen, dürfte es teurer machen, sich die Spitze des Kellers zu merken. Darüber hinaus könnte die Zielmaschine eine unterschiedliche Plazierung von Bereichen bevorzugen. Beispielsweise erlauben einige Maschinen nur positive Offsets von einer Adresse in einem Register.

vom Keller zu entfernen, wenn die Kontrolle zur aufrufenden Prozedur zurückkehrt.

Sinn und Zweck der Felder eines Aktivierungssegments, beginnend beim Feld für temporäre Ausdrücke:

1. Temporäre Werte, die z.B. in der Berechnung von Ausdrücken auftauchen, werden im Feld für temporäre Daten gespeichert.

2. Das Feld für lokale Daten beinhaltet die Daten, die lokal zu einer Prozedurausführung sind. Der Aufbau dieses Feldes wird später besprochen.

3. Das Feld für den geretteten Maschinenzustand beinhaltet Informationen über den Zustand der Maschine, bevor die Prozedur aufgerufen wurde. Diese Informationen enthalten die Werte des Programmzählers und der Maschinenregister, die wiederhergestellt werden müssen, wenn die Kontrolle aus der Prozedur zurückkehrt.

4. Der optionale *Zugriffsverweis* wird in Abschnitt 7.4 benutzt, um auf nichtlokale Daten zu verweisen, die in anderen Aktivierungssegmenten gespeichert werden. Für Sprachen wie Fortran wird kein Zugriffsverweis benötigt, weil die nichtlokalen Daten in einem festen Bereich gehalten werden. Zugriffsverweise oder der entsprechende Display-Mechanismus werden für Pascal benötigt.

5. Der optionale *Kontrollverweis* zeigt auf das Aktivierungssegment der rufenden Prozedur.

Abb. 7.8   Ein allgemeines Aktivierungssegment.

6. Das Feld für aktuelle Parameter wird von der aufrufenden Prozedur benutzt, um die Parameter der gerufenen Prozedur zu übergeben. Wir

lassen Platz für die Parameter im Aktivierungssegment, aber in der Praxis werden sie aus Effizienzgründen oft in Register geschrieben.

7. Das Feld für den zurückgegebenen Wert wird von der gerufenen Prozedur benutzt, um der rufenden Prozedur einen Wert zu übergeben. In der Praxis wird auch dieser Wert oft aus Effizienzgründen in einem Register übergeben.

Die Größe jedes Feldes kann zur Zeit des Prozeduraufrufs festgelegt werden. Tatsächlich kann die Größe fast aller Felder bereits zur Übersetzungszeit bestimmt werden, außer wenn die Prozedur einen lokalen Array hätte, dessen Größe durch den Wert eines aktuellen Parameters festgelegt wird, der nur zur Laufzeit beim Aufruf der Prozedur verfügbar ist. Siehe Abschnitt 7.3 für die Speicherung von Daten variabler Länge in einem Aktivierungssegment.

Darstellung lokaler Daten zur Übersetzungszeit

Nehmen wir an, der Laufzeitspeicher besteht aus einem Block zusammenhängender Bytes, wobei ein Byte die kleinste adressierbare Speichereinheit ist. In vielen Maschinen besteht ein Byte aus acht Bit, und eine bestimmte Anzahl von Bytes bilden ein Maschinenwort. Objekte, die aus mehreren Bytes bestehen, werden in aufeinanderfolgenden Bytes gespeichert und erhalten die Adresse des ersten Bytes.

Die Größe des für einen Namen benötigten Speicherplatzes wird durch seinen Typ bestimmt. Ein elementarer Datentyp wie Zeichen, Integer oder Real kann gewöhnlich in einer ganzzahligen Anzahl von Bytes gespeichert werden. Der Speicherplatz für ein Gebilde wie ein Record oder Array muß groß genug sein, um alle Komponenten aufzunehmen. Für den leichten Zugriff auf die Komponenten ist der Speicherplatz für solche Gebilde normalerweise in einem zusammenhängenden Block von Bytes angeordnet. Dies wird in Kapitel 8.2. und 8.3 näher beschrieben.

Das Feld für die lokalen Daten wird bestimmt, wenn zur Übersetzungszeit die Deklarationen innerhalb einer Prozedur untersucht werden. Daten variabler Länge werden außerhalb dieses Feldes aufbewahrt. Wir merken uns einen Zähler der Speicheradressen, die für vorangegangene Deklarationen bestimmt worden sind. Von dem Zähler aus bestimmen wir eine *relative* Adresse für den Speicher einer lokalen Variablen, die auf eine bestimmte Position wie den Anfang des Aktivierungssegments bezogen ist. Die relative Adresse oder der *Offset* ist die Differenz zwischen der Adresse dieser Position und dem Datenobjekt.

Die Speicheraufteilung für Datenobjekte wird von den Adressierungsbedingungen der Zielmaschine stark beeinflußt. Beispielsweise könnte ein Befehl zum Addieren von Integerzahlen *ausgerichtete* Zahlen erwarten; diese sind an einer bestimmten Position im Speicher plaziert, z.B. an einer durch 4 teilbaren Adresse. Obwohl ein Array von zehn Zeichen nur genug Bytes benötigt, um zehn Zeichen zu speichern, könnte ein Compiler dafür 12 Bytes festlegen, wobei zwei Bytes unbenutzt bleiben. Der Platz, der aus Gründen der Ausrichtung ungenutzt bleibt, wird als _Füller_ bezeichnet. Wenn der Platz sehr knapp ist, könnte ein Compiler die Daten so _packen_, daß kein Füller übrig bleibt; zusätzliche Befehle würden dann benötigt, die zur Laufzeit ausgeführt würden, um die gepackten Daten so zu plazieren, daß sie verarbeitet werden könnten, als wären sie in Wirklichkeit ausgerichtet.

Beispiel 7.3

Abbildung 7.9 ist eine Vereinfachung der Datenaufteilung, die von C-Compilern für zwei Maschinen benutzt wird, die wir Maschine-1 und Maschine-2 nennen. C stellt drei Größen für Integerzahlen zur Verfügung, die mit den Schlüsselwörtern short, int und long deklariert werden. Der Befehlssatz der beiden Maschinen ist so, daß der Compiler für Maschine-1 16, 32 und 32 Bits für die drei Größen der Integerzahlen festlegt, während der Compiler für Maschine-2 jeweils 24, 48 und 64 Bits festlegt. Zum Vergleich der Maschinen wird die Größe in Abb. 7.9 in Bits gemessen, obwohl keine Maschine es erlaubt, Bits direkt zu adressieren.

Typ	Größe (Bits)		Ausrichtung (Bits)	
	Maschine-1	Maschine-2	Maschine-1	Maschine-2
char	8	8	8	64[a]
short.	16	24	16	64
int	32	48	32	64
long	32	64	32	64
float.	32	64	32	64
double	64	128	32	64
Pointer auf char.	32	30	32	64
andere Pointer. .	32	24	32	64
Strukturen. . . .	$\geq$8	$\geq$64	32	64

[a] Zeichen in einem Array werden nach je 8 Bits ausgerichtet.

Abb. 7.9 Die Datenaufteilung, die von zwei verschiedenen C-Compilern verwendet wird.

Der Speicher der Maschine-1 ist in Bytes von jeweils 8 Bit Länge unterteilt. Obwohl jedes Byte adressierbar ist, bevorzugt der Befehlssatz an geradzahligen Adressen abgelegte short integers und an durch vier teilbaren Adressen abgelegte Integer. Der Compiler setzt short integers an gerade Adressen, selbst wenn er ein Byte als Füller überspringen muß. Für ein von einem short integer gefolgten Zeichen würden somit 4 Bytes, also 32 Bits belegt.

In Maschine-2 besteht jedes Wort aus 64 Bits, wobei die Adressen 24 Bits lang sind. Es gibt 64 Möglichkeiten für die Position der einzelnen Bits innerhalb des Wortes, demnach werden 6 zusätzliche Bits benötigt, um sie zu unterscheiden. Ein Verweis auf ein Zeichen auf Maschine-2 braucht Platz für 30 Bits – 24 um das Wort zu finden und 6 für die Position des Zeichens innerhalb des Wortes. Die strenge Wortorientierung des Befehlssatzes der Maschine-2 führt den Compiler dazu, ganze Worte zu belegen, auch wenn weniger Bits genügen würden, um alle möglichen Werte dieses Typs darzustellen; insbesondere werden nur 8 Bits benötigt, um ein Zeichen darzustellen. Folglich zeigt Abb. 7.9 wegen der Ausrichtung 64 Bits für jeden Typ.

Innerhalb eines jeden Wortes sind die Bits für jeden Basistyp an einer bestimmten Position. Für dasselbe von eineme short integer gefolgte Zeichen wie oben würden hier zwei Wörter gleich 128 Bits belegt, wobei das Zeichen nur 8 von den Bits im ersten Wort und der short integer nur 24 Bits im zweiten Wort braucht. □

7.3 Speicherzuweisungsstrategien

In jedem der drei Datenbereiche von Abb. 7.7 wird eine andere Speicherzuweisungsstrategie benutzt.

1. Die statische Zuweisung legt den Speicher für alle Datenobjekte zur Übersetzungszeit fest.

2. Die Kellerzuweisung verwaltet den Laufzeitspeicher als Keller.

3. Die Heap-Zuweisung weist soviel Speicher zu und gibt ihn frei, wie zur Laufzeit von einem als Heap bekannten Datenbereich gebraucht wird.

Diese Zuweisungsstrategien werden in diesem Kapitel auf Aktivierungssegmente angewendet. Wir beschreiben außerdem, wie der Zielcode einer Prozedur auf den Speicher zugreift, der an einen lokalen Namen gebunden ist.

Statische Zuweisung

Bei der statischen Zuweisung sind die Namen an den Speicher gebunden, wenn das Programm übersetzt ist, also ist keine Laufzeitunterstützung nötig. Weil sich die Bindungen zur Laufzeit nicht ändern, sind zu jeder Zeit, wenn eine Prozedur aktiviert wird, die Namen an den gleichen Speicherplatz gebunden. Diese Eigenschaft erlaubt es, daß die Werte von lokalen Namen über die Aktivierungen einer Prozedur hinaus *erhalten* werden. Dies bedeutet, daß, wenn die Kontrolle zu einer Prozedur zurückkehrt, die Werte der lokalen Namen die gleichen Werte sind wie zu dem Zeitpunkt, als die Kontrolle das letzte Mal die Prozedur verlassen hat.

Der Compiler bestimmt den Umfang des Speichers, den er für einen Namen reservieren muß, durch den Typ des Namens, wie in Abschnitt 7.2 bereits behandelt. Die Adresse dieses Speichers besteht aus einem Offset des Endes des Aktivierungssegments der Prozedur. Der Compiler muß schließlich entscheiden, wohin das Aktivierungssegment kommt, bezogen auf den Zielcode und die anderen Aktivierungssegmente.

```
(1)        PROGRAM CNSUME
(2)            CHARACTER * 50 BUF
(3)            INTEGER NEXT
(4)            CHARACTER C, PRDUCE
(5)            DATA NEXT /1/, BUF /' '/
(6)     6      C = PRDUCE()
(7)            BUF(NEXT:NEXT) = C
(8)            NEXT = NEXT + 1
(9)            IF ( C .NE. ' ' ) GOTO 6
(10)           WRITE (*,'(A)') BUF
(11)           END

(12)       CHARACTER FUNCTION PRDUCE()
(13)           CHARACTER * 80 BUFFER
(14)           INTEGER NEXT
(15)           SAVE BUFFER, NEXT
(16)           DATA NEXT /81/
(17)           IF ( NEXT .GT. 80 ) THEN
(18)               READ (*,'(A)') BUFFER
(19)               NEXT = 1
(20)           END IF
(21)           PRDUCE = BUFFER(NEXT:NEXT)
(22)           NEXT = NEXT+1
(23)           END
```

Abb. 7.10   Ein Fortran-77-Programm.

Wenn einmal diese Entscheidung getroffen worden ist, steht die Position jedes Aktivierungssegments und folglich auch des Speicherplatzes für jeden Namen im Segment fest. Deshalb können wir zur Übersetzungszeit die Adressen bestimmen, an denen der Zielcode die Daten, auf die er zugreift, finden kann. Genauso sind zur Übersetzungszeit die Adressen bekannt, an denen die Informationen gerettet werden, wenn ein Prozeduraufruf geschieht.

Jedoch sind einige Einschränkungen mit der Verwendung der statischen Speicherplatzzuweisung verbunden.

1.   Die Größe eines Datenobjekts und die Bedingungen zu seiner Plazierung im Speicher müssen zur Übersetzungszeit bekannt sein.

2. Rekursive Prozeduren sind nicht erlaubt, weil alle Aktivierungen einer Prozedur die gleichen Bindungen für lokale Namen benutzen.

3. Datenstrukturen können nicht dynamisch erzeugt werden, weil kein Mechanismus für die Speicherplatzzuweisung während der Laufzeit vorhanden ist.

Fortran wurde entwickelt, um die statische Speicherzuweisung zu erlauben. Ein Fortran-Programm besteht aus einem Hauptprogramm, Unterroutinen und Funktionen (wir nennen alle *Prozeduren*), wie das Fortran-77-Programm in Abb. 7.10 zeigt. Verwendet man die Speicheraufteilung von Abb. 7.7, so wird die Anordnung des Codes und der Aktivierungssegmente für dieses Programm wie in Abb. 7.11 gezeigt.

Innerhalb des Aktivierungssegments für CNSUME (sprich „CONSUME" – Fortran bevorzugt kurze Bezeichner) ist Platz für die lokalen Variablen BUF, NEXT und C. Der Speicherplatz, der an BUF gebunden ist, speichert einen String von 50 Zeichen. Ihm folgt der Platz, um einen Integer-Wert für NEXT zu speichern und ein CHARACTER-Wert für C. Die Tatsache, daß NEXT auch in PRDUCE deklariert ist, stellt kein Problem dar, weil die lokalen Variablen der beiden Prozeduren Speicherplatz in ihren zugehörigen Aktivierungssegmenten erhalten.

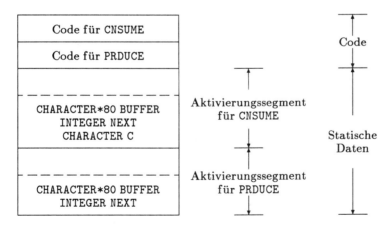

Abb. 7.11 Statischer Speicher für lokale Bezeichner eines Fortran-77-Programms.

Weil die Größen des ausführbaren Codes und der Aktivierungssegmente zur Übersetzungszeit bekannt sind, sind andere Speicheraufteilungen als die in Abb. 7.11 möglich. Ein Fortran-Compiler könnte das Aktivierungssegment für eine Prozedur zusammen mit dem Code für diese Prozedur plazieren. Mit einigen Computersystemen ist es möglich, die relative Position der Aktivierungssegmente unspezifiziert zu lassen und es dem Link-Editor zu überlassen, die Aktivierungssegmente und den ausführbaren Code zu verbinden.

Beispiel 7.4
Das Programm in Abb. 7.10 basiert auf Werten lokaler Variablen, die über die Prozeduraktivierungen hinweg beibehalten werden. Eine SAVE-Anweisung in Fortran 77 gibt an, daß der Wert einer lokalen Variablen zu Beginn einer Aktivierung derselbe sein muß wie am Ende der letzten Aktivierung. Initialwerte für diese lokalen Variablen können durch die DATA-Anweisung bestimmt werden.

Die Anweisung in Zeile 18 der Prozedur PRDUCE liest eine Zeile Text auf einmal in einen Puffer. Die Prozedur liefert jedesmal, wenn sie aktiviert wird, aufeinanderfolgende Zeichen. Das Hauptprogramm CNSUME besitzt ebenso einen Puffer, in dem es solange Zeichen ansammelt, bis ein Leerzeichen erkannt wird. Die Zeichen, die zur Eingabe

```
hello world
```

von den Aktivierungen der Prozedur PRDUCE zurückgeliefert werden, werden in Abb. 7.12 beschrieben; die Ausgabe des Programms ist

```
hello
```

Der Puffer, in den PRDUCE die Zeilen einliest, muß seinen Wert zwischen den Aktivierungen erhalten. Die SAVE-Anweisung in Zeile 15 garantiert, daß, wenn die Kontrolle zu PRDUCE zurückkehrt, die lokalen Variablen BUFFER und NEXT dieselben Werte besitzen wie zu dem Zeitpunkt, als die Kontrolle die Prozedur zum letzten Mal verlassen hat. Wenn die Kontrolle PRDUCE zum erstenmal erreicht, wird der Wert der lokalen Variable NEXT von der DATA-Anweisung in Zeile 16 genommen. So wird NEXT mit 81 initialisiert. □

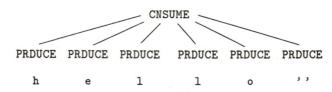

Abb. 7.12 Die Zeichen, die von den Aktivierungen von PRDUCE zurückgeliefert werden.

Speicherzuordnung im Keller

Die Speicherzuweisung im Keller basiert auf der Idee eines Kontroll-Kellers; der Speicher wird als Keller verwaltet und die Aktivierungssegmente werden, wenn die Aktivierungen starten oder enden, jeweils auf den Keller gelegt bzw. vom Keller genommen. Speicherplatz für die lokalen Variablen ist bei jedem Aufruf einer Prozedur im Aktivierungssegment für diesen Aufruf enthalten. So werden die lokalen Variablen in jeder Aktivierung an einen neuen Speicherplatz gebunden, weil ein neues Aktivierungssegment bei einem Aufruf auf den Keller gelegt wird.

Darüber hinaus werden die Werte der lokalen Variablen *gelöscht*, wenn die Aktivierung endet; dies bedeutet, daß die Werte verloren sind, weil der Speicherplatz für die lokalen Variablen verschwindet, wenn das Aktivierungssegment vom Keller entfernt wird.

Wir beschreiben zuerst eine Form der Speicherzuordnung im Keller, in der die Größen aller Aktivierungssegmente zur Übersetzungszeit bekannt sind. Situationen, in denen zur Übersetzungszeit Informationen über die Größen nur unvollständig vorhanden sind, werden später behandelt.

Nehmen Sie an, daß das Register *top* die Spitze des Kellers markiert. Zur Laufzeit kann ein Aktivierungssegment gespeichert bzw. freigegeben werden, indem *top* jeweils um die Größe des Segments erhöht oder verkleinert wird. Falls Prozedur q ein Aktivierungssegment der Größe *a* hat, wird *a* zu *top* addiert, bevor der Zielcode von q ausgeführt wird. Wenn die Kontrolle von q zurückkehrt, wird *a* von *top* subtrahiert.

Beispiel 7.5

Abbildung 7.13 zeigt die Aktivierungssegmente, die auf den Laufzeit-Keller gelegt und von ihm entfernt werden, für den Kontrollfluß des Aktivierungsbaumes von Abb. 7.3. Gestrichelte Linien im Baum führen zu abgeschlossenen Aktivierungen. Die Ausführung beginnt mit einer Aktivierung von Prozedur s. Wenn die Kontrolle zum ersten Aufruf im Prozedurkörper von s gelangt, wird Prozedur r aktiviert und ihr Aktivierungssegment auf den Keller gelegt. Wenn die Kontrolle von dieser Aktivierung zurückkehrt, wird das Segment vom Keller genommen und nur das Segment für s bleibt im Keller. Innerhalb der Aktivierung von s erreicht die Kontrolle dann einen Aufruf von q mit den aktuellen Parametern 1 und 9, und ein Aktivierungssegment für eine Aktivierung von q wird an die Spitze des Kellers gesetzt. Wann immer sich die Kontrolle innerhalb einer Aktivierung befindet, ist ihr Aktivierungssegment an der Spitze des Kellers.

Zwischen den letzten beiden Momentaufnahmen in Abb. 7.13 sind mehrere Aktivierungen abgelaufen. In der letzten Momentaufnahme in Abb. 7.13 starteten die Aktivierungen p(1,3) und q(1,0) und endeten während der Lebenszeit von q(1,3), also wurden ihre Aktivierungssegmente auf den Keller gelegt und vom Keller genommen, nur das Aktivierungssegment für q(1,3) blieb an der Spitze zurück. □

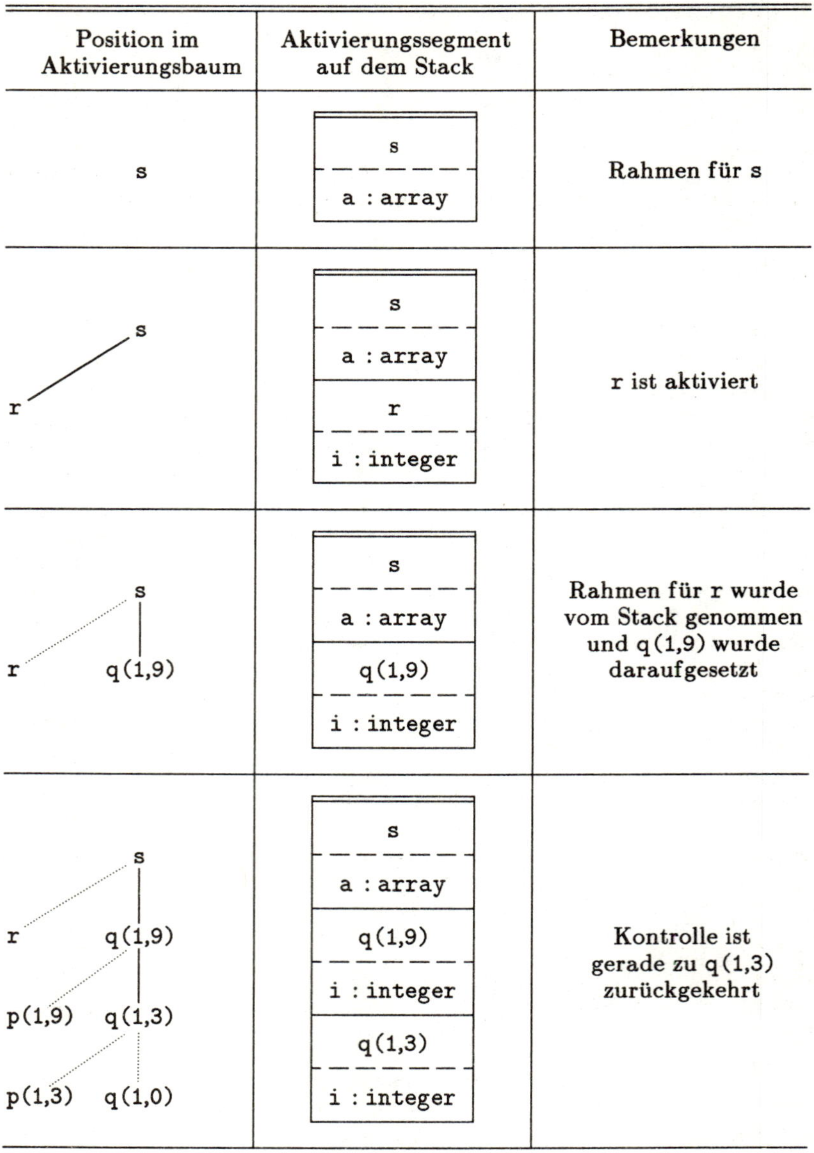

Position im Aktivierungsbaum	Aktivierungssegment auf dem Stack	Bemerkungen
s	s - - - - - a : array	Rahmen für s
s ⟋ r	s - - - - - a : array - - - - - r - - - - - i : integer	r ist aktiviert
s ｜ r q(1,9)	s - - - - - a : array - - - - - q(1,9) - - - - - i : integer	Rahmen für r wurde vom Stack genommen und q(1,9) wurde daraufgesetzt
s r q(1,9) ｜ p(1,9) q(1,3) ｜ p(1,3) q(1,0)	s - - - - - a : array - - - - - q(1,9) - - - - - i : integer - - - - - q(1,3) - - - - - i : integer	Kontrolle ist gerade zu q(1,3) zurückgekehrt

Abb. 7.13 Nach unten wachsende Keller-Speicher-Zuweisung
für Aktivierungssegmente.

In einer Pascal-Prozedur können wir eine relative Adresse für lokale Daten in einem Aktivierungssegment bestimmen, wie in Abschnitt 7.2 behandelt. Wir setzen voraus, daß zur Laufzeit *top* das Ende eines Segments markiert. Die Adresse eines lokalen Namens x im Zielcode für die Prozedur könnte als $dx(top)$ beschrieben werden, um anzuzeigen, daß die an x gebundenen Daten an der Stelle gefunden werden, zu der man gelangt, indem man dx zu dem Wert in Register *top* addiert. Beachten Sie, daß Adressen auch wahlweise als Offsets zu einem Wert in irgendeinem anderen Register r, der auf einen festen Punkt innerhalb des Aktivierungssegments zeigt, gewählt werden können.

Aktionen beim Aufruf

Prozeduraufrufe werden implementiert, indem die *Aktionen beim Aufruf* im Zielcode generiert werden. Eine *Aktion beim Aufruf* bestimmt Speicherplatz für ein Aktivierungssegment und bringt die Informationen in dessen Felder. Eine *Rückkehr-Aktion* holt den Zustand der Maschine vor Aufruf der Prozedur aus dem Speicher zurück; so kann die aufrufende Prozedur ihre Ausführung fortführen.

Aktionen beim Aufruf und Aktivierungssegmente unterscheiden sich selbst bei Implementierungen der gleichen Sprache. Der Code für die Aufruf-Aktionen ist oft zwischen der rufenden Prozedur und der gerufenen Prozedur aufgeteilt. Es gibt keine genaue Trennung von Laufzeitaufgaben zwischen der rufenden und der gerufenen Prozedur, die Quellsprache, die Zielmaschine und das Betriebssystem setzen die Anforderungen, die eine Lösung gegenüber einer anderen bevorzugen würden[4]. Ein den Entwurf von Aufruf-Aktionen und Aktivierungssegmenten unterstützendes Prinzip ist, die Felder, deren Größe frühzeitig festliegt, in der Mitte zu positionieren. Im allgemeinen Aktivierungssegment von Abb. 7.8 erscheinen der Kontrollverweis, der Zugriffsverweis und der Maschinenzustand in der Mitte. Die Entscheidung, ob Kontroll- und Zugriffsverweis benutzt werden oder nicht, ist ein Teil des Entwurfs des Übersetzers, somit können diese Felder zum Zeitpunkt des Aufbaus des Übersetzers festgelegt sein.

Falls exakt die gleiche Menge an Information über den Maschinenzustand für jede Aktivierung gerettet wird, kann der gleiche Code das Speichern und Zurückholen der Information für alle Aktivierungen erledigen. Des weiteren würden Programme wie Debugger es leichter haben, den Inhalt des Kellers zu entschlüsseln, wenn ein Fehler auftritt.

---

[4] Falls eine Prozedur n-mal gerufen wird, dann wird der Teil der Aufruf-Aktion innerhalb der verschiedenen rufenden Prozeduren n-mal erzeugt. Der Teil innerhalb der gerufenen Prozedur wird jedoch für alle Aufrufe verwendet, daher wird er nur einmal erzeugt. Deshalb ist es günstig, so viel wie möglich von der Aufruf-Aktion in die gerufene Prozedur zu stecken.

Obwohl die Größe des Feldes für temporäre Werte zur Übersetzungszeit eventuell bereits feststeht, kann es sein, daß diese dem Front-End nicht bekannt ist. Sorgfältige Code-Generierung oder -Optimierung könnte die Zahl der von einer Prozedur benötigten temporären Werte reduzieren, so daß, soweit es das Front-End betrifft, diese Größe unbekannt ist. Im allgemeinen Aktivierungssegment füühren wir deshalb dieses Feld hinter dem Feld für lokale Daten auf, wo Änderungen der Größe die Offsets der Datenobjekte relativ zu den Feldern in der Mitte nicht beeinflussen.

Da jeder Aufruf seine eigenen aktuellen Parameter hat, berechnet die aufrufende Prozedur die aktuellen Parameter und überträgt sie ins Aktivierungssegment der aufgerufenen Prozedur. Methoden zur Parameterübergabe werden in Kapitel 7.5 behandelt. Im Laufzeit-Keller ist das Aktivierungssegment der aufrufenden Prozedur gerade unterhalb dem Segment für die gerufene Prozedur, wie in Abb. 7.14 zu sehen ist. Es ist von Vorteil, die Felder für die Parameter und für einen möglichen Rückgabewert in der Nähe des Aktivierungssegments der rufenden Prozedur zu plazieren. Die rufende Prozedur kann dann auf diese Felder zugreifen, indem sie Offsets vom Ende ihres eigenen Aktivierungssegments benutzt, ohne den vollständigen Aufbau des Segments der gerufenen Prozedur zu kennen. Ausführlicher gesagt: es gibt keinen Grund für die rufende Prozedur, die lokalen Daten und temporären Werte der gerufenen Prozedur zu kennen. Ein Vorteil dieser Informationsverbergung ist, daß Prozeduren mit einer variablen Zahl von Argumenten – z.B. printf in C – behandelt werden können.

Sprachen wie Pascal erfordern, daß Arrays, die lokal zu einer Prozedur sind, eine Länge haben, die zur Übersetzungszeit bestimmt werden kann. Des öfteren hängt die Größe eines lokalen Arrays vom Wert eines Parameters ab, der der Prozedur übergeben wird. In diesem Fall kann die Größe aller Daten, die lokal zu der Prozedur sind, nicht bestimmt werden, bevor die Prozedur aufgerufen wird. Techniken zur Behandlung von Daten variabler Länge werden später in diesem Kapitel behandelt.

Die folgende Aufruf-Aktion wird durch die obige Diskussion motiviert. In Abb. 7.14 zeigt z.B. das Register *top_sp* auf das Ende des Feldes für den Maschinen-Zustand innerhalb eines Aktivierungssegments. Diese Position ist der rufenden Prozedur bekannt, somit kann sie dafür verantwortlich gemacht werden, *top_sp* zu aktualisieren, bevor die Kontrolle zu der gerufenen Prozedur übergeht. Der Code der gerufenen Prozedur kann auf seine temporären Werte und lokalen Daten zugreifen, indem er Offsets von *top_sp* aus benutzt.

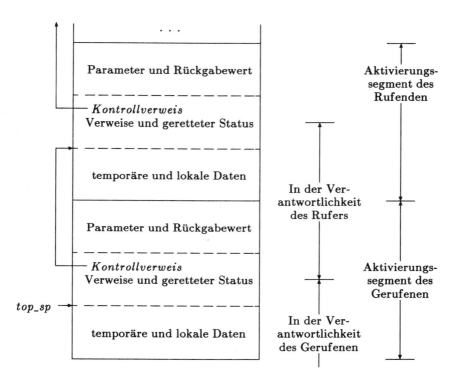

Abb. 7.14 Aufteilung der Aufgaben zwischen rufender und gerufener Prozedur

Die Aufruf-Aktionen beinhalten:

1. Die rufende Prozedur berechnet die aktuellen Parameter.

2. Die rufende Prozedur speichert ihre Rückkehradresse und den alten Wert von *top_sp* in das Aktivierungssegment der gerufenen Prozedur. Die rufende Prozedur setzt dann den Inhalt von *top_sp* auf die Position, die in Abb. 7.14 gezeigt wird. Dies bedeutet, *top_sp* wird über die lokalen Daten und temporären Werte der rufenden Prozedur und über die Parameter- und Zustandsfelder der gerufenen Prozedur hinweg gesetzt.

3. Die gerufene Prozedur rettet Registerwerte und andere Zustandsinformationen.

4. Die gerufene Prozedur initialisiert ihre lokalen Daten und beginnt mit der Ausführung.

Eine mögliche Rückkehr-Aktion beinhaltet:

1. Die gerufene Prozedur legt einen Rückgabewert in die Nähe des Aktivierungssegments der rufenden Prozedur ab.

2. Mit der Information im Zustandsfeld stellt die gerufene Prozedur den alten Inhalt von *top_sp* und anderen Registern wieder her und verzweigt zu einer Rückkehradresse in den Code der rufenden Prozedur.

3. Obgleich *top_sp* wieder herabgesetzt wurde, kann die rufende Prozedur den zurückgegebenen Wert in ihr eigenes Aktivierungssegment kopieren und für die Auswertung eines Ausdrucks benutzen.

Die oben genannten Aufruf-Aktionen erlauben, daß die Zahl der Argumente der gerufenen Prozedur von dem Aufruf abhängt. Beachten Sie, daß zur Übersetzungszeit der Zielcode der rufenden Prozedur die Zahl der Argumente kennt, die von ihr der gerufenen Prozedur zur Verfügung stellt werden. Deshalb kennt die rufende Prozedur die Größe des Parameterfeldes. Der Zielcode der gerufenen Prozedur muß jedoch auch andere Aufrufe behandeln können, und so wartet sie auf einen Aufruf und untersucht dann das Parameterfeld.

Benutzt man den Aufbau in Abb. 7.14, so muß die Information, die die Parameter beschreibt, neben dem Zustandsfeld plaziert werden, damit die gerufene Prozedur sie finden kann. Beispielsweise betrachten wir die Standard-Bibliotheksfunktion printf in C. Das erste Argument von printf spezifiziert die Art der restlichen Argumente; wenn also printf ihr erstes Argument lokalisieren kann, kann sie auch die restlichen Argumente finden.

Daten variabler Länge

Eine übliche Strategie für die Behandlung variabel langer Daten wird in Abb. 7.15 angedeutet, wo Prozedur p drei lokale Arrays besitzt. Der Speicher für diese Arrays ist nicht Teil des Aktivierungssegments für p; nur ein Zeiger auf den Anfang jedes Arrays erscheint im Aktivierungssegment. Die relativen Adressen dieser Zeiger sind zur Übersetzungszeit bekannt, somit kann der Zielcode auf Array-Elemente mit Hilfe der Zeiger zugreifen.

Ebenso zeigt Abb. 7.15 eine Prozedur q, die von p aufgerufen wurde. Das Aktivierungssegment für q beginnt hinter den Arrays von p, und die variabel langen Arrays von q beginnen hinter diesem Aktivierungssegment.

Der Zugriff auf Daten im Keller geschieht mit zwei Zeigern, *top* und *top_sp*. Der erste von diesen markiert die aktuelle Spitze des Kellers; er zeigt auf die Position, an der das nächste Aktivierungssegment beginnen wird. Der zweite wird benutzt, um lokale Daten zu finden. Aus Konsistenzgründen mit Abb. 7.14 nehmen wir an, *top_sp* zeigt auf das Ende des Maschinenzustandsfeldes. In Abb. 7.15 zeigt *top_sp* auf das Ende dieses Feldes in dem Aktivierungssegment für q. Innerhalb dieses Feldes gibt es einen Kontrollverweis zu dem vorhergehenden Wert von *top_sp*, als die Kontrolle innerhalb der rufenden Aktivierung von p war.

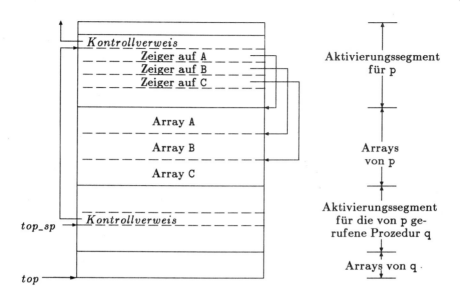

Abb. 7.15 Zugriff auf dynamische Arrays.

Der Code zur Rücksetzung von *top* und *top_sp* kann zur Übersetzungszeit erzeugt werden, indem die Größe der Felder in den Aktivierungssegmenten benutzt wird. Wenn q verlassen wird, ergibt sich der neue Wert von *top* aus *top_sp* minus der Länge des Maschinenzustands- und der Parameterfelder in q's Aktivierungssegment. Die Länge ist zur Übersetzungszeit zumindest der rufenden Prozedur bekannt. Nach dem Anpassen von *top* kann der neue Wert von *top_sp* aus dem Kontrollverweis von q kopiert werden.

Hängende Referenzen

Wann immer Speicherplatz freigegeben werden kann, taucht das Problem der hängenden Referenzen auf. Eine *hängende Referenz* entsteht, wenn eine Referenz zu einem Speicherplatz existiert, der bereits freigegeben wurde. Es ist ein logischer Fehler, hängende Referenzen zu benutzen, weil der Wert eines freigegebenen Speicherplatzes entsprechend der Semantik der meisten Sprachen undefiniert ist. Noch schlimmer: in einem Programm mit hängenden Referenzen können mysteriöse Fehler auftauchen, weil der Speicherplatz später einem anderen Datum zugewiesen werden könnte.

Beispiel 7.6
Die Prozedur dangle in dem C-Programm von Abb. 7.16 liefert einen Zeiger
auf einen Speicherplatz zurück, der an den lokalen Namen i gebunden ist.
Der Zeiger wird durch den Operator &, angewandt auf i, erzeugt. Wenn die
Kontrolle von dangle zu main zurückkehrt, ist der Speicherplatz für die lo-
kalen Variablen frei und kann für andere Zwecke benutzt werden. Weil p in
main zu diesem Speicherplatz zeigt, ist der Zugriff auf p eine hängende
Referenz.   □

Ein Beispiel in Kapitel 7.7 behandelt die Speicherfreigabe unter Programmkontrolle.

```
main()
{
    int *p;
    p = dangle();
}
int *dangle()
{
    int i = 23;
    return &i;
}
```

Abb. 7.16   Ein C-Programm, das den Zeiger p hinterläßt, welcher
auf einen freigegebenen Speicherplatz zeigt.

Heap-Zuweisung

Die oben behandelte Kellerzuweisungsstrategie kann nicht benutzt werden,
wenn einer der folgenden Punkte möglich ist:

1.   Der Wert eines lokalen Namens muß erhalten bleiben, wenn eine Akti-
     vierung endet.

2.   Eine gerufene Prozedur überlebt die aufrufende Prozedur. Diese Mög-
     lichkeit kann nicht für die Sprachen auftreten, in denen Aktivierungs-
     bäume den Kontrollfluß zwischen den Prozeduren korrekt beschreiben.

In jedem der oben genannten Fälle kann die Freigabe nicht in einer „last-in
first-out" Reihenfolge geschehen, also kann der Speicher nicht als Keller
verwaltet werden.

     Die Heap-Zuweisung teilt den Speicher in Teile von zusammenhängen-
den Speicherbereichen auf, die für Aktivierungssegmente oder andere Objekte benötigt werden. Die Teile können in irgendeiner Reihenfolge freigegeben werden; somit besteht der Heap nach einiger Zeit aus Bereichen, die
abwechselnd frei und in Gebrauch sind.

Der Unterschied zwischen Heap- und Kellerzuweisung von Aktivierungs-
segementen kann aus Abb. 7.17 und 7.13 erkannt werden. In Abb. 7.17 bleibt
das Segment für die Aktivierung von Prozedur r erhalten, wenn die Aktivierung endet. Das Segment für die neue Aktivierung q(1,9) kann deshalb dem
Segment für s nicht physikalisch folgen, wie es in Abb. 7.13 der Fall ist.
Nun wird der Platz in dem Heap zwischen den Aktivierungssegmenten für s
und q(1,9) frei sein, falls das erhaltene Aktivierungssegment für r freigegeben wird. Es wird dem Heapverwalter überlassen, diesen Platz zu verwenden.

Position im Aktivierungsbaum	Aktivierungssegment im Heap	Bemerkungen
	s	
	Kontrollverweis	
s	r	Erhaltenes Aktivierungssegment für r
	Kontrollverweis	
r q(1,9)	q(1,9)	
	Kontrollverweis	

Abb. 7.17   Segmente für aktive Aktivierungen müssen in
einem Heap nicht benachbart sein.

Die Frage der effizienten Heapverwaltung ist ein spezieller Fall der Daten-
strukturtheorie; einige Techniken werden in Kapitel 7.8 behandelt. Mit der
Verwendung eines Heapverwalters ist allgemein ein Zeit- und Platzüberhang
verbunden.

Aus Effizienzgründen kann es hilfreich sein, kleine Aktivierungssegmente oder als spezieller Fall Segmente von vorhersehbarer Größe zu verwalten, wie folgend beschrieben:

1. Für jede in Frage kommende Größe reserviere eine verzeigerte Liste von freien Blöcken dieser Größe.

2. Falls möglich, belege für eine Anfrage der Größe s einen Block mit der Größe s', wobei s' die kleinste Größe größer gleich s ist. Wenn der Block wieder freigegeben wird, wird er in die verzeigerte Liste, der er entnommen wurde, wieder eingehängt.

3. Für große Speicherblöcke benutze den Heapverwalter.

Diese Methode führt zu einer schnellen Belegung und Freigabe der Speichereinheiten von kleiner Größe, weil das Entfernen und Zurückgeben eines Blockes von einer verzeigerten Liste effiziente Operationen sind. Für große Speichereinheiten erwarten wir, daß die Berechnung, die den Speicher braucht, einige Zeit benötigt; somit ist die Zeit, die für die Zuweisung gebraucht wird, oft unerheblich, verglichen mit der Zeit, die für die Berechnung gebraucht wird.

7.4 Zugriff auf nichtlokale Namen

Die Speicher-Zuweisungsstrategien des letzten Abschnitts werden in diesem Abschnitt angepaßt, um den Zugriff auf nichtlokale Namen zu gestatten. Obwohl sich die Diskussion auf eine Keller-Zuweisung der Aktivierungssegmente stützt, können die gleichen Ideen auf eine Heap-Zuweisung angewendet werden.

Die Bindungsregeln einer Sprache legen die Behandlung von Referenzen auf nichtlokale Namen fest. Eine allgemeine Regel, die *lexikalische* oder *statische Bindungsregel* genannt wird, bestimmt durch das Untersuchen des bloßen Programmtextes die Deklaration, die auf einen Namen angewendet wird. Pascal, C und Ada gehören zu den vielen Sprachen, die die lexikalische Bindungsregel mit einer zusätzlichen Bedingung („die am engsten umgebende Deklaration") benutzen, die weiter unten behandelt wird. Eine alternative Regel, die *dynamische Bindungsregel* genannt wird, bestimmt die auf einen Namen anwendbare Deklaration zur Laufzeit durch Überprüfung der momentanen Aktivierungen. Lisp, APL und Snobol gehören zu den Sprachen, die dynamische Bindung benutzen.

Wir beginnen mit Blöcken und der „am engsten umgebenden Deklaration"-Regel. Dann betrachten wir nichtlokale Namen in Sprachen wie C, in denen die lexikalische Bindungsregel gilt, in denen alle nichtlokalen Namen an statisch zugewiesenen Speicherplatz gebunden sein könnten und in denen keine geschachtelten Prozeduren erlaubt sind. In Sprachen wie Pascal, die geschachtelte Prozeduren und eine lexikalische Bindungsregel haben, können Namen, die zu verschiedenen Prozeduren gehören, zu einer gegebenen Zeit Teil einer Umgebung sein. Wir behandeln zwei Wege, die Aktivierungssegmente zu finden, die den an nichtlokale Namen gebundenen Speicherplatz enthalten: Zugriffsverweise und Displays. Ein abschließendes Unterkapitel behandelt die Implementierung der dynamischen Bindung.

Blöcke

Ein Block ist eine Anweisung, die ihre eigenen lokalen Datendeklarationen enthält. Das Konzept eines Blocks entstand mit Algol. In C hat ein Block die Syntax:

    { *declarations statements* }

Ein Merkmal von Blöcken ist ihre geschachtelte Struktur. Begrenzungszeichen markieren den Anfang und das Ende eines Blocks. C benutzt die Klammern „{" und „}" als Begrenzungszeichen, während es gemäß Algol Tradition ist, begin und end zu benutzen. Die Begrenzungszeichen gewährleisten, daß ein Block von einem anderen unabhängig oder innerhalb des anderen geschachtelt ist. Dies bedeutet, daß es für zwei Blöcke B_1 und B_2 nicht möglich ist, sich so zu überschneiden, daß zuerst B_1 beginnt, dann B_2, aber B_1 endet vor B_2. Diese geschachtelte Eigenschaft wird manchmal als *Blockstruktur* bezeichnet.

Der Gültigkeitsbereich einer Deklaration in einer Blockstruktur-Sprache ist durch die „*am engsten umgebende Deklaration*"-Regel gegeben:

1. Der Gültigkeitsbereich einer Deklaration innerhalb eines Blocks B beinhaltet B.

2. Falls ein Name x nicht innerhalb eines Blocks B deklariert ist, dann ist das Auftreten von x in B im Gültigkeitsbereich einer Deklaration von x in einem umgebenden Block B', so daß:
   i) B' eine Deklaration von x enthält und
   ii) B' enger um B geschachtelt ist als irgendein anderer Block mit einer Deklaration von x.

In Abb. 7.18 wird jeder deklarierte Name mit der Nummer des Blockes initialisiert, in dem er erscheint. Der Gültigkeitsbereich der Deklaration von b in B_0 enthält nicht B_1, weil b in B_1 noch einmal deklariert wird; dies wird in der Abbildung durch B_0-B_1 dargestellt. Solch eine Lücke wird als *Loch* innerhalb des Gültigkeitsbereichs der Deklaration bezeichnet.

Die „am engsten umgebende Deklaration"-Gültigkeitsbereich-Regel zeigt sich in der Ausgabe des Programms von Abb. 7.18. Die Kontrolle geht zu einem Block von der Stelle im Quelltext vor ihm und von dem Block aus zu dem Punkt hinter ihm. Die Ausgabe-Anweisungen werden deshalb in der Reihenfolge B_2, B_3, B_1 und B_0 ausgeführt, der Reihenfolge, in der die Kontrolle die Blöcke verläßt. Die Werte von a und b in diesen Blöcken sind:

```
2    1
0    3
0    1
0    0
```

main()	Deklaration	Gültigkeitsbereich
{	int a = 0;	$B_0 - B_2$
int a = 0;	int b = 0;	$B_0 - B_1$
int b = 0;	int b = 1;	$B_1 - B_3$
{	int a = 2;	B_2
int b = 1;	int b = 3;	B_3
{		

```
main()
{
      int a = 0;
      int b = 0;
      {
          int b = 1;
          {
     B₂      int a = 2;
              printf("%d %d\n", a, b);
B₀         }
     B₁   {
     B₃      int b = 3;
              printf("%d %d\n", a, b);
          }
          printf("%d %d\n", a, b);
      }
      printf("%d %d\n", a, b);
}
```

Abb. 7.18   Blöcke in einem C-Programm.

Die Block-Struktur kann durch eine Keller-Speicherzuweisung implementiert
werden. Weil der Gültigkeitsbereich einer Deklaration nicht aus dem Block
herausragt, indem sie auftritt, kann der Speicherplatz für den deklarierten
Namen zugewiesen werden, wenn der Block betreten wird, und freigegeben
werden, wenn die Kontrolle den Block verläßt[5]. Diese Betrachtungsweise behandelt einen Block wie eine parameterlose Prozedur, aufgerufen von dem
Punkt unmittelbar vor dem Block und nur zum Punkt unmittelbar hinter dem
Block zurückkehrend. Die nichtlokale Umgebung für einen Block kann mit
der Verwendung der Techniken für Prozeduren erhalten werden, die später
in diesem Kapitel behandelt werden. Beachten Sie jedoch, daß Blöcke einfacher als Prozeduren sind, weil keine Parameter übergeben werden und weil

---

[5]   Ein Sprung aus einem Block in einen umschließenden Block kann durch das Entfernen der Aktivierungssegmente der dazwischenliegenden Blöcke vom Keller implementiert werden. Ein Sprung in einen
Block ist in einigen Sprachen erlaubt. Bevor die Kontrolle auf diesem Weg geändert wird, sind die Aktivierungssegmente für die dazwischenliegenden Blöcke aufzusetzen. Die Semantik der Sprache bestimmt,
wie die lokalen Daten in diesen Aktivierungssegmenten initialisiert werden.

der Kontrollfluß von und zu einem Block streng dem statischen Programmtext folgt.

Eine alternative Implementierung ist, den Speicherplatz für einen kompletten Prozedurkörper auf einmal zuzuweisen. Falls Blöcke innerhalb der Prozedur sind, dann wird Platz freigelassen für den Speicher, der für die Deklarationen innerhalb dieser Blöcke gebraucht wird. Für den Block B_0 in Abb. 7.18 können wir den Speicherplatz von Abb. 7.19 zuweisen. Die Indizes der lokalen Variablen a und b identifizieren die Blöcke, in denen sie deklariert sind. Beachten Sie, daß a_2 und b_3 dem gleichen Speicherplatz zugewiesen werden können, weil sie zu Blöcken gehören, die nicht zur gleichen Zeit aktiv sind.

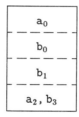

Abb. 7.19   Speicherplatz für die in Abb. 7.18 deklarierten Namen

Gibt es keine Daten variabler Länge, kann die maximale Speichergröße, die während einer Ausführung von einem Block gebraucht wird, zur Übersetzungszeit bestimmt werden. (Daten variabler Länge können mit Zeigern abgehandelt werden, siehe Kapitel 7.3). Bei dieser Entscheidung setzen wir vorsichtshalber voraus, daß alle Kontrollpfade im Programm in der Tat durchlaufen werden können. Dies bedeutet, wir setzen voraus, daß beide, der **then**- und der **else**-Teil einer bedingten Anweisung, ausgeführt werden können und daß alle Anweisungen innerhalb einer **while**-Schleife erreicht werden können.

Lexikalischer Gültigkeitsbereich ohne geschachtelte Prozeduren

Die lexikalischen Bindungsregeln für C sind einfacher als die für Pascal, die als nächstes behandelt werden, weil die Prozedurdefinitionen in C nicht geschachtelt werden können. Dies bedeutet, daß eine Prozedurdefinition nicht innerhalb einer anderen erscheinen kann. Wie in Abb. 7.20 besteht ein C-Programm aus einer Folge von Variablen- und Prozedurdeklarationen (C nennt sie Funktionen). Falls es in einer Funktion eine nichtlokale Referenz auf einen Namen a gibt, dann muß a außerhalb jeder Funktion deklariert sein. Der Gültigkeitsbereich einer Deklaration außerhalb einer Funktion enthält die Funktionskörper, die der Deklaration folgen, mit Löchern, falls der Name innerhalb einer Funktion überdeklariert wird. In Abb. 7.20 verweisen die nichtlokalen Auftreten von a in readarray, partition und main auf das in Zeile 1 deklarierte Array.

```
(1)   int a[11];
(2)   readarray() { ... a ... }
(3)   int partition(y,z) int y, z; { ... a ... }
(4)   quicksort(m,n) int m, n; { ... }
(5)   main() { ... a ... }
```

Abb. 7.20   C-Programm mit nichtlokalem Auftreten von a.

Ohne die geschachtelten Prozeduren kann für eine Sprache mit lexikalischer Bindung (wie C) direkt die Keller-Speicherzuweisungsstrategie für lokale Namen aus Kapitel 7.3 benutzt werden. Der Speicherplatz für alle außerhalb jeder Prozedur deklarierten Namen kann statisch zugewiesen werden. Die Position dieses Speicherplatzes ist zur Übersetzungszeit bekannt, somit können wir die statisch bestimmte Adresse benutzen, falls ein Name nichtlokal in einem Prozedurkörper ist. Jeder andere Name muß lokal zu der Aktivierung an der Spitze des Kellers sein, zugreifbar über den _top_-Zeiger. Für geschachtelte Prozeduren gilt dieses Schema nicht, weil nichtlokale Variablen auf Daten tiefer im Keller verweisen können, wie weiter unten behandelt.

Ein bedeutender Vorteil der statischen Speicherzuweisung für nichtlokale Variablen ist, daß deklarierte Prozeduren uneingeschränkt als Parameter übergeben und als Werte zurückgegeben werden können (in C wird eine Funktion durch das Übergeben eines Zeigers auf die Funktion übergeben). Mit dem lexikalischen Gültigkeitsbereich und ohne geschachtelte Prozeduren ist jeder zu einer Prozedur nichtlokale Name nichtlokal zu allen Prozeduren. Ihre statischen Adressen können von allen Prozeduren verwendet werden, ohne Rücksicht darauf, von wem sie aktiviert werden. Genauso zeigen nichtlokale Variablen in einer zurückgegebenen Prozedur, falls Prozeduren als Werte zurückgegeben werden, auf den für sie statisch zugewiesenen Speicherplatz.

Betrachten Sie beispielsweise das Pascal-Programm in Abb. 7.21. Alle Auftreten des Namens m, die in Abb. 7.21 eingekreist sind, sind im Gültigkeitsbereich der Deklaration in Zeile 2. Weil m nichtlokal zu allen Prozeduren im Programm ist, kann sein Speicherplatz statisch zugewiesen werden. Wann auch immer die Prozeduren f und g ausgeführt werden, können sie die statische Adresse verwenden, um auf den Wert von m zuzugreifen. Die Tatsache, daß f und g als Parameter übergeben werden, wirkt sich nur aus, wenn sie aktiviert werden; es wirkt sich nicht aus, wie sie auf den Wert von m zugreifen.

```
(1)        program pass(input, ouput);
(2)            var Ⓜ : integer;

(3)            function f(n : integer) : integer;
(4)                begin f := Ⓜ + n end { f };

(5)            function g(n : integer) : integer;
(6)                begin g := Ⓜ * n end { g };

(7)            function b(function h(n : integer) : integer);
(8)                begin write(h(2)) end { b };

(9)            begin
(10)               Ⓜ := 0;
(11)               b(f); b(g); writeln
(12)           end.
```

Abb. 7.21   Pascal-Programm mit nichtlokalem Auftreten von m.

Genauer gesagt verbindet der Aufruf b(f) in Zeile 11 die Funktion f mit dem formalen Parameter h der Prozedur b. So wird die Funktion f aktiviert, wenn der formale Parameter h in Zeile 8 in write(h(2)) aufgerufen wird. Die Aktivierung von f liefert 2 zurück, weil die nichtlokale Variable m den Wert 0 und der formale Parameter n den Wert 2 hat. Als nächstes Ausführung verbindet der Aufruf b(g) g mit h; diesmal wird durch einen Aufruf von h g aktiviert. Die Ausgabe des Programms ist:

     2   0

Lexikalischer Gültigkeitsbereich bei geschachtelten Prozeduren

Ein nichtlokales Auftreten eines Namens a in Pascal ist innerhalb des Gültigkeitsbereichs der am engsten umgebenden Deklaration von a in dem statischen Programmtext. Die Schachtelung der Prozedurdefinitionen im Pascal-Programm von Abb. 7.22 wird durch folgende Einrückung angezeigt:

```
sort
    readarray
    exchange
    quicksort
        partition
```

Das Auftreten von a in Zeile 15 der Abb. 7.22 ist innerhalb der Funktion partition, die in die Prozedur quicksort geschachtelt ist. Die am engsten umgebende Deklaration von a ist in Zeile 2 in der Prozedur, die das ganze Programm enthält. Die am engsten umgebende Deklarationsregel wird ebenfalls auf Prozedurnamen angewendet. Die Prozedur exchange, aufgerufen von partition in Zeile 17, ist nicht lokal zu partition. Durch Anwendung der Regel überprüfen wir zuerst, ob exchange innerhalb von quicksort definiert ist; wenn sie dies nicht ist, schauen wir im Hauptprogramm sort nach ihrer Deklaration.

```
(1)      program sort(input, output);
(2)          var  a : array [0..10] of integer;
(3)              x : integer;

(4)          procedure readarray;
(5)              var i : integer;
(6)              begin ... a ... end { readarray };

(7)          procedure exchange( i, j: integer);
(8)              begin
(9)                  x := a[i]; a[i] := a[j]; a[j] := x
(10)             end { exchange } ;

(11)         procedure quicksort(m, n: integer);
(12)             var k, v : integer;

(13)             function partition(y, z: integer) : integer;
(14)                 var i, j : integer;
(15)                 begin ... a ...
(16)                     ... v ...
(17)                     ... exchange(i,j); ...
(18)                 end { partition } ;

(19)             begin ... end { quicksort };

(20)         begin ... end { sort } .
```

Abb. 7.22 Ein Pascal-Programm mit geschachtelten Prozeduren.

Schachtelungstiefe

Der Begriff der *Schachtelungstiefe* einer Prozedur wird im folgenden benutzt, um den lexikalischen Gültigkeitsbereich zu implementieren. Sagen wir, der Name des Hauptprogramms sei auf Schachtelungstiefe 1; wir addieren 1 zu der Schachtelungstiefe, wenn wir von einer umgebenden zu einer umgebenen Prozedur übergehen. In Abb. 7.22 ist die Prozedur quicksort in Zeile 11 auf Schachtelungstiefe 2, während partition in Zeile 13 auf Schachtelungstiefe 3 ist. Mit jedem Auftreten eines Namens verbinden wir die Schachtelungstiefe der Prozedur, in der er deklariert ist. Die Auftreten von a, v und i in den Zeilen 15–17 in partition haben deshalb jeweils die Schachtelungstiefen 1, 2 und 3.

Zugriffsverweise

Eine direkte Implementierung des lexikalischen Gültigkeitsbereichs für geschachtelte Prozeduren wird durch Hinzufügen eines Zeigers (*Zugriffsverweis*) zu jedem Aktivierungssegment erzielt. Falls die Prozedur p im Quelltext unmittelbar in q geschachtelt ist, dann zeigt der Zugriffsverweis in einem Aktivierungssegment für p auf den Zugriffsverweis des Segments für die jüngste Aktivierung von q.

Momentaufnahmen des Laufzeitkellers während einer Ausführung des Programms von Abb. 7.22 sind in Abb. 7.23 abgebildet. Wieder wird aus Platzgründen in der Abbildung jede Prozedur mit dem ersten Buchstaben abgekürzt. Der Zugriffsverweis für die Aktivierung von sort ist leer, weil es keine umschließende Prozedur gibt. Der Zugriffsverweis für jede Aktivierung von quicksort zeigt auf das Segment für sort. Beachten Sie, daß in Abb. 7.23(c) der Zugriffsverweis in dem Aktivierungssegment für partition(1,3) auf den Zugriffsverweis in dem Segment der jüngsten Aktivierung von quicksort zeigt, nämlich quicksort(1,3).

Nehmen wir an, Prozedur p sei auf Schachtelungstiefe n_p und greift auf eine nichtlokale Variable a mit Schachtelungstiefe $n_a \leq n_p$ zu. Der Speicherplatz für a kann folgendermaßen gefunden werden:

1. Wenn die Kontrolle innerhalb von p ist, befindet sich ein Aktivierungssegment für p an der Spitze des Kellers. Jetzt folgen wir $n_p - n_a$ Zugriffsverweisen von dem Segment an der Spitze des Kellers aus. Der Wert von $n_p - n_a$ kann zur Übersetzungszeit vorausberechnet werden. Falls der Zugriffsverweis in einem Segment auf den Zugriffsverweis in einem anderen zeigt, dann kann einem Verweis gefolgt werden, indem eine einzelne indirekte Operation ausgeführt wird.

2. Nach dem Nachfolgen der $n_p - n_a$ Zugriffsverweise erreichen wir das Aktivierungssegment für die Prozedur, zu der a lokal ist. Wie im letzten Abschnitt behandelt ist sein Speicherplatz an einem festgelegten Offset relativ zu einer Position in dem Segment. Insbesondere kann der Offset relativ zum Zugriffsverweis sein.

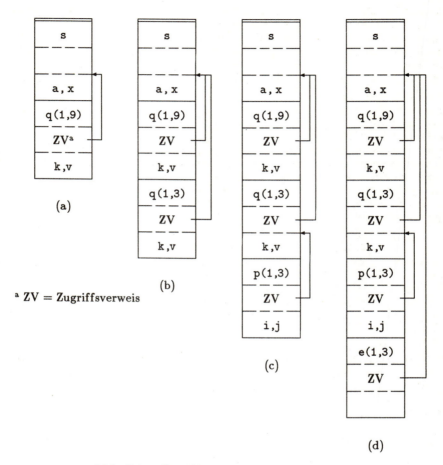

Abb. 7.23 Zugriffsverweise für das Finden der
Speicherplätze der nichtlokalen Variablen.

Folglich ist die Adresse der nichtlokalen Variablen a in Prozedur p durch
folgendes Paar gegeben, das zur Übersetzungszeit berechnet und in der Symboltabelle gespeichert wird:

$$(n_p - n_a, \text{Offset innerhalb des a enthaltenden Aktivierungssegments}).$$

Die erste Komponente gibt die Zahl der Zugriffsverweise an, die zu durchlaufen sind. Beispielsweise greift in den Zeilen 15–16 der Abb. 7.22 die Prozedur

partition auf Schachtelungstiefe 3 auf die nichtlokalen Variablen a und v jeweils auf Schachtelungstiefe 1 und 2 zu. Die Aktivierungssegmente, die den Speicherplatz für diese nichtlokalen Variablen enthalten, werden durch das Verfolgen von jeweils 3-1=2 und 3-2=1 Zugriffsverweisen gefunden, von dem Segment für partition startend.

Der Code zum Setzen der Zugriffsverweise ist Teil der Aktionen beim Aufruf. Nehmen wir an, Prozedur p auf Schachtelungstiefe n_p ruft Prozedur x auf Schachtelungstiefe n_x. Der Code zum Setzen des Zugriffsverweises in der gerufenen Prozedur hängt davon ab, ob die gerufene Prozedur in die rufende Prozedur geschachtelt ist oder nicht.

1. $n_p < n_x$. Weil die gerufene Prozedur x tiefer geschachtelt ist als p, muß sie innerhalb von p deklariert sein, oder sie würde für p nicht zugreifbar sein. Dieser Fall tritt auf, wenn sort in Abb. 7.23(a) quicksort aufruft und wenn in Abb. 7.23(c) quicksort partition aufruft. In diesem Fall muß der Zugriffsverweis der gerufenen Prozedur auf den Zugriffsverweis der rufenden Prozedur gerade unterhalb von ihm im Keller, zeigen.

2. $n_p \geq n_x$. Nach den Bindungsregeln müssen die umschließenden Prozeduren auf Schachtelungstiefe 1, 2, ..., n_x-1 der gerufenen und rufenden Prozeduren die gleichen sein wie wenn quicksort in Abb. 7.23(b) sich selbst aufruft und wie wenn partition in Abb. 7.23(d) exchange aufruft. n_p-n_x+1 Zugriffsverweisen von der rufenden Prozedur aus folgend, erreichen wir das jüngste zurückliegende Aktivierungssegment der Prozedur, die statisch beide am engsten umschließt, die rufende und die gerufene Prozedur. Der erreichte Zugriffsverweis ist der, zu dem der Zugriffsverweis in die gerufene Prozedur zeigen muß. Wiederum kann n_p-n_x+1 zur Übersetzungszeit berechnet werden.

Prozedur-Parameter

Die lexikalischen Bindungsregeln werden sogar angewendet, wenn eine geschachtelte Prozedur als Parameter übergeben wird. Die Funktion f in den Zeilen 6-7 des Pascal-Programms von Abb. 7.24 hat eine nichtlokale Variable m; alle Auftreten von m sind durch einen Kreis gekennzeichnet. In Zeile 8 weist Prozedur c m den Wert 0 zu und übergibt dann f als Parameter an b. Beachten Sie, daß der Gültigkeitsbereich der Deklaration von m in Zeile 5 nicht den Körper von b in den Zeilen 2-3 enthält.

Innerhalb des Körpers von b aktiviert die Anweisung writeln(h(2)) f, weil der formale Parameter h an f gebunden ist. Dies bedeutet, die Anweisung writeln druckt das Ergebnis des Aufrufs f(2).

```
(1)     program param(input, output);

(2)         procedure b(function h(n:integer): integer);
(3)             begin writeln(h(2)) end { b };

(4)         procedure c;
(5)             var ⓜ: integer;

(6)             function f(n : integer) : integer;
(7)                 begin f := ⓜ + n end { f };

(8)             begin ⓜ := 0; b(f) end { c };

(9)         begin
(10)        c
(11)        end.
```

Abb. 7.24 Ein Zugriffsverweis muß mit dem aktuellen
Parameter f übergeben werden.

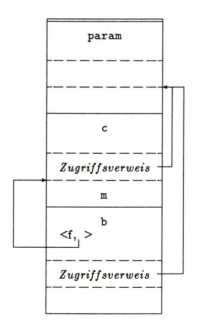

Abb. 7.25 Der aktuelle Prozedur-Parameter f trägt
seinen Zugriffsverweis mit sich.

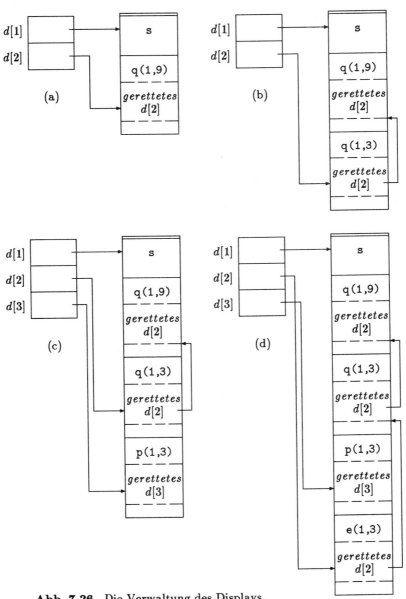

Abb. 7.26 Die Verwaltung des Displays,
wenn Prozeduren nicht als Parameter
übergeben werden.

Wie setzen wir den Zugriffsverweis für die Aktivierung von f? Die Antwort ist, daß eine geschachtelte Prozedur, die als Parameter übergeben wird, ihren Zugriffsverweis mitnehmen muß, wie in Abb. 7.25 gezeigt wird. Wenn Prozedur c f übergibt, legt sie einen Zugriffsverweis für f fest, gerade so, wie sie es tun würde, wenn sie f aufrufen würde. Dieser Verweis wird mit f an b übergeben. Folglich wird der Verweis benutzt, um den Zugriffsverweis im Aktivierungssegment für f zu setzen, wenn f innerhalb von b aktiviert wird.

Displays

Ein schnellerer Zugriff auf die nichtlokalen Variablen als mit Zugriffsverweisen kann erreicht werden durch die Benutzung eines Arrays d mit Zeigern auf Aktivierungssegmente; dieser Array wird *Display* genannt. Wir verwalten den Array so, daß der Speicherplatz für eine nichtlokale Variable a auf Schachtelungstiefe i in dem Aktivierungssegment enthalten ist, auf das das Displayelement $d[i]$ zeigt.

Nehmen Sie an, die Kontrolle befindet sich in einer Aktivierung einer Prozedur p auf Schachtelungstiefe j. Dann zeigen die ersten $j-1$ Elemente des Displays auf die jüngsten zurückliegenden Aktivierungen der Prozeduren, die lexikalisch die Prozedur p umschließen, und $d[j]$ zeigt auf die Aktivierung von p. Die Benutzung eines Displays ist im allgemeinen schneller, als den Zugriffsverweisen zu folgen, weil das Aktivierungssegment, das eine nichtlokale Variable enthält, durch den Zugriff auf ein Element von d gefunden wird und danach nur auf Zeiger zugegriffen wird.

Eine einfache Regelung für das Verwalten von Displays verwendet Zugriffsverweise zusätzlich zum Display. Als Teil der Aufruf- und Rückkehr-Aktionen wird der Display durch das Verfolgen der Kette von Zugriffsverweisen geändert. Wenn dem Verweis zu einem Aktivierungssegment mit Schachtelungstiefe n gefolgt wird, wird das Displayelement $d[n]$ gesetzt, um auf dieses Aktivierungssegment zu zeigen. Dies hat zur Folge, daß der Display die Information in der Kette von Zugriffsverweisen dupliziert.

Die obige einfache Regelung kann danach verbessert werden. Die Methode, die in Abb. 7.26 illustriert wird, erfordert bei Prozedureintritt und Rückkehr im Normalfall weniger Arbeit, wenn Prozeduren nicht als Parameter übergeben werden. In Abb. 7.26 besteht der Display aus einem globalen Array, getrennt vom Keller. Die Momentaufnahmen in der Abbildung beziehen sich auf eine Ausführung des Quelltextes von Abb. 7.22.

Wiederum wird jede Prozedur mit ihrem ersten Buchstaben abgekürzt. Abbildung 7.26(a) zeigt die Situation, unmittelbar bevor die Aktivierung q(1,3) beginnt. Weil quicksort auf Schachtelungstiefe 2 ist, ist Display-Element $d[2]$ betroffen, wenn eine neue Aktivierung von quicksort beginnt. Der Einfluß der Aktivierung q(1,3) auf $d[2]$ wird in Abb. 7.26(b) gezeigt, wo $d[2]$ jetzt auf das neue Aktivierungssegment zeigt; der alte Wert von $d[2]$ wird in dem neuen Aktivierungssegment gerettet[6]. Der gerettete Wert wird später gebraucht, um den Zustand des Displays in Abb. 7.26(a) wiederherzustellen, wenn die Kontrolle zur Aktivierung q(1,9) zurückkehrt.

Der Display ändert sich, wenn eine neue Aktivierung geschieht, und er muß zurückgesetzt werden, wenn die Kontrolle von der neuen Aktivierung zurückkehrt. Die Bindungsregeln von Pascal und anderen Sprachen mit lexikalischer Bindung erlauben es, den Display durch folgende Schritte zu verwalten. Wir behandeln nur den einfacheren Fall, in dem Prozeduren nicht als Parameter übergeben werden (siehe Beispiel 7.8). Wenn ein neues Aktivierungssegment für eine Prozedur auf Schachtelungstiefe i erzeugt wird, machen wir folgendes:

1. Wir retten den Wert von $d[i]$ in dem neuen Aktivierungssegment und

2. setzen $d[i]$ so, daß es auf das neue Aktivierungssegment zeigt.

Unmittelbar bevor eine Aktivierung endet, wird $d[i]$ auf den geretteten Wert zurückgesetzt.

Diese Schritte werden wie folgt begründet. Nehmen Sie an, eine Prozedur auf Schachtelungstiefe j ruft eine Prozedur auf Tiefe i auf. Es gibt zwei Fälle, abhängig davon, ob die gerufene Prozedur im Quelltext in die rufende geschachtelt ist oder nicht, wie bei der Behandlung von Zugriffsverweisen.

1. $j < i$. Dann ist $i = j+1$ und die gerufene Prozedur ist in die rufende geschachtelt. Die ersten j Elemente des Display müssen deshalb nicht geändert werden, und wir setzen $d[i]$ auf das neue Aktivierungssegment. Dieser Fall ist in Abb. 7.26(a) dargestellt, wenn sort quicksort aufruft und auch wenn quicksort partition aufruft (siehe Abb. 7.26(c)).

2. $j \geq i$. Wieder müssen die umschließenden Prozeduren auf Schachtelungstiefe 1, 2, ..., $i-1$ der gerufenen und rufenden Prozedur gleich sein. Hier retten wir den alten Wert von $d[i]$ in dem neuen Aktivierungssegment und setzen $d[i]$ so, daß es auf das neue Aktivierungssegment zeigt. Der Display wird korrekt verwaltet, weil die ersten $i-1$ Elemente bleiben, wie sie sind.

Ein Beispiel von Fall 2 mit $i = j = 2$ tritt auf, wenn quicksort rekursiv aufgerufen wird, wie in Abb. 7.26(b). Ein interssanteres Beispiel tritt auf, wenn Aktivierung p(1,3) auf Schachtelungstiefe 3 e(1,3) auf Tiefe 2 aufruft und ihre umgebende Prozedur ist s auf Tiefe 1, wie in Abb. 7.26(d). (Das Programm ist in Abb. 7.22) Beachten Sie, daß, wenn e(1,3) aufgerufen wird, der Wert von $d[3]$, der zu p(1,3) gehört, im Display bleibt, obgleich nicht darauf zugegriffen werden kann, weil die Kontrole innerhalb von e ist. Würde e eine

---

[6]   Beachten Sie, daß q(1,9) auch $d[2]$ rettet, obwohl das zweite Display-Element niemals zuvor gebraucht wurde und nicht wiederhergestellt werden müßte. Es ist für alle Aufrufe von q einfacher, $d[2]$ zu speichern, als zur Laufzeit zu entscheiden, ob das Speichern notwendig ist.

andere Prozedur auf Tiefe 3 rufen, würde diese Prozedur $d[3]$ speichern und wieder zurücksetzen, wenn sie zu e zurückkehrt. Wir können so zeigen, daß jede Prozedur den richtigen Display für alle Tiefen bis zu ihrer eigenen Tiefe sieht.

Es gibt verschiedene Orte, wo ein Display verwaltet werden kann. Falls es genügend Register gibt, kann der Display, abgebildet in ein Array, eine Zusammenstellung von Registern sein. Beachten Sie, daß der Übersetzer die maximale Länge dieses Arrays bestimmen kann: es ist die maximale Schachtelungstiefe der Prozeduren im Programm. Auf andere Weise kann der Display in einem statisch zugewiesenen Speicher gehalten werden und alle Referenzen auf Aktivierungssegmente beginnen durch die Benutzung indirekter Adressierung mit Hilfe des passenden Display-Zeigers. Diese Methode ist auf einer Maschine mit indirekter Adressierung vernünftig, wenn auch jede Indirektion einen Speicherzugriff kostet. Eine andere Möglichkeit ist, den Display auf dem Laufzeitkeller selbst zu speichern und für jeden Eintritt in eine Prozedur eine neue Kopie zu erzeugen.

Dynamische Bindung

Bei der dynamischen Bindung erbt eine neue Aktivierung die bestehenden Bindungen der nichtlokalen Namen zum Speicher. Ein nichtlokaler Name a in der gerufenen Prozedur bezieht sich auf den gleichen Speicherplatz wie in der rufenden Aktivierung. Für die lokalen Namen der gerufenen Prozedur werden neue Bindungen erzeugt, die Namen beziehen sich auf die Speicherplätze im neuen Aktivierungssegment.

Das Programm in Abb. 7.27 demonstriert die dynamische Bindung. Die Prozedur show in den Zeilen 3–4 gibt den Wert der nichtlokalen Variablen r aus. Nach der lexikalischen Bindung in Pascal ist die nichtlokale Variable r im Gültigkeitsbereich der Deklaration in Zeile 2, also ist die Ausgabe des Programms:

```
0.250    0.250
0.250    0.250
```

Jedoch nach dynamischer Bindung ist die Ausgabe:

```
0.250    0.125
0.250    0.125
```

Wenn show in den Zeilen 10–11 im Hauptprogramm aufgerufen wird, wird 0.250 ausgegeben, weil die Variable r lokal zum Hauptprogramm verwendet wird. Wenn jedoch show in Zeile 7 inerhalb von small aufgerufen wird, wird 0.125 ausgegeben, weil die Variable r lokal zu small verwendet wird.

```
(1)      program dynamic(input,output);
(2)          var r : real;

(3)          procedure show;
(4)              begin write( r : 5:3 ) end;

(5)          procedure small;
(6)              var r : real;
(7)              begin r := 0.125; show end;

(8)          begin
(9)              r := 0.25;
(10)             show; small; writeln;
(11)             show; small; writeln
(12)         end.
```

Abb. 7.27 Die Ausgabe hängt davon ab, ob die lexikalische oder die dynamische Bindung verwendet wird.

Die folgenden zwei Möglichkeiten, die dynamische Bindung zu implementieren, haben einige Ähnlichkeit mit der Verwendung von Zugriffsverweisen und Displays, jeweils mit der Implementierung von lexikalischer Bindung.

1. *Tiefenzugriff.* Begriffsgemäß ergibt sich die dynamische Bindung, wenn die Zugriffsverweise auf die gleichen Aktivierungssegmente wie die Kontroll-Verweise zeigen. Eine einfache Implementierung ist, die Zugriffsverweise einzusparen und den Kontroll-Verweis zu benutzen, um im Keller zu suchen und nach dem ersten Aktivierungssegment, das den Speicherplatz für den nichtlokalen Namen enthält, zu schauen. Der Ausdruck *Tiefenzugriff* kommt von der Tatsache, daß die Suche „tief" in den Keller gehen kann. Die Tiefe, die die Suche erreichen kann, hängt von der Eingabe des Programms ab, und kann nicht zur Übersetzungszeit bestimmt werden.

2. *Flacher Zugriff.* Hier ist die Idee, den momentanen Wert eines jeden Namens in einem statisch zugewiesenen Speicherplatz zu halten. Wenn eine neue Aktivierung einer Prozedur p erscheint, übernimmt ein lokaler Name n innerhalb von p den Speicherplatz, der statisch für n zugewiesen wurde. Der vorherige Wert von n kann im Aktivierungssegment für p gerettet werden; er muß zurückgeholt werden, wenn die Aktivierung von p endet.

Der Unterschied zwischen den beiden Methoden ist, daß der tiefe Zugriff mehr Zeit in Anspruch nimmt, um auf nichtlokale Variablen zuzugreifen, aber er benötigt keinen zusätzlichen Overhead bei Beginn und Ende einer Aktivierung. Flacher Zugriff, auf der anderen Seite, erlaubt den direkten

Zugriff auf nichtlokale Variablen, aber er braucht Zeit, um diese Werte zu
verwalten, wenn eine Aktivierung beginnt oder endet. Wenn Funktionen als
Parameter übergeben werden und als Ergebnisse zurückgeliefert werden,
erhält man mit dem Tiefenzugriff eine direktere Implementierung.

7.5 Parameterübergabe

Wenn eine Prozedur eine andere Prozedur aufruft, ist die übliche Methode
der Kommunikation zwischen diesen Prozeduren mit Hilfe nichtlokaler Variablen und mit Hilfe von Parametern der gerufenen Prozedur. Beide, nichtlokale Variablen und Parameter, werden von der Prozedur in Abb. 7.28 benutzt, um die Werte von a[i] und a[j] auszutauschen. Hier ist das Array a
nichtlokal zu der Prozedur exchange, und i und j sind Parameter.

```
(1)    procedure exchange(i, j: integer);
(2)        var x : integer;
(3)        begin
(4)            x := a[i]; a[i] := a[j]; a[j] := x
(5)        end
```

Abb. 7.28 Die Pascal-Prozedur vertausche (swap) mit nichtlokalen Variablen und Parametern.

Verschiedene allgemeine Methoden, um aktuelle und formale Parameter zu
verbinden, werden in diesem Abschnitt behandelt. Diese sind: „Call-by-value", „call-by-reference", „copy-restore", „call-by-name" und „macro ex-
pansion". Es ist wichtig zu wissen, welchen Parameterübergabe-Mechanismus
eine Sprache (oder ein Übersetzer) verwendet, weil das Ergebnis eines Programms von der benutzten Methode abhängen kann. Warum gibt es soviele
Methoden? Die verschiedenen Methoden gehen aus den verschiedenen In-
terpretierungen hervor, was ein Ausdruck darstellt. In einer Zuweisung wie

a[i] := a[j]

stellt der Ausdruck a[j] einen Wert dar, während a[i] einen Speicherplatz
darstellt, in den der Wert von a[j] gesetzt wird. Die Entscheidung, ob entweder der Speicherplatz oder der Wert, dargestellt durch einen Ausdruck,
benutzt wird, wird bestimmt durch das Erscheinen des Ausdrucks jeweils auf
der linken oder rechten Seite des Zuweisungssymbols. Wie in Kapitel 2 zeigt
der *l*-Wert auf den durch einen Ausdruck dargestellten Speicherplatz, und der
r-Wert zu dem Wert, den der Speicherplatz beinhaltet.

Die Vorsilben *l*- und *r*- ergeben sich aus der „linken" und „rechten"
Seite einer Zuweisung. Unterschiede zwischen Parameterübergabe-Mechanis-

men basieren primär darauf, daß ein aktueller Parameter entweder einen *r*-Wert, einen *l*-Wert oder den Text des aktuellen Parameters selbst darstellt.

„Call-by-Value" (Wertübergabe)

Dies bedeutet gewissermaßen die einfachste mögliche Methode der Parameterübergabe. Die aktuellen Parameter werden ausgewertet, und ihre *r*-Werte werden der gerufenen Prozedur übergeben. Call-by-value wird in C benutzt, und gewöhnlich werden Pascal-Parameter auf diesem Weg übergeben. Bisher beziehen sich alle Programe in diesem Kapitel auf diese Methode der Parameterübergabe. Call-by-value kann wie folgt implementiert werden.

1. Ein formaler Parameter wird wie ein lokaler Name behandelt, also befindet sich der Speicherplatz für die formalen Parameter im Aktivierungssegment der gerufenen Prozedur.

2. Die rufende Prozedur wertet die aktuellen Parameter aus und setzt ihre *r*-Werte in den Speicherplatz der formalen Parameter.

```
(1)    program reference(input,output);
(2)        var a, b: integer;

(3)        procedure swap(var x, y: integer);
(4)            var temp : integer;
(5)            begin
(6)                temp := x;
(7)                x := y;
(8)                y := temp
(9)            end;

(10)       begin
(11)           a := 1; b := 2;
(12)           swap(a,b);
(13)           writeln('a =', a); writeln('b =', b)
(14)       end.
```

Abb. 7.29 Pascal-Programm mit Prozedur swap (vertausche).

Ein bedeutendes Merkmal von „call-by-value" ist, daß Operationen auf den formalen Parametern die Werte im Aktivierungssegment der rufenden Prozedur nicht beeinflussen. Falls das Schlüsselwort var in Zeile 3 von Abb. 7.29 weggelassen wird, würde in Pascal eine Wertübergabe von x und y an die Prozedur swap vornehmen. Der Aufruf swap(a, b) in Zeile 12 läßt dann die Werte von a und b unberührt. Der Aufruf swap(a, b) mit „call-by-value"-Übergabe ist gleich dem Effekt der Folge von Schritten

```
  x  :=  a
  y  :=  b
temp :=  x
  x  :=  y
  y  :=  temp
```

wobei x, y und temp lokal zu swap sind. Obwohl diese Zuweisungen die Werte der lokalen Variablen x, y und temp vertauschen, sind die Änderungen verloren, wenn die Kontrolle vom Aufruf zurückkehrt und das Aktivierungssegment für swap vom Keller genommen wird. Der Aufruf hat deshalb keinen Einfluß auf das Aktivierungssegment der rufenden Prozedur.

Eine Prozedur mit „call-by-value"-Übergabe kann ihre rufende Prozedur entweder durch nichtlokale Variablen (siehe exchange in Abb. 7.28) oder durch Zeiger, die explizit als Werte übergeben werden beeinflussen. In dem C-Programm in Abb. 7.30 sind x und y in Zeile 2 als Zeiger auf Integer deklariert; der &-Operator im Aufruf swap(&a, &b) in Zeile 8 hat zur Folge, daß Zeiger auf a und b an swap übergeben werden. Die Ausgabe dieses Programms ist

a ist nun 2, b ist nun 1

```
 (1)    swap(x,y)
 (2)    int *x, *y;
 (3)    {    int temp;
 (4)         temp = *x; *x = *y; *y = temp;
 (5)    }

 (6)    main()
 (7)    {    int a = 1, b = 2;
 (8)         swap( &a, &b );
 (9)         printf("a ist nun %d, b ist nun %d\n", a, b);
(10)    }
```

Abb. 7.30 Ein C-Programm, das Zeiger in einer Prozedur mit „call-by-value"-Übergabe benutzt.

Der Gebrauch von Zeigern in diesem Beispiel legt nahe, wie ein Übersetzer mit „call-by-reference"-Übergabe die Werte austauschen würde.

„Call-by-Reference" (Adreßübergabe)

Wenn Parameter mit „Call-by-reference" (auch bekannt als „Call-by-address" oder „Call-by-location") übergeben werden, übergibt die rufende Prozedur einen Zeiger auf die Speicherplatz-Adresse von jedem aktuellen Parameter an die gerufene Prozedur.

1. Falls ein aktueller Parameter ein Name ist oder ein Ausdruck, der einen l-Wert besitzt, dann wird der l-Wert übergeben.

2. Falls jedoch der aktuelle Parameter ein Ausdruck wie a + b oder 2 ist, der keinen l-Wert besitzt, dann wird der Ausdruck in einen neuen Speicherplatz ausgewertet und die Adresse dieses Speicherplatzes wird übergeben.

Ein Zugriff auf einen formalen Parameter in der gerufenen Prozedur wird im Zielcode zu einem indirekten Zugriff mit Hilfe des Zeigers, der der gerufenen Prozedur übergeben wurde.

Beispiel 7.7
Betrachten Sie die Prozedur swap in Abb. 7.29. Ein Aufruf von swap mit den aktuellen Parametern i und a[i], also swap(i, a[i]), würde das gleiche Ergebnis haben, wie die folgende Folge von Schritten:

1. Kopiere die Adressen (l-Werte) von i und a[i] in das Aktivierungssegment der gerufenen Prozedur, sagen wir in die Speicherplätze arg1 und arg2, die jeweils zu x und y gehören.

2. Setze temp auf den Inhalt des Speicherplatzes, auf den arg1 zeigt (z.B. setze temp gleich I_0, wobei I_0 der Initialwert von i ist). Dieser Schritt entspricht temp := x in Zeile 6 der Definition von swap.

3. Setze den Inhalt des Speicherplatzes, auf den arg1 zeigt, auf den Wert des Speicherplatzes, auf den arg2 zeigt; das heißt, i := a[I_0]. Dieser Schritt entspricht x := y in Zeile 7 von swap.

4. Setze den Inhalt des Speicherplatzes, auf den arg2 zeigt, gleich dem Wert von temp; das heißt, setze a[I_0] := i. Dieser Schritt entspricht y := temp.

„Call-by-reference" wird in einigen Sprachen benutzt; var-Parameter in Pascal werden auf diese Art übergeben. Arrays werden gewöhnlich mit der „Call-by-reference"-Methode übergeben.

„Copy-Restore"

Eine Kreuzung zwischen „Call-by-value" und „Call-by-reference" ist die „Copy-restore"-Verbindung (auch bekannt als „Copy-in Copy-out" oder „Value-result").

1. Bevor die Kontrolle zu der gerufenen Prozedur geht, werden die aktuellen Parameter ausgewertet. Die r-Werte der aktuellen Parameter werden der gerufenen Prozedur übergeben, wie bei „Call-by-value". Zusätzlich jedoch werden die l-Werte dieser aktuellen Parameter vor dem Aufruf bestimmt.

2. Wenn die Kontrolle zurückkehrt, werden die momentanen r-Werte der formalen Parameter in die l-Werte der aktuellen Parameter zurückkopiert, wobei die l-Werte, die vor dem Aufruf berechnet wurden, benutzt werden. Natürlich haben nur die aktuellen Parameter l-Werte, die kopiert werden.

Der erste Schritt „kopiert" die Werte der aktuellen Parameter in das Aktivierungssegment der gerufenen Prozedur (in den Speicherplatz für die formalen Parameter hinein). Der zweite Schritt kopiert die letzen Werte der formalen Parameter in das Aktivierungssegment der rufenden Prozedur (in die l-Werte hinein, die aus den aktuellen Parametern vor dem Aufruf berechnet wurden).

Beachten Sie, daß swap(i, a[i]) unter Verwendung von „Copy-restore" richtig abläuft, weil der Speicherplatz von a[i] von dem rufenden Programm vor dem Aufruf berechnet und erhalten wird. Auf diese Weise wird der letzte Wert des formalen Parameters y, welcher der Initialwert von i sein wird, in den richtigen Speicherplatz kopiert, genauso ändert sich der Speicherplatz von a[i] durch den Aufruf (weil der Wert von i sich ändert).

„Copy-restore" wird von einigen Fortran-Implementierungen verwendet. Jedoch benutzen andere „Call-by-reference". Unterschiede zwischen den zwei können auftreten, falls die gerufene Prozedur mehr als eine Möglichkeit hat, auf einen Speicherplatz im Aktivierungssegment der rufenden Prozedur zuzugreifen. Die Aktivierung, die durch den Aufruf unsafe(a) in Zeile 6 in Abb. 7.31 erzeugt wird, kann sowohl auf a als nichtlokale Variable zugreifen als auch durch den formalen Parameter x. Nach „Call-by-reference" haben die Zuweisungen an beide x und a unmittelbaren Einfluß auf a, also ist der letzte Wert von a gleich 0. Nach „Copy-restore" jedoch wird der Wert 1 des aktuellen Parameters a in den formalen Parameter x kopiert. Der letzte Wert 2 von x wird in den l-Wert von a kopiert, gerade bevor die Kontrolle zurückkehrt, also ist der letzte Wert von a gleich 2.

```
(1)    program copyout(input,output);
(2)        var a : integer;
(3)        procedure unsafe(var x : integer);
(4)            begin x := 2; a := 0 end;
(5)        begin
(6)            a := 1; unsafe(a); writeln(a)
(7)        end.
```

Abb. 7.31   Die Ausgabe ändert sich, falls „Call-by-reference" zu „Copy-restore" geändert wird.

„Call-by-Name" (Namensübergabe)

„Call-by-Name" ist traditionell definiert durch die „*Copy*"-Regel von Algol, welche folgendermaßen lautet:

1. Die Prozedur wird behandelt, als wäre sie ein Macro; dies bedeutet, ihr Körper wird mit dem Aufruf in der rufenden Prozedur ausgetauscht, wobei die aktuellen Parameter buchstäblich mit den formalen Parametern ausgetauscht werden. So eine genaue Ersetzung wird *Macro-Expansion* oder *In-Line-Expansion* genannt.

2. Die lokalen Namen der gerufenen Prozedur werden unterschiedlich zu den Namen der rufenden Prozedur gehandhabt. Wir können uns vorstellen, daß jede lokale Variable der gerufenen Prozedur systematisch umbenannt wird, bevor die „Macro-Expansion" stattfindet.

3. Die aktuellen Parameter sind mit Klammern umgeben, falls es notwendig ist, ihre Integrität zu bewahren.

Beispiel 7.8
Der Aufruf swap(i,a[i]) aus Beispiel 7.7 würde implementiert, als wäre er gleich mit:

```
temp := i
   i := a[i]
a[i] := temp
```

Auf diese Weise setzt swap nach „Call-by-name" wie erwartet i auf a[i], aber wir haben das unerwartete Ergebnis, daß a[a[I_0]] – an Stelle von a[I_0] – auf I_0 gesetzt wird, wobei I_0 der Initialwert von i ist. Dieses Phänomen tritt auf, weil der Speicherplatz von x in der Zuweisung x := temp von swap nicht ausgewertet wird, bis er gebraucht wird, und in dieser Zeit hat sich der Wert von i bereits geändert. Eine korrekt ablaufende Version von swap kann anscheinend nicht geschrieben werden, falls „Call-by-name" benutzt wird (siehe Fleck [1976]). □

Obgleich „Call-by-name" primär von theoretischem Interesse ist, hat die damit verbundene Idee der Technik der „In-Line-Expansion" den Anschein, die Laufzeit eines Programms zu reduzieren. Es gibt eine gewisse Zeit, die verbunden ist mit dem Aufsetzen einer Aktivierung einer Prozedur auf den Laufzeitstapel – der Platz für das Aktivierungssegment wird zugewiesen, der Maschinenzustand wird gerettet, Zeiger werden gesetzt und dann wird die Kontrolle übergeben. Wenn ein Prozedurkörper klein ist, könnte der Code für die Aktionen beim Aufruf größer sein als der Code im Prozedurkörper. Es könnte deshalb effizienter sein, die „In-Line-Expansion" des Körpers im Code der rufenden Prozedur zu verwenden, selbst wenn die Größe des Programms ein wenig wächst. Im nächsten Beispiel wird die „In-Line-Expansion" auf eine Prozedur mit „Call-by-value"-Übergabe angewendet.

Beispiel 7.9

Nehmen Sie an, daß die Funktion f in der Zuweisung

$$x := f(A) + f(B)$$

mit dem „Call-by-value"-Übergabemechanismus aufgerufen wird. Hier sind die aktuellen Parameter A und B Ausdrücke. Das Austauschen der Ausdrücke A und B für jedes Auftreten der formalen Parameter im Körper von f führt zu „Call-by-name"-Übergabe; erinnern Sie sich an a[i] im letzten Beispiel.

Neue temporäre Variablen können benutzt werden, um die Auswertung der aktuellen Parameter vor der Ausführung des Prozedurkörpers zu erzwingen:

$$\begin{aligned}
t_1 &:= A; \\
t_2 &:= B; \\
t_3 &:= f(t_1); \\
t_4 &:= f(t_2); \\
x &:= t_3 + t_4
\end{aligned}$$

Jetzt würde die In-Line-Expansion alle Auftreten der formalen Parameter durch t_1 und t_2 ersetzen, wenn jeweils der erste und zweite Aufruf expandiert wird[7].

Die gewöhnliche Implementierung von „Call-by-name" ist, der gerufenen Prozedur parameterlose Unterroutinen zu übergeben, allgemein *„thunks"* genannt, die den *l*-Wert oder *r*-Wert der aktuellen Parameter auswerten können. Wie eine Prozedur, die als Parameter in einer Sprache mit lexikalischem Gültigkeitsbereich übergeben wird, trägt ein *„thunk"* einen Zugriffsverweis mit sich, der auf das momentane Aktivierungssegment der gerufenen Prozedur zeigt.

7.6 Symboltabellen

Ein Übersetzer benutzt eine Symboltabelle, um sich den Gültigkeitsbereich und die Bindungsinformationen der Namen zu merken. In der Symboltabelle wird jedesmal gesucht, wenn man im Quelltext einem Namen begegnet. Änderungen in der Tabelle treten auf, wenn ein neuer Name oder neue Information über einen existierenden Namen erkannt wird. Ein Symboltabellen-Me-

---

[7] Es entstehen verborgene Kosten, verbunden mit temporären Variablen. Sie können verursachen, daß zusätzlicher Speicherplatz im Aktivierungssegment zugewiesen wird. Falls die lokalen Variablen im Aktivierungs-Segment initialisiert werden, dann haben zusätzliche temporäre Werte auch eine Zeitverschwendung zur Folge.

chanismus muß es uns erlauben, neue Einträge effizient hinzuzufügen und existierende Einträge effizient zu finden.

Die zwei Symboltabellen-Mechanismen, die in diesem Abschnitt beschrieben werden, sind lineare Listen und Hash-Tabellen. Wir bewerten jedes System auf der Basis der Zeit, die es braucht, um n Einträge hinzuzufügen und e Anfragen zu machen.

Eine lineare Liste ist am einfachsten zu implementieren, aber ihre Leistungsfähigkeit ist schlecht, wenn e und n groß werden. Die Hashing-Methode liefert eine bessere Leistungsfähigkeit mit einem etwas größeren Programmieraufwand und Speicherplatz-Overhaed. Beide Mechanismen können ohne Schwierigkeiten angepaßt werden, um die am „engsten umgebende Deklaration"-Bindungsregel zu verwalten.

Es ist vorteilhaft für einen Übersetzer, in der Lage zu sein, die Symboltabelle – falls notwendig – zur Übersetzungszeit dynamisch zu erweitern. Falls die Größe der Symboltabelle fest ist, wenn der Übersetzer geschrieben wird, dann muß die Größe groß genug gewählt werden, um jedes Quellprogramm, das eingegeben werden könnte, zu verwalten. Solch eine feste Größe ist wahrscheinlich zu groß für die meisten und unzureichend für einige andere Programme.

Symboltabellen-Einträge

Jeder Eintrag in die Symboltabelle steht für die Deklaration eines Namens. Das Format der Einträge muß nicht gleich sein, weil die Information, die zu einem Namen gespeichert wird, von der Verwendung des Namens abhängt. Jeder Eintrag kann implementiert werden als ein Record, bestehend aus einer Folge von aufeinanderfolgenden Speicherwörtern.

Um die Symboltabelleneinträge einheitlich zu behandeln, dürfte es angebracht sein, einige Information über einen Namen außerhalb des Tabelleneintrags zu speichern, wobei nur ein Zeiger auf diese Information in dem Eintrag gespeichert ist. Informationen werden zu verschiedenen Zeitpunkten in die Symboltabelle gebracht. Schlüsselwörter stehen, falls überhaupt, von Anfang an in der Symboltabelle. Der Scanner aus Kapitel 3.4 schaut nach Folgen von Buchstaben und Ziffern in der Symboltabelle, um zu bestimmen, ob ein reserviertes Schlüsselwort oder ein Name gelesen wurde. Bei dieser Methode müssen die Schlüsselwörter vor Beginn der lexikalischen Analyse in der Symboltabelle stehen. Eine andere Möglichkeit ist, daß der *Scanner* die reservierten Schlüsselwörter abfängt; dann müssen sie nicht in der Symboltabelle erscheinen. Falls die Sprache keine Schlüsselwörter reserviert, dann ist es wichtig, daß Schlüsselwörter in die Symboltabelle eingetragen werden mit einer Warnung, daß sie möglicherweise als Schlüsselwort benutzt werden.

Der Symboltabellen-Eintrag selbst kann eingerichtet werden, wenn die Funktion eines Namens klar wird, wobei die Attributwerte eingetragen wer-

den, sowie sie sich ergeben. In einigen Fällen kann der Eintrag von dem
Scanner vorgenommen werden, sobald ein Name in der Eingabe erkannt
wird. Häufiger könnte ein Name mehrere verschiedene Objekte bezeichnen,
sogar im gleichen Block oder der gleichen Prozedur.

Zum Beispiel die C-Deklarationen

$$
\begin{array}{ll}
\texttt{int} & \texttt{x;} \\
\texttt{struct} & \texttt{x \{float y, z;\};}
\end{array}
\tag{7.1}
$$

verwenden x als beides, als Integervariable und als Zeichen für eine Struktur
mit zwei Feldern. In solchen Fällen kann der Scanner nur den Namen selbst
an den Parser liefern (oder ein Zeiger zu dem Lexem, das den Namen bildet)
anstelle eines Zeigers zu dem Symboltabelleneintrag. Der Symboltabelleneintrag wird erzeugt, wenn die syntaktische Funktion, die dieser Name ein-
nimmt, erkannt wird. Für die Deklarationen in (7.1) würden zwei Symboltabelleneinträge für x erzeugt; einer mit x als Integervariable und einer mit x
als Struktur.

Attribute eines Namens werden entsprechend ihrer Deklarationen eingetragen, welche implizit sein können. Marken sind oft Bezeichner, gefolgt von
einem Doppelpunkt, und so könnte eine mit der Erkennung eines solchen
Bezeichners verbundene Aktion sein, diese Tatsache in die Symboltabelle einzutragen. Ähnlich spezifiziert die Syntax einer Prozedurdeklaration, daß bestimmte Bezeichner formale Parameter sind.

Die Zeichen in einem Namen

Wie in Kapitel 3 gibt es einen Unterschied zwischen dem Symbol **id** für einen
Bezeichner oder Namen, dem Lexem, bestehend aus den Zeichen-String, der
den Namen formt, und den Attributen des Namens. Zeichen-Strings können
unhandlich für die Verarbeitung sein, deshalb verwenden Übersetzer oftmals
eine Darstellung des Namens von fester Länge an Stelle des Lexemes. Das
Lexem wird benötigt, wenn ein Symboltabelleneintrag zum erstenmal erstellt
wird und wenn wir nach einem in der Eingabe gefundenen Lexem schauen,
um zu bestimmen, ob es ein Name ist, der bereits auftauchte. Eine allgemeine
Darstellung eines Namens ist ein Zeiger zu einem Symboltabelleneintrag für
ihn.

Falls es eine nicht zu große obere Grenze der Länge eines Namens gibt,
können die Zeichen des Namens in dem Symboltabelleneintrag gespeichert
werden wie in Abb. 7.32(a). Falls es keine Grenze bezüglich der Länge des
Namens gibt, oder falls die Grenze nur selten erreicht wird, kann das indirekte Schema aus Abb. 7.32(b) verwendet werden. Anstelle jedem Symboltabelleneintrag die maximal mögliche Größe, die ein Lexem einnehmen kann,
zuzuweisen, können wir den Speicherplatz effizienter nutzen, wenn nur Platz
für einen Zeiger in einem Symboltabelleneintrag besteht. In dem Eintrag für

einen Namen, setzen wir einen Zeiger auf ein getrenntes Array von Zeichen (der *String-Tabelle*), der die Position des ersten Zeichens des Lexems erhält. Das indirekte Schema von Abb. 7.32(b) erlaubt, daß die Größe des Namensfeldes des Symboltabelleneintrags selbst konstant ist.

Das vollständige Lexem, daß einen Namen bildet, muß gespeichert werden, um zu gewährleisten, daß alle Verwendungen des gleichen Namens mit dem gleichen Symboltabelleneintrag verbunden werden können.

Wir müssen jedoch zwischen dem Erscheinen des gleichen Lexems unterscheiden, das in Gültigkeitsbereichen verschiedener Deklarationen vorkommt.

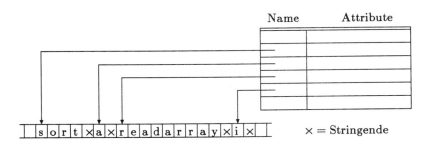

(a) Bei fester Speichergröße innerhalb eines Eintrags.

(b) In einem getrennten Array.

Abb. 7.32   Das Speichern der Zeichen eines Namens.

Speicherzuweisungsinformationen

Informationen über die Speicherplätze, die zur Laufzeit an die Namen gebunden werden, werden in der Symboltabelle aufbewahrt. Betrachten wir zuerst Namen mit statischem Speicherplatz. Falls der Zielcode Assembler-Sprache ist, können wir es dem Assembler überlassen, sich um die Speicherplätze für die verschiedenen Namen zu kümmern. Alles, was wir zu tun haben, ist die

Symboltabelle zu betrachten, nachdem wir den Assembler-Code für das Programm generiert haben, und Datendefinitionen der Assembler-Sprachen zu generieren, die für jeden Namen an das Assembler-Programm anzuhängen sind.

Falls jedoch von dem Übersetzer Maschinen-Code erzeugt wird, muß die Position von jedem Datenobjekt relativ zu einem festgelegten Anfang, wie dem Anfang eines Aktivierungssegments, ermittelt werden. Das gleiche gilt für einen Datenblock, der als Modul getrennt von dem Programm geladen wird.

Beispielsweise werden COMMON-Blöcke in Fortran getrennt geladen, und die Positionen der Namen relativ zum Anfang des COMMON-Blockes, in dem sie liegen, müssen bestimmt werden. Aus Gründen, die in Abschnitt 7.9 behandelt werden, ist die Methode aus Abschnitt 7.3 für Fortran zu modifizieren, wo, nachdem alle Deklarationen für eine Prozedur erkannt und EQUIVALENCE-Anweisungen abgearbeitet worden sind, Offsets für die Namen zugewiesen werden.

In den Fällen, wo für Namen Speicherplatz auf einem Stapel oder Heap zugewiesen wird, weist der Compiler keinen Speicherplatz zu – der Compiler entwirft das Aktivierungssegment für jede Prozedur, wie in Abschnitt 7.3.

Die Listen-Struktur für Symboltabellen

Die unkomplizierteste und einfachste Art, eine Datenstruktur für eine Symboltabelle zu implementieren, ist eine lineare Liste von Einträgen, wie in Abb. 7.33 gezeigt. Wir verwenden ein einzelnes Array, oder äquivalent dazu mehrere Arrays, um die Namen und die mit ihnen verbundenen Informationen zu speichern. Neue Namen werden in der Reihenfolge, in der sie eintreffen, zu der Liste hinzugefügt. Die Position des Endes des Arrays wird durch den Zeiger *available* markiert, der auf die Stelle zeigt, wo der nächste Symboltabelleneintrag eingetragen wird. Die Suche nach einem Namen geht rückwärts vor, vom Ende des Arrays zum Anfang. Wenn die Stelle des Namens gefunden ist, kann die damit verbundene Information in den nachfolgenden Speicherwörtern gefunden werden. Falls wir den Anfang des Arrays erreichen, ohne den Namen zu finden, ist ein Fehler aufgetreten – ein erwarteter Name ist nicht in der Tabelle.

Beachten Sie, daß das Erzeugen eines Eintrags für einen Namen und das Nachschauen nach dem Namen in der Symboltabelle unabhängige Operationen sind – es kann sein, daß wir eine von beiden ohne die andere ausführen wollen. In einer blockstrukturierten Sprache liegt das Auftreten eines Namens in dem Gültigkeitsbereich der am engsten umgebenden Deklaration des Namens. Wir können diese Bindungsregel implementieren, indem wir eine Datenstruktur Liste verwenden und jedesmal, wenn ein Name deklariert wird, einen neuen Eintrag erzeugen. Ein neuer Eintrag wird aus den Wörtern, die unmittelbar dem Zeiger *available* folgen, erzeugt; dieser Zeiger wird um die

Größe des Symboltabelleneintrags erhöht. Weil die Einträge der Reihen nach vom Anfang des Arrays an eingefügt werden, erscheinen sie in der Reihenfolge, in der sie erzeugt wurden. Durch das Suchen von *available* aus zum Anfang des Arrays sind wir sicher, daß wir den jüngsten Eintrag finden.

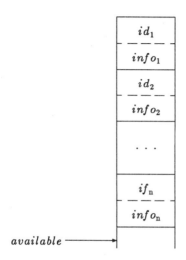

Abb. 7.33   Eine lineare Liste von Einträgen.

Falls die Symboltabelle n Namen enthält, ist die Arbeit, die notwendig ist, um einen neuen Namen einzufügen, konstant, wenn wir ihn einfügen, ohne zu überprüfen, ob der Name bereits in der Tabelle ist. Falls mehrere Einträge für einen Namen nicht erlaubt sind, müssen wir die ganze Tabelle durchsuchen, bevor wir erkennen, daß ein Name nicht in der Tabelle ist; diese Arbeit ist in dem Prozeß proportional zu n. Um die Daten zu einem Namen zu finden, durchsuchen wir im Durchschnitt $n/2$ Namen, somit sind die Kosten einer Anfrage ebenfalls proportional zu n.

Infolgedessen erfordert die gesamte Arbeit für das Einfügen von n Namen und e Anfragen maximal $cn(n+e)$ Kosten, weil das Einfügen und Anfragen proportional zu n Zeit kostet, wobei c eine Konstante ist, die die für einige Maschinenoperationen benötigte Zeit darstellt. In einem Programm mittlerer Größe könnte $n = 100$ und $e = 1000$ sein, so werden mehrere Hunderttausend Maschinenoperationen für die Buchführung verbraucht. Dies wäre nicht schmerzlich, da wir von weniger als einer Sekunde Zeit sprechen. Jedoch, falls n und e mit 10 multipliziert werden, werden die Kosten mit 100 multipliziert und die Buchführung wird unerschwinglich teuer. Eine Profilerstellung (Profiling) liefert wertvolle Daten darüber, wo ein Übersetzer seine

Zeit verbraucht, und kann benutzt werden um zu entscheiden, ob zuviel Zeit für das Suchen durch lineare Listen verschwendet wird.

Hash-Tabellen

Variationen der als Hashing bekannten Suchtechnik sind in vielen Übersetzern implementiert. Hier betrachteten wir eine ziemlich einfache Variante, die als *offenes Hashing* bekannt ist, wobei „offen" auf die Eigenschaft deutet, daß es keine Grenze der Zahl der möglichen Einträge geben muß. Eben diese Methode gibt uns die Möglichkeit, e Anfragen auf n Namen in einer Zeit proportional zu $n(n+e)/m$ für eine von uns gewählte Konstante m, auszuführen. Weil m so groß gemacht werden kann, wie wir wollen, bis zu n, ist diese Methode generell effizienter als lineare Listen und es ist die Methode, die in den meisten Situationen für Symboltabellen gewählt wird.

Wie erwartet werden könnte, wächst der von der Datenstruktur eingenommene Platz mit m, also muß ein Kompromiß zwischen Zeit- und Platzbedarf geschlossen werden.

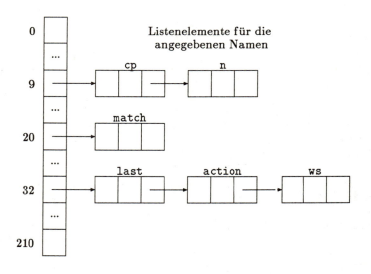

Abb. 7.34 Eine Hash-Tabelle der Größe 211.

Das grundlegende Hashing-Schema wird in Abb. 7.34 gezeigt. Es gibt zwei Teile der Datenstruktur:

1. Eine *Hash-Tabelle*, bestehend aus einem festen Array mit m Zeigern auf die Tabelleneinträge.

2. Die Tabelleneinträge sind in m einzelne verbundene Listen aufgeteilt, die *Zellen* (Buckets) genannt werden (einige Zellen können leer sein). Jeder Eintrag in der Symboltabelle taucht in exakt einer dieser Listen auf. Der Speicherplatz für die Einträge könnte von einem Array von Einträgen genommen werden, wie es im nächsten Abschnitt behandelt wird. Wahlweise können die dynamischen Speicherzuweisungsmöglichkeiten der Implementierungssprache verwendet werden, um den Platz für die Einträge zu erlangen; dies ist oftmals mit Verlust an Effizienz verbunden.

Um zu entscheiden, ob es einen Eintrag für den String s in der Symboltabelle gibt, wenden wir eine *Hash-Funktion* h auf s an, so daß $h(s)$ einen Integerwert zwischen 0 und $m-1$ zurückliefert. Falls s in der Symboltabelle ist, dann ist er in der mit $h(s)$ numerierten Liste. Falls s noch nicht in der Symboltabelle ist, wird er durch das Erzeugen eines Eintrags für s eingefügt, der mit dem vorderen Ende der mit $h(s)$ numerierten Liste verbunden wird.

Als Faustregel sind die Listen durchschnittlich n/m Einträge lang, falls n Namen in einer Tabelle der Größe m sind. Durch die Wahl von m, so daß n/m durch eine kleine Konstante, sagen wir 2, beschränkt ist, ist die Zugriffszeit auf einen Tabelleneintrag im wesentlichen konstant.

Der von der Symboltabelle eingenommene Platz besteht aus m Wörtern für die Hash-Tabelle und cn Wörtern für Tabelleneinträge, wobei c die Zahl der Wörter pro Tabelleneintrag ist. Infolgedessen hängt der Platz für die Hash-Tabelle nur von m ab, und der Platz für die Tabelleneinträge hängt nur von der Zahl der Einträge ab.

Die Wahl von m hängt von der beabsichtigten Anwendung für eine Symboltabelle ab. Eine Wahl von wenigen Hunderten für m würde das Nachschauen in der Tabelle zu einem vernachlässigbaren Teil der Gesamtzeit, die von einem Übersetzer verbraucht wird, machen, das gilt gerade für Programme mit mittelmäßiger Größe. Wenn die Eingabe für einen Übersetzer durch ein anderes Programm erzeugt würde, kann jedoch die Zahl der Namen wesentlich überschritten werden, mehr als in den meisten vom Menschen erzeugten Programmen der gleichen Größe, und eine größere Tabellengröße wäre vorzuziehen.

Eine große Aufmerksamkeit wird der Frage gewidmet, wie eine Hash-Funktion zu entwerfen ist, die leicht für Zeichenstrings zu berechnen ist und die die Strings gleichmäßig in die m Listen verteilt. Eine geeignete Möglichkeit für das Berechnen der Hash-Funktionen ist, wie folgt vorzugehen:

1. Bestimmen Sie eine positive Integerzahl h aus den Zeichen c_1, c_2, ..., c_k im String s. Die Umwandlung von einzelnen Zeichen in Integerzahlen

wird gewöhnlich durch die Implementierungssprache unterstützt. Pascal stellt eine Funktion *ord* für dieses Vorhaben bereit; C wandelt ein Zeichen automatisch in einen Integerwert um, falls eine arithmetische Operation auf ihm ausgeführt wird.

2. Wandle die oben bestimmte Integerzahl h in eine Zahl aus einer Liste um, das heißt eine Integerzahl zwischen 0 und $m-1$. Eine sinnvolle Möglichkeit ist einfaches Dividieren von h durch m und davon den Rest zu nehmen. Den Rest zu nehmen scheint besser zu funktionieren, falls m eine Primzahl ist, deshalb ist in Abb. 7.34 211 an Stelle von 200 gewählt worden.

Hash-Funktionen, die alle Zeichen in einem String berücksichtigen, verteilen die Strings in der Tabelle besser als Funktionen, die nur ein paar Zeichen an den Enden oder in der Mitte des Strings berücksichtigen. Erinnern Sie sich, daß die Eingabe für einen Compiler von einem Programm erzeugt werden könnte; sie hätte dann eine stilisierte Form, die gewählt wird, um Konflikte mit Namen zu verhindern, die eine Person oder ein anderes Programm verwenden würde. Programmierer tendieren ebenfalls dazu, Namen zu bündeln, mit Namenwahlen wie baz, newbaz, baz1 usw.

Eine einfache Technik, h zu berechnen, ist, die Integerwerte der Zeichen in einem String aufzuaddieren. Eine bessere Idee ist, den Wert von h mit einer Konstanten α zu multiplizieren, bevor er zu dem nächsten Zeichen addiert wird. Dies bedeutet, wir setzen $h_0 = 0$, $h_i = \alpha h_{i-1} + c_i$ für $i \leq i \leq k$ und $h = h_k$, wobei k die Länge des Strings ist. (Erinnern Sie sich, daß der Hash-Wert, der die Nummer der Liste ergibt, $h \bmod m$ ist.) Einfaches Addieren der Zeichen stellt den Fall dar, wenn $\alpha = 1$ ist. Eine ähnliche Strategie ist, anstatt zu addieren, c_i durch „xor" mit αh_{i-1} zu verbinden.

Falls wir $\alpha = 65599$ wählen (dies ist eine Primzahl nahe bei 2^{16}) dann gibt es für 32-bit Integerzahlen während der Berechnung von αh_{i-1} einen Überlauf. Falls α eine Primzahl ist, ist es scheinbar durchaus sinnvoll, den Überlauf zu ignorieren und nur die niederwertigen 32 Bit zu behalten.

In einer Menge von Experimenten arbeitet die Hash-Funtion *hashpjw* von P.J. Weinbergers C-Compiler aus Abb. 7.35 für alle getesteten Tabellengrößen gleichbleibend korrekt (siehe Abb. 7.36). Die Größen umfaßten die ersten Primzahlen über 100, 200, ..., 1500. Knapper zweiter wurde die Funktion, die h berechnet, indem sie den Zwischenwert mit 65599 multipliziert, den Überlauf ignoriert und diesen Wert zum nächsten Zeichen addiert. Die Funktion *hashpjw* wird beginnend mit $h = 0$ berechnet. Für jedes Zeichen c werden die Bits von h vier Positionen nach links geschoben und zu c addiert. Falls eines der vier höchstwertigen Bits von h gleich 1 ist, werden diese vier Bits um 24 Positionen nach rechts rotiert, durch „xor" mit h verbunden, und anschließend werden die vier höchstwertigen Bits auf Null gesetzt.

```
(1)    #define PRIME 211
(2)    #define EOS '\0'
(3)    int hashpjw(s)
(4)    char *s;
(5)    {
(6)          char *p;
(7)          unsigned h = 0, g;
(8)          for ( p = s; *p != EOS; p = p+1 ) {
(9)                h = (h << 4) + (*p);
(10)               if (g = h & 0xf0000000) {
(11)                     h = h ^ (g >> 24);
(12)                     h = h ^ g;
(13)               }
(14)         }
(15)         return h % PRIME;
(16)   }
```

Abb. 7.35   Die in C geschriebene Hash-Funktion *hashpjw.*

Beispiel 7.10

Um die besten Ergebnisse zu erzielen, müssen die Größe der Hash-Tabelle und die erwartete Eingabe berücksichtigt werden, wenn eine Hash-Funktion entworfen wird. Beispielsweise ist es notwendig, daß die Hash-Werte für die in einer Sprache am häufigsten auftretenden Namen verschieden sind. Falls Schlüsselwörter in die Symboltabelle eingetragen werden, dann sind die Schlüsselwörter wahrscheinlich unter den am meisten auftretenden Namen, obwohl in einer Auswahl von C-Programmen der Name i mehr als dreimal so oft vorkommt wie while.

Eine Möglichkeit zum Test einer Hash-Funktion ist zu untersuchen, wieviele Strings in die gleiche Liste fallen. Gegeben sei eine Datei D, bestehend aus n Strings, wobei jeweils b_j Strings – für $0 \leq j \leq m-1$ – in die Liste j fallen. Ein Maßstab dafür, wie gleichmäßig die Strings über die Listen verteilt werden, wird erzielt durch die Berechnung von:

$$\sum_{j=0}^{m-1} b_j \, (b_j+1)/2 \tag{7.2}$$

Die intuitive Begründung für diesen Ausdruck ist, daß wir nach einem Listenelement schauen müssen, um den ersten Eintrag in Liste j zu finden, nach zweien, um den zweiten Eintrag zu finden, usw. bis zu b_j, um den letzten Eintrag zu finden. Die Summe von 1, 2, ..., b_j ist gleich $b_j \, (b_j+1)/2$.

Aus Übung 7.14 wissen wir, daß der Wert von (7.2) für eine Hash-Funktion, die die Strings zufällig auf die Listen verteilt, gleich

$$(n/2m)(n+2m-1) \tag{7.3}$$

ist.

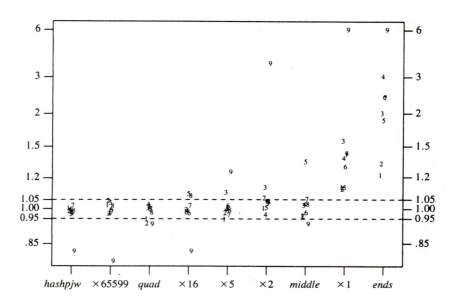

Hash-Methoden
Angegeben sind die Filenummern

Abb. 7.36 Vergleich der Leistungsfähigkeit von Hash-Funktionen
für eine Tabelle der Größe 211.

Der Quotient der Ausdrücke (7.2) und (7.3) ist in Abb. 7.36 für die Anwendung verschiedener Hash-Funktionen auf neun Dateien graphisch dargestellt. Dabei wurden folgende Dateien verwendet:

1. Die 50 am häufigsten verwendeten Namen und Schlüsselwörter in einem
    Beispiel eines C-Programms.

2. Wie in (1), aber mit den 100 am häufigsten verwendeten Namen und
    Schlüsselwörtern.

3. Wie in (1), aber mit den 500 am häufigsten verwendeten Namen und
    Schlüsselwörtern.

4. 952 externe (external) Namen im UNIX Betriebssystem-Kern.

5. 627 Namen in einem von C++ erzeugten (Stroustrup [1986]) C-Programm.

6. 915 zufällig erzeugte Zeichen-Strings.

7. 614 Wörter aus Kapitel 3.1 des englischen Originals dieses Buch.

8. 1201 Wörter in Englisch mit xxx als Vorsilbe und Nachsilbe angehängt.

9. Die 300 Namen v100, v101, ..., v399.

Die Funktion *hashpjw* ist wie in Abb. 7.35. Die Funktionen mit Namen $\times\alpha$, wobei α eine integer-Konstante ist, berechnet $h \bmod m$, wobei h iterativ bestimmt wird, indem von 0 ausgehend der alte Wert mit α multipliziert und zum nächsten Zeichen addiert wird. Die Funktion *middle* bildet h aus den vier mittleren Zeichen eines Strings, während *ends* die ersten und die letzten drei Zeichen sowie die Länge aufaddiert, um h zu bilden. Abschließend bildet *quad* Gruppen aus jeweils vier aufeinanderfolgenden Zeichen in Integerzahlen ab und addiert die Integerzahlen auf. □

Die Darstellung der Gültigkeitsbereich-Information.

Die Einträge in der Symboltabelle stehen für die Deklarationen der Namen. Wenn nach dem Auftreten eines Namens im Quelltext in der Symboltabelle nachgeschaut wird, muß der Eintrag für die passende Deklaration dieses Namens zurückgeliefert werden. Die Bindungsregeln der Quellsprache legen fest, welche Deklaration passend ist. Eine einfache Methode ist, für jeden Gültigkeitsbereich eine getrennte Symboltabelle zu verwalten.

In der Tat ist die Symboltabelle für eine Prozedur oder einen Gültigkeitsbereich zur Übersetzungszeit das Gegenstück zu einem Aktivierungssegment. Die Information über die nichtlokalen Namen einer Prozedur wird durch Suchen in den Symboltabellen für die umschließenden Prozeduren gefunden, den Bindungsregeln der Sprache folgend.

Äquivalent kann die Information über die lokalen Namen einer Prozedur an den Knoten für die Prozedur in einem Syntaxbaum für das Programm angehängt werden. Mit dieser Methode ist die Symboltabelle in die Zwischendarstellung der Eingabe integriert. Die Bindungsregel des am engsten umgebenden Blocks kann durch Anpassen der Datenstrukturen, die in diesem Kapitel bereits vorgestellt wurden, implementiert werden. Wir merken uns die lokalen Namen einer Prozedur, in dem wir jeder Prozedur eine eindeutige Nummer geben. Blöcke müssen ebenso numeriert werden, falls die Sprache blockstrukturiert ist. Die Nummer jeder Prozedur kann in einer syntaxgerichteten Art aus semantischen Regeln berechnet werden, die den Beginn und das Ende jeder Prozedur erkennen. Die Prozedurnummer wird zu einem Teil aller lokalen Namen gemacht, die in dieser Prozedur deklariert sind; die Darstellung des lokalen Namens in der Symboltabelle ist ein Paar, bestehend aus dem Namen und der Prozedurnummer. (In einigen Fällen, wie sie weiter unten beschrieben werden, muß die Prozedurnummer nicht tatsächlich auf-

Laufzeit-Umgebungen

tauchen, da sie aus der Position des Eintrags in der Symboltabelle abgeleitet werden kann.)

Wenn wir nach einem gerade betrachteten Namen schauen, paßt er nur, falls die Zeichen in dem Namen Zeichen für Zeichen mit einem Eintrag übereinstimmen und die mit ihm verbundene Nummer in dem Symboltabelleneintrag die gleiche Nummer wie die der gerade abgearbeiteten Prozedur ist. Die Bindungsregeln des am engsten umgebenden Blocks kann mit Ausdrücken der folgenden Operationen auf einen Namen implementiert werden:

lookup: finde den jüngsten Eintrag.
insert: mache einen neuen Eintrag.
delete: lösche den jüngsten Eintrag.

„Gelöschte" Einträge müssen erhalten werden; sie werden aus von der aktiven Symboltabelle entfernt. In einem „Einpass" Compiler wird die Information über einen Gültigkeitsbereich, der z.B. aus einem Prozedurkörper besteht, zur Übersetzungszeit nicht mehr in der Symboltabelle benötigt, nachdem der Prozedurkörper abgearbeitet ist. Jedoch könnte sie zur Laufzeit benötigt werden, insbesondere wenn ein Laufzeit-Diagnosesystem implementiert ist. In diesem Fall muß die Information in der Symboltabelle zu dem generierten Code gefügt werden, um von dem Binder oder Laufzeit-Diagnose-System verwendet werden zu können. Siehe auch die Behandlung der Feldnamen von Records in Kapitel 8.2 und 8.3.

Jede der in diesem Kapitel behandelten Datenstrukturen – Listen und Hash-Tabellen – können so verwaltet werden, daß die obigen Operationen unterstützt werden.

Wenn eine lineare Liste aus einem Array von Einträgen besteht, wie vorher in diesem Kapitel beschrieben wird, erwähnten wir, wie *Nachschauen* (*lookup*) durch Einfügen der Einträge an einem Ende implementiert werden kann, so daß die Reihenfolge der Einträge in dem Array die Gleiche ist wie die Reihenfolge der Einfügungen. Ein Suchen, beginnend vom Ende und zum Anfang des Arrays hin fortlaufend, findet den jüngsten Eintrag für einen Namen. Die Situation ist ähnlich der einer verzeigerten Liste, wie sie in Abb. 7.37 zu sehen ist. Ein Zeiger *front* zeigt zu dem jüngsten Eintrag in der Liste. Die Implementierung von *Einfügen* kostet konstante Zeit, weil ein neuer Eintrag an das vordere Ende der Liste gesetzt wird. Nachschauen (*lookup*) wird implementiert, indem in der Liste beginnend bei dem Eintrag, auf den *front* zeigt, und den Zeigern folgend gesucht wird, bis der gewünschte Name gefunden oder das Ende der Liste erreicht wird. In Abb. 7.37 erscheint der Eintrag für a, der in Block B_2 deklariert ist und von Block B_0 umschlossen ist, näher zum vorderen Ende der Liste als der Eintrag für a, der in B_0 deklariert ist.

vorne

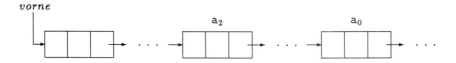

Abb. 7.37 Der jüngste Eintrag für a ist
in der Nähe des vorderen Endes.

Beachten sie, daß für die *Lösch*-Operation (*delete*) die Einträge der Deklarationen in den am tiefsten geschachtelten Prozeduren am nächsten zum vorderen Ende der Liste erscheinen. Deshalb müssen wir nicht die Prozedurnummer mit jedem Eintrag behalten – falls wir uns den ersten Eintrag einer
jeden Prozedur merken, dann können alle Einträge bis zum ersten Eintrag
von der Symboltabelle gelöscht werden, wenn wir den Gültigkeitsbereich dieser Prozedur abschließen.

    Eine Hash-Tabelle besteht aus m Listen, auf die über ein Array zuge-
griffen wird. Weil ein Name immer in die gleiche Liste gehasht wird, werden
die einzelnen Listen wie in Abb. 7.37 verwaltet. Um die *Lösch*-Operation
(*delete*) zu implementieren, müssen wir natürlich nicht die ganze Hash-Tabelle durchsuchen, um die entsprechenden Listen zu finden, die Einträge zum
Löschen enthalten. Die folgende Methode kann verwendet werden. Nehmen
Sie an, jeder Eintrag hat zwei Verweise:

1.   Ein Hash-Verweis, der den Eintrag mit anderen Einträgen verkettet,
     deren Namen auf den gleichen Wert gehasht werden und

2.   ein Gültigkeitsbereich-Verweis, der alle Einträge im gleichen Gültig-
     keitsbereich verkettet.

Falls der Gültigkeitsbereich-Verweis unberührt gelassen wird, wenn ein Eintrag aus der Symboltabelle gelöscht wird, dann würde die durch die Gültigkeitsbereich-Verweise gebildete Kette eine getrennte (nicht aktive) Symboltabelle für den angesprochenen Gültigkeitsbereich bilden. Das Löschen von Einträgen aus der Hash-Tabelle muß mit Vorsicht geschehen, weil das Löschen
eines Eintrags die vorhergehenden Einträge in dessen Liste beeinflußt. Erinnern Sie sich, daß wir den i-ten Eintrag löschen, indem wir bewirken, daß
der i-1-te Eintrag auf den i+1-ten Eintrag zeigt. Einfaches Verwenden der
Gültigkeitsbereich-Verweise, um den i-ten Eintrag zu finden, ist deshalb
nicht genug. Der i-1-te Eintrag kann gefunden werden, falls die Hash-Ver-
weise einen Zykel bilden, in dem der letzte Eintrag zurück zum ersten Eintrag zeigt. Wahlweise können wir einen Stapel verwenden um uns die Listen
zu merken, die Einträge zum Löschen enthalten. Ein Markierungszeichen wird
auf den Stapel gelegt, wenn eine neue Prozedur analysiert wird. Oberhalb des
Markierungszeichens sind die Nummern der Listen, die Einträge für in dieser
Prozedur deklarierte Namen enthalten. Wenn wir die Abarbeitung der Proze-

dur abschließen, können die Listennummern vom Stapel genommen werden, bis das Markierungszeichen der Prozedur erreicht wird. Ein anderes Schema wird in Übung 7.11 behandelt.

7.7 Möglichkeiten der Sprache für die dynamische Speicherzuweisung

In diesem Abschnitt beschreiben wir kurz die von einigen Sprachen bereitgestellten Möglichkeiten für die dynamische Speicherzuweisung von Daten unter Programmkontrolle. Der Speicherplatz für solche Daten wird gewöhnlich von einem Heap genommen. Die einem Speicherplatz zugewiesenen Daten werden oft beibehalten, bis sie explizit freigeben werden. Die Zuweisung selbst kann entweder *explizit* oder *implizit* sein. Beispielsweise wird in Pascal durch die Verwendung der Standardprozedur new die Zuweisung explizit ausgeführt. Die Ausführung von new(p) weist Speicherplatz für den Typ des Objekts zu, auf den p zeigt, und p wird zurückgeliefert und zeigt auf das gerade zugewiesene Objekt. Die Freigabe wird in den meisten Pascal-Implementierungen durch den Aufruf von dispose ausgeführt.

Eine implizite Zuweisung geschieht, wenn das Ergebnis der Auswertung eines Ausdrucks in einem Speicherplatz gespeichert wird, der beschafft wurde, um den Wert des Ausdrucks zu speichern. Beispielsweise teilt Lisp Speicherplatz für ein Listenelement zu, wenn cons benutzt wird; Speicher für Listenelemente, die nicht mehr erreicht werden können, wird automatisch freigegeben. Snobol erlaubt, daß sich die Länge eines Strings zur Laufzeit ändert, und verwaltet den Speicherplatz zum Speichern des Strings in einem Heap.

Beispiel 7.11
Das Pascalprogramm in Abb. 7.38 baut die in Abb. 7.39 gezeigte verzeigerte Liste auf und druckt die in den Listenelementen enthaltenen Integerwerte aus; die Ausgabe des Programms lautet:

76	3
4	2
7	1

Wenn die Ausführung des Programms in Zeile 15 beginnt, ist der Speicherplatz für den Zeiger head in dem Aktivierungssegment für das komplette Programm. Jedesmal wenn die Kontrolle zu Zeile 11 gelangt,

(11)   new(p); p↑.key := k; p↑.info := i;

geht aus dem Aufruf new(p) ein Element hervor, für das irgendwo im Heap Speicherplatz zugewiesen wird; p↑ zeigt in den Zuweisungen der Zeile 11 auf dieses Element.

```
(1)    program table(input, output);
(2)    type link = ↑cell;
(3)        cell = record
(4)            key, info : integer;
(5)            next : link
(6)        end;
(7)    var head : link;
(8)    procedure insert(k, i : integer);
(9)        var p : link;
(10)       begin
(11)           new(p); p↑.key := k; p↑.info := i;
(12)           p↑.next := head; head := p
(13)       end;

(14)   begin
(15)       head := nil;
(16)       insert(7,1); insert(4,2); insert(76,3);
(17)       writeln(head↑.key, head↑.info);
(18)       writeln(head↑.next↑.key, head↑.next↑.info);
(19)       writeln(head↑.next↑.next↑.key,
                   head↑.next↑.next↑.info)
(20)   end.
```

Abb. 7.38 Dynamische Speicherzuweisung von Elementen
mittels der Pascalfunktion new.

Beachten Sie aus der Ausgabe des Programmes, daß auf die Listenelemente,
für die Speicherplatz bereitgestellt wurde, zugegriffen werden kann, wenn
die Kontrolle von insert zum Hauptprogramm zurückkehrt. Mit anderen
Worten werden die Elemente, für die mit new während einer Aktivierung von
insert Speicher zugewiesen wurde, beibehalten, wenn die Kontrolle von der
Aktivierung zum Hauptprogramm zurückkehrt.   □

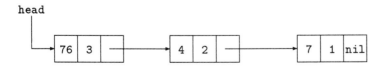

Abb. 7.39 Eine verzeigerte Liste, aufgebaut durch
das Programm von Abb. 7.38.

Garbage (Abfall)

Dynamisch zugewiesener Speicherplatz kann unerreichbar werden. Der Speicherplatz, den ein Programm zugeteilt hat, aber nicht auf ihn zugreifen kann, wird *Abfall (garbage)* genannt. Nehmen Sie an, daß in Abb. 7.38 zwischen den Zeilen 16 und 17 head↑.next nil zugewiesen wird:

```
(16)        insert(7,1); insert(4,2); insert(76,3);
            head↑.next := nil;
(17)        writeln(head↑.key, head↑.info);
```

Das am weitesten links stehende Element in Abb. 7.39 enthält nun einen nil-Zeiger anstelle eines Zeigers auf das mittlere Element. Wenn der Zeiger auf das mittlere Element verloren ist, werden das mittlere und das am weitesten rechts stehende Element zu Abfall.

Lisp führt *Garbage-collection (Speicherbereinigung)* aus, ein Prozeß, der im nächsten Abschnitt behandelt wird und der den Speicherplatz, auf den nicht mehr zugegriffen werden kann, zurückgewinnt. Pascal und C führen kein Garbage-collection aus, sie überlassen es dem Programm, explizit Speicherplatz, der nicht länger gebraucht wird, freizugeben. In diesen Programmen kann freigegebener Speicherplatz wieder verwendet werden, aber Abfall bleibt bestehen, bis das Programm endet.

Hängende Referenzen

Eine zusätzliche Schwierigkeit kann aus der expliziten Speicherfreigabe hervorgehen; hängende Referenzen können entstehen. Wie bereits in Kapitel 7.3 erwähnt, tritt eine hängende Referenz auf, wenn auf einen Speicherplatz, der freigegeben wurde, zugegriffen wird. Betrachten Sie beispielsweise den Einfluß der Ausführung von dispose(head↑.next) zwischen den Zeilen 16 und 17 von Abb.7.38:

```
(16)        insert(7,1); insert(4,2); insert(76,3);
            dispose (head↑.next);
(17)        writeln(head↑.key, head↑.info);
```

Der Aufruf von dispose gibt den Speicherplatz für das Element frei, das dem Element, auf das head zeigt, folgt, wie in Abb. 7.40 zu sehen ist. Jedoch ist head↑.next nicht geändert worden, also ist es ein freihängender Zeiger, der auf einen freigegebenen Speicherplatz zeigt.

Hängende Referenzen und Garbage sind Konzepte, die miteinander verwandt sind; hängende Referenzen treten auf, falls sich die Speicherfreigabe vor dem letzten Zugriff ereignet, während Garbage existiert, falls der letzte Zugriff sich vor der Speicherfreigabe ereignet.

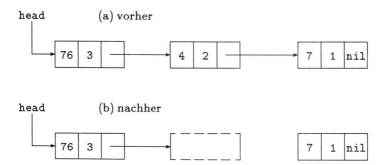

Abb. 7.40 Erzeugung von hängenden Referenzen und Garbage.

7.8 Dynamische Speicherzuweisungstechniken

Die Techniken, die gebraucht werden um die dynamische Speicherfreigabe zu implementieren, hängen davon ab, wie der Speicherplatz freigegeben wird. Falls die Freigabe implizit ist, dann ist das Laufzeitunterstützungsmodul verantwortlich für die Festlegung, wann ein Speicherblock nicht länger gebraucht wird. Ein Compiler hat weniger Arbeit, falls die Speicherfreigabe explizit durch den Programmierer geschieht. Wir betrachten zuerst die explizite Speicherfreigabe.

Die explizite Speicherzuweisung von Blöcken fester Größe

Die einfachste Form der dynamischen Speicherzuweisung umfaßt Blöcke von fester Größe. Durch das Verbinden der Blöcke zu einer Liste wie in Abb. 7.41 kann die Speicherzuweisung und Freigabe mit geringem oder ohne Speicher-Overhead schnell ablaufen.

Nehmen Sie an, daß Blöcke von einem zusammenhängenden Speicherbereich genommen werden. Die Initialisierung des Speicherbereichs geschieht durch die Verwendung eines Teils von jedem Block für einen Verweis auf den nächsten Block. Ein Zeiger *available* zeigt auf den ersten Block. Die Speicherzuweisung besteht aus der Entnahme eines Blocks von der Liste, und die Freigabe besteht daraus, den Block zurück in die Liste zu hängen.

Die Compiler-Routinen, die die Blöcke verwalten, müssen den Typ des Objekts, der in den Block durch das Benutzerprogramm gespeichert ist, nicht kennen. Wir können jeden Block als varianten Rekord ansehen, wobei die Compiler-Routinen den Block sehen, als enthalte er einen Verweis auf den nächsten Block, und das Benutzerprogramm sieht den Block, als bestehe er

aus irgendeinem anderen Typ. Deshalb gibt es keinen Platzoverhead, weil das
Benutzerprogramm den ganzen Block für seine eigenen Ziele verwenden kann.
Wenn der Block zurückgegeben wird, dann benutzen die Compiler-Routinen
ein wenig Platz von dem Block selbst, um ihn in die Liste der freien Blöcke
zu hängen, wie in Abb. 7.41 gezeigt.

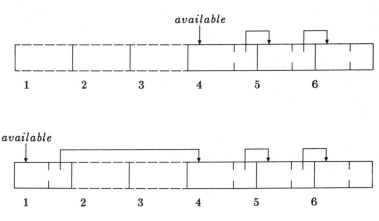

Abb. 7.41   Ein freigegebener Block wird zu der
Liste der verfügbaren Blöcke gefügt.

Die explizite Speicherzuweisung von Blöcken variabler Größe

Wenn Blöcke zugewiesen und freigegeben werden, kann der Speicher *frag-
mentiert* werden; dies bedeutet, der Heap würde abwechselnd aus Blöcken
bestehen, die frei und in Gebrauch sind, wie in Abb. 7.42 zu sehen ist.

belegt	frei	belegt	frei	belegt	frei

Abb. 7.42   Freie und belegte Blöcke in einem Heap.

Die Situation, die in Abb. 7.42 gezeigt ist, kann auftreten, falls ein Programm fünf Blöcke zuweist und dann bespielsweise den zweiten und vierten
freigibt. Die Zerstückelung ist ohne Bedeutung, falls die Blöcke von fester
Größe sind, aber wenn sie von variabler Größe sind, ist eine Situation wie in

Abb. 7.42 ein Problem, weil wir keinen Block zuweisen können, der größer ist als einer der freien Blöcke, auch wenn der Platz im Prinzip verfügbar wäre.

Eine Methode für die Zuweisung von Blöcken variabler Größe wird *first-fit*-Methode genannt. Wenn ein Block der Größe s zugewiesen wird, suchen wir den ersten freien Block, der von der Größe $f \geq s$ ist. Dieser Block wird dann unterteilt in einen benötigten Block der Größe s und einen freien Block der Größe $f-s$. Beachten Sie, daß die Zuweisung zu einem zusätzlichen Zeitbedarf führt, weil wir nach einem freien Block suchen müssen, der groß genug ist.

Wenn ein Block freigegeben wird, überprüfen wir, ob er neben einem freien Block liegt. Falls möglich, wird der freigegebene Block mit einem freien Block neben ihm verbunden, um einen größeren freien Block zu erzeugen. Das Zusammenfügen benachbarter freier Blöcke zu einem größeren freien Block bewahrt vor dem Auftreten weiterer Zerstückelung. Es gibt weitere feine Details, die sich darauf beziehen, wie freie Blöcke in einer verfügbaren Liste oder Listen zugewiesen, freigegeben und verwaltet werden. Es gibt ebenso mehrere Konflikt zwischen Zeit, Platz und Verfügbarkeit von großen Blöcken. Der Leser wird für die Behandlung dieser Angelegenheiten auf Knuth [1973a] oder Aho, Hopcroft und Ullman [1983] verwiesen.

Die implizite Freigabe

Eine implizite Freigabe erfordert eine Zusammenarbeit zwischen dem Benutzerprogramm und dem Laufzeit-Modul, weil das letztere wissen muß, wann ein Speicherblock nicht mehr länger benötigt wird. Diese Zusammenarbeit ist implementiert mittels der Festlegung des Formats eines Speicherblocks. Nehmen Sie an, daß für die momentane Behandlung ein Speicherblock wie in Abb. 7.43 aussieht.

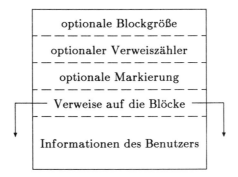

Abb. 7.43 Das Format eines Blocks.

Das erste Problem ist, die Blockbegrenzungen zu erkennen. Falls die Größe eines Blocks fest ist, kann die Positionsinformation benutzt werden. Beispielsweise, wenn ein Block mit 20 Wörtern belegt ist, dann beginnt ein neuer Block immer nach 20 Wörtern. Andernfalls merken wir uns die Größe eines Blocks in dem Speicherbereich, auf den nicht zugegriffen werden kann und der an einen Block angefügt wird; somit können wir bestimmen, wo der nächste Block beginnt.

Das zweite Problem ist, zu erkennen, ob ein Block noch in Gebrauch ist. Wir nehmen an, daß ein Block in Gebrauch ist, wenn es für das Benutzerprogramm möglich ist, auf die Information im Block zuzugreifen. Der Zugriff kann durch einen Zeiger oder dem Verfolgen einer Kette von Zeigern geschehen, also muß der Compiler die Positionen aller Zeiger im Speicher kennen. Benutzt man das Format von Abb. 7.43, so werden die Zeiger in einer festen Position im Block gehalten. Vielleicht genauer gesagt, wird die Annahme gemacht, daß der Benutzer-Informationsbereich in einem Block keine Zeiger enthält.

Zwei Methoden können für die implizite Freigabe verwendet werden. Wir skizzieren sie hier; für weitere Details siehe Aho, Hopcroft und Ullman [1983].

1. *Referenz-Zähler.* Wir merken uns die Zahl der Blöcke, die direkt auf den momentanen Block zeigen. Falls der Zähler einmal auf 0 fällt, dann kann der Block freigegeben werden, weil auf ihn nicht mehr zugegriffen werden kann. Mit anderen Worten, der Block ist zu Abfall geworden, der eingesammelt werden kann. Das Verwalten von Referenz-Zählern kann sehr zeitintensiv sein; die Zeiger-Zuweisung p := q führt zu Änderungen bei den Referenz-Zählern der Blöcke, auf die sowohl p als auch q zeigen. Der Zähler des Blocks, auf den p zeigt, verringert sich um eins, während der Zähler für den Block, auf den q zeigt, um eins wächst. Referenz-Zähler werden am besten verwendet, wenn die Zeiger zwischen den Blöcken nie in Zykeln erscheinen. Beispielsweise ist in Abb. 7.44 keiner der Blöcke von irgendeinem anderen Block aus zugreifbar; so sind sie beide Abfall, aber jeder hat einen Referenz-Zähler mit dem Wert eins.

2. *Markierungstechniken.* Eine alternative Methode ist, die momentane Ausführung des Benutzerprogramms zu unterbrechen und die so eingefrorenen Zeiger zu verwenden, um zu bestimmen, welche Blöcke in Gebrauch sind. Diese Methode erfordert, daß alle Zeiger im Heap bekannt sind. Wir können uns vorstellen, daß wir über diese Zeiger Farbe in den Heap schütten.

Jeder Block, der von dieser Farbe erreicht wird, ist in Gebrauch, und der Rest kann freigegeben werden. Genauer, wir gehen durch den Heap und markieren jeden Block mit *unbenutzt*. Dann folgen wir den Zeigern nach und markieren jeden Block, der durch diesen Prozeß erreicht wird, mit *benutzt*. Ein abschließendes Abtasten des Heaps erlaubt, alle Blöcke, die noch mit *unbenutzt* markiert sind, einzusammeln.

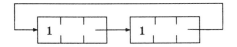

Abb. 7.44   Abfall-Elemente mit Referenz-Zählern,
die nicht null sind.

Mit Blöcken von variabler Größe haben wir die zusätzliche Möglichkeit, die benutzten Speicherblöcke von ihrer momentanen Position weg zu verschieben.[8] Dieser Prozeß, der *Verdichten* genannt wird, verschiebt alle benutzten Blöcke zu einem Ende des Heaps, so daß der gesamte freie Speicher in einem großen freien Block gesammelt werden kann. Das Zusammenfügen erfordert ebenso Information über die Zeiger in den Blöcken, da, wenn ein benutzter Block verschoben wird, alle Zeiger auf ihn angepaßt werden müssen, um die Verschiebung des Blocks widerzuspiegeln. Ihr Vorteil ist, daß hinterher die Zerstückelung des verfügbaren Speichers beseitigt ist.

7.9 Die Speicherzuweisung in Fortran

Fortran wurde mit dem Aspekt entworfen, die statische Speicherzuweisung zuzulassen, wie in Kapitel 7.3 bereits behandelt. Jedoch gibt es einige Dinge – wie die Behandlung von COMMON- und EQUIVALENCE-Deklarationen – die ziemlich speziell für Fortran sind. Ein Fortran-Compiler kann einige *Datenbereiche* erzeugen; dieses sind Speicherblöcke, in denen die Werte der Objekte gespeichert werden können. In Fortran gibt es einen Datenbereich für jede Prozedur und einen Datenbereich für jeden mit Namen versehenen COMMON-Block und für einen leeren COMMON-Block, falls er benutzt wird. Die Symboltabelle muß für jeden Namen den Datenbereich beinhalten, zu dem er gehört, sowie seinen Offset in diesem Datenbereich, dies bedeutet, seine Position bezogen auf den Anfang des Bereichs. Der Compiler muß eventuell entscheiden, wohin die Datenbereiche kommen, bezogen auf den ausführbaren Code und relativ zueinander, aber diese Wahl ist willkürlich, weil die Datenbereiche unabhängig sind. Der Compiler muß die Größe jedes Datenbereichs berechnen. Für die Datenbereiche der Prozeduren genügt ein ein-

---

[8]   Wir können dies auch mit Blöcken fester Größe tun, aber es ergibt sich kein Vorteil daraus.

zelner Zähler, weil ihre Größe nach jeder Prozedur, die abgearbeitet worden ist, bekannt ist.

Für COMMON-Blöcke muß ein Eintrag für jeden Block während der Abarbeitung aller Prozeduren behalten werden, weil jede Prozedur, die einen Block verwendet, ihre eigene Vorstellung davon hat, wie groß der Block ist, und die aktuelle Größe ist die maximale Größe, die aus den verschiedenen Prozeduren erhalten wird. Falls die Prozeduren getrennt übersetzt werden, muß ein Link-Editor verwendet werden, um die Größe des COMMON-Blocks zu bestimmen, der das Maximum aller Blöcke sein muß, die den gleichen Namen unter den zu verbindenden Code-Teilen haben.

Für jeden Datenbereich erzeugt der Compiler einen *Speicherplan*, der eine Beschreibung des Inhalts dieses Bereichs ist. Dieser Speicherplan könnte einfach aus einem Hinweis auf das Offset in dem Bereich bestehen, das in dem Symboltabelleneintrag für jeden Namen in dem Bereich steht. Wir müssen es nicht notwendigerweise leicht haben, die Frage zu beantworten, „Was sind alle Namen in diesem Datenbereich?". Jedoch in Fortran kennen wir die Antwort für die Datenbereiche der Prozeduren, weil alle in einer Prozedur deklarierten Namen, die nicht COMMON oder äquivalent zu einem COMMON-Namen deklariert sind, sich in dem Datenbereich der Prozedur befinden. COMMON-Namen können ihre Symboltabelleneinträge mit einer Kette für jeden COMMON-Block verbunden haben, in der Reihenfolge ihres Auftretens in dem Block. Tatsächlich, wie die Offsets der Namen in dem Datenbereich nicht immer bestimmt werden können, bis die ganze Prozedur abgearbeitet ist (Fortran-Arrays können deklariert werden, bevor ihre Dimension deklariert wird), ist es notwendig, daß diese Kette der COMMON-Namen erzeugt wird.

Ein Fortran-Programm besteht aus einem Hauptprogramm, Unterroutinen und Funktionen (Wir nennen sie alle *Prozeduren*). Jedes Auftreten eines Namens hat einen Gültigkeitsbereich, der nur aus einer Prozedur besteht. Wir können Objekt-Code für jede Prozedur generieren, nachdem wir das Ende dieser Prozedur erreichen. Falls wir dies tun, ist es möglich, daß wir die meiste Information in der Symboltabelle löschen können. Wir müssen nur diese Namen behalten, die extern zu der gerade abgearbeiteten Routine sind. Dies sind Namen von anderen Prozeduren und von COMMON-Blöcken. Diese Namen müssen nicht wirklich extern zu dem gesamten gerade übersetzten Programm sein, aber sie müssen erhalten bleiben, bis die gesamte Sammlung der Prozeduren abgearbeitet ist.

Die Daten in COMMON-Bereichen

Wir erzeugen für jeden Block einen Eintrag, der die ersten und letzten Namen erhält, die zu der momentanen Prozedur gehören und die in diesem COMMON-Block deklariert sind. Wenn wir eine Deklaration abarbeiten, wie

```
COMMON /BLOCK1/ NAME1, NAME2
```

muß der Compiler folgendes tun:

1. In der Tabelle für COMMON-Block-Namen einen Eintrag für BLOCK1 erzeugen, falls bisher keiner existiert.

2. In den Symboltabelleneinträgen für NAME1 und NAME2 einen Zeiger auf den Symboltabelleneintrag für BLOCK1 setzen, der darauf hinweist, daß diese in COMMON-Blöcken deklariert sind und Elemente von BLOCK1 sind.

3. a) Falls der Eintrag für BLOCK1 gerade erzeugt worden ist, einen Zeiger, der auf den ersten Namen in diesem COMMON-Block weist, in diesem Eintrag auf den Symboltabelleneintrag für NAME1 setzen. Dann unter Verwendung eines Feldes der Symboltabelle, das zum Verbinden der Elemente des gleichen COMMON-Blocks reserviert ist, den Symboltabelleneintrag für NAME1 mit dem für NAME2 verbinden. Abschließend einen Zeiger in dem Eintrag für BLOCK1 auf den Symboltabelleneintrag für NAME2 setzen, der auf das letzte gefundene Element von diesem Block zeigt.

    b) Falls dies jedoch nicht die erste Deklaration von BLOCK1 ist, NAME1 und NAME2 mit dem Ende der Liste von Namen für BLOCK1 verbinden. Der Zeiger auf das Ende der Liste für BLOCK1, der in dem Eintrag für BLOCK1 auftaucht, wird natürlich auf den neuesten Stand gebracht.

Nachdem eine Prozedur abgearbeitet worden ist, wenden wir den „Äquivalenz-Algorithmus" an, der in Kürze beschrieben wird. Wir könnten ermitteln, daß einige zusätzliche Namen zu COMMON-Blöcken gehören, weil sie zu Namen äquivalent deklariert sind, die selbst zu COMMON-Blöcken gehören. Wir werden herausfinden, daß es nicht unbedingt notwendig ist, einen Namen XYZ mit der Kette für seinen COMMON-Block zu verbinden. Ein Bit im Symboltabelleneintrag für XYZ wird gesetzt, das darauf hinweist, daß XYZ zu irgendwas anderem äquivalent deklariert worden ist. Eine Datenstruktur, die noch behandelt wird, wird dann die Position von XYZ erhalten, relativ zu einem Namen, der tatsächlich zu einem COMMON-Block gehörend deklariert ist.

Nach dem Ausführen der „Äquivalenz-Operationen" können wir für jeden COMMON-Block durch das Abtasten der Liste von Namen für diesen Block einen Speicherplan erzeugen. Wir initialisieren einen Zähler mit Null, und für jeden Namen in der Liste setzen wir seinen Offset gleich dem momentanen Wert des Zählers. Dann addieren wir zum Zähler die Zahl der Speichereinheiten, die von dem Datenobjekt, das durch den Namen bezeichnet wird, eingenommen werden. Die COMMON-Block Einträge können dann gelöscht und der Platz von der nächsten Prozedur wieder benutzt werden.

Falls ein Name XYZ in COMMON äquivalent deklariert ist zu einem Namen, der nicht in COMMON deklariert ist, müssen wir das maximale Offset vom Anfang von XYZ für alle Speicherworte festlegen, die für irgendeinen

Namen verwendet werden, der äquivalent zu XYZ deklariert ist. Wenn z.B. XYZ eine zu A(5,5) äquivalente „real"-Zahl ist, wobei A ein 10×10 Array von Real-Zahlen ist, dann erscheint A(1,1) 44 Wörter vor XYZ und A(10,10) 55 Wörter hinter XYZ, wie in Abb. 7.45 zu sehen ist. Das Vorhandensein von A hat keinen Einfluß auf den Zähler für den COMMON-Block; dieser wird nur um ein Speicherwort erhöht, wenn XYZ betrachtet wird, unabhängig davon, zu wem XYZ äquivalent deklariert ist. Jedoch muß das Ende des Datenbereichs für den COMMON-Block weit genug vom Anfang weg sein, um den Array A unterzubringen. Wir tragen deshalb das größte Offset vom Anfang des COMMON-Blocks zu einem Wort ein, das von einem Namen benutzt wird, der äquivalent zu einem Element dieses Blockes deklariert ist. In Abb. 7.45 muß die Größe mindestens gleich dem Offset von XYZ plus 55 sein. Wir überprüfen ebenso, daß das Array A sich nicht in dem vorderen Bereich des Datenbereichs ausdehnt; dies bedeutet, das Offset von XYZ muß mindestens gleich 44 sein. Andernfalls haben wir einen Fehler und müssen eine Fehlermeldung erzeugen.

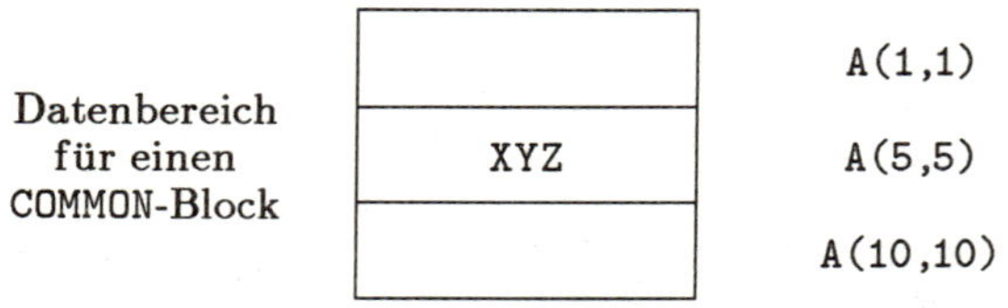

Abb. 7.45 Die Beziehung zwischen COMMON- und EQUIVALENCE-Anweisungen.

Ein einfacher Äquivalenz-Algorithmus

Die erste Algorithmen für das Abarbeiten von „Äquivalenz"-Anweisungen traten in Assemblern und nicht in Compilern auf. Weil diese Algorithmen ein bißchen komplex sein können, besonders wenn Beziehungen zwischen COMMON- und EQUIVALENCE-Anweisungen betrachtet werden, lassen Sie uns zuerst eine Situation behandeln, die typisch für eine Assembler-Sprache ist, wo die einzigen EQUIVALENCE Anweisungen von folgender Form sind:

EQUIVALENCE   A,B+*Offset*

wobei A und B Namen von Speicherplätzen sind. Diese Anweisung bewirkt, daß A einen Speicherplatz bezeichnet, der *Offset* Speichereinheiten hinter dem Speicherplatz von B ist.

Eine Folge von EQUIVALENCE-Anweisungen faßt Namen in *Äquivalenz-Mengen* zusammen, deren Positionen relativ zueinander durch die EQUIVALENCE-Anweisungen definiert sind. Beispielsweise faßt die Folge von Anweisungen

```
EQUIVALENCE    A,B+100
EQUIVALENCE    C,D-40
EQUIVALENCE    A,C+30
EQUIVALENCE    E,F
```

die Namen zu den Mengen {A, B, C, D} und {E, F} zusammen, wobei E und F den gleichen Speicherplatz bezeichnen. C ist 70 Speicherplätze hinter B, A ist 30 Plätze hinter C, und D ist 10 Plätze hinter A.

Um die Äquivalenz-Mengen zu berechnen, erzeugen wir für jede Menge einen Baum. Jeder Knoten eines Baumes stellt einen Namen dar und enthält den Offset des Namens relativ zum Namen des Vaterknotens. Die Wurzel des Baumes nennen wir *Kopf*. Die Position irgendeines Namens relativ zum Kopf kann durch Verfolgen des Pfades zu dem Knoten für diesen Namen berechnet werden, indem die Offsets entlang des Wegs addiert werden.

Beispiel 7.12
Die oben erwähnte Äquivalenz-Menge {A, B, C, D} kann durch den Baum, der in Abb. 7.46 gezeigt ist, dargestellt werden. D ist der Kopf, und wir können ermitteln, daß A 10 Positionen vor D plaziert ist, weil die Summe der Offsets auf dem Pfad von A zu D gleich $100 + (-110) = -10$ ist.

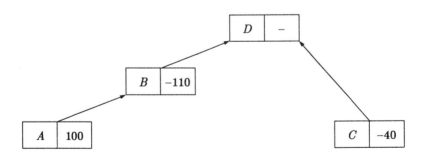

Abb. 7.46   Ein Baum, der eine Äquivalenz-Menge darstellt.

Lassen Sie uns nun einen Algorithmus zum Erstellen von Bäumen für Äquivalenz-Mengen angeben. Die wichtigsten Felder in den Symboltabelleneinträgen sind:

1.   *Vater*, der auf den Symboltabelleneintrag für den Vater zeigt oder Null
     ist, falls der Name eine Wurzel ist (oder nicht äquivalent zu einem an-
     deren deklariert ist) und

2.   *Offset*, das uns den Offset eines Namens relativ zum Namen des Vaters
     angibt.

Der Algorithmus, den wir angeben, nimmt an, daß irgendein Name der Kopf
der Äquivalenz-Menge sein kann. In der Praxis würde in einer Assemblersprache genau ein Name in der Menge eine aktuelle Position haben, die durch
eine Pseudo-Operation definiert ist, und dieser Name würde zum Kopf gemacht. Wir vertrauen dem Leser, daß er erkennen kann, wie der Algorithmus abgeändert werden muß, um einen bestimmten Namen zum Kopf zu machen.

Algorithmus 7.1
Der Aufbau von Äquivalenz-Bäumen.

Eingabe: Eine Liste von äquivalenz-definierenden Anweisungen der Form

```
EQUIVALENCE   A,B+dist
```

Ausgabe: Eine Sammlung von Bäumen, so daß wir für einen in der Eingabe-
            liste der Äquivalenz-Deklarationen erwähnten Namen die Position
            des Namens relativ zum Kopf bestimmen könnten, indem wir den
            Pfad von diesem Namen zu der Wurzel verfolgen und die Offsets
            aufsummieren, die entlang dem Pfad gefunden werden.

Methode: Wir wiederholen die Schritte von Abb. 7.47 für jede Äquivalenz-
            Anweisung EQUIVALENCE A,B+*dist* zyklisch. Die Rechtfertigung
            der Formel in Zeile (12) für das Offset des Kopfes von A relativ
            zu dem Kopf von B ist wie folgt. Der Speicherplatz von A, sagen
            wir l_A, ist gleich dem für c plus der Adresse des Kopfes von A,
            sagen wir m_A. Der Platz von B, sagen wir l_B, ist gleich dem für d
            plus der Adresse des Kopfes von B, sagen wir m_B. Aber es ist l_A
            $= l_B + dist$, also ist $c + m_A = d + m_B + dist$. Folglich ist $m_A - m_B$ gleich
            $d - c + dist$.   □

Beispiel 7.13
Wenn wir die Deklarationen

```
EQUIVALENCE   A,B+100
EQUIVALENCE   C,D-40
```

abarbeiten, erhalten wir die Konfiguration, die in Abb. 7.46 gezeigt ist, aber
ohne das Offset −110 in dem Knoten für B und mit keinem Verweis von B zu
D. Wenn wir

```
EQUIVALENCE   A,C+30
```

abarbeiten, stellen wir fest, daß nach der while-Schleife in Zeile (3) p auf B
zeigt und nach der while-Schleife von Zeile (6) q auf d zeigt. Wir erhalten
ebenso $c = 100$ und $d = -40$. Dann machen wir in Zeile (11) D zum Vater von
B und setzen das *Offset*-Feld für B auf 100.   □

```
       begin
(1)         p und q zeigen auf die Knoten zu A bzw. B;
(2)         c := 0; d := 0; /* c und d sind die Offsets von A und B
                 relativ zu den Köpfen der entsprechenden Mengen */
(3)         while vater(p) ≠ null do begin
(4)             c := c + offset(p);
(5)             p := vater(p)
            end; /* p wird auf den Kopf von p gesetzt; die Offsets
                     werden dabei akkumuliert */
(6)         while vater(q) ≠ null do begin
(7)             d := d + offset(q);
(8)             q := vater(q)
            end; /* und dasselbe für B */
(9)         if p = q then /* A und B stehen bereits in Äquivalenz */
(10)            if c−d ≠ dist then error;
                /* A und B wurden zwei verschiedene
                     relative Positionen zugeordnet */
            else begin /* Mischen der Mengen zu A und B */
(11)            vater(p) := q; /* der Kopf von A wird zum Sohn
                     des Kopfes von B */
(12)            offset(p) := d−c+dist
            end
       end
```

Abb. 7.47   Ein Äquivalenz-Algorithmus.

Algorithmus 7.1 kostet $O(n^2)$ Zeit, um n Äquivalenz-Deklarationen abzuarbei-
ten, weil im schlechtesten Fall die Pfade, denen in den Schleifen von Zeile
(3) und (6) gefolgt wird, jeden Knoten ihres jeweilig zugehörigen Baumes
beinhalten können. Der Äquivalenz-Algorithmus erfordert nur einen winzigen
Teil der Übersetzungszeit, und so sind n^2 Schritte nicht hinderlich, und ein
komplexerer Algorithmus als der in Abb. 7.47 ist wahrscheinlich nicht ge-
rechtfertigt. Es gibt jedoch zwei einfache Dinge, die wir tun können, um zu
erreichen, daß Algorithmus 7.1 nur Zeit kostet, die gerade noch linear zu der
Zahl der von ihm abgearbeiteten EQUIVALENCE-Deklarationen ist. Zwar sind
Äquivalenz-Mengen im Durchschnitt nicht so groß, als daß diese Verbesserungen implementiert werden müßten, jedoch sollte angemerkt werden,
daß der Äquivalenz-Algorithmus als Beispiel für eine Zahl wichtiger Prozesser
dienlich ist, die auch eine „Mengen-Vereinigung" enthalten. Beispielsweise
hängen einige effiziente Algorithmen für die Datenflußanalyse von schnellen

Äquivalenz-Algorithmen ab; der interessierte Leser wird auf die Literaturhinweise von Kapitel 10 verwiesen.

Die erste Verbesserung, die wir machen können, ist, uns für jeden Kopf einen Zähler zu merken, der die Zahl der Knoten in seinem Baum enthält. Anstatt dann in Zeilen (11) und (12) den Kopf von A willkürlich mit dem Kopf von B zu verbinden, verbinden wir den, der den kleineren Zähler besitzt mit dem anderen. Dies stellt sicher, daß die Bäume nicht in die Höhe wachsen, also werden die Pfade kurz sein. Es wird dem Leser als Übung überlassen, zu zeigen, daß n in dieser Art ausgeführte Äquivalenz-Deklarationen keine Pfade produzieren können, die mehr als $\log_2 n$ Knoten beinhalten.

Die zweite Idee ist bekannt als Pfad-Kompression. Wenn wir in den Schleifen der Zeilen (3) und (6) einem Pfad folgen, machen wir alle Knoten, auf die wir stoßen, zu Söhnen des Kopfes, falls sie es nicht bereits sind. Dies bedeutet, wir protokollieren alle Knoten n_1, n_2, ..., n_k, auf die wir stoßen, während wir dem Pfad folgen, wobei n_1 der Knoten für A oder B und n_k der Kopf ist. Dann passen wir die Offsets an und machen n_1, n_2, ..., n_{k-2} durch die Schritte in Abb. 7.48 zu Söhnen von n_k.

```
begin
    h := offset(n_{k-1});
    for i := k-2 downto 1 do begin
        vater(n_i) := n_k;
        h := h + offset(n_i);
        offset(n_i) := h
    end
end
```

Abb. 7.48 Das Anpassen der Offsets.

Ein Äquivalenz-Algorithmus für Fortran

Es gibt verschiedene zusätzliche Bestandteile, die zu Algorithmus 7.1 hinzugefügt werden müssen, damit er mit einem Fortran-Programm als Eingabe ablaufen kann. Zuerst müssen wir bestimmen, ob eine Äquivalenz-Menge zu einem COMMON-Block gehört. Dies geschieht, indem wir für jeden Kopf registrieren, ob einer der Namen in seiner Menge zu einem COMMON-Block gehört, und falls dies der Fall ist, zu welchem Block er gehört.

Zweitens wird in einer Assemblersprache ein Element einer Äquivalenz-Menge die gesamte Menge festlegen, da es die Marke einer Anweisung ist. Dies erlaubt es, die Adressen, die durch die Namen in der Menge bezeichnet werden, relativ zu der einen Position zu berechnen. In Fortran jedoch ist es die Arbeit des Compilers, Speicherplätze zu bestimmen. Somit könnte eine Äquivalenz-Menge, die nicht zu einem COMMON-Block gehört, als „schwebend" angesehen werden, bis der Compiler die Position der ganzen Menge in ihrem zugehörigen Datenbereich festlegt. Um dies korrekt zu tun, muß der Compiler den Umfang der Äquivalenz-Menge wissen, also die Zahl der Speicherplätze, welche die Namen in der Menge gemeinsam einnehmen. Um dieses Problem zu behandeln, fügen wir an den Kopf zwei Felder *low* und *high* an, die die Offsets des niedrigsten und des höchsten Speicherplatzes, der von einem Element der Äquivalenz-Menge benutzt wird, relativ zum Kopf angeben. Drittens gibt es kleinere Probleme, die durch die Tatsache entstehen, daß Namen Arrays sein können und Speicherplätze in der Mitte eines Arrays äquivalent deklariert sein können zu Speicherplätzen in anderen Arrays.

Da es drei Felder gibt (*low*, *high* und ein Zeiger zu einem COMMON-Block), die mit jedem Kopf verbunden werden müssen, wollen wir nicht in allen Symboltabelleneinträgen Platz für diese Felder zuweisen. Eine mögliche Aktion ist die Benutzung des *vater*-Felds von Algorithmus 7.1, um – im Fall des Kopfes – auf einen Eintrag in einer neuen Tabelle mit drei Feldern *low*, *high* und *comblk* zu zeigen. Da diese Tabelle und die Symboltabelle verschiedene Bereiche einnehmen, können wir sagen, auf welche Tabelle ein Zeiger zeigt. Wahlweise kann die Symboltabelle ein Bit enthalten, das angibt, ob ein Name gegenwärtig ein Kopf ist. Falls Speicherplatz tatsächlich sehr gefragt ist, wird in den Übungen ein alternativer Algorithmus behandelt, der diese zusätzliche Tabelle auf Kosten von ein bißchen mehr Programmieraufwand vermeidet.

Lassen Sie uns die Berechnung betrachten, die die Zeilen (11) und (12) der Abb. 7.47 ersetzen muß. Die Situation, in der zwei Äquivalenz-Mengen, auf deren Köpfe p und q zeigen, vereinigt werden müssen, ist in Abb. 7.49(a) beschrieben. Die Datenstruktur, die die zwei Mengen darstellt, erscheint in Abb. 7.49(b). Zuerst müssen wir überprüfen, daß keine zwei Elemente unter den zwei Äquivalenz-Mengen sind, die zu COMMON-Blöcken gehören. Selbst wenn beide im gleichen Block sind, verbietet es Standard-Fortran, daß sie äquivalent deklariert werden. Falls irgendein COMMON-Block ein Element von beiden Äquivalenz-Mengen enthält, dann besitzt die Vereinigungsmenge einen Zeiger auf den Eintrag für diesen Block in *comblk*. Der Code, der diese Überprüfung macht, nimmt an, daß der Kopf, auf den q zeigt, zum Kopf der Vereinigungsmenge wird, wie in Abb. 7.50 gezeigt ist. An Stelle der Zeilen (11) und (12) von Abb. 7.47 müssen wir auch den Umfang der vereinigten Äquivalenz-Menge berechnen. Abb. 7.49(a) weist darauf hin, daß die Formeln für die neuen Werte von *low* und *high* relativ zum Kopf, auf den q zeigt, sind.

Deshalb müssen wir die folgende Berechnung durchführen:

begin
$low(vater(q)):=\min(low(vater(q)),low(vater(p))-c+dist+d)$;
$high(vater(q)):=\max(high(vater(q)),high(vater(p))-c+dist+d)$
end

Diese Anweisungen, gefolgt von den Zeilen (11) und (12) der Abb. 7.47, haben die Vereinigung der beiden Äquivalenz-Mengen zur Folge.

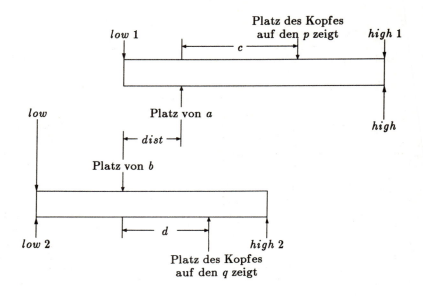

$$low = \min(low2,\ low1 - c + dist + d)$$
$$high = \max(high2,\ high1 - c + dist + d)$$

(a) relative Positionen von Äquivalenz-Mengen

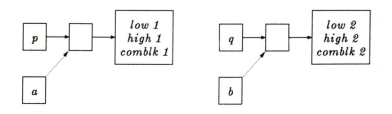

(b) Datenstruktur

Abb. 7.49 Die Vereinigung von Äquivalenz-Mengen.

begin
    $comblk1 := comblk(vater(p))$;
    $comblk2 := comblk(vater(q))$;
    if $comblk1 \neq$ **null and** $comblk2 \neq$ **null then**
        $error$; /* zwei Namen in COMMON äquivalent */
    else if $comblk2 =$ **null then**
        $comblk(vater(q)) := comblk1$
end

Abb. 7.50 Die Berechnung von COMMON-Blöcken.

Zwei abschließende Details müssen behandelt werden, damit Algorithmus 7.1 mit einem Fortran-Programm als Eingabe abläuft. In Fortran können wir Positionen in der Mitte eines Arrays äquivalent zu anderen Positionen in anderen Arrays oder zu einfachen Namen deklarieren. Der Offset eines Arrays A von seinem Kopf drückt den Offset der ersten Stelle von A von der ersten Stelle des Kopfes aus. Falls eine Stelle A(5,7) äquivalent zu B(20) deklariert ist, müssen wir die Position von A(5,7) relativ zu A(1,1) berechnen und c zu der negativen Distanz in Zeile (2) von Abb. 7.47 initialisieren. In gleicher Weise muß d zu der negativen Position von B(20) relativ zu B(1) initialisiert werden. Die Formeln in Kapitel 8.3 zusammen mit dem Wissen um die Größe der Elemente der Arrays A und B sind ausreichend, um die Initialwerte von c und d zu berechnen. Das letzte zu erfassende Detail ist die Tatsache, daß Fortran eine EQUIVALENCE-Anweisung mit vielen Stellen erlaubt:

    EQUIVALENCE (A(5,7), B(20), C, D(4,5,6))

Dieses könnte behandelt werden wie

    EQUIVALENCE (B(20), A(5,7))
    EQUIVALENCE (C, A(5,7))
    EQUIVALENCE (D(4,5,6), A(5,7))

Beachten Sie, daß, wenn wir die Äquivalenz-Deklarationen in dieser Reihenfolge machen, nur A der Kopf einer Menge wird, die mehr als ein Element besitzt. Ein Eintrag mit *low*, *high* und *comblk* kann oftmals für „Äquivalenz-Mengen" eines einzelnen Namens verwendet werden.

Das Aufteilen der Datenbereiche

Wir beschreiben jetzt die Regeln, wie der Speicherplatz in den verschiedenen Datenbereichen für die Namen jeder Routine zugewiesen wird.

1.   Für jeden COMMON-Block werden alle Namen, die in diesem Block deklariert sind, in der Reihenfolge ihrer Deklarationen besucht. Dabei wird

die Kette der COMMON-Namen verwendet, die in der Symboltabelle zu diesem Zweck erzeugt wurde.

Die Anzahl von Speicherwörtern, die für jeden Namen gebraucht werden, werden nacheinander zugewiesen, wobei die Anzahl der zugewiesenen Speicherwörter gespeichert wird, so daß die Offsets für jeden Namen berechnet werden können. Falls ein Name A äquivalent deklariert ist, spielt der Umfang seiner Äquivalenz-Menge keine Rolle, aber wir müssen überprüfen, daß der *low*-Wert für den Kopf von A sich nicht über den Anfang des COMMON-Blocks ausstreckt.

Der *high*-Wert für den Kopf wird berücksichtigt, um eine untere Grenze für das letzte Wort des Blockes festzulegen. Wir überlassen die genauen Formeln für diese Berechnungen dem Leser.

2. Alle Namen für die Routine werden in irgendeiner Reihenfolge besucht.

   a) Falls ein Name zu einem COMMON-Block gehört, geschieht nichts. Der Speicherplatz wurde bereits in (1) zugewiesen.

   b) Falls ein Name nicht zu einem COMMON-Block gehört und nicht äquivalent deklariert ist, werden die notwendige Anzahl Speicherwörter dem Datenbereich für die Routine zugewiesen.

   c) Falls ein Name A äquivalent deklariert ist, wird sein Kopf, sagen wir L, gesucht. Falls L bereits eine Position in dem Datenbereich für die Routine erhalten hat, wird die Position von A durch Addition aller *Offsets*, die auf dem Pfad von A nach L in dem Baum, der die Äquivalenz-Menge von A und L darstellt, gefunden werden, zu dieser Position berechnet. Falls L keine Position erhalten hat, werden die nächsten *high−low* Wörter in dem Datenbereich für die Äquivalenz-Menge zugewiesen.

   Die Position von L unter diesen Wörtern ist *−low* Wörter vom Anfang weg, und die Position von A kann durch Aufsummieren der *Offsets* wie zuvor berechnet werden.

Übungen

7.1 Bestimmen Sie unter Verwendung der Bindungsregeln von Pascal die Deklarationen, die auf jedes Auftreten der Namen a und b in Abb. 7.51 angewendet werden. Die Ausgabe des Programms besteht aus den Integerzahlen von 1 bis 4.

7.2 Betrachten Sie eine blockstrukturierte Sprache, in der ein Name als Integer oder Real deklariert werden kann. Nehmen Sie an, daß Ausdrücke durch ein Terminal **expr** dargestellt werden und daß die einzigen Anweisungen Zuweisungen, bedingte Anweisungen, while-Schleifen und Anweisungsfolgen sind. Setzen Sie voraus, daß für Integerzahlen ein Speicherwort und für Realzahlen zwei Speicherwörter zugewiesen werden, und geben Sie einen syntaxgerichteten Algorithmus (basierend auf einer sinnvollen Grammatik für Deklarationen und Blöcke) an, der Bindungen von Namen an Speicherwörter festlegt, die von einer Aktivierung eines Blockes benutzt werden können. Benutzt Ihre Speicherzuweisung die für eine beliebige Ausführung des Blocks passende minimale Anzahl Speicherwörter?

```
program a(input, output);
procedure b(u,v,x,y : integer);
        var  a : record a, b : integer end;
             b : record b, a : integer end;
        begin
             with a do begin a := u; b := v end;
             with b do begin a := x; b := y end;
             writeln(a.a, a.b, b.a, b.b)
        end;
begin
        b(1,2,3,4)
end.
```

Abb. 7.51 Ein Pascal-Programm mit mehreren Deklarationen von a und b.

*7.3 In Abschnitt 7.4 behaupteten wir, daß der Display korrekt verwaltet werden kann, falls jede Prozedur auf Tiefe i am Anfang einer Aktivierung $d[i]$ speichert und am Ende $d[i]$ wieder aus dem Speicher zurückholt. Beweisen Sie durch Induktion über die Zahl der Aufrufe, daß jede Prozedur einen korrekten Display sieht.

7.4 Ein *Makro* ist eine Form einer Prozedur, die durch wörtliches Ersetzen des Körpers für jeden Prozeduraufruf implementiert ist. Abb. 7.52 zeigt ein Zeichen-Programm und seine Ausgabe. Die ersten zwei Zeilen definieren die Makros show und small. Die Körper der Makros sind zwischen den zwei %-Zeichen in den Zeilen eingeschlossen. Jeder der vier Kreise in der Abbildung ist von show gezeichnet worden; der Radius des Kreises ist durch den nichtlokalen Namen r gegeben. Die Blöcke sind durch [und] begrenzt. Jede Variable, der in einem Block etwas zugewiesen wird, ist implizit im Block deklariert. Was können Sie von der Ausgabe her über den Gültigkeitsbereich jedes Auftretens von r sagen?

```
define show    % { circle radius r at Here } %
define small   % [ r = 1/12; show ] %
[
    r = 1/6;
    show; small;
    move;
    show; small;
]
```

Abb. 7.52   Kreise, die von einem Zeichen-Programm
gezeichnet wurden.

7.5 Schreiben Sie eine Prozedur, die bei Übergabe eines Zeigers auf den
Kopf einer Liste ein Element in eine verzeigerte Liste einfügt. Mit
welchen Parameterübergabemechanismen arbeitet diese Prozedur?

7.6 Was wird von dem Programm in Abb. 7.53 gedruckt, wenn die Parameter
(a)   durch „Call-by-Value"
(b)   durch „Call-by-Reference"
(c)   durch „Cope-Restore"
(d)   durch „Call-by-Name" übergeben werden?

```
program main(input, output);
    procedure p(x, y, z);
        begin
            y := y + 1;
            z := z + x;
        end;
    begin
        a := 2;
        b := 3;
        p(a + b, a, a);
        print a
    end.
```

Abb. 7.53   Ein Pseudo-Programm, das die
Parameterübergabe erläutert.

7.7 Wenn eine Prozedur in einer Sprache mit lexikalischer Bindung als Parameter übergeben wird, kann ihre nichtlokale Umgebung übergeben werden, indem ein Zugriffsverweis verwendet wird. Geben Sie einen Algorithmus an, der diesen Verweis bestimmt.

7.8 Die drei Arten von Umgebungen, die mit einer als Parameter übergebenen Prozedur verbunden werden können, werden durch das Pascal-Programm in Abb. 7.54 erläutert. Die *lexikalische*, die *Übergabe*-bzw. die *Aktivierungs*umgebung solch einer Prozedur besteht aus den Bindungen der Bezeichner an dem Punkt, an dem die Prozedur definiert, als Parameter übergeben bzw. aktiviert wird. Betrachten Sie die Funktion f, die als Parameter in Zeile 11 übergeben wird.

```
(1)     program param(input, ouput);

(2)         procedure b(function h(n: integer): integer);
(3)             var m : integer;
(4)             begin m := 3; writeln(h(2)) end { b };

(5)         procedure c;
(6)             var m : integer;

(7)                 function f(n : integer) : integer;
(8)                     begin f := m + n end { f };

(9)                 procedure r;
(10)                    var m : integer;
(11)                    begin m := 7; b(f) end { r };

(12)            begin m := 0; r end { c };

(13)        begin
(14)            c
(15)        end.
```

Abb. 7.54 Ein Beispiel von lexikalischen, Übergabe-
und Aktivierungsumgebungen.

Bei Verwendung der lexikalischen, der Übergabe- bzw. der Aktivierungsumgebung für f ist die nichtlokale Variable m in Zeile 8 in dem Gültigkeitsbereich der Deklarationen in den Zeilen 6, 10 bzw. 3.

a) Zeichnen Sie den Aktivierungsbaum für dieses Programm.

b) Was ist die Ausgabe des Programms bei Verwendung der lexikalischen, der Übergabe- bzw. der Aktivierungsumgebungen für f?

*c) Ändern Sie die Display-Implementierung einer Sprache mit lexi-
kalischer Bindung, um die lexikalische Umgebung korrekt zu bilden, wenn eine als Parameter übergebene Prozedur aktiviert
wird.

*7.9 Die Anweisung $f := a$ in Zeile 11 des Pseudo-Programms in Abb. 7.55
ruft eine Funktion a auf, die die Funktion $addm$ als Ergebnis zurückliefert.

a) Zeichnen Sie den Aktivierungsbaum für eine Ausführung dieses
Programms.

b) Nehmen Sie an, daß die lexikalische Bindung für nichtlokale
Namen benutzt wird. Warum wird das Programm scheitern, falls
eine Stapel-Speicherzuweisung verwendet wird?

c) Wie lautet die Ausgabe des Programms mit einer Heap-Speicherzuweisung?

```
(1)     program ret(input, output);
(2)     var f: function(integer): integer;

(3)         function a : function(integer): integer;
(4)             var m : integer;
(5)             function addm(n : integer): integer;
(6)                 begin return m + n end;
(7)             begin m := 0; return addm end;

(8)         procedure b(g : function(integer): integer);
(9)             begin writeln(g(2)) end;

(10)        begin
(11)            f := a; b(f)
(12)        end.
```

Abb. 7.55   Ein Pseudo-Programm, in dem die Funktion
$addm$ als Ergebnis zurückgeliefert wird.

*7.10 Bestimmte Sprachen – wie Lisp – haben die Möglichkeit, zur Laufzeit
neu erzeugte Prozeduren zurückzuliefern. In Abb. 7.56 verlangen alle
Funktionen, gleich ob sie im Quelltext definiert oder zur Laufzeit
erzeugt werden, höchstens ein Argument und liefern einen Wert zurück, entweder eine Funktion oder eine Realzahl. Der Operator ∘
steht für die Hintereinanderausführung von Funktionen; dies bedeutet, daß $(f \circ g)(x) = f(g(x))$ ist.

a) Welcher Wert wird von *main* ausgedruckt?

*b) Nehmen Sie an, daß immer, wenn eine Prozedur p erzeugt und zurückgeliefert wird, ihr Aktivierungssegment ein Sohn des Aktivierungssegments der Funktion wird, die p zurückliefert. Die Übergabeumgebung von p kann dann verwaltet werden, indem man sich einen Baum der Aktivierungssegmente anstelle eines Stapels merkt. Wie sieht der Baum der Aktivierungssegmente aus, wenn a von *main* in Abb. 7.56 berechnet wird?

*c) Nehmen Sie wahlweise an, daß ein Aktivierungssegment für p erzeugt wird, wenn p aktiviert wird, und dieses Segment zu einem Sohn des Aktivierungssegments für die Prozedur gemacht wird, die p aufruft. Diese Methode kann verwendet werden, um die Aktivierungsumgebung für p zu verwalten. Geben Sie bei der Ausführung der Anweisungen in *main* Momentaufnahmen der Aktivierungssegmente und ihrer Vater-Sohn-Beziehung an. Reicht ein Stapel aus, um die Aktivierungssegmente zu speichern, wenn diese Methode verwendet wird?

```
function f(x: function);
var y: function;
    y := x ∘ h;              /* erzeugt bei Ausführung y */
    return y
end { f };

function h();
    return sin
end { h };

function g(z: function);
var w: function;
    w := arctan ∘ z;         /* erzeugt bei Ausführung w */
    return w
end { g };

function main();
var a: real;
    u, v: function;
    v := f(g);
    u := v();
    a := u(π/2);
    print a
end { main }.
```

Abb. 7.56 Ein Pseudo-Programm, das Funktionen zur Laufzeit erzeugt.

7.11 Ein anderer Weg zur Behandlung der Löschung von Namen, deren Gültigkeit vorüber ist, aus Hashtabellen (siehe Abschnitt 7.6), ist, abgelaufene Namen in eine Liste zu übernehmen, bis diese Liste wieder durchsucht wird. Unter der Annahme, daß die Einträge den Namen der Prozedur enthalten, in der die Deklaration gemacht ist, können wir prinzipiell sagen, ob ein Name alt ist und ihn löschen, falls dies der Fall ist. Geben Sie ein Indizierungsschema für Prozeduren an, daß es uns ermöglicht, in $O(1)$ Zeit zu sagen, ob eine Prozedur „alt" ist, d.h. ob ihre Gültigkeit abgelaufen ist.

7.12 Viele Hashfunktionen können durch eine Folge von Integerkonstanten α_0, α_1, ... charakterisiert werden. Falls c_i, $1 \leq i \leq n$ der Integerwert des i-ten Zeichens im String s ist, dann wird der String nach

$$hash(s) = (\alpha_0 + \sum_{i=1}^{n} \alpha_i c_i) \bmod m$$

gehasht, wobei m die Größe der Hashtabelle ist. Bestimmen Sie für jeden der folgenden Fälle die Folge der Konstanten α_0, α_1, ... oder zeigen Sie, daß keine solche Folge existiert. Jeder Fall legt eine Integerzahl fest; ein Hashwert wird erhalten durch Anwenden der Operation mod m auf diese Integerzahl.

a) Die Summe der Zeichen.

b) Die Summe des ersten und des letzten Zeichens.

c) h_n, $h_0 = 0$ und $h_i = 2h_{i-1} + c_i$.

d) Behandeln Sie die Bits der 4 mittleren Zeichen wie eine 32-Bit-Integerzahl.

e) Eine 32-Bit-Integerzahl kann als aus vier Bytes bestehend angesehen werden, wobei jedes Byte eine Zahl ist, die einen von 256 möglichen Werten annimmt. Beginnen Sie mit 0000, und addieren Sie für $1 \leq i \leq n$ c_i zu Byte $i \bmod 4$, wobei Überträge erlaubt sind. Dies bedeutet, c_1 und c_5 werden in Byte 1 addiert, c_2 und c_6 in Byte 2 usw. Liefern Sie den letzten Wert zurück.

*7.13 Warum erfüllen Hashfunktionen, die wie in Übung 7.12 durch eine Folge von Integerzahlen α_0, α_1, ... charakterisiert sind, ihre Aufgabe schlecht, wenn die Eingabe aus aufeinanderfolgenden Strings besteht, wie z.B. v000, v001, ...? Irgendwo entlang des Wegs scheint ihr Verhalten von Zufall abzuweichen und vorhersagbar zu werden.

**7.14 Wenn n Strings in m Listen gehasht werden, ist die mittlere Anzahl von Strings pro Liste gleich n/m, wobei es nicht darauf ankommt, wie ungleich die Strings verteilt sind. Nehmen Sie an, d sei eine „Verteilung", d.h. ein zufälliger String wird mit Wahrscheinlichkeit

$d(i)$ in der i-ten Liste plaziert. Nehmen Sie an, daß eine Hashfunktion mit Verteilung d b_j zufällig ausgewählte Strings in Liste j plaziert, wobei $0 \leq j \leq m-1$. Zeigen Sie, daß der erwartete Wert

$$W = \sum_{j=0}^{m-1} (b_j)(b_j+1)/2$$

linear zu der Varianz der Verteilung d ist. Zeigen Sie, daß für eine Gleichverteilung der erwartete Wert von W gleich $(n/m)(n+2m-1)$ ist.

7.15 Nehmen Sie an, wir haben die folgende Folge von Deklarationen in einem Fortran-Programm.

```
SUBROUTINE SUB (X,Y)
INTEGER A,B(20),C(10,15),D,E
COMPLEX F,G
COMMON/ CBLK/ D,E
EQUIVALENCE G,B(2)
EQUIVALENCE D,F,B(1)
```

Zeigen Sie den Inhalt der Datenbereiche von SUB und CBLK (zumindest den Teil von CBLK's Bereich, der von SUB aus zugreifbar ist). Warum existiert dort kein Platz für X und Y?

*7.16 Eine nützliche Datenstruktur für die Berechnungen der Äquivalenz-Deklarationen ist die *Ringstruktur*. Wir verwenden einen Zeiger und ein Offset-Feld in jedem Symboltabelleneintrag, um die Elemente einer Äquivalenz-Menge zu verbinden. Diese Struktur ist in Abb. 7.57 angedeutet, wo A, B, C und D sowie E und F äquivalent sind, wobei der Speicherplatz von B 20 Speicherwörter hinter dem von A liegt usw.

a) Geben Sie einen Algorithmus an, der das Offset von X relativ zu Y berechnet. Nehmen Sie dabei an, daß X und Y in der gleichen Äquivalenz-Menge sind.

b) Geben Sie einen Algorithmus zur Berechnung von *low* und *high* an, wie sie in Abschnitt 7.9 definiert sind, relativ zu dem Speicherplatz irgendeines Namens Z.

c) Geben Sie einen Algorithmus an, der

```
EQUIVALENCE U,V
```

bearbeitet. U und V sind nicht unbedingt in verschiedenen Äquivalenz-Mengen.

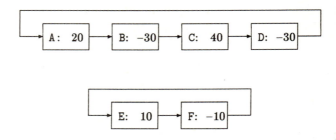

Abb. 7.57   Ringstrukturen.

*7.17 Der in Abschnitt 7.9 angegebene Algorithmus für die Aufteilung von Datenbereichen erfordert den Nachweis, daß *low* für den Kopf von A's Äquivalenz-Menge nicht bewirkt, daß der Platz für die Äquivalenz-Menge von A vor dem Beginn des COMMON-Blocks zu erweitert wird, und daß wir *high* für den Kopf von A berechnen, um, falls notwendig, die obere Grenze des COMMON-Blocks zu erhöhen. Geben Sie mit den Ausdrücken von next, dem Offset von A in dem COMMON-Block, und last, dem letzten Wert des Blocks, Formeln an, um den Test durchzuführen und, falls notwendig, *last* auf den neuesten Stand zu bringen.

Literaturhinweise

Stapel haben eine wichtige Rolle bei der Implementierung von rekursiven Funktionen gespielt. McCarthy [1981, S.178] erinnert daran, daß während einem Lisp-Implementierungsprojekt, das 1958 begann, entschieden wurde, einen einzelnen zusammenhängenden allgemeinen Stapel-Array zu benutzen, um die Werte der Variablen und die Rückkehradressen der Unterroutinen der Implementierung der rekursiven Unterroutinen zu retten. Die Aufnahme von Blöcken und rekursiven Prozeduren in Algol 60 – siehe eine genaue Erklärung ihres Entwurfs, Naur [1981, Kapitel 2.10] – regte auch die Entwicklung der Stapelzuweisung an. Die Idee eines Displays für den Zugriff auf nichtlokale Variablen in einer Sprache mit lexikalischer Bindung ist Dijkstra [1960, 1963] zu verdanken. Obgleich Lisp dynamische Bindung verwendet, ist es möglich, den Effekt der lexikalischen Bindung mittels „funargs" zu erreichen, die aus einer Funktion und einem Zugriffsverweis bestehen; McCarthy [1981] beschreibt die Entwicklung dieses Mechanismus. Nachfolger von Lisp wie Common Lisp (Steele [1984]), sind von der dynamischen Bindung weggegangen. Erklärungen von Bindungen für Namen können in Lehrbüchern für Programmiersprachen gefunden werden, siehe beispielsweise Abelson und Sussman [1985], Pratt [1984] oder Tennent [1981]. Eine alternative Methode, die in Kapitel 2 angedeutet wurde, ist, die Beschreibung eines Compilers zu lesen.

Die Schritt für Schritt Entwicklung in Kernighan und Pike [1984] beginnt mit einem Berechner für arithmetische Ausdrücke und bildet einen Interpreter für eine einfache Sprache mit rekursiven Prozeduren. Interessant ist auch der Code für Pascal-S in Wirth [1981]. Eine genaue Beschreibung der Stapel-Zuweisung, der Verwendung eines Displays und der dynamischen Zuweisung von Arrays erscheint in Randell und Rusell [1964].

Johnson und Ritchie [1981] behandeln den Entwurf einer Aufruffolge, die eine variable Anzahl von Argumenten einer Prozedur bei verschiedenen Aufrufen erlaubt. Eine allgemeine Methode für das Einrichten eines globalen Displays ist, den Ketten von Zugriffsverweisen zu folgen, wobei die Display-Elemente während der Abarbeitung gesetzt werden. Die Methode aus Abschnitt 7.4, die gerade ein Element berührt, scheint für eine gewisse Zeit wohl bekannt gewesen zu sein; eine veröffentlichte Referenz ist Rohl [1975]. Moses [1970] behandelt die Unterschiede zwischen den Umgebungen, die angewandt werden, wenn eine Funktion als Parameter übergeben wird, und betrachtet die Probleme, die auftreten, wenn solch eine Umgebung mit der Verwendung von flachem und tiefem Zugriff implementiert wird. Eine Stapel-Zuweisung kann für Sprachen mit Koroutinen oder mehrfachen Prozessen nicht verwendet werden. Lampon [1982] betrachtet schnelle Implementierungen, die eine Heap-Speicherzuweisung verwenden.

Quantifizierte Variablen mit begrenztem Gültigkeitsbereich und Ersetzung in der mathematischen Logik erscheinen in der Begriffsschrift von Frege [1879]. Ersetzung und Parameterübergabe sind Grundlage vieler Debatten sowohl in der mathematischen Logik als auch in Programmiersprachen-Kommitees gewesen. Church [1956, S.288] schildert: „Besonders schwierig ist die Angelegenheit der korrekten Formulierung der Regel der Ersetzung für funktionale Variablen", und schildert die Entwicklung solch einer Regel für das vorgeschlagene Kalkül. Das Lambda-Kalkül von Church [1941] ist auf Umgebungen von Programmiersprachen angewendet worden, beispielsweise von Landin [1964]. Ein Paar, bestehend aus einer Funktion und einem Zugriffsverweis, wird als *Hülle* bezeichnet, gemäß Landin [1964].

Datenstrukturen für Symboltabellen und Suchalgorithmen für die Tabellen werden näher behandelt in Knuth [1973b] und Aho, Hopcroft und Ullman [1974,1983]. Die Lehre vom Hashing wird in Knuth [1973b] und Morris [1968b] behandelt. Das Originalpapier, das Hashing behandelt, ist Peterson [1957]. Mehr über Symboltabellenorganisationstechniken kann in McKeeman [1976] gefunden werden. Beispiel 7.10 ist aus Bentley, Cleveland und Sethi [1985]. Reiss [1983] beschreibt einen Symboltabellengenerator.

Äquivalenz-Algorithmen sind beschrieben worden von Arden, Galler und Graham [1961] und von Galler und Fischer [1964]; wir haben die jüngste Methode übernommen. Die Effizienz von Äquivalenz-Algorithmen wird behandelt in Fischer [1972], Hopcroft und Ullman [1973] und Tarjan [1975].

Index

ORACLE

ORACLE-Handbuch für Anwender

**H. H. Herrmann/M. Hein/
G. Keeremann/G. Unbescheid**

In dieser Einführung werden ORACLE und seine
Werkzeuge aus Anwendersicht beschrieben.
ca. 330 Seiten, 1990, ISBN 3-89319-280-8

ORACLE - Datenbank-Management professionell

Design, Realisierung und Optimierung

Hans D. Wilke

Der Autor liefert alle erforderlichen theoretischen und
praktischen Hintergrundinformationen zum Entwurf und
der Realisierung eines professionellen Datenbanksystems.
256 Seiten, 1990, ISBN 3-89319-261-1

Effiziente Systementwicklung mit ORACLE

**Ein Handbuch für die Praxis des
Anwendungsentwicklers**

Claus Rautenstrauch/Mahmoud Moazzami

Auf konzeptioneller Ebene werden hier die Möglichkeiten
und Grenzen der ORACLE-Entwicklungswerkzeuge
aufgezeigt.
ca. 330 Seiten, 1990, ISBN 3-89319-281-6

Systematischer Einsatz von SQL/ORACLE

Entwurf und Realisierung eines Informationssystems

**Hermann Finkenzeller/Ulrich Kracke/
Michael Unterstein**

Anhand einer Fallstudie zur „Auftragsbearbeitung" wird
die Entwicklung eines Informationssystems ausführlich
beschrieben.
512 Seiten, 1989, ISBN 3-89319-117-8

ADDISON-WESLEY

SQL

Systematischer Einsatz von SQL/dBase IV

M. Unterstein/U. Kracke/H. Finkenzeller

In diesem Buch wird anhand von Fallbeispielen die
Funktionsweise des Programmteils SQL in dBase IV
dargestellt.
416 Seiten, 1989, ISBN 3-893192-207-7

SQL in dBase IV – Ein Handbuch

Rick F. van der Lans/G. Verbaan

In diesem Buch geht es vorrangig um die effektive und
effiziente Anwendung von SQL. Es handelt sich um ein
SQL-Handbuch für die Praxis.
420 Seiten, 1989, 3-89319-240-9

Systematischer Einsatz von SQL/Oracle

Entwurf und Realisierung eines Informationssystems

H. Finkenzeller/U. Kracke/M. Unterstein

Anhand einer Fallstudie zur „Auftragsbearbeitung"
wird die Entwicklung eines Informationssystems
beschrieben.
512 Seiten, 1989, ISBN 3-89319-117-7

Das SQL/DS-Handbuch

Gottfried Vossen/Kurt-Ullrich Witt

Das Buch richtet sich an alle Anwender des
IBM-Datenbankmanagement-Systems SQL/DS und
faßt erstmals alle Aspekte der praktischen Benutzung
zusammen.
280 Seiten, 1988, ISBN 3-925118-5

Das SQL-Lehrbuch

Rick F. van der Lans

Das vorliegende Buch ist eine gründliche Einführung in
die relationale Datenbanksprache SQL.
383 Seiten, 1988, ISBN 3-925118-77-2

 ADDISON-WESLEY

Turbo Pascal

Turbo Pascal 5.0
Band 1: Vom Einsteiger zum Aufsteiger
Christoph Klawun

Nach einem Einstiegskapitel mit Starthilfen entwickelt sich vor den Augen des Lesers anhand von über 70 ausführlich erläuterten Beispielen die Programmiersprache Turbo Pascal.
650 Seiten, 1989, ISBN 3-89319-200-x inkl. Diskette

Turbo Pascal 5.0/5.5
Band 2: Vom Aufsteiger zum Insider
Christoph Klawun

Was aus didaktischen Gründen aus dem ersten Band verbannt wurde, kann der Leser hier lernen.
ca. 600 Seiten, 1990, ISBN 3-89319-268-9, inkl. Diskette

Turbo Pascal 5.0
Band 1: Konzepte, Analysen, Tips & Tricks
Arne Schäpers

Der Autor der deutschen Dokumentation hat hier alles hineingepackt, was im Handbuch keinen Platz mehr hatte.
480 Seiten, 1989, ISBN 3-89319-130-5

Turbo Pascal 4.0/5.0
Band 2
410 Seiten, 1989, 3-89319-191-7

Turbo Pascal 5.5 kennenlernen und beherrschen
Vom raschen Einstieg zum perfekten Programm
Christoph Kasimir

Der behandelt die Version 5.5 einschließlich der objektorientierten Zusätze.
370 Seiten, 1990, 3-89319-264-6, inkl. Diskette

Einführung in die Objektorientierte Programmierung mit Turbo Pascal 5.5
Josef Mittendorfer

Das Buch vermittelt dem Leser das Rüstzeug, die Ideen und Konzepte der Objektorientierten Programmierung in Turbo Pascal umzusetzen.
350 Seiten, 1990, ISBN 3-89319-248-4, inkl. Diskette

 **ADDISON-WESLEY**

C

C++-Einführung und Leitfaden

Stanley B. Lippman

Das Buch bietet eine umfassende Einführung in die
Sprache C++, wobei der neue Standard 2.0
berücksichtigt wurde.
560 Seiten, 1990, ISBN 3-89319-276-X

Die C++-Programmiersprache

Bjarne Stroustrup

Dieses Buch enthält Einführungen und Erläuterungen,
mit deren Hilfe der ernsthafte Programmierer C++
erlernen und echte Projekte in dieser Sprache
realisieren kann.
377 Seiten, 1987, ISBN 3-925118-72-1

Objektorientierte Programmierung mit Smalltalk und C++

Josef Mittendorfer

Eine gründliche Einführung in die Ideen, Konzepte und
Sprachelemente von objektorientierten Systemen wird
in diesem Buch geboten.
366 Seiten, 1989, ISBN 3-89319-165-8

Der C-Experte

Programmieren ohne Pannen

Andrew Koenig

Das Buch befaßt sich mit typischen Fehlern bei der
C-Programmierung und erklärt, wie man sie vermeidet.
190 Seiten, 1989, ISBN 3-89319-233-6

C-Grundlagen und Anwendungen

Al Kelley/Ira Pohl

Diese leicht zu verfolgende Einführung mit vielen
Programmbeispielen ist für den Einsteiger optimal
geeignet.
334 Seiten, 1987, ISBN 3-925118-21-7

 ADDISON-WESLEY

TeX/LaTeX

LaTeX – Eine Einführung
Helmut Kopka

Dieses Buch richtet sich an die LaTeX-Anwender, die keine oder nur geringe Kenntnisse im Umgang mit Rechnern haben. Es basiert auf Kursen, die der Autor an seiner Arbeitsstätte gegeben hat.
340 Seiten, 2. überarb. Auflage 1988,
ISBN 3-89319-199-2

LaTeX-Erweiterungsmöglichkeiten
Helmut Kopka

Eigene Layout-Stile, quasi-automatische Erzeugung von Stichwortregistern, sprachspezifische Anpassung, Ausweitung auf Bild- und Grafikdarstellung.
Ca. 300 Seiten, 1990, ISBN 3-89319-287-5

Kompaktführer LaTeX
Reinhard Wonneberger

Eine Kurzübersicht der LaTeX-Funktionen.
141 Seiten, 2. Auflage 1988, ISBN 3-925118-152-6

Einführung in TeX
Norbert Schwarz

Dieses Buch bietet eine leicht verständliche Einführung in das Programm. Der Autor zeigt eindrucksvoll die Einsatzmöglichkeiten des TeX-Systems.
272 Seiten. 2. überarbeitete Auflage 1988,
ISBN 3-925118-97-7

TeX für Fortgeschrittene
Wolfgang Appelt

Der Autor zeigt in diesem Buch anhand zahlreicher anwendungsorientierter Beispiele eine Einführung in die Technik der Entwicklung von TeX-Makros.
180 Seiten, 1988, ISBN 3-89319-115-1

ADDISON-WESLEY